예레미아스
신약신학

Joachim Jeremias

NEW TESTAMENT THEOLOGY

The Proclamation of Jesus

예레미아스

신약신학

요아킴 예레미아스 지음 | 정충하 옮김

NEW TESTAMENT
THEOLOGY

CH북스
크리스천
다이제스트

예수의 선포

Dalman, *Words of Jesus*; id., *Jesus-Jeshua*; A. Schlatter, *Die Geschichte des Christus*, Stuttgart 1909, [2]1923; A. Schweitzer, *The Quest of the Historical Jesus*, London 1910, [3]1954; H. L. Strack, *Jesus, die Häretiker und die Christen nach den ältesten jüdischen Angaben*, Schriften des Institutum Judaicum 37, Leipzig 1910; J. Klausner, *Jesus of Nazareth*, London 1929; H. Windisch, 'Das Problem der Geschichtlichkeit Jesu. Die ausserchristlichen Zeugnisse', *ThR* 1, 1929, 266—88; Manson, *Teaching*[2]; R. Meyer, *Der Prophet aus Galiläa*, Leipzig 1940; M. Black, *An Aramaic Approach to the Gospels and Acts*, Oxford 1946, [3]1967; E. Percy, *Die Botschaft Fesu*, Lund 1953; D. Daube, *The New Testament and Rabbinic Fudaism*, London 1956; Bultmann, *Synoptic Tradition*; id., *Theology*; Jeremias, *Parables*[2]; id., *Eucharistic Words*[2]; id., *Unknown Sayings of Jesus*, London 1957, [2]1964; W. Grundmann, *Die Geschichte Jesu Christi*, Berlin 1957=[3]1960; H. Conzelmann, 'Jesus Christus', *RGG*[3] III, 1959, cols 619—53; H. Ristow—K. Matthiate (eds.), *Der historische Jesus und der kerygmatische Christus*, Berlin 1960; E. Stauffer, *Fesus and his Story*, London 1960; A. Vögtle, 'Jesus Christus', *LThK* V, 1960, cols. 922—32; G. Gloege, *The Day of his Coming*, London 1962; M. Dibelius, *Jesus*, with additional material by W. G. Kümmel, London 1963; G. Jeremias, *Lehrer der Gerechtigkeit*; C. Burchard, 'Jesus', *Der kleine Pauly. Lexidon der Antike* II, Stuttgart 1967, cols. 1344—54; Perrin, *Rediscovering*; R. Slenczka, *Geschichtlichkeit und Personsein Jesu Christi*, Göttingen 1967; O. Betz, *What do we know about Jesus?*, London 1968; Flusser, *Fesus*; H. Conzelmann, *An Outline of the Theology of the New Testament*, London 1969.

목   차

10

ABBREVIATIONS
Journals and Series

AGSU	Arbeiten zur Geschichte des Spätjudentums und Urchristentums
AKG	Arbeiten zur Kirchengeschichte
ASNU	Acta Seminarii Neotestamentici Upsaliensis
ASTI	*Annual of the Swedish Theological Institute*
ATANT	Abhandlungen zur Theologie des Alten und Neuen Testaments
BEvTh	Beiträge zur evangelischen Theologie
BFCT	Beiträge zur Förderung christlicher Theologie
BHTh	Beiträge zur historischen Theologie
BJRL	*Bulletin of the John Rylands Library*
BWANT	Beihefte zur Wissenschaft vom Alten und Neuen Testament
BZ	*Biblische Zeitschrift*
BZAW	Beihefte zur Zeitschrift für die alttestamentliche Wissenschaft
BZNW	Beiträge zur Zeitschrift für die neutestamentliche Wissenschaft
CBQ	*Catholic Biblical Quarterly*
EvTh	*Evangelische Theologie*
ExpT	*Expository Times*
FRLANT	Forschungen zur Religion und Literatur des Alten und Neuen Testaments
GCS	Die griechischen christlichen Schriftsteller
HNT	Handbuch zum Neuen Testament
IES	*Indian Ecclesiastical Studies*
JBL	*Journal of Biblical Literature*
JEH	*Journal of Ecclesiastical History*
JTS	*Journal of Theological Studies*

KlT	Kleine Texte für theologische und philosophische Vorlesungen
LThK	*Lexikon für Theologie und Kirche*
MeyerK	Kritisch-Exegetischer Kommentar über das Neue Testament, begründet von Heinrich August Wilhelm Meyer
NovTest	*Novum Testamentum*
NovTestSuppl	Supplements to *Novum Testamentum*
NTA	Neutestamentliche Abhandlungen
NTD	Das Neue Testament Deutsch
NTS	*New Testament Studies*
RB	*Revue Biblique*
RGG	*Die Religion in Geschichte und Gegenwart*
RHPR	*Revue d'Histoire et de Philosophie religieuses*
SBT	Studies in Biblical Theology
StTh	*Studia Theologica*
SUNT	Studien zur Umwelt des Neuen Testaments
TDNT	*Theological Dictionary of the New Testament* (English translation of *TWNT*)
ThBl	*Theologische Blätter*
ThStKr	Theologische Studien und Kritiken
TLZ	*Theologische Literaturzeitung*
TQS	*Theologische Quartalschrift*
TTZ	*Trierer Theologische Zeitschrift*
TU	Texte und Untersuchungen
TWNT	Kittel, *Theologisches Wörterbuch zum Neuen Testament*
WMANT	Wissenschaftliche Monographien zum Alten und Neuen Testament
WUNT	Wissenschaftliche Untersuchungen zum Neuen Testament
ZDPV	*Zeitschrift des deutschen Palästina-Vereins*
ZNW	*Zeitschrift für die neutestamentliche Wissenschaft*
ZsystT	*Zeitschrift für systematische Theologie*
ZThK	*Zeitschrift für Theologie und Kirche*

ABBREVIATIONS
Books cited frequently in the text

‡ 표시는 각 항목(§)서두에 열거되어 있는 책을 가리키는 것이다.

BAUER–ARNDT–GINGRICH
W. F. Arndt and F. W. Gingrich, *A Greek-English Lexicon of the New Testament and Other Early Christian Literature*, a translation of Walter Bauer's *Wörterbuch*, Chicago and Cambridge 1957.

BILLERBECK
H. L. Strack – P. Billerbeck, *Kommentar zum Neuen Testament aus Talmud und Midrasch*, München, I 1922, II 1924, III 1926, IV 1928, V (edited by J. Jeremias, compiled by K. Adolph) 1956, VI (edited by J. Jeremias in collaboration with K. Adolph) 1961 (=[3]I – IV 1961, [2]V/VI 1963).

BULTMANN, *Synoptic Tradition*
R. Bultmann, *The History of the Synoptic Tradition*, Oxford [2]1968.

Theology
R. Bultmann, *Theology of the New Testament*, New York and London 1952, 1955 (two vols.).

BLASS–DEBRUNNER–FUNK
F. W. Blass and A. Debrunner, *A Greek Grammar of the New Testament and Other Early Christian Literature*, translated by R. W. Funk, Chicago and Cambridge 1961.

DALMAN, *Grammatik*[2]
G. Dalman, *Grammatik des jüdisch-palästinischen Aramäisch*, Leipzig 1894, [2]1905=Darmstadt 1960.

Jesus-Jeschua
G. Dalman, *Jesus-Jeschua*, Leipzig 1922, Supplement 1929= Darmstadt 1967: ET *Jesus-Jeshua*, London 1929 (of the German first edition, with additional notes).

Words of Jesus
G. Dalman, *Die Worte Jesu* I, Leipzig 1898, ²1930=Darmstadt 1960; ET *The Words of Jesus*, Edinburgh 1902 (the revisions made by the author for the ET make it almost a second edition, but it lacks the appendices contained on pp. 283–402 of the second German edition).

DODD, *Parables*
C. H. Dodd, *The Parables of the Kingdom*, London 1935 (reprinted many times).

DIBELIUS, *Tradition*
M. Dibelius, *From Tradition to Gospel*, London 1934 (ET of *Die Formgeschichte des Evangeliums*, Tübingen 1919, ²1933=⁵1966).

FLUSSER, *Jesus*
D. Flusser, *Jesus in Selbstzeugnissen und Bilddokumenten*, Rowohlts Monographien 140, Reinbeck bei Hamburg 1968.

HENNECKE–SCHNEEMELCHER–WILSON
E. Hennecke – W. Schneemelcher – R. McL. Wilson, *New Testament Apocrypha* I (London and Philadelphia 1963); II (London and Philadelphia 1966).

G. JEREMIAS, *Lehrer der Gerechtigkeit*
G. Jeremias, *Der Lehrer der Gerechtigkeit*, SUNT 2, Göttingen 1963.

JEREMIAS, *Abba*
J. Jeremias, *Abba. Studien zur neutestamentlichen Theologie und Zeitgeschichte*, Göttingen 1966.

Eucharistic Words²
J. Jeremias, *The Eucharistic Words of Jesus*, Oxford 1955, second completely revised edition London and New York 1966.

Jerusalem
J. Jeremias, *Jerusalem in the Time of Jesus*, London and Philadelphia 1969 (ET of the third German edition).

Parables²
J. Jeremias, *The Parables of Jesus*, London and New York 1954, ²1963.

MANSON, *Teaching*[2]

T. W. Manson, *The Teaching of Jesus*, Cambridge 1931, [2]1935 (reprinted many times).

Sayings[2]

T. W. Manson, *The Sayings of Jesus*, London 1937, [2]1949 (reprinted many times).

PERRIN, *Rediscovering*

N. Perrin, *Rediscovering the Teaching of Jesus*, London and New York 1967.

제 1 장

예수의 말씀의 전승은
얼마나 신뢰할만한가?

제 1 장은 **역사적 예수의 문제**와 관계가 있다.[1] 나는 이 장에서 결정
적인 의문, 즉 우리는 우리의 자료들을 통하여 어느 정도의 가능성을
가지고 예수의 설교의 근본적인 개념을 충분히 찾을 수 있을지, 이러
한 희망이 처음부터 낙관적인 것인지에 관하여 집중할 것이다.

그런데 여기에는 두개의 상당히 어려운 점들이 있다.

첫째, 우리는 바울에 의하여 기록된 글은 소유하고 있는 반면에 예
수 자신이 기록한 글은 가지고 있지 못하다는 점이다. 어떤 사람이 예
수의 말씀을 질서정연하게 기록하기 시작한 때는 그의 사후 30년 이상
이 지난 후였다. 그리고 그때까지 그의 말씀은 오랫동안 헬라어로 번
역되어 있었다. 마태복음이나 누가복음에 나타나있는 주기도문과 8복
의 두가지 번역들의 비교를 통하여, 우리는 이러한 과정에 관해 알 수
있다. 물론 이와 동시에 우리는 이 사실을 과장해서는 안된다.

---

1) [예수]라는 말은 히브리어 [예수아] (아인과 함께)의 음역이다. 이 사실은 예
루살렘 근방 고대 유골이 있는 동굴비문들을 통해 드러난다 (W. Foerster, Ἰησοῦς,
TDNT, Ⅲ, 1965, 284-93 : 285의 논문 ; 내가 벳새다 남쪽 우물의 남쪽 벽에서 발견
했으며, 지금은 흙으로 덮여있는 문자—이는 (이)스웨라고도 읽혀질 수 있다.
—나의 *The Rediscovery of Bethesda*, 신약 고고학 전공 논문 No 1, Louisville, Ky.,
1966, 31 n. 107 ; illus. p. 32를 보라). 예수형태 (아인이 없는)는 탈무드에서 독점적
으로 사용되는 것으로 (H. L. Strack, *Jesus, die Häretiker und die Christen nach den
altesten judischen Angaben*, Leipzing 1910, 등의 논문을 참조하라), 반 그리스도적
의도로 '아'의 끝말을 잘라버린 것이 아니라, 오히려 '거의 확실히'(Flusser, *Jesus*,
13) 예수아 명칭에 대한 갈릴리적 발음이다. 즉 아인의 제거는 갈릴리 방언의 특
징이었다(Billerbeck Ⅰ 156f.).

두번째 어려움은 더욱 심각한 것으로서, 예수의 메시지가 얼마나 신뢰성이 있게 전해졌는가를 발견하는 것이다. 즉 우리는 그리스도의 말씀들이 기록으로 전해 내려 오기 전에 변화되었다는 사실을 고려해야 할 뿐만아니라, 또한 새로운 말씀들이 생겨나게 된 가능성도 숙고해야 한다. 소아시아의 일곱 교회에 대한 그리스도의 편지(계 2—3장) 및 승천하신 그리스도의 일인칭으로 전해져 내려온 다른 말씀들(예를 들어, 계 1:17—20, 16:15, 22:12이하)을 통해, 우리는 초대 교회 선지자들은 신자들에게 일인칭으로 된 그리스도의 이름을 사용하여 권면, 경고, 책망, 그리고 약속의 말씀들을 하였다고 결론지을 수 있다. 이러한 종류의 선지자적인 말들은 예수의 전승에 유입되어 예수가 그의 공생애 기간동안 하셨던 말씀들과 융합하게 되었다. 요한복음서에서의 예수의 강화들은 이러한 발전의 본보기를 보여준다. 즉 상당한 부분에서 예수의 이 강화들은 일인칭의 예수의 말씀으로 된 설교들인 것이다.

이러한 불확실성의 관점에서 오랫동안, 그리고 아주 올바르게, 진정성의 문제에 대해 답하기 위해 채택된 방법은 비교 방법이다. 이 방법의 주된 방편은 소위 '부동성의 표준'(不同性의 標準：criterion of dissimilarity)으로,[2] 이 방법은 하나의 말이나 주제가 유대주의나 초대 교회에서 유래될 수 없는 최초의 전승을 찾는다. 예수와 당시의 유대주의 사이의 차이성의 한 예는 죄인들에 대한 하나님의 사랑에 대한 메시지일 것이다. 즉 이 메시지는 당시의 대부분의 사람들에게 너무도 공격적이어서 당시의 환경에서 유행하던 사상에서는 유래될 수 없는 것이다. 다른 한편으로 그러한 예수의 말씀(죄인들에 대한 하나님 사랑의 메시지)은 초대 교회로부터 유래된 것이라고도 할 수 없다. 왜냐하면 초대 교회는 성취되지 않은 기대를 묘사하고 있기 때문이다.[3] 따라서 이러한 경우의 예수의 말씀은 그의 부활 이전의 기간으로부터 유래되었다고 할 수 있다. 이 '부동성의 표준'은 일반적으로 인정을 받고 있는 것으로서, 우리는 이 기준에 유의하고자 한다. 하지만 이 기준은 하나의 약점을 가지고 있는데, 이는 곧 예수의 말씀과 팔레스틴 유대주의 및 초대 교회의 종교적 개념의 비교가 일방적으로 독창성의 원리

---

2) Perrin, *Rediscovering.* 39-43.
3) pp. 210을 보라.

에 기초하고 있다는 사실이다.

그 결과 이 기준은 초기의 것으로 취급될 수 있는 **약간**의 예수의 말씀에만 적용될 뿐이다. 예수께서 그 당시 환경에서 유행하던 묵시적 개념이든지, 유대의 격언이나 언어이든지, 기존의 유용한 자료를 취하고 있는 모든 내용은 놓치고 있다. 초대 교회는 예수의 말씀을, 예를 들어 하나님을 부를 때 사용된 **아바**를 변화없이 그대로 전해 준다. 사실상 '부동성의 표준'이 오늘날 종종 하나의 암호(password)처럼 사용되고 있는 것이 오류의 주된 근원이라는 사실이 이야기되어야만 한다. 이 표준은 역사적인 상황을 근시적으로 보게하고 곡해시킨다. 왜냐하면 이 표준은 예수와 유대주의 사이의 연속성을 간과하기 때문이다. 따라서 가장 중요한 것은 우리가 비교 방법 뿐만 아니라 예수의 부활 이전의 전승을 조사하는 데 더 많은 노력을 기울이는 것이다. 다시말해 우리는 **언어와 문체**를 고찰해야 한다. 제 1 장의 세 항목에서 나는 흔히 무시되어 온 이 방법에 대해 설명하는데 힘을 쏟을 것이다.

§ 1. 예수의 어록(λóγια)의 아람어적 근거

(각 항목 § 의 서두에 열거되어 있는 문헌들은 각주에서 ‡ 표시로 언급되어 있다)

Dalman, *Grammatik* ² ; id *Words of Jesus* ; J. Wellhausen, *Einleitung in die drei ersten Evangelien*, Berlin 1905, ²1911, 7-32 ; Dalman, *Jesus-Jeshua* ; C. F. Burney, *The Poetry of Our Lord*, Oxford 1925 ; P. Joüon, *L'Évangile de Notre-Seigneur Jésus-Christ*, Verbum Salutis 5, Paris 1930 ; C. C. Torrey, *The Four Gospels*, London 1933 ; M. Black, *An Aramaic Approach to the Gospels and Acts*, Oxford 1946, ³1967.

공관 복음서에 전해 내려오는 예수의 말씀은 수많은 셈어적 특징을 가진 채, 코이네(Koine) 헬라어(아티카 방언을 주로 해서 이루어진 그리이스의 공통어, 주전 3—주후 5세기 경에 사용됨—역자주)의 옷을 입고 있다. 비록 헬라적 배경에서는 이러한 셈어적 색체가 인기도 없고 개량을 필요로 한다고 느껴졌음에 틀림없지만, 대체적으로 전승에 나타난 예수의 말씀은 매우 현저하게 헬라어적 형태를 제한하고 있다. 이러한 제한은 퀴리오스(主)께 대한 경외심에서 나온 것으로, 이는 특별히 누가 복음에서 더욱 부각되어 있다. 누가의 글에는 보다 많은 셈어 형식의 예수의 어록(λόγια)이 이들을 담고 있는 유연한 헬라어 구조로부터 두드러지게 나타나고 있다.

예수의 말씀의 기초가 되는 관용구는 아람어족의 서방 지류의 일부로 한정된다.[4] 달만(G. Dalman)이 1898년에 이에 대해 선구자적인 업적을 세우고,[5] 팔레스틴 유대 아람어 문법[6] 및 아직도 필적할만한 것이 없을 정도의 연구의 기초를 수립한 고대어사전(Lexicon)[7]을 남긴 이후, 특별히 벨하우젠(J. Wellhausen)[8] 용(P. Jouon),[9] 그리고 블랙(M. Black)[10] 등은 구문론적 관찰을 통해 달만의 이러한 통찰력의 정당성에 대하여 어떠한 의문도 가질 수 없는 풍부한 확증적 자료들을 제시하였다.

보다 상세하게 말해, 예수의 모국어는 **서방 아람어의 갈릴리역(譯)** 이었다는 사실이 언급되어야만 한다. 우리는 갈릴리에 기원하고 있는 팔레스틴 탈무드와 미드라쉬의 일반 아람어 구절들에서 예수의 말씀과 가장 가까운 언어적 유사성을 발견할 수 있다.[11] 그러한 구절들이 주후 4세기에서 6세기까지의 기간동안 일정한 기록된 형태만을 갖고 있다는

---

4) 예수의 당시에는 서방 아람어는 근본적으로 팔레스틴에서 말해졌고 기록되어진 아람 방언으로 구성되어 있다.

5) *Die Worte Jesu mit Berücksichtigung des nachkanonischen Jüdischen Schrifttums und der aramäischen Sprache erörtert* I, Leipzing 1898, 1930=Darmstadt 1960(ET of the first edition : *The Words of Jesus*, Edinburgh 1902).

6) *Grammatik des Jüdisch-Palästinischen Aramäisch :* Leipzing 1894, 1905= Darmstadt 1960.

7) *Aramäisch-neuhebräisches Handwörterbuch zu Targum, Talmud und Midrasch,* Leipzing 1897−1901, Göttingen 1938=Hidesheim 1967.

8) ‡ Wellhausen.

9) ‡ Jouon의 일련의 논문들뿐만 아니라 특별히 그의 주석 및 복음서의 번역을 참조하라.

10) ‡ Black.

11) 이들 역본들에 대한 비평적 해석은 G. Dalman, *Aramäische Dialektproben,* Leipzing1(1896), ²(1927)=Darmstadt 1960, as an appendix to the reprint of Grammatik ; H. Odeberg, *The Aramic Portions of Bereshit Rabba with Grammar of Galilaean Aramaic* Lunds Universiters Arsskrift N. F. Avd. i, 36, 4, Lund-Leipzing 1939.를 참조하라.

사실은 그 가치를 상실시키지 않는다. 예수 당시에도 갈릴리에서의 일상 대화에 사용된 아람어는 발음,[12] 특별한 말들의 특이한 형식이나 사용[13] 및 문법의 변화[14]에 있어서 남부 팔레스틴의 언어(유대적 아람어)와 달랐을 가능성이 많다. 이러한 차이점의 또 다른 이유는 이 갈릴리 아람어는 성경의 언어와 랍비학파의 언어에 의해 조금도 영향을 받지 않았다는 점이다.[15] 마태는 갈릴리인이 그의 방언으로써 예루살렘에서 인식될 수 있었다고 말하고 있다(마 26：73).

본래의 아람어는 다음의 예등에서 예수의 어록($\lambda \acute{o} \gamma \iota \alpha$)에 보존되어 왔다. 즉 명령어 **달리다굼**($\tau \alpha \lambda \iota \theta \grave{\alpha} \kappa o \hat{v} \mu$) 막 5：41；[16] 랍비전승에 있는 마 5：17b；[17] 십자가 상의 절규인 **엘리 엘리 레마 사박다니**($\eta \lambda \iota \ \eta \lambda \iota \ \lambda \epsilon \iota \grave{\alpha} \ \sigma \alpha \beta \alpha \chi \theta \acute{\alpha} \nu \iota$, 마 27：46；막 15：34)[18] 등이다.   또한 예수에 의해 사용되어진 수많은 사적인 말씀들이 있다.[19] 이러한 단어의 완전한

---

12) 다시말해, 후음의 발음에 있어서 동일하지 않다(b. Er. 53b Bar)； 비교. Dalman, *Grammatik*, 52-106 등 p.1, n.1 예가 있다.

13) Dalman, *Grammatik*, ² 44-51의 항목을 참조하라.

14) 각주 16을 참조하라.

15) Dalman, *Worte Jesu*, 371.

16) 한 소녀가 언급되고 있기 때문에, 우리는 - ι 로 끝나는 명령형 $\kappa o \hat{v} \mu$ 의 여성형을 기대할 수 있다(AD $\Theta \varsigma$ 에는 이와 같이 되어 있다). 끝 자 - ι 의 생략은 일반적으로 수리아어의 영향을 받은 결과로 설명된다. 하지만 이것은 불가능하다. 왜냐하면 갈릴리 아람어에 있어서 여성형 명령형에 수리아어가 그러한 영향을 주었다는 증거는 없기 때문이다. 오히려 - ι 혹은 in에 있어서 여성형 명령형은 갈릴리 아람어에서 일정한 용법이었다. 사실상 마가복음 5：41에서의 $\kappa o \hat{v} \mu$ 은 여성적 의미를 가진 남성형의 용법의 경우이다. 보다 나은 성(genus potius)으로서의 남성형에 대한 일반적인 선호는 갈릴리 용법에서 관용적이었다：비교. 특별히 여성 단수 명령형인 경우에 있어서는, 기대되는 **시비** 대신에 **시브**, Midr. Lam. on 1：16이다 (Trag. 왕하 4：36 **사비**；Dalman, Grammatik, 275 § 62：2에는 두가지 예가 더 있다.

17) b. Shab. 116b(p. 132를 참조하라).

18) 마태복음-(엘리 엘리 레마 사박타니) $\eta \lambda \iota \ \eta \lambda \iota \ \lambda \epsilon \iota \grave{\alpha} \ \sigma \alpha \beta \alpha \chi \theta \acute{\alpha} \nu \iota$ 는 명확하게 복문을 제시하고 있다. 즉 평서문은 히브리어이고 의문문은 아람어이다. 그 반면 마가복음 **엘로이 엘로이 라마 사박다니**($\epsilon \lambda \omega \iota \ \epsilon \lambda \omega \iota \ \lambda \alpha \mu \grave{\alpha} \ \sigma \alpha \beta \alpha \chi \theta \acute{\alpha} \nu \iota$)에서는 문장 전체가 아람어이다. 엘리야에 대한 오해(막 15：35；마 27：47)는 엘리를 전제로 하는데, 이는 마태의 기사가 보다 초기의 전승임을 암시한다. 하지만 마태의 기사를 본문으로 생각하는 것은 오해이다. 왜냐하면 탈굼역본의 시편 22：1 **엘리 엘리 메툴 마 세바크티니**에 나타나 있듯이 (*ed. princeps*, Venice 1517), 히브리어 **엘**은 아람어로 전이되었기 때문이다. 이와같이 마 27：46에 나타나 있는 십자가상의 절규는 **전적으로** (*in toto*) 아람어로 전해진것이다.

19) 에바다($\acute{\epsilon} \phi \phi \alpha \theta \grave{\alpha}$, 막 7：34)에 대해서는 p.28 각주 54를 참조하라.

26

목록은 아직 작성되지 않았기 때문에, 나는 아래와 같이 열거해 보았다. 예수의 어록(λόγια)에 나타나는 아람어 지역명들[20], 인명들,[21] 출신 명칭들[22] 혹은 집단 명칭들[23]은 고려하지 않았다. 그 이유는 이들로부터는 예수가 직접하신 말씀에 관한 명확한 결론을 이끌어 낼 수가 없기 때문이다. 다음의 아람어는 예수가 직접 하신 말씀이다.

'abbā [24]	'ᵃnā [25]	'ᵃtā [26]
bar [27]	bᵉēl [28]	dᵉ [29]
'ellā [30]	gēhinnām [31]	yᵉsap [32]
kēpā [33]	lā [34]	lᵉmā [35]
mᵃhar [36]	māmōnā [37]	'ōrāyᵉtā [38]

---

20) 벳새다(βηθσαϊδά), 마 11 : 21; 눅 10 : 13; 가버나움 (καφαρναούμ), 마 11 : 23; 눅 10 : 15.

21) 삭개오(Ζακχαῖος), 눅 19 : 5; 마르다(Μάρθα), 눅10 : 41.

22) 갈릴리인(Γαλιλαῖος), 눅 13 : 2; 유대인(Ἰουδαῖος), 요 4 : 22, 18 : 36; 사마리아인(Σαμαρίτης), 마 10 : 5.

23) 사두개인(Σαδδουκαῖος), 막 16 : 6, 11f.; 바리새인(Φαρισαῖος), 막 8 : 15 등등.

24) 막 14 : 36; 아래 pp.102 이하를 참조하라.

25) b. Shab. 116b.

26) b. Shab. 116b.

27) 마 16 : 17; 복수 베네, 막 3 : 17(p. 27, 각주 43을 참조하라).

28) 마 10 : 25, 12 : 27; 눅 11 : 19.

29) b. Shab. 116b.

30) b. Shab. 116b, 상이한 읽기에 대해서는 p. 133, 각주 49를 참조하라.

31) 막 9 : 43, 45, 47; 마 5 : 22, 29f., 10 : 28, 18 : 9, 23 : 15, 33; 눅 12 : 5. 지옥 (γέεννα)이 아람어라는 사실은 아람어 발음 게힌남 발음과 관계가 있는 끝자— α 에 근거한다. 헬라어에서 끝자 -m의 삭제는 마리암/마리아(Μαρία) 경우에서도 동일하게 발견된다(비교. Dalman, [Grammatik], 183f).

32) b. Shab. 116b.

33) 요 1 : 43

34) b. Shab. 116b.

35) 마 27 : 46

36) 주기도문의 네번째 간구에 나타난다. 제롬(Jerome), *Commentary on Mattew*, 6 : 11 주해를 참조하라.

37) 마 6 : 24; 눅 16 : 9, 11, 13, 재물(μαμωνᾶς)은 - α 로 끝나는 아람어 강조형의 헬라어형이다.

38) b. Shab. 116b.

pashā [39)	pᵉhat [40)	qām [41)
rabbī [42)	regiš [43)	rēqā [44)
šabbᵉtā [45)	sātā [46)	sātānā [47)
šᵉbaq [48)	talītā [49)	

원래의 아람어를 담고있는 문장들과 단어들뿐만 아니라, 기초가 되
는 아람어 만을 밝혀줄 수 있는 많은 구절들이 있다. 여기에는 아람어
에서는 관용적이나 히브리어와 헬라어에서는 생소한 표현(아람주의)[50),
아림어를 사용하게 될 때 나타나는 번역상의 오류,[51) 그리고 마지

---

39) 막 14 : 14 ; 마 26 : 2, 22 : 8, 15. 유월절($\pi\acute{a}\sigma\chi a$)은 아람어 파스카의 필사
이다. 그 반면 히브리어 페사크는 예외없이 $\phi\acute{a}\sigma\epsilon\kappa$ ／ $\phi\acute{a}\sigma\epsilon\chi$ ／ $\phi\acute{e}\sigma\epsilon$ ／ $\phi\acute{e}\sigma a$ 로 필
사되었다(Jeremias, Eucharistic Words, p. 15, 각주 85 참조).

40) b. Shab. 116b.

41) 막 5 : 41.

42) 마 23 : 7, 비교. Dalman, Grammatik, 147 n. 4 : id., Words of Jesus, 337 ; J.
Jeremias, The Prayers of Jesus, SBT Ⅱ 6, 42.

43) 막 3 : 17. 우뢰의 아들($\beta o a\nu\eta\rho\acute{\epsilon}\varsigma$)은 아마 알렙(aleph) 어두음 첨가, 첫번
째 음절에서의 [세와(:) 이동]의 불명료화, 그리고 모음 접속[에―아]를 피하기
위하여 유음 문자 자리의 전환으로 이루어진 베네 레기스(우뢰의 아들)의 번역일
것이다.

44) 마 5 : 22 ; 비교. J. Jeremias, 라가($\dot{\rho} a\kappa\acute{a}$), TDNT Ⅵ, 1968, 973-76.

45) 막 3 : 4 ; 마 12 : 5, 11f., 이러한 구절들에서 단수 안식일을 가리키는 복수 $\tau\acute{a}$
$\sigma\acute{a}\beta\beta a\tau a$의 현저한 사용은 축제 명칭의 경우에 있어서의 헬라어 복수 사용과는 무
관하고(Blass-Debrunner § 141.3에는 이와 같이 주장되어 있다), 아람어로부터 설
명될 수 있다. 즉 강조형 단수 삽베타가 복수형으로 오해되었던 것이다.

46) 마 13 : 33 ; 눅 13 : 21(비교. Dalman, Grammatik, 201. 각주1).

47) 막 3 : 23, 26, 8 : 33 ; 마 12 : 26, 16 : 23 ; 눅 10 : 18, 11 : 18, 13 : 16, 22 : 31,
끝자 -$\hat{a}\varsigma$ 에 대해서는 위의 각주 37을 참조하라.

48) 막 15 : 34 ; 마 27 : 46.

49) 막 5 : 41.

50) 예 : 헬라어와 히브리어의 생소한, 기도문에서의 '범죄', '죄'의 의미로 사용
된 '빚진 돈'을 뜻하는 $\dot{o}\phi\epsilon\acute{\iota}\lambda\eta\mu a$라는 단어(마 6 : 12)는 빈번하게 종교적인 의미로
사용되는 아람어 코바에 기초하고 있다(예를 들어, j. Hag. 77d 40ff., [ed. Princeps],
Venice 1523, 탈굼역에서는 자주). 중요한 숫자들 앞의 배수형($\epsilon\acute{\iota}\varsigma$ ／ $\dot{\epsilon}\nu$)의 용법
(막 4 : 8, 삼십배 육십배 백배($\epsilon\acute{\iota}\varsigma$ $\tau\rho\iota\acute{a}\kappa o\nu\tau a$ $\kappa a\acute{\iota}$ $\dot{\epsilon}\nu$ $\dot{\epsilon}\xi\acute{\eta}\kappa o\nu\tau a$ $\kappa a\acute{\iota}$ $\dot{\epsilon}\nu$ $\dot{\epsilon}\kappa a\tau\acute{o}\nu$,
비교. 20절)은 이에 상응하는 아람어 카드의 기능에 의해 설명될 수 있다(비교. 단
3 : 19). 이 반면에 E. Nestle ; Zum neutestamentlichen Griechisch, [ZNW] 7, 1906,
279f : 비교. 8, 1907, 241 ; 9, 1908, 253, 이후에 늘 반복되어진, $\dot{\epsilon}\nu$ (베)를 가진
$\dot{o}\mu o\lambda o\gamma\epsilon\hat{\iota}\nu$ 의 구성은 아람어이며 히브리어와는 거리가 있다는 주장은 잘못되었
다. 비교. 아람어 오디 베, b. Shab. 39b ; 히브리어 호다 베, b. B. M. 3a.

28

막으로 아람어를 말하는 환경에서 발생하는 전승의 변형[52] 등이 있다.

다른 방향에서 예수가 직접하신 말씀으로 전해 내려오는 **히브리어** 말씀을 조사해 봄으로써 우리는 다음과 같은 최소한의 결과를 얻을 수 있다. 방향의 조사는 최소한의 결과들을 산출한다. 우리는 $\dot{\alpha}\mu\dot{\eta}\nu$과 $\dot{\eta}\lambda\acute{\iota}$를 포함할 수 없다. 왜냐하면 이 두 단어들은 아람어로 전이되어졌기 때문이다.[53] **에바다**($\dot{\epsilon}\phi\phi\alpha\theta\acute{\alpha}$, 막 7 : 34)가 아람어인지 히브리어인지에 관한 논란이 있다 :[54] **고르반**($\kappa o\rho\beta\hat{\alpha}\nu$, 막 7 : 11, 마 27 : 6의 $\kappa o\rho\beta\alpha\nu\hat{\alpha}\varsigma$와는 상반된다)은 진짜 히브리어 이지만, 일상적인 언어는 아니고 거절의 상투어였다.[55] 내가 아는 한 예수의 직접적인 유일한 히브리어는 **제불**, '거주'이다. 그러나 이 말에서조차 우리는 단순하고 일상적인 언어를 갖지 못하고 신학적인 토론을 불러 일으키는 문자의 기교 (word-play)를 보게된다. 예수는 **베엘세불**($\beta\epsilon\epsilon\lambda\zeta\epsilon\beta o\acute{u}\lambda$)을 베엘과 히

---

51) 예를 들어, 눅 7 : 45에서 $\epsilon\dot{\iota}\sigma\dot{\eta}\lambda\theta o\nu$ '[내가] 집에 들어갔다'는 적합치 않으며, $\epsilon\dot{\iota}\sigma\dot{\eta}\lambda\theta\epsilon\nu$ '[그녀가] 집에 들어갔다'는 것이 더 나아 보인다. 여기에는 명백히 번역상의 잘못이 있다. 갈릴리 아람어에서 **아타이이트**는 두가지 의미, 즉 '내가 왔다'와 '그녀가 왔다'를 가지고 있다. (비교. Dalman, *Grammatik*, 338, 342f., 406). 마 5 : 13; 눅 13 : 34에 있어서 번역상의 오류인 $\kappa\omega\rho\alpha\nu\theta\hat{\eta}$에 대해서는 p. 59를 참조하라.

52) 예를 들어, 막 8 : 38; 눅 9 : 26의 $\delta\varsigma\ \gamma\dot{\alpha}\rho\ \dot{\epsilon}\dot{\alpha}\nu\ \dot{\epsilon}\pi\alpha\iota\sigma\chi\upsilon\nu\theta\hat{\eta}\ \mu\epsilon$ (=카파르, 부끄러워하다는 마 10 : 33; 눅 12 : 9 $\ddot{o}\sigma\tau\iota\varsigma\ \delta'\ \ddot{\alpha}\nu\ \dot{\alpha}\rho\nu\dot{\eta}\sigma\eta\tau\alpha\acute{\iota}\ \mu\epsilon$ (=카파르, 부인하다)와 대조를 이룬다. 전승의 두 흐름(~을 부끄러워하다, 부인하다)은 구전기간 동안 아람어 환경에서 발생했음에 틀림없다. 이와 유사하게 마 5 : 13b와 눅 14 : 34f는 우리가 아람어로 다시 번역함으로써 어떻게 어원이 동일한 말(마태복음, **미스테네—이트테다사**; 누가복음, **타펠—이트탑벨—잡바라**)을 볼 수 있는지(아래 p. 60을 참조하라)를 지시해준다. 다시 한번 두 흐름이 아람어 환경에서 발생했음에 틀림없다.

53) $\dot{\alpha}\mu\dot{\eta}\nu$을 위하여는 pp. 69이하를 보라. 또한 $\dot{\eta}\lambda\acute{\iota}$를 위하여는 p. 25 각주 18을 보라.

54) 팔레스틴 아람어는 t를 p로 동화(同化)시키지 않았기 때문에 $\dot{\epsilon}\phi\phi\alpha\theta\acute{\alpha}$는 히브리어임에 틀림없다고 하는 I. Rabinowitz의 이론은 M. Black에 의해서 분명하게 거부되었다('"Be opened"= $E\phi\phi\alpha\theta\acute{\alpha}$ (Mk. 7 : 34) : Did Jesus Speak Hebrew? ZNW 53, 1962, 229-38). Black은 탈굼에서의 그러한 동화의 예들에 주의를 환기시킨다 (예컨대 Cod. Neofiti I Gen. 3 : 7 marg 〈letter of 28. 12. 1967〉). 한편 이에 대한 J. A. Emerton의 견해는 좀더 신중하다 'MARANATHA and EPHPHATHA', JTS 18, 1967, 427-31. 그는 $\dot{\epsilon}\phi\phi\alpha\theta\acute{\alpha}$가 히브리어일 가능성을 인정하기는 하지만, 그러나 갈릴리 아람어가 일상의 언어에서 그러한 동화(同化)가 있었을 가능성을 열어둔다.

55) Billerbeck I 711-17; p. 308을 보라.

브리어 **제불**('집')로 분해함으로써 "집 주인"($οἰκοδεσπότης$, 마 10
: 25)이라고 해석하신다.

이러한 증거는 히브리어가 예수 당시에, 팔레스틴에서, 특히 유대에
서, 일상 언어로서 사용되었다는 이론이 얼마나 근거없는지를 다시 한
번 보여준다.[56] 그러나 이 증거는 예수가 히브리어를 알고 있어다는 사
실을 부인케 하지는 않는다. 예수가 회당 예배에서 선지서(**하프타라**)
로 부터 히브리어 성구를 읽으셨던 누가복음 4 : 16—19의 기사는 이 사
실을 잘 보여준다. 그러나 원래의 히브리어 본문이 우리가 현재 소유
하고 있는 예수의 말씀의 번역의 기초를 이루며, 그들은 대부분 특별
히 진지한 강화에서 발견되어진다는 아주 동떨어진 사실만 있을 뿐
이다. 예를 들어, 여러가지 헤브라이즘[57]의 관점에서 우리는 예수가 성
스러운 언어로 관습적인 말씀을 했다는 가능성을 고려해야만 한다.[58]

예수의 말씀이 아람어를 배경으로 하고 있다는 사실의 발견은[59] 복음
전승의 신뢰성의 문제에 대하여 매우 큰 의미가 있다. 이러한 언어적
증거는 우리로 하여금 아람어적 구전의 영역으로 되돌아가게 하며, 또
한 예수의 말씀의 내용뿐만 아니라(종종 그렇게 되어 왔듯이), 이들의
언어 및 말씨를 당시의 유대주의에 유행하던 셈어의 특징과 대조하도
록 해준다.

§ 2. 예수가 선호한 화법(話法)

Dalman, *Words of Jesus* ; C. F. Burney, *The Poetry of Our Lord.* Oxford 1925 ;

---

56) H. Birkeland, *The Language of Jesus* (Avhandlinger utgitt av Det Norske
Videnskaps-Akademi i Oslo. Hist. -Filos. Klasse 1954, I), Oslo 1954 ; J. M. Grintz,
Hebrew as Spoken and Written Language in the Last Days of the Second Temple',
[*JBL*] 79, 1960, 32-47. 쿰란에 히브리 문학이 있다는 사실은 히브리어 역시 제의
(cult)와 신학뿐만 아니라 문학과 율법을 위한 살아있는 언어라는 사실을 의미한다.
57) '헤브라이즘'이란 말은 특별히 헬라 본문의 기초가 되는 히브리어 구조, 절
과 표현들을 가리킨다. (이 반면에 앞 항목에서 우리는 헬라 본문에 있는 외국어로
서 보존되어 있는 히브리 단어들에 대하여 말하였다.).
58) Black, 238, 239(The Original Language of the Last Supper): Jeremias,
Eucharistic Words. 196-98.
59) 최근에 J. A. Emerton은 'MARANATHA and EPHPHATHA', JTS 18,
1967, 427-31에서 예수가 정규적으로 사용한 언어는 아람어였다고 말한다.

M. Black. *An Aramaic Approach to the Gospels and Acts.* Oxford 1946, ³1967 : E.
Pax 'Beobachtungen zum biblischen Sprachtabu'. *Studii Biblici Franciscani*
1961/2, Jerusalem 1962. 66–112.

만일 우리가 공관복음서에 나타나는 예수의 말씀의 언어와 문체를
당시의 어법양식과 비교해 본다면, 많은 표현들이 오직 예수의 입술위
에서만 나타나는 매우 독특한 것임을 알게될 것이다.

(1) 신적 수동형

기독교 발생 이전부터,[60] 하나님의 이름을 부르는 것은 금지되었는
데,[61] 이 사실은 하나님의 이름의 오용을 불허하는 십계명의 둘째 계명
에 명확하게 드러나 있다(출 20 : 7 ; 신 5 : 11). 시간이 지났지만 여전
히 기독교 발생 이전에, **완곡어법**으로 하나님의 행위와 감정을 말하는
관습이 생겨났다.[62]

예수께서 '하나님'이란 말을 사용하는데 주저하지 않으신 것은 사실
이지만(아래 p.151을 보라), 대부분 당시의 관습을 따라 완곡어법을 사
용하여 하나님의 행동을 말씀하셨다.

1. 하나님의 이름을 대신하는 수동형, 이는 말씀 전체를 통해 자주
나타난다. (pp.31이하를 참조하라)

2. **하늘**, $o\dot{\iota}\ o\dot{\upsilon}\rho\alpha\nu o\dot{\iota}$, 이는 또한 단수로도 발견된다(이 단수는 헬
라어 영향을 받은 것이다). 이 하늘은 마태복음의 천국($\dot{\eta}\ \beta\alpha\sigma\iota\lambda\epsilon\dot{\iota}\alpha$
$\tau\hat{\omega}\nu\ o\dot{\upsilon}\rho\alpha\nu\hat{\omega}\nu$)이라는 문구에서 31번 나타나며, 다른 곳에서 $\dot{\epsilon}\nu\,(\tau\hat{\omega})$
$o\dot{\upsilon}\rho\alpha\nu\hat{\omega}/\dot{\epsilon}\nu\,(\tau o\hat{\iota}\varsigma)\ o\dot{\upsilon}\rho\alpha\nu o\hat{\iota}\varsigma$ '하나님과 함께'[63] $\epsilon\dot{\iota}\varsigma\ \tau\dot{o}\nu\ o\dot{\upsilon}\rho\alpha\nu\dot{o}\nu =$
'하나님께 대하여'[64] $\dot{\epsilon}\xi\ o\dot{\upsilon}\rho\alpha\nu o\hat{\upsilon} =$'하나님으로부터'[65] 등에서 나타
난다.

---

60) Dalman, *Words of Jesus.* 182.

61) 몇몇 엄격하게 의역된 예외들에 대해서는 Billerback Ⅱ311-13을 참조하라.
서기관들은 은밀한 교육으로 그들의 생도들에게 하나님의 이름의 발음을 전해주
었다(b. Kidd. 71a ; J. Yom. 40d 57ff.).

62) Dalman, *Words of Jesus.* 179-233 ; Billerbeck Ⅰ 862-65(하늘) ; Ⅱ 308-11.

63) 막 10 : 21, 12 : 25, 13 : 32 ; 마 5 : 12 ; 눅 6 : 23 ; 마 6 : 20 ; 눅 12 : 33 ; 마 16
: 19bc, 18 : 18ab ; 눅 10 : 20, 15 : 7.

64) 눅 15 : 18, 21.

65) 막 11 : 30.

3. 아버지(나의, 너의, 우리의, 너희의, $\acute{o}\,\pi\alpha\tau\acute{\eta}\rho,\,\mu o\nu,\,\sigma o\nu,\,\acute{\eta}\mu\tilde{\omega}\nu$ $\acute{\nu}\mu\tilde{\omega}\nu$) : 후기의 전승에는 이러한 실례들이 더 많이 나타나 있다.[66]

4. 3인칭복수 : 누가의 특별한 자료에서만 나타난다 : 누가복음 6 : 38, 12 : 20, 48c(두번), 16 : 9, 23 : 31.[67]

5. 주님($\acute{o}$) $\kappa\acute{\nu}\rho\iota o\varsigma$: 마가복음 5 : 19, 13 : 20을 제외하고, 이 말은 구약 성경으로부터 인용된 하나님 호칭의 완곡어법으로만, 종종 관사와 함께(막 5 : 19, 12 : 36, 인용 ; 마 5 : 33, 인용), 혹은 종종 관사없이 (마 12 : 11인용 ; 13 : 20 : 마 23 : 29 인용 ; 눅 4 : 18, 인용 ; 19, 인용)[68] 사용되었다.

6. 하늘과 땅의 주님($\acute{o}\,\kappa\acute{\nu}\rho\iota o\varsigma\,\tau o\tilde{\nu}\,o\acute{\nu}\rho\alpha\nu o\tilde{\nu}\,\kappa\alpha\grave{\iota}\,\tau\tilde{\eta}\varsigma\,\gamma\tilde{\eta}\varsigma$) : 마 11 : 25, 눅 10 : 21.

7. 권능자($\acute{\eta}\,\delta\acute{\nu}\nu\alpha\mu\iota\varsigma$: 막 14 : 62, 마 26 : 64 하나님의 $\tau o\tilde{\nu}\,\theta\epsilon o\tilde{\nu}$ 의 부가어와 함께, 눅 22 : 69) ; 또한 아마 막 12 : 24, 마 22 : 29.

8. 지혜($\acute{\eta}\,\sigma o\phi\acute{\iota}\alpha$), 마 11 : 19, 눅 7 : 35. 하나님($\tau o\tilde{\nu}\,\theta\epsilon o\tilde{\nu}$)의 부가어와 함께, 눅 11 : 49.

9. 이름($\tau\grave{o}\,\acute{o}\nu o\mu\alpha$) : 마 6 : 9, 눅 11 : 2[69]

10. 왕국($\acute{\eta}\,\beta\alpha\sigma\iota\lambda\epsilon\acute{\iota}\alpha$) : p. 158 을 참조하라.

11. 천사들 : 오직 누가복음에서만 나타난다 : 눅 12 : 8,9, 15 : 10(하나님의($\tau o\tilde{\nu}\,\theta\epsilon o\tilde{\nu}$)는 세 구절 모두에서 부가어일 것이다.)

12. 하나님의 앞($\acute{\epsilon}\nu\acute{\omega}\pi\iota o\nu\,\tau o\tilde{\nu}\,\theta\epsilon o\tilde{\nu}$), 눅 12 : 6, 16 : 15 ; 비교, 15 : 10. 하나님의 뜻($\acute{\epsilon}\mu\pi\rho o\sigma\theta\epsilon\nu\,\tau o\tilde{\nu}\,\theta\epsilon o\tilde{\nu}$, 마 11 : 16 ; 18 : 14) : '하나님 앞에' 있는 천사들은 하나님을 대신한 대행자들로서, 그 감정과 뜻

---

66) 마가복음 4번 ; 마태복음과 누가복음에 흔한 어록($\lambda o\gamma\acute{\iota}\alpha$) 7번 ; 누가복음서에서만 6번 ; 마태복음서에서만 32번 ; 요한복음서 109번. J. Jeremias, *The Prayer of Jesus*, SBT Ⅱ 6, p. 36의 목록(하나님에 대한 칭호로서 '아버지')과 p. 54의 목록(하나님께 대한 성함으로서 '아버지')에서의 실례들.

67) 랍비 문헌들에서의 일반적인 완곡어법.

68) 불행하게도 헬라어 주(主)($\langle\acute{o}\rangle$ $\kappa\acute{\nu}\rho\iota o\varsigma$)는 우리에게 예수께서 예배 외에 하나님 칭호에 대한 대용어로 이에 상당하는 어떤 히브리어나 아람어를 사용했는지 말하지 않는다. 예배의 문맥내에서, 일반적인 용법은 **아도나이**를 대용했다.

69) 오늘날에도, **쉐마**(첫째 음절에 악센트가 있음)는 사마리아인들에게는 하나님의 칭호를 대신하고 있다 ; J. Jeremias, *Die Passahfeier der Samaritaner*, BZAW 59, Giessen 1932, 19.

32

을 하나님으로부터 가져온다.

13. 큰 임금($\dot{o}$ $\mu\acute{e}\gamma\alpha\varsigma$ $\beta\alpha\sigma\iota\lambda\epsilon\acute{v}\varsigma$) : 마 5 : 35(=시 48 : 3)에서 단 한 번 나타난다.

14. 지극히 높으신 이($\dot{o}$ $\ddot{v}\psi\iota\sigma\tauο\varsigma$) : 눅 6 : 35에서만 예수의 직접적인 말씀으로 나타난다.

15. 거룩한($\ddot{α}\gamma\iota ος$; 형용사) : 막 3 : 29, 8 : 38, 12 : 36, 13 : 11 ; 마 12 : 32 ; 눅 11 : 13, 12 : 12.

16. 위에서($\ddot{α}\nu\omega\theta\epsilon\nu$) : 요한복음에서만 나타난다. 요 3 : 3, 7, 19 : 11, (비교, $\dot{e}\kappa$ $\tau\hat{ω}\nu$ $\ddot{α}\nu\omega$ 8 : 23).

17. 분사절 : 예를들어 막 9 : 37, 나를 보내신 이($\tauὸ\nu$ $\dot{a}\pi ο\sigma\tau\epsilon\iota\lambda\alpha\nu\tau$- $\dot{α}\mu\epsilon$), 마 10 : 28 능히…하는 자($\tauὸ\nu$ $\delta\upsilon\nu\acute{α}\mu\epsilon\nu ο\nu$), 마 23 : 21, 안에 계신 이로($\dot{e}\nu$ $\tau\hat{ω}$ $\kappa\alpha\tau ο\iota\kappa ο\hat{\upsilon}\nu\tau\iota$ $\alpha\dot{\upsilon}\tauό\nu$ ($\tauὸ\nu$ $\nu\alpha\acuteο\nu$), 22, 위에 앉으신 이로($\dot{e}\nu$ $\tau\hat{ω}$ $\kappa\alpha\theta\eta\mu\acuteε\nu\omega$ $\dot{e}\pi\acute{α}\nu\omega$ $\alpha\dot{\upsilon}\tauο\hat{\upsilon}$ ($\tauο\hat{\upsilon}$ $\theta\rhoό\nuο\upsilon$).

18. 동사를 사용한 완곡어법 : 만들다($\gamma\acute{\iota}\nu\epsilon\sigma\theta\alpha\iota$), 막 2 : 27($\dot{e}\gamma\acuteε\nu\epsilon$- $\tauο$, '하나님께서 만드셨다'), 4 : 11, 6 : 2, 마 11 : 21(2번), 23(2번), 눅 4 : 25, 11 : 30, 19 : 9, 23 : 31, 주다($\lambda\alpha\mu\beta\acute{α}\nu\epsilon\iota\nu$) 막 10 : 30($\lambda\acute{α}\beta\eta$, '하나님께서 그에게 주시다) 11 : 24, 12 : 40, 마 7 : 8, 10 : 41(2번), 일으키다($\dot{a}\nu\iota\sigma\tau\acute{α}\nu\alpha\iota$) : 막 9 : 31 ($\dot{a}\nu\alpha\sigma\tau\acute{\eta}\sigma\epsilon\tau\alpha\iota$, '하나님께서 그를 일으키실 것이다').

예수의 말씀에 나타나고 있는 하나님에 대한 다양한 완곡어법들은 현저하다. 비록 우리가 그들 가운데 몇몇은 오직 한 두번 나타나고(nos 6−9, 13, 14), 나머지 것들도 전승의 하나에 제한되어 나타나긴 하지만 말이다(nos 4, 11, 16). 이러한 다양한 완곡어법 가운데 가장 현저하게 애호하고 있는 것이 하나 있는데, 이는 '신적 수동형'이다. 예수의 수많은 말씀들은 수동형이 하나님 편에서의 행동에 대한 불명확한 암시라는 사실을 깨달을 때만 충분히 효력이 나타난다. 예를 들어, 마 태복음 5 : 4은 다음과 같이 적절하게 번역될 수 있다. '애통하는 자는 복이 있나니 그들을 위로할 자가 있음이요', 마 10 : 30, 눅 12 : 7 : '너 희의 머리털까지도 다 세신 자가 있다', 막 2 : 5 : '소자야 네 죄사함을 준 자가 있다.' '신적 수동형'이 하나님 편에서의 행동에 대한 완곡어 법의 의도로 사용되었는지, 아니면 이러한 의도없이 사용되었는지 확실치 않은 수많은 경우가 있다는 사실이 강조되어져야 하지만, 어쨌든 이러한 '신적 수동형'은 예수의 말씀에 약 100번 가량 나타난다.[70]

처음 세 복음서에서 '신적 수동형'은 다음과 같은 방식으로 예수의 말씀 가운데 나타나 있다(여기서와 다른 곳에서 분류 또는 병행 구절들이 단 한번 계산되어 있다).

마가복음 ··· 21번 [71]
마태복음과 마가복음에 공통된 어록($\lambda o \gamma \iota a$)······· 23번 [72]
오직 마태복음 ··· 27번 [73]

---

70) 아래의 것들은 무관하기 때문에 이 요약에는 무시되었다. (a) 자동사 수동형 (b) 하나님께서 논리적인 주어로서 직접적 혹은 간접적으로 언급된 경우들, 왜냐하면 정의상 이들은 엄격한 의미에 있어서 '신적 수동형'이 아니기 때문이다. (c)$\gamma \acute{\epsilon} - \gamma \rho a \pi \tau a \iota$와 $\acute{\epsilon} \rho \rho \acute{\epsilon} \theta \eta$으로 성경적인 인용의 형식적인 소개. 왜냐하면 $\gamma \acute{\epsilon} \gamma \rho a \pi \tau a \iota$로의 논리적인 주어는 특별한 성경 저자이며(비교. 막 10 : 5, 12 : 19 ; 요 1 : 45, 5 : 46), 반면에 $\acute{\epsilon} \rho \rho \acute{\epsilon} \theta \eta$의 주어는 명확치 않다(하나님? 율법? 옛 시대의 사람들?).

71) 마가복음 : 빼앗다($a \acute{\iota} \rho \omega$, 4 : 24), 소금치다($\acute{a} \lambda \acute{\iota} \zeta \omega$, 9 : 49), 가져가 버리다($\acute{a} \pi a \acute{\iota} \rho \omega$, 2 : 20), 보내버리다($\acute{a} \phi \acute{\iota} \eta \mu \iota$ 2 : 5, 9, 3 : 28, 4 : 12), 던지다($\beta \acute{a} \lambda \lambda \omega$, 9 : 45, 47), 되다($\gamma \acute{\iota} \nu o \mu a \iota$ 12 : 10), 주다($\delta \acute{\iota} \delta \omega \mu \iota$, 4 : 11, 25, 8 : 12, 13 : 11), 예비하다($\acute{\epsilon} \tau o \iota \mu \acute{a} \zeta \omega$, 10 : 40), 헤아리다($\mu \epsilon \tau \rho \acute{\epsilon} \omega$, 4 : 24), 넘겨주다($\pi a \rho a \delta \acute{\iota} \delta \omega \mu \iota$, 9 : 31, 14 : 41), 더 받다($\pi \rho o \sigma \tau \acute{\iota} \theta \eta \mu \iota$, 4 : 24), 둔하게하다($\pi \omega \rho \acute{o} \omega$, 8 : 17), 구원하다($\sigma \acute{\omega} \zeta \epsilon$, 13 : 13).

72) 마태복음과 마가복음의 공통적인 어록($\lambda o \gamma \iota a$). 거룩히 여기다($a \gamma \iota \acute{a} \zeta \omega$, 마 6 : 9 ; 눅 11 : 2), 열리다($\acute{a} \nu o \acute{\iota} \gamma \omega$, 마 7 : 7 ; 눅 11 : 9 ; 마 7 : 8, 눅 11 : 10), 드러나다($\acute{a} \pi o \kappa a \lambda \acute{u} \pi \tau \omega$, 마 10 : 26 ; 눅 12 : 2), 파송하다($\acute{a} \pi o \sigma \tau \acute{\epsilon} \lambda \lambda \omega$, 마 23 : 37, 눅 13 : 34), 세다($\acute{a} \rho \iota \theta \mu \acute{\epsilon} \omega$, 마 10 : 30 ; 눅 12 : 7), 내버려두다($\acute{a} \phi \acute{\iota} \eta \mu \iota$, 마 12 : 32a, 눅 12 : 10a ; 마 12 : 32b, 눅 12 : 10b, 마 23 : 38, 눅 13 : 35, 마 24 : 40, 눅 17 : 34, 마 24 : 41 ; 눅 17 : 35), 알다($\gamma \iota \nu \acute{\omega} \sigma \kappa \omega$, 마 10 : 26 ; 눅 12 : 2), 주다($\delta \acute{\iota} \delta \omega \mu \iota$, 마 7 : 7 ; 눅 11 : 9), 쫓겨나다($\acute{\epsilon} \kappa \beta \acute{a} \lambda \lambda \omega$, 마 8 : 12 ; 눅 13 : 28), 비판하다($\kappa \rho \acute{\iota} \nu \omega$, 마 7 : 1 ; 눅 6 : 37), 헤아리다($\mu \epsilon \tau \rho \acute{\epsilon} \omega$ 마 7 : 2 ; 눅 6 : 38〈$\acute{a} \nu \tau \iota \mu \epsilon \tau \rho \acute{\epsilon} \omega$〉), 던지다($\pi a \rho a \lambda a \mu \beta \acute{a} \nu \omega$ 마 24 : 40 ; 눅 17 : 34, 마 24 : 41 ; 눅 17 : 35),더하다($\pi \rho o \sigma \tau \acute{\iota} \theta \eta \mu \iota$, 마 6 : 33, 눅 12 : 31), 낮추다($\tau a \pi \epsilon \iota \nu \acute{o} \omega$, 마 23 : 12, 눅 14 : 11, 18 : 14), 배부르다($\chi o \rho \tau \acute{a} \zeta \omega$, 마 5 : 6, 눅 6 : 21a),높아지다($\acute{u} \psi \acute{o} \omega$ 마 11 : 23, 눅 10 : 15, 마 23 : 12, 눅 14 : 11, 18 : 14). 한 경우에, 신적 수동태는 오직 마태 복음에서만 나타나고, 누가복음에서는 나타나지 않는다. 위로하다($\pi a \rho a \kappa a \lambda \acute{\epsilon} \omega$, 마 5 : 4, 눅 6 : 21〈$\gamma \epsilon \lambda \acute{a} \omega$〉), 함께 속해 있는 두 경우에는 '신적 수동태'가 누가 복음에서만 나타나고 마태복음에서는 나타나지 않는다. 청구하다($\acute{\epsilon} \kappa \zeta \eta \tau \acute{\epsilon} \omega$, 눅 11 : 50, 마 23 : 35 $\acute{\epsilon} \rho \chi o \mu a \iota$, 눅 11 : 51, 마 23 : 36〈$\acute{\eta} \kappa \omega$〉). 이러한 세 경우는 아래 각주 73, 74에 각각 포함되어 있다).

73) 마태복음 : 빼앗기다($a \acute{\iota} \rho \omega$, 21 : 43), 보내다($\acute{a} \pi o \sigma \tau \acute{\epsilon} \lambda \lambda \omega$, 15 : 24), 던지다

오직 누가복음·······························25번 [74]

　이 현상이 탈무드 현상에서는 거의 전적으로 없다는 사실은 놀랄만한 것이다. 달만(Dalman), 빌러벡(Billerbeck), 그리고 내가[75] 수집했던 12개 정도의 실례들은 지금은 더 증가될 수 있지만, 그럼에도 불구하고 탈무드 문헌의 내용과 비교해 볼 때 이 정도의 증거는 극미량에 불과하다. 그러한 학파들에 있어서 하나님의 행위를 표현하는 완곡어법에 대한 일반적인 동사 형태는 3인칭 복수이다(비교 p. 30, 주 63).

　따라서 달만은 성급하게 공관복음서의 '신적 수동형'은 주어 없이 그러한 행동 형태에서 유래한다고 생각한다.[76] 그러나 이것은 역본들의 저지를 전혀 받지 못하는 임시 변통적 해결책이다. 그 결과, 우리의 최초의 발견은 부정적이다. 즉 팔레스틴 학파들에게서 공공적 가르침은 분명히 '신적 수동형'에 대한 **삶의 정황**(Sitz im Leben) 이 아니다. 그러면 그 경우에, 이 '신적 수동형'은 어디에서 유래하는가?

　'신적 수동형'은 예를 들어 바울의 서신들에서 추론할 수 있듯이, 디아스포라의 문헌에서 더욱 현저하게 나타난다. 70인경은 부분적으로 이 사실에 대해 책임이 있을 수 있다. 왜냐하면 70인경은 종종 히브리 본문이 능동태로 되어 있는 곳에서 수동태를 사용하고 있다(예를 들

($\beta \acute{\alpha} \lambda \lambda \omega$, 5 : 29, 7 : 19), 되다($\gamma \acute{\iota} \nu o \mu \alpha \iota$, 6 : 10, 9 : 29, 26 : 42), 매다($\delta \acute{\epsilon} \omega$, 16 : 19, 18 : 18), 주다($\delta \acute{\iota} \delta \omega \mu \iota$, 19 : 11, 21 : 43), 의롭다($\delta \iota \kappa \alpha \iota \acute{o} \omega$, 12 : 37), 들어주다($\epsilon \acute{\iota} \sigma \alpha \kappa o \acute{\upsilon} \omega$, 6 : 7), 찍어버리다($\acute{\epsilon} \kappa \kappa \acute{o} \pi \tau \omega$, 7 : 19), 뿌리채 뽑다($\acute{\epsilon} \kappa \rho \iota \zeta \acute{o} \omega$, 15 : 13) 자비함을 얻다($\acute{\epsilon} \lambda \epsilon \acute{\epsilon} \omega$, 5 : 7), 예비하다($\acute{\epsilon} \tau o \iota \mu \acute{\alpha} \zeta \omega$, 25 : 34, 41), 일컬음을 받다($\kappa \alpha \lambda \acute{\epsilon} \omega$, 5 : 9, 19(2번)), 정죄하다($\kappa \alpha \tau \alpha \delta \iota \kappa \acute{\alpha} \zeta \omega$, 12 : 37), 저주받다($\kappa \alpha \tau \alpha \rho \acute{\alpha} o \mu \alpha \iota$, 25 : 41), 비판하다($\kappa \rho \acute{\iota} \nu \omega$, 7 : 2), 위로하다($\pi \alpha \rho \alpha \kappa \alpha \lambda \acute{\epsilon} \omega$, 5 : 4).

　74) 누가복음. 돌려주다($\alpha \nu \tau \alpha \pi o \delta \acute{\iota} \delta \omega \mu \iota$, 14 : 14), 나타나다($\acute{\alpha} \pi o \kappa \alpha \lambda \acute{\upsilon} \pi \tau \omega$, 17 : 30), 용서하다($\acute{\alpha} \pi o \lambda \acute{\upsilon} \omega$, 6 : 37), 용서하다($\acute{\alpha} \phi \acute{\iota} \eta \mu \iota$, 7 : 47(2번), 48, 명하다($\delta \iota \alpha \tau \acute{\alpha} \sigma \sigma \omega$, 17 : 10), 주다($\delta \acute{\iota} \delta \omega \mu \iota$, 6 : 38, 12 : 48), 의롭다고 하다($\delta \iota \kappa \alpha \iota \acute{o} \omega$, 18 : 14), 기록하다($\acute{\epsilon} \gamma \gamma \rho \acute{\alpha} \phi \omega$, 10 : 20), 찾다($\zeta \eta \tau \acute{\epsilon} \omega$, 12 : 48), 찾다($\acute{\epsilon} \kappa \zeta \eta \tau \acute{\epsilon} \omega$, 11 : 50, 51), 정죄하다($\kappa \alpha \tau \alpha \delta \acute{\iota} \kappa \alpha \zeta \omega$, 6 : 37), 닫다($\kappa \lambda \epsilon \acute{\iota} \omega$, 4 : 25) 숨기다($\kappa \rho \acute{\upsilon} \pi \tau \omega$, 19 : 42), 정하다($\acute{o} \rho \acute{\iota} \zeta \omega$, 22 : 22), 넘겨주다($\pi \alpha \rho \alpha \delta \acute{\iota} \delta \omega \mu \iota$, 24 : 7), 위로하다($\pi \alpha \rho \alpha \kappa \alpha \lambda \acute{\epsilon} \omega$, 16 : 25), 보내다($\pi \acute{\epsilon} \mu \pi \omega$, 4 : 26), 이루다($\pi \lambda \eta \rho \acute{o} \omega$, 4 : 21, 22 : 16), 고정시키다($\sigma \tau \eta \rho \acute{\iota} \zeta \omega$, 16 : 26), 완성하다($\tau \epsilon \lambda \epsilon \iota \acute{o} \omega$, 13 : 32).

　75) Dalman, *Words of Jesus*, 225, *Wort Jesu*, 383, Billerbeck Ⅰ 443, Jeremias, *Eucharistic Words*, 202.

　76) Dalman, *Words of Jesus*, 224.

어, 창 15：6： $\dot{\epsilon}\lambda o\gamma\acute{\iota}\sigma\theta\eta$, 여기다). 그러한 경우들에서 '신적 수동형'은 아마 신학적 동기에 의해서 보다는 헬라어 풍에 의해서 영향을 받았을 것이다. 아람어의 특징인 수동태의 사용에 있어서의 일반적인 제한은 헬라어와는 거리가 멀다. 우리는 바울이 수동태의 사용에 있어서 70인경에 의해 영향을 받았다는 사실을 알 수 있는데, 예를 들어 그는 로마서 4장에서 네번 **여기다**($\dot{\epsilon}\lambda o\gamma\acute{\iota}\sigma\theta\eta$, 창 15：6 LXX, 위에서 언급되었다)를 언급하면서 이러한 인용과 관련하여 스스로 '신적 수동형'으로서 같은 장에서 세 번(5, 11, 24절) 수동태 $\lambda o\gamma\acute{\iota}\zeta\epsilon\sigma\theta\alpha\iota$ 를 사용하고 있다. 이것은 복음서에 내포되어 있는 예수의 말씀에서 '신적 수동형'이 헬라—유대 용법에 근거하여 설명될 수 있는지, 즉 이 수동태가 이차적 단계에서만 전승으로 발견되지 않는지 여부의 문제를 야기시킨다. 대부분, 이 암시는 거부되고 있다. 즉 우리가 편집 과정을 추적할 수 있는, 곧 마태복음과 누가복음이 마가복음을 다룬 곳에 있어서, '신적 수동형'에 대한 어떠한 특별한 편애가 발견되지 않는다.[77] 더욱이 (p. 33)의 도표에 나타나 있듯이 그 실례들이 공관복음 전승에 아주 공평하게 분배되어 있는 사실은 이러한 현상이 부차적 편집 활동에 기인하고 있음을 보여준다.

　이 수수께끼에 대한 해결책은 '신적 수동형'이 확실히 나타나 있는 팔레스틴 유대주의의 문헌 가운데 일정한 부분이 있다는 사실을 발견하는 데 있다. 이 '신적 수동형'은 다니엘서에서 처음으로 자주 발견

---

77) 사실상, 마태는 수 많은 수동태를 마가의 자료 안에 소개했지만, 하나님의 이름을 제거할 의도는 전혀 없었다. 오히려, 12：32b, 18：8에서, 그는 마가와 대조적으로 병행구를 사용하고 있으며, 그가 종종 일으키다($\dot{\epsilon}\gamma\epsilon\acute{\iota}\rho\epsilon\sigma\theta\alpha\iota$, 16：21, 17：9, 23, 20：19)로써 일으키다($\dot{\alpha}\nu\iota\sigma\tau\acute{\alpha}\nu\alpha\iota$)를 대신하는 방식은 교회의 언어의 소개이다. 오직 마태복음 24：22에서만(줄이다. $\dot{\epsilon}\kappa o\lambda o\beta\acute{\omega}\theta\eta\sigma\alpha\nu / \kappa o\lambda o\beta\omega\theta\acute{\eta}\sigma o\nu\tau\alpha\iota$, 비교. 막 13：20, $\dot{\epsilon}\kappa o\lambda\acute{o}\beta\omega\sigma\epsilon\nu / \dot{\epsilon}\kappa o\lambda\acute{o}\beta\omega\sigma\epsilon\nu$) 마태는 진정한 '신적 수동형'을 마가의 자료 속에 삽입했지만, 마가복음 10：40(예비하다, $\dot{\eta}\tau o\acute{\iota}\mu\alpha\sigma\tau\alpha\iota$)의 '신적 수동형'을 $\dot{\upsilon}\pi\grave{o}\ \tau o\ddot{\upsilon}\ \pi\alpha\tau\rho\acute{o}\varsigma\ \mu o\upsilon$ 를 첨가하여 변화시켰다. 누가는 마가의 자료에서 이를 3번 제거하였다(8：17, 21：15, 19). 따라서 우리는 단순히 $\dot{\epsilon}\xi\ddot{\eta}\lambda\theta\epsilon\nu$ (오다, 막 1：38)를 $\dot{\alpha}\pi\epsilon\sigma\tau\acute{\alpha}\lambda\eta\nu$ 으로 대신하는 문체적 근거가 있는지의 여부를 질문해야만 한다. 이는 마치 $\dot{\alpha}\nu\alpha\sigma\tau\ddot{\eta}\nu\alpha\iota$ (막 8：31)을 $\dot{\epsilon}\gamma\epsilon\rho\theta\ddot{\eta}\nu\alpha\iota$ (눅 9：22)로 대신하는 것과 같다. 이는 누가가 마가의 자료에 첨가했던 3개의 수동태를 얼마나 거리가 멀게 완곡어법으로 느꼈는지의 의문을 남겨둔다(8：12, $\sigma\omega\theta\ddot{\omega}\sigma\iota\nu$, 18：31 $\tau\epsilon\lambda\epsilon\sigma\theta\acute{\eta}\sigma\epsilon\tau\alpha\iota$, 20：35, $\kappa\alpha\tau\alpha\xi\iota\omega\theta\acute{\epsilon}\nu\tau\epsilon\varsigma$).

된다. 특별히 고찰할만한 자료가 전적으로 없지만 뒤따르는 기간동안 팔레스틴에서 '신적 수동형'은 비록 독점적 영역을 차지하지 않고 있다 할지라도, 묵시적 특징 가운데 하나이다.[78] 이 '신적 수동형'은 하나님의 이름을 말하는 것을 피하기 위하여 경외심으로 사용되었을 뿐만 아니라, 무엇보다도 마지막 때에서의 하나님의 신비한 역사를 불 명확한 용어로 묘사하기 위해서였다.[79] 이와같이 '신적 수동형'은 그 삶의 정황(Sitz im Leben)을 서기관들의 비전적(秘傳的) 가르침에 갖 고 있다.[80]

하나님의 활동에 대한 완곡어법으로 흔히 수동태를 사용하심으로써, 예수께서 묵시록 형식을 따르셨다는 것은 의심할 수 없다. 그러나 우리는 어떤 보다 강한 관점에서 이 둘 사이의 관련성을 설명하지 못한다. 왜냐하면 예수께서는 '신적 수동형'에 묵시록보다 비교할 수 없을 정도로 큰 비중을 두고 있기 때문이다.

예수께서는 신적 수동형을 엄밀한 의미에 있어서 묵시적 말씀으로서 사용하실 뿐만아니라(예를 들어 최후의 심판과 종말론적인 파멸), 그 범위를 더욱 확장시켜 현재에서의 하나님의 은혜로운 행위를 묘사하기 위하여도 사용하신다. 현재에서도 하나님께서는 그의 약속을 성취시키시며, 현재에서도 하나님께서는 기도에 응답하시며, 현재에서도 하나님께서는 성령을 주시며, 현재에서도 하나님께서는 그의 말씀 전파자들을 보내시고 그들을 보호하시며, 하나님께서는 보내심을 받았던 자를 구원하신다. 이 모든 '신적 수동형'은 불명확한 형태임에도 불구하고, 구원의 때의 임함을 선언한다. 왜냐하면 세상의 종말은 불명확한 형태로서만 나타났기 때문이다. 순수한 미래의 묵시적 말씀 이상으로의 '신적 수동형'의 확장은 매우 광범위하게 성취되었던 것으로, 예수

---

78) 전형적인 실례들은 마태복음 3 : 10 ; 누가복음 3 : 9이다.
79) 요한계시록이 늘 하나님을 사자들을 통하여 사역하시는 분으로 묘사하거나, '신적 수동형'을 사용하고 있음은 의미심장하다. 오직 최후의 종말에 관해 말하고 있는 21 : 5-8에서만 하나님의 말씀하심과 행동하심에 대한 직접적인 언급이 있다 (비교. K. P. Jörns, Das Hymnische Evangelium, Diss. Theol. Göttingen 1966, typescript, 20-22).
80) 랍비들의 비전적 가르침의 한 요소로서의 묵시록에 대해서는 J. Jeremias, Eucharistic Words, 127f. j Jerusalem, 237ff. 를 참조하라.

의 가르침의 중심부와 관련되어 있으며, 그의 가르침 방식의 가장 명확한 특징들 가운데 하나이다.

(2) 반위적 평행법

동사가 먼저 놓여진 다음에 병행절이 오는 것이야말로 산약 성경에서 발견되는 가장 확실한 셈 어투였다는 것이 노던(E. Norden)의 판단이었다.[81] 특별히 예수의 말씀이 관계하는 한, 버니(C. F. Burney)는 한걸음 더 나아가 여러 종류의 셈어 평행법(동위적, 반위적, 종합적, 그리고 점층적 평행법) 가운데, 반위적 평행법이 모든 복음서 자료들에 나타나 있는 예수의 가르침의 특징이라는 결론을 내렸다.[82] 사실상 그는 우리는 '다르게 표현된 어떠한 진술에서 보다도' 현저한 반위적 평행법의 예들에서 예수의 **직접적 말씀**(*ipsissima verba*)에 더욱 가까이 접근할 수가 있다고 까지 하였다.[83]

사실상 반위적 평행법은 예수의 말씀에서 상당한 위치를 차지하고 있다. 비록 우리가 반명제들(反命題：antithese), 예컨대 마가복음 2：17a, 17b；10：45 등과 같은 것은 젖혀두고 오직 반위적 평행법에만 우리 자신을 제한시킨다 할지라도(어떤 경우 이러한 양자간의 차이가 문제가 된다할지라도), 우리는 공관복음서에서[84] 예수의 말씀 가운데 반위적 평행법이 100번 이상 나타난다고 결론내리지 않을 수 없게 된다. 내가 계산한 바에 따르면 그것은 다음과 같다 :

마가복음   30회[85]

---

81) *Agnostos Theos.* Leipzig-Berlin 1913＝Darmstadt 1956, 365.

82) ‡ Burney, 83.

83) *Op. Cit.* 84.

84) 제 4 복음서에서 반위적 평행법은 예수의 말씀 가운데 30회 이상 나타난다. 그러나 이 숫자는 요한의 이원론에 영향을 입은 것으로서 비교하기에 적당치 못하다.

85) 막 2：19b∥20, 22a∥c, 27a∥b；3：28∥29, 33∥34；4：4-7∥8, 11b∥c, 21a∥b, 25a∥b, 31∥32；6：10∥11；7：6b∥c(인용), 8a∥b, 10a∥b(인용), 10∥11f, 15a∥b；8：12b∥c, 35a∥b；10：18a∥b, 27b∥c, 31a∥b, 42∥43f；11：17b∥c；12：44a∥b；13：11a∥b, 20a∥b, 31a∥b；14：7a∥b, 38b $\alpha \parallel \beta$, 58b∥c.

마태복음과 누가복음에 공통된 어록   34회[86]

마태복음에서만 나타나는 경우   44회[87]

누가복음에서만 나타나는 경우   30회[88]

---

86) 마 6 : 22b∥23a(눅 11 : 34b∥c) ; 마 6 : 24b∥c(눅 16 : 13b∥c) ; 마 6 : 31∥33 (눅 12 : 29∥31) ; 마 7 : 3a∥b(눅 6 : 41a∥b) ; 마 7 : 4a∥b(눅 6 : 42a∥β) ; 마 7 : 3f∥5(눅 6 : 41, 42a∥b) ; 마 7 : 18a∥b(눅 6 : 43a∥b) ; 마 7 : 24, 25∥26, 27(눅 6 : 47f∥49) ; 마 8 : 20b∥c(눅 9 : 58b∥c) ; 마 9 : 37b∥c(눅 10 : 2a β∥γ) ; 마 10 : 13a∥b(눅 10 : 6a∥b)ʼ; 마 10 : 28a∥b(눅 12 : 4∥5) ; 마 10 : 32∥33(눅 12 : 8∥9) ; 마 10 : 34a∥b(눅 12 : 51a∥b) ; 마 10 : 39a∥b(눅 17 : 33a∥b) ; 마 11 : 7f∥9(눅 7 : 24f∥26)(긍정문이 두개의 부정문을 이끈다) ; 마 11 : 11a∥b(눅 7 : 28a∥b) ; 마 11 : 18∥19(눅 7 : 33∥34) ; 마 11 : 23a∥b인용(눅 10 : 15a∥b인용) ; 마 11 : 25b α ∥β(눅 10 : 21b α∥β) ; 마 12 : 27∥28(눅 11 : 19∥20) ; 마 12 : 32a∥b(눅 12 : 10a∥b) ; 마 12 : 35a∥b(눅6 : 45a∥b) ; 마 12 : 39a∥b(눅 11 : 29b∥c) ; 마 13 : 16∥17(눅 10 : 23∥24) ; 마 20 : 16a∥b(눅 13 : 30a∥b) ; 마 23 : 4a∥b(눅 11 : 46a∥b) ; 마 23 : 12a∥b(눅 14 : 11a∥b ; 18 : 14b∥c) ; 마 23 : 23a∥b(눅11 : 42a∥b) ; 마 23 : 25a∥b(눅 11 : 39a∥b) ; 마 24 : 40b∥c(눅 17 : 34b∥c) ; 마 24 : 41b∥c(눅 17 : 35b ∥c) ; 마 24 : 45-47∥48-51(눅 12 : 42-44∥45-46) ; 마 25 : 29a∥b(눅 19 : 26a∥b). 이상의 34가지의 예에다가 다음의 열가지 예가 더하여져야만 한다. 8가지 경우에 반위적 평행법은 오직 마태복음에서만 나타날 뿐 누가복음에서는 나타나지 않는다. 마 4 : 4a∥b인용(눅 4 : 4 대조) ; 마 6 : 13a∥b(눅 11 : 4 대조) ; 마 6 : 19∥20 (눅 12 : 33 대조) ; 마 7 : 13∥14(눅 13 : 24 대조) ; 마 7 : 21a∥b(눅 6 : 46 대조) ; 마 8 : 11∥12(눅 13 : 28 대조) ; 마 23 : 27b∥c(눅 11 : 44 대조) ; 마 23 : 28a∥b(눅 11 : 44 대조). 한편 다음의 두가지 경우 반위적 평행법은 오직 누가복음에서만 나타날뿐 마태복음에서는 나타나지 않는다. 눅 11 : 47a∥b(마23 : 29f 대조) ; 눅 11 : 48b ∥c(마 23 : 31 대조). 이러한 열가지 예는 각주 87과 88에 계산되어 있다.

87) 마 5 : 17a∥b, 19a∥b, 21b∥c(인용), 21∥22(21절은 21-22절의 반위적 평행 법의 첫줄이면서 동시에 그 자신이 반위적으로 구성된다), 27∥28, 31∥32, 33∥ 34-37, 38∥39-42, 43b∥c(인용), 43∥44-48(반위적 평행법의 첫절이 동시에 그 자 신이 반위적으로 구성되는 또하나의 예) ; 6 : 2∥3f, 5∥6, 14∥15, 16∥17f, 34a∥b ; 7 : 15b∥c, 17a∥b ; 10 : 5a∥b, 24∥25a ; 12 : 33a∥b, 37a∥b ; 13 : 30c∥d, 48b α ∥β ; 16 : 19b∥c ; 18 : 18a∥b ; 21 : 28f∥30, 32a∥b(병행 눅 7 : 29f, 예수의 말씀이 아닌 것으로서) ; 22 : 8b∥c, 14a∥b ; 23 : 3a∥b, 16b∥c, 18a∥b, 24a∥b ; 25 : 3∥ 4, 34-40∥41-45, 46a∥b(인용). 이러한 36회의 예에다가 각주 86에서 언급된 8개의 예가 더하여져야 한다.

88) 눅 6 : 20-23∥24-26(이러한 두개의 반위절은 다음의 네가지 반위적 평행법으 로 이루어져 있다 : 20b∥24, 21a∥25a, 21b∥25b, 22f∥26) ; 7 : 44b∥c, 45a∥b, 46a ∥b, 47a∥b ; 10 : 16a∥bc, 20a∥b ; 11 : 27∥28(여기에서는 오직 두번째 절만이 예 수로부터 말미암은 것이다) ; 12 : 47∥48a, 56a∥b ; 14 : 8f∥10, 12∥13f ; 15 : 17b∥ c, 29∥30 ; 16 : 10a∥b, 15a∥b, c∥d, 25a∥b, c∥d ; 17 : 20b, 21a∥b, 23∥24 ; 22 : 31∥32, 35∥36 ; 23 : 28b∥c. 이러한 28회의 예에다가 각주 86에서 언급한 두가지 예(11 : 47a∥b, 48b∥c)가 더하여져야 한다. 또한 눅 6 : 5D를 참조하라.

반위적 평행법은 명사, 형용사, 동사 등을 반대적으로(보통 한쌍의 반대어를 통하여) 사용함으로써 이루어진다. 또한 그것은 부정(보통 두번째 것으로)에 의하여, 의문문과 평서문을 대조시킴으로서,[89] 역 (逆)을 통하여,[90] 양극화(polarization)를 통하여,[91] 보충설명을 통하여 [92](전포괄성에 대한 완곡어법을 포함하여),[93] 그리고 반대를 부정과 결합함으로써[94] 이루어진다.

불행하게도 셈족인들의 반위적 평행법 사용에 대한 충분한 연구가 이루어지지 않았다. 특히 우리는 셈 계통에서 그것이(반위적 평행법) 어느 정도로 사용되었는지에 대해 거의 완전하게 무지한 상태에 있다. 그러나 그럼에도 불구하고 몇가지 고찰을 하는 것은 가능하다.

(a) 위의 표는 공관복음 전승의 네가지 자료층이 '예수께서 반위적 평행법을 종종 사용했음'을 일제히 증거하고 있음을 보여준다. 이러한 반위적 평행법이 네가지 있는 사실은 더욱 중요하다. 페이지당 반위적 평행법의 용례가 마가복음에서는 0.6회, 누가복음 특별자료에서는 0.75회, 그리고 '마태복음과 누가복음에 공통된 어록'및 마태복음 특별 자료에서는 각각 2.2회 등장하는 이유는 앞의 두 경우에서는(마가복음

---

89) 막 3：33f 병행 ; 8：12 ; 10：18 병행 ; 11：17 ; 마 7：3-5 병행 ; 10：23병행 ; 12 ：27f 병행 ; 눅 12：51 ; 22：35. 눅 12：56에서는 두번째 행이 의문문 형태이지만, 막 4：21에서는 두 행이 모두 의문문 형태이다.

90) 역(逆)은 다음의 구절들에서 나타난다. 막 2：27 ; 8：35 병행(cf. 마 10：39 병행, 눅 17：33) ; 10：31 병행(cf. 마 20：16 병행, 눅 13：30) ; 마 6：24(병행. 눅 16：13) ; 마 7：18(병행. 눅 6：43) ; 마 23：12(병행. 눅 14：11 ; 18：14).

91) 두개의 양극단이 너무나 날카롭게 대조되어 어떤 중재의 여지가 전혀 없다. 막 4：25 병행 ; 10：31 병행 ; 마 6：24 병행 ; 눅 14：8-10.

92) 첫번째 행이 말하는 바를 두번째 행이 확대시킨다. 그러나 우리는 이것을 동위적 평행법이라고 할 수 없다. 왜냐하면 반위적 요소가 전면에 나타나기 때문이다. 마 2：19bf 병행 ; 마 11：11 병행 ; 23：23 병행, 25 병행 ; 마 5：21f, 27f, 43f ; 6：13 ; 16：19 ; 18：18 ; 눅 10：20.

93) 마 5：21f(전포괄적인 금지), 27f(전포괄적인 금지) ; 16：19(전포괄적인 권위) ; 18：18(전포괄적인 권위).

94) 막 2：19bf ; 3：28f ; 4：21, 25 ; 6：10f ; 7：15 ; 10：27 ; 13：11, 31 ; 14：7 ; 마 4：4(인용) ; 6：13, 19f, 31／33 병행 ; 7：21, 24-27 병행 ; 10：11-14 병행, 13 병행, 28 병행, 34 병행 ; 11：11 병행, 18f 병행 23 병행 ; 12：32 병행, 13：16f 병행 ; 23：4 병행 ; 25：29 병행 ; 마 5：17, 33-36 ; 6：2-4, 5f, 14f, 16-18 ; 10：5f, 24-25a ; 21：32 ; 23：3 ; 25：3f, 34-40／41-45 ; 눅 6：5D ; 7：44, 45, 46 ; 10：20 ; 12：47f, 56 ; 14 ：8-10, 12-14 ; 15：29f ; 17：20f, 23f ; 22：35f ; 23：28.

과 누가복음 특별자료) 설화자료(narrative material)가 훨씬 많은 지면
을 차지하고 있기 때문이다.

(b) 반위적 평행법의 기원에 있어 전승과 편집의 상대적인 역할에
관하여는 다음과 같이 말하여질 수 있다 :

마태는 마가에 의해 주어진 30개의 반위적 평행법 가운데 오직 25개만을 취하
였다.[95] 어떤 경우 그는 반위적 평행법을 보다 날카롭게 하기 위하여 그것들을 축약
시키거나 간결하게 하였다.[96] 그러나 그는 마가복음 자료의 틀 안에서 어떤 새로운
반위적 평행법들을 창작하지는 않았다. 누가는 자신이 가지고 있었던 마가복음 자
료로부터 17개의 반위적 평행법을 발견했는데, 그는 그 가운데 단지 11개만을 사용
하였다.[97] 그가 반위적 평행법을 약화시킨 많은 경우로 미루어, 우리는 누가가 이러
한 셈적인 화법(話法)에 대하여 별다른 매력을 느끼지 못했음을 알 수 있다.[98]

복음서에 선행하는 전승에 있어, 어떤 경우의 반위적 평행법은 제 2 차적인 구성
일 가능성이 많은 것도 있다. 주기도문의 마지막 간구의 경우, 누가복음(11 : 4)에
는 하나의 행이 있는 반면, 마태복음(6 : 13)에는 두개의 행이 있다. 여기에서는 예
배에서의 사용이 작용해 왔다. 마태복음 7 : 13이하의 반위적 평행법 또한 누가복음
13 : 24과 비교할 때 제 2 차적인 것일 수 있다.[99]

---

95) 마태복음에는 나타나지 않는 마가복음의 반위적 병행법은 다음과 같다. 막 2
: 27 ; 4 : 21, 25 ; 7 : 8 ; 12 : 44. 그러나 세 경우에는(4 : 21, 25 ; 12 : 44. 그것이 포
함되어 있는 단락 전체가 마태복음으로부터 빠져 있다.

96) 마 12 : 31은 막 3 : 28f와 비교할 때 현저하게 축약되어 있다. 또한 마 15 : 11
을 막 7 : 15과 비교하라. 마 13 : 11은 막 4 : 11보다 간결하다. 마 16 : 24을 막 8 : 35
과 비교하라. 또한 마 19 : 26을 막 10 : 27과 그리고 마 26 : 11을 막 14 : 7과 비교하
라. 이러한 사실은 순수한 형태(pure form)가 항상 전승의 초기에만 나타나는 것으
로 생각하는 것이 잘못임을 보여준다.

97) 다음의 예들은 누가에 의해 채택되지 않은 것들이다. 막 2 : 27 ; 3 : 33f ; 10 :
27, 31 ; 13 : 20 ; 14 : 7.

98) 누가가 20 : 34이하에서 막 12 : 25을 분명하게 하기 위하여 반위적 평행법을
구성하고 눅 9 : 24의 로기온(막 8 : 35과 대조하라)을 축약에 의해 간결하게(마 16
: 25처럼) 하였을런지는 모르나, 다른 경우, 즉 눅 8 : 21(막 3 : 33f와 대조하라)과
18 : 27(막 10 : 27과 대조하라)에서 그는 반위적 평행법을 파괴하였고 8 : 10(막 4 :
11과 대조하라)에서는 축약에 의해 그것을 희미하게 하였다. 사용된 언어를 고찰함
으로써 우리는 누가가 다음의 세가지 방법으로 반위적 평행법을 약화시켰음을 알
수 있다. 보충에 의해서(눅 12 : 4f, 마 10 : 28과 대조하라), 축약에 의해서(눅 6 :
47-49, 마 7 : 24-27과 대조하라 ; 눅 10 : 6-마 10 : 14과 대조하라 ; 눅 11 : 34-마 6 :
22와 대조하라), 그리고 보충과 축약에 의해서(눅 6 : 45-마 12 : 35과 대조하라 ; 눅
17 : 33-마 10 : 39과 대조하라).

99) 마태복음판에서는 종말론적인 의미가 퇴색되어 있다. 또한 이 로기온은 두가
지 양식을 따라 발전된다(cf. J. Jeremias, $\pi\dot{\upsilon}\lambda\eta$, $\pi\upsilon\lambda\dot{\omega}\nu$, TDNT Ⅵ, 1968, 921-28 :
922f).

증거로 미루어 볼 때, 예수의 말씀 가운데 대부분의 반위적 평행법들은 편집과정에 돌려질 수 없음을 알 수 있다. 오직 몇개의 예 안에서만 전승작업이 나타난다. 그러므로 우리는 이러한 빈번한 용례를 예수 그 자신으로부터 기원하는 것으로 받아들임이 타당한 것으로 보인다.

(c) 구약의 반위적 평행법의 경우에는 대체로 둘째 행이 반대진술에 의해 첫째 행을 설명하거나 의미를 강렬하게 하는데 반해(예컨대 잠언 10：1—지혜로운 아들은 아비로 기쁘게 하거니와 미련한 아들은 어미의 근심이니라),[100) 예수의 말씀에 있어서는 이와 반대이다. 예수의 말씀에 있어서의 강세는 거의 대부분 두번째 행에 놓여진다. p. 37—38의 각주에 열거된 방대한 예들에 있어 강세가 첫번째 행에 놓여지는 구절도 극히 소수에 불과하다；막 2：19f, 27；마 5：43；6：34；눅 12：47—48a；마가복음 2：27이 탈무드에도 역시 전수된 것은 결코 우연이 아니다("안식일이 너희에게로 이끌려지는 것이지 너희가 안식일에로 이끌려지는 것이 아니다").[101) 또한 마태복음 5：43의 "또 네 이웃을 사랑하고 네 원수를 미워하라"는 말씀은 예수 자신의 말이 아니라 당시 유행하던 격언을 인용하고 있는 것이다.[102) 또한 마태복음 6：34의 첫째 행(내일 일을 위하여 염려하지 말라)[103)에는 탈무드와 유사한 점(Talmudic Parallel)이 있으며, 누가복음 12：47—48상반절은 잠언의 지혜를 취한 것일 수 있다. 이러한 점으로 미루어 예수의 말씀들 가운데 나타나는 반위적 평행법들은 둘째 행에 강세가 놓여진다는 독특한 특징을 갖는 것으로 결론을 내릴 수 있다.

이러한 관찰은 석의(exegesis)에 있어 직접적인 중요성을 갖는다. 우리는 본래 강세가 어디에 의도되었는지가—첫째 행에 의도되었는지 혹은 둘째 행에 의도되었는지—즉시로 분명치 않은 반위적 평행법에서 일련의 예수의 말씀들을 가지고 있다.

---

100) O. Eissfeldt, *The Old Testament : An Introduction*, Oxford 1965, 57ff ; K. Koch, *The Growth of the Biblical Tradition : The Form-Critical Method*, London 1969, 103f ; G. Fohrer, *Introduction to the Old Testament*, London 1970, 45f를 보라.

101) Mek. Ex. on 31：13, 14(Simeon b. Menasya, c. 180 ; b. Yom. 85b gives R. Jonathan b. Joseph, c. 140, as an author) ; Billerbeck Ⅱ 5.

102) 이러한 해석이 정당함을 보기 위하여는 p.304 각주 232를 보라.

103) b. Sanh. 100b(Billerbeck Ⅰ 441).

종종 강세의 위치는 매우 다른 의미를 야기시킨다(예컨대 마 23 : 12에서 만일 강세 가 첫째 행에 놓여진다면 그것은 위협의 말씀이 되고, 반면 둘째 행에 강세가 놓여 진다면 그것은 위로의 말씀이 된다).[104] 전반적인 증거는 이러한 모든 경우에 강세 는 두번째 행에 놓여져야 함을 보여준다.

(d) 구약성경과 마찬가지로 예수시대의 유대주의도 잠언적인 지혜, 금언, 정당한 이치, 삶의 진리 그리고 지혜로운 행동을 위한 규칙들을 말하고 체계를 세우기 위하여 반위적 평행법을 현저하게 사용하였다. 또한 그것은 묵시적 말 가운데에도 사용되었다. 반면 경건한 문헌은 동위적 평행법(synonymous parallelism)을 선호하였다. 우리가 유대문 학 가운데에서 정확한 병행을 찾을 수 있는 예수의 말씀 가운데의 반위 적 평행법(antithetic parallelism)의 예들은 가르침의 문맥 속에 속한다. 이에 해당하는 말씀들은 마가복음 2 : 27(p.41을 보라) 외에도 마 7 : 3 —5[105] ; 6 : 14이하[106] ; 23 : 12[107] ; 막 8 : 35[108] 등이다. 병행구절의 숫자는 상대적으로 적다. 왜냐하면 반위적 평행법은 설명된 문맥보다는 예수 의 말씀 가운데 훨씬더 많이 사용되고 있기 때문이다. 뿐만 아니라 그 것은(반위적 평행법) 공격,[109] 책망,[110] 고소,[111] 경고,[112] 위협,[113] 심판 의 선언,[114] 변호,[115] 거절,[116] 거부,[117] 협박,[118] 제자들을 가르침,[119] 위

---

104) 다음의 반위적 평행법들은 그것의 강세가 어디에 놓여지는가 하는 문제가 다소 모호하다. 막 6 : 10이하 ; 10 : 31(cf. 마 20 : 16 ; 눅 13 : 30) ; 마 7 : 18 병행 ; 7 : 24-27 병행; 10 : 13 병행 ; 10 : 32이하 병행 ; 23 : 12 병행 ; 눅 10 : 8-12 ; 마 7 : 17 (cf. 12 : 33) ; 16 : 19 ; 18 : 18 ; 눅 6 : 20-26 ; 16 : 10.
105) b. Arak. 16b Bar. (Billerbeck I 446). 이의 저자는 R. Tarphon(c. 110)이다. Tarphon이 예수에게 의존했다고 보는 것은 불가능하지 않다.
106) J. B. K. 6c 20f.(R. Gamaliel II, c. 90 ; Billerbeck I 425).
107) b. Er. 13b(Billerbeck I 921과 여기에 있는 병행구절들).
108) b. Tam. 66a(=32a).
109) 예컨대 막 7 : 8.
110) 예컨대 마 11 : 18이하.
111) 예컨대 마 23 : 23.
112) 예컨대 마 7 : 24이하.
113) 예컨대 막 10 : 25.
114) 예컨대 마 11 : 23.
115) 예컨대 마 12 : 27이하.
116) 예컨대 막 10 : 18.
117) 예컨대 막 8 : 12.

임의 말씀,[120] 약속,[121] 강건케 함,[122] 인정,[123] 자신을 묘사하는 선언[124] 등의 수단으로 사용된다. 반위적 평행법이 얼마나 자주 은유나 비유들에서 나타나는지를 주목하는 것은 매우 흥미롭다.[125] 반위적 평행법의 이러한 다방면의 사용은 잠언 10：1−15：33에서의 어리석은 자와 지혜로운 자 그리고 악인과 의인의 지루하고도 단조로운 만남과 비교될 수 있을 것이다.

　양식(p.41의 c항을 보라)과 내용(p.42의 d항을 보라)에 있어서의 독특한 용례와 더불어 상대적으로 많은 예들과 그것들이 공관복음 전승의 다양한 자료층의 어록들에 골고루 분포되어 있는(p.39의 a항을 보라) 사실에 기초하여 볼 때, 우리는 예수께서 반위적 평행법을 선호(選好)했다고 말할 수 있다. 이에 대한 한가지 이유는 이러한 화법(話法)이 절박하게 필요했다는 것인데, 그것은 기억되기에 용이하였기 때문이다. 이러한 것은 많은 수의 이중적인 말씀(doublets)들로부터 추론될 수 있다.[126] 예수의 어록 가운데 있는 수많은 반위적 평행법들은 그가 계속하여 사람들을 하나님 통치의 여명(黎明) 그리고 하나님의 약속과 요구에 직면케 했던 방법을 표현한다. 또한 그것은 영적인 자기 신뢰와 자기 의(spiritual self-assurance and self-righteousness)에 대한 그의 끊임없는 경고와 하나님과 그의 약속에 대하여 진지하게 서 있을 것에 대한 그의 확고한 말씀의 방법을 표현한다.

---

118) 예컨대 마 10：34.
119) 예컨대 마 6：2-4.
120) 예컨대 막 6：10이하.
121) 예컨대 마 25：46.
122) 예컨대 막 13：20.
123) 예컨대 막 12：44.
124) 예컨대 마 5：17.
125) 예컨대 마 7：24-27 병행, 눅 6：47-49(반석 위에 짓는 집과 모래 위에 짓는 집)；마 21：28-30(두 아들)；마 24：45-51병행, 눅 12：42-46(충성된 종과 충성되지 못한 종)；참조. 마 7：13이하(넓은 길과 좁은 길)；25：34-45(축복받은 자들과 저주받은 자들).
126) 마 10：39／16：25；12：39／16：4；13：12／25：29；19：30／20：16；눅 8：16／11：33；8：18／19：26；9：4f／10：8-11；9：24／17：33；12：11f／21：14f.

44

(3) 운율(韻律 : rhythm)

버니(C. F. Burney)가 예수의 말씀을 원래의 아람어로 되돌려 번역
했을 때, 그는 그 말씀들이 마치 구약의 많은 예언적인 말들(prophetic
sayings)처럼 운율적인 형태를 띠고 있는 사실을 발견하고는 충격을 받
았다. 그는 세가지 종류의 운율을 발견했는데, 그것은 네 박자 운율
(four-beat), 세 박자 운율(three-beat) 그리고 키나 운율(kinā metre)
이다. 나는 여기에다가 또하나의 운율을 추가하고자 하는데, 그것은
두 박자 운율(two-beat rhythm)이다. 이러한 네 종류의 운율들은 각자
특별한 등급(degree)과 서로 다른 격조(格調 : mood)를 표현한다. 그
러므로 그것들은 각자 특별한 사상영역을 가지고 있다. 구약에서와 마
찬가지로, 이러한 운율들은 짜여진 틀 속에서 엄격하게 사용된 것이
아니라, 상당한 정도로 자유롭게(융통성 있게) 사용되었음을 주목하여
야 한다.[127]

a. 두 박자 운율

나는 공관복음서에 나타난 예수의 말씀들 가운데 두박자 운율의 예
들로부터 시작하고자 한다. 왜냐하면 여기에서 운율이 심지어 헬라어
텍스트에서조차도 분명하게 발견될 수 있기 때문이다.

$$\tau \upsilon \phi \lambda o i\ \dot{a} \nu a \beta \lambda \acute{\epsilon} \pi o \upsilon \sigma \iota \nu,$$
$$\chi \omega \lambda o i\ \pi \epsilon \rho \iota \pi a \tau o \tilde{\upsilon} \sigma \iota \nu,$$
$$\lambda \epsilon \pi \rho o i\ \kappa a \theta a \rho \acute{\iota} \zeta o \nu \tau a \iota$$
$$\kappa a i\ \kappa \omega \phi o i\ \dot{a} \kappa o \acute{\upsilon} o \upsilon \sigma \iota \nu,$$
$$\nu \epsilon \kappa \rho o i\ \dot{\epsilon} \gamma \epsilon \acute{\iota} \rho o \nu \tau a \iota,$$
$$\pi \tau \omega \chi o i\ \epsilon \dot{\upsilon} a \gamma \gamma \epsilon \lambda \acute{\iota} \zeta o \nu \tau a \iota$$

---

127) 팔레스틴 시리아 어록집(Sy[pal])은 두개의 옛 시리아역(sy[sin cur])보다 원래의
아람어로 되돌려 번역하는데 더 효용이 있음이 입증되었다. 현대의 번역에 있어서
는 G. Dalman과 이차적으로 C. F. Burney의 힘이 컸다. 어떤 학자들이 면밀한 검토
를 통하여 Burney의 강세용법(accentuation)에 이의를 제기하였지만, 그러나 이러
한 사실이 Burney의 놀라운 공로를 약화시키는 것은 아니다. 강세용법의 규칙에 대
하여는 ‡ Burney, 43-62 : ‘The Principles of Stress-accentuation in Hebrew Poetry’를
참조하라.

$$\kappa\alpha\grave{\iota}\ \mu\alpha\kappa\acute{\alpha}\rho\iota\acute{o}\varsigma\ \grave{\epsilon}\sigma\tau\iota\nu\ \ddot{o}\varsigma\ \grave{\epsilon}\grave{\alpha}\nu\ \mu\grave{\eta}\ \sigma\kappa\alpha\nu\delta\alpha\lambda\iota\sigma\theta\hat{\eta}\ \grave{\epsilon}\nu\ \grave{\epsilon}\mu o\acute{\iota}$$

(눅 7 : 22이하. 병행 마 11 : 5이하)

> 소경이 보며
> 앉은뱅이가 걸으며
> 문둥이가 깨끗함을 받으며
> 귀머거리가 들으며
> 죽은 자가 살아나며
> 가난한 자에게 복음이 전파된다 하라
> 누구든지 나를 인하여 실족하지 아니하는 자는 복이 있도다.

이러한 여섯행의 두 박자 운율에 뒤이어 세 박자 운율의 행이 뒤따른다.[128] 제자들이 보냄을 받음에 대한 위임의 말씀이 간결하면서도 결정적인 예가 된다. 이 말씀은 아람어와(－ūn) 헬라어에서 모두 각운(脚韻)이 맞는데, 그것은 접속사가 생략된 4행으로 구성되어 있다 :

> $$\grave{\alpha}\sigma\theta\epsilon\nu o\hat{\upsilon}\nu\tau\alpha\varsigma\ \theta\epsilon\rho\alpha\pi\epsilon\acute{\upsilon}\epsilon\tau\epsilon,$$
> $$\nu\epsilon\kappa\rho o\grave{\upsilon}\varsigma\ \grave{\epsilon}\gamma\epsilon\acute{\iota}\rho\epsilon\tau\epsilon,$$
> $$\lambda\epsilon\pi\rho o\grave{\upsilon}\varsigma\ \kappa\alpha\theta\alpha\rho\acute{\iota}\zeta\epsilon\tau\epsilon,$$
> $$\delta\alpha\iota\mu\acute{o}\nu\iota\alpha\ \grave{\epsilon}\kappa\beta\acute{\alpha}\lambda\lambda\epsilon\tau\epsilon$$

(마 10 : 8)

> 병든 자를 고치며
> 죽은 자를 살리며
> 문둥이를 깨끗케 하며
> 귀신을 쫓아내되

이어 나오는 제자들에 대한 명령 역시 동일하게 간결하면서도 날카롭다 :

---

128) 누가복음은 3행＋3행＋끝행으로 나뉘어져 있다. 마태복음에는 각행 앞에 καί 가 있으나 세번째 행 앞에는 없다(2행＋2행, polysyndeton으로서 계속 ＋끝행). 그러나 이러한 차이는 운율에 아무런 영향도 미치지 않는다.

δωρεὰν ἐλάβετε   'al maggán qabbeltún

δωρεὰν δότε   'al maggán hᵃbún

너희가 거저 받았으니

거저 주어라

원수를 사랑하라는 명령과(눅 6 : 27이하) 용서하라는 명령(37−38상
반절)은 두개의 이중적인 두박자 행에 의해 더욱 날카로와 진다. 후자
의 경우 넘치는 신적 선물에 대하여 묘사하는 끝 행(38 하반절)은 경계
(bounds)를 허물어 버린다.

마태복음 25 : 35이하는 일련의 두 박자 행들로서 여섯가지 사랑의
공로를 일일이 열거한다. 주기도문의 상반부 역시 두박자 운율을 가진
행(行)들로서 표현된다. 이것은 보다   초기[129]의 누가복음판(Lucan
Version)의 호칭에 대해서도 역시 마찬가지다(πάτερ =아바). 왜냐하
면 여기에서 '쉼의 법칙'(law of the pause)이[130] 적용되고 있기 때문인
데, 여기에서 두번째 박자가 빠지면서 그것이 쉼(休止 : pause)으로 대
치되고 있다 :

πάτερ

ἁγιασϑήτω τὸ ὄνομά σου

ἐλϑάτω ἡ βασιλεία σου [131]

오직 일인칭 복수형의 간구와 더불어 주기도문은 네박자 운율로 넘어
가게 되는데, 마지막 간구에서 돌연히 두 박자 행으로 되돌아 온다.
그것의 간결성으로 말미암아 두 박자 행은 날카로우면서도 급전(急
轉)적인 구성을 불가피하게 한다. 그것의 치밀하지 못함과 단조로움은
그것을 극도로 급박하게 하는 것이다. 위에 주어진 예들을 살펴봄으로

---

129) pp. 284 이하를 보라.

130) K. G. Kuhn, *Achtzehngebet und Vaterunser und der Reim*, WUNT, Tübing-
en 1950, 39. '쉼의 법칙'의 또 다른 예는 마 11 : 26(p. 50을 보라) ; 25 : 37 등이다.

131) 아람어로 번역된 것을 보려면 p. 288을 참조하라.

써, 우리는 예수께서 두 박자 행을 사용한 것은 무엇보다도 자신의 청중들로 하여금 메시지의 **중심개념**을 강하게 인상지우기 위함이었음을 알 수 있다.

b. 네 박자 운율

예수의 말씀 가운데 네 박자 행을 가지고 있는 문맥은 다음의 예들이 보여주고 있는 것처럼 다소 특이하다 :

'în milhā́ tāpél
b°mā́ t°tabb°lún   (막 9 : 50)[132]

소금은 좋은 것이로되
만일 소금이 그 맛을 잃으면 무엇으로 이를 짜게 하리요

'anā́ sātár hēk°lā́ hādén
ūbit°latā́ yōmín nibnḗ hōrānā́   (막 14 : 58)[133]

손으로 지은 이 성전을 내가 헐고
손으로 짓지 아니한 다른 성전을 사흘에 지으리라

š°bóq mītayyā́ qāb°rín mītēhón
                    (마 8 : 22 sy^pal 병행. 눅 9 : 60 sy^pal)

죽은 자들로 저희 죽은 자를 장사하게 하고

---

132) 문자의 기교(Word-play)를 위하여는 pp. 58이하를 참조하라. M. Black, *An Aramaic Approach to the Gospels and Arts*, Oxford 1967, 166f.

133) G. Dalman, *Orte und Wege Jesu*, Gütersloh 1924, 324를 보라. 한쌍의 반의어인 χειροποίητος／αχειροποίητος 는 번역되지 않았다. 왜냐하면 그것이 병행 구절인 마 26 : 61 ; 막 15 : 29 병행, 마 27 : 40 ; 요 2 : 19 ; 행 6 : 14 등에서는 나타나지 않기 때문이다. 막 14 : 58은 덧붙여진 것(addition)일런지도 모른다.

min mōt^erēh d^elibbā pummā́ m^emallḗl

(마 12 : 34 sy^{pal} 병행. 눅 6 : 45)

너희는 악하니 어떻게 선한 말을 할 수 있느냐

ïhab lā́k mapt^ehayyā́ d^emalkūtā́ diš^emayyā́
ūmā d^etēseōr be'ar'ā́ yitt^esár biš^emayyā́
ūmā d^etišrḗ be'ar'ā́ yišt^erḗ biš^emayyā́

(마 16 : 19)[134]

내가 천국 열쇠를 네게 주리니
네가 땅에서 무엇이든지 매면 하늘에서도 매일 것이요
네가 땅에서 무엇이든지 풀면 하늘에서도 풀리리라

4+4+2 형식은 예수의 말씀 가운데 계속 반복하여 나타난다 : 주기도
문의 일인칭 복수형의 간구들에서(아람어로의 재번역을 보기 위하여는
p. 288을 참조하라), 그리고 다음의 예들에서 :

kol mán d^eït lḗh yíty^ehēb lḗh
w^ekol mán delēt lḗh 'ūp mā́ d^eït lḗh
yitn^eśḗb minnḗh

(막 4 : 25 ; 눅 19 : 26)

있는 자는 받을 것이요
없는 자는 그 있는 것까지
빼앗기리라

kol mán d^ebā'ḗ m^ehallākā́ bāt^eráy
yikpór b^egarmḗh w^eyit 'án s^elibḗh
w^eyētḗ bāt^eráy

(막 8 : 34 병행 ; 마 16 : 24 ; 눅 9 : 23)[135]

---

134) ‡Burney, 117.
135) cf. Dalman, *Jesu-Jeshua*, 191. 또한 본서 p. 352를 참조하라.

아무든지 나를 따라 오려거든
자기를 부인하고 자기 십자가를 지고
나를 좇을 것이니라.

lḗt talmĭdā́ leʿḗl min rabbḗh
wᵉlḗt ʾabdā́ leʿḗl min mārḗh
missáṯ lᵉtalmĭdā́ dĭhḗ kᵉrabbḗh
wᵉʾabdā́ kᵉmārḗh   (마 10 : 24)[136]

제자가 그 선생보다
또는 종이 그 상전보다 높지 못하나니
제자가 그 선생 같고
종이 그 상전 같으면 족하도다

두 박자 운율과는 대조적으로 네 박자 운율을 특징짓는 안정감
(repose)과 또한 그것을 키나 운율과 구분짓게하는 사실성(matter-of-
factness)은 그것(네 박자 운율)으로 하여금 교훈적인 주제를 전달하는
데 특히 적절하게 만든다. 네 박자 운율을 가진 많은 말씀들이 교훈과
위로를 전달하기 위하여 내부적인 제자그룹에서 말하여진 사실은 결코
우연이 아니다. 네박자 행(行)은 제자들을 가르침에 있어서의 극히 적
절한 운율인 것이다. [137]

c. 세 박자 운율
우리가 세 박자 운율의 옷을 입은 공관복음서의 예수의 말씀으로 시
선을 돌릴 때, 우리는 다른 주제영역과 마주치게 된다.

---

136) *Ibid.* 229−Burney는 다음의 구절들을 네 박자 운율의 어록 안에 포함시
킨다. 막 6 : 8-11(p. 122. 그러나 8절 이하는 예수의 말씀이 아니다) ; 13 : 9-13(118)
; 마 6 : 9-13(112, 161) ; 6 : 24(116) ; 10 : 16(122) ; 10 : 24-27(122이하) ; 11 : 4-6(117
이하) ; 13 : 52(116) ; 16 : 17-19(117) ; 눅 6 : 27-29(113이하, 169) ; 6 : 36-38(114) ;
10 : 16(124) ; 11 : 9이하(114이하) ; 12 : 32-37(115, 170이하) ; 12 : 42(116).
137) ‡Burney, 124.

lᵉt 'ᵃlayyā —— 'ĭt lᵉhón hórín
ūlᵉ'ōpá dišᵉmayyá —— qinnín
ūlᵉbár 'ᵉnăša lēt léh
hán dᵉyarkén rēšéh   (마 8 : 20 병행. 눅 9 : 58)[138]

여우도 굴이 있고
공중의 새도 거처가 있으되
오직 인자는
머리둘 곳이 없다

이중의 각운(脚韻)과 둘째 행에서 '보상의 법칙'(low of compensation)
이 적용되는 것을 주목하라. 첫째 행의 동사가 둘째 행에서 반복되지
는 않지만, 강세가 탈락된 것을 소유격 dišᵉmayya로 보상함으로써 운율
상의 균형이 붕괴되는 것을 피하고 있다.[139]

mōdénā lák 'abbá
m̃aré dišᵉmayyá ūdᵉ'ar'á
ditᵉmárt hallén min hakkimín wᵉsukᵉlᵉtānín
wᵉgallít 'innún lᵉtalyĭn
ĭn 'abbá ——
dikdén ra'awá qᵒdāmák   (마 11 : 25이하 병행. 눅 10 : 21이하)[140]

아버지여
천지의 주재이신
이것을 지혜롭고 슬기있는 자들에게는 숨기시고

---

138) Ibid. 169. Burney는 첫째행의 φωλεός 를 bōrin(구멍)으로 번역한다. 그러
나 헬라어 φωλεός 는 syᵖᵃˡ처럼 hōrin(굴)으로 번역하는 것이 보다 더 잘 어울린다.
139) Op. cit., 106. 세박자 운율에서 '보상의 법칙'이 사용되는 다른 예들은 다음
과 같다 : 시 24 : 5; 15 : 1; 암 5 : 24; 막 13 : 25(‡ Burney, 105f).
140) Op. cit., 171f. Burney는 셋째행에서 네번째 박자를 삭제시킨다. 그러나 이
러한 것은 필요하지 않다. 뿐만 아니라 다섯째 행이 채워질 필요가 있다. pp. 46이
하에서 언급된 쉼의 법칙이 여기에서 적용된다.

어린 아이들에게는 나타내심을 감사하나이다
옳소이다
이렇게 된 것이 아버지의 뜻이니이다.

tūbēkón miskᵉnayyá
dᵉdīlᵉkón malkūtā dēlāhá

tūbēhón dᵉrahᵃmánayyá
  dᵉhinnón yitrahᵃmún
tūbēhón didᵉkḗ libbá
  dᵉhinnón yahmūnḗh lēlāhá
tūbēhón dᵉʾābᵉdín šᵉlāmá
  dᵉyitqᵉrón bᵉnóy dēlāhá   (마 5 : 7—9)

긍휼히 여기는 자는 복이 있나니
  저희가 긍휼히 여김을 받을 것임이요
마음이 청결한 자는 복이 있나니
  저희가 하나님을 볼 것임이요
화평케하는 자는 복이 있나니
  저희가 하나님의 아들이라 일컬음을 받을 것임이요

lā yākᵉlá mᵉdiná dᵉtittᵉmár
dilᵉʾḗl min tū́r mittᵉsāmá   (마 5 : 14)[141]

너희는 세상의 빛이라
산 위에 있는 동네가 숨기우지 못할 것이요

kol mán dekāʾḗs ʾal ʾahū́h
  yᵉhḗ mithayyáb bēt dīná

---

141) *Op. cit.,* 130f.

ūmán deʾāmár le' ahūh rēqā
yehē mithayyáb sanhedrinā
ūmàn deʾāmár šatyā
yehē mithayyáb nūr gēhinnām   (마 5 : 22)[142]

형제에게 노하는 자마다
  심판을 받게 되고
형제에 대하여 라가라 하는 자는
  공회에 잡히게 되고
미련한 놈이라 하는 자는
  지옥불에 들어가게 되리라

lēt kesī deʾlā yitgelē
ūtemírdelā yityedá   (마 10 : 26 병행. 눅 12 : 2)

감추인 것이 드러나지 않을 것이 없고
숨은 것이 알려지지 않을 것이 없느니라

hēkeden yanhár nehorekón qodām benē ʾenāšā
deyihmón ʾōbādēkón tābayyá
wīšabbehún la'ebūkón debiše mayyá   (마 5 : 16 sy[pal])[143]

이같이 너희 빛을 사람 앞에 비취게 하여
저희로 너희 착한 행실을 보고
하늘에 계신 너희 아버지께 영광을 돌리게 하라

lā tihebūn qaddišā lekalbayyá,

---

142) Dalman, *Jesus-Jeshua*, 73.
143) Sy[pal] 역시 둘째 행의 앞머리에 liglēl= ὅπως 을 가지고 있다. 팔레스틴 아람
어에서는 단순히 de가 이것과 일치한다.

wᵉlā tirmón margᵉliyyatᵉkón beʾappē ẖᵃziryyá　　　　　(마 7 : 6)[144]

거룩한 것을 개에게 주지 말며
너희 진주를 돼지 앞에 던지지 말라

hᵃwōn ʾᵃrimín kᵉgón hiwwāwātá
ūtᵉmímin kᵉgón yōnayyá　　　　　　　　　　　(마 10 : 16)[145]

너희는 뱀같이 지혜롭고
비둘기같이 순결하라

saggīʾin dᵉʾinnún zᵉmínín
wᵉṣib ẖād dᵉʾinnún bᵉẖirín　　　　　　　　　　(마 22 : 14)[146]

청함을 받은 자는 많되
택함을 입은 자는 적으니라

세 박자 행과 두 박자 행이 결합된 것은 다음과 같다 :

šaʾᵃlūn ūmityᵉhéb lᵉkón
beʾūn wᵉʾattún maškᵉhín
ʾartᵉqún ūmitpᵉtáẖ lekón
dᵉkol man dᵉšaʾél nᵉsáb
udᵉbaʾé maškáh
ūdᵉmartíq mitpᵉtaẖ léh　　　　　　(마 7 : 7이하 syᵖᵃˡ 병행)[147]

144) J. Jeremias, 'Matthäus 7, 6a' in : *Abraham unser Vater*, Festschrift *für O. Michel*, Leiden-Köln 1963, 271－75＝in : Abba, 83－87. 강세(악센트)의 위치를 위하여는 ‡ Burney, 169를 참조하라.

145) Dalman, *Jesus-Jeshua*, 227.

146) *Op. cit.*, 228.

147) Burney는 다음의 구절들을 세박자 운율의 어록 속에 포함시킨다. 막 7 : 8 (p. 104) ; 13 : 25(106) ; 마 5 : 3-10(166) ; 5 : 14-16(130, 170) ; 6 : 14이하(107) ; 6 :

구하라 그러면 너희에게 주실 것이요
찾으라 그러면 찾을 것이요
문을 두드리라 그러면 너희에게 열릴 것이니
구하는 이마다 얻을 것이요
찾는 이가 찾을 것이요
두드리는 이에게 열릴 것이니라

각운은 세 박자 운율에서 특별하게 나타난다. 첫번째 예(마 8 : 20 병행. 눅 9 : 58)가 이에 대한 좋은 예가 된다. 모든 경우에서 각운이 계획적이고 의식적인가 하는 문제는 말하기 어렵다.

구약의 지혜문서에서도 세 박자 운율이 명상적인 사상, 금언, 격언 그리고 경험적인 지혜를 전달하는데 즐겨 사용된다. 또한 그것은 시편에서도 매우 자주 사용된다. 그것은 예수의 말씀 가운데 가장 흔하게 사용된 운율(rhythm)이었다. 실로 그것은 중요한 말씀들과 교훈들을 전달하는데 사용되었다.[148]

d. 키나(kinā) 운율

키나 운율은 가장 독특한 리듬을 가지고 있다.[149] 3+2 운율과 이의 변형된 형태인 2+2 운율 및 4+2 운율 등. 이것은 죽은 자를 위한 애가(kinā)로부터 말미암은 것인데, 여기에서 애가를 이끄는 애곡자가 긴 외침을 발설하면(세 박자) 이에 대하여 애곡하는 여자가 짧은 대답음(두 박자)으로 응답한다. 복음서의 한 구절 속에서 우리는 예수께서 실제 키나를 취하는 것을 찾을 수 있다.

$$\epsilon\grave{\iota} \ \acute{\epsilon}\nu \ \acute{\upsilon}\gamma\rho\tilde{\omega} \ \xi\acute{\upsilon}\lambda\omega \ \tau\alpha\tilde{\upsilon}\tau\alpha \ \pi\omicron\iota\omicron\tilde{\upsilon}\sigma\iota\nu,$$

22이하(131) ; 7 : 6(131, 169) ; 7 : 17(104) ; 8 : 20(106, 132, 169) ; 11 : 25-27(133, 171이하) ; 12 : 30(132) ; 15 : 14(133) ; 23 : 12(104) ; 23 : 29(103) ; 25 : 31이하(142이하, 172-74) ; 눅 9 : 62(132, 170) ; 12 : 48(107) ; 16 : 10(104).

148) Burney, 130 : ‘pithy sayings of a gnomic character.’

149) Op. cit., 34－43, 137－46.

$$\dot\epsilon\nu \ \tau\hat\omega \ \xi\eta\rho\hat\omega \ \tau\dot\iota \ \gamma\dot\epsilon\nu\eta\tau\alpha\iota \ ;$$

'in b^eqēsā rat tībā 'ab^edin hēk
b^eyabbišā mā nihwē　　　　　　　　(눅 23：21)[150]

다음의 아이들의 노래는 '문자의 기교'(raqqēdtūn／'arqēdtūn)와 각운 (-nan, -tun)이 들어있는 일종의 모조 키나(imitation kinā)이다.

z^emárnan l^ekṓn w^elā[151] reqqēdtū́n
'alḗnan w^elā 'arqēdtū́n　　　　　(마 11：17 병행. 눅 7：32)

우리가 너희를 향하여 피리를 불어도 너희가 춤추지 않고
우리가 애곡하여도 너희가 가슴을 치지 아니하였다

키나운율의 예를 몇가지 더 들어보면 다음과 같다 :

bim^ekīl^etā́ de'attū́n m^ekī́lin báh
mitt^ekál l^ekṓn　　　　　(막 4：24 ; 마 7：2 병행 ; 눅 6：38)[152]

너희가 헤아리는 그 헤아림으로
너희가 헤아림을 받을 것이요

man dib^e'ā́[153] l^ehayyā'ā́[154] napšéh
mōbéd yātáh

---

150) cf. Dalman, *Jesus-Jeshua*, 232.

151) ‡ Burney, 57 : 'The negative *lō* is normally unstressed' ; similarly Aram. lā.

152) Dalman, *Op. cit.*, 225. 그러나 그는 신적 수동형을 보지 못했다.

153) 막 8：35 병행의 θέλῃ와 눅 17：33의 ζητήσῃ는 각각 아람어 b^e의 서로 다른 번역들이다. M. Black, *An Aramaic Approach to the Gospels and Acts*, Oxford 1967, 244.

154) 막 8：35 병행의 σῶσαι와 눅 17：33의 περιποιήσασθαι／ζωογονήσει는 각각 아람어 hayy^'a의 서로 다른 번역들이다(*ibid.*, 188).

ūman dᵉmōbéd napšéh bᵉginnī¹⁵⁵⁾

mehayyé yātáh   (막 8 : 35 병행, 눅 9 : 24 ; 17 : 33)

누구든지 제 목숨을 구원코자 하면
  잃을 것이요
나와 복음을 위하여 제 목숨을 잃으면
  구원하리라

habūn dilqēsár lᵉqēsár

wᵉdilēlahā lēlahā   (막 12 : 17 병행. 마 22 : 21 ; 눅 20 : 25)

가이사의 것은 가이사에게
하나님의 것은 하나님께 바치라

lā tihwōn sᵉbirín da 'ᵃtáyit

  lᵉmiphát min 'ōrāyᵉtā['o nᵉbi'ayyā]¹⁵⁶⁾

lā lᵉmiphát 'ᵃtáyit

  'ellā lᵉ'ōsopé   (마 5 : 17)¹⁵⁷⁾

내가 율법이나 선지자나
  폐하러 온줄로 생각지말라
폐하러 온 것이 아니요
  완전케 하려 함이로라

man dᵉlētéh mᵉkannéš 'immí

·hū mᵉbaddár   (마 12 : 30＝눅 11 : 23)¹⁵⁸⁾

---

155) 모든 병행구절들로부터 καὶ τοῦ εὐαγγελίου 가 빠져 있다. 마 16 : 25 병
행, 눅 9 : 24 ; 마 10 : 39 병행, 눅 17 : 33 ; 요 12 : 25.

156) ['o nᵉbī' ayyā] 가 b. shab. 116b에는 나타나지 않는다.

157) p. 132을 보라.

158) cf. Dalman, *Jesus-Jeshua*, 229. 또한 독일어판 *Ergänzungsheft*, Leipzig 1929,
16을 보라.

나와 함께 아니하는 자는
나를 반대하는 자요

yehón 'aḥrāyé qadmáin
wᵉqadmayé aḥráin[159]　　　　　　（마 20 : 16) 각운을 주목하라 !

나중된 자로서 먼저 되고
먼저된 자로서 나중되리라

hán dihwá pugrá
mitkannᵉšín nišrayyá
　　　　（마 24 : 28 병행. 눅 17 : 37 syᵖᵃˡ）각운을 주목하라[160]

주검이 있는 곳에는
독수리들이 모일지니라

키나 운율은 무엇보다도 **강한 내적 감정**을 표현하는데 사용된다. 그것
은 복을 선언하는 것이나 구원의 메시지 뿐만 아니라 애가(哀歌), 경
고, 위협, 훈계, 교훈 등을 망라한다.

　요약 : 우리는 예수의 말씀 가운데 나타난 운율들이 예수의 특성들과
서로 관계를 가지고 있다고 결론내릴 수 있다. 뿐만아니라, 그것들(운
율들)은 셈적인 배경을 나타내면서 동시에 전승의 오래됨에 대한 중요

---

159) cf. Dalman, Jesus-Jeshua, 228.
160) ‡ Burney는 다음의 어록들에서 **키나** 운율을 발견한다. 막 2 : 19-22(p. 140.
그러나 만일 마태복음을 따른다면 이것은 제외될 것이다) ; 8 : 34-38(141이하. 그러
나 34절은 네박자 운율이다. p. 49을 보라. Burney는 운율때문에 눅 9 : 23로부터 καθ'
ἡμέραν 을 취하므로서 이것을 감추고자 한다. 35절에 대하여는 p. 56을 보라. 37
절이하에서는 마태복음이 선호되지만 38절에서는 마가복음으로부터 τῶν ἀγίων 이
취하여진다) ; 마 11 : 28-30(144이하) ; 13 : 16이하(145) ; 23 : 37-39(146, 다소 불확
실하다) ; 25 : 31이하(142이하, 172이하) ; 눅 10 : 41이하(145, 다소 불확실하다) ; 13
: 23-27(138-40).

한 힌트(pointer)를 제공해준다. 우리는 병행전승들을 비교함으로써 이러한 말씀들이 헬라어로 번역되면서 또 헬라환경 속에서 전해져내려오는 가운데 이러한 운율적인 특성들이 사라져버렸음을 알 수 있다.

(4) 두운(頭韻), 유운(類韻), 문자의 기교(paronomasia)

매튜 블랙(Matthew Black)은 예수의 말씀들이 다시 그의 모어(母語 : 아람어)로 재번역될 때 그것들은 본항목의 제목이 되는 현상들을(두운, 유운, 문자의 기교) 상당한 정도로 드러냄을 처음으로 관찰하였다. 그의 자료모음은(그의 책 pp. 160—85) 매우 가치가 있는데, 여기에서 블랙은 누가복음 15 : 7을 예로써 제시하고 있다 :

$$οὕτως\ χαρὰ\ ἐν\ τῷ\ οὐρανῷ\ ἔστι\ ἐπι\ ἑνὶ\ ἁμαρτωλῷ\ μετανοοθντι$$

그 비유의 결론(눅 15 : 7)은 후음 ḥ의 두운(頭韻 : alliteration)으로 강렬하게 특징지어진다 :

기쁨＝hedwā   하나＝hᵃdā   죄인＝hatᵉyā[161]

소금에 관한 말씀(막 9 : 50 병행. 마 5 : 13 ; 눅 14 : 34이하)이 두번째 예로 제시될 수 있다 :

마가복음 : ἐὰν δὲ τὸ ἅλας ἄναλον γένηται, ἐν τίνι αὐτὸ
　　　ἀρτύσετε ;
마태복음 : ἐὰν δὲ τὸ ἅλας μωρανθῇ, ἐν τίνι ἁλισθήσεται ;
누가복음 : ἐὰν δὲκκαὶ τὸ ἅλας μωανθῇ, ἐν τίνι ἀρτυθήσεται ;

마태복음 : εἰς οὐδὲν ἰσχύει ἔτι
누가복음 : οὔτε εἰς γῆν οὔτε εἰς κοπρίαν εὔθετόν ἐστιν ;

마태복음 : εἰ μὴ βληθὲν ἔξω καταπατεῖσθαι ὑπό τῶν ανθρώπων
누가복음 : ἔξω βάλλουσιν αὐτό

---

161) ‡ Black, 184.

우리는 '만일 소금이 그 짠맛을 잃으면'(ἄναλον —saltless : 막 9 : 50)과 "만일 소금이 어리석어지면"(μωρανθῇ —foolish : 마 5 : 13, 눅 14 : 34)사이에 나타난 ἐάν —절에 있어서의 전승의 놀라운 변이로부터 출발해야만 한다. 마가복음의 어법 (간을 맞출 수 없게 된 소금)은 사리에 맞지만,[162] 반면 마태복음과 누가복음의 어법은(어리석은 방법으로 행동하거나 말하는 소금) 극히 난해하다. 비록 우리가 그 복음서 저자들이 어리석은 제자들[163]이나 회개하지 않는 이스라엘[164]을 염두에 두고 있었다고 가정하더라도 말이다. 라이트푸트(J. Lightfoot : 1602—1675)[165]가 이 문제에 대한 해결책을 처음으로 발견하였다. 즉 그는 이 문제의 해결점이 어근 tpl의 애매모호함에 놓여있음을 인식했던 것이다. tpl은 "①짠맛을 잃다" "②침을 흘리다"를 의미한다. 이것은 마가복음 전승(ἄναλον γένηται)이 정확한 번역인 반면, μωρανθῇ (마태복음과 누가복음)가 잘못된 번역임을 의미한다.

귀결절의 세가지 동사형태 즉 ἀρτύσετε (마가복음), ἀλισθήσεται 그리고 ἀρτυθήσεται (누가복음)는 동사 tabbēl '간을 맞추다' '짠맛을 내다')의 상이한 번역들이다. 따라서 만일 우리가 이 구절을 원래의 아람어로 재번역하면 우리는 '문자의 기교'(tāpēl/tabbēl)를 얻게 된다 :[166]

'in milhā tāpēl
beᵐā teᵗtabbelūn   (막 9 : 50)[167]

우리는 관찰을 더 계속할 수 있다. 우리는 두번째 절에서 성유법(聲喩法)이 나타나는 것을 볼 수 있는데, 이것은 마태복음과 누가복음에서만 나타난다. 또한 두 복음서 저자들은 서로 다른 방법으로 나아가고 있다.[168] 누가복음(οὔτε εἰς γῆν οὔτε εἰς κοπρίαν εὔθετόν ἐστιν)에서 κοπρία 뒤에는 명사 zibla나 아니면 동사 zabbāla(파엘 부정사)가 있다. 그러므로 여기에 순음(脣音) b와 p를 사용한 '문자의 기교'(word play)가 있는 것이다 : tāpēl(μωρανθῇ)／yittabbēl(ἀρτυθήσεται)／ zabbāla(κοπρίαν). 한편 마태복음의 βληθέν ἔξω καταπατεῖσθαι 를 원래의 아람어로 재번역하면 치음 t와 d 그리고 치찰음 s를 사용한 성유법(聲喩法 :

---

162) 즉, 소금은 그것이 물에 녹을 때 쓸모없는 찌꺼기로 남게되는 불순물을 포함할 수 있다. cf. Jeremias, parables, 168이하.

163) ‡ Black, 166.

164) Jeremias, ibid., 169.

165) 눅 14 : 34에 대한 Opera omnia Ⅱ, Rotterdam 1686, 540b.

166) ‡ Black, 166이하.

167) p. 47을 보라.

168) ‡ Black, 167. Black은 덧붙임(addition)을 통하여 양 전승을 조화시키면서 καταπατεῖσθαι 를 ra'a' 로 번역한다. 이것은 '내던져 조각을 내다' '박살내다'를 의미한다.

onomatopeia)이 나타난다 : mišťʿdē(βληθὲν)[169] ╱ʾittʿdaša(καταπατεῖσθαι). [170] 누가복음 4 : 23에서 예수께서 인용한 속담 역시 세박자의 성유법(聲喩法 : onomatopeia)으로 특징지어진다.

'asyā'assí garmák

의원아 너를 고치라

§ 3 예수의 실제 음성의 특성

Dalman, *Words of Jesus* ; Jeremias, *Parables* ; id., 'Characteristics of the *ipsissima vox Jesu*', in : *The Prayers of Jesus*, SBT Ⅱ 6, London 1967, 108—15.

지금까지 우리는 예수의 말씀 가운데 종종 나타나는 언어적 문체적 현상들을 논의하였다. 이제 우리는 당시의 문헌에는 유비(類比 : analogy)를 가지고 있지 않고 따라서 **예수의 실제 음성**(*ipsissima vox Jesu*)의 특성으로서 간주될 수 있는 그러한 예수의 언어적 특성을 고찰하는데에로 나아가고자 한다.

(1) 예수의 비유

우리는 중간시대의 유대주의 문학에서나 엣센파 문학, 그리고 바울 서신이나 랍비문학 등등의 어디에서도 예수의 비유와 비교될 수 있는 것을 찾을 수 없다. 한가지 즉각적인 차이는 그것들의 비유적 언어의 어떤 유형들이 예수의 말씀 속에서는 전혀 발견되지 않는다는 사실이다. 예를 들어, 우리는 엣센파의 외경 창세기에서 한가지 우화(fable)를 볼 수 있는데, 이것은 종려나무(사래)가 삼목나무(아브람)에게 용서 해 줄 것을 간구하는 내용이다(IQGenAp ar 19 : 14—17). 이러한 우화는 삼목나무, 감람나무, 무화과나무, 포도나무, 가시나무,

---

169) šʿda('던지다')의 이트페엘 분사.
170) duš('밟다')의 이트페엘 부정사.

엉겅퀴등이 인간처럼 행동하는 구약의 나무우화를 계승하는 것이다.[171] 우리는 예수의 입술로부터 아무런 우화도 찾을 수 없다. 그의 말씀 가운데 무화과나무와 포도나무가 말하지는 않는다.[172]

또한 에디오피아 에녹서(85장—90장)에서 우리는 "다양한 동물들이 등장하는 장광설의 알레고리(풍유)" 형태로 된 이스라엘 역사의 개요를 읽을 수 있다. 실제로 예수님은 대부분 구약으로부터 끌어온 그리고 당시의 모든 사람들에게 친숙했던 여러 은유들을 사용했으나, 결코 알레고리를 만들지는 않았다.[173] 오히려 그의 비유들은 우리를 일상생활의 고동 속으로 이끌고 간다. 그것의 일상생활과의 밀접함, 단순함과 명료함, 간결성, 양심에 호소함에 있어서의 진지성, 그리고 버림받은 자들에 대한 사랑많은 이해—이 모든 것들에 비견될 것은 아무것도 없다. 만일 우리가 이것과 비교될 만한 것을 찾고자 하면, 우리는 오랜 시간을 거슬러 올라가서 선지자적인 선포의 시점에로 되돌아가야만 한다 : 나단의 비유(삼하 12 : 1—7), 포도원의 노래(사 5 : 1—7) 그리고 호세아 11장의 아버지와 아들의 유사(비록 이것이 비유라고 하기는 어렵다 할지라도).[174] 여기에서조차도 우리는 고작 몇개의, 그것도 산발적인 예 만을 찾을 수 있다. 반면 우리는 공관복음서에서 41개 이상의 예수의 비유를 만나게 된다. 비록 모든 개개의 비유들과 그것의 전승사를 비판적으로 분석할 필요가 있다할지라도, 오늘날 비유가 그에 대한 전승의 기본구조(bedrock) 안에 속한다는 사실이 일반적으로 인정되고 있다.

(2) 수수께끼

예수님의 말씀들 가운데에는 많은 수의 수수께끼들이 있다. 그것들

---

171) 삿 9 : 8-15 ; 왕하 14 : 9 ; 겔 17 : 3-8 ; 31 : 3-14. 또한 제4에스라 4 : 13-21을 참조하라. 여기에서 나무들과 물결들이 서로 싸우기를 원하기 때문에 전쟁에 관하여 회의를 하고 있다.

172) D. M. Goulder, 'Characteristics of the Parables in the Several Gospels', *JTS* 19, 1968, 51—69 : 51.

173) Jeremias, *Parables*, 88f.

174) 이것은 G.Eicholz가 사용한 표현이다. *Eeinführung die Gleichnisse*(Biblische Studien 37), Neukirchen-Vluyn 1963, 18.

은 오늘의 우리들에 대해서만 수수께끼인 것이 아니다. 수수께끼를 말
씀하셨을 때, 최소한 외인들에게도 그것은 수수께끼로 느껴졌다. 우리
는 수수께끼로서 다음의 것들을 열거할 수 있다. 마태복음 11：11 병행
의 세례 요한에 대한 역설적 언급, 즉 그는 여자에게서 난 자중에 가장
큰 자이나 동시에 하나님의 통치에서는 가장 작은 자라는 말씀 ; 바실레
이아가 침노를 당하고있다는 이상한 말씀(마 11：12 병행)[175] ; 예수의
사명에 대하여 말하면서 구원과 실족을 나란히 병치시키는 말씀(마 11
：5이하) ; 마가복음 2：21이하와 같은 옛 시대와 새 시대에 관한 실물
교훈적 말씀 ; 마가복음 14：58, 누가복음 11：49, 마태복음 10：34, 누
가복음 22：36 등과 같은 고통의 때가 임하는 것과 관련된 말씀 ; 마가
복음 9：31의 '문자의 기교'(p.405를 참조하라) 즉 하나님이 사람(단
수)을 사람들(복수)의 손에 넘길 것이라는 말씀과 같은 예수의 운명에
관한 언급 ; 마가복음 9：11의 엘리야에 관한 말씀 ; 눅 13：32이하의 삼
일에 관한 말씀 ; 마태복음 19：12의 세 종류의 고자에 관한 말씀 등.

　실로 마가복음 4：11은—그것의 현존의 2차적인 문맥[176]과는 분리하
여—예수의 전(全) 설교가 외인들(those $\xi\xi\omega$)에게는 수수께끼여야만
함을 말해주고 있다. 이 모든 것은 참으로 독특하다. 그 시대의 다른
선생들은 이렇게 가르치지 않았다. 초대교회도 예수에 대하여 수수께
끼($m^e\check{s}\bar{a}l\bar{i}m$)를 고안하지 않았다. 반대로 초대교회는 그것들을 분명하
게 풀어내고자 하였다.[177]

(3) 하나님의 통치

　하나님의 통치를 가리키는 것으로서 $\beta\alpha\sigma\iota\lambda\epsilon\iota\alpha(\tau o\hat{v}\,\theta\epsilon o\hat{v}\,/\,\tau\hat{\omega}\nu$
$o\mathring{v}\rho\alpha\nu\hat{\omega}\nu$)[178]란 용어는 예수의 입술 위에서 다음과 같이 나타난다 :

175) 이것의 의미에 관하여는 pp. 170 f를 보라.
176) Jeremias, *Parables*, 13—18.
177) pp. 399이하를 참조하라. 제4복음서의 애매한 말씀에 대한 오해들은 공관복
음서의 메샬림($m^e\check{s}alim$)과는 다르다. 그것들중 어떤 것들은 극히 초기의 것으로서
(cf. 요 2：20 ; 3：4 ; 4：15 ; 7：35 ; 8：22, 57), 단지 문체적인 방법—예컨대, 대화
에 결정적인 전기를 마련하기 위해 사용된—일뿐이다.
178) 이 두가지 표현 가운데 어느 것이 원래적인(original) 것인가 하는 문제에 관
하여는 p. 151을 보라.

마가복음	13회[179]
마태복음과 누가복음의 공통된 어록	9회[180]
마태복음에만 등장하는 예	27회[181]
누가복음에만 등장하는 예	12회[182]
요한복음	2회[183]

마태복음에 이 용어가 불균형적으로 많이 등장하는 것은 그의 편집활동의 결과로 설명된다 : 다섯개의 용례는 그가 이 용어를 마가의 본문에다 끼워넣은 것이다(마 13 : 19 ; 18 : 1 ; 20 : 21 : 43 ; 24 : 14) ; 두개의 용례는 그의 편집작업이 현저하게 나타나는 알곡과 가라지 비유의 해석 속에서 나타난다(13 : 38, 43)[184] ; 그리고 여덟개의 용례는 마태 혹은 그의 자료가 선호했던 비유들의 도입어 $\delta\mu o\iota\alpha\ \dot{\epsilon}\sigma\tau\acute{\iota}\nu$ [혹은 $\dot{\omega}\mu o\iota\acute{\omega}\theta\eta, \delta\mu o\iota\omega\theta\acute{\eta}\sigma\epsilon\alpha\tau\iota$] $\dot{\eta}\ \beta\alpha\sigma\iota\lambda\epsilon\acute{\iota}\alpha\ \tau\hat{\omega}\nu\ o\dot{\upsilon}\rho\alpha\nu\hat{\omega}\nu$ 에서 나타나는 것이다(13 : 24, 44, 45, 47 ; 18 : 23 ; 20 : 1 ; 22 : 2 ; 25 : 1).[185] 누가는 이 용어를 마가의 본문에다가 세개의 용례를 더 하였다(눅 4 : 43 ; 18 : 29 ; 21 : 31).

우리가 유대문헌을 고찰 해 본다면 우리는 완전히 다른 상황에 부딪히게 된다.[186] (하나님의) 통치란 용어는 구약의 외경이나 가경,[187] 탈굼,[188] 그리고 필로[189]의 문헌에는 극히 희박하게 나타난다. 한편 그 용

---

179) 막 1 : 15 병행 ; 4 : 11 병행 ; 26, 30 병행 ; 9 : 1 병행, 47 ; 10 : 14 병행, 15 병행, 23 병행, 24, 25 병행 ; 12 : 34 ; 14 : 25 병행.
180) 마 5 : 3(눅 6 : 20) ; 6 : 10(눅 11 : 2), 33(눅 12 : 31) ; 8 : 11(눅 13 : 29) ; 10 : 7(눅 10 : 9) ; 11 : 11(눅 7 : 28), 12(눅 16 : 16) ; 12 : 28(눅 11 : 20) ; 13 : 33(눅 13 : 20).
181) 마 5 : 10, 19a, b, 20 ; 7 : 21 ; 8 : 12 ; 13 : 19, 24, 38, 43, 44, 45, 47, 52 ; 16 : 19 ; 18 : 1, 3, 4, 23 ; 19 : 12 ; 20 : 1 ; 21 : 31, 43 ; 22 : 2 ; 23 : 13 ; 24 : 14 ; 25 : 1.
182) 눅 4 : 43 ; 9 : 60, 62 ; 10 : 11 ; 12 : 32 ; 13 : 28 ; 17 : 20a, b, 21 ; 18 : 29 ; 21 : 31 ; 22 : 16, 18.
183) 요 3 : 3, 5.
184) Jeremias, *Parables*, 82-84.
185) *Ibid.*, 101f.
186) Dalman, *Words of Jesus*, 91-147 : 또한 *Wrote Jesu*, 310-14, 361-63, 375-78 을 보라 ; Billerbeck Ⅰ, 172-84, 418f.
187) 단 3 : 54 LXX ; 4 : 34 Θ ; 토비트 13 : 2 ; 솔로몬의 시편 5 : 18 ; 17 : 3 ; 에디오피아 에녹서 84 : 2 ; 모세승천기 10 : 1 ; 지혜서 6 : 4 ; 10 : 10 ; 시빌라인의 신탁서 3 : 47, 766.
188) Dalman, *Words of Jesus*, 101 ; *Worte Jesu*, 312, 361. 본서 p. 158 각주 128 을 보라.
189) K. L. Schmidt, $\beta\alpha\sigma\iota\lambda\epsilon\acute{\iota}\alpha\ \kappa\tau\lambda$, *TDNT* Ⅰ, 1964, 571−93 ; 574f.

어는 기독교 이전시대에 오직 카디쉬(Kaddish)에서만 나타나는데, 몇
개의 기도문이 그것과 관련되어 있다.[190] 요세푸스는 하나님과 관련하
여 오직 한 경우[191]에서만 $\beta \alpha \sigma \iota \lambda \epsilon \iota \alpha$ 를 언급한다(그는 '하나님의 통
치'란 용어 자체를 가지고 있지는 않았다). 이제 우리가 랍비문헌에로
들어서면 용례들이 다소 증가하기 시작하는데, 그러나 일반적으로 그
것들은 '하늘의 통치를 받아들이라' 즉 '하나님께 복종하라' '쉐마를
반복하라' '개종자가 되라'와 같은 상투적 문구에 제한되었다.[192] 이러
한 일반적인 상황은 사해 두루마리에 의하여 널리 확증되었다. 현재
우리가 아는 바에 의하면 전(全) 엣센파 문헌에서 (하나님의) 통치란
용어는 단지 세번 나타날 뿐이다.[193] 만일 우리가 이러한 극히 희박한
용례를 위의 표에 나타난 숫자와 비교해 본다면, 우리는 공관복음서
의 풍부한 용례가 매우 독특한 것이란 사실을 받아들이지 않을 수 없게
된다(특히 마태복음에서 분명한 바, 편집에 의해 구성된 부분을 고려
한다 할지라도).

이러한 단순히 숫자상의 차이보다 훨씬 더 현저한 것은 $\beta \alpha \sigma \iota \lambda \epsilon \iota \alpha$ 를
다루는 예수의 많은 말씀들이 그의 동시대인들의 언어속에 **병행관계**
(parallels)를 갖지 않는 것으로 나타나는 사실이다. 비록 우리가 가장
엄격한 표준을 적용한다 할지라도, 다음의 구절들은 새로운 것들로서
받아들여져야만 한다 :

$\dot{\alpha} \rho \pi \dot{\alpha} \zeta \epsilon \iota \nu \ \tau \grave{\eta} \nu \ \beta \alpha \sigma \iota \lambda \epsilon \iota \alpha \nu \ \tau \hat{\omega} \nu \ o \dot{\upsilon} \rho \alpha \nu \hat{\omega} \nu$ (마 11 : 12)
(천국을 빼앗다)
$\beta \iota \dot{\alpha} \zeta \epsilon \tau \alpha \iota \ \dot{\eta} \ \beta \alpha \sigma \iota \lambda \epsilon \iota \alpha \ \tau \hat{\omega} \nu \ o \dot{\upsilon} \rho \alpha \nu \hat{\omega} \nu$ (마 11 : 12)
(천국은 침노를 당하나니)

---

190) Dalman, *Words of Jesus*, 99f., 109 ; *Worte Jesu*, 311, 361f. 또한 본서
p. 386 각주 79를 보라.

191) *Antt.* 6 : 60 : $\tau \grave{o} \nu \ \mu \grave{\epsilon} \nu \ \theta \epsilon \grave{o} \nu \ \dot{\alpha} \pi o \chi \epsilon \iota \rho o \tau o \nu o \hat{\upsilon} \sigma \iota \ \tau \hat{\eta} \varsigma \ \beta \alpha \sigma \iota \lambda \epsilon \iota \alpha \varsigma$.

192) Dalman, *Words of Jesus*, 98 ; Billerbeck Ⅰ, 174ff.

193) (하나님의) m^ekūta : I QM 6 : 6 '그리고 통치가 이스라엘의 하나님께 있으리
라'(오바댜 21절의 자유로운 인용). (하나님의) malkūt : I QM12 : 7 '당신의 통치
의 영광 안에서 두려움'(시 144 : 11이하를 참조하라) ; I Qsb 4 : 25이하 '통치의 성
전 안에서'.

$\mathring{\eta}\gamma\gamma\iota\kappa\epsilon\nu$ $\mathring{\eta}$ $\beta\alpha\sigma\iota\lambda\epsilon\acute{\iota}\alpha$ $\tau o\hat{\upsilon}$ $\theta\epsilon o\hat{\upsilon}$　(막 1 : 15 병행 ; 마 10 : 7 병행 ;
눅 10 : 11. 참조, 눅 21 : 31 $\dot{\epsilon}\gamma\gamma\acute{\upsilon}\varsigma$ $\dot{\epsilon}\sigma\tau\acute{\iota}\nu$ $\mathring{\eta}$ $\beta\alpha\sigma\iota\lambda\epsilon\acute{\iota}\alpha$ $\tau o\hat{\upsilon}$ $\theta\epsilon o\hat{\upsilon}$
$\epsilon\dot{\iota}\sigma\acute{\epsilon}\rho\chi\epsilon\sigma\theta\alpha\iota$ $\epsilon\dot{\iota}\varsigma$ $\tau\mathring{\eta}\nu$ $\beta\alpha\sigma\iota\lambda\epsilon\acute{\iota}\alpha$　$\tau o\hat{\upsilon}$ $\theta\epsilon o\hat{\upsilon}$(막 9 : 47 ; 10 : 15 병
행 ; 10 : 23 병행. 24, 25 병행 ; 마 5 : 20 ; 7 : 21 ; 18 : 3 ; 23 : 13 ; 요
3 : 5 ; 행 14 : 22
(하나님 나라에 들어가다)
$\epsilon\lambda\acute{\alpha}\chi\iota\sigma\tau o\varsigma$ $\dot{\epsilon}\nu$ $\tau\hat{\eta}$ $\beta\alpha\sigma\iota\lambda\epsilon\acute{\iota}\alpha$ $\tau\hat{\omega}\nu$ $o\dot{\upsilon}\rho\alpha\nu\hat{\omega}\nu$　(마 5 : 19)
(천국에서 지극히 작다)
$\mathring{\eta}$ $\beta\alpha\sigma\iota\lambda\epsilon\acute{\iota}\alpha$ $\tau o\hat{\upsilon}$ $\theta\epsilon o\hat{\upsilon}$ $\epsilon\nu\tau\grave{o}\varsigma$ $\tau\iota\nu\acute{o}\varsigma$ $\dot{\epsilon}\sigma\tau\acute{\iota}\nu$　(눅 17 : 21)
(하나님 나라는 너희 안에 있다)
$\mathring{\epsilon}\rho\chi\epsilon\tau\alpha\iota$ $\mathring{\eta}$ $\beta\alpha\sigma\iota\lambda\epsilon\acute{\iota}\alpha$ $\tau o\hat{\upsilon}$ $\theta\epsilon o\hat{\upsilon}$(막 9 : 1 ; 마 6 : 10 병행, 눅 11 :
2 ; 눅 17 : 20 ; 22 : 18)[194](하나님 나라가 임한다)
$\mathring{\eta}$ $\mathring{\eta}\tau o\iota\mu\alpha\sigma\mu\acute{\epsilon}\nu\eta$ $\beta\alpha\sigma\iota\lambda\epsilon\acute{\iota}\alpha$　(마 25 : 34)
(예비된 나라)

---

194) 이러한 구절은 구약이나 유대문학에서 아무런 유비(類比)도 가지고 있지
않다. M. Burrows, 'The Kingdom Come', *JBL* 74, 1955, 1-8을 참조하라. 왜냐하
면 유일하게 비교될 수 있는 구절인 미가 4 : 8(…이런 권능 곧 딸 예루살렘의 나라
가 네게로 돌아오리라)과 이에 대한 탈굼의 설명구절(paraphrase : …너〈메시야〉에
게 그 나라가 오리라)은 하나님의 통치를 말하는 것이 아니라, 예루살렘 혹은 메시
야의 통치를 말하기 때문이다. 더욱이 미가의 원문에서나 탈굼에서 '오다'란 동사
는 전치사 '레'(l°)와 묶여져있음을 주목해야만 한다. 다시 말해서 예수는 하나님
통치의 도래(옴)를 말할 때에는 그것이 나타날 것이라고 말한 반면, 여기에서는 통
치가 예루살렘 혹은 메시야에게 '허락될 것'이라고 언급되고 있는 것이다(이러한
차이점은 계 11 : 15 $\dot{\epsilon}\gamma\acute{\epsilon}\nu\epsilon\tau o$ $\mathring{\eta}$ $\beta\alpha\sigma\iota\lambda\epsilon\acute{\iota}\alpha$ … $\tau o\hat{\upsilon}$ $\kappa\upsilon\rho\acute{\iota}o\upsilon$ $\mathring{\eta}\mu\hat{\omega}\nu$ 과 눅 19 : 11$\mu\acute{\epsilon}\lambda\lambda\epsilon\iota$
$\mathring{\eta}$ $\beta\alpha\sigma\iota\lambda\epsilon\acute{\iota}\alpha$ $\dot{\alpha}\pi o\phi\alpha\acute{\iota}\nu\epsilon\sigma\theta\alpha\iota$ 을 비교해 볼 때 분명해질 수 있다). 눅 17 : 20 상반
절에서 바리새인들이 $\pi\acute{o}\tau\epsilon$ $\mathring{\epsilon}\rho\chi\epsilon\tau\alpha\iota$ $\mathring{\eta}$ $\beta\alpha\sigma\iota\lambda\epsilon\acute{\iota}\alpha$ $\tau o\hat{\upsilon}$ $\theta\epsilon o\hat{\upsilon}$(어느 때에 하나님의 나
라가 임하나이까)라고 물은 사실이 유대주의도 하나님 통치의 도래에 관하여 말하
였음을 보여주는 훌륭한 증거로 주장될 수 있을런지도 모른다. 그러나 20절 하반절
로 미루어 우리는 이 경우에 예수님의 말씀이 바리새인들의 입술 위에 놓여진 것이
아닌가하는 문제를 고려해야만 한다. 막 11 : 10($\epsilon\dot{\upsilon}\lambda o\gamma\eta\mu\acute{\epsilon}\nu\eta$ $\mathring{\eta}$ $\dot{\epsilon}\rho\chi o\mu\acute{\epsilon}\nu\eta$ $\beta\alpha\sigma\iota\lambda\epsilon\acute{\iota}\alpha$
$\tau o\hat{\upsilon}$ $\pi\alpha\tau\rho\grave{o}\varsigma$ $\mathring{\eta}\mu\hat{\omega}\nu$ $\Delta\alpha\upsilon\acute{\iota}\delta$: 찬송하리로다 오는 우리 조상 다윗의 나라여)은 시편
118 : 25이하를 인용한 앞절의 2차적인 설명이다. 더군다나 그것은 하나님의 통치를
말하는 것이 아니라, 다윗의 통치를 말하는 것이다. 이와 같은 증거로 미루어,
카디쉬가 보여주는 바와같이(yamlēk〈V.1. yimlōk〉malkūtēh ; text in Dalman, *Worte
Jesu* 초판, 305 각주 3, 불행하게도 재판에서는 이것이 빠져버렸다) 팔레스틴 유대
주의가 하나님 통치의 '도래'를 말하지 않고 하나님 통치의 '다스림'(reigning)을
말했다는 사실을 주목하는 것은 결정적인 중요성을 갖는다.

εὐνούχισαν ἑαυτοὺς διὰ τὴν βασιλείαν τῶν οὐρανῶν （마 19 : 12）

（천국을 위하여 스스로 된 고자）

ζητεῖν τὴν βασιλείαν αὐτοῦ （마 6 : 33 병행. 눅 12 : 31）

（그의 나라를 구하라）

αἱ κλεῖδες τῆς βασιλείας τῶν οὐρανῶν （마 16 : 19）

（천국열쇠）

κλείειν τὴν βασιλειλείαν τῶν οὐρανῶν （마 23 : 13）

（천국문을 닫다）

οὐ μακρὰν εἶναι ἀπὸ τῆς βασιλείας τοῦ θεοῦ （막 12 : 34）

（하나님 나라에 멀지 않다）

μέγας ἐν τῇ βασιλεία τῶν οὐρανῶν （마 5 : 19）

（천국에서 크다）

μείζων ἐν τῇ βασιλεία τῶν οὐρανῶν （마 18 : 1, 4）

（천국에서 극히 작은 자）

τὸ μυστήριον τῆς βασιλείας τοῦ θεοῦ （막 4 : 11 병행）

（하나님 나라의. 비밀）

ὁμοιοῦν τὴν βασιλείαν τοῦ θεοῦ （막 4 : 26, 30 병행 ; 마13 : 33 병행, 눅 13 : 20. 그리고 마태복음에서의 여덟가지 특별한 용례⟨p. 63을 보라⟩）

（하나님 나라는…와 같다）

προάγειν εἰς τὴν βασιλείαν τοῦ θεοῦ （마 21 : 31）

（하나님 나라에 먼저 들어가다）

ἐφθασεν ἐφ᾽ὑμᾶς ἡ βασιλεία τοῦ θεοῦ （마 12 : 28 병행, 눅 11 : 20）

（하나님 나라가 너희에게 임했다）

consequi regna caelestia(agraphon in Tertullian, *De baptismo* 20 : 2).[195]

유대주의 문학과의 정확한 병행관계가 없음에도 불구하고, 다음의

---

195) Jeremias, *Unknown sayings of Jesus*, London 1964, 73-75를 보라.

예들은 위에 제시된 목록에 포함되지 않았다 :

a. 세속적인 병행구절이 있는 모든 구절들(예컨대 $o\acute{\iota}\ \upsilon\iota o\grave{\iota}\ \tau\hat{\eta}\varsigma\ \beta\alpha\sigma\iota\lambda\epsilon\acute{\iota}\alpha\varsigma$ 마 8 : 12 ; 13 : 38, cf. b°nē malkūtā Targ, Qoh. 5 : 8 ; $\epsilon\check{\upsilon}\theta\epsilon\tau o\varsigma\ \epsilon\hat{\iota}\nu\alpha\iota\ \tau\hat{\eta}\ \beta\alpha\sigma\iota\lambda\epsilon\acute{\iota}\alpha$ $\tau o\hat{\upsilon}\ \theta\epsilon o\hat{\upsilon}$ 눅 9 : 62, cf. kāšēr l°malkūt Mek. Ex. on 12 : 1, Venice 1545, 2b 5).

b. $\grave{\alpha}\nu\alpha\kappa\lambda\acute{\iota}\nu\epsilon\sigma\theta\alpha\iota\ \grave{\epsilon}\nu\ \tau\hat{\eta}\ \beta\alpha\sigma\iota\lambda\epsilon\acute{\iota}\alpha\ \tau\hat{\omega}\nu\ o\grave{\upsilon}\rho\alpha\nu\hat{\omega}\nu$ (마 8 : 11병행)과 $\pi\acute{\iota}\nu\epsilon\iota\nu\ \grave{\epsilon}\nu\ \tau\hat{\eta}$ $\beta\alpha\sigma\iota\lambda\epsilon\acute{\iota}\alpha\ \tau o\hat{\upsilon}\ \theta\epsilon o\hat{\upsilon}$ (막 14 : 25 병행). 왜냐하면 누가복음 14 : 15에서 이와 관련된 구절인 $\phi\acute{\alpha}\gamma\epsilon\tau\alpha\iota\ \check{\alpha}\rho\tau o\nu\ \grave{\epsilon}\nu\ \tau\hat{\eta}\ \beta\alpha\sigma\iota\lambda\epsilon\acute{\iota}\alpha\ \tau o\hat{\upsilon}\ \theta\epsilon o\hat{\upsilon}$ 가 식탁교제상의 예수의 입술 위에서 나타나기 마련이다.

c. 마가복음판에서의 예수의 말씀에다가 마태와 누가가 덧붙인 구절들, 즉 편집적인 구절. 예컨대 $\acute{o}\ \lambda\acute{o}\gamma o\varsigma\ \tau\hat{\eta}\varsigma\ \beta\alpha\sigma\iota\lambda\epsilon\acute{\iota}\alpha\varsigma$ (마 13 : 19, 막 4 : 15과 대조하라) ; $\tau\grave{o}\ \epsilon\grave{\upsilon}\alpha\gamma\gamma\acute{\epsilon}\lambda\iota o\nu\ \tau\hat{\eta}\varsigma\ \beta\alpha\sigma\iota\lambda\epsilon\acute{\iota}\alpha\varsigma$ (눅 4 : 43, 막 1 : 38과 대조하라) ; 여기에다가 언어[196]와 내용에 근거하여 수동태 $\epsilon\grave{\upsilon}\alpha\gamma\gamma\epsilon\lambda\acute{\iota}\zeta\epsilon\tau\alpha\iota\ \acute{\eta}\ \beta\alpha\sigma\iota\lambda\epsilon\acute{\iota}\alpha\ \tau o\hat{\upsilon}$ $\theta\epsilon o\hat{\upsilon}$ (눅 16 : 16, 마 11 : 12과 대조하라)가 추가되어야 한다 ; $\delta\iota\alpha\gamma\gamma\acute{\epsilon}\lambda\epsilon\iota\nu\ \tau\grave{\eta}\nu$ $\beta\alpha\sigma\iota\lambda\epsilon\acute{\iota}\alpha\nu\ \tau o\hat{\upsilon}\ \theta\epsilon o\hat{\upsilon}$ (눅 9 : 60, 마 8 : 22과 대조하라) ; $\mu\alpha\theta\eta\tau\epsilon\acute{\upsilon}\epsilon\sigma\theta\alpha\iota\ \tau\hat{\eta}$ $\beta\alpha\sigma\iota\lambda\epsilon\acute{\iota}\alpha\ \tau\omega\hat{\upsilon}\ o\grave{\upsilon}\rho\alpha\nu\hat{\omega}\nu$ (마 13 : 52)

초대교회는 위의 목록에 나타난 새로운 술어들을 창작하는데 아무런 관심도 기울이지 않았다. 초대교회가 창작했던(혹은, '新造語를 만들어 냈던') $\beta\alpha\sigma\iota\lambda\epsilon\acute{\iota}\alpha$ 에 대한 구절들은 다른 종류의 것이었다. 초대교회는 종말론적인 용어를 선교적인 술어로 변형시켰다.[197] 따라서 '하나님의 통치'란 용어는 예수의 말씀에 대한 공관복음 전승밖에서는 자주 사용되지 않게 되었다. 그 용어는 벌써 바울서신에서 매우 드물게 나타나며, 요한복음에서는 단지 두번 나타날 뿐이다(요 3 : 3, 5).[198] 그러

---

196) Dalman, *Words of Jesus*, 104이하, 140을 참조하라.

197) $\delta\iota\alpha\gamma\gamma\acute{\epsilon}\lambda\epsilon\iota\nu\ \tau\grave{\eta}\nu\ \beta\alpha\sigma\iota\lambda\epsilon\acute{\iota}\alpha\nu\ \tau o\hat{\upsilon}\ \theta\epsilon o\hat{\upsilon}$ (눅 9 : 60) ; $\delta\iota\alpha\mu\alpha\rho\tau\acute{\upsilon}\rho\epsilon\sigma\theta\alpha\iota\ \tau\grave{\eta}\nu$ $\beta\alpha\sigma\iota\lambda\epsilon\acute{\iota}\alpha\nu\ \tau o\hat{\upsilon}\ \theta\epsilon o\hat{\upsilon}$ (행 28 : 33) ; $\epsilon\grave{\upsilon}\alpha\gamma\gamma\epsilon\lambda\acute{\iota}\zeta\epsilon\sigma\theta\alpha\iota\ \tau\grave{\eta}\nu\ \beta\alpha\sigma\iota\lambda\epsilon\acute{\iota}\alpha\nu\ \tau o\hat{\upsilon}\ \theta\epsilon o\hat{\upsilon}$ (눅 4 : 43 ; 8 : 1) 혹은 $\pi\epsilon\rho\grave{\iota}\ \tau\hat{\eta}\varsigma\ \beta\alpha\sigma\iota\lambda\epsilon\acute{\iota}\alpha\varsigma\ \tau o\hat{\upsilon}\ \theta\epsilon o\hat{\upsilon}$ (행 8 : 12) ; $\epsilon\grave{\upsilon}\alpha\gamma\gamma\epsilon\lambda\acute{\iota}\zeta\epsilon\tau\alpha\iota\ \acute{\eta}$ $\beta\alpha\sigma\iota\lambda\epsilon\acute{\iota}\alpha\ \tau o\hat{\upsilon}\ \theta\epsilon o\hat{\upsilon}$ (눅 16 : 16) ; $\tau\grave{o}\ \epsilon\upsilon\gamma\gamma\acute{\epsilon}\lambda\theta o\nu\ \tau\hat{\eta}\varsigma\ \beta\alpha\sigma\iota\lambda\epsilon\acute{\iota}\alpha\varsigma$ (마 4 : 23 ; 9 : 35 ; 24 : 14) $\kappa\eta\rho\acute{\upsilon}\sigma\sigma\epsilon\iota\nu\ \tau\grave{\eta}\nu\ \beta\alpha\sigma\iota\lambda\epsilon\iota\alpha\varsigma$ (행 20 : 25 ; $\tau o\hat{\upsilon}\ \theta\epsilon o\hat{\upsilon}$ 눅 9 : 2 ; 행 28 : 31) ; $\lambda\alpha\lambda\epsilon\hat{\iota}\nu\ \pi\epsilon\rho\grave{\iota}\ \tau\hat{\eta}\varsigma\ \beta\alpha\sigma\iota\lambda\epsilon\acute{\iota}\alpha\varsigma\ \tau o\hat{\upsilon}\ \theta\epsilon o\hat{\upsilon}$ (눅 9 11) ; $\lambda\acute{\epsilon}\gamma\epsilon\iota\nu\ \tau\grave{\alpha}\ \pi\epsilon\rho\grave{\iota}\ \tau\hat{\eta}\varsigma\ \beta\alpha\sigma\iota\lambda\epsilon\acute{\iota}\alpha\varsigma$ $\tau o\hat{\upsilon}\ \theta\epsilon o\hat{\upsilon}$ (행 1 : 3) ; $\acute{o}\ \lambda\acute{o}\gamma o\varsigma\ \tau\hat{\eta}\varsigma\ \beta\alpha\sigma\iota\lambda\epsilon\acute{\iota}\alpha\varsigma$ (마 13 : 19) ; $\mu\alpha\theta\eta\tau\epsilon\upsilon\acute{\epsilon}\sigma\theta\alpha\iota\ \tau\hat{\eta}$ $\beta\alpha\sigma\iota\lambda\epsilon\acute{\iota}\alpha\ \tau\hat{\omega}\nu\ o\grave{\upsilon}\rho\upsilon\hat{\omega}\nu$ (마 13 : 52) ; $\pi\epsilon\acute{\iota}\theta\epsilon\iota\nu\ \pi\epsilon\rho\grave{\iota}\ \tau\hat{\eta}\varsigma\ \beta\alpha\sigma\iota\lambda\epsilon\acute{\iota}\alpha\varsigma\ \tau o\hat{\upsilon}\ \theta\epsilon o\hat{\upsilon}$ (골 4 : 11) ; $o\acute{\iota}\ \upsilon\iota o\grave{\iota}\ \tau\hat{\eta}\varsigma\ \beta\alpha\sigma\iota\lambda\epsilon\acute{\iota}\alpha\varsigma$ (마 13 : 38 ; 이를 마 8 : 12과 비교하라).

198) 복음서외에서의 용례를 살펴보면 다음과 같다 : 전체 바울서신에서 10회, 사도행전에서 8회, 히브리서와 야고보서에서 각 1회, 그리고 요한계시록에서 2회.

68

므로 이러한 새로운 종말론적인 술어들을 창작한 분은 바로 예수님 그 자신이었던 것이다. 물론 이러한 새로운 창작과정이 $\beta\alpha\sigma\iota\lambda\epsilon\acute{\iota}\alpha$에 촛점이 맞추어지는 것은 결코 우연이 아니다. 우리는 나중에 예수께서 그 용어를 자신의 선포의 중심주제로 삼았을 뿐만 아니라, 유비 (analogy)가 없는 새로운 내용을 그것에 담았음을 보게될 것이다(pp. 159 이하를 보라).

(4) 아멘

사복음서의 예수의 말씀 가운데 아멘이란 단어가 새롭게 사용되고 있는데, 이러한 사실은 전(全) 유대주의 문학에서나 다른 신약에서 그 병행을 찾을 수 없는 것이다. [199] 히브리어 아멘(ā mēn)은 "확실히"란 뜻이다. [200] 이 단어는 이미 구약시대의 이스라엘 백성들이 영광송, 맹세, 축복, 저주 등에 있어 채택했던 엄숙한 공식어구(solemn formula)였다.[201] 이 단어는 예외없이 다른 사람의 말에 동의함으로 응답할 때 사용된다 : 고린도전서 14 : 16 ; 고린도후서 1 : 20 ; 계시록 5 : 14 ; 7 : 12 ; 19 : 4 ; 22 : 20.

반면 복음서에서 아멘은―역시 예외없이―어떤 사람의 말을 도입하고 강화시킬 때 사용되는데, 이러한 전례없는 용례는 예수의 말씀에 엄격하게 한정된다. 이러한 도입어로서의 아멘용법은 다음과 같다 :

마가복음	13회[202]
마태복음과 누가복음에 고통된 어록	9회[203]

---

199) Jermias, 'Characteristics', 112-115 ; Abba 148-151.

200) W. Baumgartner, *Hebräishes und Aramäisches* Lexikon zum Alten Testament, Lieferung Ⅰ, Leiden 1967, 62b.

201) Dalman, *Words of Jesus*, 226-229 ; Billerbeck Ⅰ 242-244 ; Ⅲ 456-461.

202) 막 3 : 28 ; 8 : 12 ; 9 : 1, 41 ; 10 : 15, 29 ; 11 : 23 ; 12 : 43 ; 13 : 30 ; 14 : 9, 18, 25, 30.

203) 마 5 : 18, 26 ; 8 : 10 ; 10 : 15 ; 11 : 11 ; 13 : 17 ; 18 : 13 ; 23 : 36 ; 24 : 47 $\dot{\alpha}\mu\acute{\eta}\nu$ 은 누가복음판의 아홉구절 어디에서도 나타나지 않는다. 누가복음판에서는 $\dot{\alpha}\mu\acute{\eta}\nu$ 자리에 $\delta\acute{\epsilon}$(눅 10 : 12, 마 10 : 15과 비교하라), $\gamma\acute{\alpha}\rho$(눅 10 : 24, 마 13 : 17과 비교하라), $\nu\alpha\acute{\iota}$(눅 11 : 51, 마 23 : 36과 비교하라), $\alpha\lambda\eta\theta\hat{\omega}\varsigma$(눅 12 : 44, 마 24 : 47과 비교하라). 나머지 다섯군데에서는 아무런 대체어 없이 $\dot{\alpha}\mu\acute{\eta}\nu$이 빠져있다.

마태복음에만 나타나는 경우	9회[204]
누가복음에만 나타나는 경우	3회[205]
요한복음(여기에서는 항상 이중적인	
형태로서 즉 '아멘 아멘'으로 나타난다)	25회[206]

이러한 낯선 단어를 보존하고 있는 사실은 그 화법(話法)이 새롭고 독특함을 전승이 매우 강렬하게 인식했음을 보여준다. 그것의 의미에 대한 설명은 예수의 말씀 가운데 '아멘'은 항상 $\lambda \acute{\epsilon} \gamma \omega \; \acute{v} \mu \hat{\imath} \nu \; (\sigma o \iota)$ 으로 이어진다는 사실로부터 출발되어야만 한다. $\acute{a} \mu \acute{\eta} \nu \; \lambda \acute{\epsilon} \gamma \omega \; \acute{v} \mu \hat{\imath} \nu$ 에 대한 유일한 본질적인 유비는 "주께서 이같이 말씀하시니라"라는 "사자(使者)의 공식어구"(messanger-formula)뿐이다.[207] 이것은 선지자들에 의해 사용된 공식어구인데, 자신들의 말이 자신들의 지혜로부터 나온 것이 아니라 신적인 메시지임을 보여주기 위한 것이다. 이와 마찬가지로, 예수의 말씀을 서두에서 이끄는 $\acute{a} \mu \acute{\eta} \nu \; \lambda \acute{\epsilon} \gamma \omega \; \acute{v} \mu \hat{\imath} \nu$ 은 그의 권위를 표현하는 것이다. 이러한 용법의 독특성, 이것이 오직 예수의 말씀에만 한정된 사실, 그리고 복음서의 전승층에서 일치되게 증거되는 사실 등은 이것이 바로 예수 자신이 창작한 새로운 표현임을 보여준다.[208]

---

204) 마 6：2, 5, 16；10：23；18：18；21：31；25：12, 40, 45；(또한 변형된 형태로서의 18：19).

205) 눅 4：24；12：37；23：43.

206) 요 1：51；3：3, 5, 11；5：19, 24, 25；6：26, 32, 47, 53；8：34, 51, 58；10：1, 7；12：24；13：16, 20, 21, 38；14：12；16：20, 23；21：18. 이중적인 사용은 유대주의의 예배의식 용례로부터 기원한 것이다. 그것은 구약에서, 쿰란문서에서, philo의 위작(僞作)에서, 탈무드에서, 기도문에서, 그리고 비문과 마술문(magical texts)에서 āmēn이 그냥 應唱 또는 和唱으로서 증거된다. (*TLZ* 83, 1958, col. 504를 참조하라).

207) Manson, *Teachings*, 207.

208) V. Hasler, *Amen, Redaktionsgeschichtliche Untersuchung zur Einführungsformel der Herrenworte 'Wahrlich, ich sage euch'*, Zürich-Stuttgart 1969는 '진실로 내가 너희에게 이르노니'라는 공식어는 헬레니즘 공동체의 예배의식에서 기원한 것으로서, 단지 2차적으로 예수의 입술 위에 놓여진 것이란 가설을 제시한다. 그는 유대주의에서 '아멘'이 대답으로서의 특성은 이미 상실하고 다만 어떤 사람의 말을 강화하기 위하여 사용되었다고 주장함으로써 자신의 견해를 정당화하고자 한다(p. 173). 그는 이러한 것을 네개의 랍비문학의 본문과 계 7：12과 22：20로부터 증명하고자 한다. 그러나 네개의 랍비문학의 본문은 사실상 서로 병행관계에 있는 하나의 본문일 것이다(두번째 본문은 Billerbeck Ⅰ, 243으로부터 잘못 옮겨쓴 것이고, 나

(5) 아바

하나님께 대한 호칭형태로서 일상용어인 아바 ('abbā)를 사용한 것은 예수에게 있어 가장 중요한 '언어상의 혁신'(linguistic innovation)이었다. 이 용어는 § 7에서 자세히 논의될 것이다.

§ 2와 § 3에서 언급된 특징적인 표현들의 하나하나의 모든 용례가 다 그 자체로서 진정성(眞正性 : authenticity)의 증거가 되는 것은 아니다. 우리는 **실제 음성**(ipsissima vox)과 **실제 말씀**(ipsissima verba)을 구분해야만 한다. 예수가 선호(選好)한 화법(ipsissima vox Jesu)이 나타난다고하여 각각의 용례가 진정한(genuine) 로기온(ipsissimum berbum)인지 여부를 검토할 필요성이 없어지는 것은 아니다. 예를 들어, 예수의 말을 서두에서 이끄는 ἀμήν 용법이 '**예수의 실제 음성**'(ipsissima vox Jeus)이라고 말하는 것은 그 자체로서 요한복음의 25번의 용례 (p. 69 각주 206을 보라) 모두가 다 '**실제 말씀**'(ipsissima verba)임을 의미하는 것은 아닌 것이다. 그러므로 진정성의 문제는 언어적 문체적 증거에 기초하여 순전히 도식적인 방법으로 결정될 수 없는 것이다. 우리는 또한 그 말씀들의 내용을 고려해야만 한다. 그럼에도 불구하고, 우리는 결론적으로 다음과 같이 말할 수 있다. 즉, § 2와 § 3에서 제시된 언어적 문체적 증거는 예수의 말씀들의 전승이 매우 큰 진실성과 신뢰성을 가지고있음을 보여준다. 또한 우리는 다음의 원리를 이끌어 낼 수 있다. 공관복음 전승에서 증명되어야 하는 것은 **진정**

머지 두개의 본문은 언급되지 않는다). 또한 이 본문은 Hasler가 도출한 결론과는 정반대의 것을 말하고 있다. 그것은 '아멘'이 대답으로서의 특성을 가지고 있음을 증거한다. 계 7 : 12에서 아멘은 10절의 축복에 대한 대답이며 계 22 : 20하반절에서는 20상반절의 예수의 재림약속에 대한 대답이다. 이것은 유대주의와 초대 기독교 예배에서 '아멘'은 항상 그리고 예외없이 대답으로서 특성을 가졌음을 의미한다. 복음서의 새로운 용법은 유비(analogy)가 없는 것이다(다른 측면에서, 이 책은 마땅히 기울여야할 주의를 충분히 기울이지 않고 있다. p. 173에 대하여 다음이 지적되어야만 한다 : 느 5 : 13은 영광송적인 끝맺음말이 아니다 ; 토비트 14 : 15을 그것의 의심스러운 진정성에도 불구하고 아멘의 예에 포함시킨다면 또한 유딧 16 : 25도 반드시 포함시켜야만 할 것이다 ; 계 7 : 11을 위하여는 계 7 : 12을 읽어라 ; 신 27 : 33의 인용은 어불성설이다. 왜냐하면 신 27장은 단지 26절로 되어있기 때문이다 ; 각주 148에서 모든 헥사플라 자료 〈Hexapla : 6개국어 번역판〉가 무시되었다―이 모든 것들이 p. 173 한 페이지에 나와있는 것들이다).

성(authenticity)이 아니라, 비진정성(inauthenticity)이다.[209]

부록 : 공관복음서 문제

여기서 내가 의도하는 것은 공관복음서 문제(synoptic problem)에 대한 완전한 논의를 제시하는 것이 아니다. 다만 나는 본서에 전제되어 있는 공관복음서 문서비평(synoptic literary criticism)의 관점을 독자들에게 매우 간단히 제시하고자 하는 것이다.

1. 마가가 최초의 헬라어 복음서를 기록하였다. 내용에 관한 한(예컨대, 기독론에 관하여 제자들을 책망하는 등), 그는 복음서 기자들 가운데 가장 투박하다(덜 세련되다). 이것은 마가복음이 네권의 정경복음서들 가운데 최초의 것임을 보여준다. 이에 더하여 라흐만(C. Lachmann)의 관찰(1835)[210], 곧 마태복음과 누가복음은 마가복음과 일치하는 곳에서만 일치되고 반면 그것들이 마가복음으로부터 이탈되는 곳에서만 서로 갈라지는 사실은 마가복음이 다른 두 공관복음(마태복음과 누가복음)의 기초를 이루었음을 보여주는 것이다. 그 복음서는 단일한 이야기모음이나 단일한 어록(로기아)으로부터 말미암은 것이 아니라, 교훈강화들(teaching discourses : $\delta\iota\delta\alpha\sigma\kappa\alpha\lambda\iota\alpha\iota$)로부터 발전된 전승의 복합체들(complexes of tradition)로부터 말미암은 것이다.[211] 이러한 사실은 마가복음 4 : 1—34로 보아 분명하다. 왜냐하면 그것은 '비유'라는 주제아래 엮어진 전승의 복합체이기 때문이다. 그것은 이전 마가 연결공식(pre-Markan connection formula)인 $\kappa\alpha\iota\ \check{\epsilon}\lambda\epsilon\gamma\epsilon\nu$ (9, 26, 30절 : 또 이르시되)에 의해 연결되어 마가에 의해 정리되어 있다.[212] 이와 마찬가지로 마가복음 4 : 35—5 : 43은 '이적 이야기들'(miracle stories)의 주제로 특징지워진다. 그러나, 내가 믿는 바와 같이, 마가복음 전체가 전승의 복합체들로 이루어졌다고 설명될 수 있다. 즉, 1 : 1 —15 ; 1 : 16—39 ; 1 : 40—3 : 7a ; 3 : 7b—19 ; 3 : 20—35 ; 4 : 1—34 ; 4 :

---

209) C. Colpe, $\acute{o}\ \upsilon\iota\grave{o}\varsigma\ \tau o\hat{\upsilon}\ \grave{\alpha}\nu\theta\rho\acute{\omega}\pi o\upsilon$, *TWNT* Ⅷ, 1965ff., 403-81 : 437, 13f를 참조하라.

210) *De ordine narrationum in evangeliis synopticis*, ThStKr 8, 1835, 570ff.

211) 유세비우스의 파피아스, *HE* Ⅲ 39 : 15.

212) Jermias, *Parables*, 13f.

35−5 : 43 ; 6 : 1−32 ; 6 : 33−7 : 37 ; 8 : 1−26 ; 8 : 27−9 : 1 ; 9 : 2−29 ; 9 : 30−50 ; 10 : 1−31 ; 10 : 32−45 ; 수난설화는 10 : 46, 혹은 11 : 1로부터 시작되며, 12 : 1−44과 13 : 1−37에 있는 전승의 복합체들은 그 안에 삽입된 것이다.[213] 이렇게 볼 때, 마가복음의 체계적인 구조(systematic structure)를 찾고자 하는 것은 헛된 사랑의 노력인 것이다.

2. 마태복음은 마가복음을 각색한 것(version of Mark)으로서, 문체가 바뀌었고 새로운 자료를 첨가시킴으로써 분량이 절반이상 늘어났다. 오늘날 다수의 학자들은 두 자료설(two-source theory)을 지지하는데, 이 이론에 따르면 마태와 누가는 마가복음과 함께 어록자료인 Q를 사용했다고 한다. 그러나 이러한 형태의 이론은 지나치게 단순화한 이론이다. 왜냐하면 누가는 독립된 곳(independent setting)에서는 어록자료를 가지고 있지 않았기 때문이다. 그것은 이미 특별한 누가자료(special Lucan material : pp. 75이하를 보라)로 융합되었던 것이다. 이에 더하여, 어록자료인 Q가 항상 존재했었는가 하는데에 대하여 의문이 있다. 이에 대하여 네가지가 언급될 수 있다.

(i) 한때 Q자료가설의 주요한 버팀목이었던 그 파피아스의 증거(Ματθαῖος μὲν οὖν Εβραΐδι διαλέκτῳ τὰ λόγια συνετάξατο)[214]는 이제 더이상 그 역할을 할 수 없게 되었다. 여기서 τὰ λόγια로서 파피아스가 의미하는 것은 예수님 말씀의 모음집(어록)이 아니라 복음서였던 것이다.[215]

(ii) 마태복음의 어록과 누가복음의 어록은 현저하게 서로 다르다. 번역에 있어서의 변이(variants) 혹은 아람어를 말하는 배경에서 전승이 두갈래로 갈라지는 가능성이 있는 곳에서는 마태복음과 누가복음에 공통된 자료가 배제된다. 마태복음과 누가복음 어록의 5분의 1가량이 거의(혹은, 정확히)단어 대 단어의 대응을 갖는 것은 사실이다. 그러나

213) Jermias, *Eucharistic Words*, 92 각주 1을 참조하라.
214) In Eusebius, *HE* Ⅲ 39 : 16.
215) 이것은 이미 이레니우스가 이해했던 방법이었다(*Adv. Haer.* Ⅲ 1 : 1). cf. J. Kürzinger, 'Das Papiaszeugnis und die Erstgestalt des Matthäuservangeliums' *BZ* 4, 1960, 19-38.

브레게(H. T. Wrege)가 지적하는 것처럼,[216] 대부분의 경우 이것은 특별히 기억하기 쉬운 자료에서(은유, 짧은 비유, 반위적 평행법) 일어나고 있다. 이러한 것은 심지어 구전(oral tradition)에서조차도 고정된 형태로 나타날 수 있는 것들이다.

(iii) 어록의 연결관계는 한두가지 유형의 예외만을 제외하고는 매우 넓게 갈라진다. 예외적인 유형은 이러한 것이다. 즉, 기록된 자료를 가리킬 필요가 없으면서 그러나 구전으로 잘 발전될 수 있었던 것들(예컨대, 세례—시험 ; 예수의 강화—가버나움의 백부장).[217]

(iv) 많은 경우에 마태복음과 누가복음의 하나의 동일한 로기온이 다른 연결단어로 그 위치에 연결되어있는 것이 나타남을 주목하는 것은 극히 중요하다. 이에 대하여 세가지 예를 들어보자. 마태복음 5 : 15은 앞으로 14절의 $\kappa\rho\upsilon\beta\widehat{\eta}\nu\alpha\iota$ 와 15절의 $\upsilon\pi\grave{o}\ \tau\grave{o}\nu\ \mu\acute{o}\delta\iota o\nu$, 그리고 뒤로는 15절의 $\lambda\acute{\alpha}\mu\pi\epsilon\iota$와 16절의 $\lambda\alpha\mu\psi\acute{\alpha}\tau\omega$로 결합되어 문맥이 연결되어 있다. 반면 이의 병행구절인 누가복음 11 : 33은 $\lambda\grave{\upsilon}\chi\nu o\varsigma$ 란 단어에 의해 34절과 연결되어 있다. 마태복음 10 : 19이하에서 연결단어는 $\pi\alpha\rho\alpha\delta\widehat{\omega}\sigma\iota\nu$ (17절의 $\pi\alpha\rho\alpha\delta\acute{\omega}\sigma o\upsilon\sigma\iota\nu$ 과 21절의 $\pi\alpha\rho\alpha\delta\acute{\omega}\sigma\epsilon\iota$)인데 반하여, 이의 병행구절인 누가복음 12 : 11이하에서는 그것이 12질과 10절의 $\mathring{\alpha}\gamma\iota o\nu\ \pi\nu\epsilon\hat{\upsilon}\mu\alpha$ 이다. 또한 마태복음 7 : 22이하에서 연결단어는 21절의 $\kappa\acute{\upsilon}\rho\iota\epsilon,\ \kappa\acute{\upsilon}\rho\iota\epsilon$ 인데 반하여, 이의 병행구절인 누가복음 13 : 26이하에서는 그것이 25절의 $o\mathring{\upsilon}\kappa\ o\mathring{\iota}\delta\alpha\ \mathring{\upsilon}\mu\hat{\alpha}\varsigma\ \pi\acute{o}\theta\epsilon\nu\ \mathring{\epsilon}\sigma\tau\acute{\epsilon}$ 이다.[218] 기억을 돕기 위한 목적으로 연결단어에 의하여 결합하는 것이 구전을 가리키는 것인데, 우리는 이미 이 단계에서 적어도 두개의 가지(branches)가 어록자료에서 발전되었음을 알 수 있다. 그중 하나는 마태복음에서 사용되었고 또 하나는 누가복음에서 사용되었다. 이러한 결론은 중요하다. 왜냐하

---

216) H. T. Wrege, *Die Überlieferungsgeschichte der Bergpredigt*, WUNT 9, Tübingen 1968.

217) 마태복음과 누가복음의 Q 자료구절의 순서에 관한 H. Appel의 요약을 참조하라 : H. Appel, *Einleitung in das Neue Testament*, Leipzig-Erlangen 1922, 251f. 여기서 Apple은 Kümmel, *Introduction to the New Testament*, London and New York 1966, 51f.의 기법과 방법을 따른다.

218) 나는 'Zur Hypothese einer schriftlichen Logienquelle Q' *ZNW* 29, 1930, 147-49＝Abba, 90-92에서 다른 예들을 제시하였다.

면 그것은 마태복음과 누가복음의 로기아(어록)의 차이를 아무런 언어
적 증거도 없이 두 복음서기자의 편집작업에 돌리는 것을 허용치 않기
때문이다. 이러한 대부분의 차이들은 편집사과정의 매우 초기에 발전
된 것이다.[219]

3. 블록들(blocks)안에서의 누가의 작업기법을 인식하는 것은 그의
복음서의 구성을 인식하는데에 근본적으로 중요하다. 그의 복음서의
블록들 안에서 마가복음자료(283절=$\frac{1}{3}$)와 새로운 자료(553절=$\frac{2}{3}$)[220]
가 서로 왔다갔다하면서 사용되고 있다. 누가에 의해 취해진 마가복음
자료는 누가복음 4 : 31로부터 시작된다.[221] 즉 첫번째 마가블록은 누
가복음 4 : 31—44로 구성된다. 여기에서 누가는 절 대 절(verse for
verse)로서 마가를 따른다. 이러한 사실은 매우 중요하다. 독자들은 눅
4 : 31—44을 막 1 : 21—39과 비교함으로써 양자가 마치 철로처럼 나란
히 진행하여감을 알 수 있다. 이러한 사실은 마가복음 자료의 나머지
다섯 블록에서도 역시 마찬가지이다 : 누가복음 5 : 12—6 : 19 ; 8 : 4—9
: 50 ; 18 : 15—43 ; 19 : 29—38 ; 19 : 45—22 : 13. 누가는 마가복음자료
를 철저하게 검토하였다. 그는 이중어(doublets)를 생략하였으며, 때때
로 몇몇 단어나 절의 위치를 바꾸기도 하였다—그러나 그는 대부분 마
가복음 단화들(單話 : pericope)의 순서를 지켰다. 단지 두 군데에서는
그는 마가복음의 순서를 이탈하였다. 첫째로, 마가복음 3 : 7—12(무리
가 예수께로 나아옴)과 13—19(열두 제자를 부르심)의 순서가 바뀌
었다(누가복음 6 : 12—16은 열두제자를 부르신 사건을 기록하고, 이어
서 17—19에서 무리가 예수께로 나아온 것을 기록하고 있다). 이것은
무리가 모인 것을 설명한 다음에 평지설교(6 : 20—49)가 따르는 것이
보다 합당했기 때문이었다. 두번째 것은 눅 8 : 19—21(=막 3 : 31—35)

---

219) 마태의 편집을 위하여는 p. 438 각주 29를 보라.

220) 이와 관련하여, 수난설화는 새로운 자료에 포함되는데, 그 이유가 p. 75에
제시되어 있다.

221) 이러한 중요한 증명이 Streeter에 의해 되어졌다. B. H. Streeter, *The Four
Gospels*, London 1936, 205ff. 그는 눅 1 : 5—4 : 30에는 마가복음에 의존한 경우가
없음을 보여주었다. 다만 마가복음자료를 슬쩍 건드린 누가복음의 몇구절은 (눅 3
: 3이하 16, 21이하 ; 4 : 1-2a), 로기아전승이거나 아니면 공통적인 초기 기독교전
승이다.

인데, 이것은 진정한 의미의 순서이탈이라고 말할 수 없다. 왜냐하면 누가는 여기에서 자신이 빠뜨린 항목(막 3 : 20—35)에 속한 한개의 단화(單話 : pericope)를 단순히 첨가시키고 있는 것이기 때문이다. 누가가 마가복음의 순서를 굳게 따르는 사실은 또한 수난설화인 누가복음 22 : 14—24 : 53에 대한 우리의 결론을 확증하여 준다. 즉 그것의 단화들의 순서가 마가복음과는 너무도 다르기 때문에 그것은 새로운 자료에 포함되어야만 하는 것이다.[222]

누가는 또한 새로운 자료를 취하였는데, 여기에서 어록자료(Q)와 특별한 누가자료(special Lucan material)가 서로 융합되어 블록을 이루고 있다 : 누가복음 1 : 5—4 : 30 ; 5 : 1—11 ; 6 : 20—8 : 3 ; 9 : 51—18 : 14 ; 19 : 1—28, 39—44 ; 22 : 14—24 : 53. 새로운 자료의 가장 중요한 문학적 특징이 큰 블록인 9 : 51—18 : 14로부터 가장 잘 나타나는데, 이것은 마가복음의 영향으로부터 완전히 자유롭다. 이것은 또한 다른 새로운 자료블록에서도 마찬가지이다. 오직 마지막 블록(수난설화, 22 : 14—24 : 53)에서만, 한두군데에서 이것이 공통적인 초기 기독교전승인가 아니면 마가복음의 영향인가 하는 문제가 제기될 수 있을 뿐이다.

이러한 관찰로부터 우리는 다음의 도표를 얻을 수 있다 :

A. 새로운 자료	B. 마가복음 자료	
1. 눅 1 : 1—4 : 30	—	
2. —	눅 4 : 31—44＝	막 1 : 21—39
3. 눅 5 : 1—11	—	
4. —	눅 5 : 12—6 : 19＝	막 1 : 40—3 : 19
5. 눅 6 : 20—8 : 3	—	
6. —	눅 8 : 4—9 : 50＝	막 4 : 1—25 ; 3 : 31—35 ; 4 : 35—6 : 44 ; 8 : 27—9 : 40
7. 눅 9 : 51—18 : 14	—	

---

222) J. Jeremias, 'Perikopen-Umstellungen bei Lukas?', NTS 4, 1957／58, 115—19 ＝Abba , 93-97을 보라.

8. —	눅 18 : 15—43=	막 10 : 13—52
9. 눅 19 : 1—28	—	
10. —	눅 19 : 29—38=	막 11 : 1—10
11. 눅 19 : 39—44	—	
12. —	눅 19 : 45—22 : 13=	막 11 : 15—14 : 16
13. 눅 22 : 14—24 : 53	—	

우리가 누가의 언어적 문체적 특성을 알기때문에—그가 마가복음을 각색한 것과 사도행전으로부터—우리는 또한 새로운 자료에서 편집(redaction)을 전승(tradition)으로부터 구분할 입장에 있다. 이러한 고찰들의 가장 중요한 결과는 누가가 모든 자료로부터 신중하게 문체를 변화시켰음에도 불구하고(특히, 서문과 결어), 그는 예수님의 말씀을 극도의 경외심을 가지고 다루었으며, 또한 그것의 순서를 바꾸는데 매우 자제했다는 사실이다.

제 2 장

예수의 사명

예수의 선포를 설명함에 있어 어디를 출발점으로 삼는가 하는 것은 극히 중요하다.

아주 최근까지 마태복음 4 : 17(ἀπὸ τότε ἤρξατο ὁ Ἰησοῦς κηρύσσειν καὶ λέγειν μετανοεῖτεἤγγικεν γὰρ ἡ βασιλεία τῶν οὐρανῶν : 이 때부터 예수께서 비로소 전파하여 가라사대 회개하라 천국이 가까왔느니라 하시니라)이 학자들을 오도(誤導)하여, 그들로 하여금 예수가 '회개에의 부르심'과 함께 출현했다고 생각하게 했다. 그러나 만일 예수의 선포를 한줄의 요약으로서 제시하는 것이 잘못이라면, 마태복음 4 : 17의 경우는 더욱 그렇다. 왜냐하면 마태는(오직 마태만) 세례 요한의 설교도 꼭같은 말로 요약하고 있기 때문이다(마 3 : 2). 더욱이 하나님 통치의 임박함을 알리는 것보다 회개의 설교가 정말로 마태복음 4 : 17의 일차적인 의도였는가 하는 것은 의심스럽다—γάρ 를 주목하라 ! 어쨌든, 마태복음 4 : 17의 기초가 되는 것은 마가복음 1 : 15에서 분명하게 말하여진 것이다. 그리고 전체로서의 예수—전승(Jesus-tradition)이 그것을 증거한다. 다행스럽게도, 오늘날 이러한 인식이 보편적으로 받아들여지게 되었다.

그러나 만일 우리가 하나님 통치에 대한 예수의 선포로부터 출발한다면, 우리는 올바른 출발점을 찾은 것일까 ? 이러한 출발점은 "예수가 어떻게 출현하여 복음을 선포하게 되었는가"하는 문제와 같은 것을 잊지는 않은 것인가 ? 예수가 복음을 선포하기에 앞서 어떤 일들이 있었다고 하는 사실에는 의심의 여지가 있을 수 없다. 유일

한 문제는 우리가 이러한 최초의 단계에 대한 역사적인 이해에 도달
할 수 있는가 하는 것이다. 우리는 이해될 수 없는 것에 매달리는 것은
아닌가? 우리는 여기에서 이러한 문제들을 다만 최대의 주의와 절제
위에 올려놓을 수 있을 뿐이다. 그럼에도 불구하고, 우리는 예수의 출
현에 선행하는 것에 실마리를 제공 해 주는 어떤 매우 분명한 언급들을
찾을 수 있다.

§ 4 예수와 세례 요한

M. Dibelius, *Die urchristliche Überlieferung von Johannes dem Täufer*, Göttingen
1911 ; J. Jermias, 'Der Ursprung der Johannestaufe', *ZNW* 28, 1929, 312−20 ; E.
Lohmeyer, *Das Urchristentum*. 1. *Buch : Johannes der Täufer*, Göttingen 1932 ; W.
H. Brownlee, 'John the Baptist in the New Light of Ancient Scrolls', *Interpretation*
9, 1955, 71−90＝in K. Stendahl(ed), *The Scrolls and the New Testament*, New
York 1957＝London 1958, 33−53, 252−256 ; C. H. H. Scobie, *John the Baptist*,
London 1964 ; B. F. Meyer, 'Jesus and the Remnant of Israel', *JBL* 84, 1965, 123
−30 ; H. Braun, *Qumran und das Neue Testament* Ⅱ, Tübingen 1966, 1−29 ;
Wink, *John the Baptist in the Gospel Tradition*, Society for New Testament Studies
Monograph Series 7, Cambridge 1968.

(1) 세례 요한에 대한 예수의 관계

예수의 출현 바로 직전에 세례 요한의 사역이 있었다. 요한은 하나
님의 임박한 심판 이전의 마지막 때에(마 3 : 8) 사람들을 회개하도록
촉구하며(3 : 10), 회개한 자들에게 세례를 주는 사명을 인식하고 있
었다. 요한의 세례의 성격에 관해서는 매우 다양한 종류의 추측들이
있어 왔다. 하지만 만족할만한 종교적 배경은 우리가 여전히 찾아야만
하는 과제이다. 우리는 엣센파의 영향을 고려해 보는 것이 가장 좋을
듯하다. 세례의 장소가 쿰란(Qumran)에 매우 근접해 있다는 사실을 통
해 우리는 이들 사이에 불가분적인 관련성이 있는 듯하다고 추정할 수
있다. 요단강의 급속한 흐름으로 인해 몇몇 얕은 여울들 가운데 하나
에서만 세례가 행해질 수 있으며, 마가복음 1 : 5(유대 예루살렘)이 요
단강의 하류에 위치한 한 여울을 암시하고 있기 때문에, 오리겐

(Origen)에서 부터 시작되는,[1] 베뢰아의 베다니(요 1 : 28)는 여리고 남동쪽의 **카드슬라** 여울에 위치해 있었다는 전승은 신뢰할 만한 것으로, 오늘날에도 이곳은 여전히 요한의 세례 장소로 알려져있다.[2] 이곳에서 부터 쿰란까지는 일직선으로 8마일도 채 되지 않는 거리이다.

이와같이 이 둘은 지리적으로 인접해 있기 때문에, 우리는 세례 요한과 마찬가지로 엣센파도 회개를 촉구했으며, "광야에" 나가 있을 동안에 이들은 요한이 유대 스텝지역에서 그의 사역의 근거로 삼았던 이사야서 40 : 3, 바로 이 구절로 호소했다고 생각할 수 있다.[3] 하지만, 요한의 세례가 단 한번만 시행되었으며 아주 널리 실시되었다는 사실은 이 세례가 쿰란 사람들의 반복적인 정결의식에서 유래했을 가능성을 불러 일으킨다. 요한으로 하여금 세례를 베풀도록 한 것이 무엇인가하는 문제에 답하기 위해서는, 우리는 시내 산에서 이스라엘은 침례목욕으로써 구원을 받을 준비를 했다는 유대의 교리적 진술(이는 주후 1세기초기로 거슬러 올라간다)로부터 시작해야만 할 것이다(비교. 고전 10 : 1, 2).[4] 상투적인 묵시적 사고 방식에 따르면, 광야에서의 이스라엘인들은 종말론적인 구원 공동체 형태로 간주되어진다.[5] 이와같이 그들의 침례목욕의 교리는 마지막때에 이스라엘인들이 다시한번 침례목욕으로써 구원을 받게 될 것이라는 기대를 내포했다. 세례 요한은 종말론적인 때에 이러한 하나님의 백성들의 정결의식을 그의 임무라고 느꼈다. 만일 그렇다면, 그는 하나님께서 마지막 날에 물로써 그의 백성들을 깨끗케 하실 것이라는 에스겔의 예언으로부터 암시를 받았을 것이다.

---

1) *Commentary on John* 1 : 28(GCS 10 : 149).

2) G. Dalman, *Orte Und Wege*, Gütersloh 1924, 97 ; 또한 C. KOPP, *Die heiligen Stätten der Evangelien* , Regensburg 1959, 141.

3) 1 QS 8, 12-16 ; 9 : 19f. ; 막 1 : 3. 엣센파가 '광야에서'라는 말을 이에 뒤따르는 말('광야에서 길을 평탄케 하라')과 함께 취하는 것과, 복음서들이 이 말을 이에 앞서는 말('광야에서 외치는 자')과 함께 취하는 것 사이에는 어떤 큰 차이점이 없다.

4) Cf. ‡ Jeremias, 'Johannestaufe', 314f. ; *Infant Baptism in the First Four Centuries* , London 1960, 31f.

5) Billerbeck Ⅰ 85. 신약성경에는 수 많은 예들이 있다. cf. W. Wiebe, *Die Wüstenzeit als Typus der messianischen Heilszeit*, Diss. Theol. Göttingen 1939.

내가 너희를 열국 중에서 취하여 내고 열국 중에서 모아 데리고 고토에 들어가서
맑은 물로 너희에게 뿌려서 너희로 정결케 하되 곧 너희 모든 더러운 것에서와 모
든 우상을 섬김에서 너희를 정결케 할 것이며… 너희가 …내 백성이 되고 나는 너
희 하나님이 되리라 내가 너희를 모든 더러운데서 구원하고 곡식으로 풍성하게 하
여 기근이 너희에게 임하지 아니하게 할 것이며(겔 36 : 24, 25, 28, 29).

요한의 세례의 보다 직접적인 목적이 마가복음 1 : 4 (εἰς ἄφεσιν
ἁμαρτιῶν, 죄사함을 위하여)에 나타나 있는지의 여부는 의심스럽다. 왜
냐하면 "죄사함"이란 용어는 기독교적 용법의 영향을 받을 수 있었기
때문이다(비교. 특히 행 2 : 38). 어쨌든, 요세푸스(Josephus)는 요한
의 세례가 죄사함과 어떤 관련이 있다고 명확히 밝혔는데(Antt , 18,
117), 아마 이러한 지적은 일반적인 것처럼 가볍게 취급되어서는 안될
것이다. 여하튼 요한의 세례의 목적이 또 다른 구절을, 곧 마태복음 3
: 7, 누가복음 3 : 7에 근거하는지의 문제에 대한 답을 기대해 볼만
하다. 이 구절들은 잘 알려져 있지 않고 말 속의 숨은 뜻을 알아 내어
야만 하는 세례에 대한 정보를 제공해준다. 이 구절들에 따르면, 요한
은 하나님의 종말론적인 백성이 되도록 회개하도록 예비된 자들을 모
으고, 그들을 최후의 심판 때에 정죄로 부터 구원하기 위하여 세례를
사용하였다.

회개하여 세례를 받고 구원을 받으라는 세례 요한의 촉구는 큰 회개
와 각성 운동을 일으켰다. 수 많은 군중들이 그가 세례를 주었던 황량
한 요단 골짜기 지역에 이르기까지 사방에서 모여들었다. 사복음서와
사도행전(1 : 22)은 일제히 예수 역시(나사렛인 복음서에 따르면 예수
의 모친 및 형제들도 함께) 세례를 받는 것을 허용하심으로써 요한에
대해 받았다고 기록하고 있다. [6] 자료들에 나타나 있듯이, 초대교회가
이 기록을 불쾌한 것으로 느끼고 있었다는 사실은 이 기록이 신뢰할만
한 것임을 알게 해 준다. 첫째로, 예수께서 요한의 세례를 종속하셨다
는 사실은 받아들이기 어렵다(마 3 : 14, 15). 둘째로, 예수께서 "죄 사

---

6) In Jerome *Contra Pelagium* 3 : 2 (E. Klostermann, *Apocrypha* II³, KIT 8,
Berlin 1929, 6.

함을 위하여" 세례를 받으셨다고 생각하기는 어렵다.[7] 이러한 불쾌한
내용은 창작될 수 없었다. 그러나 그 후에, 자료들은 다른 방향으로 진
행한다. 공관복음서를 통해 볼때 예수와 요한 사이의 접촉은 세례의
순간에 제한된 것 같다. 하지만 요한복음의 기술에 따르면 그렇지
않다. 요한복음 1 : 26, 31은 예수가 요한의 제자들의 큰 무리들에게 잘
알려지지 않은 인물로 묘사하고 있으며, 나아가 예수 자신이 요한과
마찬가지로 세례를 주었던 것으로 기술하고 있다(3 : 22—4 : 3).

  이 기사는 공관복음서가 예수께서 세례를 주신 것에 대하여 침묵하고 있다고 해
서 일방적인 것으로만 취급될 수 없다. 그 반대로 수 많은 내용들은 그 기사가 신뢰
할만하다고 암시한다. 첫째로, 우리는 단지 예수께서 요한과 마찬가지로 한 "세례
자"로서 사역했고, 그래서 자신을 요한의 경쟁자로 인식될 수 있는 수준에 두었다
는 사고는 얼마나 불쾌한 것인지를 지적할 필요가 있다(3 : 26). "예수께서 친히 세
례를 주신 것이 아니요 제자들이 준 것이라(요 4 : 2)"는 말은 이 비난으로 부터 예
수를 벗어나도록 해주기 위하여 의도되었지만, 그러나 언어,[8] 문제,[9] 그리고 내용은
이 말이 첨가된 말임을 보여준다.[10] 둘째로, 요한복음 3 : 22—4 : 3은 다소 고대의
수 많은 특징들을 내포하고 있다. 예를 들어 요한복음 3 : 23의 요한이 **살렘 가까운**
애논에서($\dot{\epsilon}\nu$ $A\dot{\iota}\nu\hat{\omega}\nu$ $\dot{\epsilon}\gamma\gamma\dot{\upsilon}\varsigma$ $\tau o\hat{\upsilon}$ $\Sigma\alpha\lambda\dot{\iota}\mu$, 그 위치를 알 수 없다) 세례를 주었다는 지
적, 그리고 신비한 25절에 의해 형성된 표석(標石) 등으로, 이절은 유대인($\text{'}Io\upsilon\delta\alpha\hat{\iota}o\varsigma$)
과 몇몇 요한의 제자들 사이의 세례를 주는데 있어서의 예수의 사역에 대한 변
론을 언급하고 있는데, 이곳에서의 문제는 정결의식이었다. 이러한 각각의 내용들
은 마치 창작되었던 것처럼 보이지는 않는다. 마지막으로, 초대공동체가, 자신이
세례를 주는 활동을 이미 하셨다고 하더라도, 부활절 이후에 세례를 받기 시작했다
는 아주 현저한 사실을 이해하기가 보다 용이하다.[11] 그러나 어떤 점에서 예수께서는
세례주는 일을 포기하셔야만 했다(이것은 네 복음서 가운데 어느 복음서도 그의 사

---

  7) Gospel of the Nazareans, in Jerome, *ibid : Quid Peccavi ut vadam et baptizer*
ab eo? 이 문제에 대해서는 cf. 한편으로는 위 p. 80의 마가복음 1 : 4에 대해 말했던
것, 다른 한편으로는 마태복음 3 : 7에 대해 말했던 것 : 예수께서는 자신을 종말론
적인 하나님의 백성들에 소속시키기 위하여 스스로 세례를 베푸셨다.
  8) $\kappa\alpha\dot{\iota}\tau o\iota$ 와 $\gamma\dot{\epsilon}$(요한복음에는 이곳에서만 ; 예수($\text{'}I\eta\sigma o\hat{\upsilon}\varsigma$) 앞에서 관사의
생략
  9) 삽입구.
  10) 아마 21 : 24에서 자신을 그 저자($\dot{o}$ $\gamma\rho\dot{\alpha}\psi\alpha\varsigma$)와 구별하고 있는 복음서의 편집
자로부터일 것이다.
  11) 바울이 세례를 받았다는 사실은 그 자신의 증언에 근거한다(고전 12 : 13, 롬
6 : 3).

역의 후기 단계에 있어서 세례를 받은 것에 대하여 어떤 말도 해주지 않는다는 사실을 설명해줄 뿐이다). 그리고 휴지기간에 대한 어떠한 이유도 우리에게 주어지지 않는다는 것은 또한 현저하다. [12]

설사 이것이 사실일지라도, 우리는 결코 예수와 세례 요한 사이의 관계를 단순히 의미없는 것으로 간주해 버릴 수는 없다. 왜 공관복음서가 두 사람의 조우를 예수의 세례의 순간으로 압축했는지 그 이유를 이해하기는 어렵지 않다. 이 전승은 예수와 세례 요한의 동등됨이나 그에 대한 예수의 종속과 같이 보이는 것은 가능한한 멀리 피한다. 이러한 종류의 내용은 없어지거나 약화되어진다.

(2) 예수의 세례 요한 인식

예수는 세례 요한의 사역을 거의 터무니없는 듯한 말씀으로 묘사하셨다. 곧 그의 세례는 '하나님으로부터'(막 11 : 30) 나왔다. 그는 의의 도(道)로 왔는데($H\lambda\theta\epsilon\nu \cdots \acute{\epsilon}\nu\ \acute{o}\delta\hat{\omega}\ \delta\iota\kappa\alpha\iota\sigma\sigma\acute{v}\nu\eta\varsigma$; 마 21 : 32), 이러한 말씀은 "그는 의의 길을 가져왔다"를 의미하는 성경상의 표현이다. [13] 그는 "선지자보다 나은 자" 곧 초(超)선지자(마 11 : 11, 눅 7 : 28)로서, 사실상 "모든 사람들 가운데 가장 큰 자"(마 11 : 11, 눅 7 : 28)였다. 이 구절 또한 마태복음 11 : 12, 13, 누가복음 16 : 16의 어록에 속해있는 구절로서, 이에 대해서는 아래와 같이 언급해볼 필요가 있다.

마태복음 11 : 12, 13	누가복음 16 : 16
12절, 세례요한의 때부터 지금까지 천국은 침노를 당하나니 침노하는 자는 빼앗느니라.	
13절, 모든 선지자와 및 율법의 예언한 것이 **요한까지니**	율법과 선지자는 **요한의 때까지요** 그 후부터는 하나님 나라의 복음이 전파되어 사람 마다 그리로 침입하느니라

---

12) 아마 세례 요한의 체포에 기인하는 듯 하다.
13) bō'bᵉ '~와 함께 오다', 즉 '가져오다'.

ἀπὸ δὲ τῶν ἡμερῶν Ἰωάννου
τοῦ βαπτιστοῦ ἕως ἄρτι ἡ βασιλεία
τῶν οὐρανῶν βιάζεται,
καὶ βιασταὶ ἁρπάζουσιν αὐτήν.
(13) πάντες γὰρ οἱ προφῆται
καὶ ὁ νόμος ἕως Ἰωάννου
ἐπροφήτευσαν.

ὁ νόμος καὶ οἱ προφῆται
μέχρι Ἰωάννου.
ἀπὸ τότε ἡ βασιλεία τοῦ θεοῦ
εὐαγγελίζεται καὶ πᾶς εἰς αὐτὴν
βιάζεται.

"요한까지"라는 문구는 헬라 본문에 기초를 두고 있는데, 이는 포함적 혹은 배제적으로 이해될 수 있다. 만일 까지(ἕως / μέχρι)가 포함적인 것으로 의미되어 있다면(즉 선지자들과 율법이 요한까지 포함하여 예언하였다면),[14] 세례자 요한은 여전히 옛시대에 속한다. 이것은 누가의 이해였다. 왜냐하면 누가는 사도행전에서도 계속하여 구원의 때는 세례 요한의 사후에 시작한다고 강조하고 있기 때문이다 (1:5, 10:37, 13:24, 25, 19:4). 이에 반해 마태복음 전승은 세례 요한의 때부터(ἀπὸ δὲ τῶν ἡμερῶν Ἰωάννου τοῦ βαπτιστοῦ)라는 문구에 나타나 있듯이, 이 ~ 까지(ἕως / μέχρι)를 배제적으로 이해했다. 이 문구는 일반적인 헬라어투가 아니라 변화된 셈어투이다. 왜냐하면 셈어는 어떤 기간적 의미로 '시간'에 대한 일정한 단어를 갖고 있지 않으며, '…의 날들'이란 문구를 일생, 통치, 혹은 활동 기간을 묘사하는 방편으로 사용하고 있기 때문이다. 요한의 때부터(Ἀπὸ δὲ τῶν ἡμερῶν Ἰωάννου)는 이와같이 '세례 요한의 활동의 때부터'를 의미한다. 말하자면 새로운 것이 요한의 사역의 때로부터 역사하게 되었다는 것이다. 우리는 요한에 대하여 다르게 평가, 사실상 구속사에 대한 다른 견해를 갖고 있는데, 이는 ~까지(ἕως / μέχρι)가 포함적으로 이해되는지 아니면 배제적으로 이해되는 지의 여부에 달려있다. ~까지(μέχρι)를 포함적으로 이해하고 있는 누가복음에 따르면, 세례 요한은 여전히 율법과 선지자의 시기에 속해있으며, 구원의 시기는 오직 예수와 더불어 시작된다. ~까지(ἕως)를 배제적으로 이해하는 마태복음에 따르면, 세례 요한은 이미 새로운 시대의 일부이거나 새로운 시대의 전조를 형성하는 중간기간을 소개하는 자이다.

보다 어려운 진술은 말할 것도 없이 세례 요한을 새로운 시대의 창시자로 보는 것이다. 초대 교회는 세례 요한을 예수께 대해 종속시키는 납득할만한 사고를 갖고 있었다. 요한이 예수와 동등하게 언급되어 있는 곳은 항상 고대 전승이다. 마태복음은 그 본문 자체가 다른 근거들보다는 역시 보다 초기의 것임을 보여주는 것으로,[15] 이는 올바른 견해를 제시하고 있다. 즉 예언의 때는 오직 세례 요한의 출현까

---

14) 번역의 변형들.

15) 누가는 (16:16) 그가 애용하는 문구인 '하나님 나라의 복음이 전파되어'(ἡ βασιλεία τοῦ θεοῦ εὐαγγελίζεται의 도움을 받아 동위적 평행법[침노를 당하다 /침노하는자](βιάζεται / βιασται, 마 11:12)을 제거하고, 정확한 연속적인 [율법—선지자](νόμος - προφῆται)란 말을 기록하였다.

지만이다. 그 성취는 이미 그와 함께 시작되었다. 이러한 해석은 또한 마가복음 11 : 9, 누가복음 7 : 26의 지지를 받는데, 이 구절들에서 예수께서는 세례 요한을 선지자로 지칭한다. 우리는 나중에 선지자의 특징인 성령의 소유는 구원의 때의 여명을 상징함을 보게 될 것이다. [16]

이것은 예수께서 세례 요한에 대하여 한 가장 놀라운 평가이다. 즉 예수께서는 구원의 때를 도입하셨다. 세례 요한에 대한 이러한 높은 평가를 무심코 드러내는 모든 말씀들은 진정한(authentic) 것임이 분명하다. 세례 요한을 따르는 자들의 공동체들과 경쟁적이었던 초대교회는 이러한 종류의 어떤 것도 창작하지 않았다.

(3) 예수에 대한 세례 요한의 영향

예수께서는 여러 면에서 세례 요한을 따랐다. 요한복음 1 : 35−39에 따르면, 예수께서는 그의 최초의 제자들을 요한으로부터 취했다. 최초의 제자들의 부르심에 대한 요한복음서의 진술은 공관복음서의 진술(막 1 : 16−20)과는 철저하게 다르다. 그러나 예수의 최초의 제자들이 세례 요한의 추종자들이었다는 진술은 상당히 본질직인 가능성을 갖고 있으며, 특별히 12명 집단의 회복에 관해 진술하고 있는 사도행전에 유사한 어떤 것이 전제되어 있다(1 : 21, 22).

예수는 또한 그의 출현 방식에 있어서 요한을 따랐다. 요한과 마찬가지로, 예수도 당시의 서기관들과는 달리 공중 앞에서 설교하셨다. 요한과 마찬가지로, 예수께서는 그의 제자들에게 그들을 하나의 집단으로 삼아서 하나가 되도록 하는 기도를 주셨다(눅 11 : 1−4). [17] 하지만 무엇보다도, 예수의 선포는 세례 요한의 선포를 따랐다. 즉 요한과 마찬가지로, 예수께서는 회개를 촉구하셨다(마 3 : 8, 눅 13 : 1−9 등). 요한과 마찬가지로, 예수께서는 이 회개의 촉구에 이스라엘의 특권에 대한 어떠한 신뢰도 파괴하고, 임박한 하나님의 심판을 이방인들에 대해서가 아니라 이스라엘인들에 대한 심판으로 선언하심으로써 긴

---

16) pp. 132 이하를 보라.
17) J. Jermias, 'The Lord's prayer in the Light of Recent Research', in : *The Prayers of Jesus* SBT Ⅱ 6, London 1967, 82-107.

급하고 냉혹한 성격울 주었다(마 3：7, 12：41, 42). 요한과 마찬가지로, 예수께서는 만일 이스라엘이 회개하기를 거절한다면 마침내 하나님께서는 이스라엘을 버리시고 그 대신 이방인을 택하실 것이라고 위협함으로써 어떤 국가적, 정치적 기대를 거절하셨다(마 3：9, 8：11). 요한 자신이 자기 의를 내세우는 자들을 거절하고(마 3：7—10, 23), 악명 높은 죄인들을 받아들였다는(눅 3：12／막 2：16) 사실은 특별히 중요하다. 요한은 거룩한 남은 자들은 불러모았지만, 바리새인과 엣센파와 같은 분리주의의 남은 자들은 거절하였다.요한이 불러모은 자들은 "열린 남은 자"(open remnant)[18]로서, 신뢰할만한 기록들에 따르면, 그는 기꺼이 회개를 하였던 세리들, 군병들(경찰관리),[19] 그리고 창녀들(눅 3：12—14, 7：29; 마 21：32), 말하자면 회당, 바리새인 집회와 쿰란의 집회에 참석할 수 없었던 사람들도 포용하였다.[20]

이 모든 것은 우리로 하여금 예수님이 세례 요한의 사역을 계속할 자라는 결론을 결정적으로 내리게 하는가? 이에 대한 대답은 부정적임에 틀림없다. 예수께서 요한과 많은 공통점이 있음에도 불구하고, 그리고 그가 확실히 세례 요한을 옛 시대(old aeon)와 새 시대(new aeon) 사이의 과도기적 인물로 보았음에도 불구하고, 요한과 예수 사이에는 근본적인 차이점이 있다(마 11：18 f 병행, 눅 7：33f에 따르면, 이는 요한이 **금욕적**이었던데 반해 예수는 **세상에 대하여 포용적**이었다고 주장한 당시의 사람들에게 매우 확실하게 느껴졌다). 요한은 '**심판이 가**까왔으니 회개하라！'고 선포한 반면, 예수께서는 '**하나님의 통치**'가 동터오고 있다 ; 수고하고 무거운 짐 진 자들아 내게로 오라'고 선포하

---

18) ‡ Meyer, 123-30.

19) P. Joüon, :L' Evangile de Notre-Seigneur Jésus—Christ, Verbum Salutis 5, Paris 1930, 310f.,는 누가 복음 3：14의 [군병들](στρατευόμενοι, στρατιῶται 와 대조)은 세리를 동반한 군병들을 언급하고 있다는 사실을 14절 하반절의 경고를 통해 올바로 결론을 내렸다. 따라서 그들은 유대인들이었을 것이다.

20) 진정성 문제에 대해서는 'Die Früchte der Umkehr', Studia Theologica Ⅰ, 1947, 54-68를 참조하라. 또한 누가복음 3：12f와 19：1-10에서의 세리들에 대한 두 가지 언급의 아주 상이한 방침 역시 주목하라. 세례 요한의 관점에서, 세리들은 하나님의 요구에 직면하였다. 삭개오의 관점에서, 자신을 압도하고 있는 예수의 선하심의 경험에 대한 세리의 반응이 묘사되어 있다.

셨다. [21] 세례 요한은 **기대**의 범주 내에 남아 있었지만, 예수께서는 **성취**의 도래를 주장하신다. 요한은 여전히 **율법**의 영역에 속해있지만, 예수와 함께 **복음**이 시작되었다. [22] 따라서 바실레이아(하나님의 나라)에서 가장 작은 자라도 요한보다는 크다(마 11 : 11b, 눅 7 : 28b).

예수와 세례 요한 사이에는 유사점이 있음에도 불구하고, 이 둘 사이에는 큰 심연이 가로놓여 있다. 그 결과 예수와 요한에 의해 시작된 운동들이 경쟁처럼 병행하였다. 이 차이점은 요한의 활동을 예수의 출현에 대한 결정적인 자극으로 보는 가능성을 사라지게 한다.

§ 5 예수의 소명

A. von Harnack, 'Zur Textkritik und Christologie der Schriften des Johannes. Zugleich ein Beitrag zur Würdigung der ältesten lateinischen Uberlieferung und der Vulgata', *Sitzungsberichte der Preussischen Akademie* 1915, 534−573=A. von Harnack, *Studien zur Geschichte des Neuen Testaments und der Alten Kirche*, Ⅰ, AKG 19, Berlin−Leipzing 1931, 105−152; H. Sahlin, *Studien zum dritten Kapitel des Lukasevangeliums*, Uppsala Universitets Aarsskrift 1949, 2, Uppsala−Leipzing 1949; A. Vögtle, 'Exegetische Erwägungen über das Wissen und Selbstbewusstsein Jesu', *Gott in Welt. Festgabe für Karl Rahner*, Bd. Ⅰ, Freiburg−Basel−Wien 1964, 608−667.

예수는 세례 요한이 모으고 있었던 종말론적인 하나님의 백성 사이에서 자신의 위치를 차지하기 위해 요한으로부터 세례를 받을 때, 소명(call)을 체험하였다. [23]

(1) 자료
다섯가지의 전승이 예수의 세례에 대하여 기록하고 있다 : 첫째로 마

---

21) 이것은 져스틴이 재구성한 전승가운데에서도 잘 나타나 있다. *Dial.* 51 : 2 이하 'Ιωάννης ··· βοῶν τοῖς ἀνθρώποις ··· μετανοεῖν, καί Χριστὸς ··ἔπαυσέ τε αὐτὸν ··· λέγων ὅτι ἐγγύς ἐστιν ἡ βασιλεία τῶν οὐρανῶν ".

22) p. 260을 참조하라.

23) pp. 79 이하를 참조하라.

가복음 1 : 9−11과 이에 의존한 마태복음 3 : 13−17 ; 둘째로, 누가복음
3 : 21 이하의 동족전승(同族傳承 : related tradition), 그러나 이것은 십
중팔구 독립된 문학양식이다. [24] ; 셋째로, 요한복음 1 : 32−34의 세례
요한 자신의 설명 ; 넷째로, '나사렛 사람들이 읽었던 히브리어로 구성
된 복음'안에 있는 2차적이나 독립된 설명[25] ; 다섯째, '열 두 족장들의
유언서'에 나오는 두 구절, 십중팔구 이것은 예수의 세례에 대하여 고
대 유대−기독교 전승을 사용한 것인데 이러한 설명들과 접촉점을 가
지고 있다. 첫번째 구절은 레위의 유언 18 : 6이하에서 나타나는데, 여
기에서 마지막 때(end−time)의 메시야적 대제사장의 소명(call)이 다
음과 같이 묘사되어 있다 :

하늘이 열릴 것이요,
영광의 성전으로부터 그 위에 신성(sanctification)이 임할 것이라
마치 아브라함이 이삭을 부르는 것같은 아버지의 음성과 함께.
그가 지극히 높은 자의 영광을 말할 것이요,
깨달음과 신성의 영이 그 위에 있으리라.

유다의 예언 24 : 2이하가 두번째 구절인데, 이 역시 메시야에 대하
여 비슷한 용어로 말한다 :

하늘이 그에게 열릴 것이요,
영 곧 거룩하신 아버지의 축복이 부어질 것이라 ;
또한 그가 너희 위에 은혜의 영을 부을 것이요 ;

---

24) 우리가 이미 살펴본 바와 같이, 누가복음에 있어 특별자료와 마가복음자료는
덩어리들로서 서로 교대로 등장한다. 예수의 세례에 대한 이야기는 1 : 1-4 : 30 덩
어리에 속하는데, 이것은 마가복음에 대하여 독립적이다. p. 7.4 각주 220을 보라.

25) Jerome, *Comm. in Isa* 11 : 2 (E. Klostermann, *Apocrypha* Ⅱ, KIT 8, Berlin
1929, 6) : *Factum est autem, cum ascendisset dominus de aqua, descendit fons omnis
spiritus sancti et requievit super eum et dixit illi : Fili mi, in omnibus prophetis
expectabam te, ut venires et requiescerem in te. Tu es enim requies mea tu es filius
meus primogenitus, qui regnas in sempiternum.* 반면 '에비온파 복음서'안에 있는
설명은 세 공관복음서의 가치 없는 혼합체이다(in Epiphanius, Haer, XXX 13. 7 이
하[GCS 25, 35이하 ; Hennecke-Schneemelcher-Wilson Ⅰ 157이하]).

너희는 진리의 아들들이 될 것이라.[26]

이 본문들은 일치되게 두가지를 보도한다 : 즉, 영의 강림과 이와 관련된 선포가 그것이다.[27]

(2) 예수의 세례

예수의 세례에 대한 전통적인 개념은 요한이 그의 손이나 혹은 그릇으로부터 예수님의 머리 위에 물을 붓는 동안 예수님은 세례 요한 앞에 서있는 모습이다. 그러나 이러한 개념은 거의 적절치 못하다. 첫째로, 헬라어의 수동태인 $\beta\alpha\pi\tau\iota\sigma\theta\hat{\eta}\nu\alpha\iota$(막 1 : 9 병행, 마 3 : 16 ; 눅 3 : 21)에 대응하는 아람어는 칼(Qal) 자동사 능동태인 t°bal(테발)인데, 이 단어는 '세례받다'를 의미하기 보다는 '물에 잠기다, 침수하다'를 의미한다.[28] 따라서 마가복음 1 : 9의 $\dot{\epsilon}\beta\alpha\pi\tau\iota\sigma\theta\eta$ 는 예수가 '물에 잠김'을 의미했던 전승으로 되돌아 간다. 이러한 개념은 또한 누가복음 3 : 7 D 에도 나타나는데, 여기에서 세례받은 자들이 $\dot{\epsilon}\nu\dot{\omega}\pi\iota\omega\nu$ $\alpha\dot{\upsilon}\tau\hat{o}\hat{v}$ 즉 요한 '앞에서' 물에 잠기었다고 말하여진다. 따라서, 세례 요한은 개종세례(proselyte baptism)에 있어서 처럼 증인의 기능을 가졌던 것이다.

둘째로, 예수의 세례를 그와 요한 사이에서만 은밀히 행하여진 것으로 묘사하는 것은 불합리하다. 누가는 예수의 세례를 집단적인 세례

---

26) 여기에서 그 유언서의 연대와 기원에 관한 최초의 논의를 거론할 필요는 없다. 그것이 유대(쿰란을 포함하여) 전승 뿐만 아니라 유대－기독교 전승까지도 포함함은 분명한 사실이다. 또한 오늘날의 형태에로 이르게 된 마지막 편집이 헬라어를 말하는 환경에서 일어났음도 분명하다. 문맥에 나타나 있는 다양한 신약의 메아리는 위에 인용된 두 구절이 유대 기독교로부터 영향받은 것일 가능성을 짙게 한다. 나는 R. H. Charles, *The Greek Versions of the Testaments of the Twelve Patriarchs*, Oxford 1908=Hildesheim/Darmstadt 1960과 견해를 달리한다. 가장 우수한 전승은 사본그룹 α 가 아니라 β 이다. 그러나 여기에 인용된 두 구절의 사본상의 차이는 사소하다. cf. M. de Jonge, *Testamenta Ⅻ Patriacharum. edited according to Cambridge University Library MS Ff* 1 : 24 fol. 203a-262b, Pseudepigrapha Veteris Testamenti Graece Ⅰ, Leiden 1964, and the review of it by C. Burchard, *Revue de Qumran* 5, 1964-66, 281-84.

27) 유다의 유언 24 : 2이하에서, 선포는 "너희는 진리의 아들들이 될 것이라"라는 문장 뒤에 숨겨져 있다.

28) J. Wellhausen, *Das Evangelium Marci*, Berlin 1909, 4 ; ‡ Sahlin, 130-133.

(collective baptism)의 한 부분으로서 묘사했는데, 이것이 진실에 더
가깝다(ἐγένετο δὲ ἐν τῷ βαπτισθῆναι ἅπαντα τὸνλαὸν καὶ Ἰησοῦ
βαπτισθέντος : 백성이 다 세례를 받을쌔 예수도 세례를 받으시고,
3 : 21).[29] 예수는 요한의 신호에 따라 자신들의 몸을 요단강에
잠근 사람들 사이에 서 있었다. 그는 자신을 다른 세례받는 사람들로
부터 구분하지 않은 채 서 있었던 것이다(요 1 : 26, 31).

　　우리는 예수님이 세례받을 때에 **하나님의 영(spirit)**이 그 위에 내
렸다는 말씀을 듣는다. 이에 대하여 모든 자료들이 일치한다. 이것 이
상의 지엽적인(세부적인) 것들은 아마도 손질한 것(elaborations)일 것
이다.

　　누가복음은 예수님이 세례시에 기도했다고 언급하고 있는데(3 : 21), 그러나 초
대 기독교의 세례의식이 여기에 어떤 영향을 미쳤을 수 있다. 공관복음서와 열두족
장의 유언서는 성령이 내려오시기에 앞서 하늘이 열렸다고 말하고 있으나, 보다 후
기의 전승들은 갑작스런 섬광[30] 혹은 불길[31]이 있었다고 말한다. 그러나 이러한 것
들은 하나님께서 닫혀진 하늘문을 여시고 자신의 영광을 드러내심에 대한 삽화적인
설명구절들이다. "비둘기처럼"(막 1 : 10병행)이란 구절 역시 설명하고자 하는 시
도를 나타낸다. 이것은 매우 주목할만한 것인데, 왜냐하면 성령을 비둘기로 비교하
는 것은 초기 유대주의에서 거의 알려져 있지 않은 것이기 때문이다.[32] 이것을 설명
하고자 하는 시도로서 종교사(宗敎史)로부터 가장 강력한 병행들이 제시되어
왔다.[33] 이러한 모든 이론들은 성령이 비둘기로서 상상되어짐을 전제한다. 그러나,

---

　29) ‡ Sahilin, 62.
　30) Epiphanius, Haer. XXX 13 : 7(GCS 25, 351 ; Hennecke ‑Schneemlcher ‑Wilson
Ⅰ, 157 f.)에 있는 에피온파 복음서. 또한 W. Bauer, *Das Leben Jesu im Zeitalter
der Neutestamentlichen Apocryphen*, Tübingen 1909 ‑Darmstadt 1967), 134—37을 참
조하라.
　31)Justin, *dial.* 88. 3.
　32) Billerbeck Ⅰ 125
　33) 민속설화에서 왕을 선택하는 것이 종종 합당한 자를 선택하는 새에 의해 결
정되는 것처럼, 비둘기는 예수를 왕으로 선택하는 것으로 말하여진다. 혹은, 비둘
기가 이쉬타르(Ishtar)와 아타르가티스(Atargatis)의 신성한 새이기 때문에, 여신(女
神)은 그녀의 신성한 새를 통하여 한 남자를 택해 자신의 아들(막 1 : 11 병행 υἱός)
혹은 사랑하는 자 (막 1 : 11 병행 ἀγαπητός)로 삼는다고 말하여 진다. 불트만
은 *Synoptic Tradition*, 249이하에서 이러한 환상적인 결합에 대하여 이 모든 것이
필요하다고 말하였다. 그러나 그 자신은 비둘기를 설명하기 위하여 페르시아에 호
소했는데, 여기에 왕을 세우는 하나님 권능의 표상으로서의 비둘기에 대한 증거가
있다. 왜냐하면 그 역시 영과 비둘기를 동일시하기 때문이다.

사실상 ὡς περιστερά (비둘기처럼)는 마치 누가복음 22 : 44의 καὶ ἐγένετο ὁ ἱδρὼς αὐτοῦ ὡσεὶ θρόμβοι αἵματος καταβαίνοντες ἐπὶ τὴν γῆν (땀이 땅에 떨어지는 피방울 같이 되더라)의 경우와 같이 본래 매우 단순한 비교인 것이다. 물론, 누가복음 22 : 44의 경우 예수님의 땀이 피로 변화된 것은 아니다. 다만 땀이 너무 강렬하게 나므로 마치 핏방울이 계속해서 떨어지는 것처럼 땀방울이 땅에 떨어짐을 의미하는 것이다. 이와 마찬가지로 ὡς περιστερά (비둘기처럼)는 본래 성령이 비둘기가 되었다거나 혹은 비둘기의 형상으로 나타났음을 의미하는 것이 아니다. 다만 그것은 성령이 '마치 비둘기처럼' 유순한 소리(gentle sound)와 함께 내려왔음을 의미한다. 성령을 비둘기와 동일시하는 것은 다만 이차적인 단계에서 생긴 것이다(이것은 눅 3 : 22에서 가장 분명하게 나타난다. σωματικῷ εἴδει : 형체도). 이것은—헬레니즘적인 환경에서 나타나는—프뉴마의 보다 물질적인 개념을 따르는 것이다. 마지막으로, 제4복음서(1 : 32)와 나사렛인들의 복음서가 성령이 예수 위에 '머물렀음'을 강조함으로써(사 11 : 2에 근거하여) 이 사건의 독특한 의미를 힘주어 말할 때, 이것 역시 공들인 손질(elaboration)인 것이다.[34]

그 당시의 유대주의에서 성령이 주어지는 것은 거의 대부분 선지자적 영감(prophetic inspiration)을 의미하는 것이었다.[35] 즉, 그는 하나님께 잡힌 사람으로서, 하나님께서 그에게 권위를 주어 그를 자신의 사자(使者 : messanger)와 설교자(preacher)로 삼고, 그를 통하여 하나님께서 말씀하시는 것이다. 그러므로 성령이 예수 위에 내렸다고 하는 것의 의미는, 예수가 이러한 방법으로 하나님의 사자(messanger)로서 부름(소명)받았다고 하는 것이다. 그러나, 우리가 나중에 살펴보겠지만,[36] 예수의 소명과 구약 선지자들의 소명 사이에는 근본적인 차이가 있는 것이다. 끊쳐진 성령이 돌아왔다는 사실은 종말론적인 성격을 갖는 사건인 것이다.

예수의 세례의 종말론적인 의미는 p. 87에 인용된 '열두족장들의 유언서'의 두 구절에서 특히 분명하게 표현되어 있다 : 하늘이 열림, 영광의 성전으로부터의 신성의 계시, 그것이 내려온 이후의 깨달음과 신성(성화), 아들됨의 은사—이 모든 것들은 "종말론적인 하나님 은사의

---

34) 또한 레위의 유언 18 : 7을 보라 "깨달음과 신성의 영이 그의 위에 있으리라."
35) Billerbeck Ⅱ 127—38.
36) pp.131 이하를 보라.

충만"과 "구원의 때의 여명"에 대한 여러가지 표현들이다.

　모든 설명들이 일치하는 두번째 진술은 성령(spirit)의 내림에 이어 선포(proclamation)가 뒤따른다는 것이다. 우리는 여기에서 다시한번 세부적인 사항에서의 불일치를 보게된다. 공관복음서에 따르면, 선포는 하늘의 음성에 의하여 되어졌다. 나사렛인들의 복음(p. 87 각주25를 보라)에 따르면, 그것은 성령에 의하여 되어졌다. 한편 제4복음서에 따르면, 선포는 세례 요한에 의하여 되어졌던 것이다. 또한 마가복음, 누가복음, 그리고 나사렛인들의 복음에 따르면 그 선포는 예수에게 향하여져 있지만, 마태복음과 에비온파의 복음에 따르면 그것은 세례 요한에게 향하여져 있다. 한편 제4복음서에 의하면 선포가 대중들에게 향하여져 있다. 그러나 가장 중요한 차이는 '선포의 어법'(語法 : wording), 혹은 보다 정확히 말해서 '성경에 대한 그것의 관계'와 관련된 것이다.

　공관복음서에서(막1 : 11 ; 3 : 17 ; 눅 3 : 22 : σὺ εἶ [마 ; οὗτός ἐστιν] ὁ υἱός μου ὁ ἀγαπητός, ἐν σοὶ [마 ; ᾧ] εὐδόκησα), 우리는 시편 2 : 7(너는 내 아들이라 오늘날 내가 너를 낳았도다)과 이사야 42 : 1(내가 붙드는 나의 종 내 마음에 기뻐하는 나의 택한 사람을 보라)의 복합인용을 본다. [37] 요한복음에서는(1 : 34), 사본들 사이에서의 어법(wording)이 οὗτός ἐστιν ὁ υἱός τοῦ θεοῦ [38](이는 하나님의 아들이라)와 οὗτός ἐστιν ὁ ἐκλεκτὸς τοῦ θεοῦ [39](이는 하나님의 택하신 자라) 사이를 오락가락한다. 후자의 독법(讀法 : reading)의 증거는 분명히 현저하게 취약하다. 그러나 그것은—비록 가장 초기의 것은 아닐지라도(a b e ff.² syˢⁱⁿ ᶜᵘʳ)—애굽, 시리아, 서방사본 등 매우 초기의 것들(p⁵ᵛⁱᵈ sa ℵ ＊)에 의해 증거된다. 고대사본 뿐만 아니라 그 내용에 있어서 난점이 후자의어법 οὗτός εστιν ὁ ἐκλεκτὸς τοῦ θεοῦ 에 중요성을 한층 더하여 준다.　내용에 있어서의 난점은 다음과 같이 두가지 면에서 생각해 볼 수 있다. 한편으로, '하나님의 택하신 자'란 칭호는 제4복음서에서 오직 여기에서만 나타나는데, 이러한 사실은 그러한 칭호로 하여금 공관복음서가 묘사하는 세례시의 하늘의 음성(ὁ υἱός μου : 나의 아들)에로 동화되게 하였을 것

37). 눅 3 : 22의 서방본문(D it Just Cl Or Hil) υἱός μου εἶ σύ, ἐγὼ σήμερον γεγέννηκά σε 는 시 2 : 7 LXX어법의 2차적인 동화(同化 : assimilation)이다(시 22 : 2에 대한 막 15 : 34D 병행 마 27 : 46D의 서방본문의 동화를 참조하라). 따라서 그것은 고려의 대상에서 제외되어야 한다.

38) P⁶⁶ ⁷⁵ and most MSS.

39) P⁵ ᵛⁱᵈ ℵ ＊ 77 218 b e ff² (Syˢⁱⁿ ᶜᵘʳ Ambr. ; cf. ὁ ἐκλεκτὸς υἱός a ff²ᶜ (Syᵖᵃˡ).

이다. 다른 한편, 져스틴시대 만큼이나 초기의 개념으로서,[40] 예수가 메시야로서 '선택받은 자'였다는 개념은 에비온파의 이단으로 간주되었다. 이러한 사실이 '걸림돌이 되는 단어' ἐκλεκτός 를 삭제시킨 이유가 되었을 것이다. 만일 보다 난해한 독법인 οὗτός ἐστιν ὁ ἐκλεκτός τοῦ θεοῦ (이는 하나님의 택하신 자라)가 보다 오래된 것이라면,[41] 요한복음을 따를 때 예수의 세례시의 하늘의 선포는 오직 이사야 42 : 1만을 배타적으로 언급하는 것이 될 것이다. 만일 그렇다면, 세례 때에 관하여 공관복음서가 설명하는 하늘의 음성에 있어서도 마찬가지일 수 있을 것이다. 만일 우리가 공관복음서의 어법을 이사야 42 : 1과 비교해 본다면, 이러한 결론이 암시됨을 볼 수 있을 것이다 :[42]

막 1 : 1=눅 3 : 22	마 12 : 18에 인용된 이사	θ (Qsyʰ)에 나타난 이사
σὲ εἶ (마 : οὗτὸς ἐστιν)	야 42 : 1	야 42 : 1
ὁ υἱός μου	ἰδοὺ	ἰδοὺ
ὁ ἀγαπητός	ὁ παῖς μου	ὁ παῖς μου
ἐν σοί (마, ᾧ) εὐδόκησα	ὃν ᾑρέτισα	αντιλήψομαι αὐτοῦ
(10 : τὸ πνεῦμα καταβαῖ	ὁ ἀγαπητός μου	ὁ ἐκλετός μου
νον)	ὃν εὐδόκησεν ἢ ψυχῇ μου	ὃν εὐδόκησεν ἢ ψυχῇ μου
	θησω τὸ πνεῦμά μου	보존되어 있지 않음
	ἐπ αὐτόν	

위의 세 본문들은 대체적으로 일치한다 : 유일한 중요한 차이는 ο υἱός 와 ὁ πῖς μου 이다. παῖς 가 두가지 가리키는 명칭으로서의 ὁ παῖς θεοῦ 는 헬레니즘적인 환경에서는 이른 시기부터 사용이 피하여져 왔다.[43] 세례시의 음성 ὁ υἱόν μου 의 기독론적인 발전을 나타낸다고 생각하는 것은 합리적이다.

그러므로 우리는 공관복음서에 묘사된 세례시의 음성이 시편 2 : 7과 이사야 42 : 1의 복합인용이 아니라, 오직 이사야 42 : 1만을 배타적으로 인용한 것이라고 결론지어야만 한다. 아마도 요한복음 1 : 34 역시 마찬가지일 것이다.[44] 우리가 이사야

40) *Dial.* 48 : 3 ; 49 : 1

41) ‡ von Harnack, 552−556=127−32.

42) 사 42 : 1 LXX가 히브리어 본문과는 많이 다르기 때문에, 마 12 : 18과 Theodotion에 인용된 사 42 : 1의 번역어가 비교를 위하여 제시되어 왔다.

43) J. Jeremias, 'παῖς θεοῦ C−D, *TDNT* V, 1967, 700−704 ; revised version in : 'παῖς (θεοῦ) im Neuen Testament', *Abba*, 192−98.

44) ‡ Vögtle, 660f. Vögtle은 다른 고찰에 근거하여 "하늘로부터의 음성은 원래 시 2 : 7과 아무 상관이 없는 것일런지도 모른다"고 결론내린다. Dalman(*Words of Jesus,* 277)이후로 이러한 견해를 옹호하는 대표적인 학자들은 J. Jeremias 와 I. H. Marshall인데, 최근에 Flusser도 같은 견해를 주장하였다. J. Jeremias, 'παῖς (θεοῦ) im Neuen Testament', *Abba* 193, n. 350과 I. H. Marshall, 'Son of God or Servant of Yahweh?-A reconsideration of Mark I. ll', NTS 15, 1968/9, 327 n. 3을 참조하라. 또한 Flusser, *Jesus,* 28을 참조하라.

42：1에 이어지는 말씀을 살펴본다면, 세례시의 선포가 오직 이사야 42：1만을 언급하는 것이란 견해가 더욱 강력한 뒷받침을 얻게 된다. 이사야 42：1은 이렇게 이어진다(마 12：18을 참조하라)： $\theta\acute{\eta}\sigma\omega\ \tau\grave{o}\ \pi\nu\epsilon\hat{v}\mu\acute{a}\ \mu o\upsilon\ \epsilon\pi'\ a\grave{v}\tau\acute{o}\nu$ (내가 그에게 나의 영을 주리라). 이 구절은 즉시로 우리를 세례시의 상황으로 이끌고 간다. 여기에서 우리는 당시의 유대주의에서 어떤 전반적인 성경구절이 잘 알려져 있을 때, 단지 그 구절의 앞부분만을 인용하는 것이 일반적인 관습이었다는 사실을 기억하여야만 한다. [45] 마가복음 1：11(누가복음 3：22)은 이러한 축약인용의 일례일 수 있다. 이사야 42：1의 진짜 결정적인 구절인 $\theta\acute{\eta}\sigma\omega\ \tau\grave{o}\ \pi\nu\epsilon\hat{v}\mu\acute{a}\ \mu o\upsilon\ \grave{\epsilon}\pi'\ a\grave{v}\tau\acute{o}\nu$ 은 인용되지 않는다. 그러므로 하늘의 선포가 의미하는 것은 십중팔구 다음과 같은 것이다. 즉, 하나님께서 자신의 영을 그의 종 위에 놓겠다는 이사야 42：1의 약속이 지금 성취되었다는 사실이다.

이제, 만일 하늘의 선포가 성령의 내림(descent)을 이사야 42：1의 성취로서 해석한다면, '예수의 세례'이야기를 이해함에 있어 광범위한 결과가 따르게 된다. 첫째로, 모든 강조가 '영의 전달'(communication of the spirit) 사건 위에 놓여지는 것이 분명하게 된다：그 해석은 다만 부수적인 기능만을 가질 뿐이다. 둘째로, 하늘의 선포는 '왕의 즉위' 혹은 '입양의식'(入養儀式 : adoption rites)같은 것과는 본래 아무런 상관도 없다는 것이 분명해진다. 그것은 우리를 왕으로서의 메시야개념 영역에로 이끌어가는 것이 아니라, 하나님의 종에 대한 성경말씀의 영역에로 이끌어가는 것이다.

(3) 예수의 세례체험의 의미

우리는 p. 79에서 '예수의 세례'의 역사성(historicity)을 의심할 이유가 없음을 보았다. 또한 예수께서 세례시에 자신의 사역을 결정짓는 체험을 했다는 견해 역시 나름대로 상당한 개연성을 가지고 있다. 이러한 견해는 예수님이 요한과 가까우면서도 그와는 근본적으로 다른 위치(position)를 받아들인 사실에 의해 뒷받침 된다. 이것은 어떤 사건이 두 사람(예수님과 세례 요한)사이에 큰 심연을 놓았음을 전제한다. 세례이야기는 바로 이 사건이 예수님의 세례시에 일어났음을 암시한다.

---

45) 이에 대한 신약의 예로써 롬 3：4b를 들 수 있다.

만일 우리가 '예수께서 세례시에 체험했던 것이 무엇이었나'라는 보다 구체적인 질문을 제기한다면, 우리는 '그 때로부터 그는 자신이 성령(영)의 손 안에 있음을 보았다'라고 말할 수 있을 것이다. 하나님 께서는 그를 당신의 사역에로 붙드시고 준비시키셨으며, 그로 하나님 의 사자(使者 : messanger)로 위임하셔서 구원의 때를 출범시키는 자 (inaugurator)가 되게 하셨다. 세례시에 예수님은 자신의 소명(call)을 체험하였다.

이사야 42 : 1에 따르면, 영(spirit : 성령)은 하나님의 택하신 자 곧 그의 종에게 주어질 것이었다. 이 구절이 하늘의 선포 가운데 표현되 었을 때 예수님은 그 구절의 사상을 떠올리게 되었고, 그 세례의 시간 으로부터 그는 자신이 이사야에 의해 약속된 하나님의 종임을 의식했 을 가능성을 배제할 이유는 없다. 우리는 §24에서 다시금 이러한 관점 으로 돌아갈 것이다.

어쨌든 예수님이 자신의 세례의 순간에다가 지고(至高)의 중요성 을 부여했음은 분명하다. 난해한 구절인 초기단화(初期單話 : early pericope) 마가복음 11 : 27-33이 이에 대한 증거이다. 예수님이 자신 의 권위에 대한 근거에 대하여 질문받고 있다. 이에 대한 예수님의 다 음 질문 "요한의 세례가 하나님으로부터 말미암은 것었는가 아니었는 가"(30절)은 예수님의 직접적인 대답을 회피하기 위한 임기응변적인 것이 아니었다. 만일 예수님의 대응질문이 중요한 의미를 갖는 것이라 면,[46] 그것은 "나의 권위는 요한의 세례에 놓여있다"를 의미하는 것 이다. 좀더 구체적인 말로 해서, 그것은 "나의 권위는 내가 요한으로부 터 세례를 받을 때 일어났던 일에 놓여있다"를 의미하는 것이다.

우리는 여태까지 예수의 메시지를 설명하기 위한 **출발점**에 관심을 기울여왔다. 그 출발점은 바로 이것이다 : 예수님이 요한으로부터 세례 를 받을 때 체험했던 소명.

그러나 아마도 우리는 이 문제에 대하여 좀더 말할 수 있을 것이다.

---

46) E. Lohmeyer, *Das Evangelium des Markus*, Meyerk 1 : 2, Göttingen 1937= 1967, 242.

§6 계시의 전달

Dalman, *Words of Jesus* ; W. L. Knox, *Some Hellenistic Elements in Primitive Christianity*, Schweich Lectures 1942, London 1944 ; F. Hahn, *Christologische Hoheitstitel*, FRLANT 83, Göttingen 1963, 319—33(there is an abridged ET, *The Titles of Jesus in Christology*, London 1969) ; Jeremias, 'Abba', in : *The Prayers of Jesus*, SBT Ⅱ 6, 1967, 45—52(what follows is closely related to this discussion) ; Further literature in G. Schrenk—G. Quell, —G. Schrenk, πατήρ κτλ, *TDNT* Ⅴ, 1967, 945—1014 : 992f.(Schrenk).

예수께서 무대에 등장하기에 앞서 있었던 것에 대하여 약간의 빛을 던져주는 두번째 구절은 마태복음 11 : 27 병행, 누가복음 10 : 22이다

πάντα μοι παρεδόρη ὑπὸ τοῦ πατρός μου
καὶ οὐδεὶς ἐπιγινώακε τὸν υἱὸν εἰ μὴ ὁ πατήρ,
οὐδὲ τὸν πατέρα τις ἐπιγινώακει εἰ μὴ ὁ υἱὸς
καὶ ᾧ ἐὰν βούληται ὁ υἱὸς ἀποκαλύψαι.

내 아버지께서 모든 것을 내게 주셨으니
아버지 외에는 아들을 아는 자가 없고
아들과 또 아들의 소원대로 계시를 받는 자 외에는
아버지를 아는 자가 없느니라

(1) 마태복음 11 : 27(병행. 눅 10 : 22) : 이것은 헬레니즘적인 요한복음적 계시말씀인가？

예나(Jena)대학의 교회사 교수였던 칼 폰 하제(Karl von Hase)는 이 공관복음 로기온(마 11 : 27)이 "요한의 하늘로부터 떨어진 천둥번개의 인상을 준다"는 유명한 관찰을 하였다.[47] 여기에서 무엇보다도 두가지가 요한복음적인 것으로 나타난다 : (a)상호지식, 이것은 헬레니즘적

---

47) *Die Geschichte Jesu*, Leipzig 1876, 422.

96

신비주의의 전문용어로 보인다 ; (b) ὁ υἱός (아들)로서의 예수님의 자칭, 이것은 절대적인 의미로 사용되었다. 이러한 절대적인 용례는—비록 요한 이전의 몇몇 용례가 있다고는 하더라도[48]—요한의 기독론의 특징이다. [49]

이러한 반론들이 계속하여 반복되어 왔다. 오랫동안, 마태복음 11 : 27병행은 헬레니즘 공동체의 후기산물(late product)임이 확실한 것으로 간주되어 왔다. 그러나 지난 40년동안 전세가 역전되기 시작했다. [50]

사실상, 그 말씀의 분명한 셈적인 성격이 그것의 언어와 문체로부터 분명해지는데, 이러한 사실이 그 구절을 '헬레니즘적 계시말씀'(Hellenistic revelation saying)으로 보는 것에 대하여 제동을 건다. [51] 어휘에 관한 한, 비헬라적인 οὐδείς / εἰ μή 혹은 οὐδέ / εἰ μή 가 아람어에서 '오직'을 의미하는 완곡어인 lēt/'ĕllā'와 상응한다. 또한 ἀποκαλύπτειν의 의미인 '계시' 역시 헬라적이지 않다. [52] 헬라적인 방향에도 발전한 유일한 예는 παρεδόθη ὑπό 라는 구성이다. [53] 문체에 있어, 구조상 마태복음 11 : 27 병행은 마태복음 11 : 25이하와 정확하게 병행되는 4행구(four-line stanza)의 형태를 가졌음을 먼저 주목해야 한다 : 1행은 주제를 나타내고, 2행과 3행은 병행절과 함께 그것을 다듬고, (형식적으로는 횡적배열임에도 불구하고, 둘째행은 셋째행에 종속된다) 4행은 강조적으로 결론을 내린다. 나아가서 마태복음 11 : 27병행은 초두에 접속사가 생략되어 있으며, 또한 2행과 3행에서 동사가 반복되어 있는데 이것은 헬라풍에서는 잘 어울리지 않는 것이다(따라서 누가는 그것을 피하였다. 한편 셈 계통의 언어에는 결여되어 있는 상호대명사가 2행과 3행의 종합적 평행법(synthetic parallelism)과 더불어 대체되었다.

따라서 언어, 문체 그리고 구조는 이 말씀이 셈족어를 말하는 환경에 속하는 것임을 분명하게 보여준다. 서두에서 언급된 이른바 헬레니

48) 복음서에서 15회, 서신서에 8회 나타난다.
49) 바울서신에 한번(고전 15 : 28), 그리고 막 13 : 32 병행, 마 24 : 36에서, 그리고 마 28 : 19과 히 1 : 8의 세례공식에서
50) 무엇보다도 영국학자들이 이에 반대하였다 : Manson, Sayings, 79 : '이 구절은 셈적인 특성이 가득차 있는 것으로서 기원에 있어 분명히 팔레스틴적이다'; Teachings, 109-12 ; ‡ Knox, 7 : '만일 우리가 그것을 거부한다면, 그것은 그것의 양식과 언어가 명백한 의미에서 헬레니즘적이라는 근거에 의한 것이 아니라 예수의 인격에 대한 우리의 일반적인 태도에 근거한 것임에 틀림없다.'
51) Bultmann, Synoptic Tradition, 166.
52) A. Oepke, καλύπτω κτλ ', TDNT Ⅲ, 1965, 556-92 : 566, 22f.
53) Dalman, Words of Jesus, 284, 각주 1.

즘적인 요한복음적 기원(Hellenistic Johannine origin)을 옹호하는 두가
지 논증은(신비적 지식과 칭호로서 ὁ υἱός를 사용하는 것) 이와 같이
언어적 근거에 입각하여 반박될 수 있다.

사실, 헬레니즘의 신비주의(Hellenistic mysticism)는 '신비적'지식에 대하여 능
동태로 두번 사용된(둘째 행과 셋째 행에서) (ἐπι)γινώσκειν 과 유사한 표현을
나타낸다. 그러나 지금까지 정확한 병행구절이 입증되지는 않았다. 그렇지만, 유
대적 환경에 그 병행구절이 하나 있다.

αὐτὸς οὐ γινώσκει με
καὶ ἐγώ οὐ γινώσκω αὐτόν [54]

이 문장은 매우 세속적인 문맥에서 나타난다 : 토비아스는 아버지가 다른 사람에
게 빌려준 돈을 되찾고자 하였다. 그러나 그는 돈을 가지고 있는 사람과 자신이 서
로 알지 못하기 때문에 이를 수행할 수 없노라고 말하고 있다. 그러므로 그것은 다
음과 같이 번역되어야만 한다. "우리는 서로 알지 못합니다." 우리는 "그는 나를
알지 못하고, 나는 그를 알지 못합니다"라는 표현이 이것을 말하는 비정상적인 방
법이라고 느낄 것이다. 그러나, 상호관계를 표현하는 이러한 방법은 셈족언어에서
는 매우 관용적인 것이다. 왜냐하면, 셈족인들은 상호대명사를 가지고 있지 않기
때문이다. 만일 셈족인들이 상호관계를 묘사하고자 원한다면, 그들은 완곡어[55]나,
이 경우에서와 같이, 반복[56]에 호소해야만 하였다. 달만(G. Dalman)이 인식한 것처
럼,[57] 병행적인 구절(2행과 3행)

οὐδεὶς ἐπιγινώσκει τὸν υἱὸν εἰ μὴ ὁ πατήρ
οὐδὲ τόν πατέρα τις ἐπιγινώσκει εἰ μὴ ὁ υἱός

의 단조로움은 단순히 상호관계에 대한 동방적인 완곡어법인 것이다 : 오직 아버지
와 아들만이 실제적으로 서로를 안다.

---

54) 토비트 5 : 2 ℵ(Dr. C. Buchard에 의해 지적됨).
55) 예를 들면, ἄκαστος τῷ αδελφῷ αὐτοῦ(마 18 : 35). 또한 창 26 : 31 ; 출 25 :
20 ; 37 : 9.
56) Jeremias, *Prayers of Jesus*, 47에는 상호관계를 표현하기 위한 반복의 용례들
이 나타나 있다. 또한 창 45 : 14 ; 희년서 23 : 19 ; I QS 4 : 17 ; Fragment Targ. 출 15
: 2(cod. Vat. 440, ed. M. Ginsburger, Berlin 1899, 83) ; Fragment Targ. 민 21 : 15
(두번) ; 산헤드린 3 : 1 ; 납달리의 유언 7 : 3
57) *Words of Jesus*, 284.

이러한 인식은 또한 이 로기온(마 11 : 27)이 헬레니즘적인 요한복음적 환경에서 말미암은 것이라는 견해를 뒷받침하는 두번째 논증, 곧 ὁ υἱός 가 칭호로 사용되었다는 논증에 대하여 의문을 가지게한다. 이에 대하여 다시 한번 셈족 언어의 특성에 관심을 기울여야만 한다 : 셈족인들은 은유, 직유, 그리고—예컨대 마가복음 4 : 3–8[58]에서 볼 수 있는 바와 같이—비유에서 총칭적인 의미로 정관사를 사용하는 것을 좋아하였다. 만일 마태복음 11 : 27에서 관사가 본래 총칭적인 의미를 갖는 것이라면, 2행과 3행은 다음과 같이 번역되어야 할 것이다 :

오직 아버지만이 그의 아들을 알고
오직 아들만이 그의 아버지를 아느니라.

다른 말로 해서, 우리는 여기에서 보통 인간경험에 있어서의 매우 일반적인 진술을 갖게 되는 것이다 : "오직 아버지와 아들만이 실제적으로 서로를 안다." 만일 다드(C. H. Dadd)가 옳다면, 이것은 요한복음 5 : 19–20상반절과 완전하게 유비관계를 갖는 진술인 것이다. 다드는 이 구절이 'une parabole cachée', 즉 이것은 아버지의 도제(徒弟)로서의 아들에 관한 일상적인 은유였다고 믿는다.[59] 이러한 경우 절대적인 의미에서는 ὁ υἱός 는 다만 후기단계의 칭호로서 이해되었다.

만일 요한복음의 로기온이 마태복음 11 : 27 병행의 형태로 공관복음서 자료에 들어온 것이었다면, 그것은 실로 유례가 없는 것일 것이다. 더욱이, ἐπιγινώσκειν 과 ἀποκαλύπτειν 이 요한복음적인 단어가 아니고,[60] 또 παραδιδόναι 가 요한복음에서 하나님을 주어로 하여 사용된 적이 전혀 없는 사실은 요한복음적인 성격을 가진 로기온이 들어온 것이라는 견해에 대하여 제동을 건다.

반면, 우리는 마태복음 11 : 27 병행이 '요한복음의 기독론'과 '지식에 대한 그것의 주의(remark)'에 어떻게 중요한 자극을 줄 수 있었는지에 대하여 어렵지 않게 알 수 있다. 또한 절대적인 의미의 ὁ υἱός 가

---

58) ὁ σπείρων '씨뿌리는 자'(3절)등. Jeremias, *Parables*, 11, 각주 2를 보라.

59) 'Une parabole cachée dans le quatrième Évangile' *RHPR* 24, 1962, 107–15 ; 이러한 견해는 Dodd와 동시적으로 그러나 분명히 독립적으로 Gaechter에 의해 제기되었다. P. Gaechter, 'Zur Form von Joh 5 : 19–30', in : J. Blinzler ·O. Kuss ·F. Mussner(eds.), *Neutestamentliche Aufsätze*, J. Schmid ·Festschrift, Regensburg 1963, 65–68 : 67

60) ἀποκαλύπτειν 은 요한복음에서 오직 12 : 38(사 53 : 1)에서의 70인경(LXX) 인용 가운데에서만 한번 나타날 뿐이며, ἐπιγινώσκειν 은 전혀 나타나지 않는다.

요한복음에서 칭호로 받아들여졌다. 그러므로 이 말씀(마 11 : 27)은 요한신학의 태반이 되는 예수님의 어록들 가운데 하나인 것이다. 사실 공관복음 전승에서 그러한 출발점이 없다면, 어떻게 요한신학 (Johannine theology)이 생겨'날 수 있었는가 하는 문제는 완전한 난제가 될 것이다. 그러므로 만일 마태복음 11 : 27의 진정성(authenticity)이 받아들여진다면, 이 구절은 예수님이 하나님을 아바[61]('Abbā)로 부르는 것과 결정적으로 연결될 수 있다.

(2) 마태복음 11 : 27(병행. 눅 10 : 22)의 의미

앞에서 우리가 살펴본 것처럼, 마태복음 11 : 27 병행, 누가복음 10 : 22은 4행구(four−line stanza)이다. [62] 첫째 행은 주제를 도입한다 : "내 아버지께서 모든 것을 내게 주셨다." $\pi\alpha\rho\alpha\delta\iota\delta\acute{o}\nu\alpha\iota$ (māsar/m^{e}sar)는 교의(敎義), 지식, 그리고 거룩한 전승(holy lore) 등을 전달하는 것에 대한 전문용어이다. [63] 또한 $\pi\acute{\alpha}\nu\tau\alpha$는 25절의 $\tau\alpha\hat{v}\tau\alpha$ 처럼 계시의 신비를 가리킨다. 따라서 첫째 행은 이것을 의미하는 것이다 : "내 아버지께서 충만한 계시(full revelation)를 내게 주셨다."

둘째 행과 셋째 행은 종합적 평행법(synthetic parallelism)으로 이 주제를 다룬다. 비록 두행(둘째행과 셋째행)의 형태가 횡적(paratactic)이기는 하지만, 그것의 논리는 종적(hypotactic)이라는 사실을 주목해야만 한다. [64] 또한 정관사는 총체적인 의미(generic sense)를 가지고 있다. [65] 따라서 우리는 이렇게 번역해야만 한다 :

오직 아버지만이 그의 아들을(실제적으로) 아는 것 **같이, 마찬가지로** 오직 아들만이 그의 아버지를 (실제적으로) 안다. [66]

---

61) pp.101이하를 보라.
62) 누가복음판(10 : 22)은 셋째행에서 동사를 빠뜨림으로써 가벼운 헬라적 영향을 무심코 드러낸다. 그러나 그것은 4행구조를 잃지 않았다.
63) Jeremias, *Eucharistic Words*, 101, 202.
64) p. 96을 보라
65) p. 97을 보라
66) '…와 같이, 마찬가지로…' 번역을 위하여는 요 10 : 15을 보라 : $\kappa\alpha\theta\grave{\omega}\varsigma$ $\gamma\iota\nu\acute{\omega}\sigma\kappa\epsilon\iota$ $\mu\epsilon$ $\acute{o}$ $\pi\alpha\tau\acute{\eta}\rho,$ $\kappa\grave{\alpha}\gamma\grave{\omega}$ $\gamma\iota\nu\acute{\omega}\sigma\kappa\omega$ $\tau\grave{o}\nu$ $\pi\alpha\tau\acute{\epsilon}\rho\alpha$.

마지막 행 "아들의 소원대로 계시를 받는 자"는 이것을 의미한다 : 오직 아들만이 그의 아버지를 실제적으로 알기 때문에, 그만이 이 지식을 다른 사람들에게 전달할 수 있는 위치에 있다.

그러므로 예수님은 아버지와 아들 사이의 비교를 통하여(둘째행 이하), 계시의 전달(첫째행)을 설명하고 있는 것이다. 이러한 비교는 또한 다른 곳에서도 나타난다. "모든 비밀을 내가(하나님) 아버지로서 그(**메타트론**[67])에게 계시했노라."[68] "그(**메타트론**)가 내게 말했다 : '오라 내가 거룩하신 이(그에게 축복이 있을지로다) 앞에 쳐진 하나님의 장막(curtain)을 네게 보이리라 그 위에 세상의 모든 세대들과 그들의 행동들이……짜여져 있느니라' 그리고……그가 손가락으로 보여주었다―마치 아들에게 토라의 뜻을 가르치고 있는 아버지처럼."[69] 아버지―아들 비교가 계시의 전달과 관련하여 AD 4세기 혹은 5세기에 편집된 히브리 에녹서 이전에 사용된 증거가 아들을 도제(徒弟)로 비유하는 요한복음 5 : 19―20상반절에 나타난다(아마도 원래의 의미였던 것으로 받아들여진다면) : [70]

내가 진실로 너희에게 이르노니 : 아들(the son＝a son)[71]이 아버지의 하시는 일을 보지 않고는 아무 것도 스스로 할 수 없나니 ; 아버지께서 행하시는 그것을 아들도 그와 같이 행하느니라. 아버지께서 아들을 사랑하사 자기의 행하시는 것을 다 아들에게 보이시고.

아들이 아버지의 기술을 배우는 것은 당시의 관습이었다. 많은 직업들은 나름대로의 비법(秘法)을 가지고 있었으며, 이것이 주의깊게 보존되었다가 아버지로 부터 아들에게로 전수되었다. 이와 비슷하게, 이러한 '도제(徒弟)의 은유'는 예수님의 아버지가 예수님에게 계시를 전수했음을 암시한다. [72] 예수님은 이 주제를 마태복음 11 : 27 병행과 정

---

67) 하나님의 보좌를 둘러싸고 있는 천사들의 우두머리.
68) 히브리 에녹서 48 C. 7.
69) 히브리 에녹서 45 : 1이하 Ms E.
70) p. 97을 보라.
71) *Ibid*
72) 또한 레위의 유언 17 : 2을 참조하라, 첫번째 희년의 기름부음을 받은 제사장은 '마치 자신의 아버지처럼 하나님과 더불어 말할 것이다.'

확하게 같은 방법으로 설명한다 : "내 아버지가 모든 것을 내게 주
셨다"(첫째 행)는 '아버지―아들'비교(둘째 행과 셋째 행)에 의하여
발전된다 : "오직 아버지와 아들만이 서로를 실제적으로 안다." 예수님
이 본문(마태복음 11 : 27)의 일상적인 이야기로서 전달하고자 한 것은
이것이다 : 마치 아버지가 아들에게 말하는 것처럼, 마치 아버지가 아
들에게 토라의 뜻을 가르치는 것처럼, 마치 아버지가 아들에게 자기
기술의 비법을 전수하는 것처럼, 마치 아버지가 아들에게는 아무 것도
감추지 않고 마음을 다 여는 것처럼, 그렇게 하나님께서 나에게 자신
에 관한 지식을 허락하였다.

넷째 행의 '아들의 소원대로 계시를 받는 자'는 강조구절이다. 그것
은 일상적인 경험의 범주 안에 있으며(왜냐하면 오직 아들만이 아버지
의 의도와 행동을 참으로 이해하며, 따라서 오직 그만이 그러한 것들
을 다른 사람들에게 이해할 수 있도록 할 수 있기 때문이다), 또한 자
신의 사명에 대한 예수님의 주장의 중요성을 듣는 자들로 하여금 깨닫
게 한다.

마태복음 11 : 27은 예수의 사명에 대한 중심적인 진술이다. 예수의
아버지는―오직 아비가 자기 아들에게 자신을 나타낼 수 있는 것 만큼
―완전하게 예수에게 자신에 대한 계시를 허락하였다. 그러므로 오직
예수님만이 하나님에 대한 참된 지식을 다른 사람들에게 전달할 수 있
는 것이다.

자신의 사명에 대한 예수님의 인식, 그리고 독특한 방법으로 하나님
에 관한 지식의 수령자요 중개자라고 하는 의식이 오직 마태복음 11 :
27 병행에서만 유일하게 나타나는 것은 아니다. '의의 교사'[73](Teacher
of Righteousness)의 메시지에 있어 비록 근본적인 차이가 있기는 하지
만, 자신의 사명에 대한 그의 인식은 팔레스틴의 배경에서 인상적인
유비(analogy)를 제공한다.[74] 이러한 인식은 또한 공관복음의 다른 여
러 곳에서도 역시 나타나는데, 특별히 기독론적인 칭호가 나타나지 않

---

73) G. Jeremias, *Lehrer der Gerechtigkeit*, 336―353, 특히 327이하, 334―36.
74) *Ibid.*, 319―336.

음으로 말미암아 스스로 오래된 전승임을 드러내는 어록들(로기아) 가운데 나타난다 : 마가복음 4 : 11($\mu\nu\sigma\tau\eta\rho\iota o\nu$ $\tau\eta\varsigma$ $\beta\alpha\sigma\iota\lambda\epsilon\iota\alpha\varsigma$ 〈하나님 나라의 비밀〉은 제자들에게 제시된다) ; 마태복음 11 : 25 병행, 누가복음 10 : 21(예수님은 $\tau\alpha\upsilon\tau\alpha$ 〈이것〉를 가지고 계시며 또 가르치신다 ; 하나님께서는 예수를 통하여 그것을 계시하신다) ; 마태복음 13 : 16이하 병행, 누가복음 10 : 23이하(제자들은 많은 선지자들과 의인들[눅 : 왕들]에게 허락되지 않았던 것을 보고 들을 수 있다) ; 마태복음 5 : 17(예수는 최종계시를 가져온다)[75] ; 누가복음 15 : 1−7, 8−10, 11 : 32(예수의 행동들은 죄인들에 대한 하나님의 태도를 반영한다)[76] 등등.

'언제 그리고 어디에서 예수님은 하나님이 그에게 보여준 이러한 계시를 받았는가'하는 문제에 대하여는 아무런 언급도 나타난 것이 없다. 그러나 단순과거형(aorist)인 $\pi\alpha\rho\alpha\delta\delta\theta\eta$ 가 우리에게 힌트를 준다. 그것은 하나의 특정한 사건을 암시한다(aorist형은 단순한 과거의 사건을 언급할 때 사용되는 시제이다—역자 주). 이것은 참으로 놀라운 일이다. 왜냐하면 우리는 현재형을 기대했기 때문이다(헬라어의 현재형은 진행이나 반복의 의미로 사용된다. 즉, 하나님께서 예수님에게 계시를 주시는 것은 반복적일 것으로 기대하여 우리는 은연중 현재형을 기대하는데, 마 11 : 27에서는 단순한 과거사건을 의미하는 aorist형 $\pi\alpha\rho\alpha\delta\delta\theta\eta$ 로 언급된 사실이 놀랍다는 뜻—역자 주). 그러므로, 우리는 아마도 $\pi\alpha\rho\alpha\delta\delta\theta\eta$ (그가 주셨다 : 단순과거형)를 예수의 세례를 언급하는 것으로 받아들여야 할 것이다.

마태복음 11 : 27 병행은 예수에게 주어진 계시의 내용에 대하여 유일한 힌트를 준다. 그것은 '내 아버지'란 단어에 놓여 있다. 이 시점에서, 우리는 우리의 연구를 좀더 연장시켜야만 한다.

§ 7 하나님께 대한 호칭으로서의 "아바"

Dalman, *Words of Jesus* ; G. Kittel, $\dot{\alpha}\beta\beta\hat{\alpha}$, *TDNT* I, 1964, 5−6 ; W. Marchel,

---

75) pp. 131이하를 보라.
76) p. 184를 보라.

Abba, Père! La prière du Christ et des chrétiens. Étude exégétique sur les origines et la signification de l'invocation à la divinité comme père, avant et dans le Nouveau Testament, Analecta Biblica 19, Rome 1963 ; J. Jeremias, 'Abba', in : *The Prayers of Jesus,* SBT Ⅱ 6, London 1967, 11 — 65.

(1) 자료

복음서의 다섯가지 전승층(마가복음, 어록자료, 마태특별자료, 누가특별자료, 요한복음) 모두는 예수께서 하나님을 "나의 아버지"로 불렀음을 일제히 증거한다. [77] 그것의 용례는 다음과 같이 분포되어 있다 (병행구절들은 단지 한번만 기산되어 있다) :

마가복음	1[78]
마태복음과 누가복음에 공통된 자료	3[79]
누가복음에만 있는 용례	2[80]
마태복음에만 있는 용례	1[81]
요한복음	9[82]

예수께서 하나님을 부르는 호칭양식으로서 '아버지'를 사용한 것은 단지 다섯가지 전승층만이 일치하는 것은 아니다. 또한 예수님은 **모든** 기도 가운데 바로 이 칭호를 일치되게 사용하였다(유일한 예외는 십자가상에서의 외침인 막 15 : 34 병행, 마 27 : 46이다. '나의 하나님 나의 하나님 어찌하여 나를 버리시나이까.' 여기에서는 이미 시편 22 : 2이 호칭 양식을 규정하였다.)[83]. 어쨌든, 이 문제의 핵심은 모든 전승이 일치한다는 사실이다.

---

77) 우리는 여기에서 하나님께 대한 **호칭**(address)으로서의 '나의 아버지'와 예수의 입술 위에 나타나는 아버지로서의 하나님 **명칭**(designation)을 구분해야만 한다. 본 항목은 호칭(address)에 대하여만 관계된 것이다.
78) 14 : 36
79) 마 6 : 9(병행 눅 11 : 2) ; 11 : 25이하(병행 눅 10 : 21, 2회 나타남).
80) 23 : 34, 46.
81) 26 : 42
82) 11 : 41 ; 12 : 27이하 ; 17 : 1, 5, 11, 21, 24이하.
83) p. 25 각주 18을 보라.

　각각의 기도의 진정성때문에 별개로 하고, 이것은 하나님을 아버지로 부르는 것이 예수에 관한 전승에 굳게 뿌리박은 것임을 보여준다.

　더욱이 겟세마네 이야기에서 마가가 예수께서 하나님을 '나의 아버지'로 부름을 기록할 때, 그(마가)는 아람어 형태인 '아바'를 사용하였다.[84] καὶ ἔλεγεν Ἀββὰ ὁ πατήρ πάντα δυνατά σοι · παρένεγκε τὸ ποτήριον τοῦτο ἀπ'ἐμοῦ (14 : 36, 가라사대 아바 아버지여 아버지께서는 모든 것이 가능하오니 이 잔을 내게서 옮기시옵소서).

(2) 하나님께 대한 호칭으로서의 '아바'의 독특성

　유대주의는 나름대로 하나님께 대한 다양한 형태의 호칭을 가지고 있었다. 예를 들어, 신약시대에 이미 하루에 세번씩 기도되었던[85] '테필라'는(후에 18 찬송기도문〈eighteen Benedictions〉으로 불려짐) 각 찬송기도문이 하나님께 대한 새로운 호칭양식으로 끝난다. 첫 찬송기도문은 다음과 같이 진행된다 : [86]

　찬송받으소서 야웨여,
　아브라함의 하나님 이삭의 하나님 야곱의 하나님(cf. 막 12 : 26 병행)
　지극히 높으신 하나님
　천지의 주재시요[87](cf. 마 11 : 25 병행)
　우리와 우리 조상들의 방패시여
　찬송받으소서, 아브라함의 방패이신 야웨여.

　우리는 여기에서 하나님께 대한 호칭양식이 연이어 나오는 것을 볼 수 있다. 만일 우리가 초기 유대 기도문학에 나타나는 모든 호칭양식을 모은다면, 그 목록은 매우 방대한 분량에 이를 것이다.

---

　84) 마지막 음절에 악센트가 놓여져 있다. 아바는 그것이 하나님께 대한 호칭일 때에는 대문자로 표기되는 반면, 다른 경우에는 소문자로 표기되어 있다.
　85) J. Jeremias, 'Daily Prayer in the Life of Jesus and the Primitive Church', *The Prayers of Jesus*, 66−81 : 70−72.
　86) Dalman, *Worte Jesu*, Leipzig 1898, 299(불행히도 2판에서는 다루어지지 않았다).
　87) qōnē에 대한 이러한 번역을 위하여서는 Jeremias, 'Daily Prayer', 74. 각주 33을 참조하라.

그러나, 구약성경 어디에서도 우리는 하나님을 '아버지'로 부르는 것을 찾지 못한다. 분명히, 절망의 외침인 'abinū 'attā[88]'(당신은 우리의 아버지시라) 혹은 'ābī 'attā(당신은 나의 아버지시라) 그리고 하나님께 대한 왕의 특권적인 호칭인 'ābī 'attā[90](당신은 나의 아버지시라)는 이것과(하나님을 아버지로 부르는 것) 매우 근접하다. 그러나 그것들은 단순한 서술문(statements)들일 뿐이지, '아버지'를 사용하여 하나님을 부르는(호칭하는) 것이 아니다. 정경후 유대문학(post—canonical Jewish literature)에서는, 하나님께 대한 호칭으로서 $\pi \acute{\alpha} \tau \epsilon \rho$를 사용하는 용례가 간혹 나타난다.[91] 그러나 이것들은 헬라세계의 영향을 받은 디아스포라 유대주의로부터 온 것이다. 팔레스틴에서 우리가 하나님께 대한 호칭으로서 '아버지'를 사용하는 두개의 기도문을 만나게 되는 것은 오직 초기 기독교시대에서 인데, 두 기도문 모두는 'ābinū malkēnū[92](우리 아버지 우리 왕)의 형태이다. 그러나 이것들은 하나님이 공동체의 아버지로 불려지는 예전적인 기도문(liturgical prayers)임을 주목하여야만 한다. 따라서 여기에서는 히브리어가 사용·되었으며, 'abinū(우리 아버지)가 malkēnū(우리 왕)와 연결되어 있다(공동체가 부르는 아버지는 하나님 백성의 천상의 왕〈heavenly king〉이다).

반면, 우리는 개인적인 호칭 '나의 아버지'는 찾을 수 없다. 그것은 처음으로 그리고 유일하게 AD 974년경 남부 이탈리아에서 기원된 문헌인 Sedar Eliyyahu Rabbah에서 'ābi šebbaššsāmayim(즉, 히브리어로서 '하늘에 계신'과 더불어)의 형태로 나타난다.[93] 이것의 시락 23 : 1, 4의 원문은 'el 'ābi인데, 따라서 이것은 '나의 아버지 하나님'이 아니라

---

88) 사 63 : 16(2회) ; 64 : 7.

89) 렘 3 : 4.

90) 시 89-: 27, 시락 51 : 10(히브리어)에서 취하여짐.

91) 시락 23 : 1, 4 LXX ; 마카비 3서 6 : 3, 8 ; 외경 에스겔 Fragm. 3(ed. K. Holl, in *Gesammelte Aufsätze zur Kirchengeschichte Ⅱ, Der Osten*, Tübingen 1928, 36) ; Wisdom 14 : 3.

92) ‡ Jeremias, 27—29 ; 그 기도문들은 'ᵃhābā rabbā(아침에 쉐마를 이끌었던 그리고 아마도 성전예배의 옛 제사장 기도문에 속해 있었던 두개의 축복기도문 가운데 두번째 것)와 신년기도(AD 135년 이후에 죽은 랍비 아키바에 의해 이미 입증된 기본요소들)이다.

93) 나는 이에 대한 용례들을 *op. cit.,* 28, 각주 65에서 열거하였다.

'나의 아버지(조상)의 하나님'으로 번역되어야 한다.[94] 이것은, 팔레스틴 유대주의문헌에서 하나님께 대한 호칭으로서 '나의 아버지'를 개인적으로 사용하는 것은 **아직까지 아무런 증거가 발견되지 않았음을** 의미한다. 그것이 처음으로 나타나는 것은 중세의 남부 이탈리아에서이다.

예수께서 하나님을 '나의 아버지'로 부른 사실은 매우 특이한 것이다. 나아가서 그가 아람어 형태인 '아바'를 사용한 것은 더욱 그러하다. 사실 그 단어는 오직 마가복음 14 : 36에서만 나타나지만, 예수께서 기도에 있어 다른 곳에서도 하나님께 대한 호칭으로서 이 단어 (아바)를 사용했다는 사실이 두가지 점에서 나타난다. 첫째로, 하나님께 대한 호칭으로서의 '아버지' 전승에 있어 놀랄만한 형태변화가 있었다. 그럼에도 불구하고 우리는 정확한 헬라어 호격형태 $\pi\acute{\alpha}\tau\epsilon\rho$를 보게되는데,[95] 마태는 인칭대명사와 함께 $\pi\acute{\alpha}\tau\epsilon\rho\ \mu o\upsilon$의 형태로 나타내고 있다.[96] 또한 우리는 호격을 나타냄에 있어 관사를 가진 주격형태($\acute{o}$ $\pi\alpha\tau\acute{\eta}\rho$)가 사용되고 있음을 본다.[97] $\pi\alpha\tau\acute{\eta}\rho$와 호격 $\acute{o}\ \pi\alpha\tau\acute{\eta}\rho$가 동일한 기도문에서 나란히 나타나는 사실은 매우 놀라운 일이다(마 11 : 25이하 병행. 눅 10 : 21). 이러한 놀랄만한 변화는 예수 당시에 호칭으로서 뿐만아니라 일상적인 구어체에서 사용된 아바가 절대형(아버지)과 일인칭 접미어를 가진 형태(나의, 우리의 아버지)로 사용되었음을 보여준다.[98]

둘째로, 우리는 로마서 8:15과 갈라디아서 4:6로 부터 $'A\beta\beta\grave{\alpha}\ \acute{o}\ \pi\alpha\tau\acute{\eta}\rho$ (아바 아버지여)란 부르짖음이 초대교회에서 널리 유포되어 있었다는 사실을 알 수 있다. 사실, 바울은 그러한 표현($'A\beta\beta\grave{\alpha}\ \acute{o}\ \pi\alpha\tau\acute{\eta}\rho$)이 자신이 세운 교회에서 뿐만 아니라(갈 4 : 6), 자신이 세우지 않은 교회,

---

94) *Op. cit.*, 28f.

95) 마 11 : 25 병행. 눅 10 : 21a ; 눅 11 : 2 ; 22 : 42 ; 23 : 34, 46 ; 요 11 : 41 ; 12 : 27f ; 17 : 1, 5, 11, 24f.

96) 마 26 : 39, 42

97) 막 14 : 36 ; 마 11 : 26 병행. 눅 10 : 21b(롬 8 : 15 ; 갈 4 : 6) 호격으로서 관사가 없는 $\pi\alpha\tau\acute{\eta}\rho$는(요 17 : 5, 11, 21, 24f에서 몇몇 증인들에 의해 전승되어 왔음) 내륙 헬라어의 변형된 형태이다(파격적 어법).

98) ‡ Jeremias, 59이하.

예컨대 로마교회같은 데에서도(롬 8 : 15) 기도의 부르짖음으로 사용되고 있음을 전제한다. 이러한 호칭형태의 특이한 성격은 이것이 예수의 기도의 반향(메아리)임을 보여준다. 따라서 우리는 '아바'가 예수의 기도에 있어 $\pi\acute{\alpha}\tau\epsilon\rho$ ($\mu o \upsilon$) 혹은 $o\ \pi\alpha\tau\acute{\eta}\rho$ 의 모든 용례의 기초가 된다고 충분히 추정할 수 있다.

하나님께 대한 호칭형태로서의 $\pi\acute{\alpha}\tau\epsilon\rho$ 가 헬레니즘적 유대주의의 환경 속에서—아마도 그리이스의 영향하에—사용된 용례가 더러 있을런지도 모른다.[99) 그러나 유대주의의 방대한 기도문학에서—예전적인 기도문에서건 혹은 개인적인 기도문에서건—'아바'가 그렇게 사용된 용례는 없다고 확실하게 말할 수 있다.[100)

우리가 탈굼(Targum)으로부터도 알 수 있듯이, 유대인들은 '아바'란 단어를 심지어 기도 외에서도 하나님께 대하여 적용시키는 것을 주의깊게 피하였다. 하나님이 '아비'(나의 아버지)로 불려지고 있는 구약의 세 구절에 있어서, 탈굼은 그중 두가지 경우를 '리부니'(나의 주)로 바꾸어 표현한다(렘 3 : 4, 19). 오직 시편 89 : 27에서만 '아비'가 '아바'로서 표현되어 있을 뿐이다. 한편 '아바'는 탈굼에서 오직 말라기 2 : 10(히브리어 '아브')에서만 하나님께 적용된다. 여기에서 번역자는 다른 가능한 번역어를 찾을 수 없었던 것이다. 하나님을 언급함에 있어 '아바'가 사용된 것은 탈굼밖에서는 오직 랍비문학에서 한구절 나타날 뿐이다. 그것은 BC 1세기 말경에 살았던 비(rain)에 대한 간구로써 유명한 하닌 하—네바(Hanin ha—Nehba)에 관한 이야기이다 ;

---

99) p.105각주 91을 보라.

100) Haenchen조차도 아무런 증거구절도 제시할 수 없었다(E. Haenchen, *Der Weg Jesu*, Berlin 1966, 492—94, 각주 7a). 그가 언급하는 두개의 증거구절중 어느 것도 하나님께 대한 호칭으로서의 '아바'를 포함하지 않는다. 그의 다음과 같은 언급 즉 "오직 아람어에서만 나타나는 '아바'형태가 순수 히브리어로 기록된 미쉬나(약 AD 200년경)에서는 전혀 나타나지 않음은 분명한 사실이다." 미쉬나 히브리어에 대한 불충분한 개념을 무심코 드러낸다. 왜냐하면 사실은 정반대이기 때문이다. 히브리어 형태 'abī는 미쉬나의 어떤 구절에서도 '나의 아버지'를 의미하지 않는다. 예외 없이 아람어 형태 'abbā가 50회 이상 사용되었다(이 모든 용례들은 세속적인 용례이다. '나의 아버지'는 미쉬나에서 하나님께 대한 호칭 혹은 명칭으로는 전혀 나타나지 않는다.)

하닌 하—네바는 원을 그렸던 자[101](Circle—drawer)인 오니아스의 딸의 아들이었다. 세상이 비를 필요로 할 때에 우리의 선생들은 그에게 학교아이들을 보내곤 하였다. 아이들은 그의 옷가를 붙잡고[102] 그에게 말했다. 아바 아바 하브 란 미트라 (아빠 아빠 우리에게 비를 주세요). 그는 그분(하나님)에게 말했다 : '세상의 주재시여, 아직 비를 주시는 권세를 가지신 아바와 그러한 권세를 갖지 못한 아바를 구별하지 못하는 이들을 위하여 비를 허락하소서.'[103]

하닌 하—네바는 학교아이들이 자신을 부르는 아바 아바를 사용함으로써 하나님의 자비에 호소하고 있다. 그는 하나님을 비를 주시는 권세를 가진 '아바'로서 묘사한다. 이 이야기는 마태복음 5 : 45의 전주곡으로 간주될 수 있는데, 여기에서 하나님은 의로운 자와 불의한 자를 차별함이 없이 비를 내려주시는 하늘 아버지로 묘사된다. 그러나 그것은 하나님을 부르는 호칭으로서의 '아바'의 유대적 용례를 반증하는 것은 아니다. 왜냐하면 하닌 하—네바는 어떤 방법으로든지 하나님 자신을 '아바'로 부르지는 않기 때문이다. 그의 호칭은 '세상의 주재'인 것이다.

이러한 모든 것은 우리로 하여금 근본적으로 중요한 사실에 직면하게 한다. 우리는 유대주의에서 하나님이 '아바'로 불려진 예를 *단 하나도* 찾을 수 없는 반면, 예수님은 자신의 기도 가운데 하나님을 항상 '아바'로 부른 사실이다. 유일한 예외는 십자가로부터의 외침(막 15 : 34 병행. 마 27 : 46)인데, 이것은 성격상 구약을 인용한 것이기 때문이다(엘리 엘리 라마 사박다니 곧 나의 하나님 나의 하나님 어찌하여 나를 버리셨나이까).

유대주의 기도문학에서의 이러한 놀랄만한 침묵(하나님께 대한 호칭으로서 '아바'를 전혀 사용하지 않는 것—역자 주)에 대하여 언어학적으로 설명하는 견해가 있다. 본래 '아바'는 아기의 웅얼대는 소리이기 때문에 형태가 변형되거나 접미어를 취하지 않는다. '어린이가 밀가루의 맛을 경험할 때(즉, 젖을 뗄 때) 그는 **아바**와 **임마**를 말하는 것을

---

101) ‡ Jeremias, 61을 보라.
102) 이것은 절박한 요구를 표현하는 몸짓이다. 막 5 : 27을 참조하라.
103) b. Taan, 23b.

배운다(즉, 어린이가 최초로 배우는 단어가 **아바**와 **임마**이다)'[104] 본래
감탄형태인 '아바'는 심지어 신약시대 이전에도 팔레스틴 아람어에서
현저한 지위를 얻었다. 그것은 '제국 아람어'(Imperial Aramaic)와 성
경 히브리어의 호칭형태인 '아비'를 전반적으로 능가하였으며 심지어
서술문에서도 중요한 위치를 차지하였다. 나아가서 그것은 절대형 아
바('ābā : 이것은 'abbā와 구분된다)의 위치를 차지함으로써 대체로 자
신을 '그의 아버지' 혹은 '우리 아버지'에 대한 표현으로써 확립시
켰다. [105] 예수의 시대에 아바('abbā)는 조그만 어린이들의 전용(專用)
을 벗어나서 보다 넓은 용례를 갖게 되었다. 심지어 큰 아이들 또한 딸
만이 아니라 아들들도 이제 자신들의 아버지를 아바('abbā)로 부르게
되었다. [106] 전 기독교 시대의 하닌 하-네바의 이야기는 나이들고 존경
받는 사람들이 '아바'로 불릴 수 있었음을 보여주는 좋은 예이다. 새롭
게 발견된 유대-기독교 자료에 의하면, [107] '아들'이 진실하고 정직한
종을 지칭할 수 있으며 동시에 '아버지'가 주인 혹은 상전을 의미할 수
있음이 히브리 언어의 특징이다. [108] 미드라쉬가 이것을 확증한다 : '제
자들이 아들로 불리는 것처럼 주인은 아버지로 불린다.'[109] 랍비 가말
리엘 2세(약 AD 90년)의 집에서, 그는 종인 타비(Tabi)의 아버지
('abbā Tabi)라 불려진다. [110] 만일 우리가 아바에 대한 이러한 배경을
기억한다면, 어째서 팔레스틴 유대주의가 하나님께 대한 호칭형태로서
아바를 사용하지 않았는가 하는 것이 분명해질 것이다. 아바는 어린이
들이 일상의 말 속에서 사용했던 언어로서 공손한 표현이었다. 예수
당시의 사람들이 하나님을 이러한 단어로 부르는 것은 무례한 것으로

---

104) b. Ber. 40a Bar. 병행 b. Sanh. 70b Bar.
105) ‡ Jeremias, 58이하에 이에 대한 용례들이 수록되어 있다.
106) ‡ Jeremias, 58 각주 32와 60, 각주 43.
107) 'Abd el-Jabbār, *Erweis der Prophetenschaft unseres Herrn Mohammed*, pre-
served in Istanbul, Sammlung Shehid Ali Pasha, no. 1575 (cf. s. Pines, *The Jewish
Christians of the Early Centuries* of *Christianity According to a New source*, The
Israel Academy of Sciences and Humanities, Proceedings, II no. 13, Jerusalem
1966).
108) f. 55b—56a(according to Pines, *The Jewish Christians*, 8).
109) Sipher Deut. 34 on 6 : 7.
110) J. Nidd. 49b 42f. Bar.

서 그리고 참으로 상상할 수 없는 것으로서 생각되어졌을 것이다.[111]

그러나 예수님은 하나님께 대한 호칭형태로서 대담하게도 '아바'를 사용하였다. 이러한 아바는 예수의 실제 음성(ipsissima vox Jesu)인 것이다.

(3) 하나님께 대한 호칭으로서의 '아바'의 의미

예수의 기도에 있어 하나님께 대한 호칭으로서의 아바의 완전한 독특성은 그것이 하나님과 예수의 관계의 핵심을 표현하는 것임을 나타낸다. 예수는 마치 어린 아이가 자기 아버지에게 하는 것처럼 하나님께 말하였다 : 확신을 가지고 그리고 동시에 경건하면서도 정중하게.

여기에서 두가지 가능한 오해에 대하여 주의를 기울이는 것이 필요하다. 첫째로, 아바가 원래 어린 아이의 감탄적인 단어였다는 사실은 때때로 예수님이 하나님을 '아버지'로 부를때 어린 아이의 언어를 채택했다는 잘못된 가정으로 이끌곤 한다. 나 자신조차도 전에는 그렇게 생각하였였다. 그러나—심지어 신약 이전시기에 있어서 조차—장성한 아들 딸이 자신의 아버지를 '아바'라 부른 사실이 발견됨으로써 앞의 가정이 옳지 않음이 분명해지게 되었다.

둘째로, 아바 호칭이 아들됨의 의식을 표현한다는 사실에 근거하여 우리가 초대교회에서 매우 일찍이 발전된 '하나님의 아들' 기독론(예컨대, 선재개념과 같은)을 세세하게 예수 자신에게로 돌려서는 안된다는 것이다. 아바 호칭에 대한 이러한 지나친 해석은 그 단어의 일상적인 성격에 의해 금지된다.

예수는 '아바'를 신성한 단어로 간주했다. 그가 제자들에게 "땅에 있는 자를 아비라 하지 말라 너희 아버지는 하나이시니 곧 하늘에 계신 자시니라"(마 23 : 9)[112]라고 가르칠 때, 분명히 그가 제자들로 하여금 그들의 육신의 아버지를 아비라 불러서는 안됨을 의미하는 것은 아니다. 오히려 그는 특정한 사람들(특히 나이많은 사람들)을 '아바'라

---

111) ‡ Kittel, 5. (*Der Weg Jesu*, 59 각주 19)에 대한 E. Haenchen의 다음과 같은 반대의 말 "자신을 표현하는 예수의 방법이 그의 동시대인들에게는 거슬리는 것이 었다는 것은 단순한 상상에 불과하다"는 말은 적절치 못하다. 또한 Taan. 3 : 8(여기에서 하나님께 대한 허물없는 태도가 법령에 의해 처벌받을 일에 해당하는 것으로 나타난다)을 참조하라.

112) 이 구절에 관하여는 ‡ Jeremias, 41이하를 참조하라.

불렀던 관습을 생각하고 있는 것이다. 제자들은 그렇게 하여서는 안 된다. 왜냐하면 그것은 그 단어를 오용(誤用)하는 것이기 때문이다. 그는 오직 하나님께만 '아버지'란 이름의 존엄성이 보존되기를 원하였다. 이러한 금지는 예수께서 아바 호칭이 존중되어야만 한다고 느낀 정도를 보여주는 것이다.

하나님께 대한 호칭형태로서의 아바는 예수의 사명의 궁극적인 신비를 표현한다. 그는 자신이 하나님의 계시를 전달하는 권세를 가졌음을 의식하였다. 왜냐하면 하나님은 그에게 자신을 아버지로서 알게하셨기 때문이다(마 11 : 27 병행).

§ 8 사명에의 응답

J.Jeremias, $A\delta\acute{\alpha}\mu$ TDNT I, 1964, 141-43;id, 'Die "Zinne" des Tempels(Mt 4, 5; Lk. 4, 9)', ZDPV 59, 1936, 195−208 ; E. Lohmeyer, 'Die Versuchung Jesu', ZsystT 14, 1937, 619−50(=in E. Lohmeyer, Urchristliche Mystik. Neutestamentliche Studien, Darmstadt 1955, 83−122) ; E. Fascher, Jesus und der Satan. Eine Studie zur Auslegung der Versuchungsgeschichte, Hallische Monographien Ⅱ, Halie 1949 ; R. Schnackengurg, 'Der Sinn der Versuchung Jesu bei den Synoptikern', TQS 132, 1952, 297−326 ; K. P. Koppen, Die Auslegung der Versuchungsgeschichte unter besonderer Berücksichtigung der Alten Kirche, Beiträge zur Geschichte der biblischen Exegese 4, Tübingen 1960 ; N. Hyldahl, 'Die Versuchung auf der Zinne des Temples(Matth. 4, 5−7 par. Luk. 4, 9−12)', StTh 15, 1961, 113−27 ; H.−G. Leder, 'Sündenfaller−zahlung und Versuchungsgeschichte. Zur Interpretation von Mc 1, 12f.', ZNW 54, 1963, 188−216 ; J.Jeremias 'Nachwort zum Artikel von H. −G. Leder', ZNW 54, 1963, 278f. ; E. Fascher, 'Jesus und die Tiere', TLZ 90, 1965, clos. 561−70 ; J. Dupont, 'L'origine du récit des tentations de Jésus au désert', RB 73, 1966, 30−76(lit.).

(1) 자료

공관복음에서 예수의 세례에 관한 이야기에 뒤이어 소위 '유혹이야기'(막 1 : 12이하 ; 마 4 : 1−11 병행. 눅 4 : 1−13)가 나온다. 마가복음에 있어 그 이야기(유혹이야기)는 마태복음이나 누가복음과는 현저하게 다르다. 마가복음은 몇가지 신비한 암시만을 제시할 뿐, 유혹(temptation)의 성격에 관하여는 아무 말도 하지 않는다. 반면 마태복

112

음과 누가복음은 성경의 증거본문들(proof-texts)을 사용하여 서로 논쟁을 벌이는 서기관들의 모습을 생각나게 하는 형태로 그 유혹이야기를 묘사한다. 예수와 사탄 사이의 논쟁은 세곳의 서로 다른 장소에서의 세가지 대화로 진행되는데, 각 경우에서 사탄이 선제권(initiative)을 가지고 있다. 면밀히 고찰해 볼 때, 우리는 마태복음판과 누가복음판이 그 전승의 보다 후기단계를 반영함을 알 수 있다.[113]

가장 이른 설명인 마가복음 1 : 12이하는 놀라울 정도로 간결하다. 그것은 성경의 상징적인 언어를 가진 문장들로 구성되어 있다.

(a) 성령이 예수를 광야로 '몰아내신다'($\dot{\epsilon}\kappa\beta\dot{\alpha}\lambda\lambda\epsilon\iota$). 광야는 악령들이 거하는 처소(마 12 : 43 병행)이다. 그러나 그것은 또한 종말론적인 의미를 가지고 있다. 곧 메시야가 광야로부터 올 것이다(사 40 : 3). 예수는 그곳에서 사십일을 머문다. 사십(40)은 압제와 저주의 기간을 나타내는 상징적인 숫자이다.[114] 이 기간동안 예수는 사탄에 의해 유혹을 받는다.

(b) 예수는 '들짐승들과 함께 계셨다'($\mathring{\eta}\nu$ $\mu\epsilon\tau\grave{\alpha}$ $\tau\hat{\omega}\nu$ $\theta\eta\rho\acute{\iota}\omega\nu$). 이 구절은 광야의 황량함이나 예수의 위험을 묘사하기 위해 의도된 것이 아니다. 그것은 낙원개념으로부터 말미암은 주제이다. 아마도 이것은 마가가 친밀한 교제를 묘사하는데 사용하는 $\epsilon\hat{\iota}\nu\alpha\iota$ $\mu\epsilon\tau\acute{\alpha}$ 에 의해서 암시되는 듯하다(3 : 14 ; 5 : 18 ; 14 : 67). 이것이 그러한 경우가 아니라 하더라도, 그와 병행되는 누가복음 10 : 19이 그러한 해석을 뒷받침해준다.[115] 그것이 내포하는 바는 이것이다. 곧 아담이 낙원에서 들짐승들과 함께 살았던 것처럼(창 2 : 19), 마지막 때에 평강이 사람과 짐승 사이에 다시금 회복될 것이라는 것이다. 이사야 11 : 6-9은 이에 대하

---

113) '하나님의 아들'이란 칭호는 공동체의 기독론을 반영한다. 또한 성경인용이 칠십인경을 따른다.

114) 홍수가 40주야 동안 계속되었다(창 7 : 12) ; 이스라엘이 40일간 광야에 있었다(시 95 : 10) ; 모세가 시내 산에서 40주야를 금식하였다(출 34 : 28 ; 신 9 : 18) ; 이스라엘이 40년간 블레셋의 손 안에 있었다(삿 13 : 1) ; 엘리야가 40주야 동안 광야를 지나 호렙에 이르렀다(왕상 19 : 8).

115) E. Fascher, 'Jesus und die Tiere', *TLZ* 90, 1965, cols. 561-70. 또한 W. A. Schulze, 'Der Heilige und die wilden' Tiere. Zur Exegese von Mc. I, 136', *ZNW* 46, 1955, 280-83을 참조하라.

여 이렇게 묘사한다. "그 때에 이리가 어린 양과 함께 거하며 표범이 어린 염소와 함께 누우며 송아지와 어린 사자와 살진 짐승이 함께 있어 어린 아이에게 끌리며 암소와 곰이 함께 먹으며 그것들의 새끼가 함께 엎드리며 사자가 소처럼 풀을 먹을 것이며 젖먹는 아이가 독사의 구멍에서 장난하며 젖 뗀 어린 아이가 독사의 굴에 손을 넣을 것이라."[116] 낙원이 회복되며 구원의 때가 동트고 있다. 바로 이것이 $\mathring{\eta}\nu \ \mu\epsilon\tau\mathring{\alpha} \ \tau\mathring{\omega}\nu$ $\theta\eta\rho\acute{\iota}\omega\nu$(들짐승들과 함께 계셨다)의 의미이다. 시험이 극복되고 사탄이 정복되었기 때문에 낙원의 문이 다시금 열려졌다.

(c) 천사들이 '그에게 수종들었다'($\delta\iota\eta\kappa\acute{o}\nu\omicron\nu\nu \ \alpha\mathring{\upsilon}\tau\mathring{\omega}$). 이것 역시 낙원개념의 한 부분으로서 오직 그러한 빛에 비추어서만 이해될 수 있다. 미드라쉬에 따르면 아담은 낙원에서 천사들의 음식을 먹고 살았는데,[117] 이와같이 천사들이 예수에게 음식을 제공한다.[118] 천사들의 식탁수종(table-service)은 사람과 하나님 사이의 회복된 관계를 상징하는 것이다.

이러한 가장 초기의 보고(report)가 우리의 출발점이 되어야만 한다.

(2) 역사적인 토대？

마가복음 1：12이하는 공동체가 예수를 세상의 완성(consummation)으로 인식했던 방법에 의한 전설(legend)임이 분명해 보인다. 그는 사탄을 정복하고, 낙원을 회복하며, 하나님과 사람 사이의 깨어진 교제를 회복시킨다. 본문이 사용하는 언어뿐만 아니라 표상들(images)과 개념들(ideas)까지도 이것이 유대주의적인 영향을 가지고 있었던 전승에 의존한 것임을 나타낸다.[119] 그럼에도 불구하고, 언뜻 보기에 본문

---

116) 동일한 주제가 호 2：18(20)에서도 역시 나타나 있다. "그 날에는 내가 저희를 위하여 들짐승과 공중의 새와 땅의 곤충으로 더불어 언약을 세우며 또 이 땅에서 활과 칼을 꺾어 전쟁을 없이하고 저희로 평안히 눕게 하리라." 또한 사 65：25；시 91：13을 보라.

117) Vita Ad. 4；ARN I(IC, 3)；b. Sanh, 596(Tannaitic).

118) 마 4：4에 따르면 그것은 하나님의 말씀 가운데 있었다. 또한 요 6：32를 참조하라.

119) 40일(p.112각주 114를 보라)；$\sigma\alpha\tau\nu\mathring{\alpha}\varsigma$($\delta\iota\acute{\alpha}\beta\omicron\lambda\omicron\varsigma$가 아니라)；구약의 암시.

의 이야기는 어떠한 역사적 유용성(historical usefulness)도 갖지 않는 것처럼 보인다. 그러나, 여기에서 우리는 매우 신중을 기하여야만 한다. 다음의 세가지 요소가 우리로 하여금 신중한 판단을 내리게 한다.

(a)첫번째 것은 매우 일반적인 것으로서 성경의 **상징적인 언어**와 관련되는 것인데, 이것은 지나치게 간과되어온 분야이다. [120] 위에서 논의한 마가복음 1 : 13의 세가지 상징(사탄의 실패적인 시험, 들짐승들과 함께 거함, 천사들의 식탁수종)은 누가복음 10 : 18-20에서 각각 그 대응(counterpart)을 가지고 있다. 누가복음 10 : 18-20에서 그것들은(막 1 : 13의 세가지 상징) 다음과 같은 형태를 취한다 : 사탄이 하늘로부터 떨어짐, 독있는 짐승들로부터 해를 받지 않음, 이름이 생명책에 기록됨. 양쪽의 경우에서(막 1 : 13과 눅 10 : 18-20), 일상적인 언어로는 적절하게 표현될 수 없는 사건을 묘사함에 있어 동일한 상징들이 사용되고 있다. 그것은 바로 악의 정복과 하나님의 새로운 세계의 여명(黎明 : dawning)인 것이다. 궁극적인 신비의 엄위로움으로 말미암아 그것들은 베일에 싸인 용어를 취하게 된 것이다. 그러나 이러한 베일에 싸인 언어는 단지 신비(mystery)에 대한 암시일 뿐이다. 그것이 어떠한 설화(narrative) 혹은 어록(logion)의 역사적 토대에 대한 반증(反證)이 되지는 못하는 것이다. 이것은 유혹이야기의 경우 뿐만 아니라 제자들의 귀환(눅 10 : 17)이나 예수의 세례 이야기(§ 5를 참조하라)의 경우에서도 마찬가지이다.

(b) 만일 우리가 마태복음판과 누가복음판을 분석한다면, 우리는 보다 진일보한 단계에 이를 수 있다. 여기에 보도되어 있는 세가지 대화(서로 다른 장소에서 이루어진 것인)는 본래 하나의 통일체(unity)를 이루지는 않았던 것임이 강력하게 암시된다. 첫째로, 마가복음으로부터 '광야에서의 유혹'이 하나의 독립전승(independent tradition)으로서 유포되었음이 분명하게 나타난다. 둘째로, 오직 하나의 단편만을 보존

---

120) 나의 책 *Jesus als Weltvollender*, BFCT 33, 4, Gütersloh 1930이 이것을 대표한다.

하고 있는[121] 히브리복음서는 '높은 산 위에서의 유혹'을 별도의 사건
으로 묘사하는 듯이 보인다. 마지막으로, '성전에서의 유혹'에 있어
마태복음(광야-성전-산)과 누가복음(광야-산-성전)의 순서가 서
로 다르게 나타나는 사실이 그것을 가리킨다(만일 그것들이 편집적인
것이 아니라면). 이러한 모든 사실은 '유혹이야기'가 원래 세개의 서
로 다른 독립전승들로 유포되었었음을 암시한다. [122]

이러한 견해는 세가지 전승 모두가 동일한 내용을 가지는 사실에 의
해 뒷받침 된다. '광야에서의 유혹'은 아마도 예수가 제 2의 모세로서
만나의 기적을 되풀이하여야 한다는 것이다. [123] '높은 산에서의 유혹'
곧 사탄에게 경배하라는 유혹은 분명히 정치적인 지도자로서의 예수의
출현과 관계되어 있다. 마지막으로, 성전 꼭대기[124]에서 뛰어내리라는
것은 예수의 사명을 합법화 하기 위한 대중적인 기적(public miracle)으
로서 의도된 것일 것이다. [125] 이것은 이러한 세가지 유혹 모두가 "하나
의 동일한 유혹"과 관계된다는 것을 의미한다 : **정치적인 메시야로서의
예수의 출현.**

이제 우리는 초대교회에는 이러한 정치적인 메시야직의 유혹이 존재
하지 않았음을 절대적인 확신을 가지고 말할 수 있다. 초대교회는 잠
시도 자신을 '정치적인 목적을 가진 운동'으로는 결코 생각하지 않
았다. 정치적인 메시야의 문제는 초대교회에서 '삶의 정황'(Sitz im
Leben)을 가지고 있지 않다. 반면에, 예수의 시대에 있어 그것(정치적
인 메시야 문제)은 열심당 운동의 본거지인 갈릴리 출신의 제자들(제

---

121) Origen, *Commentary on John* Ⅱ, 12 : 87(E. Klostermann, *Apocrypha* Ⅱ, KIT
8, Berlin 1929. 7)가운데 나타나는 $\ddot{a}\rho\tau\iota$ $\ddot{\epsilon}\lambda\alpha\beta\acute{\epsilon}$ $\mu\epsilon$ $\dot{\eta}$ $\mu\acute{\eta}\tau\eta\rho$ μou $\tau\grave{o}$ $\ddot{a}\gamma\iota\text{ou}$ $\pi\nu\epsilon\hat{u}\mu\alpha$
$\dot{\epsilon}\nu$ $\mu\iota\hat{a}$ $\tau\hat{\omega}\nu$ $\tau\rho\iota\chi\hat{\omega}\nu$ μou $\kappa\alpha\grave{\iota}$ $\dot{a}\pi\acute{\eta}\nu\epsilon\gamma\kappa\acute{\epsilon}$ $\mu\epsilon$ $\epsilon\acute{\iota}\varsigma$ $\tau\grave{o}$ $\ddot{o}\rho\text{o}\varsigma$ $\mu\acute{\epsilon}\gamma\alpha$ $\Theta\alpha\beta\acute{\omega}\rho$. 이 본문은
변화산에서 있었던 변화에 대하여 언급하는 것일 수도 있다. 그러나 '데리고 감'
(carrying off)은 유혹 이야기에 더 잘 어울린다 ; 마 4 : 8 병행 눅 4 : 5을 참조하라.

122) ‡ Lohmeyer, 622=87

123) 눅 6 : 15을 보라.

124) Jeremias, 'Die "Zinne" des Tempels'.

125) ‡ Hyldahl은 이와 견해를 달리한다 : 뛰어내림으로써, 예수는 거짓 선지자
로서 순교할 준비가 되어있음을 증명하게 될 것이다.

116

자들중 최소한 한명은 열심당이었다)[126] 에게 뿐만 아니라 예수 그 자신에게 있어서조차도 강렬한 논제(burning issue)였다. 고난의 길을 피하는 가능성을 가져다주는 이러한 정치적인 시험(유혹)은 예수의 전 사역(全使役)을 통하여 그림자처럼 그를 따라다녔다.[127] 따라서 유혹이야기의 토대는 부활이전의(pre−Easter) 전승으로 되돌아간다.[128]

(c) 실제로, 복음서들은 예수께서 제자들에게 '자신의 사탄과의 투쟁'에 대하여 반복적으로 말하였음을 보도한다. 예수께서 베드로에게 "ὕπαγε ὀπίσω μου, σατανᾶ"(사탄아 내 뒤로 물러가라)라고 꾸짖는 마가복음 8 : 33은 예수의 사탄에 대한 전투를 언급하는 초기말씀(early saying)이다. 초대교회가 지도적인 사도를 직접적으로 '사탄'이라고 부르는 그토록 날카로운 말씀을 창작해야만 했다는 것은 거의 생각할 수 없다.

이에 더하여, 우리는 자신의 활동에 **앞서서** 이미 사탄에 대하여 승리하였음을 직접적으로 암시하는 예수님의 말씀을 볼 수 있다. 그것은

---

126) Σίμωνα τὸν καλούμενον Ζηλωτήν 눅 6 : 15 ; 이의 병행구절인 막 3 : 18 ; 마 10 : 4에서는 그를 Καναναῖος 곧 열심당이라고 부른다. 또한 세베대의 아들들을 βοανηργές (막 3 : 17, 이에 대하여는 p. 27 각주 43을 보라)로 명명하는 것과 눅 9 : 51−56에서의 그들의 행동을 참조하라. 반면 'Ισκαριώθ 이라는 성(姓)이 시카리우스(sicarius)로 거슬러 올라가는지 여부는 의심스럽다.

127) 막 8 : 32 병행 ; 11 : 9이하 병행 ; 12 : 13−17 병행 ; 요 6 : 15. 아마도 요 7 : 53 −8 : 11 역시 이에 속하는 것일 것이다. 왜냐하면 8 : 5의 질문(모세는 율법에 이러한 여자를 돌로 치라 명하였거니와 선생은 어떻게 말하겠나이까)은 정치적인 논제로서 의도된 것일 수 있기 때문이다. 만일 예수가 그 여자를 돌로 침을 당해야한다고 말한다면, 그는 사람들로 하여금 혁명을 선동하고 있는 것이다(Jeremias, 'Zur Geschichtlichkeit des Verhörs Jesu vor dem Hohen Rat', ZNW 43, 1950−51, 148이하 = Abba, 143을 참조하라). 정치적인 유혹은 예수가 종종 직면하였던 표적을 보여달라는 요구 가운데에도 또한 놓여있었다(막 8 : 11이하 병행 ; 마 12 : 38이하 병행 ; 눅 11 : 16 ; 23 : 8 ; 막 15 : 29−32 병행). 이러한 요구는 부활절 이전의 전승에 속한 것이다. 왜냐하면 초대교회는 참된 전도자를 분별하는 표적에 대하여는 관심이 지대했지만, 반면 예수 자신의 합법성에 관한 표적의 개념은 거의 가지고 있지 않았기 때문이다. 하나님께서는 이미 예수의 부활 가운데에서 이러한 표적을 주셨다(‡ Dupont, 63). 마지막으로 제자들에게 향해졌던 열심당 유혹(Zealottemptation)의 정도는 막 4 : 26−29 ; 12 : 17 ; 13 : 22 등과 같은 반열심당 말씀들(anti-Zealot Sayings)로부터 추측할 수 있다. pp. 332 이하를 참조하라.

128) 예수께서 자신의 생애동안 유혹을 받았다는 것은 복음서 밖에서 히브리서 가운데 보존되었다(2 : 18 ; 4 : 15 등을 참조하라).

두가지 형태로 전승되어온 비유 가운데 나타난다 : 첫번째 것은 마가복음 3 : 27(병행. 마태복음 12 : 29)이고, 두번째 것은 누가복음 11 : 21이하인데, 후자의 그림이 마가복음에 비해 보다 생생하다.

> 강한 자가 무장을 하고 자기 집(palace)을 지킬 때에는
> 그 소유가 안전하되
> 더 강한 자가 와서 저를 이길 때에는
> 저의 믿던 무장을 빼앗고
> 저의 재물을 나누느니라(눅 11 : 21이하). [129]

누가특별전승(Lucan special tradition)뿐만 아니라 마가복음에 있어서도 이 비유가 위치해 있는 문맥이 이 구절을 이해함에 있어 매우 중요하다. 예수의 대적자들은 예수가 사탄의 도움으로 귀신들을 쫓아내고 있다고 비난하고 있다. 예수님은 이러한 비난을 불합리한 것으로 반박한다 : 어떻게 한 사탄이 다른 사탄을 쫓아낼 수 있는가? 그럴 수 없다. 귀신들을 쫓아내는 자신의 권세는 다른 기초에 근거하는 것이다 : 그는 무장한 강한 자를 이겼고 또 묶었다 ; 이제 그는 그의 소유를 탈취할 수 있다. 이러한 결투의 비유의 메시지는 예수가 귀신들을 쫓아내는 것은 사탄의 도구로서가 아니라 그의 정복자로서 라는 것이다. 자신의 힘에 대한 이러한 예수의 말씀은 가장 초기의 전승에 돌려져야만 한다. 한편으로, 마귀 즉 마술과 제휴하였다는 고소는 오래된 것이다. 다른 한편, 예수는 자신의 십자가와 부활로 말미암아 사탄을 이긴 승리자였다는 초대교회의 믿음을 감안할 때, 이 비유와 초대교회 기독론 사이에는 일종의 긴장이 있다(고전 15 : 24 ; 골 2 : 15 ; 엡 1 : 20이하). [130]

따라서 이것이 부활 이전의 전승이라는 주장에는 매우 높은 가능성이

---

129) 누가복음에 있어 '강한 자'는 단순한 집주인이 아니라, 강력하게 무장된 성채의 성주(城主)이다. 그의 성채는 적들에 의해 공격을 당하고 그의 무장의복(쇠비늘 갑옷, 투구, 방패, 칼 등)은 벗김을 당한다. 또한 그의 소유물들이 '전리품'으로써 나누어진다.

130) W. Grundmann, *Die Geschichte Jesu Christi*, Berlin 1957=1960, 274를 참조하라.

돌려져야만 한다. 이러한 결투의 비유에서 강한 자를 묶었다는 것은 분명히 특정한 사건을 암시하고 있는 것이다. 이것이 의미할 수 있는 것은 오직 마가복음 1 : 12이하에 묘사된 시험(유혹)에 대한 예수의 승리 밖에는 달리 없다.

사탄의 이상(vision of Satan)에 대하여 말하고 있는 두개의 어록 (logia)이 예수의 말씀으로서 1인칭으로 전승되어 왔음이 특별히 주목되어야만 한다. 누가복음 22 : 31이하에서, 예수는 사탄을 하나님의 보좌 앞에서 제자들을 참소하는 자로써 묘사하면서 동시에 시몬을 위한 자신의 개입을 말씀한다(ἐγὼ ἐδεήθην). 또한 누가복음 10 : 18에서, 예수는 사탄이 하늘로부터 번개처럼 떨어지는 것을 보았노라고 (ἐθεώρουν) 기쁨으로 외친다. [131] 더욱이 히브리 복음서는 예수가 자신이 산으로 취하여진 것에 관하여 일인칭으로 말하는 전승이 있었음을 보여준다. [132] 일인칭으로 보존된 이러한 전승들은 예수께서 제자들에게 사탄에 의한 시험, 그와의 투쟁, 그리고 그에 대한 승리등에 대하여 말씀했음을 암시한다.

어째서 예수가 이렇게 하여야만 했는가 하는 문제를 이해하기는 그리 어렵지 않다. 예수의 사역동안 제자들은 계속적으로 그와 동일한 유혹에 놓여있었다(눅 22 : 28). '정치적인 메시야에 관한 대망'과 관련한 그러한 시험(유혹)은 동시에 그들을 보호하기 위하여는 자신의 경험과 그러한 유혹에 대한 승리를 제자들에게 말씀했어야만 했을 것이다.

이것이 '유혹이야기'의 배후에 놓여 있는 역사적인 토대가 되는 것이다.

(3) 이것의 의미

초기의 부활 이전의 전승에 따르면, 예수의 출현은 그의 세례체험 뿐만 아니라 전혀 다른 사건 곧 "정치적인 메시야직의 유혹(시험)에 대한

---

131) πεσόντα (히브리어 nāpal, 아랍어 nᵉpal)는 셈 형태의 준수동태(準受動態)이다. 계 12 : 9 ἐβλήθη ὁ δράκων ὁ μέγας 와 요 12 : 31 ὁ ἄρχων τοῦ κόσμου τούτου ἐκβληθήσεται 를 참조하라.

132) p. 115 각주 121를 보라.

그의 거부”와 더불어 야기된다. 다시 말해서, 예수의 사명은 ‘신적 위임’(divine commissioning) 뿐만 아니라 유혹에 대한 승리의 형태로서 ‘사명에 대한 예수 자신의 응답’(acceptance)까지도 포함한다.

지금까지 우리는 ‘유혹이야기’(temptation story)라는 전통적인 표현을 사용하였다. 그러한 용어는 이제 올바로 고쳐져야만 한다. ‘유혹’(temptation)은 오해를 불러일으키기 쉬운 용어이다. πειρασμός 라는 단어는 신약에서 21회 나타난다. 그러나 그 중 최소한 스무번의 경우에서 그것은 시도(trial), 시험(testing), 시련(ordeal) 등의 의미를 갖는다. 반면 그것이 분명하게 ‘죄에의 유혹’(temptation to sin)을 의미하는 구절은 오직 한군데 뿐이다(딤전 6 : 9). [133] 따라서 그 용어는 누가복음 4 : 13에서 ‘시험, 시련’등으로 번역되어야만 한다(한글개역성경에서는 ‘시험’으로 번역하고 있기 때문에 아무 문제가 없다—역자주).[134] 왜냐하면, 소위 ‘유혹이야기’(temptation story)는 예수가 죄에의 가능성 위에 놓여졌으나 그것에 저항하였음을 의미하는 것이 아니기 때문이다. 오히려 그 이야기는 “사명에 대한 예수의 응답”(혹은, 수용 : acceptance)에 관한 것이다. 그러므로 오해되기 쉬운 ‘유혹 이야기’란 표현은 피하는 것이 좋다. 우리에게 직면하는 그 예수는 유혹을 받은 자가 아니라 시련으로부터 나온 자인 것이다.

구약의 모든 위대한 인물들은 자신들의 신앙을 시련으로써 증명해야만 하였다. 신약은 시험을 이긴 신앙의 가장 뛰어난 모범으로서 아브라함과 욥을 인용한다.[135] 바울은 아브라함의 시험을 언급하면서 “그가 바랄 수 없는 중에 바라고 믿었다”(롬 4 : 18)고 말한다. 또한 야고보서는 욥에 대하여 이렇게 말한다. “너희가 욥의 인내를 들었고 주께서 주신 결말을 보았거니와 주는 가장 자비하시고 긍휼히 여기는 자시니라”(약 5 : 11). 예수도 또한 동일하게 시험을 받았는데, 그것은 그가 정치

---

133) M. H. Sykes, ‘And Do not Bring Us to the Test’, *Exp T* 73, 1961/2, 189f. : 189.

134) 막 1 : 13 ; 마 4 : 1, 3 ; 눅 4 : 2의 πειράζειν 이란 동사에 있어서도 마찬가지다.

135) K. H. Rengstorf, *Das Evangelium nach Lukas*, NTD 3, Göttingen 1968, on 4. 2.

적인 성공의 쉬운 길을 부인하고 이사야 42 : 1이하의 어려운 길을 순종
으로써 걸을 준비가 되어 있는가 하는 것을 보려함이었다. 이 구절(사
42 : 1이하)은 세례시에 그에게 향하여졌던 소명의 음성이었던 것이다
(pp. 91—93을 참조하라).

> 내가 붙드는 나의 종
> 내 마음에 기뻐하는 나의 택한 사람을 보라
> 내가 나의 신을 그에게 주었은즉
> 그가 이방에 공의를 베풀리라
> 그는 외치지 아니하며 목소리를 높이지 아니하며
> 그 소리를 거리에 들리게 아니하며
> 상한 갈대를 꺾지 아니하며
> 꺼져가는 등불을 끄지 아니하고(사 42 : 1이하)

그러나 만일 우리가 예수의 시험에 관한 이야기의 의미를 그가 정치
적인 권력과 외적인 성공에 대한 유혹에 저항한 사실에만 한정시킨다
면, 우리는 그것에 대하여 거의 공정하게 다룰 수 없게 될 것이다. 왜
냐하면 모든 자료들로부터 우리에게 나타나는 전체적인 표상의 빛에
비추어 볼 때, 정치적인 야망이 예수에게 있어 심각한 유혹이 되어야
만 했었다는 것은 거의 생각하기 어렵기 때문이다. 고난의 길을 피하
라는 베드로의 선의의 조언을 거부하는 예수의 "$ὕπαγε \ ὀπίσω \ μου,$
$σατανᾶ$"(막 8 : 33, 사탄아 내뒤로 물러가라)는 우리로 하여금 여기에
서 더 나아가게 한다. 이러한 날카로운 말씀에 나타나있는 매우 특이
한 흥분은 예수께서 자신을 극도로 시험하는 시련에 직면해 있음을 보
여준다. 우리는 이로부터 우리의 결론을 이끌어낼 수 있다. 소위 '유혹
이야기'는 오직 그것의 배경과 시련의 본질로서 이사야 42 : 1이하 뿐
만아니라, 하나님의 종에 관하여 언급하는 이사야 52 : 13—53 : 12에
근거시킬 때만이 올바로 이해될 수 있다는 사실이다. 우리는 § 24(예수
의 고난)에서 이 문제와 관련된 것들을 상세히 살펴볼 것이다.

예수는 자신의 시련의 때에 대하여 종말론적인 의미를 부여하였다.
결투의 비유는 그가 자신의 시험을 사탄에 대한 승리로써 해석하였고,

또 악령을 쫓는 자신의 권세를 그것으로부터 얻은 것으로 보았음을 보
여준다. 왜냐하면 사탄에 대한 승리는 구원의 때의 여명(黎明)을 의미
하는 것이기 때문이다.

제 3 장

구원의 때의 여명

예수의 사명의 신비에 대한 어떠한 질문에도 항상 많은 모호한 점이 남게 마련이다. 그러나 우리는 그의 사역동안 그의 말씀과 행동들에 관한 분명한 정보를 가지고 있는 사실을 결코 과소평가해서는 안된다.

§ 9 끊어진 영의 돌아옴

R. Meyer, *Der Prophet aus Galiläa* , Leipzing 1940 ; O. Cullmann, *The Christology of the New Testament*, London and Philadelphia ²1963 ; W. Foerster, 'Der Heilige Geist im Spätjudentum', *NTS* 8, 1961/62, 117−34 ; F. Hahn, *Christologische Hoheitstitel*, FRLANT 83, Göttingen 1963, ²1964 ; M. Hengel, *Nachfolge und Charisma, Eine exegetisch−religionsgeschichtliche Studie zu Mt 8, 21f. und Jesu Ruf in die Nachfolge*, BZNW 34, Berlin 1968. See also the dictionaries s.v. $\pi\nu\epsilon\hat{v}\mu\alpha$ and $\pi\rho o\phi\eta\tau\eta\varsigma$.

(1) 선지자

예수님이 무대에 등장했던 방식에 있어서는 그와 서기관들 사이에 어떠한 유사성이 있었다. 그는 일군(一群)의 제자들에 둘러싸여 가르침을 베풀었다. 그는 율법의 해석을 토론하였다. 그는 법적인 문제에 관하여 해결을 해달라는 요청을 받기도 하였다.[1] 그는 회당예배시에

---

1) 눅 12 : 13이하 ; 막 12 : 13−17 병행 ; 요 7 : 53−8 : 11 역시 여기에 속한다 (p.116각주 127을 보라).

설교하였다. 또한 그는 랍비로 불렸다.[2] 따라서 19세기에는 예수가
'나사렛의 랍비'로 불려지는 것이 일반적인 경향이었다—심지어 불트
만조차도 예수에 관한 그의 책에서 그렇게 불렀다.[3] 그러나 그것은 거
의 올바르지 못한 표현이다.[4] 왜냐하면 우리가 아는 한 예수님은 서기
관이란 직업의 기본적인 요건 곧 신학수업을 결하였다.

예수의 시대에 있어 서기관 교육과정에는 엄격한 규정이 있었다.[5] 대략 7세 내지
10세 때로부터 예비 랍비는 생도(탈미드)로서 서기관과 함께 상주(常住)하였다. 그
는 서기관의 강의를 듣고, 그의 일(서기관으로서의)을 수행하는 것과 율법의 교훈
을 실무에 적용시키는 것을 보고 배웠다. 생도(예비 랍비)가 전승에 관하여 마스터
하고 그것을 적용시키는 방법을 알게되면, 그는 탈미드 하캄(talmid hākām) 즉 서
기관 임명 예비자(ready for ordinance)로 선언받게 된다. 그리고 나서 그는 서기관
으로 임명받고[6] 그 직책을 위임받게 된다. 그런데 예수님이 이러한 교육과정을 이
수하였는지에 대하여는 아무런 암시도 나타나있지 않다. 오히려 마가복음 1 : 22 병
행은 처음부터 예수와 서기관들 사이에 두드러진 대조가 있었음을 보여준다. 또한
그가 공적으로 임명받음이 없이 가르치는 데에 대하여 의문이 야기되기도 하였다
(막 6 : 2 ; 요 7 : 15). 사실 그는 '랍비'로 불려지긴 했지만, 그러나 이것은 신학적
인 칭호(theological title)는 아니었다. '랍비'는 AD 1세기에 존경에 대한 표시로서
일반적으로 사용되던 것이었다 (마 23 : 8을 참조하라).[7] 예수가 회당에서 설교한
사실이 그가 정규교육과정을 거친 신학자였음을 의미하는 것은 아니다. 선지서를
낭독한 후에 그 성경을 해설하는 것이 예수 당시의 시대에 오직 신학자들에게만 주
어진 것이었다는 증거는 없다.[8]

---

2) 막 9 : 5 ; 11 : 21 ; 14 : 45 ; 마 26 : 25 ; 요한복음의 여러구절들. 또한 $\delta\iota\delta\acute{a}\sigma\kappa\alpha\lambda\epsilon$
(막 4 : 38 ; 9 : 17, 38 ; 10 : 17, 20, 35 등)라는 호칭은 $\dot{\rho}\alpha\beta\beta\acute{\iota}$ 로 되돌려질 수 있
다.

3) *Jesus and the Word*, London 1958, 48ff. 그러나 p. 369 각주 20을 보라.

4) ‡ Hengel, 46—55 : 'Jesus was no "Rabbi"'.

5) Jeremias, *Jerusalem*, 233—45, 특히 244이하 ; E. Lohse, $\dot{\rho}\alpha\beta\beta\acute{\iota}$, $\dot{\rho}\alpha\beta\beta ov\nu\acute{\iota}$,
TDNT Ⅵ, 1968, 962—66 : 963.

6) E. Lohse, *Die Ordination im Spätjudentum und im Neuen Testament*, Gotting-
en - Berlin 1951.

7) Dalman, *World of Jusus*, 334 ; Billerbeck Ⅰ 916 ; E. Lohse, *TDNT* Ⅵ, 1968,
962 ; Jeremias *Prayers of Jesus*, 42

8) I. Elbogen, *Der Jüdische Gottesdienst in seiner geschichtlichen Entwicklung*,
Breslau 1931=Hildesheim 1962, 197 ; 오직 AD 2세기에 이르러서야 비로소 설교가
서기관들에게만 배타적으로 주어지게 되었다.

따라서 예수님은 직업적인 신학자(professional theologian)라기 보다
는 **카리스마적인** 존재(하나님이 세우신 자)로서 인식되었다(막 1 : 22
병행). 그에 대한 일치된 견해는 그가 선지자라는 것이었다. 이것은 백
성들 사이에서(막 6 : 15 병행 ; 8 : 28 병행 ; 마 21 : 11, 46 ; 눅 7 : 16 ; 요
4 : 19 ; 6 : 14 ; 7 : 40, 52 ; 9 : 17) 그리고 심지어 바리새인들 사이에서ㅡ
비록 다소간의 회의주의와 연결되기는 했지만ㅡ(눅 7 : 39 ; 막 8 : 11 병
행) 계속적으로 반향된다.[9] 누가복음 24 : 19에 따르면 예수의 제자들
역시 그를 선지자로 보았다. 마지막으로, 예수가 체포되고 기소된 것
은 거짓 선지자로서였던 것이다. 이것은 그가 유대인들에게 잡혀있는
동안 그에게 돌려졌던 조롱에 대한 설명 가운데 분명하게 나타난다.

복음서들은 예수에 대하여 세가지 매우 다른 조롱을 기록한다. 산헤드린의 경비
원들은(눅 22 : 63) 그에게 일종의 장님을 손으로 때리는 놀이를 하였다.[10] 그들은
예수의 눈을 가리우고 그의 귀를 주먹으로 때렸다. 그리고 그들은 $\pi\rho o\phi\acute{\eta}\tau\varepsilon\upsilon\sigma o\nu$
(선지자 노릇하라 : 예언자)이라고 외치며 누가 때렸는지 말하라고 놀렸다(막 14 :
65 병행). 누가특별자료에 의하면 분봉왕 헤롯 안디바의 경호원이 예수에게 흰 옷
을 입혔는데, 이것은 유대인의 왕을 특징지우는 복장이었다(눅 23 : 11).[11] 마지막
으로, 로마 군병들은 그를 조롱하는 붉은 군복과 가시관을 씌웠다(막 15 : 16ㅡ20
병행). 자색 클라미스(어깨에서 매는 짧은 겉옷ㅡ역자주)와 화관(花冠)은 헬라의
왕을 나타내는 표시였다.[12] 이러한 세가지 경우의 조롱은 모두 기소된 죄상에 대
한 희화(戲畵)였다. 이것은 특히 두번째와 세번째 것에서 분명하게 나타나는데, 흰
옷과 붉은 옷은 정치적인 특성을 반영한다. 여기에서 우리는 산헤드린에서의 심리
전에(눅 22 : 63ㅡ65) 혹은 후에(막 14 : 65 병행) 발생했던 첫번째 조롱에 관심을 기
울이고자 한다. 장님을 때리는 것 자체는 최고법정 앞에서 예수가 거짓 선지자로
기소되었음을 넌즈시 암시한다. 그 놀이의 한 부분이 아니었던 $\pi\rho o\phi\acute{\eta}\tau\varepsilon\upsilon\sigma o\nu$ (선지
자노릇하라 : 예언하라)이란 외침이 그것을 분명히 한다. 신명기 18 : 20(13 : 6을 참
조하라)에 따르면, 거짓 선지자로서의 그는 죽어야만 하였다. 또한 사형집행은 축
제기간 동안 행해져야 했는데(신 17 : 13을 보라), 그것은 다른 사람들을 이러한 범

---

9) 표적을 보여달라는 요구는 예수가 선지자임을 전제하는 것으로서 그가 선지
자임을 증명하라는 것이다.

10) W. C. van Unnik, 'Jesu Vorhöhnung vor dem Synhedrium (Mc 14, 65 병행)',
ZNW 29, 1930, 310 이하.

11) R. Delbrueck, 'Antiquarisches zu den Verspottungen Jesu', *ZNW* 41, 1942,
124ㅡ45 ; 140ㅡ42.

12) Delbrueck, *op. cit.*, 138, 144.

죄로부터 단절시키기 위함이었다.[13] 산헤드린의 경비원들이 예수에게 행했던 놀이
의 생생한 장면은 매우 신뢰할만한 전승이다. 그것은 마가와 누가에 의해 독립적으
로 전승되어졌는데, 편벽되지 않은 방법으로 이야기되어졌고 또 초대교회의 기독
론에 의해 손실되지 않았다.[14] 이 이야기의 천박함이 이 이야기에 현저한 역사적 가
치를 부여해 주는 것이다.

예수 자신은 사람들이 자신을 선지자로 보는 것을 거부하지 않았다.
'선지자'는 그가 보냄받은 사역을 충분히 설명해주는 표현이 아니었지
만, 그러나 그는 자신을 선지자의 반열에 포함시켰다(눅 13 : 33 ; 마 23
: 31이하, 34−36 병행, 37−39 병행. 또한 막 6 : 4 병행 ; 눅 4 : 24 ; 요
4 : 44 등을 참조하라). 그는 자신이 선지자란 용어를 사용하는 구절들
에서 뿐만아니라 자신이 영(spirit)을 소유하고 있다고 주장하는 구절들
에서도 그렇게 하였다. 왜냐하면 회당은 성령 곧 하나님의 영[15]을 소유
하는 것을 예언의 표지로 간주하였기 때문이다. 하나님의 영을 소유
하는 것이 바로 선지자가 되는 것이었다.[16]

사실상, 예수님은 자신이 **영을 소유하였노라**고 반복적으로 분명하게
주장하였다. 이것은 마가복음에 나오는 13개의 아멘말씀들(Ἀμὴν
sayings) 가운데 첫번째 것에서 나타난다 : Ἀμὴν λέγω ὑμῖν ···ὃς δ ἄν
βλασφημήσῃ εἰς τὸ πνεῦμα τὸ ἅγιον οὐκ ἔχει ἄφεσιν εἰς τὸν αἰῶνα
(막 3 : 28이하 : 내가 진실로 너희에게 이르노니··· 누구든지 성령을
훼방하는 자는 사하심을 영원히 얻지 못하고).[17] 마태복음 12 : 28(병
행. 눅 11 : 20)에 따르면, 예수님은 또한 자신의 귀신쫓음을 하나님의
영에 돌렸다(내가 하나님의 성령을 힘입어 귀신을 쫓아내는 것이면 하
나님의 나라가 이미 너희에게 임하였느니라). 누가복음 4 : 18−21, 마
태복음 5 : 3 병행과 11 : 5 병행 등은 그가 이사야 61 : 1의 영의 약속
(promise of the spirit)을 자신에게 적용시켰음을 보여준다. 의의 교사
(Teacher of Righteousness)의 자신에 대한 주목할만한 언급에 비추어

---

13) Jeremias, *Eucharistic Words*, 78이하.
14) 마 26 : 68의 Χριστέ 는 이와 다르다.
15) rūhā dᵉqudšā 라는 구절에서 qudšā는 실상 신적 이름에 대한 완곡어이다.
16) p. 90을 보라.
17) p. 223이하를 보라.

볼 때, 이러한 것은 얼마전만큼 그렇게 상상할 수 없는 것도 아니다.[18]
나아가서, 영을 소유하는 것이 제자들에게도 전달되어졌음을 전제하는
말씀들도 있다. 이에 관한 가장 중요한 말씀들은 예수께서 제자들에게
$\dot{\epsilon}\xi o u \sigma \acute{\iota} a \nu \ \tau \hat{\omega} \nu \ \pi \nu \epsilon u \mu \acute{a} \tau \omega \nu \ \tau \hat{\omega} \nu \ \dot{a} \kappa a \theta \acute{a} \rho \tau \omega \nu$ (더러운 영을 제어하는 권세;
마 12 : 28을 참조하라)을 부여하는 마가복음 6 : 7(마 10 : 8을 참조하라)
과, 제자들이 공회에 넘겨져 심판을 받을 때에 그들에게 성령이 보호
자로서 약속되어 있는 마가복음 13 : 11, 그리고 제자들을 선지자의 반
열에 놓는 누가복음 6 : 23, 26 병행. 마태복음 5 : 12 등과 같은 어록들
이다. 이 모든 구절들은 예수께서 세례시의 소명이후에 **선지자적 권위**
(prophetic authority)를 주장했음을 보여준다. 전체적으로 볼 때, 영을
소유하고 있음을 주장하는 예수의 말씀들이 매우 많은 것은 아니다.
이에 대한 한가지 이유는 예수님이—바울과는 대조적으로—신학적인
용어 보다는 상징적인 용어를 더 많이 사용하였기 때문이다. 예를 들
어 누가복음 11 : 20(마 12 : 28보다 초기의 것임)에 있어, 예수님은 '하
나님의 영'이란 단어를 사용하지 않고 영의 소유를 말씀한다(내가 만
일 **하나님의 손**을 힘입어 귀신을 쫓아내는 것이면 하나님의 나라가 이
미 너희에게 임하였느니라). 그가 사용한 표현은 $\dot{\epsilon} \nu \ \delta a \kappa \tau \acute{u} \lambda \omega \ \theta \epsilon o \hat{u}$ 인
데, 여기에서 '하나님의 손가락'은 하나님의 직접적인 개입에 대한 표
상이다. 그러나 마태복음의 병행구절 $\dot{\epsilon} \nu \ \pi \nu \epsilon \acute{u} \mu a \tau \iota \ \theta \epsilon o \hat{u}$ (하나님의 성
령을 힘입어)는 이러한 하나님의 개입이 영(spirit)을 통하여 이루어지
는 것으로 생각되어졌음을 보여준다. 요한복음 7 : 37(39절 참조)은 이
와 비슷하게 영(성령)에 대하여 생명의 물(생수)의 표상으로 말씀
한다. 또한 영감(inspiration)에 대한 주장 역시 독특한 $\dot{a} \mu \acute{\eta} \nu$ 용법으로
표현된다.[19] § 2에서 논의된 '평행법과 운율의 광범위한 사용'과 이와
연관된 '언어의 기교와 음의 형태에 대한 그의 선호'는 자신의 사명에
대한 그의 선지자적 의식이 얼마나 강력하게 그의 사역에 영향을 미쳤
나 하는 것을 보여준다. 왜냐하면 이러한 세련된 표현형태 속에서—이
것은 헬라어로 번역되는 가운데 대부분 잃어졌다—예수님은 선지자들

---

18) G. Jeremias, *Lehrer der Geretigkeit*, 319—53('Der Lehrer der Gerechtigkeit und
der historische Jesus') : 325.

19) pp. 68 이하를 보라.

의 모범을 따랐기 때문이다.

예수가 선지자로서 그리고 영을 소유한 자로서 등장하는 전승은 오래된 것(old one)임에 틀림없다. 왜냐하면 그것은 초대교회로부터 추적될 수 없는 것이기 때문이다. 초대교회는 가능하면 기독론적 칭호로서 '선지자'를 피하였다. 왜냐하면 그들은 그 칭호가 적절치 못하다고 느껴졌기 때문이다. 더욱이 복음서에 나타나는 바에 의하면, 영을 소유한 자로서의 예수의 모습 가운데에는 방언을 말하는 것(glossolalia)이 나타나지 않는다. 따라서 그것은 예수에 대한 칭호의 모범으로서 알맞지 못했다.[20] 마지막으로, 예수님의 생애동안에 제자들에게 영이 부여된 것은 후기의 관점 즉 오순절날에 처음으로 영(성령)이 내려왔다는 것과 긴장관계를 이루었다. 우리는 요한복음 7 : 39로부터 이러한 난점이 얼마나 날카롭게 느껴졌는가 하는 것을 볼 수 있다. 여기에서 초막절(Feast of Tabernacles)에서의 구주의 외침.

> 누구든지 목마르거든
> 내게로 와서 마시라

(37절 이하 ; 계 22 : 17하반절을 참조하라)는 먼저 영을 주심에 대한 언급($\tau o \hat{\upsilon} \tau o$ $\delta \grave{\epsilon}\ \epsilon \hat{\iota} \pi \epsilon \nu\ \pi \epsilon \rho \grave{\iota}\ \tau o \hat{\upsilon}\ \pi \nu \epsilon \hat{\upsilon} \mu \alpha \tau o \varsigma$: 이는 그를 믿는 자의 받을 성령을 가리켜 말씀하신 것이라)과 함께 적절하게 해석된다.[21] 그러나 잠시 후, 그러한 구주의 외침과 앞의 해석과는 현저하게 모순되는 말이 뒤따른다. $o \hat{\upsilon} \pi \omega\ \gamma \acute{\alpha} \rho\ \hat{\eta} \nu\ \pi \nu \epsilon \hat{\upsilon} \mu \alpha, \ \acute{o} \tau \iota\ ᾽I \eta \sigma o \hat{\upsilon} \varsigma$ $o \hat{\upsilon} \delta \acute{\epsilon} \pi \omega\ \grave{\epsilon} \delta o \xi \acute{\alpha} \sigma \theta \eta$ (39절 하반절 : 예수께서 아직 영광을 받지 못하신 고로 성령이 아직 저희에게 계시지 아니하시더라).

(2) 끊어진 영

그러나 예수가 선지자임과 영(성령)을 소유하였음을 의식했고 또 그러한 것으로 인식되었다는 사실이 그가 단순히 자신의 위치를 구약의 많은 하나님의 사자들(messangers : 使者들)의 계열을 잇는 연결고리로서 놓았음을 의미하는 것은 아니다. 왜냐하면 이러한 선지자적 연속성(prophetic sequence)은 이미 깨어졌기 때문이다. 영(spirit)이 끊어졌다

---

20) E. Schweizer, $\pi \nu \epsilon \hat{\upsilon} \mu \alpha\ \kappa \tau \lambda$. TDNT Ⅵ, 1968, 396−451 : 402 : 초대 공동체는 예수를 단순히 '최초의 영을 가진 자'(the first pneumatic)로 묘사하는 것을 계속적으로 피하였다.

21) 초막절에 물을 따르는 것을 성령에 대한 그림(사 12 : 3 참조)으로 해석하는 랍비문학의 용례들이 J. Jeremias, Golgotha, Angelos-Beiheft Ⅰ, Leipzig 1926, 82이하에 모아져 있다.

는 것은 회당의 확신이었다. 이러한 견해가 이미 구약성경의 후기부분
(예컨대, 시 74：9의 슬픈 노래)[22]에서 나타나는가 하는 문제는 매우
활발히 논의되어온 주제이다. 어쨌든 이러한 견해는 마카비 1서(4：46
；9：27；14：41,[23] 묵시문학(이것의 매우 특징적인 가명성 〈假名性：
pseudonymity〉이 현재 예언이 없다는 확신을 나타낸다),[24] 요세푸스,[25]
그리고 마침내 랍비문학에서 확실하게 나타난다. 이러한 견해는 다음
과 같은 형태를 추가하였다[26]：족장들의 시대에는 모든 경건하고 정직
한 사람들이 하나님의 영을 가지고 있었다. 이스라엘이 금송아지로서
죄를 범했을 때, 하나님께서는 선택받은 자들, 선지자들, 대제사장들,
그리고 그들에게 영을 제한하셨다.[27] 마지막 정경선지자(혹은 기록선
지자：writing prophets)인 학개, 스가랴, 말라기의 죽음과 더불어 **영이**
끊어졌는데,[28] 그것도 이스라엘의 죄 때문이다.[29] 이 때 이후로 하나님
께서는 단지 ‘자신의 음성의 메아리’(bat qōl＝메아리)[30]를 통하여 말
씀하셨는데, 이것은 열등한 대체물(poor substitute)이었다.[31]

　이러한 견해가 유일의 보편적인 것은 물론 아니었다. 헬레니즘적인 유대문헌[32]들
로부터 영의 현재적 활동에 대한 몇가지 증거가 나타난다. 그러나 이것은 우리들에
게 팔레스틴에 대하여는 아무 것도 말해주지 않는다. 그러나 팔레스틴에 있어서도
종말론적인 열광주의[33](eschatological enthusiasm)가 반복해서 영이 다시금 활동

---

　22) ‘선지자도 다시 없으며 이런 일이 얼마나 오랠는지 우리 중에 아는 자도 없
나이다.’
　23) R. Meyer, προφήτης κτλ. TDNT Ⅵ, 1968, 812－28：816이하는 이와 다르
다. 그러나 마카비 1서 4：46；9：27；14：41을 요한 힐카누스에 대한 언급으로 해
석하는 그의 견해는 신빙성이 없다.
　24) Syr. Apoc. Bar. 85：3：‘선지자들이 잠들었다.’
　25) Contra Ap. 1：41
　26) Billerbeck Ⅰ 127－34；Ⅱ 128－34.
　27) 예컨대 다윗, 막 12：36.
　28) Tos. Sota 13：2.
　29) Billerbeck Ⅰ 127, b 이하.
　30) Billerbeck Ⅰ 125, 127 a 이하.
　31) Billerbeck Ⅰ 126.
　32) 지혜서 9：17；또한 7：7과 요셉과 아스낫 8：11을 참조하라(ed. M. Phi-
lonenko, 1968, 144, 158).
　33) 혹은, 매우 학식많은 사람들에 대한 존경(Billerbeck Ⅰ 127 b이하；Ⅱ 128 이
하).

한다는 소망으로 이끌었다. [34] 쿰란 역시 예외없이 언급되어야만 한다. 감사의 찬송 (주로 후기의 '공동체 찬송가'에서)에서, [35] 예배자들은 '당신(하나님)께서 내 안에 주신 영'[36] 곧 그들이 공동체 안에 들어온 것에 대하여 반복적으로 말하였다. 또한 그들은 자신들이 하나님의 성령으로 말미암아 정결함을 받았으며[37] 또 하나님 지식을 받았음을[38] 덧붙인다. 이것은 요세푸스가 엣센파는 예언의 은사를 소유하였다고 두번 보도하는 것과 조화를 이룬다. [39] 그럼에도 불구하고 그가 분명히 의도적으로 $\pi\rho o\phi\eta\tau\eta\varsigma$ / $\pi\rho o\phi\eta\tau\epsilon\upsilon\epsilon\iota\nu$ 등의 단어를 피하고 있는 것은 매우 주목할만하다. 그러나 엣센파가 영을 예기되는 종말론적인 구원의 은사로 이해한 것으로 말하여지지는 않는다. 오히려 그것은 참된 하나님의 백성으로서의 엣센파 공동체의 지속적인 소유로서 나타나는 것이다.

쿰란은 단순한 예외일 뿐이다. 정통 유대주의의 지배적인 견해는 영이 끊어졌다고 확신하는 것이었다. [40] 이러한 견해는 또한 신약에서도 역시 자연스럽게 받아들여진다. 이것은 무엇보다도 세례 요한(막 1 : 8 병행)과 그의 공동체에게 있어 사실이었다. 에베소에 있던 요한의 제자들의 대답 $\dot{\alpha}\lambda\lambda$ $o\dot{\upsilon}\delta'\epsilon\dot{\iota}$ $\pi\nu\epsilon\hat{\upsilon}\mu\alpha$ $\ddot{\alpha}\gamma\iota o\nu$ $\ddot{\epsilon}\sigma\tau\iota\nu$ $\dot{\eta}\kappa o\dot{\upsilon}\sigma\alpha\mu\epsilon\nu$(행 19 : 2, 우리는 성령이 있음도 듣지 못하였노라)은 물론 "우리는 성령과 같은 어떤 것이 있음을 결코 듣지 못했다"를 의미하는 것이 아니라 "우리는 그것의 존재가 다시금 현재화되었다는 것에 대하여 아직 듣지 못했다"를 의미한다. 예수님의 말씀과 관련된 한에 있어서는, 마가복음 3 : 28이하의 날카로운 대조법은 오직 영이 끊어졌다는 개념에 근거하여서만이 이해될 수 있다(p. 223을 보라). 초대교회에 있어 이러한 개념이 사도행전 2 : 17에 전제되어 있는데, 여기에서 $\dot{\epsilon}\nu$ $\tau\alpha\hat{\iota}\varsigma$ $\dot{\epsilon}\sigma\chi\dot{\alpha}\tau\alpha\iota\varsigma$ $\dot{\eta}\mu\dot{\epsilon}\rho\alpha\iota\varsigma$(말세에)가 요엘서 본문인용에 덧붙여져 있다(욜 3 : 1 LXX).

---

34) R. Meyer, $\pi\rho o\phi\dot{\eta}\tau\eta\varsigma$ C, *TDNT* VI, 1968, 812−28 : 824이하, 826이하.

35) 선생시편(Teacher - psalms)과 공동체 시편(continuity psalms)간의 문서비평적 구분이 처음으로 G. Jeremias에 의해 이루어졌다. G. Jeremias, *Lehrer der Gerechtigkeit*, 168−77.

36) I QH 12 : 11 이하 ; 13 : 19 ; 14 : 13 ; 16 : 11 ; Fragm. 3 : 14. I QH 7 : 6이하를 참조하라.

37) I QH 12 : 42.

38) I QH 12 : 11 이하. H−W Kuhn, *Enderwartung und gegenwärtiges Heil. Untersuchungen zu den Gemeindeliedern von Qumran*, SUNT 4, Göttingen 1966, 130-39를 참조하라.

39) *Antt.* 13 : 311−13 ; 15 : 373−79. 또한 17 : 345−48 '엣센파 사람에 의한 꿈해석'과 *B. J.* 2 : 159 '엣센파 사람들은 미래를 예언했다(predict)고 하는 일반적인 언급'을 참조하라.

40) I. Heinemann, 'Die Lehrer vom heiligen Geist', *MGWJ* 66−67, 1922−23, 177 ; E. Sjöberg, $\pi\nu\epsilon\hat{\upsilon}\mu\alpha$ $\kappa\tau\lambda$. C III, *TDNT* VI, 1968, 373−87 : 383 이하 ; ‡ Foerster, 117−22 ; A. Nissen, 'Tora und Geschichte im Spätjudentum', *Nou T* 9, 1967, 241−77. H−W. Kuhn, *op. cit.*, 130−39, 117−20은 보다 신중하다. R. Meyer, $\pi\rho o\phi\dot{\eta}\tau\eta\varsigma$ C, *TDNT* VI, 1968, 813−28에 대하여는 p. 129 각주 23을 보라.

또한 로마서 8 : 23($\dot{a}\pi a\rho\chi\acute{\eta}$: 첫 열매), 고린도후서 1 : 22 ; 5 : 5, 에베소서 1 : 4 ($\dot{a}\rho\rho a\beta\acute{\omega}\nu$: 보증), 데살로니가전서 4 : 8(겔 36 : 27 ; 37 : 14을 참조하라), 히브리서 6 : 4이하(… $\delta v\nu\acute{a}\mu\epsilon\iota\varsigma$ $\tau\epsilon$ $\mu\acute{\epsilon}\lambda\lambda o\nu\tau o\varsigma$ $a\dot{\iota}\hat{\omega}\nu o\varsigma$: 내세의 능력), 요한복음 7 : 39($o\ddot{v}\pi\omega$ $\gamma\dot{a}\rho$ $\ddot{\eta}\nu$ $\pi\nu\epsilon\hat{v}\mu a$: 성령이 아직 계시지 아니하시더라) 등을 참조하라.

영이 끝어졌다는 개념은 현재의 때(present time)가 하나님으로부터 소원(疏遠)케 되었다는 의식을 표현하는 것이다. 영이 없는 때는 심판 아래 놓여있는 때이다. 하나님은 침묵하고 계신다. 오직 마지막 날 (last days)이 이르러서야 영이 없는 재앙의 세대가 끝이 나고, 영이 다시금 돌아온 것이다. 백성들이 영의 도래를 간절히 기다렸다는 사실에 대하여는 수많은 증거가 있다.[41]

(3) 종결적 계시

예수님은 세례 요한을 선지자로 보았다. 실로 그는 $\pi\epsilon\rho\iota\sigma\sigma\acute{o}\tau\epsilon\rho o\nu$ $\pi\rho o\phi\acute{\eta}\tau o v$ (선지자보다 나은 자)이다(마 11 : 9 병행. 눅 7 : 26). 이와 비슷하게, 그는 자신에 대하여 $\dot{\iota}\delta o\grave{v}$ $\pi\lambda\epsilon\hat{\iota}o\nu$ $I\omega\nu\hat{a}$ $\ddot{\omega}\delta\epsilon$ (마 12 : 41 병행. 눅 11 : 32). 이제 우리는 비로소 이러한 구절들이 의미하는 바를 이해할 수 있게 되었다. 불모와 심판의 때의 끝이 오고 있다. 끊어진 영이 오랜 부재(不在) 후에 되돌아오고 있다. 하나님께서—한때 선지자들의 시대에 하셨던 것처럼—자신의 침묵을 깨뜨리시고 계시며 또 다시금 말씀하시고 계신다.

그러나 그것이 전부는 아니다. 여기에는 그 '이상' 무엇이 있다. 즉 '선지자 이상의 무엇' 그리고 '요나 이상의 무엇'인 것이다. 이러한 '이상'은 과거의 구원사가 다시 취하여진 것 뿐만 아니라 초월된 것 까지도 나타낸다. 다시 말해서, 이러한 '이상'(以上 ; more)은 종말론적인 의미를 가지고 있는 것이다. 영의 새로운 활동과 더불어 구원의 때가 시작되었다. 하나님께서 마지막 최종 때를 위하여 말씀하시고 계신다. 영(spirit)의 종말론적인 귀환(return)은 하나님께서 자신의 구원 사역을 완성하기 위하여 자신의 공동체에 머무르실 것을 의미한다. 따라서 영의 종말론적인 현존(現存 : presence)은 새로운 창조를 표현

---

41) Billerbeck. II 134, t 이하 : 615이하.

한다. Tò πνεὐμά ἐστιν τò ζωοποιοῦν (요 6 : 63, 살리는 것은 영이
니).[42]

예수님은 구원의 때 곧 영(spirit)의 때가 세례 요한의 활동과 더불어
이미 시작되었다고 말한다. 그러나 이것이 그가 자신을 세례 요한과
동일한 수준에 놓았음을 의미하는 것은 아니다(p. 86을 보라). 세례 요
한보다 큰 것이 여기에 있다(마 11 : 11 병행. 눅 7 : 28). 여기에서 **바
실레이아**의 여명이 있다. 여기에 심지어 모세보다 큰 것이 있다(마 5 :
21-48 ; 막 10 : 5 병행). 자신의 권세(authority)에 대한 이러한 의식이
마태복음 5 : 17에서 가장 날카롭게 표현된다 :

*μὴ νομίσητε, ὅτι ἦλθον καταλῦσαι τòν νόμον ἢ τοὺς προφήτας
οὐκἦλθον καταλῦσαι ἀλλὰ πληρῶσαι*

내가 율법이나 선지자나 폐하러 온줄로 생각하지 말라 폐하러 온 것이
아니요 온전케하려 함이로라

이 로기온의 진정성(authenticity)에 반대하여 ἦλθον 이 예수의 활동을 이미 완성
된 것으로서 되돌아본다는 논증이 제기되어 왔다.[43] 그러나 마태복음 11 : 19이 보
여주는 것처럼 이 말씀은 헬라어 어법에 적용되지 않는다. 그것은 이에 해당하는
아람어 아타이트(ᵃtayit)에 대하여는 부적당한데 이 아람어는 단순히 'I am there'
(내가 거기 있다), 'I will'(내가 …할 것이다), 'it is my task'(그것은 나의 일이다)
등을 의미할 수 있다.[44]. 반면 이것이 아람어로 우리에게 전해져 오는 몇몇 예수의
말씀들 가운데 하나라는 사실은 이것의 연대를 가르치는 지표가 된다.[45]
이 말씀의 요점은 πληρῶσαι 라는 단어이다. 이 헬라어는 '(행동을 통하여) 성취
하다', '지키다'(마 3 : 15 ; 롬 8 : 4 등을 참조하라) 등으로 해석될 수 있는데, 이것
은 선지자들(선지서들 : prophets)에는 적용되지 않고 오직 율법에만 적용될 것
이다. 한편으로 그것은 '(약속들을) 성취하다'를 의미할 수도 있는데(마 2 : 17, 23
등을 보라), 이것은 율법에는 맞지 않고 오직 선지자들(선지서들)에만 맞을 것

---

42) J. Jeremias, *Jesus als Weltvollender*, BFCT 33, 4, Gütersloh 1930. 16이하.
43) Bultmann, *Synoptic Tradition*, 164f.
44) 나는 'intend' 'Will' 'shall' 'have the task' 등을 의미하는 'ᵃtā (bā) lᵉ의 용례를
다음의 본문에서 제시하였다. 'Die älteste Schicht der Menschensohn-Logien', *ZNW*
58, 1967, 159-72 : 167.
45) pp.24이하를 보라.

이다. 이러한 딜레마를 피하기 위하여 달만(Dalman)은 이 단어에 대응하는 아람어로서 '효과있게 하다'란 의미와 더불어 limᵉqayyāmā(='확실하게 하다', '유효하게 하다')란 단어를 가정하였다.[46] 이것은 훌륭한 생각이기는 하지만 여기에는 언어학적인 난점이 있다. qūm은 70인경에서 결코 πληροῦν 으로 번역되지 않았다. 또한 '효과있게 하다'를 표현하기 위하여 신약은 πληροῦν 대신 ιστάναι 를 사용하는 경향이 있다(롬 3 : 31 ; 히 10 : 9). b. Shab. 116 b에 의해 전달된 것으로서의 아람어 어법이 보다 도움이 된다. 우리는 여기에서 그 인용문의 문맥 곧 기독교 메시지에 대한 비웃음의 성격에 대하여 관심을 기울일 필요가 없다. 한가지 중요한 사실은 이 인용문이 복음서로부터 나온 것이라는 분명한 사실이다.[47] 그것은 다음과 같다[48]

'nā lā lᵉmiphat min 'ōrāyᵉtā dᵉmōšē 'tayit
'ellā le' ōsopē 'al' ōrāyᵉtā dᵉmōšē' 'tayit

나는 모세의 율법을 제거하기 위하여 오지 않았다.
오히려[49] 나는 모세의 율법에다가 덧붙이기 위하여 왔다.

그러므로 b. Shab. 116 b에 따르면, καταλῦσαι 는 아람어 miphat('제거하다')와 대응하며, 또 πληρῶσαι 는 'ōsopē ('증가시키다' '더하다' '확대시키다')와 대응

---

46) *Jesus-Jeshua*, 61.
47) Billerbeck I 241을 참조하라. K. G. Kuhn, 'Giljonim und sifre minim', in ː W. Eltester (ed.), *Judentum, Urchristentum, Kirche*, BZNW 26, Berlin 1960＝ 1964, 24－ 61, 이 책의 p. 54 각주 110이 이에 대하여 결정적인 해석을 하면서, 기독교를 비웃는 이 이야기가 AD 3세기의 것임을 분명히 드러내었다. 그러나 이것이 그 로기온 (*Logion*)의 본문 역시도 그토록 늦게 생겨진 것임을 의미하는 것은 아니다.
48) Text ː L. Goldschimidt, *Der babylonische Talmud* I, den Haag 1933, 599.
49) 'ellā cod. M. (Franz Delitzsch, Merx, Chwolson, Jastrow, Goldschmidt, Laible, Resch, A. Meyer, Zahn, Strack, Aufhauser, J. Weiss, Billerbeck, Fiebig, Klostermann, Ljungman, Stauffer, K. G. Kuhn, Grundmann 등이 지지함). welā Cod. B. (Güde- mann, Graetz, Chajes, Levy, Herford, Klausner, Dalman, Baeck, Schoeps 등이 지지 함). 또한 E. Stauffer, *Die Botschaft Jesu Damals und heute*, Dalp · Taschenbücher 333, Bern · München 1959, 34 이하, 162이하를 참조하라. 두개의 독법(讀法)은 서로 상반되는 의미를 야기시킨다. 'ellā로 읽는 독법(내가… 을 폐하러 온 것이 아니라 더하러 왔노라)은 예수가 새로운 어떤 것을 가져왔음을 의미한다. 반면 wᵉlā(내 가… 을 폐하러 온 것도 아니고 더하러 온 것도 아니다)로 읽는 독법은 예수가 모든 것을 원래 그대로 내버려 두는 것을 의미한다. 'ellā로 읽는 독법은 새로이 발견된 유대자료의 증거와 더불어 예수님이 구약에 대하여 다른 곳에서 말씀한 것과 일치 된다는 사실에 의하여 뒷받침된다. 한편 wᵉlā로 읽는 독법은 가감(加減)에 의하여 거룩한 본문을 변개시키는 것을 금하는 신명기 4 : 2 ; 13 : 1(또한 계시록 22 : 18이 하를 참조하라) 등의 정경공식(canonization formula)을 기반으로 한다.

한다.[50] $\pi\lambda\eta\rho\hat{\omega}\sigma\alpha\iota$ 를 이렇게 '더하는 것'으로 이해하는 것은 우리가 pseudo-Clementine Recognitions[51]로부터 알게되는 바와 같이 마태복음 5 : 17하반절을 유대 기독교에서 통상적으로 해석하는 것과 일치된다. 이것은 또한 한 마호메트교 학자에 의해 연구된 유대 기독교 자료로부터 우리가 알게되는 바와도 일치하는데, 그것은 마태복음 5 : 17하반절을 다음과 같이 번역한다.[52]

나는 감소시키기 위하여 오지 않았다.
반대로 완성시키기 위하여 왔다.[53]

언어학적인 근거에서 볼 때, 유대 기독교전승이 $\pi\lambda\eta\rho\hat{\omega}\sigma\alpha\iota$ 의 원래개념을 보유하였을 개연성은 매우 크다.

그러므로 예수는 자신이 율법폐기론자(antinomian)로 여겨지는 것에 대하여 반대하고 있는 것이다($\mu\grave{\eta}$ $\nu o\mu\iota\sigma\eta\tau\epsilon$). 그의 임무는 토라를 폐기하는 것이 아니라 성취하는(fulfilment) 것이다. 'ōsopē(더하다)를 헬라어 $\pi\lambda\eta\rho\hat{\omega}\sigma\alpha\iota$ 로 번역하는 것은 성취의 목적이 완전한 양(complete measure)에까지 이르는 것이란 사실을 잘 표현한다. 예수께서 다른 곳에서도 역시 이러한 표현을 사용하듯이,[54] 여기에서 이것은 종말론적인 양(eschatological measure)의 개념이다. 다시 말해서, 마태복음 5 : 17에서 예수는 자신이 **종말론적인 하나님의 사자**(eschatological messanger of God)곧 최종계시를 가져다주므로 절대적인 순종을 요구하는

---

50) 만일 B. Shab. 116b의 인용이 독립전승으로 되돌아가지 않는다면 $\kappa\alpha\tau\alpha\lambda\hat{\upsilon}\sigma\alpha\iota$ 와 $\pi\lambda\eta\rho\hat{\omega}\sigma\alpha\iota$ 의 아람어 대응어는 의미심장한 것일 것이다. 그러나 그것은 나사렛인들의 복음서를 따른 마태복음의 번역으로부터 말미암았다. 그러한 경우, 그것은 그 로기온이 셈어를 말하는 환경에서의 전승에 의해 어떻게 이해되어졌는지를 보여준다.

51) I. 39. I(GCS 51 p. 31 Rehm) : *Ut autem tempus adesse coepit, quo id quod deesse Moysei institutis diximus impleretur* ….

52) S. Pines, *The Jewish Christians of the Early Centuries of Christianity According to a New Source.* Israel Academy of Sciences Ⅱ 13, Jerusalem 1966, 5.

53) Arabic *mutammiman*

54) 마 23 : 32 (죄의 충만한 양) ; 막 13 : 20(재앙의 때의 양을 단축함) ; 4 : 29(때의 충만한 양으로서의 추수때) ; 또한 막 1 : 15의 $\pi\epsilon\pi\lambda\eta\rho\omega\tau\alpha\iota$ $\dot{o}$ $\kappa\alpha\iota\rho\acute{o}\varsigma$ 역시 참조하라. 신약의 다른 곳에서는 롬 11 : 25(이방인의 충만한 수) ; 갈 4 : 4(때의 충만) ; 계 6 : 11(순교자의 충만한 수) 등을 참조하라.

약속된 모세와 같은 선지자임을 주장하고 있는 것이다(신 18 : 15, 18)[55] 사실상 자신이 종결적 계시(concluding revelation)를 가져다준다고 하는 예수의 이러한 주장은 그의 여러 말씀들을 통하여 나타난다. 그 것은 특히 마태복음 5 : 21—48의 반정립(反定立 : antithesis)에서 분명 하게 표현된다. 이러한 양식(반정립)은 전승의 기본층(bedrock)에 속 하는 것이다. 왜냐하면 그것은 토라와의 충돌이 포함되어 있는데, 그 러한 것은 당시의 세계에서는 전대미문(前代未聞)의 것이었기 때문 이다.[56] 예수님은 바실레이아에서의 하나님의 뜻이 구약시대에 표현된 하나님의 뜻보다 위에 선다고 주장한다(막 10 : 1—12).

요약 : 영의 현존(現存 : presence)은 구원의 때의 여명에 대한 표적 이다. 영이 되돌아 왔다는 것은 심판의 때가 끝나고 은혜의 때가 시작 된 것을 의미한다. 하나님께서는 자기 백성들을 향하여 돌이키고 계 신다. 영을 가지신 자로서 예수는 선지자들의 반열에 속한 한사람일 뿐만 아니라, 하나님의 마지막 그리고 최종의 사자(last and final Messanger)이다. 그의 선포는 종말론적인 사건이다. 세상의 완성의 여 명이 그 안에서 나타난다. 하나님께서 자신의 마지막 말씀을 하시고 계신다.

이제 하나님의 영이 성경에서 나타나는 곳마다 이것이 이중적인 방 법으로 일어난다 ; ἐν ἔργῳ καὶ λόγῳ (눅 24 : 19 ; 막 1 : 27 ; 살전 1 : 5 등을 참조하라). 양자는 불가분리적으로 함께 묶여있다. 말씀은 결코 행동을 수반하지 않음이 없고, 또한 행동 역시 그것을 선포하는 말씀 을 수반하지 않음이 없다. 이것은 예수에게도 역시 마찬가지이다. 종 결적 계시는 두가지 방법으로 나타난다(마 11 : 5이하 병행을 보라) ; 권 능의 행동(§ 10)과 권세의 말씀(§ 11—12).

---

55) 요 6 : 14 ; 7 : 40을 참조하라. 관사(ὁ προφήτης)가 신 18 : 15, 18을 가리킨 다.
56) 마 5장의 반정립들의 진정성의 문제에 대하여는 § 22를 참조하라.

§ 10 사탄의 통치의 정복

O. Weinreich, *Antike Heilungswunder*, Religionsgeschichtliche Versuche und Vorarbeiten Ⅷ, 1, Giessen 1909 ; P. Fiebig, *Rabbinische Wundergeschichten des neutestamentlichen Zeitalters*, KIT 78, Bonn 1911＝²Berlin 1933 ; id., *Jüdische Wundergeschichten des neutestamentlichen Zeitalters*, Tübingen 1911 ; A. Schlatter, *Das Wunder in der Synagoge*, BFCT 16, 5, Gütersloh 1912 ; Dibelius, *Tradition*, index s.v. 'Miracle' ; Bultmann, *Synoptic Tradition*, 218－44 ; A. Fridrichsen, *Le problème du miracle dans le christianisme primitif* Strasbourg 1925 ; O. Bauernfeind, *Die Worte der Dämonen im Markusevangelium* BWANT 3, 8, Stuttgart 1927 ; W. Foerster, δαίμων κτλ, *TDNT* Ⅱ, 1964, 1－19 ; A. Oepke, ίάομαι κτλ, *TDNT* Ⅲ, 1965, 194－215 ; H. van der Loos, *The Miracles of Jesus*, Nov TestSuppl 9, Leiden 1965.

(1) 복음서의 이적이야기들

사도행전 10 : 38은 이렇게 말한다. "하나님이 나사렛 예수에게 성령과 능력을 기름붓듯 하셨으매 저가 두루 다니시며 착한 일을 행하시고 마귀에게 눌린 모든 자를 고치셨으니 이는 하나님이 함께 하셨음이라." 그리고 네 복음서는 예수께서 모든 종류의 병자들을 수없이 고친 것[57]과 죽은 자를 세번 살리신 것[58]과 일곱번의 자연이적[59](nature miracles)을 보도한다. 이러한 기사에 대하여 비평적으로 고찰할 때 우리는 다음의 네가지 결론에 도달하게 된다.

1. 비평적, 문헌적, 언어학적 분석하에 놓여질 때, 이적이야기의 분량은 현저히 줄어든다.

이적이야기에 대한 문서비평적(literary－critical) 연구로 말미암아 우리는 이적이

---

57) 귀신들림(막 1 : 21－28 병행 ; 5 : 1－20 병행 ; 7 : 24－30 병행) ; 열병(1 : 29－31 병행) ; 문둥병(각주 62를 보라) ; 중풍병자(막 2 : 1－12 병행 ; 마 8 : 5－13 병행 ; 요 5 : 1－18) ; 손마른 병(막 3 : 1－6 병행) ; 혈루증(막 5 : 25－34 병행) ; 귀머거리와 벙어리(각주 62를 보라) ; 상님(각주 62을 보라) ; 간질병(막 9 : 14－29 병행) ; 불구(눅 13 : 10－17) ; 고창병(눅 14 : 1－6) ; 칼로 베인 상처(눅 22 : 51).

58) p.137 각주 61을 보라.

59) p.139각주 70을 보라.

야기 가운데에는 이적요소를 고양(高揚)시키는 경향이 있음을 보게 된다. 숫자가 증가한다.[60] 또한 이적들이 잘 다듬어진다.[61] 그런가 하면 이중어(doublets)들이 전해지고,[62] 예수의 이적행동에 대하여 요약이 일반화 된다.[63] 몇몇의 경우에 있어, 우리는 어떻게 이적이야기가 언어상의 오해로부터 확대되었는가 하는 것을 알 수 있다─최소한 추론할 수 있다. 이와 관련하여 귀신들이 이천마리의 돼지 속으로 쫓겨간 설화(legend)의 기원에 대한 한가지 요소는 a. 군단(legion), b. 군단형(legionary)을 의미하는 아람어 ligyōnā'의 애매한 표현일 수 있다. '네 이름이 무엇이냐?'라는 질문에 대한 귀신의 대답 λεγιὼν ὄνομά μοι, ὅτι πολλοί ἐσμεν (막 5 : 9)의 원래 의미는 다음과 같은 것이었을 수 있다 : '내 이름은 "군사"(soldier)입니다. 왜냐하면 나와 같은 자가 많이 있기 때문입니다(그리고 우리는 군사들이 그러한 것처럼 서로 비슷합니다)". ligyōnā란 단어가 '군단'(legion)으로 잘못 이해되었다 : '내 이름은 "군단"(군대)입니다. 왜냐하면 우리의 숫자가 많기 때문입니다(그리고 우리 전체무리가 그 안에서 기거하고 있습니다)'─그리고 이것이 그 귀신들린 자가 수천의 악령들에 의해 사로잡혀 있었다는 개념을 야기시켰다.[64] 이로부터 귀신들이 돼지떼 속으로 들어갔다는 설화(legend)에로 전개되는 것은 간단한 일이었을 것이다.

무화과나무를 저주하는 이야기(막 11 : 12─14, 20)는 언어상의 오해로부터 야기되었을 수 있는 또 하나의 이적이야기이다. 14절의 φάγοι 배후에 있는 아람어 미완료형 yēkōl이란 단어는 매우 애매한 표현이다. 그것은 원래 미래의미를 가졌을 것이었는데, 기원(祈願)으로서 잘못 이해되었을 수 있다.[65] 일단 우리가 이러한 가능성을 받아들인다면, 우리는 어떻게 해서 종말이 가까이 왔다는 진술(아무도 너로

---

60) 막 10 : 46 한 소경/마 20 : 30, 두명의 소경 ; 막 5 : 2 한명의 귀신들린 사람/마 8 : 28 두명의 귀신들린 사람 ; 막 8 : 9 사천/6 : 44 오천(＋마 14 : 21 χωρὶς γυναικῶν καὶ παιδίων) ; 막 8 : 8 일곱 광주리/6 : 43 열두 광주리.

61) 막 5 : 35과 눅 7 : 12이하 그리고 요 11 : 39을 참조하라.

62) 다섯가지의 장님을 고친 이야기(막 8 : 22─26 ; 10 : 46─52 병행 ; 마 9 : 27─31 ; 12 : 22 ; 요 9 : 1─34) ; 귀머거리와 벙어리를 고친 두가지 이야기(마 9 : 32─34 ; 눅 11 : 14 병행. 마 12 : 22, 여기에는 그가 소경이라는 설명이 덧붙여져 있다) ; 두가지의 문둥병자를 고친 이야기(막 1 : 40─45 병행 ; 눅 17 : 12─19) ; 두가지 이적적인 먹임이야기(막 6 : 34─44, 오천명 ; 8 : 1─9, 사천명) ; 두가지 이적적인 포획이야기(눅 5 : 1─11 ; 요 21 : 1─11).

63) 막 1 : 32─34병행, 39 병행 ; 3 : 7─12 병행 ; 6 : 55이하 병행, 마태는 마가 원자료에다가 병고침이야기의 요약을 끼워넣고 (마 14 : 14를 막 6 : 34과 대조하라 ; 마 19 : 2을 막 10 : 1과 대조하라 ; 또한 마 9 : 35 ; 21 : 14이하를 참조하라.), 또 예수의 병고침에 대하여 마가복음의 정보를 일반화하였다(마 4 : 23 이하를 막 1 : 39과 대조하라 ; 마 15 : 30을 막 7 : 32과 대조하라)

64) J. Jeremias, *Jesus' promise to the Nations*, SBT 24, 1967, 30 각주 3.

65) J. Jeremias in H. W. Bartsch, 'Die "Verfluchung" des Feigenbaums', *ZNW* 53, 1962, 256─60 : 258.

부터 다시는 열매를 먹지 못할 것이다. 왜냐하면 그것이 결실하기 전에 종말이 올 것이기 때문이다)[66] 이 저주가 될 수 있었으며(아무도 너로부터 다시는 영원히 열매를 따먹지 못하게 되기를 원하노라) 그리하여 그것이 저주이적이 되었는지를 알 수 있다. 심지어 물위를 걸으신 예수의 이야기(막 6 : 45—52 병행 ; 요 6 : 16—21)조차도 언어상의 오해의 결과로서 폭풍을 잔잔케한 이야기(막 4 : 35—41 병행)로 부터 야기된 것일 수 있다.[67]

또한 이러한 비평적인 분석 가운데 어떤 이적이야기들은 그것의 기원이 이야기나 말씀을 **잘 손질함에 있어서의 즐거움**일 수도 있음이 역시 언급되어져야만 한다. 예수께서 붙잡히심을 설명하는 가운데 대제사장의 종들 가운데 한 종의 귀가 잘렸음이 보도된다(막 14 : 17 병행). 예수로 하여금 그를 고치도록 하는 것은 큰 유혹거리였을 것임에 분명하다(눅 22 : 51).

한번은 구원의 때의 표적들(눅 7 : 22, pp. 159 이하를 보라)이 예수께서 행했던 이적들을 열거하는 것으로 잘못 이해되었다. 그 말씀 앞에(21절) 치료하시는 주님의 표상을 배열하는 것은 자연스런 이야기의 흐름이다. 만일 우리가 마태복음 17 : 27 이 본래 '너의 낚시를 바다에 던져 잡은 것을 팔아 그 수입으로 성전세를 지불하라'를 의미했던 것으로 생각한다면, 물고기 입 속에 있는 동전의 이야기(마 17 : 24—27)을 이해함에 있어 큰 도움을 얻게 될 것이다. 물고기 뱃속에 있는 값비싼 물건(폴리크라테스의 반지, 진귀한 진주)에 관한 널리 퍼진 동화주제—이것은 또한 유대설화 속에서도 나타난다[68]— ἀνοίξας τὸ στόμα αὐτοῦ εὑρήσεις στατῆρα(27절, 그 입을 열면 한 세겔을 얻을 것이니)라는 구절이 어떻게 이 이야기 속에 자리잡을 수 있게 되었으며 그리하여 이것을 이적이야기로 변개시킬 수 있었는지를 쉽게 알게해 준다.

마지막으로, 베드로가 그물이 찢어지도록 많은 물고기를 잡는 이야기 역시 여기에 속한다(눅 5 : 1—11 ; 또한 요 21 : 1—11을 참조하라). 이것은 '사람잡는 어부'에 대한 말씀의 '예비적인 상징적 표현'일 수 있다(눅 5 : 10 ; 막 1 : 17 병행)[69].

이로부터, 우리는 그것이 비평적, 문헌적, 언어적 고찰 하에 놓여질 때 이적이야기들의 자료가 현저하게 감소됨을 알 수 있다. 만일 이상에서 언급된 것이 옳다면, 공관복음서의 여섯가지 자연이적들 가운데

---

66) Bartsch, *op. cit.*, 257 이하.
67) ἐπί τῆς θαλάσσης(막 6 : 48이하 ; 마 14 : 26 ; 요 6 : 19)는 애매한 표현으로서 (a) '해변 위에서'(요 21 : 1을 참조하라) ; (b) '바다 위에서'를 의미할 수 있다. 아마도 첫번째 것이 원래의 의미로서 이 이야기의 악센트는 막 6 : 51에 놓여졌을 것이다(ἐκόπασεν ὁ ἄνεμος).
68) Billerbeck Ⅰ 614, 675.
69) Bultmann, *Synoptic Tradition*, 218.

최소한 네개가 그 기원에 있어 2차적이라고 생각할 충분한 이유가 있음을 특별히 주목할 만한 가치가 있다.[70] 그것이 2차적인 것으로 나타나는 자연이적들임은 결코 우연의 일치가 아니다.

2. 우리가 복음서의 이적이야기들을 랍비문학과 헬레니즘의 이적이야기들과 비교해 본다면 자료는 한층 더 감소된다.

우리는 또한 동시대의 대중적인 문헌 특히 헬레니즘 환경(Hellenistic milieu)으로부터도 귀신을 쫓아내는 이야기, 병고치는 이야기, 죽은 자를 다시 살리는 이야기, 폭풍을 잔잔케하는 이야기, 포도주 이적이야기 등을 찾을 수 있다. 이러한 이적이야기들 가운데 몇몇은 복음서의 그것들과의 밀접한 접촉을 노정(露呈)한다. 따라서 우리는 기독교 전승이 그러한 헬레니즘 환경(세계)으로부터 그것들을 빌어왔거나, 최소한 그것으로부터 몇몇 주제들을 취하였다는 결론을 피할 수 없다. 티아나의 아폴로니우스(Apollonius of Tyana)가 젊은 신부를 다시 살린 이야기가 있는데, 이것은 나인성의 젊은이를 다시 살린 이야기(눅 7 : 11−17)와 비슷하다.[71] 또한 베스파시안(Vespasian)이 침을 사용하여 장님을 고친 이야기도 기록되어 있으며(막 8 : 23을 참조하라),[72] 또 어떤 고침받은 사람이 자신이 누웠던 침상을 들고가는 이야기도 있다(막 2 : 11 병행과 요 5 : 8을 참조하라).[73] 한편 물을 포도주로 변화시키는 것은 신화(myth)와 디오니소스 제의의 잘 알려진 특징이다. 누가복음 7 : 11−17의 문맥은 죽은 자를 다시 살리는 이야기를 취하는 이유가 무엇인가 하는 것을 암시해준다. 세례 요한으로부터 질문을 받은 예수님은 구원의 때에 관한 표적들을 열거함으로써 대답한다(7 : 18−23, pp. 159 이하를 보라). 이렇게 예수님이 열거한 것들이 그가 사자들 앞에서 행했던 다섯가지 이적들의 목록으로서 잘못 이해되자(눅 7 : 21 이하 ; 마 11 : 4, p.138을 보라), 이러한 각 이적들에 대하여 예를 제시할 필요성이 생겨졌다. 마태복음 역시 8장−9장에서 다섯가지 이적들에 관한 예를 제시한다─비록 순서는 다르게 되어 있지만.

---

70) 물위를 걸으신 이야기(막 6 : 45−52) ; 무화과 나무에 대한 저주(막 11 : 12−14, 20 병행) ; 물고기 입속에 있던 동전 이야기(마 17 : 24−27) ; 베드로의 물고기 포획 이야기(눅 5 : 1−11). 다른 두가지는 폭풍을 잔잔케한 이야기(막 4 : 35−41 병행)와 광야에서의 이적인 먹임이야기(막 6 : 34−44 병행 ; 8 : 1−9 병행)이다. 일곱번째의 자연이적이 요한복음에 있다(2 : 1−11).

71) Philostratus, *Vita Apollonii* 4 : 45. 유사점 : 한 젊은이가 땅에 묻힐 것임, 특별하게 비통한 상황, 모든 마을 사람들이 그 행렬을 따름. 돕는 자 (helper)가 그 행렬을 만나고 그 어린 소녀를 다시 살게 해줌.

72) Tacitus, *Hist.* 4 : 81 ; Suetonius, *Vespasian* 7 : 21이하.

73) Lucian, *Philopseudes* 11. 또한 Bultmann, *Synoptic Tradition*, 227 참조.

초대교회는 이적에 관하여 그 시대와 개념을 공유하였다. 이것은 사도행전에서의 이적이야기들에 의해 확인된다. 이것을 이해하기 위하여는 우리는 반드시 그 당시의 일반적인 경향에 마음을 열어야만 한다. 고대인―특히 동방에 있어서의―은 굉장한 상상력을 가지고 있었다. 그들은 큰 숫자와 특이한 사건들을 좋아하였다. 대부분의 사람들이 이적이야기에 대하여 무비판적이었다. 고대인들은 오늘날 우리들에게는 이상하게 보이는 많은 것들에 대하여 별로 난점을 느끼지 않았다. 따라서 초대교회가 이적이야기들을 예수에게 전이(轉移)시킨 것은 별로 놀라운 일이 아니다. 그들은 이적이야기야말로 자신들의 주님의 영광과 권세를 표현하고 또 그 당시의 사람들에게 그들이 이해할 수 있는 언어로 그것을 선포하는데 도움이 되는 것으로 보았다.

3. **복음서의 이적이야기들에 대한 양식비평적 분석**은 우리로 하여금 한걸음 더 나아가게 만든다. 그것은 우리로 하여금 보다 초기의 팔레스틴 전승층으로 부터 보다 후기의 헬레니즘 전승층을 구분케하는데 도움을 준다.

불트만의 『공관복음 전승사(History of the Synoptic Tradition)』 가운데 가장 빛나는 부분은 이적이야기들을 다루는 장(章)이다.[74] 그는 여기에서 고대에 발달된 이적설화[75]의 양식(pattern)이 여러가지 신약의 이적이야기들 가운데 재연(再演)됨을 증명하였다. 예컨대 이러한 양식의 특징적인 성격은 병고치는 이야기가 '설명'(병의 심각성, 그것을 고치고자 했던 헛된 노력 등등), 병고침 자체에 대한 '묘사'(동작, 말씀, 침뱉음 등을 통하여 되어짐), 이적적인 병고침에 대한 '증명'(불구자가 침상을 들고 걸으며, 장님이 보는 등), 이적으로 말미암아 받은 인상에 대한 '짤막한 해설'(합창으로 끝맺음, 즉 놀라움과 두려움을 표현하는 현장증인들의 외침) 등으로 전개되는 방법이다.

이것은 복음서의 이적이야기들을 분석함에 있어 우리에게 중요한 도움을 준다. 그러나 불트만은 이적이야기의 문체적 서술(stylistic narration)이 전승의 초기단계

---

74) *Op. cit.*, 209−44.

75) 고대 이적이야기들의 현상학적 기초를 위하여는 다음을 참조. ‡ Weinreich, Texts in ‡ Fiebig ; G. Delling, *Antike Wundertexte*, KIT 79, Berlin 1960. Bultmann, *Synoptic Tradition*, 220−26에 이것이 요약되어 있다. 또한 Dibelius, *From Tradition to Gospel*, London 1934, 71−103을 참조하라.

를 나타내는 것이라고 생각함으로써 잘못을 범한다(p. 219). 사실상(de facto), 그것은 정반대이다 : 양식의 부재(不在)가 오래됨의 표시이다. 이 점에서 디벨리우스(Dibelius)가 보다 명확하게 보았다. 그는 복음서에서 두가지 유형의 이적이야기가 나타남을 드러내었는데, 한가지는 사건의 내적 국면을 그 중심에 바르게 놓는 이적이야기들이고 또 한가지는 이적을 잘 손질하기를 원하는 그러한 이적이야기들이다.[76] 이러한 적절한 관찰은 디벨리우스로 하여금 이적이야기를 두개의 범주로 나누도록 하였는데, 그것은 단순한 서술양식으로 특징지워지는 한 범주와 세속적인 주제를 대상으로 하는 또 하나의 범주이다. 그는 첫번째 범주에다가 다음의 이적이야기들을 포함하는 많은 설화들을 분류하였다. 마가복음 2 : 1−12 ; 3 : 1−6 ; 그리고 '보다 덜 순수한 형태'로서[77] 1 : 23−28 ; 10 : 46−52 ; 눅 14 : 1−6.[78] 또한 두번째 범주에다가 그는 이른바 마가복음 1 : 40−45 ; 4 : 35−41 ; 5 : 1−20, 21−43 ; 6 : 35−44, 45−52 ; 7 : 32−37 ; 8 : 22−26 ; 9 : 14−29 ; 누가복음 7 : 11−17 등의 이적이야기들을 배타적으로 분류하고, 또 요한복음의 위대한 이적이야기들인 2 : 1−11 ; 4 : 46−54 ; 5 : 1이하 ; 9 : 1이하 ; 11 : 1이하 등을 분류시켰다.[79] 그는 계속해서 논증하기를, 그러한 두가지 범주는 너무도 달라서 그것들은 상호 다른 '삶의 정황'(Sitz im Leben)을 가지고 있었음에 틀림없다고 하였다. 그는 첫번째 범주는 설교에 있어서의 예화로 사용되었으며 두번째 범주의 것들은 이야기하는 자들(story-tellers)이나 혹은(왜냐하면 디벨리우스, 자신이 인정한[80] 자료들은 초대교회의 이야기하는 자들에 대하여는 아무 것도 말하지 않기 때문에) 선생들로부터 말미암은 것이라고 주장하였다. 따라서 그는 첫번째 범주의 것을 '파라다임'(paradigms)이라고 명명하였고 두번째 범주의 것은 '노블렌'(Novellen)이라고 불렀다.

그러나 이러한 구분은 일관적일 수 없다. 실로 좀더 면밀하게 검토해 보면 그것은 자의적인 구분임이 드러난다. 분명히, 우리는 마가복음 10 : 46−52 ; 누가복음 14 : 1−6 등과 같은 정상적인 패턴으로부터 벗어난 많은 이적이야기들을 가지고 있다. 그러나 디벨리우스가 파라다임에 포함시키는 다른 이적이야기들 속에는 문체상의 특징이 있다. 예컨대, 마가복음 2 : 1−12은 '증명'(ἄρας τὸν κράβατον , 12절 상반절)과 '합창적 종결'(12절 하반절)을 가지고 있으며, 마가복음 1 : 23−28은 귀신과의 전투의 주제를 가지고 있다(p.146를 보라). 양식(pattern)은 '파라다임'과 '노블렌'을 일관적으로 구분하는 데 사용될 수 없다. 오히려 구분선이 희미해질 뿐이다. 문체상의 특징들은 처음에는 희미하게 나타나다가 점점 더 강렬해진다. 양식(pattern)이 구전에 있어서의 서로 다른 두개의 층을 구분하는데 도움이 되는 것

---

76) *Jesus*, London 1963, 25−29 ; *Tradition*, 37−103.
77) *Tradition*, 43
78) *Ibid*.
79) *Tradition*, 71이하.
80) *Tradition*, 69이하.

만큼 그렇게 두개의 서로 다른 유형 곧 파라다임과 노블렌을 구분하는데 도움이 되는 것은 아니다. 양식으로부터 벗어난 이야기들은 팔레스틴의 것임이 여러 방법으로 증명된다. 양식이 분명히 팔레스틴 환경에서도 나타나기 시작하지만 그러나 근본적인 변화는 오직 헬레니즘적인 환경에서 일어난다. 우리가 마가복음 10：46－52와 8：22－26의 두가지 장님을 고치는 이야기를 비교해 보면 차이가 분명하게 나타난다. 장님인 거지 바디매오를 고친 이야기에는 양식이 완전히 부재(不在)해 있다. 여기에는 어떠한 '설명'도 주어져 있지 않다(그의 나이가 얼마나 되었는지, 그가 나면서부터 장님인지 아니면 어떤 눈병의 결과로 그렇게 되었는지, 그의 경우에는 어째서 그것이 특별하게 답답하였는지 등등). 또한 지극히 간결하게 언급되어 있을 뿐, 여기에는 이적에 대한 아무런 '묘사'도 없다(καὶ εὐθὺς ἀνέβλεψεν). 또한 여기에는 '증명'이나 '합창적 종결'도 없다. 이 이야기의 중심은 이적을 행하는 것이 아니라, 자비를 베풀어달라는 부르짖음(10：47이하)을 들으시고 그의 믿음을 인식하는(52절) 예수 그 자신인 것이다. 이 이야기가 팔레스틴적 기원을 가졌다는 데에는 많은 암시들이 있다：두개의 아람어 단어가 나타난다(46절의 bar와 51절의 rabbūni)；υἱὲ Δαυίδ (47절이하, 다윗의 아들이여)이란 호칭이 유대적 상황을 가리킨다；묘사되는 장면이 전형적인 동방의 것이다(소경이 구걸하고 있는 사실, 군중들의 태도의 변화 즉 처음에는 그에게 잠잠하라고 했다가 나중에는 그를 부르는 것, 겉옷을 내어 버리는데 표현된 일종의 흥분).

마가복음 8：22－26은 이와 매우 다르다. 여기에는 양식이 다 갖추어져 있다：군중들을 배제시킴[81]；손을 사용하여 고침(침과 안수를 사용하는데, 침은 치유력을 가진 것으로 인식됨으로서 대중적인 약재로 사용되었다)[82]；두번째로 눈에 손을 갖다대는 것이 요구되는 등 치료의 어려움[83]；점진적으로 시력이 회복됨[84]；세개의 동사로 묘사된 성공적인 고침；그리고 나서 마지막에 다시 군중들을 배제시킴. 이러한 양식(패턴)은 7：32－37의 귀먹고 말못하는 사람의 이야기에서 다시 한번 재연(再演)된다. 이렇게 문체적인 특징들이 많이 축적돼 있는 것은 헬레니즘적 환경을 나타내 주는 것이다.[85]

이와같이 하여 우리는 이적이야기의 초기 팔레스틴판과 후기 헬레니

81) Bultmann, *Synoptic Tradition*, 213.
82) *Op. cit.*, 221.
83) *Ibid.* 28.
84) *Op. cit.*, 228.
85) 바디매오를 고친 이야기가 마가복음판에서는 문체적인 특징들로부터 벗어나 있는 반면, 이의 병행구절에서는 그 패턴이 즉시로 나타나고 있는 사실은 매우 중요하다. 마태복음은 그 이적을 행함에 대하여 짤막한 문체적인 묘사를 덧붙인다.： ἥψατο τῶν ὀμμάτων αὐτῶν (20：34). 한편 누가복음은 명령어인 ἀνάβλεψον (18：42)과 문체적인 합창적 종결(43하반절)을 덧붙인다.

즘판에 직면한다. 후자의 헬레니즘판은 예수를 '이적을 행하는 자' (wonder-worker)로 묘사하는 반면, 전자는 예수의 권세(authority)를 중심에 놓는다. 이것은 이적이야기에 대한 양식비평적 분석이 그것의 분량을 더욱 감소시켰음을 의미한다.

4. 그러나 비록 비평적 방법들이 적용됨으로써 자료가 감소되기는 하였다 할지라도, 예수의 사역의 사건들과 굳게 연결되어 있는 전승의 핵심(nucleus of tradition)이 여전히 남아있다.

예수가 귀신들의 왕의 도움으로 귀신들을 쫓아낸다는 고소(막 3 : 22하반절 병행 ; 마 9 : 34 ; 눅 11 : 15 ; 또한 마 10 : 25을 참조하라), 다시 말해서 그가 마술(magic)을 사용한다는 고소는 전승에 있어서의 가장 이른 자료에 속한다. 이것은 그 이야기의 악의성과 공격성으로부터 분명해지는 바, 이것은 창작 가능성을 배제시킨다. 만일 이에 앞서 이러한 고소를 야기시키는 어떤 사건들을 전제하지 않는다면, 이러한 고소는 무의미하다. 이러한 사실로부터, 우리는 예수에 의해 행해진 병고침이 그의 적대자들에 의해 논박되어질 수 없었음을 알 수 있다. 또한 이것은 랍비문헌이나 초기 기독교 문헌에 의해 확증된다.[86]

어떤 귀신쫓는 자에 관한 이야기(막 9 : 38-40 병행) 역시 초기자료에 속한다. 왜냐하면 그 이야기는 제자들의 불관용과 예수님의 관용을 명백하게 대조시켜 드러내기 때문이다. 마태복음이 그것을 빠뜨린 것은 결코 우연이 아니다. 여기에서 다시 한번 동일한 결론이 유추될 수 있다 : 만일 예수가 자신을 귀신들을 쫓아내는 권세를 가진 자로 드러내지 않았다면, 어떤 사람이 귀신을 쫓아내기 위해 예수의 이름을 사용해야만 했다는 것은 도무지 상상할 수 없다.

마태복음 9 : 14이하에서 제자들의 연약함이 한층 더 날카롭게 폭로되고 있는데, 여기서 그들은 귀신을 쫓아내는 데에 실패하였다. 그런데 바로 이러한 사실이 이 설화가 오래된 것(초기의 자료)임을 드러내준다. 왜냐하면 전승은 대체로 제자들을 감싸주는 경향이 있기 때문이다. 사실 마가복음 6 : 5상반절에서 예수 자신이 무력하게 말하여지고 있다. 그가 나사렛에서 그들의 불신앙으로 말미암아 권능을 행할 수 없었다($οὐκ$ $ἐδύνατο$)는 말을 듣는다. 이러한 말은 거부감을 갖게 하기 쉽다. 사실 5절 하반절이나 병행구절인 마태복음 13 : 58 등은 이 말의 의미를 상당히 완화시키고자 시도한다. 그런데 바로 이러한 거부감을 주기 쉬운 성격이 이 이

---

86) Billerbeck I 631 안에 있는 예들에다가 b. Shab. 104 b Bar (Billerbeck I 39)가 더하여져야만 한다. 나아가서 M. Hengel, *Nachfolge und Charisma*, BZNW 34, Berlin 1968, 44 각주 14를 참조하라.

야지의 진실성을 보증하는데, 이 이야기는 δυνάμεις (권능)가 예수에 대한 규준 (norm)이었음을 전제한다.

또한 안식일에 대한 예수의 논쟁 역시 언급되어야만 한다. 그것은 전승에 있어서 분명한 위치를 차지하고 있는데, 예수께서 안식일에 병고친 일들은 그것과 본질적으로 연결되어 있다. 예컨대 마가가 제자들의 부르심 다음에 기록하는 첫번째 병고침 이야기—아마도 베드로 자신에게 돌려지는 것으로 보이는 초기 복합전승(막 1 : 16-39) 가운데에서[87]—는 안식일에 회당에서 귀신쫓는 사건이다(1 : 23-28). 동일한 복합전승의 한 부분에 베드로의 장모의 열병을 고치는 이야기가 있다(1 : 29-31 병행). 이것은 상세한 정보나 치우침 없이 사실적이며 그리고 간단하게 언급되었다.

예수께서 고라신과 벳새다를 위협하는 로기온(마 11 : 20-22 병행) 역시 초기의 것임에 틀림없다. 우리는 고라신에서의 예수의 활동에 대하여 어디에서도 듣지 못한다. 마가복음 1 : 40-44의 한 문둥병자를 고치는 이야기 역시 초기의 전승자료에 속한다. 우리는 단지 43절의 신비스러운 έμβριμησάμενος 라는 단어('거칠게 말하다': 개역성경에는 '엄히 경계하사'로 번역하였음)를 기억하는 것으로 족한데 이것은 아마도 조용하라는 명령에 대한 동방의 표시언어(sign language)일 것이다.[88] 또한 치료를 확증하는 증거로서의 εἰς μαρτύριον αὐτοῖς(44절)도 주목해 보아야 한다.[89]

마지막으로 마태복음 7 : 22과 누가복음 10 : 20같은 말씀들도 초기의 것일 수 있다. 왜냐하면 여기에서 예수님은 초대교회가 그토록 소중히 여겼던 귀신쫓는 일과 권능 행하는 것을 과소평가하고 있기 때문이다. 그것들이 바실레이아(하나님 나라)에 들어가는 것을 보증해 주지는 못한다.

따라서 비록 이적이야기에 엄격한 비평적 표준들이 적용되었다 하더라도, 논증할 수 있는 역사적 핵심은 여전히 남는다. 예수는 자신의 동

---

87) 그 이유는 다음과 같다. (a) 막 1 : 21하반절—38은 24시간 하루에 일어난 사건들을 묘사한다. (b) 그것들 사이에 비교적 많은 수의 사소한 개별적 사건들이 있다. (c) 그 사건들은 지형학적—연대기적 연결로서 편향됨이 없이 제시되어 있다(마가복음의 수난설화 가운데에서도 나타나는 것 처럼), (d) 이것은 베드로라는 인물을 통하여 이루어진다. (e) 베드로는 그의 원래이름인 Σίμων(1 : 16, 29, 30, 36, 이러한 이름이 마가복음에서 사용되는 곳은 본문 외에서는 오직 3 : 16과 14 : 37에서 뿐이다)으로 나타나고 있는데, 이러한 것은 베드로 전승의 가장 이른 자료층의 특징이다. (f) Σίμων καὶ οἱ μετ᾽ αὐτοῦ(시몬과 그와 함께한 사람들)과는 최종적으로 1인칭으로 주어진 이야기를 3인칭으로 바꾼 것처럼 보인다.
88) 손이 입술위에 놓여있는 동안 공기가 이빨을 통하여 혹 불어진다. E. E. Bishop, *Jesus of Palestine*, London 1955, 89를 참조하라. 44절이 이러한 해석을 뒷받침한다. 동방은 몸짓, 말을 좋아한다.
89) H. Strathmann, μάρτυς κτλ, *TDNT* Ⅳ, 1967, 474-514 : 503.

시대인들을 놀라게 했던 치유이적을 행하였다. 이것은 본래 정신적인 고통을 치유하는 것이었다. 특히 본문이 귀신을 쫓아냄에 있어[90] 예수가 간단한 명령으로 행한 것으로[91] 묘사하는 경우에 그렇다. 그러나 또한 문둥병자들과(그 당시에 이해된 것으로서의 넓은 의미에서)[92] 중풍병자들 그리고 소경들을 고치기도 하였다. 이것들은 의사들이 '압도치료요법'(overpowering therapy)이라고 부르는 것을 따른 사건들이다.

이러한 병고침이 중요하다고 느낀 것은 단순한 전승이 아니었다. 그것은 특히 예수 그 자신에게 있어 중요하였다. 사실상 그것은 너무도 중요하여서 그는 자신의 전체 사역을 고대의 '3일'말씀들[93] 가운데 하나로 다음과 같이 요약할 수 있었다 : $\dot{\epsilon}\kappa\beta\acute{a}\lambda\lambda\omega$ $\delta a\iota\mu\acute{o}\nu\iota a$ $\kappa a\grave{\iota}$ $\iota\acute{a}\sigma\epsilon\iota\varsigma$ $\dot{a}\pi o\tau\epsilon\lambda\hat{\omega}$(눅 13 : 32, 내가 귀신을 쫓아내며 병을 낫게 하다가), 그러나 이것은 어째서 그러했는가?

(2) 악의 권세[94]

예수의 시대에는 귀신들에 대한 특별한 두려움이 편만해 있었는데,[95] 이러한 것은 심지어 오늘날의 이슬람 팔레스틴에 있어서도 여전하다. 모든 종류의 질병이 귀신들에게 돌려졌는데, 이것은 특히 여러 형태의 정신병에 있어서 더욱 그러했다. 만일 우리가 정신병원이 없던 당시에는 이러한 종류의 질병이 오늘날에 비하여 훨씬 더 많았음을 주의한다면, 우리는 귀신들에 대한 그러한 두려움에 대하여 보다 잘 이해하게 될 것이다.

우리는 귀신들린 사람이 회당예배 중간에 발작하기 시작하는 방법에

---

90) 예수에 의한 귀신쫓음은 오직 마가복음에서만 다음의 구절들에서 보도되거나 전제된다. 1 : 23-27, 32-34, 39 ; 3 : 11 이하, 14이하, 22-27 ; 5 : 1-20 ; 6 : 7, 13 ; 7 : 24-30 ; 9 : 14-29, 38-40.

91) 막 1 : 25, 27 ; 5 : 8 ; 9 : 25 ; 눅 4 : 41($\dot{\epsilon}\pi\iota\tau\iota\mu\hat{a}\nu$).

92) 현대적 의미로서의 문둥병은 노르웨이의 의학자 A. Hansen에 의하여 1872년에 처음으로 정의되었다. 고대시대에는 다른 심인성(心因性)피부병들도 역시 '문둥병'으로 표현되었다.

93) pp. 409이하를 보라.

94) W. Foerster in : G. von Rad · W. Foerster, $\delta\iota a\beta\acute{a}\lambda\lambda\omega$, $\delta\iota\acute{a}\beta o\lambda o\varsigma$, TDNT Ⅱ, 1964, 71-81 ; W. Foerster-K. Schäferdiek, $\sigma a\tau a\nu\hat{a}\varsigma$, TWNT Ⅶ, 1964, 151-65.

95) Billerbeck Ⅳ 501-35(Excursus 21 : 유대주의의 귀신론에 관하여).

대한 생생한 그림을 가지고 있다(막 1 : 26) ; 나는 소년시절에 한 정신
병자가 입에 거품을 물고 소리를 지르며 거리를 뛰어다니던 모습을 본
적이 있다(막 5 : 5 하반절을 참조하라).[96] 예수의 시대에 동방에서는
그러한 장면을 흔히 볼 수 있었으며, 그들은 그러한 병자를 고치는 것
에서 그 병자를 지배하던 귀신에 대한 승리를 보았던 것이다. 그러므
로 복음서 역시 정신병을 귀신에 사로잡힌 것으로 묘사하는 사실에 대
하여는 별로 놀라울 것이 없다. 복음서는 그 당시의 언어와 개념으로
말한다. 그러나 한편으로 예수님은 당시의 개념들을 바꾼 것으로 보
인다. 유대주의에서 귀신들은 주로-'항상'이 아니라(막 3 : 22하반절)
-개별적인 존재들로서 생각되었다. 귀신들을 위한 무수한 이름들이
보여주듯이, 그것들은 하나씩 하나씩 이름이 지어지고 알려졌다.[97] 그
러나 예수님은 귀신들과 사탄 사이의 관계를 강조하였다. 그는 이러한
관계를 여러가지 표상(그림)들로서 표현하였다. 사탄은 군대의 사령관
으로 나타나며(눅 10 : 19, $\delta \dot{\nu} \nu \alpha \mu \iota \varsigma$) 혹은 심지어 왕국(나라)을 통치
하기도 한다(마 12 : 26 병행, 눅 11 : 18, $\beta \alpha \sigma \iota \lambda \epsilon \iota \alpha$). 반면 귀신들은
그의 군사들이다(막 5 : 9에 대하여 pp. 137이하를 보라). 마태복음 10 :
25에서 예수는 종들을 통솔하는 집주인으로서의 사탄을 묘사하기 위하
여 문자의 기교(word-play)를 사용한다(b°ēl Z°būl, p. 28을 보라). 이것
은 예수가 악의 세계에 대하여 원자론적인 견해(atomistic view)를 갖지
않고, 그것을 하나의 통일체(unity)로 보았음을 보여준다. 이와 같이
악은 더 이상 고립된 어떤 것이거나 혹은 우연한 어떤 것이 아니다 ; 문
제는 보다 과격해진다.[98] 그것의 다양한 표현들 뒤에는 $\dot{\epsilon} \chi \theta \rho \dot{o} \varsigma$ 곧 창
조의 파괴자가 있다. 사람들은 악령들의 무리에게 내어준 바 되었다.

---

96) 사마리아에서 귀신들린 자들은 엘리야 선지자나 오바댜 선지자의 무덤 혹은
세례 요한의 무덤 주위에 무리를 지어 모여 있었다. Paula는 AD 385년의 자신의 순
례여행기간 동안 그들을 보았다. "…귀신들이 성자들의 무덤 앞에서 여러가지 고통
으로 소리지르고 있었으며, 사람들은 마치 늑대처럼 울부짖으며 개들처럼 짖으며
사자들처럼 으르렁거리고 뱀들처럼 쉭쉭거리며 황소들처럼 울어대고 있었다. 그들
은 머리를 뒤틀며 머리가 땅에 닿을 때까지 뒤로 젖혔다."(Jerome, Ep. 108 : 13). 또
한 J. Jeremias, *Heiligengräber in Jesu Umwelt*, Göttingen 1958, 132를 참조하라.
97) Billerbeck IV 501-35 passim.
98) ‡ Foerster, 18.

악의 실재에 대한 이런 지식의 최고점은 악의 권세가 아직 절정 (climax)을 향하여 가야만 한다는 사실에서 나타난다. 사탄은 자신을 하나님의 자리에 놓고 경배를 요구할 것이다(막 13 : 14). 오직 그 때 곧 끝날에야 비로소 거짓 신이 내던져질 것이다 : *tunc Zabulus*[99] *finem habebit*(모세승천기 10 : 1).

(3) 사탄의 정복

예수님은 하나님의 권세를 가지고 자비를 시행할 뿐만아니라 무엇보다도 악과의 전투에 참여하고자 사탄에 종노릇하는 이 세상에 들어오셨다. 바우에른화인드(O. Bauernfeind)[100]는 마가복음이 예수의 귀신쫓는 일을 어떻게 전투로 묘사하는가 하는 것을 보여주었다(예컨대 막 1 : 23−28을 보라). 우리는 다음과 같은 양식(패턴)을 볼 수 있다 : 귀신들린 자가 예수를 쫓아내고자 하는 의도의 말을 하면서 그에게 접근한다(24상반절, 이것은 두개의 의문문으로 읽혀져야 한다). 그것은 곧 공격이 되는데, 왜냐하면 다음에 귀신은 거룩한 선언을 하기 때문이다 (οἶδα σε τίς εἶ, ὁ ἅγιος τοῦ θεοῦ, 24하반절). 귀신은 잠잠하고 떠나라는 예수의 명령에 대하여 그에 복종하기에 앞서 마지막 저항을 한다(26절).

이와 동일한 양식(패턴)이 마가복음 5 : 6−10에서도 재연(再演)된다. 귀신쫓는 것을 악한 권세에 대한 전투의 개념으로 보는 것은 예수에게 있어서도 마찬가지였는데, 우리는 이러한 사실을 결투의 비유(막 3 : 27 병행. 눅 11 : 21)[101]를 통해서 볼 수 있다. 이 비유는 종말론적인 전쟁의 표상을 사용하는데, 이러한 표상이 당시 널리 알려져 있었던 것임을 엣센파의 본문들(특히 1 QM)이 잘 보여준다. 예수는 이 비유를 사용하여 자신의 귀신쫓음을 전투 혹은 강한 자를 정복한 다음에 그의 재물을 약탈하는 것으로 해석하였다. 아마도 이사야 53 : 12 (강한자와 함께 탈취한 것을 나누게하리니)이 여기에서 배경이 된 듯

---

99) =(Beel-) *Zebulus* (suggested by the Rev. E. Sÿnofzik).
100) *Die Worte der Dämonen im Markusevangelum*, BWANT 3, 8, Stuttgart 1927.
101) pp. 116이하를 보라.

148

하다. 누가복음 13 : 16에서 예수는 자신의 병고침을 묘사하기 위하여 사탄의 굴레를 깨뜨리는 표상을 사용한다.

악의 권세에 대한 이러한 승리는 사탄의 영역에 대한 지엽적인 침입에 멈추는 것이 아니다. 이것은 그 이상이다. 이것은 구원의 때의 여명(黎明)과 사탄의 멸망의 시작을 나타내는 것이다(막 1 : 24의 ἀπολέσαι를 참조하라). 이것이 누가복음 11 : 20에서 이렇게 언급되고 있다 : εἰ δὲ ἐν δακτύλῳ (마 12 : 28 πνεύματι) θεοῦ ἐκβάλλω τὰ δαιμόνια, ἄρα ἔφθασεν ¹⁰²⁾ ἐφ᾽ ὑμᾶς ἡ βασιλεία τοῦ θεοῦ (그러나 내가 만일 하나님의 손을 힘입어 귀신을 쫓아내는 것이면 하나님의 나라가 이미 너희에게 임하였느니라). 예수가 악령을 쫓아내는 모든 경우는 사탄이 자신의 권세를 가시적(可視的)으로 강탈당할 때에 관한 예기(預期 : anticipation)이다. 사탄의 종자(從者)들에 대한 승리는 곧 종말(eschaton)에 대한 미리 맛봄(foretaste)인 것이다.

예수는 자신의 명령에 따라 제자들이 행하는 귀신쫓음 역시 동일한 의미로 해석한다. 그는 하나님의 나라를 선포하기 위하여 제자들을 보내면서 그들에게 악의 권세를 제어할 권위를 준다(막 3 : 14이하). 귀신들을 제어하는 권위(authority)는 전도말씀 속에서 계속 반복되며, 따라서 그것이 그들을 사실상 특징짓는 것이 된다(막 6 : 7 병행 ; 마 10 : 7이하 ; 눅 10 : 19이하 ; 또한 막 6 : 13 병행 ; 마 7 : 22 ; 눅 10 : 17 등을 참조하라). 이것은 초기의 전승으로서 기독론적인 내용을 가지고 있다. 초대 기독교 선교사에 대한 선교책임은 다른 용어로 표현된다. 어째서 예수가 귀신들을 제어하는 권위에다가 그토록 큰 중요성을 부여하였는가 하는 문제는 제자들이 돌아와서 귀신들도 항복하더이다 라고 보고하자 이에 대하여 그가 기쁨으로 외친말 가운데 잘 나타난다 : ἐθεώρουν τὸν σατανᾶν ὡς ἀστραπὴν ἐκ τοῦ οὐρανοῦ πεσόντα (눅 10 : 18, 사탄이 하늘에서 번개같이 떨어지는 것을 내가 보았노라). 여기에서 πίπτειν (떨어지다)은 셈 형태의 준(準)수동태¹⁰³⁾로 간주되어

---

102) 다니엘에서 Θ, ψθανω 는 '도착하다' '도래하다' 등을 의미하는 mᵉtā를 번역하는 단어로서 여덟번 사용되었다.
103) p. 118각주 131을 보라.

야만 한다. 따라서 그것은 '쫓겨나다'로 해석되어야만 한다. 따라서
이 로기온의 의미는 다음과 같다. '사탄이 하늘로부터 마치 번개같이
쫓겨 내던져지는 것을 내가 보았노라.' 사탄이 천상의 세계로부터 쫓
겨남을 당한다는 것은 마치 계시록 12 : 7－9에 묘사된 것과 같은 하늘
에서 어떤 전쟁을 전제한다. 이상(異象 : vision) 가운데에서의 예수의
기쁨의 외침은 최후의 위기에 앞서서 시간의 간격을 뛰어넘어, 제자들
에 의해 행하여진 귀신쫓음 안에서 사탄의 멸망의 여명(黎明)을 보는
것이다. 이러한 단계가 이미 도래하였다. 귀신들이 권세를 잃으며 사
탄이 멸망을 당하고 있다(눅 10 : 18). 또한 낙원이 열리고 있으며(19
절) 구속받은 자의 이름이 생명책에 기록된다(20절).[104]

    당시 유대주의에서는 이러한 언급과 유비(analogy)될 만한 것이 없
었다. 회당이나 쿰란은 현재에 이미 시작된 사탄의 멸망에 대하여 아
무 것도 아는 것이 없었다. 물론 이 모든 것은 역설적으로 말하여진 것
으로서 오직 믿는 자들에게만 보일 수 있는 것이다. 사탄은 여전히 자
신의 권세를 수행한다. 그러므로 $\check{\epsilon}\rho\gamma\alpha$(일) 그 자체가 합당한 것으
로 인정되는 것은 아니다. 심지어 그것은 마귀의 일로 이해될 수도
있다(막 3 : 22). 그러나 사람들이 예수를 믿는 곳에서는 전체 신약에
흐르고 있는 기쁨의 외침이 울려퍼진다. 사탄의 권세가 깨어졌다!
Satana maior Christus(루터).

§ 11 하나님 통치의 여명

Dalman, *Sayings of Jesus*; Billerbeck I, 1922, 172－84, 418f; H. Kleinknecht, G.
von Rad, K.－G. Kuhn K.－L. Schmidt, $\beta\alpha\sigma\iota\lambda\epsilon\acute{\nu}\varsigma$ $\kappa\tau\lambda$, *TDNT* I, 1964, 564－593;
R. Schnackenburg. God's *Rule and Kingdom*, 1963; N. Perrin, *The Kingdom
of God in the Teaching of Jesus*, New York and London 1963(for a history of
scholarship); id., *Rediscovering.*

---

104) 우리는 이미 p.113에서 사탄의 떨어짐, 독있는 짐승들이 해하지 못한, 이름
이 생명책에 기록됨 등의 세가지 표상(눅 10 : 18－20)이 사탄에 대한 승리, 들짐승
들이 해하지 못함, 천사들에 의한 식탁봉사 등의 종말론적인 세가지 표상(막 1 :
13)과 일치하는 것을 살펴보았다. 이러한 것들은 낙원의 주제들(paradise themes)이
다.

(1) 예수의 공적 선포의 중심주제인 바실레이아

하나님의 영의 돌아오음은 행동들 속에서 뿐만 아니라 권위의 말씀들 속에서도 또한 나타난다. 이제 본 항목에 있어서의 우리의 출발점은 예수의 공적 선포의 중심주제가 하나님의 왕적 통치(kingly reign of God)라는 사실로 부터이다. 어쨌든 첫 세 복음서들은 예수의 메시지를 이러한 개념 속에서 요약한다. 마가는 자신의 복음서 첫부분에 위치시킨 1 : 15에서 이러한 개념을 요약하고 있으며, 한편 마태는 $\kappa\eta\rho\upsilon\sigma\sigma\epsilon\iota\nu\ \tau\grave{o}\ \epsilon\dot{\upsilon}\alpha\gamma\gamma\epsilon\lambda\iota o\nu\ \tau\hat{\eta}\varsigma\ \beta\alpha\sigma\iota\lambda\epsilon\acute{\iota}\alpha\varsigma$ (마 4 : 23 ; 9 : 35)라는 구절로서, 또 누가는 $\epsilon\dot{\upsilon}\alpha\gamma\gamma\epsilon\lambda\acute{\iota}\zeta\epsilon\sigma\theta\alpha\iota\ \tau\grave{\eta}\nu\ \beta\alpha\sigma\iota\lambda\epsilon\iota\alpha\nu$ (눅 4 : 43 ; 8 : 1 ; 또한 9 : 2, 60을 참조하라)이라는 구절로서 그러한 개념을 요약한다.

우리는 이러한 공식이 공관복음서의 예수의 말씀들 가운데 자주 나타나는 사실로부터 이것이 진실로 예수의 선포의 중심주제를 표현하는 것임을 알 수 있다. 이러한 것은 당시의 유대주의나 신약의 다른 곳에서는 상대적으로 드문 표현으로서 현저한 대조를 드러낸다.[105] 그러나 무엇보다도 바실레이아에 대한 수많은 구절들 곧 예수 당시의 문헌에서 아무런 병행구절도 가지고 있지 않은 새로운 수많은 구절들이 나타나는데, 이것은 아직까지 충분한 주의가 기울여지지 않은 문제이다.[106]

마지막으로, 여기에는 매우 다양한 형태의 여러 표현들이 반복적으로 나타나고 있다. 마치 묵시적 말씀들이 그러한 것처럼, 여러가지 비유들이 하나님의 통치를 다루고 있다(막 9 : 47 ; 눅 17 : 20이하). 특별히 바실레이아에 들어가는 것에 관한 말씀들(막 10 : 23−25 병렬등)과 하나님 통치의 가까움에 관한 말씀들이 있다(막 1 : 15 병행, 9 : 1 병행 ; 마 11 : 12 병행 ; 눅 10 : 11). 또한 그것의 도래를 간구하는 것(눅 11 : 2 병행)과, 그것에 속한 자들에 대한 많은 역설적 메살림(무엇보다도 마 5 : 3 병행 ; 막 10 : 14이하 병행, 23−25 병행 ; 마 5 : 10, 19 ;11 : 11 병행 ; 21 : 31 ; 눅 12 : 32), 훈계(마 6 : 33 병행 ; 19 : 2 ; 눅 9 : 62), 전도말씀들(마 10 : 7 병행 눅 10 : 9 ; 9 : 2, 60) 그리고 바실레이아의 신비에 관한 말씀들(막 4 : 11 ; 또한 눅 11 : 20 병행 ; 마 12 : 28을 참조

---

105) pp. 64, 67의 각주 198을 보라.
106) pp. 64, 67을 보라.

하라) 등이 나타난다.

용 어

복음서에서 $\dot{\eta}\ \beta\alpha\sigma\iota\lambda\epsilon\acute{\iota}\alpha\ \tau o\hat{v}\ \theta\epsilon o\hat{v}$ 는 $\dot{\eta}\ \beta\alpha\sigma\iota\lambda\epsilon\acute{\iota}\alpha\ \tau\hat{\omega}\nu\ o\dot{v}\rho\alpha\nu\hat{\omega}\nu$ 과 상호교체적으로 사용된다. 양 표현은 사실상 동일한 의미를 가지고 있다. 왜냐하면 $o\dot{\iota}\ o\dot{v}\rho\alpha\nu o\acute{\iota}$ 는 단순히 하나님에 대한 완곡어이기 때문이다.

예수께서 둘 가운데 어떤 표현을 실제로 사용하였는가 하는 문제에 대하여는 아직까지 논쟁이 있다. 이 문제를 해결함에 있어 한가지 참조할 점은 '하늘나라'(천국 : kingdom of heaven)라는 용어가 유대문학에서 예수의 사역 반세기 후에 랍비 요하난 벤 자이카(대략 AD 80년)에 의해 처음으로 나타난다는 사실이다.[107] '하늘나라'라는 표현이 예수시대에 이미 널리 사용되었던 용어로서 예수에 의해 채택되었다는 견해는 비록 완전히 불가능하지는 않다 할지라도 매우 개연성이 희박하다. 왜냐하면 중간시대의 유대문학에서 이러한 표현이 전혀 나타나지 않기 때문이다.

반면, 예수께서 '하나님 나라'(kingdom of God)라는 표현을 사용하지 않았다고 고집할 논거는 아무데도 나와있지 않다. 분명히 그는 하나님의 이름을 종종 다른 표현으로 바꾸어 사용하였다(pp. 30 이하를 보라). 그러나 공관복음 전승에 따르면, '하나님'이란 표현을 그가 항상 피하였던 것은 결코 아니었다.[108] 쿰란의 본문들은 전(前)기독교 시대에 엘(ēl) 혹은 엘로힘(ʾlōhim)이란 용어를 사용하는 것에 대하여 어떤 주저함이 있지 않았음을 확증한다. 따라서 '하늘나라'라는 표현이 2차적인 것일 듯하다. 이러한 '하늘나라'(천국)라는 표현은 유대기독교적 환경에서는 자연스러웠을 것이다(마태복음에서 31회, 나사렛인들의 복음서에서 1회)[109] 왜냐하면 유대주의에서는 성경인용을 제외하고는 '하나님'이란 단어를 피하는 경향이 있었기 때문이다.

(2) 예수의 말씀 속에서 미래적 의미를 갖는 $\dot{\eta}\ \beta\alpha\sigma\iota\lambda\epsilon\acute{\iota}\alpha\ \tau o\hat{v}\ \theta\epsilon o\hat{v}$

만일 우리가 바실레이아를 다루는 예수의 말씀들을 이해하고자 한다면, 우리는 먼저 그 당시의 백성들이 '하나님의 통치'(regin of God)라

---

107) J. Kidd. 59d 28.
108) 마가복음에는 35회, 마태복음에는 33회, 그리고 누가복음에는 65회의 용례가 나타난다.
109) 이 외에서는 아그라폰(agraphon : 터툴리안의 De baptismo 20 : 2 에서 인용됨)에서 한번, 도마복음에서 세번(20, 54, 114, 이와 관련하여 여기에서 '아버지의 통치'는 7번 단순히 '통치'는 12번 나타난다), 그리고 빌립복음에서 6번 나타난다.

는 표현을 어떻게 생각했는가 하는 것을 알아야만 한다. [110] 우리는 그
것이 전(前)기독교 유대주의에서는 일반적인 표현법이 아니었음을 이
미 살펴보았다. [111] 비록 우리가 동사 말락(mālak)과 명사 멜렉(melek)
이 하나님께 대하여 적용된 구절들을 표함시킨다 할지라도, 그 용례는
비교적 소수이다.

한가지 사실은 확실하다 : 그것은 곧 동방인들에게 있어 말구타
(malkūtā)라는 단어는 서방인들에게 있어 '나라'(kingdom)가 갖는 의
미를 가지지 않았다는 사실이다. 구약에서 오직 몇몇 극소수의 용례에
서만 말구트(malkūt)는 공간적인 의미의 영역 곧 영토를 의미하였다.

반면 거의 대부분의 경우 영토, 그것은 통치권(government), 권위
(authority), 왕의 권세(the power of a king)등을 의미하였다. [112] 그러나
이것이 말구트(malkūt)가 추상적인 방법으로 이해되었음을 의미하는
것은 아니다. 그것은 항상 이루어져 가고 있는 과정 가운데 있는 것
이다. 따라서 하나님의 통치(reign of God)는 공간적 개념도 정적(靜
的) 개념도 아니다. 그것은 **역동적인(dynamic) 개념**이다. [113] 그것은 행
동 가운데 있는 하나님의 통치를 의미한다. 그것은 지상의 왕정체제와
대립되는 것이고 나아가서 하늘과 땅의 모든 통치와 대조되는 것이다.

그것의 주요한 특징은 하나님께서 위의 왕의 이상(ideal)을 실현시키

---

110) Dalman, *Words of Jesus*, 96−101 ; *Worte Jesu*, 310−14, 361−63 ; Billerbeck
I 172−84 ; ‡ K. G. Kuhn, 570−73 p. Billerbeck 은 자신이 젊은 목사시절 '하나님의
나라'가 나타나는 문맥에 대하여 설교해야만 했을 때, 자신의 기념비적인 작품에
착수할 충동을 느끼게 되었다고 내게 말하였다. 그는 어떠한 주석서에서도 예수시
대의 백성들이 '하나님의 나라'란 표현으로 무엇을 이해했는지에 대한 정보를 얻을
수 없었다.

111) p. 64를 보라.

112) 예컨대 단 6 : 29 bᵉmalkūt dāryāweš, '다리오의 통치아래에서'; $\beta\alpha\sigma\iota\lambda\epsilon\iota\alpha$
가 병행을 이루는 계 17 : 12을 참조하라.

113) 이것은 $\beta\alpha\sigma\iota\lambda\epsilon\iota\alpha$가 시간의 $\epsilon\nu$과 연결되는 공관복음서의 구절들에서 특별
히 분명하게 인식될 수 있다(Jeremias, *Eucharistic Words*, 184). 이에 대한 몇가지
예를 들어보자. 마 20 : 21의 $\epsilon\nu$ $\tau\tilde{\eta}$ $\beta\alpha\sigma\iota\lambda\epsilon\iota\alpha$ $\sigma o\upsilon$ 는 '당신의 나라에서'(in your
kingdom)를 의미하는 것이 아니라, 병행구절인 막 10 : 37의 $\epsilon\nu$ $\tau\tilde{\eta}$ $\delta o\xi\tilde{\eta}$ $\sigma o\upsilon$ 가 보
여주는 것처럼 인격적인 용어로 번역되어야만 한다 : '당신이 왕이 될 때'. 마 16 :
28의 $\epsilon\rho\chi o\mu\epsilon\nu o\nu$ $\epsilon\nu$ $\tau\tilde{\eta}$ $\beta\alpha\sigma\iota\lambda\epsilon\iota\alpha$ $\alpha\dot{\upsilon}\tau o\tilde{\upsilon}$ '하나님께서 자신의 통치를 세우셨을때'
눅 22 : 30의 $\epsilon\nu$ $\tau\tilde{\eta}$ $\beta\alpha\sigma\iota\lambda\epsilon\iota\alpha$ $\mu o\upsilon$ '내가 왕이 될 때', 눅 23 : 42의 $\epsilon\nu$ $\tau\tilde{\eta}$ $\beta\alpha\sigma\iota\lambda\epsilon\iota\alpha$
$\sigma o\upsilon$ '당신이 왕으로서 (다시) 올 때.'

고 계시다는 것이다. 이것은 계속적으로 대망되어온 것이나 지상에
서 결코 성취되지 않은 것이다. 가장 이른 시대로부터의(kingly
righteousness)의 동방적인 개념은—그리고 이러한 개념은 예수 시대의
이스라엘이 가지고 있었던 개념이다—감정이 없는 냉정한 판결의 개념
이 아니라, 왕의 의지할 데 없는 자, 약한 자, 가난한 자, 과부 그리고
고아에게 베푸는 보호(protection)의 개념이었다. [114]

또 하나의 중요한 사실은 유대주의에서 '하나님의 통치'의 개념에
대하여 두가지 표현이 있었다는 사실이다. [115] 유대쥬의에 현재와 미래
의 두 세대 개념이 있었던 것과 마찬가지로, 백성들은 이 세대에서의
(영속하는) 하나님의 통치와 세 세대에서의 (미래적인) 하나님의 통치
에 대하여 말하였다. 이러한 구분은 구약으로 되돌아가는데, 이러한
구분이 분명하게 나타나는 것은[116] 오직 후기단계에서이다. 이러한 구
분은 다니엘서에서 처음으로 분명하게 나타난다. 다니엘 4：34은 현세
대에서의 하나님의 통치에 대하여 다음과 같이 말한다 :

　　이에 내가 지극히 높으신 자에게 감사하며 영생하시는 자를 찬양
　하고 존경하였노니 그 권세는 영원한 권세요 그 나라(kingdom)는 대
　대에 이르리로다

또한 다니엘 2：44은 그의 미래통치에 대하여 이렇게 말한다 :

　　이 열왕의 때에 하나님이 한 나라(kingdom)를 세우시리니 이것은
　영원히 망하지도 아니할 것이요 그 국권이 다른 백성에게로 돌아가
　지도 아니할 것이요 도리어 이 모든 나라를 쳐서 멸하고 영원히 설것
　이라

---

114) J. Dupont, Les Béatitudes II. La bonne nouvelle, Paris 1969, 53-90. 또한
H·T. Wrege, Die Überlieferungsgeschichte der Bergpridigt, WUNT 9, Tübingen
1968, 113-15.
　115) 이것은 T.W. Manson, Teaching 의 주요한 개념 가운데 하나였다.
　116) 이러한 구분은 이미 보다 이른 단계에서 타나났다. 렘 31：31-34를 참조.

이러한 구분은 이후의 기간동안 계속하여 근본적인 것으로 남게 되었다. 유대주의에 있어 하나님의 영원한 통치는 **이스라엘에 대한 그 분의 주되심**(his lordship over Israel)이었다. 그 분은 전체 세상과 모든 백성을 지으신 창조주이시다. 그러나 열방들(nations)이 그 분으로부터 돌이켜 버렸다. 그가 시내 산에서 다시 한번 그들에게 자신의 나라(kingdom)를 제시했을 때, 이스라엘만이 그 분에게 순종하였다. 그리하여 그 이후로 그는 이스라엘의 왕이 되셨다. 그리하여 이 나라는 율법 안에 있는 왕적인 뜻(royal will)의 선포를 통하여 세워졌으며, 하나님의 통치는 사람들이 스스로 의지의 결단으로 율법에 순종하는 곳에서 보여질 수 있다. 한분 하나님께 대한 신앙고백으로서 공공기도인 쉐마(Shᵉma)를 암송하는 유대인은 이스라엘에 대한 하나님의 통치를 선포하고 있는 것이다. 또한 개종한 이방인은 자신에 대한 하나님의 통치의 멍에를 메게 되는 것이다.

그러나 현세대에 있어 하나님의 통치는 제한되어 있고 감추어져 있다. 왜냐하면 이스라엘이 하나님의 통치를 거절한 이방나라들에 대하여 종된 상태에 있기 때문이다. 이스라엘에 대한 하나님의 통치와 이방인들의 통치는 견딜 수 없는 상호모순이다. 그러나 이러한 부조화가 해결될 때가 올 것이다. 이스라엘이 자유를 얻게 될 것이요, 하나님의 통치가 모든 영광 가운데 나타날 것이며, **모든 세상**이 하나님을 왕으로서 알고 인정하게 될 것이다. Mek. Ex. on 17 : 14는 이렇게 언급한다. '우상에게 경배하는 자들과 더불어 우상숭배가 뿌리뽑힐 때⋯⋯ 그 때 야웨께서 온 땅위의 왕이 되실 것이라(슥 14 : 9을 참조하라).' 또한 1 QM 6 : 6은 이렇게 진술한다, '그 때 멜루카(mᵉlūkā)가 이스라엘의 하나님께 속할 것이요, 또 그가 거룩한 무리들 가운데 자신의 권세를 나타내실 것이라.' 이스라엘은 매 예배 끝에 이러한 때가 도래하기를 간청하였다. 또한 이것은 예수 시대에 카디쉬[117](kaddish)에서도 마찬가지였는데, 이것(카디쉬)은 하나님의 이름이 높여지고 하나님의 통치가 지배하기를 구하는 이중탄원으로 시작된다.[118]

---

117) p. 290을 보라.
118) 어법을 위하여는 역시 p. 290을 보라.

요약 : 유대주의는 하나님을 왕으로서 인식하였다. 현 세대에 그의 통치는 오직 이스라엘에게만 펼쳐지지만, 그러나 마지막 때에 그는 모든 열방들에 의해 인정될 것이다.

그렇다면 예수는 그 표현(하나님의 통치)을 어떻게 이해했을까? 그는 현재의 하나님의 통치를 생각하고 있었나 아니면 미래의 하나님의 통치를 생각하고 있었나? 그것도 아니면, 그는 두 개념을 결합하였는가? 이 질문에 대하여 대답하는 것은 어렵지 않다. 카디쉬를 취한 주기도문의 두번째 간구(마 6 : 10 ; 눅 11 : 2)는 예수께서 말구타(malkūta)라는 용어를 **종말론적인 의미로** 사용했음을 분명하게 보여준다. 사실상 이것은 모든 단계에서의 그의 말씀들로부터 확증된다.

마가복음 9 : 1의 매우 초기의 말씀에 따르면, 예수님은 제자들에게 ἕως ἂν ἴδωσιν τὴν βασιλείαν τοῦ θεοῦ ἐληλυθυῖαν ἐν δυνάμει (그들이 하나님 나라가 권능으로 임하는 것을 볼 때까지는) 죽지 않을 것이라고 약속하였다. 여기에서 예수님은 미래사건에 관하여 말하고 있는 것이다. 바실레이아에 들어가는 것과 관련한 많은 말씀들[119](예컨대 막 9 : 43-48 같은 말씀) 역시 종말론적인 바실레이아의 도래가 최후심판에 의하여 도입될 것임을 보여준다. 사실상, 우리는 예수가 바실레이아에 대하여 말할 때 그는 거의 대부분 그것에 선행하는 최후심판의 개념을 포함시킨다고 말할 수 있다.

바실레이아는 또한 구원의 잔치와 관련된 은유 가운데 종말론적인 의미로 분명하게 이해되는데, 여기에서는 예수 자신과(막 14 : 25) 아브라함, 이삭, 야곱과 선지자들(눅 13 : 28) 그리고 사방으로부터 온 이방인들(29절)이 '하나님의 바실레이아에서' 식탁에 기대어 앉을 것이라고 언급된다.

마지막으로, 우리는 바실레이아의 가까움에 관한 말씀들을 언급해야만 한다. 예수님은 그것의 가까움을 ἤγγικεν ἡ βασιλεία (바실레이아가 임박했다)라는 말씀으로 선포하였으며, 나아가서 그는 제자들을 동

---

119) H. Windisch, 'Die Sprüche vom Eingehen in das Reich Gottes', *ZNW* 27, 1928. 163—92.

일한 메시지와 더불어 보내었다.[120]

마지막 예로써 우리는 누가복음 17 : 20이하를 언급해야만 하는데, 이 구절은 계속 논쟁의 대상이 되어온 것처럼 좀더 면밀한 검토가 요구된다 :

οὐκ ἔρχεται ἡ βασιλεία τοῦ θεοῦ μετὰ παρατηρήσεως,
οὐδὲ ἐροῦσιν. ἰδοὺ ὧδε ἢ ἐκεῖ
ἰδοὺ γὰρ ἡ βασιλεία τοῦ θεοῦ ἐντὸς ὑμῶν ἐστιν [121]

하나님의 나라는 볼 수 있게 임하는 것이 아니요
또 여기 있다 저기 있다고도 못하리니
하나님의 나라는 너희 안에 있느니라

이 말씀의 구조를 주목하는 것이 중요하다. 이 말씀은 '하나님의 통치가 도래하는 때'에 관한 바리새인들의 질문에 의하여 야기된 것이다.[122] 그런데 이들의 질문은 서기관들에 의하여 계속 논의되어온 유대묵시문학의 중심주제를 취하고 있다. 예수님은 이러한 질문에 대하여 세개의 절로써 이루어진 한개의 문장으로 대답한다. 이러한 세개의 절들 가운데 두개는 부정적이고 나머지 한개는 긍정적이다. 여기에서 두개의 부정적인 절들은 이렇게 진행된다 : 바실레이아가 나타나는 시간을 미리 계산할 수는 없다.[123] 이와 마찬가지로, 그것이 나타날 장소 (이를테면 '광야'〈마 24 : 26〉와 같은)를 결정하는 것도 불가능하다. 반대로―이것이 긍정적인 절이다―하나님의 통치는 *ἐντὸς ὑμῶν ἐστιν* (너희 안에 있다 : 여기에서 *ἐστιν*은 그에 상응하는 아람어를 갖지

---

120) 예수(막 1 : 15 병행), 제자들(마 10 : 7 ; 눅 10 : 9, 11) 임박한 도래의 예기 (豫期)를 위하여는 § 13을 보라.

121) Dalman, *Words of Jesus.* 143―47 ; A. Rüstow, 'Εντὸς ὑμῶν ἐστιν . Zur Deutung von Lukas 17, 20―21'. *ZNW* 51, 1960, 197―224(lit).

122) *ἔρχεται* 의 시제는 문맥에 의하여 결정되는데, 그것은 20절의 두 경우에서 모두 미래로 번역되어야만 한다(20상반절의 질문과 20하반절의 대답. 21절의 미래형 *ἐροῦσιν*을 참조하라).

123) *παρατήρησις* 는 예컨대 천문학적인 계산이나 식별을 의미한다.

않음을 주목하라. 왜냐하면 아람어는 連結辭를 갖지 않기 때문이다).
그러나 여기에서 $\dot{\epsilon}\nu\tau\grave{o}\varsigma\ \dot{\upsilon}\mu\hat{\omega}\nu$ 은 무엇을 의미하는가?

$\dot{\epsilon}\nu\tau\grave{o}\varsigma$의 의미가 애매모호하다는 데에 난점이 있다. 통속 헬라어에서 $\dot{\epsilon}\nu\tau\grave{o}\varsigma$는
'…의 영역에서''…가운데''…중간에' 등을 의미하는 반면, 70인경 헬라어에서는
'…안에 내재해 있는'(indwelling in)까지도 의미할 수 있다(예컨대 Ψ 108：22). 그
러나 우리는 '…안에 내재해 있는'(indwelling in)이란 의미는 확실하게 배제해 버
릴 수 있다. 왜냐하면 유대주의나 신약 그 어디에서도 우리는 하나님의 통치가 사
람들 안에 내재해 있는 어떤 것, 다시 말해서 마음 속에 있는 것이라는 개념을 찾을
수 없기 때문이다. 그러한 영적 이해는 예수에게 있어서 뿐만 아니라 초대 기독교
전승에서도 마찬가지로 배제된다.
　이제 우리는 '…가운데(in the midst of)'의 의미를 고찰해 봐야만 한다. 그러나
이것은 즉시로 새로운 난점을 야기시킨다. '통치가 너희들 가운데 있다'는 말씀은
두가지로 해석될 수 있다：현재적인 것으로서(이 경우 '너희 가운데'는 예수의 임
재를 언급하는 것일 것이다) 그리고 미래적인 것으로서 우리가 이 문제를 해결하려
면 우리는 이어지는 말씀(17：23이하)을 주목해야만 하는데, 왜냐하면 거기에 21절
에 대한 병행구절이 있기 때문이다.[124] 양 경우에, 바실레이아의 여명이 국지화(局
地化：localization)될 수 없다는 부정적인 단언 다음에 긍정적인 진술이 뒷받침되고
있다(21상반절／23절). 21상반절의 부정적인 진술이 23절과 대응하는 것처럼, 21하
반절의 긍정적인 진술은 24절과 대응된다. 이것은 21하반절이 24절에 비추어 해석
되어야 함을 의미한다. 즉 양 구절은 병행구절인 것이다. 따라서 부정적인 진술 가
운데 있는 미래형 $\dot{\epsilon}\rho o\hat{\upsilon}\sigma\iota\nu$이 21상반절과 23절에서 동일한 의미를 갖는 것처럼, 21
하반절의 $\dot{\epsilon}\sigma\tau\acute{\iota}\nu$은 24절의 $\ddot{\epsilon}\sigma\tau\alpha\iota$ 와 같은 시간영역에 속하는 것이다. $\dot{\epsilon}\sigma\tau\acute{\iota}\nu$이나
$\ddot{\epsilon}\sigma\tau\alpha\iota$나 이에 상응하는 아람어 대응어를 갖지 않는다. 따라서 시제상의 차이는 단
지 이 말씀이 헬라어로 번역될 때 야기된 것이다. 그러므로 21하반절은 24절과 마
찬가지로 종말론적으로 이해되어야만 한다. 따라서 그것은 '…너희 가운데 (갑자
기) 있을 것이다'로 해석되어야만 한다.(여기에서 예레미아스는, 대부분의 독일 신
학자들이 그러한 것처럼, 본문을 철저종말론적 관점에서 해석하였다. 그러나 하나
님의 나라를 이중구조〈already와 not yet〉를 갖는 것으로 이해하는 학자들은 대부분
본문을 현재적인 측면으로 해석한다—역자주).

　그러므로 $\dot{\epsilon}\nu\tau\grave{o}\varsigma\ \dot{\upsilon}\mu\hat{\omega}\nu\ \dot{\epsilon}\sigma\tau\iota\nu$ (눅 17：21하반절)이란 말씀에서 조차
도, 바실레이아는 종말론적인 것으로 이해된다：그것은 갑자기 도래할

---

124) 이중적 전승에 대한 이유는 청중이 서로 다르다는 사실에 놓여있다. 20절
이하는 바리새인들에게 향하여져있고, 23절 이하는 제자들에게 향하여져 있다.

것이다.

이제 우리는 확실한 결론에 직면하게 되었다 : 예수의 메시지 어디에서도 바실레이아가 이 세대에서의 이스라엘에 대한 영원한 하나님의 통치를 언급하지 않는다는 사실이다(사실 이러한 개념이 마 21 : 43에서 잠깐 나타나기는 한다, $\dot{\alpha}\rho\theta\dot{\eta}\sigma\epsilon\tau\alpha\iota \dot{\alpha}\phi'\dot{\nu}\mu\hat{\omega}\nu \ \dot{\eta} \ \beta\alpha\sigma\iota\lambda\epsilon\dot{\iota}\alpha \ \tau o\hat{\nu} \ \theta\epsilon o\hat{\nu}$ 〈하나님의 나라를 너희는 빼앗기고〉. 그러나 이 구절이 마가복음에는 없는 것으로 미루어 이것은 덧붙여진 것〈addition〉이다). 반면 바실레이아는 항상 그리고 어디에서나 종말론적인 용어로 이해된다 : 그것은 구원의 때, 세상의 완성, 그리고 하나님과 인간 사이의 깨어진 교제의 회복을 의미한다. 예수는 특별히 다니엘 2 : 44를 취하는데, 여기에서 하늘의 하나님이 영원한 통치(eternal rule)를 세우실 것이 언급된다. 또한 그는 다니엘 7 : 27을 취하는데, 여기에서 나라(kingdom)가 지극히 높으신 자의 성민(聖民 : the people of the saints)에게 주어질 것이라고 언급되어 있다(눅 12 : 32을 참조하라)[125]—우리는 나중에 다니엘서가 그에게 있어 특별히 중요했었음을 보게 될 것이다.[126] 그러므로 예수께서 $\ddot{\eta}\gamma\gamma\iota\kappa\epsilon\nu \ \dot{\eta} \ \beta\alpha\sigma\iota\lambda\epsilon\dot{\iota}\alpha \ \tau o\hat{\nu} \ \theta\epsilon o\hat{\nu}$ 라는 문장을 다시 한번 면밀히 검토함으로써 본 항목의 연구결과를 요약하고자 한다. 우리는 예수가 하나님의 이름을 완곡적으로 사용함으로써 당시의 경건한 관습을 따랐음을 이미 앞에서 살펴보았다.[127] 한편, 유대주의에 있어 말구타(malkūtā : dēlāhā)라는 용어는 통치자로서의 하나님에 대한 완곡어(periphrase)로 사용될 수 있었다.[128] 이러한 의미는 하나님 통치의 도래

---

125) § 21(하나님 백성의 완성)을 보라.

126) p. 300를 보라.

127) p. 30이하를 보라.

128) 사 31 : 4의 yērēd yhwh sᵉbā'ōt는 탈굼에서 titgᵉlē malkūtā dᵉyhwh sᵉbā'ōt로 번역되었다. 이와 마찬가지로 40 : 9의 hinnē ᵉlōhēkem 40 : 9은 탈굼에서 'itgeli' at malkūtā de'ᵉlāhᵃkōn 으로 번역 되었다. 탈굼 이사야 24 : 23 ; 52 : 7 ; 탈굼 미가 4 : 7 ; 탈굼 스가랴 14 : 9 등도 참조하라. 탈굼 밖에서는 다음을 참조하라. I QSb 4 : 25이하 ; '그리고 너는 왕적 통치 (곧 하나님)의 성전에서 종이 될 것이다 (bᵉhēkāl malkūt. 카디쉬(p. 290을 보라). 지혜서 10 : 10(창 28 : 12, 벧엘에서의 야곱의 꿈) ; $\dot{\epsilon}\delta\epsilon\iota\xi\epsilon\nu$ (지혜) $\alpha\dot{\nu}\tau\hat{\omega}$ (야곱) $\beta\alpha\sigma\iota\lambda\epsilon\dot{\iota}\alpha\nu \ \theta\epsilon o\hat{\nu}$, Krakau 1893, 42b 13이하) ; 여기에서 랍비 시므온 벤 요하이는 (약 AD 150) 본문(그들이 나를 거절했다)의 'ōtī를 '하나님의 왕국 통치, 다윗의 왕적 통치 그리고 성소의 건설'로 번역한다.

에 관한 예수의 말씀 가운데에서 찾아질 수 있다. 그러므로 예수가
$\mathring{\eta}\gamma\gamma\iota\kappa\epsilon\nu\ \mathring{\eta}\ \beta\alpha\sigma\iota\lambda\epsilon\acute{\iota}\alpha\ \tau o\mathring{\upsilon}\ \theta\epsilon o\mathring{\upsilon}$ 라고 선언할 때, 그 의미는 사실상 '하
나님이 가까왔다'(God is near)인 것이다.[129] 이것이 바로 백성들이 예수
의 부르심 속에서 들게될 메시지인 것이다 : '하나님께서 오실 것이다.
그는 문 앞에서 계시다. 실로 그는 도착하셨다($\mathring{\epsilon}\phi\theta\alpha\sigma\epsilon\nu$).[130] 그는 이미
거기 계시다'.

(3) 동터오는 세상의 완성

$\mathring{\eta}\ \beta\alpha\sigma\iota\lambda\epsilon\acute{\iota}\alpha\ \tau o\mathring{\upsilon}\ \theta\epsilon o\mathring{\upsilon}$ 가 예수의 말씀 속에서 종말론적인 의미를 가
지는 것이며 또 그것이 하나님의 영광에 대한 마지막의 최종적인 계시
를 나타내는 것임을 우리가 확고히 할 때에야 비로소 우리는 예수께서
나타낸 메시지 가운데 새로운 요소를 평가할 수 있게 된다. 이러한 새
로운 요소는 새 세대(new age)의 도래가 가까왔다는 확증은 분명히 아
니었다. 왜냐하면 예수는 그러한 사상(새 세대가 가까왔다는 사상)을
묵시주의자들과 그리고 특히 세례 요한과 더불어 공유하고 있었기 때
문이다. 예수에게 있어 독창적인 새로운 요소는 그가 별로 자주 사용
하지 않던 말구타(malkūtā)라는 용어를 그의 공적 선포의 중심개념으
로 삼았다는 사실이다. 우리는 이러한 언어적 창작이 예수의 화법(話
法)에 있어서의 특징임을 인식해야만 한다(pp. 63－69 를 보라). 그
러나 바실레이아에 대한 예수의 선포에 있어 정말로 새로운 요소는 전
혀 다른 데에 있다.

누가복음 7 : 22이하 병행. 마태복음 11 : 5이하의 두 박자 운율에 있
어서의 육중평행법[132](sixfold parallelism)은 이러한 새로운 요소를 매우
분명하게 나타낸다 :

---

129) 하나님의 오심(도래)에 대한 개념을 위하여는 사 59 : 20 ; 미 1 : 3 ; 에디오
피아 에녹 1 : 3이하, 9 ; 모세의 승천 10 : 3, 7 ; Billerbeck의 랍비문학용례 Ⅰ 164 ;
Ⅳ 966, 981 등을 참조하라.

130) 눅 11 : 20 병행. 마 12 : 28.

131) Billerbeck Ⅰ 178－180은 malkūt/ $\beta\alpha\sigma\iota\lambda\epsilon\acute{\iota}\alpha$ 의 종말론적 용례를 모아 놓았
다.

132) 나누어지는 것을 보기 위하여는 p. 45 각주 128을 참조하라. 우리는 누가복
음을 따르고 있다.

$$\tau\upsilon\phi\lambda o\acute{\iota}\ \grave{a}\nu a\beta\lambda\acute{\epsilon}\pi o\upsilon\sigma\iota\nu\ ,$$
$$\chi\omega\lambda o\acute{\iota}\ \pi\epsilon\rho\iota\pi a\tau o\tilde{\upsilon}\sigma\iota\nu\ ,$$
$$\lambda\epsilon\pi\rho o\acute{\iota}\ \kappa a\theta a\rho\acute{\iota}\zeta o\nu\tau a\iota\ ,$$
$$\kappa a\grave{\iota}\ \kappa\omega\phi o\grave{\iota}\ \grave{a}\kappa o\acute{\upsilon}o\upsilon\sigma\iota\nu\ ,$$
$$\nu\epsilon\kappa\rho o\grave{\iota}\ \grave{\epsilon}\gamma\epsilon\acute{\iota}\rho o\nu\tau a\iota\ ,$$
$$\pi\tau\omega\chi o\grave{\iota}\ \epsilon\grave{\upsilon}a\gamma\gamma\epsilon\lambda\acute{\iota}\zeta o\nu\tau a\iota\cdot$$
$$\kappa a\grave{\iota}\ \mu a\kappa\acute{a}\rho\iota\acute{o}\varsigma\ \grave{\epsilon}\sigma\tau\iota\nu\ \breve{o}\varsigma\ \grave{\epsilon}\grave{a}\nu\ \mu\grave{\eta}\ \sigma\kappa a\nu\delta a\lambda\iota\sigma\theta\tilde{\eta}\ \grave{\epsilon}\nu\ \grave{\epsilon}\mu o\acute{\iota}\ .$$

　마태와 누가는 이 말씀을 세례 요한의 사자들(使者)의 눈앞에서 예수님이 행했던 이적들을 열거하는 것으로 이해하였다.[133] 그러나 본래 이 로기온은 다른 의미를 가진 것이었다. 그것을 이해하기 위하여는, 우리는 그것이 이사야 35 : 5이하와 29 : 18이하(이것은 모두 구원의 때를 묘사하는 것이다)를 61 : 1이하(가난한 자들을 위한 기쁜 소식)와 자유롭게 연결시키는 것이란 사실로부터 출발해야만 한다 :

　　그 때에 **소경**의 눈이 밝을 것이며
　　귀머거리의 귀가 열릴 것이며
　　그 때에 **저는 자**는 사슴같이 뛸 것이며
　　벙어리의 혀는 노래하리니
　　이는 광야에서 물이 솟겠고
　　사막에서 시내가 흐를 것임이라
　　뜨거운 사막이 변하여 못이 될 것이며
　　메마른 땅이 변하여 원천이 될 것이며…

　　　　　　　　　　　　　　　　　　　　(이사야 35 : 5이하)

　　그 날에 **귀머거리**가 책의 말을 들을 것이며
　　어둡고 캄캄한 데서 **소경**의 눈이 볼 것이며
　　겸손한 자가 여호와를 인하여 기쁨이 더하겠고

---

133) 눅 7 : 21이하 ; 마 11 : 4. 마태가 자신의 복음서 8장이하에서 처음으로 놓았던 이적 이야기들을 참조하라.

사람중 **빈핍한 자**가 이스라엘의 거룩하신 자를 인하여 즐거워하리
니……

(이사야 29 : 18이하)

주 여호와의 신이 네게 임하셨으니
이는 여호와께서 내게 기름을 부으사
가난한 자에게 **아름다운 소식을 전하게** 하려 하심이라
나를 보내사 마음이 상한 자를 고치며
포로된 자에게 자유를
갇힌 자에게 놓임을 전파하며
여호와의 은혜의 해와 신원의 날을 전파하여……

(이사야 61 : 1이하)[134]

형식(form)에 관한한, 누가복음 7 : 22 병행은 이사야서의 세 구절과
마찬가지로 목록(list)의 성격을 가지고 있다. 그것들이 사용하고 있는
표상들(images), 예컨대 소경이 눈을 뜨고 귀머거리가 들으며 벙어리
가 기쁨으로 소리지를 것이라는 등의 표상은 모두 동방에서 '구원의
때' 곧 더이상 슬픔이 없고 통곡함이 없게 될 때에 관한 고래(古來)의
것들이다.

따라서 누가복음 7 : 22이하는 곧 예수에 의해 언설(言說)된 종말론
적인 기쁨의 외침이다. 우리가 이것의 내용을 잘 이해하고자 하면, 우
리는 이것을 Tannaitic목록과 대조해 보아야만 한다 : '죽은 자와 비교
되는 것이 네가지 있는데 그것은 절름발이, 장님, 문둥병자, 그리고 자
녀가 없는 자이다.'[135] 그 당시의 사고방식에 따르면, 그러한 사람들의

---

134) 여기에서 이사야서에 열거된 것과 예수님이 열거한 것 사이에 일치되는 것
들이 고딕체로 표시되었다. 사 26 : 19 또한 언급될만한 가치가 있다.
　　주의 **죽은 자들**은 살아나고
　　우리의 시체들은 일어나리이다.
　　티끌에 거하는 자들아 너희는 깨어 노래하라.
　　주의 이슬은 빛난 이슬이니
　　땅이 죽은 자를 내놓으리로다.
135) b. Ned. 64b Bar.

상황은 더이상 생명을 가진 것으로 불릴 만한 가치가 없었던 것이다 : 사실상 그들은 죽은 것이었다. 그러나 이제 절망의 심연(深淵)속에 있던 그들에게 도움의 손길이 뻗쳐지게 되었다. 이제, 죽은 것과 다름 없었던 그들이 생명으로 일어나게 되었다. 생명의 물(생수 : water of life)이 흐르고, 저주의 때가 끝나며, 낙원이 열린다. **이제, 세상의 완성이 동터오고 있는 것이다.** (the consummation of the world is dawning). 누가복음 7 : 22의 육중목록(sixfold list)은 단지 그것의 충만한 은사에 대한 몇가지 예일 뿐이다. 이사야서의 세 구절이 보여주는 것처럼, 그것의 은사는 끝이 없다.

이사야서의 세 구절에서 문둥병자와 죽은 자가 언급되고 있지 않은 사실이 주목되어야만 한다.[136] 그럼에도 불구하고 예수가 그들을 언급하는 사실은 그 성취(fulfilment)가 모든 약속들과 소망들과 기대들을 훨씬 더 뛰어넘음을 의미한다. 물론 여기에는 "누구든지 나를 인하여 실족하지 아니하는 자는 복이 있도다"라는 종결절이 뒤이어 나오고 있다. 이 모든 것은 역설적으로 언급된 것이다 : 걸림돌에도 불구하고 그것은 사실이다,[137] 그것은 오직 믿는 자들에게만 사실이다.

이러한 기쁨의 외침과 밀접하게 연결된 것이 누가복음 4 : 16-21 이다.

"예수께서 그 자라나신, 곧 나사렛에 이르사 안식일에 자기 규례대로 회당에 들어가사 성경을 읽으려고 서시매 선지자 이사야의 글을 드리거늘 책을 펴서 이렇게 기록한데를 찾으시니 곧
　'주의 성령이 내게 임하셨으니 이는 가난한 자에게 복음을 전하게 하시려고 내게 기름을 부으시고 나를 보내사 포로된 자에게 자유를 눈먼 자에게 다시 보게함을 전파하며, 눌린 자를 자유케하고 주의 은혜의 해를 전파하게 하려 하심이라'
하였더라 책을 덮어 그 맡은 자에게 주시고 앉으시니 회당에 있는 자들이 다 주목하여 보더라 이에 예수께서 저희에게 말씀하시되 이 글

---

136) 그러나 죽은 자에 대하여는 p. 161 각주 134를 참조하라.
137) 걸림돌에 대하여는 pp. 182 이하를 보라.

이 오늘날 너희 귀에 응하였느니라 하시니……"

여기에서 이사야 61 : 1이하가 설교본문으로서 예수에 의해 인용되고 있다. 이것은 누가복음 7 : 22이하가 끝나는 본문이었다. 예수의 설교 자체는 σήμεφον πεπλήρωται ἡ γραφὴ αὔτη ἐν τοῖς ὠσὶν ὑμῶν (21 절)이란 문장으로 요약되어 있다. 여기에서 ἐν τοῖς ὠσὶν ὑμῶν은 '너희 귀 안에서'(아직까지 울리고 있는 그 성경본문이 지금 성취되고 있다)를 의미하는 것이 아니라 '너희 귀 앞에서'(그 성경본문이 성취되고 있다)를 의미하는 것이다. 다시 말해서, 그것이 강조하는 것은 너희야말로 하나님의 은혜의 때가 동터올 것이라는 약속이 오늘날 성취되고 있는 것을 귀로 듣는 증인(ear-witnesses)이라는 것이다.

예수님의 이러한 메시지에 대한 또하나의 예가 마가복음 2 : 18이하에 나타나 있다. 어째서 예수의 제자들은 요한의 제자들이나 바리새인의 제자들처럼[138] 스스로 금식하지 않는가[139]라는 질문 속에는 예수에 대한 은근한 고소가 깃들어 있다. 이에 대하여 그는 다음과 같은 대응 질문으로 대답한다 : μὴ δύνανται οἱ υἱοὶ τοῦ νυμφῶνος, ἐν ᾧ ὁ νυμφίος μετ᾽ αὐτῶν ἐστιν, νηστεύειν ; (혼인집 손님들이 신랑과 함께 있을 때에 금식할 수 있느냐? 주의 : 당시의 유대주의에서는 메시야를 신랑과 비교하는 것이 알려져 있지 않았기 때문에[140] ἐν ᾧ ὁ νυμφίος μετ᾽ αὐτῶν은 "혼인잔치에서"로 번역되어야만 한다.)[141] 혼인잔치가 시작되었고, 신랑이 맞아들여졌다. 기쁨의 종소리가 땅 위에 울려퍼지고, 손님들은 잔치식탁에 앉아있다. 이런 상황 속에서 누가 금식할 수 있겠는가? 혼인잔치는 구원의 때에 대한 일반적인 상징이다. 그것(구원의 때)이 텄다. 그것은 이미 여기에 있다.

---

138) 눅 18 : 12을 참조하라.

139) 오직 대속죄일 (Day of Atonement)에만 금식이 보편적인 의무였다.

140) J. Jeremias, νύμφη, νυμφίος, TDNT Ⅳ, 1967, 1099－1106 : 1101이하; cf. J. Gnilka, 'Bräutigam -ein Spätjüdisches Messiasprädikat?', TTZ 69, 1960, 298－301 (on Ⅰ Q Isaᵃ 61 : 10). 사 61 : 10을 메시야에 대한 언급으로 해석하는 (Jeremias, Parables, 52 각주 14 후기의 용례 Pesiqta de Rab Kahana 149 a, ed., S. Buber, Lyck 1868은 이러한 일반적인 견해를 바꾸지 못한다.

141) Dadd, Parables, 116 각주 2.

이와 같이 예수는 구원의 때의 여명(동틈)을 선포하기 위하여 성경의 상징적인 언어를 사용하였다. 또한 그는 여러가지 표상들을 반복적으로 사용하였다. **빛**이 비추인다. 기름등잔에 불이 당기어질때, 집 전체가 밝아진다(당시의 집은 일반적으로 오직 한개의 방으로 되어 있었다). 따라서 어두움은 물러가야만 한다(막 4 : 21 병행). 언덕 꼭대기에 있는 하나님의 도성의 빛이[142] 이미 세상의 어두움 속으로 비취고 있다(마 5 : 14).

추수 때가 왔다. 예수님의 비유 가운데 추수는 구원의 때와 그것의 풍성함—삼십배 육십배 백배(막 4 : 8)—에 대한 상징이다. 곡식이 익었고(마 9 : 37), 들판이 희어졌다(요 4 : 35). 씨뿌리는 때와 추수하는 때가 함께 도래하였다(36절). 예수님은 씨뿌리기 위함이 아니라(어디에서도 이것이 언급되어 있지 않다) 거둬들이기 위하여 제자들을 보낸다.[143] 또한 그는 제자들에게 추수하는 주인에게 추수할 일꾼들을 보내어 달라고 청하라고 명령한다(마 9 : 38 병행).

무화과나무가 새 잎사귀를 내고 봄이 왔다(막 13 : 28이하). 팔레스틴의 거의 대부분의 나무들이 겨울에도 이파리를 그대로 보존하는 반면, 무화과나무의 이파리들은 떨어진다, 이파리들이 다 떨어진 가지와 더불어 무화과 나무는 마치 죽은 것처럼 보인다. 따라서 그것은 죽음으로부터 생명에로의 변화에 대한 상징으로서 특별히 적합하였다. 무화과 나무가 새 잎사귀를 낼 때, 그것은 하나님께서 죽음으로부터 새 생명을 창조하고 계심을 의미하는 것이었다.[144]

새 포도주가 제공된다. 동방에서는 매우 이른 시대부터 포도나무와 포도주가 새 세대(new age)를 상징하여 왔다.[145] 새 포도주를 낡은 부대에 넣는 것은 지각없는 일이다. 왜냐하면 그것이 낡은 부대를 떠트릴 것이기 때문이다(막 2 : 22 병행).

---

142) G. von Rad, 'The City on the Hill', *The Problem of the Hexateuch and Other Essays*, Edinburgh and London 1966, 232—242.

143) Dodd, *Parables*, 187.

144) Jeremias, *Parables*, 119 이하.

145) 창 9 : 20 ; 49 : 11이하 ; 민 13 : 23이하 ; 암 9 : 13 ; 욜 3 : 18 ; Syr. Apoc. Bar. 39 : 7 ; 요 2 : 1—11 ; 또한 15 : 1이하 참조 ; 기타 랍비문학의 많은 용례들. J. Jeremias, *Jesus als Weltvollender*, BFCT 33, 4, Gütersloh 1930, 27—29를 참조하라.

제일 좋은 옷이 잃어진 아들에게 주어진다(눅 15 : 22). 혼인예복이 입혀진다(마 22 : 11). 마가복음 2 : 21에서 옷은 우주(cosmos)의 상징이다(히 1 : 11이하 ; 행 10 : 11 병행. 11 : 5을 참조하라).[146] 한조각의 생베조각을 낡은 옷에 꿰메어 붙이는 것은 지각없는 일이다ㅡ옛 시대(old times)는 지나가 버렸다.

생명의 떡이 자녀들에게 주어진다(막 7 : 24-30 병행).[147] 생명의 떡(bread of life)과 생명의 **물**(生水 : water of life)[148]은 낙원의 은사들(선물들 : gifts)이다. 낙원의 문이 열리고 있다.

바로 지금 **하나님의 평화**가 제시되고 심판이 선언되었다(마 10 : 11-15 병행. 눅 10 : 5-11). 지금 맴(매다 ; binding)이 있고 풂(풀다 ; loosing)이 있다(마 16 : 19 ; 18 : 18).

요한복음은 예수께서 선포하신 '바로 지금'(even now)을 특별하게 강조한다. 영적으로 죽은 자들이 다시 생명으로 일어나고(요 5 : 25) 또 하나님께 대한 예배가 신령과 진정으로(in spirit and in truth) 드려질(4 : 23) "때가 오고 있는데 **바로 지금** 이 그 때이다." 그러므로 불트만(R. Bultmann)은 주장하기를, 제4복음서에는 현재적 종말론이 너무나도 지배적이어서 거기에는 미래 종말론이 전혀 없다고 하면서, 미래 종말론이 표현된 몇몇 구절들을 교회의 편집으로 돌렸다.[149]

예수님은 구원의 '바로 지금'(even now)을 자신의 말씀 속에서 뿐만 아니라 **행동 속에서도** 선언하였다. 더럽혀진 성소로부터 장사꾼들을 내어쫓음에 있어 그는 스가랴 14 : 21을 성취하고 있다 : '그 날에는 만군의 여호와의 전에 장사하는 사람이 다시 있지 아니하리라'(한글개역성

---

146) R. Eisler, *Weltenmantel und Himmelszelt*, München 1910 ; J. Jeremias, *op. cit.*, 24—27.

147) 그 이방여인의 믿음은 그녀가 예수님에게 즉각적인 대답을 한 사실에 놓여 있는 것이 아니다. 그녀의 믿음은 '주여 옳소이다마는'에서 나타나는 것처럼 그녀가 예수님을 생명의 떡을 주시는 이로서 인식한 사실에 놓여있는 것이다(28절).

148) 요 4 : 10, 14 ; 7 : 37이하 등을 참조하라.

149) 이러한 이론의 약점은 그것이 불트만의 자료이론을 요한복음에 대해서 뿐만 아니라 요한일서에 대해서도 전제하는 데에 있다. 내가 보건대 그것은 문체상 언어 상의 근거에서 불가능해 보인다. cf. J. Jeremias, 'Johanneische Literarkritik', ThBL 20 2/3, 1941, cols 34—46 ; E. Ruckstuhl, *Die literarische Einheit des Johannesevangeliums*, Freiburg in der Schweiz 1951.

166

경에는 '가나안 사람이 다시 있지 아니하리라'라고 되어있다). 그 날
이 왔고, 성소(聖所 : sanctuary)가 갱신되어지고 있으며 새 세대가 동
트고 있다.[150]

또한 우리는 마가복음 7 : 24-30과 마태복음 8 : 5-13(병행 눅 7 :
1-10) 역시 언급해야만 한다. 다른 곳에서 예수는 그의 도움을 원칙적
으로 이스라엘에게 한정시킨다. 열방나라들의 종말론적인 순례여행에
있어 이방인들의 나아옴은 종말에 있어서의 하나님 자신의 행동이다
(pp. 356 이하를 보라). 앞의 두 이야기에서 묘사된 두명의 이방인들에
대한 예수의 도움은 하나님 나라의 도래에 대한 예기적(豫期的 :
proleptic) 표적일 것이다.

예수의 제자들은 예수와 더불어 이 모든 것을 경험할 수 있다. 따라
서 예수는 그들을 복된 자라고 부른다(눅 10 : 23이하 병행. 마 13 : 16
이하). 선지자들과 의인들이 경험하고자 열망했던 것은 무엇이었나?
다윗과 솔로몬같은 왕들이 바랐던 것은 무엇이었나? 그것은 바로 구
원의 때의 여명이었던 것이다! 제자들은 그것을 경험할 수 있을 뿐만
아니라, 마치 예수 그 자신처럼, 그것을 말과 행동으로 선포할 수도 있
는 것이다 :

κηρύσσετε λέγοντες ὅτι ἤγγικεν ἡ βασιλεία τῶν οὐρανῶν.
ἀσθενοῦντας θεραπεύετε,
νεκροὺς ἐγείρετε,
λεπροὺς καθαρίζετε,
δαιμόνια ἐκβάλλετε.   (마 10 : 7이하)

세례 요한은 광야에서 회개의 설교자로 등장하였다(사 40 : 3). 한편
예수는 메바쉐르(mᵉbaśśēr), 평화의 사자(使者), 영으로 기름부음 받은

150) C. H. Dadd, *According to the Scriptures*, London 1952, 66이하 ; C. Roth.
'The Cleansing of the Temple and Zachariah XIV. 21', *Nou Test* 4, 1960, 174−81 ;
F. Harn, *Christologische Hoheitstitel*, FRLANT 83, Göttingen 1963=1966, 172 각주
2 ; N. Q. Hamilton, 'Temple Cleansing and Temple Bank', *JBL* 83, 1964, 365−72 ;
372.

자, 구원의 때를 선포하는 자이다(사 52：7)[151]. 예기의 때(the time of expectation)는 끝나고, 성취의 때(the time of fulfilment)가 통텄다.

이와 더불어 우리는 최초의 전승(the earlist tradition)의 문턱에 서 있다—각 말씀들의 진정성 여부는 별개로하고. 왜냐하면 구원의 때의 여명에 대한 예수의 선포와 유비(類比：analogy)될 만한 것은 아무 것도 없기 때문이다. 그는 구원의 새 세대가 이미 시작되었다고 선포한 '유일한 유대인'이었다.[152] 초대교회에 있어, 최초의 기독교 선교사들의 메시지는 이와 달랐다：예수 곧 십자가에 달려 죽으시고 부활하신 그가 바로 그리스도이시다. 구원의 현재적 여명의 선포는 부활이전으로 소급한다：그것은 초대교회의 기독론으로부터 말미암은 것은 아니다.

§ 12 가난한 자를 위한 복음

J. Jeremias, 'Zöllner und Sünder', ZNW　30, 1931, 293−300：a revised version appeared in Jerusalem, 303−12；E. Gulin, Die Freude im Neuen Testament, Helsinki 1932；G. Friedrich, $\varepsilon\dot{v}\alpha\gamma\gamma\varepsilon\lambda\acute{\iota}\zeta o\mu\alpha\iota\ \kappa\tau\lambda$., TDNT　Ⅱ, 1964, 707−37；R. Pesch, 'Levi−Matthäus(Mc 2, 14/마 9：9；10：3). Ein Beitrag zur Lösung eines alten Problems', ZNW　59, 1968, 40−56；O. Michel, $\tau\varepsilon\lambda\acute{\omega}\nu\eta\varsigma$, TWNT Ⅷ, 1969, 88−106.

예수가 이 세상의 완성의 여명을 선포했다고 말하는 것이 바실레이아에 대한 그의 선포를 완전하게 묘사하는 것은 아니다. 오히려 우리는 그것의 가장 결정적인 특성을 여전히 남겨놓고 있다. 만일 우리가 다시 한번 구원의 때에 관한 표적들을 열거하는 마태복음 11：5 병행 누가복음 7：22의 육중 평행법(sixfold parallelism)에로 되돌아간다면, 이것이 분명해질 것이다.[153]

---

151) 사 52：7을 설명하는 11 Q Melch 18, '기쁜 소식을 가져오는 자 그는 영으로 기름부음 받은 자이시다.'

152) Flusser, Jesus, 87.

153) pp. 159이하를 보라.

소경이 보며
앉은뱅이가 걸으며
문둥이가 깨끗함을 받으며
귀머거리가 들으며
죽은 자가 살아나며
가난한 자에게 복음이 전파된다

제 1 행부터 5행까지는 하나님의 행동을 언급하고 있으며, 6행은 그의 말씀을 언급한다 : $\pi\tau\omega\chi o\grave{\iota}\ \epsilon\grave{\upsilon}\alpha\gamma\gamma\epsilon\lambda\acute{\iota}\zeta o\nu\tau\alpha\iota$. 이러한 제 6 행에 강조점이 주어지는 사실은 맨 마지막에 놓여지는 그것의 위치로부터 뿐만이 아니라, 뒤이어 나오는 말씀으로부터도 드러난다 : $\kappa\alpha\grave{\iota}\ \mu\alpha\kappa\acute{\alpha}\rho\iota o\varsigma$ $\grave{\epsilon}\sigma\tau\iota\nu\ \grave{o}\varsigma\ \grave{\epsilon}\acute{\alpha}\nu\ \mu\grave{\eta}\ \sigma\kappa\alpha\nu\delta\alpha\lambda\iota\sigma\theta\widehat{\eta}\ \grave{\epsilon}\nu\ \grave{\epsilon}\mu o\acute{\iota}$ (마 11 : 6 병행, 눅 7 : 23, 누구든지 나를 인하여 실족하지 아니하는 자는 복이 있도다). 소경이 보고, 앉은뱅이가 걸으며, 문둥병자가 깨끗해지고, 귀머거리가 들으며, 죽은 자가 살아나는 것에 대하여 누가 실족하겠는가? 실족에 관한 맨 마지막의 경계의 말씀은 이러한 다섯가지를 언급하는 것일 수 없다—최소한 첫눈에 보기에.[154] 그러나 사실상 가난한 자에 대한 예수의 초청은 매우 큰 걸림돌이 될 수 있으며, 또 실제로 그러했다. 이러한 걸림돌을 극복하는 자들이 복이 있다고 선언함에 있어, 예수님은 $\pi\tau\omega\chi o\grave{\iota}$ $\epsilon\grave{\upsilon}\alpha\gamma\gamma\epsilon\lambda\acute{\iota}\zeta o\nu\tau\alpha\iota$ 라는 구절의 중요성을 강조한다. 이것이 실제로 예수의 선포의 핵심을 표현하는 것이란 사실이 또 다른 쪽에서 확증된다 : 약속의 형태로 주어져 있는 이와 동일한 말씀이 지복(至福 : beatitudes)에 대한 강력한 종말론적 선포의 첫 포문을 연다 : $\mu\alpha\kappa\acute{\alpha}\rho\iota o\iota\ o\acute{\iota}\ \pi\tau\omega\chi o\acute{\iota}$ (눅 6 : 20, 가난한 자는 복이 있나니).

(1) 가난한 자는 누구인가?

만일 우리가 예수께서 복음을 가져다 주었던 백성들에 관한 분명한 표상을 얻고자 하면, 우리는 먼저 복음서에서 예수의 추종자들에게 돌

---

154) 우리는 § 21에서 이러한 다섯가지 역시 비록 간접적이기는 하더라도 걸림돌이 됨을 보게될 것이다 (p. 359 각주 357을 참조하라).

려지는 여러가지 호칭들을 고찰해 보아야만 한다. 그들은 반복해서 '소작료 징수인들(publicans)과 죄인들'(막 2 : 16 병행 ; 마 11 : 19 병행 ; 눅 15 : 1), '소작료 징수인들과 창녀들'(마 21 : 32) 혹은 단순히 '죄인들'(막 2 : 17 ; 눅 7 : 37, 39 ; 15 : 2 ; 19 : 7)로 불려지고 있다. 이러한 호칭들 가운데 표현된 깊은 경멸감은 이것들이 **예수의 대적자들**에 의해 새로 만들어 졌다는 사실에서 나타난다(마 11 : 19 병행). 누가복음 7 : 34이 이러한 사실을 분명하게 확증한다. 예수시대에 있어 '죄인'이란 용어는 매우 분명한 개념을 가지고 있었다. 그것은 단지 하나님의 계명을 준수하지 않는 것으로 소문난 자들, 그리하여 모든 사람들로부터 손가락질을 당하는 그러한 사람들을 지칭하는 용어일 뿐만 아니라, 경멸을 받는 직업에 종사하는 사람들을 지칭하는 용어이기도 하였다. 우리는 경멸을 받는 직업이 어떤 것들이었는지에 대해 알 수 있다.[155] 그러한 직업들은 부분적으로 보통 부도덕에로 이끄는 것으로 생각되어 졌던 종류의 직업들이었다. 그러나 무엇보다도—경험적으로 볼 때—부정직(dishonesty)으로 이끄는 것으로 생각되었던 그러한 직업들이 경멸을 당하였다. 이렇게 후자의 범주에 속하는 직업들로는 주사위노름꾼, 고리대금업자, 세리(稅吏 : tax collectors), 소작료징수인(publicans), 목자 등이었다(목자는 자신의 짐승떼를 다른 사람의 땅으로 데리고 가는 것과 짐승떼의 새끼 등을 훔치는 것 등에 대하여 의심을 받았다 ; 세리〈tax collector〉는 백성들의 세금을 징수하는 일에 종사하던 공무원인 반면, 소작료징수인〈publican〉은 부유한 지주로부터 땅을 임차하여 그것을 많은 농부들에게 소작으로 주고 그들로부터 소작료를 징수하던 사람이었다. 그러나 개역성경에서는 tax collector와 publican을 구별하지 않고 똑같이 '세리'로 번역하였다—역자 주).

따라서 복음서가 '죄인들'이라고 부를 때, 그들은 나쁜 평판을 가지고 있었던 부도덕한 자들 뿐만 아니라 위와 같이 경멸을 받던 직업에 종사하는 자들이었던 것이다. 이러한 사실은 다음의 구절로부터 분명해진다. '바리새인은 서서 따로 기도하여 가로되 하나님이여 나는 다른 사람 곧 토색(도둑질 하는 자 : robbers), 불의(속이는 자 :

---

155) ‡ Jeremias.

deceivers), 간음을 하는 자들(adulterers)과 같지 아니하고 이 소작료징수인(publican : 개역성경에는 '세리'로 번역되어 있음)과도 같지 않음을 감사하나이다(눅 18 : 11). 그런데 이 구절은 랍비문학의 몇몇 구절들, 예컨대 '세리들(tax collectors), 도둑들(robbers), 돈바꾸는 자들(monye changers), 그리고 소작료징수인들(publicans)'(Derek eres 2) ; '살인자들(murderers), 도둑들(robbers) 그리고 소작료 징수인들(publicans)'(Ned. 3 : 4)과 병행을 이룬다. 복음서에서 소작료징수인들(publicans : 개역성경에서는 '세리')은 전형적인 $\dot{a}\mu a\rho\tau\omega\lambda oi$ (죄인들)이다. [156] 그들은 특별히 법으로부터 보호받지 못하던 자들이었다.

여기에서 세리들(tax collectors : gabbāyā)과 소작료징수인들(toll collectors : mōkʰsā)이 분명하게 구분되어야만 한다. 신약성경시대에 직접세(人頭稅와 地租稅)를 받는 책임이 있었던 세리들(tax collectors)은 국가관리였다. [157] 일반적으로 그들은 넉넉한 계층의 사람들로부터 뽑혀졌는데, 그들은 세금을 징수할 의무가 있는 시민들에게 세금액을 할당하여야만 하였다. 그들은 자신들이 담당한 재원으로부터 세금징수를 책임져야만 하였다. [158]

반면 소작료징수인들(toll collectors)은 부유한 대임차인(大賃借人, 눅 19 : 2 $\dot{a}\rho\chi\iota\tau\epsilon\lambda\dot{\omega}\nu\eta s$)의 토지를 다시 임차한 전차인(轉借人 : sub tenants)들이었는데, 그들은 자신이 담당한 지역에 대하여 소작료를 징수하여야만 하였다. [159] 이러한 토지제도는 팔레스틴에서 헤롯왕가의 통치지역과 로마인 점령지역에서 공통적으로 시행되었는데, 이러한 사실은 소작료징수인들이 백성들로부터 특별히 미움을 받은 이유를 설명해준다. [160] 세리들을 보호하기 위하여 수행했던 군경들(police) 역시도 권력남용의 죄를 범할 수 있었지만(눅 3 : 14), [161] 그러나 소작료징수인들

---

156) ‡ Michel.

157) ‡ Michel, 97. 8f.

158) ‡ Jeremias, *Jerusalem*, 228.

159) ‡ Michel. 97. 20f. 소작료 징수인들(toll −farmers)은 보다 넓은 지역을 담당하였으며(눅 19 : 2, $\dot{a}\rho\chi\iota\tau\epsilon\lambda\dot{\omega}\nu\eta s$) 또한 하도급자에게 전대(轉貸)하였다.

160) 산헤드린 25b에서는 세리들이 죄인취급 당하지 않은 반면, 소작료징수인들은 죄인취급을 당하였다.

161) p. 85 각주 19를 보라.

이 훨씬 더 불의에 유혹될 가능성이 높았다. 왜냐하면 그들은 약속된 소작료에다가 자신들의 수익금을 더하여 징수하여야만 하였기 때문이다. 그러므로 그들은 소작료액수에[162] 대한 백성들의 무지(알지 못함)를 이용하여 소작료 징수기간동안 자신들의 호주머니를 불법적으로 채우곤 하였다(눅 3：12이하).

이러한 이유 때문에 그들은 철저한 사기꾼으로 간주되었으며, 나아가서 이러한 경멸은 그의 가족들에게까지 확대되었다.[163] 따라서 소작료징수인들(publicans)에게는 시민권이 부인되었으며, 그들에게는 명예직이 주어질 수 없었다. 나아가서 그들은 재판에 있어서 증인이 될 수도 없었다.[164] 만일 바리새파 공동체에 속한 사람이 소작료징수인이 되면, 그는 그곳에서 쫓겨났다.[165] '세리들(tax collectors)과 소작료징수인(publicans)은 회개하기 어렵다.'[166] 왜냐하면 그것(회개하는 것)은 그들의 직업을 버리는 것 뿐만 아니라, 피해본 사람들에게 손해배상을 하는 것까지를 의미하는 것이었기 때문이다(원상회복에다가 오분의 일을 더하여 줌). 어떻게 그들이 자신들에게 속임을 당한 모든 사람들을 다 기억할 수 있겠는가?[167]

반면 소작료징수인(publicans)이 레위기 율법상 부정한(unclean) 것으로 간주되었다는 견해[168]는 정확하지 못하다. 이것은 오직 세리(tax collectors)의 경우에 있어서만 사실이다(Hag. 3：6；Toh. 7：6；Tos.Toh. 8：5이하). 그들은 세금을 징수하거나 고지서를 전달하기 위하여 부정한 집(예컨대, 시체가 있는 집)에도 들어가야만 했기 때문에 부정하였다(unclean). 반면 소작료징수인들은 그 자신이 부정하지는 않았다. 부정했던 것은 그의 직원이 짐보따리등을 뒤지는데 사용했던 갈고리지팡

---

162) ‡ Michel, 99. 18ff.
163) ‡ Michel, 102. 15−17.
164) Jeremias, *Jerusalem*, 311이하.
165) Tos, Dem, 3：4：'그들은 세리가 된 동료를 내어쫓았다' 물론 이러한 것은 소작료징수인들에게도 마찬가지로 적용되었다.
166) Tos. B. M. 8：26；b. B. K. 94b.
167) Tos. B. K. 10：14. 나중에는 알지 못하는 자들에게 주어져야할 금액을 공공의 유익으로 사용하는 방법이 채택되었다(b. B. K. 94b). 그러나 이러한 규칙이 예수시대에 벌써 존재했었는지의 여부에 대한 증거는 전혀 나타나지 않는다. 어쨌든 삭개오는 다르게 행동하였다(눅 19：8).
168) ‡ Michel, 101. 13f；Perrin, *Rediscovering*, 94.

이였다. 왜냐하면 그 안에 레위기 율법상 부정한 의복이 있을 수도 있었기 때문이다.(Kel 15 : 4). 예수께서 소작료징수인들과 더불어 사귀었던 사실이 바리새인들에게 큰 거리낌이 된 사실에 대하여 우리가 올바로 평가하고자 할 때, 이 사실은 매우 중요하다. 그것은 의식적인(儀式的 : ritual) 영역에 놓여 있는 것도 아니고, 심지어 정치적인 영역(적국과의 협력)에 놓여 있는 것도 아니다. 그것이 놓여있는 기초는 순전히 도덕적인 영역이었던 것이다.

예수를 따르는 자들 역시 종종 '소자들'(the little ones, 막 9 : 42 ; 마 10 : 42 ; 18 : 10, 14) 혹은—셈어에는 최상급이 없다—'지극히 작은 자들'(the least, 마 25 : 40, 45) 혹은 '어린 아이들'(simple ones ; 마 11 : 25 병행 ; $oi\ \nu\acute\eta\pi\iota o\iota$)은 '지혜롭고 슬기있는 자들'과 대조된다(마 11 : 25).[169] $\nu\acute\eta\pi\iota o\varsigma$ (히브리어 peti, 아람어 šabrā)라는 표현은 예수의 제자들을 아무런 종교교육도 받지 못한 자들로서 나타낸다. 팔레스틴 유대주의에 있어서의 유일한 교육은 바로 종교교육이었음에 주의하라. 다시 한번 여기에서 우리는 '작은, 미성숙한'등의 단어에 첨부되어 있는 경멸의 뉴앙스를 들을 수 있는데, 이러한 사실은 이것이 예수의 대적자들에 의해 만들어진 것임을 암시한다.

많이 논의되어온 말씀인 마태복음 11 : 12($\acute\eta\ \beta\alpha\sigma\iota\lambda\epsilon\acute\iota\alpha\ \tau\hat\omega\nu\ o\dot\upsilon\rho\alpha\nu\hat\omega\nu\ \beta\iota\acute\alpha\zeta\epsilon\tau\alpha\iota\ \kappa\alpha\grave\iota\ \beta\iota\alpha\sigma\tau\alpha\grave\iota\ \dot\alpha\rho\pi\acute\alpha\zeta o\upsilon\sigma\iota\nu\ \alpha\dot\upsilon\tau\acute\eta\nu$)과 이의 병행구절인 누가복음 16 : 16($\acute\eta\ \beta\alpha\sigma\iota\lambda\epsilon\acute\iota\alpha\ \tau o\hat\upsilon\ \theta\epsilon o\hat\upsilon\ \epsilon\dot\upsilon\alpha\gamma\gamma\epsilon\lambda\acute\iota\zeta\epsilon\tau\alpha\iota\ \kappa\alpha\grave\iota\ \pi\hat\alpha\varsigma\ \epsilon\grave\iota\varsigma\ \alpha\dot\upsilon\tau\grave\eta\nu\ \beta\iota\acute\alpha\zeta\epsilon\tau\alpha\iota$)에 대한 설명 역시 이와 동일한 방향에서 찾아질 수 있을 것이다. '격렬한 자는 바실레이아를 훔치느니라'(violent men rob the basileia) 혹은 '모든 사람이 그것에로 격렬하게 들어가느니라'(every man makes his way into it violently)의 의미는 무엇인가? 댕커(F. W. Danker)[170]는 주장하기를, 우리는 여기에서 예수의 대적자들로부터 말미암은 명칭(예수를 따르는 자들에 대한)을 보게된다고 하였다 : 예수를 따른 죄인들이 경건한 자들에게 준비된 거룩한 영역에로 비집고 들어간다. 그들은 $\beta\iota\alpha\sigma\tau\alpha\acute\iota$ 곧 격렬한 침입자들이다. 또한 바실레이아가 $\beta\iota\acute\alpha\zeta\epsilon\tau\alpha\iota$ 곧 격렬(폭력)을 겪는다. 바로 이것이 그 애매모호한 말씀의 수수께끼에 대한 해답일 수 있다.

---

169) 이 로기온(Logion)의 연대(年代)를 위하여는 p. 279를 보라.
170) 'Luke 16 : 16—An Opposition Logion', *JBL* 77, 1958, 231–43. F. Mussner, 'Die Mitte des Evangeliums in neutestamentlicher Sicht', *Catholica* 15, 1961, 271–92 : 277.

요약컨대, 우리는 예수를 따랐던 자들은 주로 평판이 좋지 않았던 사람들, 아메 하아레쯔('ammē hā－'āres), 교육받지 못한 자들, 무식한 자들로 구성되었다고 말할 수 있다. 요컨대 당시의 사고방식에 따르면, 그들의 종교적 무지와 도덕적 행동이 그들로 하여금 구원에로 들어가는데 방해가 되었던 그러한 사람들이었던 것이다.

그러나 이와 더불어 여기에는 또 하나의 매우 상이한 관점이 있다. 만일 우리가 그들을 예수의 눈을 통해서 바라 본다면, 그들은 전혀 다른 모습으로 나타나게 된다. 예수님은 그들을 '가난한 자' 곧 '수고하고 무거운 짐진 자'라고 부른다(마 11 : 28).

'가난한 자'란 용어는 첫째 복이 보여주듯이 마태복음과 누가복음에서 서로 다른 의미로 이해되었다. 그것의 어법(語法)이 두 복음서에서 서로 다른 것이다. 누가복음 6 : 20은 짧은 형태를 띠고 있는 반면($\mu\alpha\kappa\acute{\alpha}\rho\iota\omicron\iota$ $o\acute{\iota}$ $\pi\tau\omega\chi o\acute{\iota}$), 마태복음 5 : 3은 긴 형태를 띠고 있다($\mu\alpha\kappa\acute{\alpha}\rho\iota\omicron\iota$ $o\acute{\iota}$ $\pi\tau\omega\chi o\acute{\iota}$ $\tau\tilde{\omega}$ $\pi\nu\epsilon\acute{\upsilon}\mu\alpha\tau\iota$). 짧은 형태인 $o\acute{\iota}$ $\pi\tau\omega\chi o\acute{\iota}$ 가 원래적인 것임이 거의 확실하다. 이것은 마태복음 11 : 5 병행 누가복음 7 : 22이 아무런 수식어 없이 오직 $\pi\tau\omega\chi o\acute{\iota}$ 로만 말하고 있는 사실에 의해 암시된다. 더욱이, 첫째 복과 대칭을 이루는 누가복음 6 : 24의 첫째 화도 아무런 수식어 없이 오직 $o\acute{\iota}$ $\pi\lambda o\acute{\upsilon}\sigma\iota\omicron\iota$ (부요한 자들)라고만 말한다.

두 복음서에서의 서로 다른 어법은 그것이 서로 다른 의미를 가지는 것임을 나타낸다. 누가복음전승은 정말로 가난한 자, 정말로 주린 자, 정말로 우는 자, 그리고 정말로 핍박을 받는 자를 염두에 두고 있다(눅 6 : 21－23). 물론 이것이 누가복음의 $o\acute{\iota}$ $\pi\tau\omega\chi o\acute{\iota}$ 가 단순히 물질적인 재산이 없는 프롤레타리아를 의미하는 것이라고 말하는 것은 아니다. 오히려 누가복음 6 : 22이하는 누가복음 전승이 제자들은 제자됨때문에 가난과 주림과 핍박을 당해야만 하는 것으로 생각하고 있음을 보여준다.

반면 마태복음전승은—$\tau\tilde{\omega}$ $\pi\nu\epsilon\acute{\upsilon}\mu\alpha\tau\iota$ 라는 수식어가 보여주는 것처럼—구약의 공식을 취하여 첫째 복을 순전히 종교적인 방식'으로 이해한다.[171] 이러한 측면의 $o\acute{\iota}$ $\pi\tau\omega\chi o\acute{\iota}$ 는 겸손한 자 곧 하나님 앞에서 가난한 자를 의미하는 것으로, 자신의 영적인 가난을 의식하고 하나님 앞에서 빈털털이(beggar)로서 빈손을 가지고 서는 자이다. 그러므로 마태복음과 누가복음의 $o\acute{\iota}$ $\pi\tau\omega\chi o\acute{\iota}$ 는 매우 다른 의미를 갖는 것이다. 그렇다면 예수님은 그 단어로서 무엇을 의도하였을까?

이러한 문제를 해결함에 있어, 우리는 먼저 $\pi\tau\omega\chi o\acute{\iota}$ $\epsilon\acute{\upsilon}\alpha\gamma\gamma\epsilon\lambda\acute{\iota}\zeta o\nu\tau\alpha\iota$ (마 11 : 5

---

171) 사 57 : 15 '겸손한 자의 영'; 66 : 2 '통회하는 심령'; 시 34 : 18(19) '마음이 상한'. 쿰란문서로부터 Ⅰ QS 11 : 1 rm'y rwh(영이 교만한)와 대조되는 IQM 14 : 7 'nwy rwh(영이 가난한)을 비교하라.

병행 ; 눅 4 : 18참조)라는 말씀이 이사야 61 : 1을 인용한 인용문이라는 사실로부터 출발해야만 한다 : '이는 여호와께서 내게 기름을 부으사 가난한 자에게 아름다운 소식을(lᵉbasśer 'ᵃnawîm)전하게하려 하심이라. '¹⁷²⁾ 여기에서 '가난'이란 용어는 이 말씀의 전 문맥(全文脈)의 병행표현에 비추어 설명되어야 한다. 이어지는 다음의 구절들이 그것에 대체되어 등장한다 : '마음이 상한 자', '(죄에 ?)포로된 자', '갇힌 자'(1절), '슬픈 자'(애통하는 자)(2절), '슬퍼하는 자'(3절). 이것은 '가난한 자'가 바로 매우 일반적인 의미에서 억압받는 사람들을 의미하는 것임을 분명히해준다 : 자신을 지킬 수 없는 억압받는 사람들, 절망적인 사람들, 소망없는 사람들(아니/아나브('ᵃni/'ᵃnaw) 역시 다른 선지자적 설교 가운데 이러한 넓은 의미로 사용된다. 선지서들 가운데 이 단어는 자신들이 완전히 하나님의 도우심 위에 던져져 있음을 아는 억압받는 자들과 가난한 자들의 의미를 포함한다. 예수는 '가난한 자'란 용어를 그것이 선지서들 가운데서 가지는 그러한 넓은 의미로 사용하였던 것이다. 분명히 핍절 가운데있는 자들, 그리고 주리고 목마른 자들, 헐벗은 자들, 이방인, 병든 자들 그리고 포로된 자들, 이들이 바로 '지극히 작은 자들'로서 그의 형제들인 것이다(마 25 : 31-46).¹⁷³⁾ 그러나 '가난한 자들'의 범주는 보다 넓다. 우리가 예수께서 그들을 특징화한 용어와 표상들을 고찰해 본다면 그것이 분명해질 것이다. 예수는 그들을 주린 자, 우는 자, 병든 자, 수고하는 자, 무거운 짐진 자, 나중된 자, 단순한 자, 잃어진 자, 죄인들 등으로 불렀다.

어째서 누가복음과 마태복음이 '가난한 자'란 단어가 갖는 서로 다른 특징의 각 면을 강조하는가 하는 이유는(누가복음이 외적인 억압을 강조하는 반면 마태복음은 내적인 핍절을 강조함) 바로 각 전승이 서로 다른 교회상황과 논쟁의 배경 속에서 적용되었다는 사실 때문이다 : 즉 지복에 대한 마태복음전승은 바리새적인 자기의의 유혹과 싸우는 교회 안에서 형성되었고, 반면 누가복음전승은 깊은 고통 가운데 있음으로 말미암아 위로받을 필요가 있었던 교회 안에서 형성되었다.

예수는 마태복음 11 : 28에서 그들을 "수고하고 무거운 짐진 자들"이라고 부를 때, 하나님 앞에서의 이러한 빈털털이들(beggers)을 무한한 사랑으로 바라보았다. 그들의 짐은 이중적으로 무거웠다 : 그들은 다른 사람들로부터의 경멸을 견뎌야만 했으며 또한 하나님으로부터 구원을 얻을 소망이 없음을 견뎌야만 했다.

(2) 복음

예수가 $\pi\tau\omega\chi o i$(가난한 자들)에게 선포한 복음은 첫째 복에서 $\acute{v}\mu\epsilon\tau\acute{\epsilon}\rho\alpha$

---

172) p. 167을 보라.
173) 마 25 : 31-46의 진정성을 위하여 *Jeremias*, Parables, 207이하를 보라.

$\dot{\epsilon}\sigma\tau\iota\nu$ $\dot{\eta}$ $\beta\alpha\sigma\iota\lambda\epsilon\dot{\iota}\alpha$ $\tau o\hat{\upsilon}$ $\theta\epsilon o\hat{\upsilon}$ 곧 "하나님나라가 너희 것임이요"라고 일컬어지고 있다(눅 6 : 20). 마가복음 2 : 17은 그러한 복음의 선포를 $\kappa\alpha\lambda\dot{\epsilon}\sigma\alpha\iota$ $\dot{\alpha}\mu\alpha\rho\tau\omega\lambda o\dot{\upsilon}\varsigma$ (죄인들을 부르러)로써 표현한다 ; 복음은 예수가 죄인들을 하나님의 잔치자리에 초대하는 사실에 놓여 있다. 가난한 자들에게 하나님이 개입할 것이라는 약속이 주어진다 ; 그들에게 약속된 것은 더 이상 막연한 미래에 대한 소망이 아니다 ; 구원의 때가 그들을 위하여 지금 나타났으며, 실현되었고, 현실화되었다. 두 사람의 빚진 자 비유(눅 7 : 41—43), 용서치 않는 종의 비유(마 18 : 23—25) 그리고 탕자의 비유(눅 15 : 11—32) 등은 복음 안에서 발생한 것이 빚에 대한 탕감임을 보여준다.

사실상 예수께서 죄에 대한 용서를 약속한 것은 고작 두번만 보도되고 있을 뿐이다(막 2 : 1—12 병행 ; 눅 7 : 36—50). 따라서 그가 정말로 그렇게 하였는가에 대하여 의문이 제기되어 왔다.[174] 반면 예수께서 하나님의 용서하심을 약속한 것을 가리키는 말씀의 숫자는 훨씬 많이 나타난다. 우리는 이러한 사실로부터 두가지를 생각할 수 있다. 첫째, 예수의 선포에 대한 말씀의 숫자를 세는 것은 항상 혼란을 야기시킨다는 사실이다. 용서를 의미하는 $\ddot{\alpha}\phi\epsilon\sigma\iota\varsigma$ 는 예수의 입술 위에서 극히 몇몇 용례에서만 나타날런지 모른다.[175] 또한 이의 동사형인 $\dot{\alpha}\phi\iota\dot{\epsilon}\nu\alpha\iota$ (용서하다) 역시 그보다는 조금 많을런지는 몰라도 역시 제한된 용례만을 가지고 있다. 그러나 이러한 통계학적인 숫자는 아무 것도 의미하지 않는다. 예수께서는—후에 바울이 그러한 것처럼—추상적인 신학적 방법으로 말씀하지 않았다. 반대로 그는 구체적으로 말씀했다. 따라서 '용서'의 주제가 계속적으로 나타났었던 것이다. 예수는 큰 빚의 탕감에 대하여(마 18 : 27), 얻은 것에 대하여(눅 18 : 14),[176] 다시 찾은 잃

---

174) E. Linnemann, *Parables of Jesus*, London 1966, 178.

175) 막 3 : 29('사하심을 영원히 얻지 못하고') ; 마 26 : 28(막 14 : 24에 덧붙여짐) ; 눅 24 : 27(부활절 이야기).

176) $\delta\iota\kappa\alpha\iota o\hat{\upsilon}\sigma\theta\alpha\iota$ '어떤 사람의 기도가 들으신 바 됨'(*iustificari*, 제4에스라 7 : 12)을 위하여는 다음을 참조하라. J. Jeremias, *The Central Message of the new Testament*, New York and London 1965, 52 ; id., 'Die Gedankenführung in Röm. 4. Zum paulinischen Glaubensverständnis.'

은 양에 대하여(눅 15 : 5), 다시 찾은 드라크마에 대하여(눅 15 : 9),
포로된 자에게 자유를, 그리고 눌린 자를 자유케하는 것에 대하여(눅 4
: 18), 그리고 아들이 아버지의 집에 받아들여지는 것에 대하여(눅 15
: 11-32) 말씀하였다. 그는 잃어버린 아들을 만나기 위해 달려가서
그에게 입맞추는 아버지에 대하여(눅 15 : 20), 그리고 그에게 가장 좋
은 의복과 가락지와 신발을ー이것들은 동방에서 자유인을 나타내는 표
시들이다ー신기는 아버지에 대하여(22절), 또한 잔치를 준비하고 돌아
온 아들을 축하하여 춤과 음악으로 베푸는(25절) 아버지에 대하여 말
씀했다. 그리고 나서 예수는 그 아버지로 하여금 두가지 은유를 말하
게한다 : $\dot{\alpha}\nu\dot{\epsilon}\zeta\eta\sigma\epsilon\nu$ 곧 '죽은 자들로부터 일으킴을 받았다'와 $\epsilon\dot{\nu}\rho\dot{\epsilon}\theta\eta$
즉 '그가 집으로 돌아왔다'(마치 길을 잃은 동물처럼 ; 24절, 32절). 이
러한 모든 은유들과 비유들은 죄사함과 하나님과의 교제의 회복에 대
한 표상들이다. 따라서 죄사함은 단지 $\dot{\alpha}\phi\iota\dot{\epsilon}\nu\alpha\iota$ 혹은 $\dot{\alpha}\phi\epsilon\sigma\iota\varsigma$ 등의 단
어가 나타나는 구절에서만 언급되는 것이 아니다.

이러한 사실은 두번째 논점에 의해 더욱 확증된다 : 예수가 죄사함을
약속한 것은 말씀 속에서 뿐만이 아니라 그의 **행동들** 속에서도 그리하
였던 것이다. 행동 속에서 죄사함을 선포하는 것 가운데 예수 당시의
사람들에게 가장 강한 인상을 주었던 형태는 그의 죄인들과의 식탁교
제(table fellowship)이었다. 예수는 그들을 자기 집에 초대하여(눅 15
: 2, $\pi\rho\sigma\sigma\delta\dot{\epsilon}\chi\epsilon\tau\alpha\iota$) 그들과 더불어 식탁에 기대어 앉아[177](막 2 : 15이
하 병행) 잔치음식을 잡수셨다. [178] 마태복음 11 : 19 병행. 누가복음 7 :
34에 기록된 조롱은ー이것은 예수의 공생애 사역기간으로부터 말미암
은 것이 분명하다ー그것이 역사적임을 생생하게 보여준다 : [179]

---

177) $\dot{\epsilon}\nu$ $\tau\tilde{\eta}$ $o\dot{\iota}\kappa\dot{\iota}q$ $\alpha\dot{\nu}\tauo\tilde{\nu}$ (막 2 : 15) 역시 여기에서 예수의 집을 언급하는 것일
수 있다(E. Lohmeyer, *Das Evangelium des Markus*, Meyer K 1, 2, Göttingen 1937-
1967, 55).

178). 이 음식이 잔치의 성격을 갖는 것은 $\kappa\alpha\tau\alpha\kappa\epsilon\tilde{\iota}\sigma\theta\alpha\iota$ (기대어 앉아)라는 단어
로부터 말미암는다. 왜냐하면 보통의 식사에서는 사람들이 테이블에 앉았기 때문
이다(Jeremias, *Eucharistic Words*, 48이하를 보라).

179) Jeremias, *Parables*, 161.

$ἰδοὺ ἄνθρωπος φάγος καὶ οἰνοπότης,$
$τελωνῶν φίλος καὶ ἁμαρτωλῶν$

우리는 이러한 조롱으로부터 예수와 식탁교제를 나누던 사람들은 '죄인들'로만 한정되어 있었다는 잘못된 개념을 가져서는 안된다. 예수가 자신의 식탁교제에 아무도 배제시키지 않았던 사실 그 자체가 예수의 대적자들로 하여금 실족케 하기에 충분하였다.[180] 이러한 일련의 행동이 우리의 자료에 보다 분명한 흔적을 남기지 않은 사실은 우리로 하여금 슬프게도 복음서들을 그것들이 묘사하는 사건들로부터 분리시키는 시간의 간격이 그것들의 본질적인 특성들을 희미하게 하였음을 일깨워준다.[181] 그럼에도 불구하고, 우리가 예수의 추종자들 가운데 들었던 최소한 세명의 세리(publican)들의 이름을 아는 것은 주목할만한 가치가 있다.[182]

예수께서 죄인들과 더불어 음식을 먹는 가운데 무엇을 하였는가에 대해 이해하기 위하여는, 동방에 있어서―심지어 오늘날까지도―식사에 초대받는 것은 영예였음을 인식하는 것이 중요하다. 그것은 평화와 신뢰, 형제됨, 그리고 죄사함의 초대였다. 한마디로 말해서, 식탁을 나누는 것은 생명을 나누는 것을 의미했다. 여호야긴이 바벨론 왕에 의해 감옥으로부터 왕의 **식탁**(royal table)에로 옮겼음을 말하는 열왕기하 25：27-30(병행 렘 52：31-34)의 보도는 그의 복권(復權)에 대한 공적 선포인 것이다. 이와 마찬가지로, 아그립바 Ⅰ세는 자신의 총애를 잃었던 총사령관 실라를 자신의 식탁에 초대했는데, 그것은 그가 실라를 용서했다는 표시였다.[183] 특히 유대주의에서 식탁교제는 하나님 앞에서의 교제를 의미했다. 왜냐하면 식사에 참예한 사람들이 떼어진 한조각의 떡을 먹는 것은 그들 모두가 주인이 떼지 않은 떡에 대하여 말한 축복을 함께 나누는 것을 의미했기 때문이다. 이와같이 세리와

---

180) Perrin, *Rediscovering*, 107.
181) Perrin, *op. cit*. 102.
182) 레위, 마태, 삭개오(p. 178 각주 184를 보라)
183) Josephus, *Antt*. 19：321.

죄인들과 함께 나누는 예수의 식사는 사회적 차원에 그치는 것도 아니고, 그의 특별한 인간성과 사회적 관대함을 나타내는 데에 그치는 것도 아니며, 또한 경멸당하는 자들에 대한 그의 동정을 표현하는 데에 그치는 것도 아니다. 그것은 훨씬 깊은 의미를 가지고 있는 것이다. 그것은 예수의 사명과 메시지를 표현하는 것이며(막 2 : 17), 종말론적인 식사를 표현하는 것이고, 마지막 때의 잔치에 대한 예기적 잔치를 표현하는 것인데(마 8 : 11 병행), 이러한 것이 성도들의 공동체 가운데 이미 나타나고 있는 것이다(막 2 : 19). 구원의 공동체에 죄인들을 포함시키는 것은 하나님의 구속하시는 사랑에 대한 가장 의미있는 표현인 것이다.

예수께서 행동으로서 죄사함의 선포를 표현함에 있어, 세리와 죄인들로 더불어 식사를 함께 나누는 것 외에도 다른 표현행동들이 있다. 그러한 행동의 예로써 우리는 그가 여리고의 세리장의 집에 공공연히 유숙하는 것(눅 19 : 5)이라든지, 또는 자신을 따랐던 제자들의 그룹에 세리들을 불렀던 것 등을 들 수 있다(막 2 : 14 ; 마 9 : 9 ; 10 : 3). [184] 모든 사람들은 이들이 하나님에 의해 영접되었음을 볼 것이었다.

여기에서 우리는 $\pi\tau\omega\chi o\grave{\iota}$ $\epsilon\grave{\upsilon}\alpha\gamma\gamma\epsilon\lambda\acute{\iota}\zeta o\nu\tau\alpha\iota$ (마 11 : 5)라는 구절의 내용을 좀더 예리하게 고찰해 볼 필요가 있다. 첫번째 복이 $\mu\alpha\kappa\acute{\alpha}\rho\iota o\iota$ $o\acute{\iota}$ $\pi\tau\omega\chi o\acute{\iota}$, $\acute{o}\tau\iota$ $\grave{\upsilon}\mu\epsilon\tau\acute{\epsilon}\rho\alpha$ $\acute{\epsilon}\sigma\tau\iota\nu$ $\acute{\eta}$ $\beta\alpha\sigma\iota\lambda\epsilon\iota\alpha$ $\tau o\hat{\upsilon}$ $\theta\epsilon o\hat{\upsilon}$ (눅 6 : 20 ; 마 5 : 3에서는 3인칭으로 되어있음)라고 말할 때, 강조점은 종속절의 첫머리에 위치해 있는 $\grave{\upsilon}\mu\epsilon\tau\acute{\epsilon}\rho\alpha$ (누가복음) 혹은 $\alpha\grave{\upsilon}\tau\hat{\omega}\nu$ (마태복음) 위에 놓여진다 : 하나님의 통치는 **오직 가난한 자들에게만** 속한다. 셈어는 종종 한정어 '오직'을 빠뜨리곤 한다. 따라서 우리는 번역할 때에 그 단어를 종종 보충하여야만 한다. [185] 이러한 사실은 여기에서도 마찬가

---

184) 마가복음에 따르면 예수로부터 자신을 따르라는 부름을 받았던(막 2 : 14) 세리 레위가 최초 복음서에서는 마태로 대체되어 있다(마 9 : 9). 분명히 이것은 레위라는 이름이 열두제자의 목록에 나타나지 않기 때문에 생겨진 것이었다 (‡ Pesch). 이러한 이름교체로부터 우리는 다음의 사실들을 알 수 있다. a. 문서 이전의 전승은 레위와 마태가 모두 세리였음을 보도하였다. b. 레위(막 2 : 14)와 마태 (마 10 : 3) 모두가 제자들 가운데 있었다는 보도는 비슷하게 문서 이전의(pre - literary) 것이다.

185) 마 5 : 18이하, 28, 43, 46 등을 참조하라.

지이다 : 첫번째 복은 구원이 **오직** 빈털털이(beggars)와 죄인들에게만
운명지어짐을 의미한다. 우리가 마가복음 2 : 17 *οὐκ ἦλθον καλέσαι*
(즉, 종말론적인 식사에로) *δικαίους ἀλλὰ ἁμαρτωλούς* 에서 분명하
게 읽는 것이 바로 이것이다. 예수는 구원이 의인들을 위한 것이 아니
라 죄인들을 위한 것임을 반복해서 말씀했다(의인은 바리새인들의 자
칭〈自稱〉이었음을 주목하여야만 한다. 솔로몬의 시편 13 : 11 ; 15 : 6이
하를 참조하라). 하나님은 자신의 계시를 박식한 신학자들에게 주시지
않고, 교육받지 못한 자들에게 주신다(마 11 : 25이하 병행. 눅 10 : 21)
; 그는 바실레이아를 어린 아이들과 아이들처럼 '아바'라고 말할 수 있
는 자들에게 여신다(막 10 : 14 ; 마 18 : 3).[186]

따라서 비록 초대받은 손님들이 오기를 거절했다 할지라도, 혼인잔
치는 꽉찼다(마 22 : 1-10 병행. 눅 14 : 16-24). 잃어버린 아들은 자
신의 권리를 되찾게 되었고, 집에 머물러 있던 아들은 아버지로부터
소격(疎隔)되게 되었다(눅 15 : 11-32). 세리들과 창녀들이 의인들 보
다 바실레이아에 우선하게 될 것이다(마 21 : 31 ; 여기에서 *προάγουσιν
ὑμᾶς* =mᵉqaddᵉmin lᵉkōn은 시간상의 앞섬을 의미하는 것이 아니라,
다른 사람들을 배제하는 것을 의미한다)[187] 그것이 의미하는 것은 이
것이다 : '세리들과 죄인들이 하나님의 바실레이아에 들어갈 것이나,
너희는 들어가지 못할 것이다. ' 이와 비슷하게 누가복음 18 : 14의 *παρ
ἐκεῖνον* 에서도 배제적 의미를 갖는 민(min)이 강조되었다[188] : 세리는
기도가 하나님에 의해 들으심을 얻은 바 되어 *δεδικαιωμένος παρ
ἐκεῖνον* 집으로 돌아갔으나,[189] 바리새인의 기도는 들으심을 얻지
못했다.[190]

마지막 때에는 상황이 역전된다. 이것이 복음서에서 종종 나오는 오

---

186) 마 18 : 3에 대한 해석을 위하여는 Jeremias, *Parables*, 190이하를 참조하라.
187) Jeremias, *Parables*, 125 각주 48을 참조하라.
188) J. Jeremias, *Unknown Sayings of Jesus*, London 1957, 78 각주 1(1964년판에
는 포함되어 있지 않음)에 헬라어의 배제적 '민'(min)의 가능한 용례에 대한 요약
이 있다.
189) p. 175 각주 176을 보라.
190) Jeremias, *Parables*, 140이하.

래된 종말론적인 주제이다.[191] 그것은 하나님의 무한한 주권 뿐만 아니라 그의 무제한의 자비를 나타낸다.

모든 이해를 초월하는 하나님의 이러한 선하심은 가난한 자들에게 있어 즐거움과 기쁨을 의미한다.[192] 그들은 극히 값진 보화를 받았다(마 13：44-46). 그들은 상상할 수도 없었던 경험을 한다：비록 그들이 빈손임에도 불구하고 하나님께서는 그들을 받으신다. 예수 자신이 그들로 더불어 즐거워한다：마태복음 11：25이하 병행. 누가복음 10：21；마태복음 11：12 병행. 누가복음 16：16은 아마도 슬픔의 탄식이기 보다는 기쁨의 외침일 것이다.[193]

에스겔 34：16의 약속이 성취되고 있다：

　그 잃어버린 자를 내가 찾으며
　쫓긴 자를 내가 돌아오게 하며
　상한 자를 내가 싸매어 주며
　병든 자를 내가 강하게 하려니와(막 2：17참조)

또한 이사야 29：19이 성취되고 있다：

　겸손한 자가 여호와를 인하여 기쁨이 더하겠고
　사람중 빈핍한 자가 이스라엘의 거룩하신 자를 인하여 즐거워하리니

나아가서 이사야 65：19이 또한 성취되고 있다.

　내가 예루살렘을 즐거워하며
　나의 백성을 기뻐하리니

---

191) p. 361을 보라.
192) ‡ Gulin
193) J. Schmid, *Das Evangelium nach Mattäus*, Regensburg 1965. 193; pp. 111 이하를 참조하라.

또한 스바냐 3 : 17이하가 성취되고 있는데, 여기에서 하나님은 이렇게 말씀하신다.

그가 너로 인하여 기쁨을 이기지 못하여 하시며
너를 잠잠히 사랑하시며
너로 인하여 즐거이 부르며 기뻐하시리라

이와같이 하나님은 죄인들이 돌아오는 것을 기뻐하신다(눅 15 : 7, 10). 이러한 복음(복된 소식)은 구원이 동터오는 때의 선물(gift)인 것이다.

(3) 복음의 변증

복음의 선포는 분노의 폭풍과 더불어 받아들여졌다. 예수의 메시지를 날카롭게 배척한 집단은 첫째로 바리새파 사람들이었다. 우리는 전승으로부터 그들이 그것을 배척한 정도를 대부분 읽을 수 있다 : 몰이해(눅 15 : 29이하) ; 원망(눅 15 : 2 ; 19 : 7 ; 마 20 : 11) ; 욕설(마 11 : 19 병행. 눅 7 : 34) ; 신성모독이라는 비난(막 2 : 7).[194] 제자들로 하여금 예수와 관계를 끊으라는 교사(막 2 : 16).[195]

이러한 바리새파 사람들의 반응은 그리 놀라운 일이 못된다. 왜냐하면 복음(good news)은 그 당시의 모든 종교적 의식체계(意識體系)에 일격을 가하는 것이었기 때문이다. 당시 유대주의의 최고의 종교적 의무는 죄인들과 관계를 갖지 않는다는 것이었다. 쿰란의 식탁교제(table fellowship)는 오직 정결하고 결함이 없는 회원들에게만 개방되었다.[196] 한편 바리새인들에게 있어, 죄인들과 관계하는 것은 정결한 의가 손상을 당할 위험이 있고, 또 거룩하고 신적인 영역(바리새파 공동체)

---

194) 하나님의 용서하심에 대한 약속조차도 예수의 대적자들에게는 예수가 오직 하나님 한분에게만 유보된 영역을 침범하고 있다고 느끼게 하기에 충분하였다.

195) $\ddot{o}$ $\tau\iota$ BL pc ($= \tau\acute{\iota}$ $\ddot{o}$ $\tau\iota$ AGpl='So?') $\mu\epsilon\tau\grave{\alpha}$ $\tau\hat{\omega}\nu$ $\tau\epsilon\lambda\omega\nu\hat{\omega}\nu$ $\kappa\alpha\acute{\iota}$ $\dot{\alpha}\mu\alpha\rho\tau\omega\lambda\hat{\omega}\nu$ $\dot{\epsilon}\sigma\theta\acute{\iota}\epsilon\iota$ $\kappa\alpha\acute{\iota}$ $\pi\acute{\iota}\nu\epsilon\iota$ 라는 질문은 단순히 정보를 알려주기 위한 해롭지 않은 요구가 아니라, 제자들로 하여금 예수를 배척하라는 초청인 것이다.

196) O. Betz, *What do we know about Jusus?*, London 1968, 74.

의 구성원으로서 손상을 당할 위험에 처하는 것이었다.[197] 바리새인들
은 그들('ammē hā—ars)의 집에 손님으로서 기거하지도 않을 뿐만 아
니라, 그들을 자신의 집에 환대하지도 않았다.[198] 지식이 없는 사람에
게 자비를 베푸는 것은 금지되었다.[199] "율법을 알지 못하는 이 무리는
저주를 받은 자로다."[200] 분명히 유대주의는 하나님이 자비하시고 용서
하실 수 있는 분이심을 알고 있었다. 그러나 하나님의 이러한 도우심
은 의인들을 위한 것이었다 : 죄인들의 운명은 심판뿐이었다. 물론 죄
인도 구원될 수는 있었다. 그러나 그렇게 되는 것은 오직 그가 선을 행
하고 또 자신의 생활방식을 버림으로써 자신의 회개의 진정성을 입증
했을 때 뿐이었다. 오직 그런 경우에만 바리새인들은 그를 하나님의
사랑의 대상으로 보았다. 그는 먼저 의로운 사람이 되어야만 했던 것
이다.

그러나 예수에게 있어 하나님의 사랑은 경멸당하는 자들과 잃어진
어린 아이들에게로 향하여 졌다. 그가 의인이 아니라 그러한 자들을
부른 것은(막 2 : 17) 분명히 모든 윤리를 붕괴시키는 것이었다 ; 그것은
마치 도덕적인 행위가 하나님 앞에서는 아무 것도 아님을 의미하는 것
처럼 보였다. 예수를 둘러싸고 있었던 세계는 하나님에 대한 인간의
관계를 그의 도덕적 행위에 기초시켰다. 그러나 복음은 그렇게 하지
않았기 때문에, 그것은 당시의 종교를 그 뿌리채 뒤흔들었던 것이다.

이리하여 일차적으로 예수의 회개에의 부르심으로부터가 아니라 복
음 그 자체로부터 거침돌이 생기게 되었다(마 11 : 6 병행). 하나님께
서 $\pi\tau\omega\chi o\acute{\iota}$ (가난한 자들)와 죄인들로 더불어 관계를 갖기 원하신다는
메시지와 또 그들이 의인들보다 더 하나님께 가깝다는 메시지는 바리
새인들로부터 강렬한 저항을 불러 일으켰다. 도처에서 예수는 복음에

---

197) *Ibid.*, 32
198) Dem. 2 : 3
199) Midr. Sam. 5 § 9(ed. S. Buber, Krakau 1983 31a 1) 병행 b. Ber. 33a ; b.
Sanh. 92a. Cf. I Qs 10 : 20 이하 : '나는(기도하고 있는 사람) 길에서 벗어난 모든
사람들에 대하여는 동정을 베풀지 않을 것입니다. 나는 그들의 길이 완전해질 때까
지는 그들에게 어떠한 편의도 제공하지 않을 것입니다.'
200) 요 7 : 49

대한 바리새인들의 공격에 대하여 답변을 해야만 하였는데, 무엇보다도 그는 비유로서 그 일을 감당하였다. 죄인들에 대한 용서를 다루는 비유들은 복음에 대한 표현이 아니라 **복음에 대한 변증**인 것이다.[201]

　예수는 복음에 대한 자신의 변증에서 세가지 논거를 제시한다.

　(a) 그는 $\dot{\alpha}\mu\alpha\rho\tau\omega\lambda o\acute{\iota}$ (죄인들)를 가리킨다. 그들은 병든 자들이요, 병든 자는 의원을 필요로한다(막 2 : 17). 그들은 단지 가난하고 병들고 궁핍한 자들일 뿐만 아니라 또한 감사할 줄 아는 사람들이다. 의인들과는 달리 오직 무거운 빚의 짐을 진 사람들만이 진정으로 탕감(사죄)의 의미를 알 수 있고, 그 결과로 무한한 감사가 드려진다(눅 7 : 36 −50).

　(b) 예수는 $\delta\acute{\iota}\kappa\alpha\iota o\iota$ (의인들)로 하여금 그들이 하나님으로부터 얼마나 멀리 떨어져 있는가에 주의를 기울이게 한다. 사실상 그들은 $\dot{\alpha}\mu\alpha\rho\tau\omega\lambda o\acute{\iota}$ 보다 하나님으로부터 더 멀리 떨어져 있다. 그것은 그들이 스스로 의롭게 여겨 자신들의 경건을 의지하기 때문이요(눅 18 : 9−14), 실제로 그렇지 않음에도 불구하고 스스로 순종하는 아들이라 주장하기 때문이다(마 21 : 28−31). 또한 그들은 기꺼이 하나님의 부르심을 따르지 않고 오히려 그의 사자들을 대항하며(눅 14 : 16−24 병행. 마 22 : 1−10, 막 12 : 1−9), 그들의 가난한 형제들을 사랑하지 않기 때문이다(눅 15 : 25−32). 또한 그들이 $\dot{\alpha}\mu\alpha\rho\tau\omega\lambda o\acute{\iota}$ 보다 하나님으로부터 더 먼 것은 비록 그들이 용서함에 대하여는 알고 있었지만 실제로 용서함이 무엇인지에 대한 개념은 가지고 있지 못했기 때문이다(눅 7 : 47 : 사함을 받은 일이 적은 자는 적게 사랑하느니라). 예수께서 보시기에, 자기만족적인 종교성(self-assured religiosity)보다 더 사람을 하나님으로부터 분리시키는 것은 아무 것도 없었다.

　(c) 그러나 예수의 가장 결정적인 변증은 하나님의 성품에 대한 그의 거의 한결같은 언급일 것이다. 하나님은 무한히 은혜로우시다(마 20 : 1−15). 그는 길잃은 자가 다시 집으로 돌아오는 것을 기뻐하신다(눅 15 : 4−10).[202] 그는 불의한 재판관과는 달리 고통 가운데 있는 사

---

201) Jeremias, *Parables*, 124−46 등.
202) '하나님의 구원론적인 기쁨'(‡ Gulin, 99).

람들의 부르짖음을 들으신다(눅 18:1-8). 그는 절망적인 세리의 간절한 탄원을 허락하신다(눅 18:9-14). 그는 잃어버린 아들을 만나기 위해 달려가는 아버지와 같다(눅 15:19-21). 이것이 바로 하나님의 모습이다. 예수가 죄인들을 향한 **자신의** 자비와 죄사함에 대한 **자신의** 설교를 죄인들에 대한 하나님의 자비로 정당화시키는 사실은 한가지 중요한 결과를 야기시킨다 : 이러한 행동을 통하여 예수는 하나님의 사랑을 실현하고 있음을 주장하고 있는 것이다 ; 그는 하나님의 대행자(representative)로서 행동하고 있음을 주장하고 있는 것이다.[203] 가난한 자들에 대한 하나님의 사랑이 그의 선포 가운데 실현되었던 것이다.

이러한 복음은 영들을 나눈다. 예수 자신은 이것을 놀랄만한 일로 생각지 않았다 : ὑμῖν(제자들) τὸ μυστήριον δέδοται τῆς βασιλείας τοῦ θεοῦ, ἐκείνοις δὲ τοῖς ἔξω ἐν παραβολαῖς τὰ πάντα γίνεται (막 4:11, 하나님나라의 비밀을 너희에게는 주었으나 외인에게는 모든 것을 비유로 하나니). 이것은 논란의 쟁점이 되어온 말씀인데, 이 말씀은 강한 팔레스틴적 색체를 가지고 있다.[204] 본 문맥을 예수가 비유로써 말씀하시는 것은 외인들의 마음을 굳게(강팍하게)하고자 함이다.

그러나 이것은 분명히 비유의 목적이 아니다. 오히려 마가복음 4:11은 본 문맥 가운데 후기단계에 놓여진 것인데, 그것은 παραβολή 라는 단어 때문이다. 원래의 로기온에서 παραβολή (이 말의 아람어는 matla이다)는—이의 대응어인 μυστήριον 이 보여주는 것처럼—'비유'의 의미를 갖는 것이 아니라 '수수께끼'의 의미를 갖는 것이었다. '하나님께서 자신의 통치의 비밀(mystery)을 너희에게는 계시하셨으나 외인들에게는 모든 것이 수수께끼(riddles)이나니…… 만일 그들이 회개하지 않으므로 하나님께서 그들을 용서하지 않는다면'(막 4:11이하, 사 6:9이하를 인용함) 이것은 단지 비유뿐만이 아니라 예수의 모든 선

---

203) E. Fuchs, *Studies of the Historical Jesus*, SBT. 42, London 1964, 20이하.
204) 반위적 평행법(§ 2 〈2〉를 보라), 신적 수동형(§ 2 〈1〉을 보라), 불필요한 ' ἐκείνοις, 탈굼 이사야 6:9이하에 대한 12절의 밀접한 관계 등. 이것의 해석을 위하여는 Jeremias, *Parables*, 14-18을 보라.

포($\tau\grave{\alpha}$ $\pi\acute{\alpha}\nu\tau\alpha$)에 적용되는 말씀이다.[205]

예수는 복음에다가 이중적인 효과를 돌린다 : 한편으로 그것은 하나님의 비밀 곧 미래의 하나님나라의 어떤 것이 가난한 자들에 대한 하나님의 자비의 복음 가운데 현재로 뚫고 들어오는 것을 보는 눈을 열어준다 ; 다른 한편 복음은 계속하여 사람들로 하여금 소경이 되게한다. 제자들도 이와 동일한 경험을 하게 될 것이다(마 10 : 13—15) : 어떤 집에서는 평화 곧 그들이 가져다주는 마지막 때의 하나님의 평화를 받아들일 것이지만, 반면 다른 집에서는 그들이 외면당하게 될 것이고 따라서 심판이 선포될 것이다. 백성들 편에서의 이러한 상반된 반응은 복음의 성격에 기인하는 것이다. 왜냐하면 복음은 가장 큰 구원을 제시하지만 동시에 그것은 가장 큰 재앙을 일으킬 수도 있기 때문이다. 죄가 은혜로부터 야기되는 것이다.

두가지 사실이 이 모든 것이 전승의 기본층에 해당되는 것임을 보여준다. 첫째로, 하나님께서 죄인들과 관계를 맺기를 원하신다는 메시지, 또 오직 죄인들과만 관계를 맺기를 원하신다는 메시지, 그리고 그의 사랑은 그들에게까지도 펼쳐진다는 메시지는 당시로서는 유비를 찾을 수 없는 메시지이다. 그것은 독특한 메시지이다. 쿰란문서가 이러한 독특성을 확증해 주었다. 예수와 초대교회의 선포를 이해함에 있어 새로이 발견된 본문들의 주요한 의미는 그것들이 당시 유대주의에서 그것(예수와 초대교회가 선포한 것)과 비교될 만한 것이 발견되지 않음을 확증해 주는 바로 그 사실이다.[206]

한편 예수의 메시지에 비교될 만한 것이 아무 것도 없다는 사실이 그것의 진정성(authenticity)의 유일한 지침인 것은 아니다. 모든 공관복음 전승 가운데 골고루 스며들어 있는 예수에 대한 공격(복음의 변증과 관련된 많은 비유들에 의해 보여지는 것처럼)[207]과 예수를 조롱하는

---

205) $\mu\acute{\eta}\pi o\tau\epsilon$ =dil‹mā의 이러한 번역을 위하여는 Jeremias, op. cit., 17 이하를 보라.

206) J. Jeremicas, Die theologische Bedeutung der Funde am Toten Meer, Vortragsreihe der Niedersächsischen Landesregierung zur Förderung der wissenschaftlichen Forschung in Niedersachsen 21, Göttingen 1962.

207) Jeremias, Parables, 124—46.

것으로서 가장 두드러진 표현인 "먹기를 탐하고 포도주를 즐기는 사람이요 세리와 죄인의 친구"(마 11 : 19 병행. 눅 7 : 34 ; 참조 막 2 : 16 병행)라는 비난은 부활 이전의 전승이다. 왜냐하면 부활 이후의 공격은 예수의 십자가 위에서의 저주의 죽음이었기 때문이다. 따라서 죄인들에 대한 그의 식탁교제는 부활 이전의 걸림돌이었던 것이다. 다시 말해서, '가난한 자들을 위한 복음'의 선포에 대한 복음서의 설명은 유대주의로부터나 혹은 초대교회로부터 말미암은 것일 수 없다. 그것은 예수의 실제 음성(ipsissima vox)을 재생시킨 것이다.

제 4 장

은혜의 시대

참 선지자적 메시지는 서로 떨어질래야 떨어질 수 없는 양면을 가지고 있다 : 그것은 구원의 선포이며 동시에 정죄의 선포이다. 여기에는 충분한 이유가 있는데, 그것은 은혜와 심판이 합쳐져서 전체를 이루는 것이기 때문이다. 예수 역시 은혜스러운 구원의 때의 여명을 선언했을 뿐만 아니라, 그것이 충분히 드러나기에 앞서 있을 재앙(catastrophe) 에 대하여도 선언하였다. 복음은 심판에 앞선 마지막 유예기간 속에서 선언된다.

§ 13 재앙의 때

Albert Schweitzer, *The Quest of the Historical Jesus*, London ³1954 ; J. A. T. Robinson, *Jesus and his Coming*, London and Philadelphia 1957 ; W. G. Kümmel, *Promise and Fulfilment*, SBT 23, London 1957 ; E. Grässer, *Das Problem der Parusiever zögerung in den synoptischen Evangelien und in der Apostelgeschichte*, BZNW 22, Berlin 1957, ²1966 ; L. Gaston, 'Sondergut und Markusstoff in Luk. 21', *ThZ* 16, 1960, 161-72 ; B. Rigaux, 'La seconde venue de Jésus', in : *La venue du Messie. Messianisme et Eschatologie*, Recherches Bibliques Ⅵ, Bruges 1962, 173-216 ; W. G. Kümmel, 'Die Naherwartung in der Verkündigung Jesu', in : *Zeit und Geschichte, Dankesgabe an R. Bultmann zum 80. Geburtstag*, Tübingen 1964, 31-46 (lit.) ; O. Cullmann, *Salvation in History*, London and New York 1967 ; L. Hartman, *Prophecy Interpreted*, Coniectanea Biblica, Lund 1966 ; J. Lambrecht, *Die Redaktion der Markus-Apokalypse*, Analecta Biblica 28, Roma 1967.

(1) 두개의 공관복음 묵시들

마지막 때의 임박한 사건들에 관한 예수의 말씀들을 이해함에 있어 우리는 오직 하나의 공관복음 묵시만을 가지고 있는 것이 아니라 두개의 공관복음 묵시를 가지고 있음을 인식하는 것이 극히 중요하다.[1]

마가복음의 묵시(Markan apocalypse, 13 : 1-37)는 다른 복음서들에 충분하게 반영되었다. 그것은 마태복음에서 뒷부분에 새로운 자료를 추가시킴으로써 원래의 분량이 두배로 늘어났다(마 24 : 1-25 : 46). 한편 누가복음(21 : 5-36)에서는 그것의 내용이 현저하게 바뀌었다. 마가복음 13장은 마지막 대위기에 앞선 저주와 고통의 때를 세 단계로 묘사하는 거대한 재앙의 예언이다 :

a. 5-13절 : ὠδῖνες 의 시작(메시야의 '해산의 고통') : 거짓 메시야들, 전쟁들, 지진들, 기근들, 핍박들 ;

b. 14-23절 : 성전에 '멸망의 가증한 것'이 출현함, 종말론적인 도피, 거짓 메시야들과 거짓 선지자들.

c. 24-27절 : 마지막 반역과 우주의 붕괴. 뒤따르는 인자의 파루시아. 이어 장엄한 종결이 뒤따른다(28-37절) : 마지막 때가 가까왔다. 그러나 그 날과 그 시는 아무도 모른다. 그러니 깨어 있으라 !

우리가 가지고 있는 **두번째 공관복음 묵시**는 누가복음 17 : 20-37 이다. 마가복음 13 : 4 병행에서와 마찬가지로, 여기에서도 예수께서 마지막 때가 언제 임하느냐는 질문을 받는 것으로 이야기가 시작된다. 차이점은 마가복음 13 : 4 병행에서는 질문이 제자들에 의해 제기된 반면, 누가복음 17 : 20에서는 그 질문이 바리새인들에 의해 제기되었다는 사실이다. 마가복음 13장에서와 마찬가지로 누가복음 17장에서도 예수는 때를 알려주는 것을 거부한다.

그러나 나머지 경우에 있어 예수의 대답은 마가복음 13장의 경우와는 현저하게 다르게 나타난다. 마가복음 13장에 있어 그것은 다음과 같

---

1) ‡ Robinson, 122 ; W. Grundmann, *Die Geschichte Jesu Christi*, Berlin 1957= 1960, 208−20.

이 진행된다. 아무도 그 때를 모른다. 말하여질 수 있는 모든 것은 먼저 고통의 때가 지나야만 한다는 사실뿐이다. 표적들이 먼저 성취되어야만 한다. 종말론적인 드라마가 차례로 펼쳐져야만 한다. 무엇보다도 표적들을 주의하라 !

반면 누가복음 17 : 20-37에서 "대 위기의 때"의 질문에 관한 대답은 다른 형태를 취한다. 아무도 그 때를 알지 못한다. 오직 한가지 사실만이 확실하다 : 마지막 때는 갑자기 아무도 예기치 못하던 때에 올 것이다. 오직 이 사실 하나만이 계속하여 점점 더 날카롭게 두드러진다. 마지막 때는 마치 번개처럼(24절), 홍수처럼(26절이하), 소돔과 고모라의 유황불비처럼(28-33절) 그렇게 갑자기 임할 것이다. 너희들이 그것을 깨닫기 전에 대분리의 때가 너희 위에 임할 것이다(24절이하). '주여 어디오니이까'라는 질문에 의해 결말이 지어지게 된다. 예수는 그 질문에 대하여 다시금 우회적으로 대답한다 : "주검이 있는 곳에는 독수리가 모이느니라." 너희들은 그것이 언제 임할지를 볼 것이다(37절).[2]

이와같이 두개의 공관복음 묵시들은 서로 매우 다른 주제를 가지고 있다. 마가복음 13장에는 모든 강조점이 예비적인 표적들 위에 놓여있는 반면, 누가복음 17 : 20-37에는 그것이 종말의 때의 갑작스러움에 놓여있다. 이러한 두가지 주제 가운데 어느 것이 더 이른 것인가에 관한 문제는 의문의 여지가 없다. 우리는 단지 유비들(analogies)만을 바라보는 것으로 족하다. 마가복음 13장의 예비적인 표적들의 주제와 나란히 서는 것은 데살로니가 후서 2 : 1-12에 나탄난 바울의 묵시와 예비적인 표적의 주제가 일곱 시리즈(일곱 인, 일곱 나팔, 일곱 대접)의 형태로 대부분의 지면을 차지하는 요한의 묵시이다. 초대교회는 파루시아의 지면의 문제를 해결해야만 하였는데, 그들은 먼저 성취되어야만 할 일련의 예비적 표적들을 언급함으로써 해답을 찾았다.

한편 누가복음 17 : 20-37의 주제에 대하여서도 역시 유비(analogy)가 있다. 그러한 주제는 종말의 갑작스럽고 예기치 못한 도래를 강조

---

2) 마태는 자신이 알고 있는 눅 17 : 20-37의 자료를 마가의 묵시에 끼워넣었다 (마 24 : 26이하, 37-41, 28).

하는 예수의 비유와 은유들 가운데 풍부하게 나타난다 : 강도의 비유, 돌아오는 집주인 비유, 열처녀 비유, 달란트 비유, 부유한 농부 비유, 길거리의 아이들, 예고된 날씨 비유, 새잡는 사람의 올가미 비유 등등. '언제?'라는 질문에 대한 두 대답은 상호 배타적이다. 누가복음 17 : 20-37의 주제가 예수의 선포에 그 기초가 놓여 있는 반면, 마가복음 13장은 초대교회에 속하는 주제임은 의심의 여지가 없다.

마가복음 13장이 초대교회에 의해서 수정되고 확대된 형태로 예수의 입술 위에 놓여진 유대묵시라는 견해가 널리 퍼져있다. 아마도 불트만 (R. Bultmann)이 이러한 견해의 대표자일 것이다. 그는 7절이하, 12절, 14-22절, 24-27절 등을 마가에 의해 편집되기 전에 이미 함께 수집된 유대 묵시말씀들이라고 주장한다. 한편 그는 5절이하, 9-11절, 13상반절, 23절을 기독교의 첨가(Christian additions)로 간주한다. [3]

사실상 공관복음 묵시의 양식(pattern)과 주제는 대부분 당시 유대묵시자들의 언어를 사용한다. 또한 우리는 거기에서 종말을 언급하는 무시무시한 예비적 표적들을 읽는다 : 지진, 나무들로 부터 떨어지는 핏방울, 불이 온 땅을 덮음, 기근이 발생함, 하늘이 비를 내리지 않음, 도덕적인 모든 굴레가 깨어지고 모두에 대한 모두의 전쟁이 발발함. [4] 의심할 여지 없이, 마가복음 13장은 다른 어떤 예수의 말씀에서 보다 더 전통적인 묵시적 주제들을 사용하고 있다. [5]

최소한 10절의 이방인 선교에 관한 말씀은 교회의 상황을 반영함이 또한 사실이다. [6] 마가복음 13장의 진정성(authenticity)에 관한 의심은 우리가 그것의 언어를 관찰할 때 보다 더 짙어진다. 페린(N. Perrin)의 계산에 따르면, 마가복음 13 : 5-27에 사용된 165개의 단어 가운데 35개의 단어가 마가복음 외에서는 나타나지 않는데 이는 매우 높은 비율(즉 20%이상)이다. 한편 이러한 35개의 단어 가운데 15개의 단어(거의

3) *Synoptic Tradition*, 122이하.
4) Billerbeck IV 977—86 ; P. Volz. *Die Eschatologie der jüdischen Gemeinde im neutestamentlichen Zeitalter*. Tübingen 1934=Hidesheim 1966, 147—63.
5) 7절 이하(전쟁, 기근, 지진, 해산의 고통) ; 9절, 11절(핍박) ; 12절(모든 도덕질서의 붕괴) ; 13하반절(인내) ; 24절이하(자연질서의 붕괴).
6) p. 359를 보라.

50%)가 계시록에서 나타난다.[7] 이러한 언어적 증거는 전통적인 묵시적 용어가 마가복음 13장에 영향을 미쳤음을 확증한다.

그럼에도 불구하고, 만일 우리가 마가복음 13장이 당시의 묵시문학과는 근본적으로 다르다는 사실을 간과한다면 그것은 무비판적인(uncritical)일일 것이다. 마가복음 13장에는 당시 묵시문학의 결정적인 주제들이 나타나지 않는다 : 성전(聖戰 : holy war), 로마제국의 멸절, 미움과 복수의 감정, 디아스포라를 모음, 구원에 관한 물질적이고도 지상적인 표상, 강력한 나라의 수도로서의 예루살렘의 회복, 이방인들을 다스림, 새 세대에서의 풍성한 삶 등등. 이러한 모든 것들이 마가복음 13장에서는 발견되지 않는다. 반대로 마가복음에서는 재앙이 이스라엘 그 자체 위에 임할 것이라고 언급된다. 이러한 사실은 성전에 멸망의 가증한 것이 나타나리라는 14절에서 특히 분명하게 나타난다(단 11 : 31 ; 12 : 11 ; plural 9 : 27). 어떠한 유대묵시자도 감히 이 예언을 마가복음 13 : 14과 같은 방법으로 취하지 않는다. 오히려 그것은 마카비 시대에 성취된 것으로 생각되었다.[8] 유대묵시자들은 성전이 파멸될 것으로 기대한 것이 아니라 그것이 융성할 것으로 기대했다.[9] 이러한 차

---

7) N. Perrin, *The Kingdom of God in the Teaching of Jesus*, London 1963, 131, 반면 우리는 이러한 성경의 암시로부터 다만 제한된 결론들만을 도출해 낼 수 있을 뿐이다. 막 13장에서 우리가 70인경의 광범위한 인용을 발견하는 것은 분명한 사실이다(14절 : 70인경 단 12 : 11 $\tau\grave{o}$ $\beta\delta\acute{\epsilon}\lambda\upsilon\gamma\mu\alpha$ $\tau\hat{\eta}\varsigma$ $\acute{\epsilon}\rho\eta\mu\acute{\omega}\sigma\epsilon\omega\varsigma$; 19절 : 단 12 : 1 Θ $\theta\lambda\hat{\iota}\psi\iota\varsigma$ $o\iota\alpha$ $o\grave{\upsilon}$ $\gamma\acute{\epsilon}\gamma o\nu\epsilon\nu$; 25절 : 70인경 사 34 : 4 $\tau\grave{\alpha}$ $\check{\alpha}\sigma\tau\rho\alpha\cdots\pi\epsilon\sigma\epsilon\hat{\iota}\tau\alpha\iota$; 27절 : 70 인경 슥 2 : 6 $\acute{\epsilon}\kappa$ $\tau\hat{\omega}\nu$ $\tau\epsilon\sigma\sigma\acute{\alpha}\rho\omega\nu$ $\grave{\alpha}\nu\acute{\epsilon}\mu\omega\nu$ $\cdots$ $\sigma\upsilon\nu\acute{\alpha}\zeta\omega$, T. F. Glasson, 'Mark XIII and Greek Old Testament,' Exp T 69, 1957–58, 213–15 참조). 그러나 이와 거의 비슷하게 많은 수의 용례들은 70인경을 따르지 않았다(8절 $\beta\alpha\sigma\iota\lambda\epsilon\acute{\iota}\alpha$ $\acute{\epsilon}\pi\grave{\iota}$ $\beta\alpha\sigma\iota\lambda\epsilon\acute{\iota}$ $\alpha\nu$: 사 19 : 2의 히브리 본문 ; 22절 $\psi\acute{\epsilon}\upsilon\delta o\pi\rho o\phi\hat{\eta}\tau\alpha\iota$: 신 13 : 2 탈굼 ; 22절 $\pi o\iota\hat{\eta}\sigma o\upsilon$ $\sigma\iota\nu$: 신 13 : 2 히브리본문, 70인경이 $\delta\hat{\omega}$ 라고 읽는 것처럼 ; 26절 $\acute{\epsilon}\nu$ $\nu\epsilon\phi\epsilon\lambda\alpha\iota\varsigma$: 단 7 : 13, 70인경 $\acute{\epsilon}\pi\acute{\iota}$ $\tau\hat{\omega}\nu$ $\nu\epsilon\phi\epsilon\lambda\hat{\omega}\nu$ 과 Θ $\mu\epsilon\tau\grave{\alpha}$ $\tau\hat{\omega}\nu$ $\nu\epsilon\phi\epsilon\lambda\hat{\omega}\nu$ 으로부터 분리됨 ; T. W. Manson, 'The old Testament in the Teaching of Jesus', BJRL 34, 1952, 314–18 을 참조하라).

8) 마카비 1서 1 : 54 ; b. Taan. 28b.

9) 성전이 멸망될 수 없는 것이라는 일반적인 확신은 요세푸스에 나타난다. BJ 6 : 283, 285. 에디오피아 에녹 90 : 27이하는 "옛집"(old house)이 "걷혀질"것이나, 이것은 단지 새롭고 보다 영광스러운 집으로 대체될 수 있도록 하기 위하여 그리하는 것일 뿐이라고 기대한다. 이것은 멸망의 가증한 것과 같지 않다. 더욱이 "옛집"은 성전을 가리키는 것이 아니라 예루살렘을 가리키는 것으로 보인다. 오직 제 1 차 유대폭동 직전에야 모든 사람들이 미쳤다고 간주한 어떤 사람이 "이 성과 백성들과

이점들을 감안할 때, 우리는 마가복음 13장이 만들어진 각각의 어록들 (logia) 사이에 진정한 자료가 있을 가능성을 고려해야만 한다.

학자들은 마가복음 13 : 1-37과 누가복음 17 : 20-37과 더불어 **제 3 의 공관복음 묵시**를 상정해왔다. [10] 만일 우리가 누가복음이 마가복음 13장을 다룬 것을 분석해 본다면, 우리는 누가가 일부는 대체(substitution)에 의하여 그리고 또 일부는 첨가 (addition)에 의하여 그것을 바꾸었음을 보게 될 것이다. 이제 우리가 마가복음과 비교하여 누가복음 21 : 5-28중에서 새로운 어록들을 모은다면(눅 21 : 18, 20, 21하 반절, 22, 23하반절―26상반절, 28), 우리는 그것들이 형식적으로는 평행법의 특징 을 가지며 또 내용에 있어서는 어느정도 그 자체로 일관성을 가지는 사상형태로 특 징지워짐을 보게 될 것이다.

따라서 누가가 자신의 마가복음 원자료(Markan original)에다가 특별한 묵시전승 (special apocalyptic tradition)을 결합했다고 결론내릴 수 있는 가능성이 상당히 생 기게 된다. [11] 이러한 제 3 의 묵시는 디도(Titus)가 예루살렘을 포위할 준비를 하고 있었으나(눅 21 : 20) 그 거룩한 도시(예루살렘)로부터 도망가는 것이 아직 불가능 하지는 않았던(21하반절) AD 70년경에 편집되었을 것이 분명하다. 만일 그렇다면 그것은 세계의 공관복음 묵시들 가운데 가장 늦은 것으로서, 로마의 성전바깥뜰 공 격이 이미 시작된 것으로 전제하는 요한계시록 11 : 1이하의 예언보다 단지 몇주 앞 선 것이 될 것이다. 이러한 제 3 의 묵시는 예루살렘의 약탈을 예기하며, 또한 유대 ―로마 전쟁에서 종말에 선행하는 공포의 시작(24절이하) 뿐만 아니라 동시에 하나 님의 위대한 새 시작의 표적을 보았다(28절).

물론 우리는 이러한 묻혀진 자료를 재생시키는 것은 순수한 가정(pure hypothesis)으로만 남을 뿐이라는 사실을 잊어서는 안된다. 이 경우에 제 3 의 묵시 에로 돌려지는 구절들이 명백히 누가복음의 언어적 흔적(linguistic stamp)을 가지는 사실은 우리로 하여금 특별한 주의를 기울이게 한다. [12] 이러한 누가적 경향의 이유

성전에 화가 있도다"라고 외치면서 예루살렘 거리를 돌아다녔다(요세푸스, 유대전 쟁 6 : 309, 301 참조). 보다 후기의 전승은 랍비 요하난 벤 자카이가 성전이 불탈것 이라는 사실을 미리 알았음을 보여준다(j. Yom. 43c 60 Bar. 병행 b. Yom. 39b).

10) ‡ Robinson, 122,

11) ‡ Robinson, 123이하 ; ‡ Gaston ; H-T. Wrege, *Die Überlieferungsgeschichte der Bergpredigt*, WUNT 9, Tübingen 1968, 151 각주 8.

12) 눅 21 : 20, 'Ιερουσαλήμ (눅／행 66회, 다른 곳에서는 단지 2회) ; ἐγγίζω (누가가 즐겨 사용하는 단어 : 눅／행에서 24회 사용됨) ; 22절 : 부정사와 함께 사용 하는 τοῦ (소유격을 지배하는 명사나 동사에 부착됨이 없이, Blass-Denbrunner-Funk 400, 5 ; 눅／행 24회) ; πίμπλημι (눅／행 22회, 신약의 다른 곳에서는 오직 마 22 : 10 ; 27 : 48에서만 사용됨) ; πάντα τὰ γεγραμμένα (눅／행 5회, 신약의 다 른 곳에서는 오직 갈 3 : 10에서만 사용됨) ; 23하반절의 λαός (누가가 즐겨 사용하

는 누가가 자료를 연구하였다는 사실에 있는 것일 수도 있다. 그러나 그러한 경우
에도, 어째서 누가가 마가복음 13장으로부터 온 중간구절들은(눅 21 : 21상반절, 23
상반절, 26하반절, 27) 거의 문자적인 방법으로 취한다면 제 3 의 묵시로부터 온 구
절들을 그토록 면밀히 연구하였는가 하는 문제가 여전히 남는다. 그것은 거의 있을
법하지 않다. 따라서 제 3 의 묵시를 추정할 것이 아니라, 누가복음 21 : 18, 20, 21
하반절, 22, 23하반절, 26상반절, 28을 누가가 마가복음을 수정한 것으로 간주하는
것이 보다 합당하다.

(2) 예수는 무엇을 기대하였나 ?

예수가 미래에 기대한 것이 무엇이었나 하는 문제에 접근함에 있어
우리는 먼저 자신의 사명이 종말론적인 고통의 때의 도래에 대한 전주
곡이라는 그의 확신으로부터 출발해야만 한다. 그가 평화를 가져오기
위해 왔다고 생각해서는 안된다. 오히려 그는 칼을 가져왔으며(마 10
: 34), 땅위에 불을 던지러 왔고(눅 12 : 49), 또 우주적인 고통의 세례
를 가지고 왔다(50절).[13] 예루살렘에서 마지막 신적 사자(神的 使者)를
죽임으로써 선지자를 죽이는 자는[14] 하나님으로부터 정해진 죄의 양을
초과하게 될 것이며(마 23 : 32), 하나님의 참으심의 한계를 넘게 될 것
이며(막 12 : 9 병행), 또한 어둠의 때를 도입하게 될 것이다. 또한 예
수는 제자들의 고통이 자신의 그것과 불가분리적으로 연결되어 있다고
확신하였다. 그는 자신을 따르는 자들이 자신의 수난으로 도입된 집합
적인 고통(collective suffering)에 연루되게 될 것을 알았다.[15] 이러한

는 단어 : 눅／행에서 84회 사용됨) ; 24절의 'Ιερουσαλημ(20절을 보라) ; άχρι(누
가가 즐겨 사용하는 단어 : 눅／행에서 20회 사용됨) ; πληρόω(때의 : 눅／행에서 5
회, 다른 곳에서는 오직 막 1 : 15과 요 7 : 8에서만 사용됨) ; 25하반절의 ηχος(눅
／행에서 3회, 다른 곳에서는 오직 히 12 : 19에서만 사용됨) ; 26절의 επέρχομαι
(눅／행에서 7회, 다른 곳에서는 오직 엡 2 : 7과 약 5 : 1에서만 사용됨) ; οικουμεν
η(눅／행에서 8회, 신약의 다른 곳에서 7회 사용됨) ; γάρ(막 13 : 25의 καί 대신 ;
누가는 병렬식 문장배열을 피한다) : 절대 소유격(genitive absolute)과 함께 하는 28
절의 δέ 마가와는 대조적으로 누가에 의해 13회 사용됨) ; εγγίζω(20절을 보라) ;
allb+c 구조.

13) Jeremias. *Parables.* 163이하.
14) 예수가 자신이 폭력적인 죽임을 당할 것으로 기대했는가에 관한 문제에 대하
여는 pp. 400−403을 보라.
15) p. 408을 보라.

기대가 그대로 성취되지 않은 사실은[16] 이 말씀들이 부활 이전에 속한 것임을 가리킨다.

그러나 사람들은 주의함이 없이 살아갈 것이다(눅 17 : 26-29 병행 마 24 : 37-39). 또한 그들은 자신들의 머리 위에 놓여있어 언제든지 떨어질 수 있는 다모클레스의 칼(the sword of Damocles)에 대하여 소경인 채로 살아갈 것이다. 왜냐하면 죄의 양이 찼기 때문이다. 공포가 그들에게 마치 맑은 하늘로부터의 번개처럼, 또한 홍수나 소돔에 내린 불비만큼이나 놀라웁게, 그리고 강도, 올가미, 죽음처럼 임할 것이다. 칼(로마제국의)이 올 것이라고 마태복음 10 : 34은 말한다. 피의 물결이 넘칠 것이다. 빌라도가 갈릴리 사람들을 학살한 것과 실로의 망대가 무너진 것(눅 13 : 1-5)은 이스라엘 위에 임할 재난에 비하면 고작해야 어린애 장난에 불과할 것이다. 모든 것이 너무도 두려울 것이다. 그리하여 예수는 자신을 위해 우는 여인들에게 나를 위하여 울지 말고 너희와 너희 자녀들을 위해 울라고 말씀한다(눅 23 : 28-31). 그들은 마지막 세대위에 떨어질 무서운 운명에 동참해야만 할 것이다.

누가복음 11 : 49-51(병행 마 23 : 34이하)에서 예수는 하나님께서 아벨의 피로부터 번제단과 성전 사이에서 죽임을 당한 제사장적인 선지자인 스가랴의 피까지(대하 24 : 20-22) 자신의 사자들에게 임한 모든 해악을 보응하실 것이라고 선언하는 신적 말씀을 인용한다.[17] 여기에다가 그는 다음의 말씀을 덧붙인다 : ναὶ λέγω ὑμῖν, ἐκζητηθήσεται ἀπὸ τῆς γενεᾶς ταύτης (51하반절, 내가 너희에게 이르노니 과연 이 세대가 담당하리라). 어째서 "이 세대"가 그의 피의 값을 지불해야만 하는가? 이 세대의 백성들이 아벨과 스가랴의 피와 무슨 상관이 있는가? 그들은 마지막 세대이다. 그들은 죄의 양을 채웠다. 따라서 마지막 세대는 여태까지 쌓여진 모든 죄의 값을 지불해야만 할 것이다.

그럼에도 불구하고, 이 모든 것은 단지 시작일 뿐이다. 다른 것이 훨씬 더 두려울 것이다. 하나님께서 성전을 내어버려 둘 것이며(눅 13 : 35 병행), '멸망의 가증한 것'이 나타날 것이다(마 13 : 14 병행). 다니엘 11 : 31과 12 : 11로부터 취한 이러한 표현은 무엇을 의미하는 것인

---

16) p. 408 을 보라.
17) 49절 : ἡ σοφία τοῦ θεοῦ εἶπεν.

가? 여기에서 마가복음은 놀라운 구문을 가지고 있다 : $\ddot{o}\tau\alpha\nu\ \delta\grave{\epsilon}\ \ddot{\iota}\delta\eta\tau\epsilon$
$\tau\grave{o}\ \beta\delta\acute{\epsilon}\lambda\upsilon\gamma\mu\alpha\ \tau\widehat{\eta}\varsigma\ \acute{\epsilon}\rho\eta\mu\acute{\omega}\sigma\omega\varsigma\ \acute{\epsilon}\sigma\tau\eta\kappa\acuteo\tau\alpha$ (중성분사가 아닌 남성분사)
$\ddot{o}\pi o\upsilon\ o\grave{\upsilon}\ \delta\widehat{\epsilon}\iota$. 마태는 문법적으로 잘못된 남성형을 취하여 그것을 중
성형 $\acute{\epsilon}\sigma\tau\acute{o}\varsigma$ (24 : 15)로 바꾸었다. 그러나 이러한 사실은 최초의 전승
이 다니엘의 '멸망의 가증한 것'을 한 인격 즉 거짓 그리스도로 해석하
였음을 보여준다. 그는 $\ddot{o}\pi o\upsilon\ o\grave{\upsilon}\ \delta\widehat{\epsilon}\iota$ (서지 못할 곳) 곧 성소에서 자신
을 드러낼 것이다. 거짓 선지자들이 그를 영화롭게 할 것이다(막 13 :
22 병행). 그러나 그의 때는 제한되어 있다.[18] 마지막 때의 성전이 무
너질 것이며, 돌 하나도 돌 위에 남지 않게 될 것이다(막 13 : 2).[19] 성
전의 멸망은 동시에 하나님의 개입(介入)의 신호가 될 것이다 : 3일이
내에[20] 새 성전이 세워질 것이다(14 : 58 병행).

　성전의 '멸망의 가증한 것'은 예배와 경의를 요구할 것인데, 그것은
말과 이적을 통하여 거짓 선지자들에 의해 영광을 받을 것이다―이것
이 최후의 큰 시험이다. 그것은 예수의 특징이며 또한 그 전승이 오래
된 것임을 보여주는 표적이다. 오직 반절만이 그것에 돌려진다(막 13
: 14상반절). 그것을 자세히 묘사하는 것이 어떤 사람에게 도움을 주
지는 못할 것이다. 예수는 단지 한가지만을 말할 뿐이다 : 도망할지
어다(막 13 : 14하반절―20). 위험지역으로부터의 종말론적인 도주는
친구(눅 17 : 31)와 원수(마 23 : 33)에게 남겨진 유일한 일이다. 단 한
순간조차도 지체할 수 없다 : 밤에 필요한 겉옷을 가지러 가기 위해 집
에 들어가는 자에게는 화가 있다(눅 17 : 31 ; 막 13 : 15이하). 그것이
모든 것을 파멸시킬런지 모른다. 왜냐하면 그것은 더이상 지상의 생명
의 문제가 아니라 영혼의 문제이기 때문이다. 이것이 예수가 경고를
발한 아그라폰(agraphon : 정경복음서에는 기록되어 있지 않은 예수의

---

18) 이러한 개념을 보기 위하여는 계 12 : 12 "$\acute{o}\ \delta\iota\acute{\alpha}\beta o\lambda o\varsigma\ \cdots\ \ddot{\epsilon}\chi\omega\nu\ \theta\upsilon\mu\grave{o}\nu,\ \mu\acute{\epsilon}\gamma\alpha$
$\nu,\ \epsilon\acute{\iota}\delta\grave{\omega}\varsigma\ \ddot{o}\tau\iota\ \acuteo\lambda\acute{\iota}\gamma o\nu\ \kappa\alpha\iota\rho\grave{o}\nu\ \ddot{\epsilon}\chi\epsilon\iota$"(이는 마귀가 자기의 때가 얼마 못된 줄을 알
므로 크게 분내어 너희에게 내려 갔음이라)를 참조하라.
19) 도마복음 71을 보라 : "예수께서 이르시되 내가 (이) 집을 멸하므로 아무도
그것을 (다시) 세우지 못할 것이라."
20) 이에 대하여는 pp. 409이하를 보라.

말씀—역자 주)의 의미이다 : 너 자신을 구하라, 네 생명이 걸려 있느니라[21](창 19 : 17을 참조하라. 그 사람들이 그들을 밖으로 이끌어낸 후에 이르되 도망하여 생명을 보존하라 돌아보거나 들에 머무르거나 하지 말고 산으로 도망하여 멸망함을 면하라).

오직 성전이 다시 세워지는 "삼일"[22]을 견디는 자들만이 구원을 받을 것이다. 이러한 극도의 고통의 "삼일"과 관련하여 주기도문은 이렇게 간구한다 : '우리를 시험에 들게하지 마옵시고'.[23] $\pi\epsilon\iota\rho\alpha\sigma\mu\acute{o}\varsigma$ (시험)에 굴복하는 것으로부터 보호해 달라는 탄원은 시험당하는 중에 부르짖는 절망적인 믿음의 외침이다 : 우리를 배교로부터 보호하시고, 우리로 하여금 잘못된 길로 가지 않도록 지키소서.

예수가 바라보고 있는 이 재앙은 역사 안에서의 마지막 재앙이다. 그는 하나님의 나라가 고통을 통해서, 아니 오직 고통만을 통해서 임할 것을 확신했다.

이 모든 것이 심히 두려운 것이라 할지라도, 그것은 고작해야 마지막 재난의 전주곡에 불과할 뿐이다. 이러한 마지막 일은 역사를 초월한다. 하나님의 천사들이 분리작업을 수행한다. 두 사람이 함께 쟁기질을 하거나(마 24 : 40) 혹은 한 자리에 누웠을지라도(눅 17 : 34), 한 사람은 구원받을 것이지만 다른 사람은 버려둠을 당할 것이다—비록 두 사람이 사람의 눈으로 보기에는 아무런 차이가 없을지라도 두 여자가 함께 맷돌을 갈고 있을지라도(마 24 : 41 병행. 눅 17 : 35), 한 사람은 평화의 자녀가 될 것이지만 다른 한 사람은 죽음의 자녀가 될 것이다. 하나님의 천사들이 신적 심판을 수행하는 이 때에 영원한 불의 지옥인 $\gamma\acute{\epsilon}\epsilon\nu\nu\alpha$ (게헨나)가 열릴 것이다.[24] 복음서들이 그것에 대하여

---

21) Theodotus Clement of Alexandria, *Exc. ex Theod*, 2 : 2 ; 이에 관하여는 Jeremias, *Unknown Sayings of Jesus*, London 1964, 77—80을 보라.

22) 막 14 : 58 병행 "삼일" 말씀을 위하여는 pp. 409이하를 보라.

23) 이 말씀의 해석을 위하여는 pp. 295이하를 보라.

24) $\gamma\acute{\epsilon}\epsilon\nu\nu\alpha$ (이 단어는 신약에서 처음으로 나타나는데, 약 3 : 3을 제외하고는 모두 예수의 공관복음의 말씀 가운데에서 발견된다)는 아람어 gēhinnām(히브리어 gēhinnōm)의 헬라어 형태이다. 예로부터 그것은 예루살렘의 남동쪽에 있는 기드론 골짜기로 이어지는 예루살렘 남서쪽의 계곡 이름이었다(지금의 wādī er-rabābī). 여기에서 몰록에게 드려지는 제사가 행하여진 관계로 선지자들은 이 계곡에 대하여

말할 때, 그것들은 심판의 모든 두려움이 나타나는 신중한 실재론
(deliberate realism)과 함께 그린다. 그 곳은 ὅπου ὁ σκώληξ αὐτῶν
οὐ τελευτᾷ καὶ τὸ ηῦρ οὐ σβέννυται(사 66 : 24을 인용한 막 9 : 48,
구더기도 죽지 아니하고 불도 꺼지지 아니하는) 장소이다. 그 곳은 마
치 바실레이아와 마찬가지로 선재적(先在的 : pre-existent)이다(마 25
: 41). 따라서 그것의 도래는 필연적이다. 그것은 전인(全人 : whole
man)을 포함한다(막 9 : 43—48). 그것은 영원하다(막 3 : 29 ; 9 : 48 ; 마
25 : 46).

그러나 여기에는 당시 유대주의나 초대교회의 묵시문학(예컨대 베드
로 묵시록)에서 발견되는 것과 같은 그러한 지옥의 여러가지 고통들에
대한 묘사는 나타나지 않는다. 예수는 단지 신적 심판의 두려움을 표
현하는데에만 관심을 기울일 뿐이다. 예수에게 있어 γέεννα (게헨나)
는 다음과 같은 이중적인 내용을 갖는다. (a) γέεννα 는 어두움이다
(마 8 : 12 ; 22 : 13 ; 25 : 30). 따라서 그것은 하나님의 빛이 배제되는 것
을 의미한다. (b) γέεννα 에서는 κλαυθμὸς καὶ βρυγμὸς τῶν ὀδόντων
(마 8 : 12 병행. 눅 13 : 28, 울며 이를 갊)이 있을 것이다. 이방인들
의 식탁교제에서 이러한 ‘울며 이를 가는 것’은 자신들의 잘못으로 말
미암아 구원을 상실한 자들의 절망의 표현이다. 그것이 바로 지옥인
것이다.

누가복음 13 : 23에 따르면, 예수는 εἰ ὀλίγοι οἱ σῳζόμενοι (구원
을 얻는 자가 적으니이까?)라는 질문을 받고 있다. 이에 대하여 그는
대답하기를 거절하는 대신에 그들로 하여금 좁은 문으로 들어가기를
힘쓰라고 경고하고 있다(24절). 그러나 다른 곳에서 예수는 구원받은
자의 숫자에 대하여 말하고(혹은 최소한, 암시하고) 있다 : πολλοὶ γάρ
εἰσιν κλητοί, ὀλίγοι δὲ ἐκλεκτοί(마 22 : 14, 청함을 받은 자는

화를 선언하였는데, 이러한 사실로부터 BC 2세기에 “힌놈 계곡이 불타는 지옥이
될 것”이란 개념이 발전되었다(에디오피아 에녹 26이하 ; 90 : 26이하). 그러므로 그
이름이 바로 지옥의 이름이 되었던 것이다. 이것은—유대사상에 의하면—경건치
못한 영혼들이 부활절에 벌을 받는 하데스(ᾅδης = 쉐올)와 구별된다. 게헨나는 오
직 부활과 최후심판 후에야 비로소 나타나는 것으로서, 정죄받은 자들의 영혼뿐만
아니라 육체까지도 받아들인다. J. Jeremias, ᾅδης =, TDNT I, 1964, I 46—49 ; γέ
εννα, ibid., 655이하를 참조하라.

많되 택함을 입은 자는 적으니라). 청함을 받은 자의 큰 수와 택함을 입은 자의 작은 수와 관련한 이러한 말씀은 예정에 관한 언급으로 해석될 수 있을런지 모른다. πολλοί (많은)와 ἐκλεκτοί (택함을 입은 자들)라는 단어가 이러한 방향을 가리키는 것으로 보인다 : 비록 여전히 제한된 숫자라 할지라도 하나님은 많은 사람들을 부르셨다 ; 그러나 오직 소수의 사람들, 즉 부름을 받은 사람들로 부터 하나님께서 택하신 사람들만이 구원을 받을 것이다.

그러나 예수가 의도하는 것은 이러한 것이 아니다. 이 말씀의 요점을 이해하려면 우리는 먼저 여기에서 πολλοί 가—셈어에서는 흔한 용례인—포괄적인 의미를 갖는다는 사실을 주목해야만 한다('많은 사람', '큰 무리', '모든 사람'). 또한 이와 연관되는 것은 셈어에는 전체(totality)와 다수(plurality)를 동시에 표현하는 단어가 없다는 사실이다.[25] 이에 대한 결정적인 예가 제4에스라 8 : 3이다 : multi quidem creati sunt, pauci autem saluabuntur. 여기에서 multi를 '많은 사람'으로 해석하는 것은 터무니 없는 일일 것이다. '많은 사람'(many)이 아니라 '모든 사람'(all)이 창조되었다. 따라서 그것의 의미는 다음과 같다 : "창조된 사람들의 숫자는 셀 수 없다. 그러나 구원받은 자의 숫자는 적을 것이다."

이와 마찬가지로, 마태복음 22 : 14은 셈어의 용법상 '많은 사람'(many)을 말하는 것이 아니라 전체 즉 '모든 사람'(all)을 말하는 것이다. ἐκλεκτοί 역시 예정(predestination)과는 아무 상관도 없다 : 그것은 메시야의 구원의 공동체에 대한 전문용어이다(에디오피아 에녹, 신약, 그리고 쿰란문헌에서).

따라서 마태복음 22 : 14의 적절한 번역은 다음과 같다 : "(잔치에) 초청받은 사람들의 숫자는 (셀 수 없을 정도로) 크지만 그러나 오직 소수만이 그 구원의 공동체에 속하게 될 것이다." 이 말씀은 예정에 관한 말씀이 아니라 죄에 관한 말씀이다. 부르심은 무제한적이다. 그러나 그것에 따르고 구원을 받을 자의 숫자는 고작해야 소수에 불과할 따름

---

25) J. Jeremias, πολλοί, TDNT vi, 1968, 536−45 : 542 히브리어 kōl/아람어 kōllā는 다수(purality)가 아닌 전체(totality)를 의미한다.

이다.

(3) 재앙은 언제 임할 것인가?

예수께서 마지막 일들이 시작되는 정확한 날짜를 알려주는 것을 거
부한 사실이(눅 17：20이하；막 13：4이하, 32 병행)[26] 곧 그의 말씀들
로부터 그 마지막 때의 일반적인 개념을 찾을 수 없음을 의미하는 것은
아니다. 이러한 일반적인 개념은 그것이 모든 전승층들로부터 또 매우
다른 범주의 말씀들로부터 나타나는 바와 같이 그리고 다음의 항목들
이 보여주는 바와 같이 전승에 굳게 뿌리박고 있는 것이다.

(a) 바실레이아의 선언

죽은 무화과 나무에 새싹이 나고 여름이 가까우면 완성이 동터온다.
이것은 마가복음 13：28이하 병행의 비유에서 나오는 말씀이다.[27]
Ἤγγικεν ἡ βασιλεία τῶν οὐρανῶν 곧 "하나님께서 가까이 오셨다"[28]라
는 메시지는 제자들로 하여금 선포하도록 위임된 것이다(마 10：7 병
행. 눅 10：9；눅 9：2, 60；10：11). "나라이 임하옵시며"(thy King-
dom come)는 예수가 제자들에게 가르친 기도로서 오직 다음을 의미할
수 있을 뿐이다(카다쉬에서처럼)[29] : 그것이 곧 임하게 하옵소서. 모든
실제적인 종말론적 설교의 주제는 30년[30] 혹은 40년[31] 후의 하나님의 개
입이 아니라, 임박한 하나님의 개입[32]인 것이다.

바실레이아의 임박함은 또한 "종말의 갑작스럽고 예기치 못한 도래"와 따라서
"깨어있어야만 한다는 경고"의 주제를 다루는 p. 409에 언급된 많은 비유들과 은유

---

26) p. 189을 보라. 막 13：32에서 적어도 οὐδὲ ὁ υἱός는 2차적이다. 왜냐하면 ὁ
υἱός가 절대적인 용법으로 사용되었기 때문인데, 이러한 용법은 팔레스틴에서는
낯선 것이다. 반면 ὁ πατήρ의 절대적인 용법은 Abbā의 번역어로서 확증된다
(Jeremias, *The Prayers of Jesus*, 36이하를 참조하라).

27) Jeremias, *Parables*, 119.

28) 이러한 번역을 위하여는 p. 159를 보라.

29) p. 290을 보라.

30) ‡ Rigaux, 190.

31) γενεά를 위하여는 p. 207을 보라.

32) AD 70년의 예루살렘 멸망.

들 속에도 전제되어 있다. "3일"에 관한 말씀 역시 임박한 종말을 예기(豫期)하는 이러한 범주에 속한다(pp. 409이하를 보라). 만일 ἐντὸς ὑμῶν (너희 안에)에 대한 우리의 종말론적인 해석이 옳다면(pp. 155이하를 보라), 이것은 누가복음 17 : 20이하에서도 마찬가지이다. 또한 만일 마가복음 11 : 14의 φάγοι 에 상응하는 아람어 미완료형 yēkōl이 원래 미래적인 의미를 가졌었던 것이라고('아무도 다시는 너의 열매를 따먹지 못할 것이다') 생각하는 것이 옳다면,[33] 이것은 임박한 종말의 예기(豫期)에 대한 특별히 생생한 표현이 될 것이다;"심지어 무화과 나무가 열매를 맺기 전에 그 위기(the crisis)가 있을 것이다."[34]

이와 관련하여, 우리는 또한 세례 요한을 "다시 살아난 엘리야"(Elijah redivivus)로 묘사하는 말씀들을 언급해야만 한다(막 9 : 13 병행. 마 17 : 12; 마 11 : 10 병행. 눅 7 : 27; 마 11 : 14). 이러한 세가지 구절이 "선구자에 대한 예기"에 관하여 언급하는데, 이것은 크고 두려운 주의 날이 이르기 전에 선지자 엘리야가 보냄받을 것이라는 말라기 3 : 23이하(LXX 4 : 4이하)의 예언으로부터 말미암은 것이다. 이러한 말라기의 예언은 대 위기에 앞서 그 선구자가 ἀποκατάστασις (회복)를 직접적으로[35]—3일,[36] 하루[37]—가져올 것을 말하는 것으로 이해되었다. 마가복음 9 : 13은 이러한 배경 하에서 이해될 수 있다 : ἀλλὰ λέγω ὑμῖν ὅτι καὶ Ἡλίας ἐλήλυθεν (그러나 내가 너희에게 이르노니 엘리야가 왔다. 마 11 : 10, 14을 참조하라). 그 선구자가 이미 여기에 왔다—이제 종말이 얼마나 가까운가!

(b) 제자들을 부르심

예수는 사람들로 하여금 자신을 따르는 제자들의 무리에 합류하도록 부르심에 있어 극도의 긴급성을 가지고 그렇게 했다. 엘리사는 그의 가족들에게 작별인사를 할 것을 허락받았으나(왕상 19 : 20), 예수는 이것을 허락지 않았다(눅 9 : 61이하). 실로 그는 자녀로서의 가장 기본적인 의무인 자신의 아버지를 장사지내고 따르게 해달라는 요청조차도 거절하였다. 팔레스틴에서는 장사지내는 것이 죽은 날 행해졌다. 그러나 이러한 장사에 뒤이어 6일간의 애곡이 뒤따랐다. 예수는 그러한 긴 지체(delay)를 허락할 수 없었다.

그렇다면 그는 어째서 이토록 급박한 긴급성을 요구했을까? 예수는

---

33) p.137을 보라.
34) 무화과는 5월말에 익는데, 늦은 무화과는 8월중순경부터 익기 시작한다.
35) Billerbeck IV. 785, ι 이하.
36) *Ibid.*, 이하.
37) *Ibid.*, 이하.

그것을 이러한 말로써 정당화한다 : *ἄφες τοὺς νεκροὺς θάψαι τοὺς ἑαυτῶν νεκρούς* (마 8 : 22 병행. 눅 9 : 60, 죽은 자들로 저희 죽은 자들을 장사하게 하라). 바실레이아 밖에서는 오직 죽음과 시체만이 있을 뿐이다. 옛 세대(old age)에서의 존재양태, 그리고 죄 아래서의 존재양태는 생명의 이름을 받을 수 없다. 생명(life)이 죽음의 세상에 들어오기 시작했다. 곧 그것이 자신을 충분하게 드러낼 것이다. 한 시가 급하다. 죽은 자들이 너무 늦기 전에 생명의 세계로 부름받아야만 한다.

마가복음 1 : 17 역시 이러한 방법으로 이해되어야만 한다. 예수는 시몬과 안드레를 그들이 오직 물고기를 잡는 일을 하고 있는 도중에 불렀다 : *δεῦτε ὀπίσω μου, καὶ ποιήσω ὑμᾶς γενέσθαι ἁλεεῖς ἀνθρώπων* (나를 따라 오너라 내가 너희로 사람을 낚는 어부가 되게 하리라). 이것은 이스라엘을 열방으로부터 다시 고향으로 돌아오게 하겠다는(14절이하) 약속을 묘사하는 예레미야 16 : 16을 인용한 것이다. 여기에서 하나님은 이렇게 약속한다 : "보라 내가 많은 어부를 불러다가 그들을 낚게 하며……"

이와같이 예수의 제자들을 "사람을 낚는 어부"로 호칭하는 것은 그들이 종말론적인 임무 즉 하나님의 백성들을 고향으로 돌아오게하는 일을 맡았음을 의미하는 것이다. 이러한 임무는 어떤 지체(delay)도 허용하지 않는다.

(c) 선교 말씀들

누가복음 10 : 4(특별자료)에서 예수는 자신이 보내는 사자들(messengers)에게 이렇게 명령한다 : *μηδένα κατὰ τὴν ὁδὸν ἀσπάσησθε* (길에서 아무에게도 문안하지 말라). 이것은 극도의 파격적인(offensive) 명령이다. 동방에서는 인사가 서방에서 보다 훨씬 더 깊은 의미를 가지고 있었다. 왜냐하면 그것은 종교적인 의미를 가지고 있었기 때문이다. 인사는 선한 바램 뿐만아니라 하나님의 평화를 전달하는 것이었다(마 10 : 13 병행. 눅 10 : 5을 참조하라). 이것은 예컨대 오늘날의 베드윈족 사이에서 "너는 어디로 가고 있는 중인가?"라는 질문에 대하여 "하나님의 문으로"라는 대답을 요구하는 예전적(禮典的 :

ceremonial) 인사의 엄숙함을 설명해 준다.

이렇게 여행 중에 인사(문안)를 금하는 것과 비견될 만한 것이 예수 당시의 문헌에서는 나타나지 않는다. 그렇다면 이러한 금지의 이유는 무엇인가? 그것은 아마도 ἀσπάζεσθαι (인사하다)라는 단어가 예전적 인사 그 자체 뿐만 아니라 같은 방향으로 가는 여행자들과 동행하는 이른바 카라반까지도 포함하기 때문일 것이다. 그것(caravan : 隊商)은 강도들로부터의 위험에서 보호해 주지만, 그러나 천천히 가는 것을 의미했다. 그러나 예수의 사자들은 어떠한 상황 속에서도 시간을 허비하는 것이 허락되지 않는다. 하나님의 통치(the reign of God)의 임박함을 선포하는 그들의 임무는 급박한 속도로 성취되어야만 한다. 한 시가 급하다.[38]

이와 마찬가지로 마태복음 10 : 23 역시 긴급성을 갖는다(pp. 204 이하를 보라).

두가지 선교말씀이 이러한 극단적인 긴급성을 가진 말씀들과 현저하게 대조를 이루는데, 그것은 마가복음 13 : 10과 14 : 9이다. 마가복음 13 : 10(병행. 마 24 : 14)에서는 이렇게 기록되어 있다 : καὶ εἰς πάντα τὰ ἔθνη πρῶτον δεῖ κηρυχθῆναι τὸ εὐαγγέλιον (또 복음이 먼저 만국에 전파되어야 할 것이니라). 또한 마가복음 14 : 9(병행. 마 26 : 13)에는 이렇게 기록되어 있다 : ἀμὴν δὲ λέγω ὑμῖν, ὅπου ἐὰν κηρυχθῇ τὸ εὐαγγέλιον εἰς ὅλον τὸν κόσμον, καὶ ὅ ἐποίησεν αὕτη λαληθήσετ- αι εἰς μνημόσυνον αὐτῆς (내가 진실로 너희에게 이르노니 온 천하에 어디서든지 복음이 전파되는 곳에는 이 여자의 행한 일도 말하여 저를 기념하리라).

이러한 두가지 말씀들은 종말이 오기 전에 전 세계에 복음을 전파하는 선교사에 대하여 말한다. 여기에는 긴 시간의 간격(long interval of time)이 전제되어 있다. 이것은 많은 문제점을 야기시킨다. 예수는 자신의 활동을 이스라엘 지역에 한정시켰다. 그가 이방인들에게 도움을 베푸는 두가지 이야기는 먼저 예수의 거절로부터 시작되는데, 그것은 그가 자신이 오직 이스라엘에게만 보내어졌음을 인식하였기 때문이었다(마 15 : 24참조). 그럼에도 불구하고 그가 도움을 베푼 것은 사실상 완성(consummation)에 대한 예기(豫期 : anticipation)인 것이다. 더욱이 예수는 제자들로 하여금 그들의 활동을 오직 이스라엘에 한정하도록 가르쳤으며, 그들로 하여금 이방인들에게나 심지어 사마리아인에게까지도 가지 말라고 하였다(마 10 : 5이하).

---

38) 오직 구약에만 예수의 명령과 비슷한 것이 있다 : 왕하 4 : 29. 여기에서도 역시 그 이유는 눅 10 : 4에서 처럼 그 명령의 긴급성 때문이다.

이것이 예수가 이방인들을 바실레이아로부터 배제시켰음을 의미하는 것은 아니다. 다만 그것은 예수가 이방인들 사이에서 선교를 기대하지 않았음을 의미하는 것이다. 그는 다만 하나님의 통치가 도래할 때 있을 하나님의 위대한 행동으로서 시온으로의 "사람들의 종말론적인 순례여행"을 기대하였던 것이다(마 8：11 병행. 눅 13：28이하).[39] 마가복음 13：10 병행과 14：9 병행을 이것과 화해시키는 것은 불가능하다.

마가복음 13：10과 14：9의 진정성에 의문을 야기케하는 것은 비단 그것의 내용뿐만이 아니다. 여기에는 또한 언어학적인 난점도 있다. 두 구절은 모두 $\varepsilon\dot{v}\alpha\gamma\gamma\dot{\varepsilon}\lambda\iota ov$ (복음)이란 단어를 사용한다. biśśar란 동사가 제 2 이사야시대 이래로('하나님의 승리를 언급하는데') 종교적인 의미를 가지게 된 반면 그것의 명사형(히브리어에서는 b^{e}śōrā, 아람어에서는 b^{e}sōrā)은 항상 세속적인 의미만을 가지는 것은 참으로 놀랄만한 사실이다. 한편 이 단어의 헬라어 대응어인 $\varepsilon\dot{v}\alpha\gamma\gamma\dot{\varepsilon}\lambda\iota ov$ 은 헬레니즘 세계의 황제숭배에서 종교적인 용어가 되었다.[40] 이것은 예수가 분명히 동사를 사용하였음을 의미한다(특히 사 61：1을 인용한 마 11：5의 $\pi\tau\omega\chi o\dot{\iota}\ \varepsilon\dot{v}\alpha\gamma\gamma\varepsilon\lambda\dot{\iota}\zeta ov\tau\alpha\iota$ 를 참조하라). 다시 말해서 그가 그 단어의 명사형을 종교적인 의미로 사용했다고 보기는 어렵다는 말이다. 만일 우리가 여기에다가 마가복음 14：9의 $\ddot{o}\pi ov\ \dot{\varepsilon}\dot{\alpha}\nu$ + 부정과거 가정법이 마가가 즐겨 사용하는 용법이란 사실을[41] 더하여 고려한다면, 우리는 마가복음 13：10과 14：9이 예수에게 소급되지 않는다는 결론을 내리지 않을 수 없게 될 것이다.[42]

(d) 회개에의 부르심

누가복음 13：1-5에서 예수께서는 그의 청중들에게 이렇게 선포한다 : 만일 너희도 회개하지 아니하면 빌라도에 의해 살해된 사람들과 실로의 망대가 무너져 치여 죽은 사람들처럼 너희들도 예외없이 멸망당할 것이다. 이와 같은 예수의 호소의 긴급성은 그가 생각하는 재앙이 단지 먼 훗날의 국가적 불행이 아니라 백성들이 직면하고 있는 임박한

---

39) J. *Jeremias, Jesus' Promise to the Nations*, SBT 24, London 1967, 55-73.

40) G. Friedrich, $\varepsilon\dot{v}\alpha\gamma\gamma\dot{\varepsilon}\lambda\iota ov$ A, *TDNT* Ⅱ, 1964, 721-27.

41) $\ddot{o}\pi ov\ \dot{\varepsilon}\dot{\alpha}\nu$ +부정과거 가정법은 신약에서 오직 막 6：10；9：18；14：9(병행 마 26：13), 14에서만 나타난다.

42) 중간절 $\ddot{o}\pi ov\ \dot{\varepsilon}\dot{\alpha}\nu\ \kappa\eta\rho v\chi\theta\tilde{\eta}\ \tau\dot{o}\ \varepsilon\dot{v}\alpha\gamma\gamma\dot{\varepsilon}\lambda\iota ov\ \varepsilon\dot{\iota}\varsigma\ \ddot{o}\lambda ov\ \tau\dot{o}\nu\ \kappa\dot{o}\sigma\mu ov$ 이 없는 막 14：9은 예수의 초기의 종말론적인 말씀일 암시가 매우 강하기 때문에 이러한 평가가 필연적이다. : "내가 진실로 너희에게 이르노니…… 이 여자의 행한 일을 그들이(천사들) 〔하나님의 심판대 앞에서〕 말할 것이요 따라서 그가(은혜스럽게) 그녀에 대하여 생각하실 것이라"(J. Jeremias, 'Markus 14：9', in Abba, 115-20을 참조).

204

위험임을 보여준다. 홍수가 임박했고(마 24 : 37-39 병행 ; 참조 7 :
24-27), 도끼가 열매맺지 못하는 무화과나무 뿌리에 놓여졌다(눅 13 :
6-9). 회개하라 ! 고작해야 마지막 유예기간만이 남았을 뿐이다. 그러
나 그 기간조차도 오래 지속되지 않을 것이다. 너무 늦었다고 할 때가
곧 올 것이다. 열처녀 비유(마 25 : 1-12)[43]와 큰 잔치의 비유(눅 14 :
15-24 병행. 마 22 : 1-10)를 기억하라. 잔치집의 문이 곧 닫힐 것이다.
재판관에게 넘겨주는 비유(마 5 : 25이하 병행. 눅 12 : 57-59)와 불의한
청지기 비유(눅 16 : 1-8), 그리고 다른 많은 비유들이 동일한 메시지를
담고 있다. 즉각 행동하라 ! 아직 마지막 단 한번의 유예기회가 남아
있다.

(e) $\dot{\eta}$ $\gamma\epsilon\nu\epsilon\dot{\alpha}$ $\alpha\ddot{\upsilon}\tau\eta$ (이 세대) 말씀들

'이 세대'에 대한 열네번의 말씀들은[44] 모두 극도의 책망의 말씀들
이다(막 13 : 30 병행의 예외만을 제외하고는). 이 $\gamma\epsilon\nu\epsilon\dot{\alpha}$ (세대)는 악
하고(마 12 : 39 병행 ; 16 : 4) 믿음이 없으며(막 9 : 19 병행) 그리고 마
치 음란한 여인처럼 하나님께 대한 신앙을 깨뜨린다(막 8 : 38 ; 마 12 :
39 ; 16 : 4). 그것은—마치 투정하는 아이들처럼—회개에의 부르심과
복음에 대하여 모두 불평한다(마 11 : 16이하). 또한 그것($\gamma\epsilon\nu\epsilon\dot{\alpha}$)은
표적을 요구함으로써 자신의 불신을 덮는다(막 8 : 12 ; 눅 16 : 31). 그
것은 스바의 여왕이나 니느웨 백성들과 같은 이방인들이 심판때에 증
언하기 위해 심판대에 서는 것을 보게 될 것이다(마 12 : 41이하 병행)[45]
그것이 최후의 신적 사자(눅 11 : 48 병행 ; 막 12 : 8 병행)를 죽이는
자리에 섰기 때문에, 그 세대는 아벨로부터 스가랴까지의 모든 죄의
총량을 담당해야만 할 것이다(마 23 : 34-36 병행).
이러한 말씀들의 종말론적인 성격은 $\gamma\epsilon\nu\epsilon\dot{\alpha}$ 를 '민족'으로 해석하여

---

43) 이의 해석을 위하여는 J. Jeremias, '$\Lambda AM\Pi A\Delta E\Sigma$ Mt 25 : 1, 3f, 7f', ZNW
56, 1965, 196-201을 참조하라.
44) 막 8 : 12 상반절, 12하반절, 38 ; 9 : 19 ; 13 : 30 ; 마 11 : 16 병행 ; 12 : 39 병
행, 41이하 병행. 45 ; 22 : 36 ; 눅 11 : 30, 50 ; 17 : 25.
45) $\dot{\epsilon}\gamma\epsilon\rho\theta\dot{\eta}\sigma\epsilon\tau\alpha\iota, \dot{\alpha}\nu\alpha\sigma\tau\dot{\eta}\sigma\sigma\nu\tau\alpha\iota$(법정에 나타나다)와 $\kappa\alpha\tau\alpha\kappa\rho\iota\nu\epsilon\hat{\iota}, \kappa\alpha\tau\alpha\kappa\rho\iota\vartheta\sigma\iota\nu$
(정죄를 위한 표준을 제공하다)에 관하여는, J. Wellhausen, *Das Evangelium
Matthaei*, Berlin 1904, 65를 참조하라.

그것을 유대백성을 언급하는 것으로 해석하든지(그러나 이것은 언어학
적으로 불가능하다)[46] 혹은 γενεά 를 '세대'(generation)로 해석하여
그 용어를 대략 40년의 기간으로 확장시킴으로써 AD 70년의 예루살렘
멸망을 언급하는 것으로 보든지간에 결코 약화되지 않는다. 왜냐하면
예수에게 있어 γενεά (세대)는 항상 예수 앞에 있었던 사람들, 즉 그가
실제로 말하고 있었던 사람들, 다시 말해서 그의 "동시대 사람들"
(contempories)을 지칭하였기 때문이다. 멸망이 그들에게 직면한다.
곧 역할이 바뀌게 될 것이다. 지금 예수를 심판하는 사람들은 그의 심
판대 앞에 서게 될 것이다(눅 22 : 69).

(f) 고난과 위로에 관한 말씀들

마태복음 10 : 23하반절(특별자료)에서 예수는 그의 사자들에게 이렇
게 약속한다 : ἀμὴν γὰρ λέγω ὑμῖν, οὐ μὴ τελέσητε τὰς πόλεις τοῦ
Ἰσραὴλ ἕως ἔλθῃ ὁ υἱὸς τοῦ ἀνθρώπου[47] (내가 진실로 이르노니 이
스라엘의 모든 동네를 다 다니지 못하여서 인자가 오리라). 여기에는
두가지의 대조적인 해석방법이 있다. 한가지 해석방법은 23절을 하나
의 단일체(Unity)로 취하여 그 로기온을 핍박상황과 연결시키는 것
이다[48] : 제자들이 팔레스틴에서 더 이상의 도피처를 찾을 수 없게 되기
전에, 인자가 그들을 구원하기 위하여 나타날 것이다. 또 하나의 해석
방법은 23하반절을 별도의 로기온으로 간주하여[49] 그것이 제자들에 의

---

46) 헬라어 γενεά 는 '민족'이란 의미를 가질 수 있으나, 히브리어 dōr 혹은 아
람어 dār는 그러한 의미를 가질 수 없다.

47) 이것이 "온전하게"전승된 몇가지 인자의 말씀들 가운데 하나임을 주목하라
(pp. 380이하를 보라). 이러한 사실에 대한 더욱 중요한 증거는 이 말씀에 많은 셈
어투가 나타난다는 사실과, 또한 이 말씀이 이스라엘에 한정되는 것 및 실제로 성
취되지 않는 사실에 의해 야기되는 난점이다(J. Jeremias, *Jesus' Promise to the
Nations*, SBT 24, London 1967, 19f : C. Colpe, ὁ υἱὸς τοῦ ἀνθρώπου, *TWNT*
Ⅷ, 1969, 439이하를 참조하라).

48) H. Schürmann, 'Zur Traditions und Redaktionsgeschichte von Mt. 10 : 23', *BZ*
3, 1959, 82—88 ; Schürmann, *Traditionsgeschichtliche Untersuchungen zu den
Synoptischen Evangelien*, Düsseldorf 1968, 150—56(마지막 환난때의 핍박을 위한
위로의 말씀) ; E, Bammel, 'Matthäus 10 : 23', *Studia Theologica* 15, 1961, 72—92.

49) 처음으로 이러한 견해를 주장한 학자는 Klostermann이다. E. Klostermann,
Das Matthäusevangelium, HNT 4, Tübingen 1919, 227(1927, 89).

206

한 복음의 선포를 언급하는 것으로 보는 것이다[50] : 제자들이 이스라엘의 모든 동네에 바실레이아를 선포하는 것을 끝마치기 전에 파루시아가 도래할 것이다.

이제 이러한 두가지 해석방법 사이의 논쟁은 거의 끝난 것처럼 보인다. 아마도 23상반절이 독립된 존재인 것 같지는 않다. 또한 그것은 마태에 의한 편집적 구성인 것으로 보이지도 않는다(ἑτέραν 앞에 있는 어설픈 관사가 이것을 말해 준다). 그러므로 23절은 하나의 단일체로 두고 그 로기온을 제자들의 핍박을 언급하는 것으로 보는 것이 보다 나을 듯하다. 그러나 이러한 경우 우리는 23하반절이 어째서 그 도피영역을 팔레스틴에 한정시키는지를 설명해야만 한다. 어째서 제자들은 이스라엘 밖으로 나가지 않는가? 이에 대한 대답은 다음의 것 이외에 다른 것이 있을 수 없다 : 제자들의 사명이 그들을 이스라엘 내에 묶었다.

따라서 우리는 23절을 일반적으로 핍박받는 제자들을 위한 위로의 말씀이 아니라 핍박받는 "사자들(messengers)"을 위한 위로의 말씀으로 볼 수 있다 : 그들이 자신들의 일을 완수하기 전에 인자가 개입할 것이다. 위기가 임박했다. 이 말씀은 극도의 긴급함에 박차를 가하는 말씀이다.

마가복음 9 : 1 역시 이러한 문맥에 속하는 말씀이다 : καὶ ἔλεγεν αὐτοῖς · ἀμὴν λέγω ὑμῖν ὅτι εἰσίν τινες ὧδε τῶν ἑστηκότων οἵτινες οὐ μὴ γεύσωνται θανάτου ἕως ἂν ἴδωσιν τὴν βασιλείαν τοῦ θεοῦ ἐληλυθυῖαν ἐν δυνάμει (또 저희에게 이르시되 내가 너희에게 이르노니 여기 섰는 사람중에 죽기 전에 하나님의 나라가 권능으로 임하는 것을 볼 자들도 있느니라 하시니라). 이 로기온이 하나님 통치에 대한 가시적 현현(visible revelation)을 다루는 것이라는 데에는 논쟁의 여지가 있을 수 없다(마 16 : 28을 참조하라). καὶ ἔλεγεν αὐτοῖς (또 저희에게 이르시되)는 마가의 연결공식(Markan connecting formula)이다.[51] 따라서 우리는 여기에서 본래 독립된 로기온을 갖는다. 현재

---

50) ‡ Kümmel, *Promise*, 62-64 ; id., *Naherwärtung* 42이하(문헌).
51) Jeremias, *Parables*, 14.

있는 많은 사람들이 바실레이아가 나타나기 전에 죽을 사람들과 그 때까지 살아있을 어떤($\tau\iota\nu\epsilon\varsigma$) 사람들로 나누어지게 된다.

요한복음 21：21-23은 죽음을 맛보지 않게 될 소수의 사람들이 제자들 그룹의 마지막 생존자들일 것이란 그릇된 개념을 야기시켰다. 이러한 경우, 마가복음 9：1은 바실레이아의 나타남이 대부분의 제자들이 죽고 오직 소수의 늙은 제자들만이 살아남아 있게 될 때까지 연기될 것임을 의미한다. 그러나 요한복음 21：23상반절($\delta\,\mu\alpha\theta\eta\tau\eta\varsigma\,\dot{\epsilon}\kappa\epsilon\hat{\imath}\nu\sigma\varsigma\,\sigma\dot{\upsilon}\kappa\,\dot{\alpha}\pi\sigma\theta\nu\eta\!\!/\sigma\kappa\epsilon\iota$: 그 제자는 죽지 아니하겠다)에 표현된 기대는 파루시아의 지연으로 인한 마가복음 말씀의 재해석이다. 그것은 열렬한 소망이 마지막 생존해 있는 제자들에게 아직 남아있던 때에 온 것이다；이러한 그릇된 해석은 지양되어야만 한다. 왜냐하면 죽음을 맛봐야 할 대다수 사람들의 운명이 평안히 죽는 것으로 생각될 수는 없기 때문이다；오히려 그들은 순교를 당할 것이다(막 8：35 병행；10：38이하；13：12 병행；마 10：21, 28 병행, 34 병행；등등) 예수의 수난에 의해 시작된 재난이(p. 350을 보라) 절정에 달하기 전에, 마가복음 13：20 병행；마태복음 10：23에 약속된 개입(intervention)이 일어나서 최소한 몇명의 제자들은 극렬한 죽음을 피할 것이다.

누가복음 18：1-8의 비유(불의한 재판관 비유) 역시 위로의 말씀 가운데 속한다：비록 하나님께서 그의 택하신 자의 인내를 시험하신다 할지라도(7절)[52] 그들은 $\dot{\epsilon}\nu\,\tau\dot{\alpha}\chi\epsilon\iota$ (속히) 자신들의 권리를 얻게 될 것이다(8절).

(g) 포도주를 마시지 않겠다는 말씀과 겟세마네의 기도

예수가 임박한 미래에 하나님 통치의 여명을 받았던 것에 관한 마지막 암시는 수난설화에서 나타난다. 또 이와 관련하여 예수께서 최후의 만찬때 포도주를 마시지 않겠다는 말씀이 언급되어야만 한다.[53] 만일

52) 이의 해석을 위하여는, H. Riesenfeld., 'Zu $\mu\alpha\kappa\rho\sigma\theta\nu\mu\epsilon\hat{\imath}\nu$ (Lk 18：7)', in : *Neutestamentliche Aufsätze*, Festschrift für J. Schmid, Regensburg 1963, 214-17을 보라.

53) 포도주를 마시지 않겠다는 말씀을 위하여는, Jeremias, *Eucharistic Words*, 207-17을 보라. 이것이 오래된 전승이란 사실은 셈어투(173이하) 뿐만 아니라 예수의 즐겨 사용하는 문구들을 통하여서도 나타난다 : $\dot{\alpha}\mu\eta\nu$, 신적 수동형, 그리고 '하

예수가 "하나님의 왕적 통치가 임할 때까지"(눅 22 : 18)[54] 포도주 맛보기를 거절한다면, 그것의 임함은 정말로 가까움에 틀림없다.

이것은 또한 겟세마네 단화(pericope, 막 14 : 32-42 병행)에 전제되어 있다. 이 말씀의 진정성에 대하여는 격렬한 논쟁이 있어왔다. 왜냐하면 제자들이 잠을 잤던 사실(막 14 : 37, 40 병행)이 그들이 예수의 말씀을 들었을 가능성을 배제시키는 것처럼 보이기 때문이다. 그러나 본문은 예수를 따라 올라갔던 모든 사람들이 동시에 깊은 잠에 떨어진 것으로는 거의 말하지 않는다. 실제로 잠자는 제자들의 표상이 명령형 $\gamma\rho\eta\gamma o\rho\epsilon\hat{\iota}\tau\epsilon$ (34, 37. 깨어 있으라)에 대한 오해(본래는 은유적으로 의도된 말씀이었으나 육체적인 의미로 이해된)로부터 말미암았다고 보는 것은 불가능하지 않다.[55] 어쨌든 이 말씀의 기독론적인 꺼림칙한 특성 (offensive character)은 이 단화(單話 : pericope)를 후대교회의 창작으로 간주하는 것을 매우 어렵게 만든다.

잔이 지나가게 해달라는 예수의 기도(막 14 : 36 병행)를 그의 소망없는 상황으로부터 피할 길을 구하는 것으로 이해하는 것은 정확한 해석이 아니다. 오히려 그 기도는 종말론적인 언급이다 : 그것은 하나님께서 자신의 통치를, 심지어 그것에 선행하는 고통이 없이 가져올 가능성을 생각하는 것이다.[56] 깨어 기도하라는 말씀 또한 종말론적인 언급이다 : 예수가 그러한 말씀을 주는 이유는 시험의 때가 임박했기 때문이다(38절). 마지막으로 겟세마네 단화(單話)의 종결적 로기온인 $\hat{\eta}\lambda$ $\theta\epsilon\nu$ $\hat{\eta}$ $\hat{\omega}\rho\alpha$ (때가 왔도다, 41절) 역시 종말론적인 배경을 가지고 있다.

이러한 임박한 재난에 관한 말씀은 이른바 "깨어있으라는 주제의 비유들"과 상충되는 것처럼 보인다. 왜냐하면 그러한 비유들은 종말의 지연을 豫期하고 있기 때문이다 : 마태복음 24 : 48병행 "$\chi\rho o\nu i\zeta\epsilon\iota$ $\mu o\upsilon$ $\hat{o}$ $\kappa\acute{u}\rho\iota o\varsigma$"(나의 주인이 더디 오리라)

나님의 통치'라는 구절 등. 포도주를 마시지 않겠다는 말씀의 의미를 위하여는 pp. 278이하를 보라.

54) 병행 막 14 : 25 ; 눅 22 : 16하반절에 따르면, 예수는 또한 유월절 양을 먹지 않겠다고 말하였다(내가 너희에게 이르노니 이 유월절이 하나님의 나라에서 이루기까지 다시 먹지 아니하리라).

55) C. K. Barrett, *Jesus and the Gospel Tradition*, London 1967. 47.

56) *Ibid.*,

; 마태복음 25 : 5 "χρονίζοντος δὲ τοῦ νυμφίου"(신랑이 더디 오므로) ; 마가복음 13 : 35 "그러므로 깨어있으라 집 주인이 언제 올는지 혹 저물때엘는지 밤중엘는지 닭울때엘는지 새벽일는지 너희가 알지 못함이라"(마 24 : 43 병행 참조) ; 마태복음 25 : 19 "μετὰ πολὺν χρονον (오랜 후에) 그 종들의 주인이 돌아와 저희와 회계할 쎄." 사실상 복음서 기자들은 이러한 네가지 비유들을 파루시아의 지연과 연결시킨다. 비록 주께서 더디 오신다 할지라도, 깨어 준비하라！

그러나 다드(C. H. Dodd)는 이것이 이러한 네가지 비유들이 원래의미가 아니었음을 인식하였다.[57] 그 비유들은 다른 많은 것들처럼 "청중의 변이"(a change of audience)를 겪었다. 그 비유들은 원래 예수의 대적들에게 전달된 것이었으나, 이차적으로 제자들에게 적용되었다. 그러므로 우리는 만일 그 비유들이 예수의 대적자들이나 혹은 군중들에게 전하여졌었다면 그것들이 어떻게 들렸겠는가 하는 문제를 검토해야만 한다. "주인의 재산을 맡은 종의 비유"(마 24 : 45-51 병행)의 경우에 있어, 그것은 원래 이스라엘의 종교지도자들 특히 서기관들에 대한 부르심이었다 : 재앙이 임박했다. 너희가 어디에 있는지 너희가 알기 전에 너희는 자신들에 대하여 설명해야만 할 것이다. 여기에서 주인의 더디 옴(마 24 : 48)은 단지 어떻게 그 종이 그토록 태평하게 자신의 직무를 남용할 수 있었는지에 대한 설명으로서 의도된 것이다. 원래 이 비유는 파루시아의 지연을 언급하는 것이 아니라, 반대로 그것의 급작스런 도래를 언급하는 것이다. 이러한 점은 위에 언급된 다른 세 비유들의 경우에서도 정확하게 동일하다. 이 비유들을 파루시아의 지연을 언급하는 것으로 해석하는 것은 아니다. 원래 그것들은 모두 경고의 목적을 가진 것으로서 위기에 관한 비유들이었다 : "너무 늦기 전에 깨어 준비하라 재앙이 너희 머리 위에 임하고 있다."[58]

우리는 종말(end)을 먼 미래로 연기하는 예수의 말씀을 가지고 있지 않다. 그것이 바로 우리의 고찰의 결과이다. 오히려 우리가 공관복음서를 분석할 때, 우리는 종말론적인 고통의 때와 이에 뒤이은 바실레이아의 현현이 곧 있을 것으로 기대됐던 최초의 전승층에 직면한다. 여기에서 예수와 세례 요한 혹은 의의 교사(Teacher of Righteouness) 사이에 아무런 차이도 없다―기껏해야 그 차이점은 예수가 종말의 임박함을 쿰란사람들의 그것보다 더 예리한 위치에 놓았다는 것 뿐이다. 물론 이러한 마지막 재앙의 언급과 그것의 도래 사이에 최후의 도래

---

57) *Parables*, 154-57.
58) Jeremias, *Parables*, 48-66(Dodd를 따름)을 참조하라.

기간을 전제하는 예수의 말씀들이 있는 것은 분명한 사실이다. [59] 그러나 이러한 잠정적인 때는 결코 긴 기간으로 생각되지 않았다. 이러한 임박한 종말에의 기대를 표현하는 로기아(어록)의 연대(年代)가 입증되는 것은 단지 그것들이 매우 다양한 범주에 속하고 따라서 전승에 굳게 뿌리를 박고있다는 사실에 의해서만이 아니다. 여기에는 중요한 비중을 갖는 두번째 논증이 있다 : 이러한 로기아(어록)는 파루시아가 지연되었을 때 초대교회에 있어 특별한 걸림돌이었다.

이것은 극히 심각한 문제를 야기시킨다 : **우리는 임박한 종말에 관한 예수의 기대가 성취되지 않았다고 인정해야만 할 것인가?** 정직성과 진실에의 요구는 우리로 하여금 "긍정(Yes)"의 대답을 하도록 강요한다. 예수는 종말이 곧 임할 것으로 기대했다. 그러나 이것을 매우 정직하게 인정함에 있어서 우리는 즉시로 두가지 요점을 고려해야만 한다. 첫째로, 임박한 종말에의 기대를 표현하는 예수의 말씀들은 날짜를 예기하는 묵시적 고찰이 아니라—예수는 이것을 매우 분명하게 거부하였다—영적 심판이었다. 그것들의 기본적인 주제는 다음과 같은 것이다 : 성취의 때가 동터왔다 ; 하나님의 통치가 이미 여기에 그리고 지금 나타나고 있는 중이다 ; 이제 곧 그것의 결정적인 도래를 시작케하는 재앙이 임할 것이다 ; 너무 늦기 전에 이 때를 사용하라 ; 이것은 생과 사에 관한 문제이다. 만일 우리가 이러한 영적인 심판들을 한 문장으로 요약하기를 원한다면, 우리는 이렇게 말할 수 있을 것이다 : 하나님께서 마지막 은혜의 기간을 허락하였다. 종말론의 가장 중요한 기능은 그것이 이러한 유예기간의 살아있는 지식을 고수한다는 것이다.

두번째 요점은 훨씬 더 중요하다. 예수 자신이 종말이 가깝다고 전제하는 말씀들에 대하여 놀라운 조건을 덧붙였다 : 하나님께서는 밤낮 자신에게 부르짖는 택하신 자들을 위하여 그 고통의 때를 감하실 수 있다(눅 18 : 7이하) ; 그는 "나라이 임하옵시며"라는 외침을 들으실 수 있다. 그리고 하나님께서는 그것을 하실 수 있을 뿐만 아니라, 기꺼이

---

59) 막 9 : 1병행(pp. 206 이하를 보라). 고전 11 : 25하반절, 26하반절 병행. 눅 22 : 19하반절(cf. Jeremias, *Eucharistic Words*, 254 이하). 반면 막 13 : 30은 ἡ γενεὰ α ὕτη가 다른 공관복음서 구절들과는 다른 방법으로 사용된 사실에 비추어 고려되어야만 한다(p. 205를 참조하라).

그렇게 하실 것이다. 만일 그가 원래 정해진 고통의 때의 분량을 지킨다면, 아무도 살아남지 못할 것이다. "그러나 자기의 택하신 백성을 위하여 그가 그 날들을 감하셨다"(막 13 : 20 병행).

그러나 반면 하나님께서는 또한 "금년에도 그대로 두소서"라는 간청을 들으실 수 있고 그리하여 은혜의 기간을 **연장하실** 수 있다(눅 13 : 6-9). 이렇게 예수는 하나님께서 자신의 거룩한 뜻을 취소할 수 있는 가능성을 고려한다. 이 말씀들은 예수에 의해 발설된 가장 강력한 증거를 가진 말씀들 가운데 속하는 것들이다. 하나님께서는 역사의 과정을 정하시고 심판의 때를 지정하셨다. 죄의 양이 찼다. 심판이 치루어질 때가 되었다. 그러나 하나님의 뜻은 변개될 수 없는 것은 아니다. 예수의 아버지는 움직일 수 없는 그리고 변할 수 없는 하나님이 아니다. 그는 기도할 필요가 없는 하나님이 아니다. 그는 기도와 도고를 들으시는 은혜로우신 하나님이시다(눅 13 : 8이하 ; 22 : 31이하). 그는 자신의 자비 가운데에서 자신의 거룩하신 뜻을 취소할 수 있으시다. 예수는 하나님의 은혜를 그의 거룩 위에 놓는다. 하나님은 그의 백성들을 위하여 고통의 때를 감하실 수 있으며 동시에 불신자들로 하여금 회개할 기회를 늘려주실 수 있으시다. 모든 인간존재들은 매 시간 재앙의 위협을 받으면서 동시에 은혜의 틈속에서 산다 : "주인이여 금년에도 그대로 두소서 내가 두루 파고 거름을 주리니 이후에 만일 실과가 열면 이어니와 그렇지 않으면 찍어버리소서"(눅 13 : 8이하).

하나님께서 자신의 뜻을 취소하시는 것에 관한 예수의 말씀들은 하나님의 **회개**(repentance)에 대한 구약의 개념을 취한 것이다. 이러한 개념은 예레미야 18 : 7이하∥9이하의 반위적 평행법(antithetical paralellism)에서 가장 충분하게 표현되어 있다 :

7. 내가 언제든지 어느 민족이나 국가를 뽑거나 파하거나 멸하리라 한다고 하자
8. 만일 나의 말한 그 민족이 그 악에서 돌이키면 내가 그에게 내리기로 생각하였던 재앙에 대하여 뜻을 돌이키겠고
9. 내가 언제든지 어느 민족이나 국가를 건설하거나 심으리라 한다고 하자
10. 만일 그들이 나 보기에 악한 것을 행하여 내 목소리를 청종하지 아니하면 내가 그에게 유익케하리라 한 선에 대하여 뜻을 돌이키리라.[60]

---

60) '하나님의 회개'에 관한 연구논문이 Jörg Jeremias에 의하여 준비중에 있다.

그러나 우리는 양자 사이의 심원한 차이를 간과해서는 안된다. 첫째로, 예레미야 18장이 하나님의 회개(돌이킴)를 구원(7절이하)뿐만 아니라 정죄(9절이하)에 대하여서도 인식하는 반면, 예수는—자신이 종말론적인 사건들의 때를 변경시킬 때—오직 하나님 편에서의 은혜로운 행동만을 알 뿐이다. 둘째로, 예레미야 18장에 따르면 하나님의 은혜로운 회개(돌이킴)가 참회(8절)에 대한 그의 응답인 반면, 예수는 정해진 때를 변경시키는 기초로서 인간의 공로를 언급하지 않는다 ; 그것은 단지 순전한 자비의 결과일 뿐이다.

하나님께서 값없는 자비의 행동으로서 자신의 거룩한 뜻을 취소하는 것과 병행될 만한 것이 예수 당시의 세계 그 어느 곳에서도 발견되지 않는 사실은 순전한 우연일 수 있을까 ? [61]

---

61) 제 4 에스라 4 : 37에는 "하나님의 계획이 변할 수 없다"는 일반적인 확신이 나타나 있다 :

> 그가 저울에다가 햇수를 달았으며,
> 자로써 시간을 재었고,
> 숫자로써 계절들을 세었으므로 :
> 그는 일들을 움직이지도 변개치도 아니하실 것이라,
> 정해진 양(量)이 찰 때까지.

구원의 때가 회개에 의존해 있는가 하는 문제에 관한 랍비 엘리에셀(힐카누스의 아들, AD 90년경)과 랍비 여호수아(하나냐의 아들, AD 90년경) 사이의 논쟁은 매우 중요하다. 랍비 여호수아는 이 문제에 대하여 부정적으로 대답했는데, 그것은 하나님께서 정하신 때는 바뀔 수 없다고 생각했기 때문이었다. 그러나 랍비 엘리에셀은 긍정적으로 대답했다. 그의 견해는 하나님께서 정하신 때는 이미 지나갔다고 하는 것이다(이것을 주목하라). 즉 그에게 있어서도 역시 종말에 대한 하나님의 정하신 때는 바뀔 수 없는 것이었다(j. Taan, 63d, 50병행 b. Sanh. 97b. cf. Billerbeck I 162f). Ps.-Philo, *Lib. ant.* 19 : 13은 종말에 앞서 때가 단축될 것에 관하여 말한다. 그러나 이것은 막 13 : 20과 아무 관계도 없다. 왜냐하면 그것의 개념은—하나님께서 죽은 자의 부활을 마음졸이며 고대하시기 때문에—별들의 보다 빠른 진행에 관한 것이기 때문이다(*accelerabuntur astra*).

이와 마찬가지로, 씨의 완만함(느림)과 연결된 해(年)의 "단축"(에디오피아 에녹 80 : 2)은 자연의 종말론적인 무질서에 대한 징후외에 아무 것도 아니다. 재앙의 날을 향한 시간의 촉박함에 대한 반복적인 언급이 나올 때, 그 개념은 하나님의 지체없는 실행을 의미하는 "단축"과 비슷하다($\alpha\upsilon\nu\tau\acute{\epsilon}\mu\nu\epsilon\iota\nu$, 70인경 사 10 : 22이하를 참조하라. 또한 롬 9 : 28과 70인경 단 5 : 25—28을 참조하라). 그는 자기 백성들의 외침, 곧 그들의 대적들을 응징해 달라는 외침을 듣고 계신다(에디오피아 에녹 10 : 43, Greek text ed. by C. Bonner, London 1937). AD 3세기에 우리는 다음과 같은 표현들을 보게 된다 : "만일 너희에게 공로가 있다면 내가(종말을) 서두르리라." "만일 그것이 (정해진) 시간에 오지 않는다면"(J. Taan, 63d 58, 랍비 Aha, AD 320년경, 랍비 여호수아 벤 레위의 이름으로, AD 250년경). 그러나 이러한 것들 조차도 고작해야 우리를 렘 18 : 7—10에로 데려갈 수 있을 뿐 막 13 : 20에로 데려가지는 못한다.

§ 14 화

J. Wellhausen, *Die Pharisäer und die Sadducäer*,   Greifswald 1874(＝Göttingen 1967), ²Hannover 1924 ; L. Baeck, 'Die Pharisäer', in : *44. Bericht der Hochsuchule für die Wissenschaft des Judentums in Berlin*, Berlin 1927, 34−71(an enlarged version has been published in Scocken Bücherei 6, Berlin 1934) ; L. Finkelstein, *The Pharisees. The Sociological Background of Their Faith*, two vols, Philadelphia 1938, ³1962 ; Jeremias, *Jerusalem*,   246−67 ; H. Oderberg, *Pharisaism and Christianity*,   St Louis 1964 ; A. Finkel, *The Pharisees and the Teacher of Nazareth*, AGSU 4, Leiden−Köln 1964 ; R. Meyer, 'Tradition und Neuschöpfung im antiken Judentum, dargestellt an der Geschichte des Pharisaismus', and H.−F. Weiss, 'Der pharisäismus in Lichte der Überlieferung des Neuen Testaments', in : *Sitzungsberichte der sächsischen Akademie der Wissenschaften zu Leipzig*, phil−hist. Klasse, Band 110 Heft 2, Berlin 1965.

(1) 동시대인들에 대한 화

최후의 고통의 때가 임박했다. 하나님은 대 재앙에 앞서 마지막 유예기간을 주고 계신다. 그러나 "이 세대" 곧 종말에 앞선 마지막 세대는 믿기를 거부한다(막 9 : 19). 백성들은 마치 홍수시대의 사람들과 같으며(마 24 : 37−39 병행. 눅 17 : 26이하), 또 소돔과 고모라의 거민들과 같다. 그들처럼 백성들은 태평하게 살고 있으며 지상의 쾌락을 즐기고 있다. 그들은 먹고 마시며 상업계약을 체결하고 들을 경작하며 집을 짓고(28절), 즐거움으로 결혼식을 거행하며(27절), 소유물을 즐기며 초대장을 서로 교환한다. 그들의 웃음은 헤프며 그들은 모든 사람들의 칭찬 속에 스스로를 묻어두고 있다(눅 6 : 24−26).

예수는 그들의 즐거워함 때문에 그들을 비난하는 것이 아니다. 그들이 "먹기를 탐하는 자요 포도주를 즐기는 자"라고 부른(마 11 : 19 병행. 눅 7 : 34) 그 분(예수)은 기쁨이 없는 금욕주의자가 아니다. 다만 그는 대재앙에 직면하여 하나님의 경고를 제쳐두고 마치 자신들에게 아무 일도 일어날 수 없다는 듯이 자신들의 삶을 즐기는 그러한 그들의 **태평함**을 비난하는 것이다. 그들은 마치 아무 생각없이 올가미로 날아 들어가는 새와도 같고(눅 21 : 35), 또 로마가 불타는 동안 시시한 언쟁이나 하는 어린아이들과도 같다(마 11 : 16−19 병행. 눅 7 : 31−35).[62] 그들은 소경이다. 다시 말해서 그들은 무감각한 것이다(눅 11 : 34−36 병행. 마 6 : 22이하). 이것이 바로 예수께서 그들에게 4중의 "화"를 선언한 이유이다.

> 화있을진저 너희 부요한 자여!
> 화있을진저 너희 이제 배부른 자여!
> 화있을진저 너희 이제 웃는 자여!
> 화있을진저 스스로 자신이 있을 그 때에!
> (누가복음 6 : 24−26)

(2) 제사장, 서기관 그리고 바리새인들에 대한 화

군중들의 무분별(thoughtlessness)과 무관심(indifference)보다 무한히 더 나쁜 것은 책임있는 자들과 종교인들의 자기확신(self−assurance)이다. 예수께서 특별히 각성시키고자 하였던 세 그룹의 사람들이 있었는데, 그들은 제사장들과 서기관들과 바리새인들이었다.

이러한 세 그룹의 사람들 사이의 차이를 아는 것은 매우 중요하다.[63] 아마도 **제사장들**이 가장 쉽게 설명될 수 있을 것이다.[64] 본질적으로, 이들은 예루살렘에서의 공적 예배(public worship)를 수행해야 하는 사람들이었다. 제사장이 되는 것은 세습적인 지위였다. 제사장으로 성별되기 위하여는 신학적인 훈련을 거쳐야만 하였다 ; 그는 자신의 혈통을 입증해야만 하였고 또 자신이 육체적으로 흠이 없음을 보여야만 하였다. 이스라엘 전역에 흩어져 살면서 24반열로 나뉘어져 있었던 많은 제사장들과 예루살렘의 부유한 제사장 귀족 사이에는 큰 사회적 구분이 있었다.

한편 **서기관**은 포로 후 시대에야 비로소 발전된 계급이었다.[65] 제사

---

62) 마 11 : 19하반절 병행. 눅 7 : 35의 이러한 개념을 위하여는 Dodd, *Parables*, 28f와 Jeremias, *Parables*, 160-62를 참조하라.

63) Jeremias, *Jerusalem*, 147-267.

64) *Op. cit.*, 147-221.

65) *Op. cit.*, 233-45.

장들과는 대조적으로, 서기관은 마치 그들 이전의 선지자들처럼 사회의 모든 계층으로부터 나왔다. 우리가 앞에서 이미 살펴본 것처럼(p. 124를 보라), 그들은 서기관으로서 안수받기 전에 선생과 함께 몇년간의 연구기간을 수료해야만 했던 훈련된 신학자들이었다. 안수[66](按手 : ordination)는 양손으로 힘있게 누름(sāmak)으로써 수행되었다(이것은 축복할 때나 병고침의 경우에서 처럼 양손을 올려놓는 것⟨śim/śit⟩과는 구별되어야만 한다). 그것은 그들로 하여금 신학선생으로서 그리고 재판관으로서 일할 권리와 함께, 종교법과 형법에 관한 문제들에 대하여 구속력있는 결정을 내릴 권리를 부여해 주었다.[67] 서기관들에게 돌려졌던 큰 존경은 순전히 그들의 신학적인 지식에 기인한 것이다.

마지막으로 **바리새인**은[68] 유대종교의 헬라화에 대한 반대투쟁 속에서 BC 2세기 상반기에 형성되었던 평신도운동이었다. 그 구성원은 모든 층의 민중들로부터 나왔다. 대부분의 경우 그들은 상인들과 장인 (匠人)들이었다. 오직 그들의 지도자들만이 서기관이었다. 그들의 숫자는 항상 소수였다. 요세푸스의 계산에 따르면,[69] 헤롯대왕의 시대에 팔레스틴에서는 총 50만 정도의 인구에 바리새인들이 대략 6000명 정도 있었다.[70] 팔레스틴 전역에서 그들은 종교적 평신도로서 자신들의 집회처소에서 함께 모였다. 무엇보다도 그들이 동료회원들에게 부여했던 의무 그리고 가입지망 회원들이 입증해야만 했던 의무가 두가지 있었는데, 그것은 일반 백성들 사이에서는 종종 무시되었던 십일조에 대한 엄격한 준수와 정결규례들에 대한 양심적인 준수였다.

이에 더하여, 그들의 특징적인 성격은 자선과(이를 통하여 그들은 하나님의 선하신 기쁨을 획득하고자 희망하였다), 매일 세시간의 기도와 일주일에 두번의 금식을 세심하게 준수하는 것이었다(아마도 이스라엘을 위하여 대리적으로 지켜졌을 것이다). 바리새 운동의 관심은 모

66) Billerbeck Ⅱ 647-61 ; E. Lohse, *Die Ordination im Spätjudentum und im Neuen Testament*, Göttingen- Berlin 1951.
67) 안수식의 연대는 딤전 4 : 14 ; 5 : 22 ; 딤후 1 : 6 ; 행 6 : 6 ; 13 : 3 등으로부터 추론될 수 있다.
68) Jeremias, *Jerusalem*, 246-67.
69) Antt, 17 : 42.
70) Jeremias, *Jerusalem*, 205.

든 회원들에게 부과되었던 정결규례들 가운데 하나 즉 음식을 먹기 전
에 손을 씻는 규례에서 가장 명확하게 나타난다(막 7 : 1—5). 이러한
씻음은 위생적인 수단이 아니라 원래 제사장들에게만 의무적으로 지워
졌던 의식적(儀式的) 의무였는데, 그들(제사장들)은 십일조나 제사장
에게 드려진 공물을 먹을 때 손을 씻어야만 하였다.[71] 자신들이 평신도
였음에도 불구하고 스스로를 이러한 제사장적인 정결규례를 준수하는
일에 묶어놓은 사실은 그들이 스스로를 종말의 제사장적인 구원의 백
성들로 자임하는 것을 보여준다(출 19 : 6). 이것은 또한 그들이 사용
한 칭호들에 의하여서도 나타난다. 그들은 스스로를 경건한 자, 의로
운 자, 하나님을 경외하는 자 혹은 가난한 자로 불렀다.[72] 특히 그들이
가장 좋아했던 칭호는 "분리된 자"(the seperated ones : p°rišayya)였다.[73]
이러한 칭호(분리된 자)의 의미는 우리가 Tannatic 미드라쉬에서
pārūš와 qādōš가 동의어로 사용되었음을 주목할 때 분명해진다.[74] 이와
같이 그들은 거룩한 자들, 참 이스라엘, 하나님의 제사장적인 백성이
되기를 원했다.

바리새인들과 서기관들 사이가 분명하게 구분되어야만 한다. 양자에 대한 혼동
의 주된 이유는 마태복음 23장에서 마태가 일곱가지 화를 모음에 있어 그가 계속하
여 바리새인과 서기관을 동시에 불렀기 때문이다(26절만 예외). 이로 말미암아 양
자 사이의 구분이 사라지게 되었다(AD 70년 이후로 바리새파 서기관들이 백성들의
리더십을 차지하였다).
　그러나 다행스럽게도 누가복음의 병행전승이 도움을 준다. 여기에서 동일한 자
료가 두가지 합성강화로 나누어지는데, 그것은 서기관들에 대한 화(11 : 46—52 ; 또
한 20 : 46이하)와 바리새인들에 대한 화(11 : 39—44)이다. 오직 하나의 오류
(mistake)만이 누가복음 전승에 들어왔는데, 그것은 11 : 43이다 : 여기에서 바리새
인들에게 돌려지는 비난 곧 그들이 회당의 높은 자리에 앉기를 좋아하고 시장에서
문안받는 것을 기뻐한다는 것은—누가 자신이 다른 곳에서 옳게 말하고 있는 것처
럼—사실은 서기관들의 특징이다(눅 20 : 46 병행. 막 12 : 38이하). 누가복음 자료

---

71) 밭과 나무의 모든 열매중 대략 20%정도를 제사장에게 드림. Billerbeck Ⅳ
646—50을 참조하라.
72) ὅσιοι, δίκαιοι, φοβούμενοι τὸν κύριον, πτωχοί (솔로몬의 시편).
73) Sot. 9 : 9 가장 이른 용례는 빌 3 : 5이다.
74) ‡ Baeck, 34-41.

를 이렇게 구분하는 것과 더불어 우리는 또한 마태복음 23장에서 두개의 자료모음
집을 구분해야만 한다. 1—13절, 16—22절, 29—36절은 신학자들에게 향하여진 것
이고, 한편 23—28절(그리고 아마도 15절)[75]은 바리새인들에게 향하여진 것이다.
우리는 또한 산상수훈에서 이와 비슷한 구분을 볼 수 있다. 마태복음 5：21—48은
서기관들을 향하여진 것이며 6：1—18은 바리새인들을 향한 것이다.

이와같이 세가지의 서로 다른 그룹(제사장, 서기관, 바리새인)이 있
었기 때문에, 따라서 예수는 그들을 향한 세가지의 서로 다른 세트의
비난을 가지는 것이다.

제사장들을 향한 예수님의 비난은 성전청결의 기사 가운데 표현되어
있다(막 11：15—17). 역사 가운데 이와 비슷한 일이 없었기 때문에,
그것은 권세자들로 하여금 예수를 체포하게 하는 직접적인 원인이 되
었다.[76] 성전청결사건은 선지자적인 상징적 행동으로서 예수가 거짓
선지자라는 고소에서 보여지는 것처럼 그렇게 이해되었다(pp.124이하
를 보라). 여기에서 예수는 스가랴 14：21의 약속을 인식한다："그 날
에는 만군의 여호와의 전에 장사하는 사람이 다시 있지 아니하리라"(p.
165를 보라, 한글개역성경에는 "가나안사람이 다시 있지 아니하리라"
로 번역되어 있다—역자주).

동시에 그는 성소(聖所)에서 장사하는 것을 제도화시켰던 제사장 귀
족계급에 대하여 심판을 선언한다[77]： $oủ\ \gamma \acute{\epsilon} \gamma \rho \alpha \pi \tau \alpha \iota\ \delta \tau \iota\ \acute{o}\ o\acute{\iota} \kappa o \varsigma\ \mu o v$
$o\acute{\iota} \kappa o \varsigma\ \pi \rho o \sigma \epsilon v \chi \hat{\eta} \varsigma\ \kappa \lambda \eta \theta \acute{\eta} \sigma \epsilon \tau \alpha \iota\ \pi \hat{\alpha} \sigma \iota v\ \tau o \hat{\iota} \varsigma\ \check{\epsilon} \theta \nu \epsilon \sigma \iota v$(사 56：7); $\acute{v} \mu \epsilon \hat{\iota} \varsigma$

---

75) 마 23：15(개종자를 만드는 자들에 대한 화)를 바리새인과의 논쟁에 할당하
는 것은 요세푸스가 엘르아살(아디아베네의 아자테스왕 〈AD 50년경〉을 인도하여
스스로 할례를 행하도록 한 사람)을 바리새인으로 묘사한 사실에 의해 뒷받침된다
(*Anntt.* 20：43과 이에 대한 Billerbeck I 926).

76) 만일 우리가 막 12장, 13장을 막 11：15—33과 14：1이하 사이의 원래의 연결
을 모호하게 하는 전승덩어리로서 일괄적으로 다룬다면, 막 11：18에 나타난 성전
청결과 예수의 재판사이의 연결이 확증된다(마가복음이 형성된 전승의 복합체들을
위하여는 p. 72를 보라). 이와는 별도로, 특별한 개별적 특성들이 성전청결사건의
역사성을 말해준다. "돈바꾸는 자들의 상"(막 11：15)은 일년내내 성전들에서는 나
타나지 않았고, 오직 아달월 25일부터 유월절 축제까지 3주동안만 나타났다(Shek.
1：3). 따라서 복음서에 나타난 이야기는 훌륭한 정보에 기초하는 것이다. 예수가
성전뜰이 그렇게 사용된 것에 대하여 참지 않았던 것은 창작(invention)으로 보이지
는 않는다.

77) Jeremias, *Jerusalem*, 48이하.

δὲ πεποιήκατε αὐτὸν σπήλαιον λῃστῶν (막 11 : 17, 기록된바 내
집은 만민의 기도하는 집이라 칭함을 받으리라고 하지 아니하였느냐
너희는 강도의 굴혈을 만들었도다). 이러한 생생한 표상은 예레미야 7
: 11로부터 온 것이다(내 이름으로 일컬음을 받는 이 집이 너희의 눈에
는 도적의 굴혈로 보이느냐 보라 나 곧 내가 그것을 보았노라 여호와의
말이니라). 제사장들은 이익을 위하여 장사를 함으로써 하나님의 영광
을 위하여 공적 예배를 수행해야하는 자신들의 소명(calling)을 오용
(誤用)하였다. 또한 그렇게 함에 있어서, 그들은 무서운 일을 저질
렀다 : 그들은 하나님을 죄의 일 아래에 놓은 것이다.

　예수는 박식한 **신학자들**에게는 전혀 다른 비난을 가한다(마 23 : 1—
13, 16—22, 29—36). 그들은 백성들에게 무거운 짐을 지게 하지만, 자
신들에 대하여는(심지어 가장 작은) 손가락 조차도 올려놓지 않는다(2
—4, 13). 그들은 존경받기를 원하며, 영예로운 자리와 인사(문안) 및
영예로운 호칭을 갈망한다. 또한 그렇게 함에 있어, 그들은 하나님의
영광을 자신의 것으로 만든다(5—12절). 또한 그들의 신학은 엄밀히
판단할 때 하나님을 향한 경외심이 결핍되어 있다(16—22절).[78] 그들은
자기들의 조상들이 했던 것보다도 훨씬 더 무서운 "선지자 죽이는 일"
을 진행하고 있으면서도, 속죄의 표와 더불어 조상들의 "선지자 살해"
를 보상하는 아름다운 말로써 스스로를 속인다(마 23 : 29—36).[79] 그들
은 자신들의 율법에 대한 지식을 이용하여 힘없는 사람들을 착취하여
이익을 챙긴다(마 12 : 40 병행). 신학자들의 이러한 모든 죄는 그들의
신학교육과 재판관으로서의 직책 그리고 그들의 사회적 지위와 관련
된다. 이러한 서기관들에 대한 화는 한가지 비난으로 요약될 수 있다
: 그들은 자신들의 신학적인 지식을 신뢰한다 ; 그들은 하나님의 뜻을
알고 또 설교하지만 그러나 스스로는 그것을 지키지 않는다. 예수께서
보시기에, 바로 이러한 것이 신학자들을 둘러싸고 있는 죄인 것이다.

　한편 **바리새인들**에 대한 화의 내용은 또한 매우 다르다. 예수는 그

---

　78) 예수가 랍비들의 할라카를 거부한 것을 보기위하여는 pp. 305이하를 참조하
라.
　79) 예수시대에 유행하였던 소위 "묘비부활"(tomb-renaissance)'을 위하여는 J.
Jeremias, *Heiligengräber in Jesu Umwelt*, Göttingen 1958을 참조하라.

들이 모든 수확물에 대하여 심지어 부엌마당에서 나는 식물에 이르기까지 철저하게 십일조를 드리면서도 하나님의 더 큰 요구인 의와 자비 그리고 신실함은 버린 것에 대하여 책망한다(마 23 : 23이하). 또한 그들은 속은 깨끗치 못하면서도 정결규례에 대하여는 극도의 꼼꼼함을 가지고 지킨다. 그러나 하나님 앞에서 중요한 것은 내적인 깨끗함이다 (25절이하). 바리새인들의 공로가 예수의 심판 앞에서 서지 못하는 것은 그들의 선교적 열정이 서지 못하는 것과 같다(15절). 그들은 가난한 자를 위하여 돈을 제공하고, 기도시간을 주의깊게 지키며, 일주일에 두번씩 백성들을 위하여 대속적으로 금식한다(마 6 : 1-18). 그러나 그들의 이러한 모든 경건은 자신들을 시위하고 자신들의 공명심을 만족시키기 위한 것으로서, 외식(위선)에 불과하다. 그러므로 그들은 마치 봄에 회칠을 한 무덤과도 같다 : 그들은 겉은 깨끗하나 속은 죽은 뼈들이다(마 23 : 27이하). 바리새인들에 대한 이러한 모든 책망은 계명과 공로를 세우는 일을 엄격하게 준행함으로써 자신들이 참 이스라엘을 대표하며 구원의 때의 공동체임을 주장하는 것과 관련되어 있다.

이러한 세 종류의 그룹에 공통된 요소는 그들이 하나님과 그에 대한 예배에 관련된다는 사실이다. 그러나 예수가 보기에 위험 가운데 있는 자들은 누구보다도 바로 그들이었다. 어떻게 이것이 가능한가?

(3) 하나님으로부터 분리시키는 경건

당시의 경건한 사람들에 의하여는 인식되지 않았던 암세포를 예수는 어디에서 보았는가? 이것은 우리가 바리새인들에 대한 그의 말씀을 고찰할 때 가장 명백하게 드러난다. 그는 하나님의 뜻을 순종하고자 했던 그들의 진지한 열정을 결코 간과하지는 않았다. 예수는 그들이 자선(慈善)을 즐거워하는 것과 또 그들의 금식과 경제적 희생을 알았다. 그는 모든 계명들을 다 지키었노라고 주장했던 그 부자 젊은이를 고쳐주려고 하지 않았다(막 10 : 20). 또한 그가 경건한 자들을 $\delta\iota\kappa\alpha\iota\omicron\iota$ (의로운 자들, 막 2 : 17; 눅 15 : 7)로 부른 사실은 아이러니로서 가볍게 처리되어서는 안된다.[80]

80) A. Schlatter. *Das Evangelium des Lukas aus seinen Quellen erklärt*, Stuttgart 1931=1960, 349이하.

반대로, 예수의 눈에서 조차도 바리새인들은 정말로 하나님의 뜻을 준행하고자 했던 곧은 사람들이었다. 우리에게는 바리새인들에 대한 왜곡된 표상을 예수에게 전가시킬 권리가 없다. 그럼에도 불구하고, 예수가 보기에 특별한 위험 가운데 있으며 또 하나님으로부터 특별하게 떨어져있는 자들은 바로 경건한 자들이었다 : **그들은 죄를 심각하게 받아들이지 않았다.** 분명히 유대주의(Judaism)는 죄에 대한 매우 생생한 의식을 가지고 있었다. 유대주의에서는 심원한 윤리적 비관주의가 지배적이었다(제4에스라를 참조하라). 죄는 자연적인 숙명으로 간주되지 아니하고, 각 사람이 자신의 잘못에 대하여 책임이 있는 것으로 여겨졌다. 바울에게 있어, 죄에 대한 의식은 유대교 신앙의 최고의 유산(遺産)중의 하나였다. 그러나 팔레스틴 유대주의에 있어, 죄는 다음의 두가지에 의해 극복될 수 있었다 : 결의법(決疑法 : casuistry)과 공로개념.

결의법은 각각의 죄들을 별도로 본다. 죄는 토라의 613가지의 계명[81] 혹은 금지명령을 위반하거나 또는 유전규례인 할라카를 위반하는 것이다. 죄들 사이에는 등급이 있는데, 그것들은 의식적인 죄와 무의식적인 죄, 대죄와 소죄 등으로 되어 있다. 중요한 일은 대죄를 범하지 않는 것이다. 이러한 결의법의 결과 그들은 죄를 하나님께 대한 반역으로 보지 않게 되었다.

한편 **공로개념**은 죄에 대하여 상쇄시키는 것(counter-balance)을 놓음으로써 그것을 극복하는 것이다. 공로가 죄를 상쇄시킨다. 경건한 사람이 호소할 수 있는 공로는 많이 있다 : 첫째로, 조상들의 공로가 있는데 이것은 이스라엘이 세습을 통하여 나누어 갖는다. 둘째로, 자기자신의 공로가 있는데, 그는 이것을 계명을 지킴을 통하여 그리고 선행, ma'ᵃśim tōbim, 즉 사랑의 행위와[82] 은사들을 통하여 얻는다. 당

---

81) 248가지의 계명과 365가지의 금지명령(Billerbeck I 900이하와 III 542, IV 438 이하를 참조하라).

82) 마 25 : 31-46은 이것들중 여섯가지를 열거한다 : 배고픈 자에게 먹이는 것, 목마른 자에게 마실 것을 주는 것, 나그네를 환대하는 것, 헐벗은 자를 입히는 것, 병든 자를 돌보는 것, 감옥에 있는 자를 방문하는 것. "사랑의 행위"에 대한 또다른 예들을 보기 위하여는 Billerbeck. IV 599-610과 나의 논문 'Die Salbungsgeschichte Mk 14 : 3-9', ZNW 35, 1936, 75-82=Abba, 107-15를 참조하라.

시 일반적인 표상에 따르면, 공로(merit)는 하늘에 쌓는 자본과 같은 것으로서 경건한 자들을 위하여 거기에 저축되어 있었다.[83] 본질적으로 중요한 것은 최후심판 때에 공로가 죄보다 더 커야만 한다는 것이다. 바리새인들은 자신들의 경우는 그러하지만(공로가 죄보다 크지만), 죄인의 경우는 그러하지 못하다고(공로가 죄보다 크지 못하다고) 확신하였다.

결의법(casuistry)과 공로개념에 의한 이러한 "죄에 대한 평가절하"는 무서운 결과를 낳는다. 죄가 심각하게 받아들여지지 않는 곳에서는 인간들은 자신들에 대하여 지나치게 낙관적으로 생각한다. 그들은 스스로 신뢰하게 되며, 스스로 의롭다고 여기고, 사랑을 잃어버리게 된다. 바리새인들은 자신들이 하나님의 참된 백성에 속한다고 확신하였다. 그들은 하나님의 선하신 기뻐하심이 자신들 위에 머물러있음을 한순간도 의심하지 않았으며, 자신들이 죄인들보다도 우월함을 확신하였다(눅 18 : 11이하).

그러나 예수가 보기에 이러한 자기신뢰(self-assurance)는 인간의 모든 생명을 파괴하는 것이었다. 자신에 대하여 지나치게 낙관하는 사람은 더이상 하나님을 심각하게 받아들이지 않는다. 그는 하나님께서 자신에 대하여 긍정적인 판단을 할 것으로 확신하고 있기 때문에, 그는 단지 사람들이 자신에 대하여 어떻게 생각하는가 하는 것만을 추구한다. 그의 모든 경건은 하나의 유일한 목적 곧 다른 사람들이 자신을 경건한 자로 여기게 하는 목적에로 향하여진다. 이리하여 그것은 위선(외식 : hypocrisy)이 되는 것이다(마 6 : 1-18). 이와 비슷하게, 자신에 대하여 지나치게 낙관하는 사람은 더이상 자신의 형제를 심각하게 받아들이지 않는다. 그는 자신을 보다 나은 사람으로 생각하여 형제를 경멸하게 되는 것이다(눅 15 : 25-32, 7 : 39).

예수는 이러한 죄에 대한 결의법적인 평가절하를 뒤집어 엎음으로써 이러한 악을 뿌리채 뒤흔들었다.

다시 한번 우리는 여기에서 성구사전(콘코던스)에 의하여 오도(誤導)되는 잘못

---

83) Billerbeck I 429-31, 822d를 참조하라.

을 범하여서는 안된다. 예수는 '죄', '죄짓다'등과 같은 단어를 상대적으로 드물게 사용하였다. [84] 그러나 우리는 이러한 사실로부터 그가 죄에 대하여 단지 부수적으로만 말하였다고 결론내려서는 안된다. 비록 그가 그러한 단어들을 상대적으로 드물게 사용하였다 할지라도, 그와 같은 주제는 그의 메시지에서 중심적인 위치를 차지한다—마치 바울에게 있어서와 마찬가지로 유일한 차이점은 예수가 만화경적인 (萬華鏡: kaleidoscope) 다양한 표상들로 말한 반면(악한 열매, 죽은 뼈가 가득한 무덤, 잃은 양, 잃은 동전, 탕자), 바울은 신학적인 언어를 사용했다는 점이다.

예수가 죄에 대한 결의법적인 평가절하를 배척했다는 우리의 결론은 죄에 대한 등급구별이 나타나있는 한 구절과 상호 모순되는 것처럼 보일 수 있다: 마태복음 5 : 22[85](나는 너희에게 이르노니 형제에게 노하는 자마다 심판을 받게 되고 형제에 대하여 라가라 하는 자는 공회에 잡히게 되고 미련한 놈이라 하는 자는 지옥불에 들어가게 되리라). 여기에서 이 말씀은 그가 죄의 점증적인 고양(高揚)에 대하여 말하고 있는 것처럼 보인다(노함, 형제를 ῥακά 라 부름, 형제를 μωρέ 라 부름)—벌의 점증적인 고양과 더불어.

그러나 이 로기온은 이렇게 의도된 것이 아니다. ῥακά (아람어 rēqa: '바보 멍텅구리')와 μωρός (아람어 sāt°ya: '천치바보')는 같은 표현이다. 양자는 모두 무해(無害)한 모욕이다. 또한 ὁ ὀργιζόμενος (노하는 자) 역시 마찬가지로 모욕으로 말미암은 화를 표현하는 것일 수 있다. 따라서 여기에 죄들 사이에서의 점증적인 고양은 없다. 귀결절들도 분명히 형식적인 점증구조를 가지고 있기는 하지만(죽음의 벌, 공회에 의한 죽음의 벌, [86] 지옥에서의 형벌), 그러나 이것은 단순히 수사학적인 것이다.

비록 예수가 결의법적인 **형식**을 신중하게 채택하였다고는 할지라도,

---

84) ἁμαρτάνειν   공관복음   어록 4   바울서신 17
    ἁμάρτημα   공관복음   어록 2   바울서신 2
    ἁμαρτία   공관복음   어록 8   바울서신 64
    ὀφείλημα   공관복음   어록 1   바울서신 —
    παράπτωμα   공관복음   어록 2   바울서신 16

공관복음의 병행구절들은 하나(one)로 기산(起算)되었다. 바울은 롬 4 : 4에서 한번 ὀφείλημα 를 사용하였지만, 그러나 여기에서 이 단어는 "빚"을 의미하는 것이 아니라 "공로"를 의미하는 것이다.

85) J. Jeremias, ῥακά, TDNT VI, 1968, 973-76; 진정성의 문제에 관하여는 976. 13—23.

86) ἔνοχος ἔσται 뒤에 있는 아람어 'ithayyab에 뒤따르는 것은 공회의 언급이 아니라 형벌의 언급이다. 그러므로 22절의 해석은—21절 ἔνοχος ἔσται τῇ κρίσει 의 경우처럼—다음과 같아야만 한다: '그는 (죽음의) 벌을 초래할 것이다.' 이와 마찬가지로, 22하반절 ἔνοχος ἔσται τῷ συνεδρίῳ은 '그는 공회(를 통하여 죽음의 벌을) 초래할 것이다'를 의미한다.

실상 그가 죽음에 해당하는 것은 꼭 살인뿐만이 아니라 무례한 모욕까지도 포함됨을 가르칠 때 그는 결의법에 종말을 고한 것이다. 또한 예수는—당시 사람들은 하찮은 것으로 여겼던—혀의 죄를 극도의 날카로움으로 반복하여 비난했다. 마가복음 7 : 15이하의 원리적인 언급은 특별히 근본적으로 뿌리를 뒤흔드는 것이다 : *οὐδέν ἐστιν ἔξωθεν τοῦ ἀνθρώπου εἰσπορευόμενον εἰς αὐτὸν ὅ δύναται κοινῶσαι αὐτόν · ἀλλὰ τὰ ἐκ τοῦ ἀνθρώπου ἐκπορευόμενά ἐστιν τὰ κοινοῦντα τον ἄνθρωπον*(무엇이든지 밖에서 사람에게로 들어가는 것은 능히 사람을 더럽게하지 못하되 사람 안에서 나오는 것이 사람을 더럽게하는 것이니라). 이 로기온의 전반부는 바울이 예수의 말씀으로 알고 인용한 것이다(롬 14 : 14). 이 로기온은 그것의 근본적인 성격으로 말미암아 유대주의에서는 전혀 유비(類比 : analogy)를 찾을 수 없다. 이 로기온은 혀의 죄가 사람을 더럽히는 종류임을 의미한다.[87] 죄에 대한 이와 동일한 근본적인 취급은 예컨대 성(性)의 영역에도 적용된다. 심지어 지극히 사소한 범죄 즉 결혼한 여자를 탐욕의 눈으로 바라보는 것 조차도 하나님의 심판에 이르게하는 죄이다(마 5 : 28).

가장 작은 죄 조차도 이렇게 심각하게 받아들이는 것이 예수가 "유대인들의 결의법에 대한 자신의 혐오"와 "그가 죄를 이해한 근본적인 방법"을 표현했던 유일한 방법은 아니었다. 그는 또한 다른 방법으로도 그것을 표현했다. 그는 용서받을 수 없는 죄는 오직 한가지 밖에 없다고 가르친다. 랍비의 결의법(決疑法 : casuistry)은 용서받을 수 없는 중대한 죄의 목록을 가지고 있다 : 살인, 간음, 배교, 율법에 대한 경멸 등등. 마가복음 3 : 28이하에서, 예수는 이와 다르게 말씀하신다

28절 하나님은[88] 모든 죄를 사하실 수 있으시다.[89]
    심지어[90] 그들의 어떠한 훼방(blasphemy)일지라도 ;

---

87) 이 주제를 위하여는 pp. 320이하를 보라.
88) *ἅγιον* 과 비인칭구분 *οὐκ ἔχει ἄφεσιν* 처럼, 수동형 *ἀφεθήσεται* 는 신적 행동에 대하여 감추인 방법으로 말한다.
89) 미래형 *ἀφεθήσεται* 는 갈릴리 아람어의 미완료형과 부합한다.
90) *καί* 는 강의적(强意的)으로 사용되었다.

29절 그러나 누구든지 하나님의 성령을 훼방하는 자는,
하나님께서 결코 용서하시지 않으실 것이다.

　성령을 대적하는 죄가 그토록 특별한 것은 도대체 무슨 이유 때문인가? 그것은 용서받을 수 있는 훼방(신성모독 : blasphemy)과 어떻게 다른가? 이에 대한 대답은 우리가 성령이 끊어졌다고 하는 당시의 견해를 기억할 때 얻어질 수 있다. 당시의 그러한 견해와는 대조적으로, 예수는[91] 하나님의 영이 다시금 활동하고 있음을 알았다. 다시 말해서 마가복음 3 : 28은 아직 감추어진 하나님께 대적하는 죄를 말하는 것이고, 29절은 자신을 계시하시는 하나님께 대한 죄를 말하는 것이다. 전자는 용서받을 수 있지만, 후자는 용서받을 수 없다.

　따라서 용서받을 수 없는 죄는 마치 랍비적인 결의법의 영역에서와 같이 어떤 특정한 도덕적 죄를 가리키는 것이 아니라(막 3 : 29에 대한 이러한 오해는 계속 반복되어왔다), 계시와 관련하여 야기되는 죄를 가리키는 것이다. 오직 용서함을 거부하는 것만이 용서받을 수 없는 것이다(마 11 : 20—24을 참조하라).[92] 결의법(casuistry)은 복음으로 말미암아 산산이 부서졌다.

　예수는 결의법만을 거부한 것이 아니라, 또한 **공로개념**에 대하여서도 종언을 고했다.[93] 하나님 앞에서는 전혀 공로가 있을 수 없다 : '이와같이 너희도 명령받은 것을 다 행한 후에 이르기를 "우리는 가난한 (여기에서 $\alpha\chi\rho\epsilon\hat{\iota}o\varsigma$ 는 '무익한'을 의미하는 것이 아니라 '비참함'을 의미한다—그러나 한글개역성경에서는 '무익한'으로 번역되었다) 종이라 우리의 하여야할 일을 한 것 뿐이라"할지니라'(눅 17 : 10).

　결의법과 공로개념으로 죄를 평가절하하는 것에서 손을 뗌으로써, 예수는 경건한 자가 총체적으로 하나님으로부터 떨어지는 경로를 분명하게 밝힌다. 경건한 자는 죄를 평가절하하고 자신에 대하여 지나치게 낙관하기 때문에, 그는 소문난 죄인들보다도 하나님으로부터 무한히

---

91) pp. 126—129을 보라.
92) H. W. Beyer, $\beta\lambda\alpha\sigma\phi\eta\mu\acute{e}\omega\ \kappa\tau\lambda$, *TDNT* I, 1964, 621-25 : 624.
93) pp. 315이하를 보라.

더 멀리 떨어져 있다. 그는 마치 탕자의 비유에서 자신의 집에 머물러 있으면서 아버지로부터 스스로를 소외시켰던 큰아들과도 같다(눅 15：11-32). 바리새인 시몬은 죄 용서함에 대하여 알고 있지만, 그러나 그는 실제로 죄 용서함이 무엇인지 알지 못하고 있다(눅 7：36-50). 놀랍게도, 우리는 안식일계명을 위반했던 사람에 대하여는 오직 하나의 "예수의 말씀"만을 가지고 있는데, 그것은 오직 아그라폰(agraphon：복음서에는 기록되어있지 않은 예수의 말씀-역자주)으로서만 전해진다(눅 6：5D).[94] 반면, 우리는 안식일을 엄격하게 준수한 사람들에 대한 격렬한 말씀들을 많이 가지고 있다. 복음서의 많은 심판의 말씀들은 거의 예외없이 간음, 토색 등을 행한 사람들에게 향하여진 것이 아니라, 오히려 공동체로부터 간음을 강력하게 비난하고 토색을 배제했던 사람들에게로 향하여졌다. 마태복음 12：34과 23：33에서 독사의 자식들로 불리운 사람들은 죄인이 아니라 경건한 자들이었다. 또한 누가복음 18：9-14에서, 하나님의 기뻐하심을 얻은 사람은 열심있는 바리새인이 아니라 세리였다.

이에 대한 이유는 무엇인가? 그 이유는 경건한 자들이 그들의 신학과 경건에 의하여 하나님으로부터 분리되었기 때문이다. 왜냐하면 사람들을 교만과 자기확신으로 오도(誤導)하는 경건은 거의 소망없는 것이기 때문이다. 회개가 세리에게 특별히 어렵다는 것이 그 당시의 일반적인 입장이었다. 왜냐하면 먼저 그는 선을 행해야만 하는데, 그가 자신이 토색했던 모든 사람들을 기억하는 것이 어렵다는 것이 예수의 입장이었다. 왜냐하면 경건한 자는 그의 죄때문이 아니라 경건때문에 하나님으로부터 분리되었기 때문이다. 자기 신뢰적 경건보다 더 근본적으로 하나님으로부터 분리시키는 것은 아무 것도 없다. 이러한 측면에서 예수는 자신의 부름(call)이 무위로 돌아감을 궁극적으로 확인하는 고통스러운 체험을 하였다, "그러나 너희가 원치 아니하였도다"(마 23：37 병행. 눅 13：34；마 21：31이하를 참조하라).

이것이 바로 재앙에 직면했던 자들의 상황이었다. 그들은 강퍅하게 무관심하였다. 그들은 자신들을 복음에 귀머거리되게 만든 "자기 의적

---

94) Jeremias, *Unknowing Sayings of Jesus*, London 1964, 61-65를 보라.

인 소경됨"(self—righteous blindness) 속에서 살았던 것이다.

§ 15 때의 도전

H. Windisch, 'Die Sprüche vom Eingehen in das Reich Gottes', *ZNW* 27, 1928, 163−92 ; E. K. Dietriche, *Die Umkehr(Bekehrung und Busse) im Alten Testament und im Judentum bei besonderer Berücksichtigung der neutestamentlicher Zeit,* Stuttgart 1936 ; H. S. Nyberg, 'Zum grammatischen Verständnis von Mt 12, 44f.', *Arbeiten und Mitteilungen aus dem neutestamentlichen Seminar zu Uppsala* 4, Lund 1936, 22−35 ; J. Schniewind, 'Was verstand Jesus unter Umkehr?', in : H. Asmussen(ed.), *Rechtgläubigkeit und Frömmigkeit* Ⅱ, Berlin 1938, 70−84(=in : J. Schniewind, *Die Freude der Busse,* Kleine Vandenhoeck Reihe 32, Göttingen 1956, 19−33).

(1) 회개

예수는 사람들이 멸망으로 치닫고있는 것을 본다. 모든 것이 칼날 위에 있다. 지금은 마지막 때인 것이다. 유예기간이 끝나가고 있다. 그는 확고하게 상황의 급박함을 가리킨다. 그는 말한다. 너희는 법정으로 들어가는 계단 위에 서있는 소망없는 피고인의 위치에 있음을 알지 못하느냐? 지금이 너희를 송사한 자들과 화해할 수 있는 마지막 순간이다(마 5 : 25이하 병행. 눅 12 : 58이하). 너희는 자신의 속임이 발각됨으로 해고당할 위기에 처해있는 그 청지기의 위치에 있음을 알지 못하느냐? 그로부터 배우라. 그는 가만히 있지 않았다. 모든 것이 위험 가운데 있을 때, 그는 결연히 행동하였다(눅 16 : 1−8상반절, 8하반절 −13의 논평에 의해 확대됨).[95]

어느 순간 그 외침이 울려퍼질지 모른다. 신랑이 오고 있다. 그 때 등불을 든[96] 결혼행렬이 연회장으로 들어갈 것이요, 문들이 돌이킬 수 없게 닫혀질 것이다. 너희의 등에 기름이 있는지 주의하라(마 25 : 1− 12).[97] 너무 늦기 전에 너희의 혼인예복을 입으라(마 22 : 11−13).[98] 한

---

95) Dodd, *Parables*, 29이하와 Jeremias, *Parables*, 45-48, 181이하를 참조하라.

96) J. Jeremias, 'ΛΑΜΠΑΔΕΣ Mt 25, 1 : 3f, 7f', *ZNW* 56, 1965, 196-201.

97) Jeremias, *Parables* 171−75.

98) *Op. cit.,* 187-90.

마디로 말해서, 아직 시간이 있는 동안 회개하라. 회개, 이것은 때(시간 : hour)의 도전이다. 회개는 소위 죄인들 뿐만이 아니라 세상적으로 보기에 "회개할 필요가 없는 자들"에게까지도 필요하다(눅 15 : 7). 회개는 큰 죄를 범하지 않은 곧고 경건한 자들에게까지도 반드시 요구된다. 사실상 회개는 그들에게 가장 급박하다.

그러나 예수가 "회개하라"고 말할 때 그것은 무엇을 의미하는가? μετάνοια (회개)와 μετανοεῖν (회개하라)란 단어는 회개로서 예수가 이해한 모든 표상을 다 드러내주지는 않는다.[99] 오히려 비유들이 더 분명하게 말해준다. 특히 잃은 아들의 비유가 그것을 가장 분명하게 표현한다.[100] 그의 생애에 있어서의 전환점(turning point)이 다음의 말로 묘사되었다 : εἰς ἑαυτὸν δὲ ἐλθών (이에 스스로 돌이켜, 눅 15 : 17). 이러한 표현 뒤에는 아람어 hᵃdar bēh가 있는 것으로 보이는데, 이것은 헬라어 표현처럼 "그는 이성적인 마음상태로 돌아왔다"[101]를 의미하는 것이 아니라 "그는 회개했다"[102]를 의미하는 것이다. 여기에서 가장 중요한 것은 그가 자신의 죄를 긍정한 사실이다(18절). 이것은 세리의 경우에도 동일하다 : '그는 멀리 서서 감히[103] 눈을 들어 하늘을 우러러보지도 못하고'(눅 18 : 13). 기도할 때에 손이나 눈을 치켜올리는 일반적인 동작대신에, 그는 절망 속에서 시편 51편의 도입어구(여기에다가 그는 여격 τῷ ἁμαρτωλῷ를 덧붙인다)와 함께 가슴을 친다 : '하나님이여 불쌍히 여기옵소서 나는 죄인이로소이다.' 아마도 이 말의 의미는 세리가 그 참회시편을 모두 기도했다는 것일 것이다 :

---

99) μετάνοια 는 지상의 예수의 입술위에서 오직 눅 15 : 7(5 : 32은 막 2 : 17에 대한 누가의 덧붙임이다)에서만 나타나며, 반면 μετανοεῖν 은 보다 자주 나타난다(마가복음에서 한번, 누가복음에서 아홉번, 그러니 이러한 많은 용례들은 분명히 제 2 차적이다).

100) Jeremias, Parables, 128-32.

101) 예컨대 요셉 3 : 9의(보디발의 아내가 그를 유혹한 후 요셉의) ἦλθον εἰς ἐμαυτόν ; 다른 용례를 위하여는 Bauer-Arndt-Gingrich, 211을 참조하라. 행 12 : 11 ἐν ἑαυτῷ γενόμενος.

102) Billerbeck Ⅰ 165 ; Ⅱ 215이하의 용례를 참조하라.

103) ἤθελεν ='그가 감히 … 했다.' 셈어에는 '감히'를 의미하는 단어가 없다. ; P. Joüon, L' Evangile de Notre - Seigneur Jésus-Christ, Verbum Salutis V, 1930, 216을 참조하라.

하나님이여 주의 인자를 좇아 나를 긍휼히 여기시며
　주의 많은 자비를 좇아 내 죄과를 도말하소서
나의 죄악을 말갛게 씻기시며
　나의 죄를 깨끗이 제하소서

대저 나는 내 죄과를 아오니
　내 죄가 항상 내 앞에 있나이다…
　　　　　　　(시 51 : 1-3)

　죄에 대한 이러한 긍정은 하나님 앞에서 뿐만이 아니라 사람 앞에서
도 행해져야만 한다. 이것은 형제들을 향하여 용서를 요구하는 데에서
와(마 5 : 23이하 ; 눅 17 : 4) 죄에 대한 공적인 고백 가운데에(눅 19 :
8) 표현되었다.
　그러나 회개는 죄를 뉘우치는 것 그 이상이다. 그것은 죄로부터 돌
이키는 것이다. 예수는 여러가지 표상들로서 항상 구체적인 용어로 이
것을 요구한다. 그는 세리로 하여금 토색하는 일을 중지할 것(눅 19 :
8)과 부자로 하여금 맘몬에 대한 그의 경배에서 돌이킬 것(막 10 : 17-
31) 그리고 교만한 자로 하여금 교만에서 돌이킬 것을(마 6 : 1-18) 기
대한다.[104] 만일 어떤 사람이 다른 사람에 대하여 공정치 못하게 한 것
이 있다면, 그는 배상을 하여야만 한다(눅 19 : 8). 이후부터 그의 삶은
예수의 말씀에 순종함(마 7 : 24-27)과 그를 고백함(마 10 : 32이하 병
행), 그리고 다른 모든 것에 우선하는 제자도(discipleship)에 의하여
다스려져야만 한다(마 10 : 37 병행).
　회개는 내키지 않는 마음으로 되어져서는 안된다. 이것이 일곱 귀신
을 데리고 자기 집에 다시 돌아온 악한 귀신의 비유에서 잘 표현되었다
(마 12 : 43-45 병행. 눅 11 : 24-26). 이 비유의 해석을 위하여는 나

---

104) $\dot{\epsilon}\nu$ $\tau\hat{\omega}$ $\kappa\rho\upsilon\pi\tau\hat{\omega}$ / $\kappa\rho\upsilon\phi\alpha\acute{\iota}\omega$(3f, 6, 17f) 등의 행동을 말씀함에 있어, 예수는 그
들의 구제, 기도, 금식을 은닉할 것 뿐만 아니라 다른 사람들로부터 칭찬을 받고자
하는 그들의 욕망을 포기하는 것까지도 의도하였다. 은밀한 기도에 대하여는 p. 283
을 보라.

이버그(N. S. Nyberg)를 참조하라. [105]

　43절　더러운 귀신이 사람에게서 나갔을 때에 물없는 곳으로 다니며
　　　　쉬기를 구하되 얻지 못하고
　44절　이에 가로되 내가 나온 내 집으로 돌아가리라 하고 와보니 그
　　　　집이 비고 소제되고 수리되었거늘
　45절　이에 가서 저보다 더 악한 귀신 일곱을 데리고 들어가서 거하
　　　　니 그 사람의 나중 형편이 전보다 더욱 심하게 되느니라 이 악
　　　　한 세대가 또한 이같이 되리라.

　44하반절에 난점이 있는데, 그것은 여기에서 재발(再發 : relapse)이
불가피한 것으로 나타난다는 사실이다. 그렇다면 악한 귀신이 쫓겨나
가는 것이 무슨 효과가 있는가? 나이버그는 44하반절－45절이 형식적
으로 병렬적(parataxis)이면서 논리적으로 종속적(hypotaxis) 구조를 가
진 것으로 본다. 이것은 44하반절이 조건문으로서 논리적으로 이해되
어야 함을 의미하는 것으로서, 다음과 같이 해석되어야 함을 뜻하는
것이다. **만일** 그 귀신이 돌아와서 그 집이 비어있음을 발견한다면, **그
러한 경우** 그 귀신은 일곱배의 증원부대와 함께 돌아올 것이다(여기에
서 일곱은 전체의 숫자이다). 그러므로 예수는 모든 귀신들린 자가 필
연적으로 더 심한 재발(relapse)을 경험해야만 함을 말하고 있는 것이
아니다. 오히려 그는 "내키지 않는 마음의 회개"의 결과에 대하여 말하
고 있는 것이다.
　자기 집이 비어있는 자들에게는 화가 있도다 ! 이것은 무엇을 의미
하는 것인가? 심지어 오늘날에 있어서 조차도 동방에서는 귀신들린
사람은 그를 사로잡고 있는 귀신의 "집"으로 간주된다. 귀신이 그 "집"
에 거주하고 있었다. 이제 그 귀신은 쫓겨났다. 그러나 그 집은 빈채로
남아 있어서는 안된다. 새 주인이 그 안에 거주를 정하여야만다. 빛나
는 빛이 그 집을 소유해야만 한다(마 5 : 16 ; 6 : 22이하). 오직 그 때에
야 회개가 진정한 것이다. 즉 그것이 전인(全人 : whole man)과 그의

―――――――――――
105) ‡ Nyberg.

모든 삶을 붙잡을때.

이 모든 것이 사실이기는 하지만—회개가 죄를 뉘우치는 것을 의미하고, 또 죄로부터 돌이키는 것을 의미하며, 나아가서 새 주인에게 완전히 굴복하는 것을 의미함—그러나 우리는 여전히 문제의 핵심에 도달하지 않았다. 회개의 본질은 다른 어떤 것이다.

구약의 많은 구절들에서 우리는 성소(聖所 : sanctuary)에 들어가기 위하여 이행되어야만 하는 조건들에 관한 언급을 본다. 시편 24편('entrance liturgy' : 入城祈禱文)에는, 순례자들이 예루살렘에 들어갈 때 그들 앞에 놓여졌던 질문이 다음과 같이 기록되어 있다 :

여호와의 산에 오를 자 누구며
 그 거룩한 곳에 설 자가 누군고(3절)

이에 뒤이어 다음의 대답이 따른다 :

곧 손이 깨끗하며 마음이 청결하며
 뜻을 허탄한데 두지 아니하며
거짓맹세치 아니하는 자로다
저는 여호와께 복을 받고
 구원의 하나님께 의를 얻으리니(4절이하)

예수는 이러한 종류의 입성공식어구(entry-formulas)를 반복하여 사용하였다. [106) 바실레이아에 들어가는 조건을 언급하는 말씀들 가운데 마태복음 18 : 3(병행. 막 10 : 15 병행 눅 18 : 17)이 있다 : ἀμὴν λέγω ὑμῖν, ἐὰν μὴ στραφῆτε καὶ γένησθε ὡς τὰ παιδία, οὐ μὴ εἰσέλθητε εἰς τὴν βασιλείαν τῶν οὐρανῶν [107)(진실로 너희에게 이르노니 너희

---

106) εἰσέρχεσθαι : 막 9 : 43 병행, 45, 47 병행 ; 10 : 15 병행, 23—25 병행 ; 마 5 : 20 ; 7 : 13이하 병행, 21 ; 19 : 17 ; 23 : 13 병행 ; 요 3 : 5 ; 10 : 9, ‡ Windisch와 거기에 많은 동의어 구절들을 참조하라.

107) 언어학적 고찰은 마태복음이 마가복음의 것보다 더 이전의 것이란 가정을 뒷받침 해 준다. 마 18 : 3이 보다 강한 셈적 형태를 갖는 반면(ὡς τὰ παιδία =형

가 돌이켜 어린아이들과 같이 되지 아니하면 결단코 천국에 들어가지
못하리라).

이 말씀의 해석에 대하여 먼저 부정적인 면부터 생각해보자. $\dot{\epsilon}\grave{\alpha}\nu$ $\mu\grave{\eta}$ $\sigma\tau\rho\alpha\phi\widehat{\eta}\tau\epsilon$
를 "만일 너희가 돌이키지 않는다면"[108]이라고 번역하는 일반적인 번역은—통속헬
라어 그 어디에서도 나타나지 않는 것처럼—더이상 지지를 받을 수 없다. 70인경이
나 6개국어 대조역 성경(Hexapla)의 번역어는 이러한 의미와 관련하여 $\sigma\tau\rho\dot{\epsilon}\phi\epsilon\sigma\theta\alpha\iota$
가 사용되었는데, 유일한 예외는 요한복음 12：40이다.[109]
   그러므로 우리는 다른 설명을 찾아야 하며, 또 $\sigma\tau\rho\alpha\phi\widehat{\eta}\tau\epsilon$ 가 아람어 tūb, hᵃzar 혹
은 hᵃdar에 해당하는 가능성을 고려해야만 한다. 이러한 동사들은 다른 동사와 함께
'다시'(again)를 표현하는데 종종 사용되었다.[110] 사실상 70인경에서 우리는 '다시'
(again)을 쉽게 바꿔쓰며 구조에 있어 $\sigma\tau\rho\alpha\phi\widehat{\eta}\tau\epsilon$ $\kappa\alpha\grave{\iota}$ $\gamma\dot{\epsilon}\nu\eta\sigma\theta\epsilon$ $\dot{\omega}\varsigma$ $\tau\grave{\alpha}$ $\pi\alpha\iota\delta\iota\alpha$와 유
비관계를 이루는 그러한 이중표현들을 많이 볼 수 있다. 예컨대, $\dot{\epsilon}\pi\iota\sigma\tau\rho\alpha\phi\eta\sigma\epsilon\sigma\theta\epsilon$
$\kappa\alpha\grave{\iota}$ $\check{o}\psi\epsilon\sigma\theta\epsilon$(LXX 말 3：18, 너희가 다시 볼 것이라)；$\dot{\epsilon}\pi\iota\sigma\tau\rho\dot{\epsilon}\psi\omega\mu\epsilon\nu$ $\kappa\alpha\grave{\iota}$ $\dot{\alpha}\nu\omicron\iota\kappa\omicron$-
$\delta\omicron\mu\eta\sigma\omega\mu\epsilon\nu$ (1：4, 우리가 다시 세울 것이라)；$\dot{\epsilon}\pi\iota\sigma\rho\dot{\alpha}\phi\eta\tau\epsilon$ $\dot{\upsilon}\mu\epsilon\widehat{\iota}\varsigma$ $\kappa\alpha\grave{\iota}$ $\dot{\alpha}\pi\dot{\alpha}\tau\epsilon$ $\epsilon\dot{\iota}\varsigma$
$\tau\grave{\eta}\nu$ $\check{\epsilon}\rho\eta\mu\omicron\nu$ (민 14：25；cf. 신 1：40, 2：1, 광야로 돌아갈지니라)；$\dot{\alpha}\nu\dot{\epsilon}\sigma\tau\rho\epsilon\psi\epsilon\nu$
$\kappa\alpha\grave{\iota}$ $\dot{\epsilon}\kappa\dot{\alpha}\theta\epsilon\upsilon\delta\epsilon\nu$ (Ⅰ, B$\alpha\sigma$. 13：5, 그가 다시 잠에 떨어졌다)；$\check{\eta}\gamma\alpha\gamma\dot{\epsilon}\nu$ $\mu\epsilon$ $\kappa\alpha\grave{\iota}$ $\check{\epsilon}\sigma\tau\rho$
$\epsilon\psi\dot{\epsilon}\nu$ $\mu\epsilon$ (겔 47：6 Θ, 그가 나를 뒤로 인도하였다).[111] 마태복음 18：3 역시 이와

용사에 대한 대체＝셈어의 특징；Bauer-Arndt-Gingrich, 906을 참조하라；$\sigma\tau\rho\alpha\phi\widehat{\eta}\tau\epsilon$
에 관하여는 각주 17을 보라), 막 10：15은 $\delta\dot{\epsilon}\chi\epsilon\sigma\theta\alpha\iota$ $\tau\eta\nu$ $\beta\alpha\sigma\iota\lambda\epsilon\dot{\iota}\alpha\nu$ $\tau\omicron\widehat{\upsilon}$ $\theta\epsilon\omicron\widehat{\upsilon}$의
형태 속에서 기독교의 선교용어를 사용한다(J. Jeremias, 'Mc 10：13−16 Parr und
die Übung der Kindertaufe in der Urkirche', ZNW 40, 1941, 244f, cf. Billerbeck Ⅰ,
174-77). J. Dupont, Les Béatitudes Ⅱ, Paris 1969, 167ff；id., 'Matthieu 18：3,' in：
Neotestamentica et Semitica (Studies in Honour of M. Black), Edinburgh 1969, 50−
60, 은 다른 견해를 갖는데, 이는 그것은 마 18：3을 막 10：15에 대한 수정으로 간
주한다.
   108) E. Percy, Die Botschaft Jesu, Lund 1953, 36. n. 5；W. G. Kümmel, Promise
and Fullfilment, SBT 23, London, 1957, 126 n. 77；W. Trilling, Das wahre Israel,
Leipzig 1959, 87＝München 1964, 108.
   109) P. Joüon, L'Evangile de Notre-Seigneur Jesus-Christ, Verbum Salutis V,
Paris 1930, 112.
   110) R. Le Déaut, 'Le substrat araméen des évangiles：Scolies en marge de l'Ara-
maic Approach de Matthew Black', Biblica 49, 1968, 388-99：390.
   111) 또한 신 24：4, $\omicron\dot{\upsilon}$ $\delta\upsilon\nu\dot{\eta}\sigma\epsilon\tau\alpha\iota$ $\cdots$ $\dot{\epsilon}\pi\alpha\nu\alpha\sigma\tau\rho\dot{\epsilon}\psi\alpha\varsigma$ $\lambda\alpha\beta\epsilon\widehat{\iota}\nu$ $\alpha\dot{\upsilon}\tau\dot{\eta}\nu$ (그가 그녀
를 다시 자신에게로 취하지 말지니)；Ⅰ B$\alpha\sigma$. 3：5, 6, 9, $\dot{\alpha}\nu\dot{\alpha}\sigma\tau\rho\epsilon\phi\epsilon$ $\kappa\dot{\alpha}\theta\epsilon\upsilon\delta\epsilon$ (다시
자러 가라)；ψ 84[85] ：7, $\dot{\epsilon}\pi\iota\alpha\tau\rho\dot{\epsilon}\psi\alpha\varsigma$ $\zeta\omega\dot{\omega}\sigma\epsilon\iota\varsigma$ $\dot{\eta}\mu\widehat{\alpha}\varsigma$ (당신은 우리를 다시 생명
에로 회복시킬 것입니다)；호 2：11[9], $\dot{\epsilon}\pi\iota\sigma\tau\rho\dot{\epsilon}\psi\omega$ $\kappa\alpha\grave{\iota}$ $\kappa\omicron\mu\iota\omicron\widehat{\upsilon}\mu\alpha\varsigma$ $\tau\grave{o}\nu$ $\sigma\widehat{\iota}\tau\acute{o}\nu$ $\mu\omicron\upsilon$
(내가 내 곡식을 도로 찾을 것이라)；미 7：19, $\dot{\epsilon}\pi\iota\sigma\tau\rho\dot{\epsilon}\psi\epsilon\iota$ $\kappa\alpha\grave{\iota}$ $\omicron\dot{\iota}\kappa\tau\iota\rho\dot{\eta}\sigma\epsilon\iota$ $\dot{\eta}\mu\widehat{\alpha}\varsigma$
(그가 다시 우리에게 긍휼을 베푸실 것이라).

비슷한 방법으로 번역되어야만 한다 : "진실로 내가 너희에게 이르노니 만일 너희가 다시 어린아이처럼 되지 아니하면 너희는 하나님의 바실레이아에 도달하지 못할 것이라."

그렇다면 "다시 어린아이처럼 된다"는 것은 무엇을 의미하는 것인가? 어린아이의 겸손이 비교점인가(마 18 : 4을 참조하라)? 별로 그런 것 같지 않다. 왜냐하면 우리는 예수의 시대로부터 어린아이가 겸손의 모범이란 개념과 병행될 만한 것을 찾을 수 없기 때문이다. 그렇다면 어린아이들의 순수함이 비교점인가? 이러한 개념 역시 초기의 팔레스틴 유대주의에서는 일반적이지 않았다.[112] 마태복음 18 : 3이 아바('Abba)란 호칭과 어떤 관계를 가질 수 있었을 것이라는 맨슨(T. W. Manson)의 견해가 우리로 하여금 올바른 결론을 내릴 수 있게 할 것이다.[113] 사실상 그것이 올바른 해답이다. "다시 어린아이가 된다"는 것은 "다시 아바를 말하기를 배운다"를 의미하는 것이다.

이것이 우리로 하여금 회개의 핵심적 의미를 깨닫게 해준다. 회개는 다시 "아바" 말하기를 배우는 것을 의미하며, 자신의 모든 신뢰를 하늘의 아버지께 놓는 것이며, 또한 아버지의 집과 아버지의 품으로 돌아오는 것을 의미한다. 누가복음 15 : 11−32은 이러한 이해가 틀리지 않았음을 보여주는 증거가 된다. 잃은 아들의 회개는 그가 자기 아버지의 집으로 가는 길을 찾은 데에 있었다. 결국 회개는 단순히 하나님의 은혜를 신뢰하는 것이다.

(2) 동기

세례 요한 역시 회개에 대하여 설교했다. 그러나 요한이 설교한 회개는 예수의 그것과 매우 다른 무엇이 있었다. 이러한 차이는 어디에 놓여있는 것일까? 이에 대한 한가지 대답이 세리장 삭개오의 회개 이야기로부터 얻어질 수 있다(눅 19 : 1−10). 이 사람에게 있어 예수가 자신의 집을 방문하기를 원한다는 것은 상상할 수도 없는 일이었다. 왜냐하면 그는 경멸당하는 자로서 모든 사람이 그를 기피하였기 때문

---

112) A. Oepke, παῖς κτλ, *TDNT* V, 1967, 636−54 : 645−48.
113) *Teachings*, 331.

이다. 그러나 예수는 그의 집에 머물고 또 그와 더불어 함께 떡을 뗌으로써 그가 잃어버렸던 존엄성을 회복시켰다. 예수는 그를 형제로 받아들였다.[114] 예수편에서의 이러한 친절이 삭개오를 압도하였다. 그것은 그의 주위 사람들로부터의 모든 모욕과 경멸이 할 수 없었던 일을 이루었다. 삭개오는 자신의 죄를 공개적으로 고백하였고 또 배상을 약속하였다(8절).

죄인이었던 여인의 이야기 역시 이와 동일한 부류에 속한다(눅 7 : 36—50 병행).[115] 예수는 두명의 빚진 자 비유로서 그녀의 행동을 해석하였다. 그녀로 하여금 행동을 통하여 자신의 죄를 공개적으로 고백하게 한 것과 또 향유를 예수의 발에 부음으로써 감사를 표현하게 한 것은 그녀가 받은 "죄의 큰 탕감"때문이었다. 반면 예수는 고라신과 벳새다를 책망했는데, 그것은 구원의 때를 선포하는 하나님의 행동이 그 고을들에 눈에 보이게 나타났음에도 불구하고 그 고을들이 회개하지 않았기 때문이다(마 11 : 20—24 병행).

이러한 이야기들과 어록(로기아)들은 "세례 요한의 회개에의 부름"과 "예수의 회개에의 부름"간의 결정적인 차이를 계속적으로 분명히 해준다. 그 차이는 **동기**의 문제이다. 세례 요한의 경우에 있어, 그 동기는 심판의 위협에 대한 두려움이다. 물론 이러한 동기는 예수에게 있어 전혀 없는 것은 아니다(예컨대 눅 13 : 1—5). 그러나 예수에게 있어, 결정적인 동기는 하나님의 한량없는 선하심에 대한 체험이다(예컨대 눅 13 : 6—9). 회개는 은혜로부터 솟아난다. 하나님의 선하심이야말로 사람을 정말로 회개에로 이끌 수 있는 유일한 힘이다.

여기에서 예수는 선지자적 설교 특히 제2이사야의 설교의 심원한 주제를 취한다. "내가 네 허물을 빽빽한 구름의 사라짐같이 네 죄를 안개의 사라짐같이 도말하였으니 너는 내게로 돌아오라 내가 너를 구속하였음이니라"(사 44 : 22). 하나님의 은혜가 불신실한 자들을 압도한다. 구약에서 점화된 이러한 개념이—그러나 단지 이따금씩만—예수의 선포에 있어서 중심이 되었다. 회개는 인간의 겸손한 행동이거나 혹은

---

114) pp. 177이하를 보라.
115) Jeremias, *Parables*, 126이하.

인간의 극기(克己)의 행동이 아니다. 그것은 하나님의 은혜에 의하여
압도된 여떤 것이다. 선지자들에 의하여 이러한 은혜가 약속되었다가,
예수로 말미맘아 그것이 나타났고 이미 주어지고 있다. 회개는 복음의
빛 속에서 자기의 위치를 차지한다. 오직 자신의 눈을 하나님의 선하
심에로 여는 자만이 "자신을 하나님으로부터 분리시키는 자신의 죄"와
"자신과 하나님 사이의 거리"를 인식한다. 결국 예수 자신과 신약 전체
는 회개에 대한 오직 하나의 동기만을 알 뿐이다 : 구원에 대한 개인적
인 확신.

(3) 회개의 기쁨

일단 우리가 하나님의 선하심이 회개의 동기임을 이해한다면, 우리
는 이제 슈니빈트(J. Schniewind)가 강조했던 마지막 요점을 이해할 수
있게 된다 : 회개는 기쁨이다.[116]

회개는 아버지의 집으로 돌아오는 것이다. 춤추는 즐거운 소리가 땅
위에 울려퍼진다. 잃은 아들이 집으로 돌아오는 길을 찾았다(눅 15 :
25). 죽은 자가 다시 살아났고, 잃었다가 다시 찾았다(24, 32절). 집으
로 돌아오는 것이 곧 죽은 자로부터의 부활이다. 왜냐하면 오직 하나
님의 왕적 통치에만 생명이 있기 때문이다. 이러한 하나님의 왕적 통
치에 속한 자는 죽음의 벽을 뛰어넘어 심지어 지금 세상의 완성
(consummation of the world)을 얻었다(마 8 : 22병행, 이에 대하여 p.
200을 참조하라).

이러한 기쁨의 개념이 예수가 회개를 묘사하는 여러가지 표상들에서
다시 메아리치고 있다. 회개는 혼인예복을 입는 것이다(마 22 : 11 -
13, p. 164를 보라. 또한 사 61 : 10의 예기[預期]를 보라). 혼인예복은
곧 의의 옷이다. 다른 표상으로, 회개는 외식의 새로운 형태로서가 아
니라 주어진 구원에 대한 기쁨의 표현으로서 "머리에 기름을 바르는
것"이다(마 6 : 17). 회개가 기쁨이기 때문에 마가복음 2 : 15이하에서
예수는 돌이킨 자들로 더불어 기쁨의 식사를 함께 나눈다.

이토록 회개는 하나님의 은혜로운 기쁨이다. 그러나 더 나아가서,

---

116) ‡ Schniewind, 78이하(=27이하).

회개는 **하나님의** 기쁨이다(눅 15 : 7, χαρὰ ἐν τῷ οὐρανῷ 혹은 10절의 χαρὰ ἐνώπιον τῶν ἀγγέλων τοῦ θεοῦ). 하나님은 마치 길잃은 양을 다시 찾은 목자와도 같이, 혹은 잃어버린 동전을 다시 찾은 여인과도 같이, 또 잃어버린 아들을 다시 찾은 아버지와도 같이 그렇게 기뻐하신다. 하나님은 마치 "신랑이 신부를 기뻐함같이"(사 62 : 5) 그렇게 "즐거이 부르며 기뻐하신다"(습 3 : 17이하, p. 181을 보라). 이것은 "하나님의 구원론적인 기쁨"(soteriological joy of God)이다.[117]

이렇게 회개가 생명을 얻음과 다시 자녀가 됨을 의미하기 때문에, 회개는 기쁨인 것이다.

117) E. G. Gullin *Die Freude im Neuen Testament* I, Helsinki 1932, 99.

제 5 장

하나님의 새로운 백성

　예수의 선포는 항상 개인적인 호소에서 그 절정에 이른다. 이것은 그의 정죄의 메시지 뿐만 아니라 구원에의 초청의 메시지에 있어서도 사실이다. 이러한 초청은 일반적인 용어로 다음과 같이 제시될 수 있다 : $\Delta\epsilon\hat{\upsilon}\tau\epsilon$ $\pi\rho\acute{o}\varsigma$ $\mu\epsilon$ $\pi\acute{a}\nu\tau\epsilon\varsigma$ $o\acute{\iota}$ $\kappa o\pi\iota\hat{\omega}\nu\tau\epsilon\varsigma$ $\kappa a\grave{\iota}$ $\pi\epsilon\phi o\rho\tau\iota\sigma\mu\acute{\epsilon}\nu o\iota$ (마 11 : 28, 수고하고 무거운 짐진 자들아 다 내게로 오라) 혹은 (동방사람들에게는 매우 친숙한 물파는 사람의 외침을 취한 이사야 55 : 1에서처럼)[1] :

$\epsilon\acute{a}\iota$ $\tau\iota\varsigma$ $\delta\iota\psi\hat{a}$ $\epsilon\rho\chi\acute{\epsilon}\sigma\theta\omega$
$\kappa a\grave{\iota}$ $\pi\iota\nu\acute{\epsilon}\tau\omega$ $\acute{o}$ $\pi\iota\sigma\tau\epsilon\acute{\upsilon}\omega\nu$ $\epsilon\grave{\iota}\varsigma$ $\epsilon\mu\acute{\epsilon}$ (요 7 : 37이하)[2]
누구든지 목마르거든
내게로 와서 마시라 나를 믿는 자는……

　그러나 이러한 호소는 또한 개인적으로 주어질 수 있다 : $\kappa a\theta\acute{a}\rho\iota\sigma o\nu$ $\pi\rho\hat{\omega}\tau o\nu$ $\tau\grave{o}$ $\acute{\epsilon}\nu\tau\grave{o}\varsigma$ $\tau o\hat{\upsilon}$ $\pi o\tau\eta\rho\acute{\iota}o\upsilon$ (마 23 : 26, 너는 먼저 안을 깨끗이

---

1) C. Westermann, *Isaiah 40-66*, Oid Testament Library, London 1969, 218이하., on Isa 55 : 1－3 상반절
2) 교차적으로 배열된 동위적 평행법과(synonymous parallelism) 계 22 : 17하반절과의 비교는 마지막의 네 단어($\acute{o}$ $\pi\iota\sigma\tau\epsilon\acute{\upsilon}\omega\nu$ $\epsilon\grave{\iota}\varsigma$ $\epsilon\mu\acute{\epsilon}$)가 뒤따르는 말씀과 함께 취하여져서는 안됨을 보여준다($\pi\iota\sigma\tau\epsilon\acute{\upsilon}\omega\nu$ $\epsilon\grave{\iota}\varsigma$는 요한의 문체이다 : 공관복음서 1회, 요한문서 38회, 바울서신 3회, 기타 3회).

하라) 혹은 *μὴ φοβοῦ, μόνον πίστευε* (막 5 : 36, 두려워 말고 믿기만 하라). 이것은 또한 제자에로의 부름과 같은 특별한 경우에 우두머리 (head)에게 전달될 수 있다 : *δεῦτε ὀπίσω μου* (막 1 : 17, 나를 따라오 너라) 혹은 *ἀκολούθει μοι* (막 2 : 14, 10 : 21, 나를 좇으라).

이러한 예수의 도전에 대한 응답이 믿음이다.

§ 16 믿음

A. Schlotter, *Der Glaube im Neuen Testament*, Stuttgart 1927=⁵1963 ; G. Ebeling, 'Jesus and Faith', in : *Word and Faith*, London and Philadelphia 1963, 201—46 ; E. Fuchs, 'Jesus and Faith', in : *Studies of the Historical Jesus*, SBT 42, London 1964, 48—64.

(1) 자료

만일 우리가 공관복음서로부터 *πίστις* 군(群)의 단어들을 고찰해 본다면, 우리는 다음과 같은 두가지 공식적인 어구가 반복적으로 나타남을 보게 될 것이다 : *ἡ πίστις σου σέσωκέν σε*[3] (네 믿음이 너를 구원하였다)와 *ὡς ἐπίστευσας γενηθήτω σοι*[4] (네 믿음대로 될지어다). 후자의 어구는 마태의 문체적 특징이다. 마태복음 15 : 28에서, 마태에 의해 마가복음 본문에 그것이 덧붙여졌다. 누가 역시 자신의 복음서 8 : 12이하에서 마가복음 본문을 두개의 *πιστεύειν* 말씀으로 확대시켰다. 이 모든 사실은 믿음에 대한 공관복음서의 말씀들이 초대교회에 의해 강하게 영향받지 않았는가 하는 의문을 야기시킨다. 믿음이 가지고 있는 중심적인 중요성을 감안할 때, 이것은 그리 놀라운 일이 아닐 것이다.[5]

---

3) 막 5 : 34 병행 ; 10 : 52 병행 ; 눅 7 : 50 ; 17 : 19.
4) 마 8 : 13 ; cf. 9 : 29(*κατὰ τὴν πίστιν ὑμῶν γενηθήτω ὑμῖν*) ; 15 : 28(*μεγάλη σου ἡ πίστις γενηθήτω σοι ὡς θέλεις*).
5) 이에 관하여 Bultmann, *πισεύω κτλ* (D. 신약에서의 개념群)를 참조하라. 여기에서 Bultmann은 심지어 예수가 그러한 단어群을 사용할 수 있었는지에 대한 의문조차도 제기하지 않고, 곧바로 초대교회 의 케리그마와 함께 시작한다.

그러나 이러한 특정한 문제에 있어, 초대교회의 영향을 과대평가하는 것에 대하여 경고하는 많은 논증들이 있다. 공관복음서에 $\pi\acute{\iota}\sigma\tau\iota\varsigma$ 와 $\pi\iota\sigma\tau\epsilon\acute{\upsilon}\epsilon\iota\nu$ 등과 같은 단어가 상대적으로 드물게 나타나는 사실 자체가 그러한 논증들 가운데 하나이다.

평균적으로, 두 단어($\pi\acute{\iota}\sigma\tau\iota\varsigma$ 와 $\pi\iota\sigma\tau\epsilon\acute{\upsilon}\epsilon\iota\nu$)는 네슬版 신약성경의 매 페이지마다 다음과 같은 횟수로 나타난다 :

공관복음서	0.24
사도행전	0.55
공동서신	1.10
바울서신	1.25
히브리서	1.31
요한복음	1.48
요한계시록	0.09[6]

만일 우리가 병행구절들에 대하여는 한번만 기산(起算)하고 명확치 않은 용례들은 일괄적으로 처리한다면,[7] 공관복음서에서의 매 페이지당 그것의 숫자는 0.14정도로 떨어지게 된다. 따라서 처음 세 복음서(공관복음서)는 — $\pi\acute{\iota}\sigma\tau\iota\varsigma$／$\pi\iota\sigma\tau\epsilon\acute{\upsilon}\epsilon\iota\nu$ 외 빈도수에 관련한 한 — 계시록을 제외한 다른 모든 신약성경보다 초대 기독교의 용례로부터 훨씬 더 멀리 떨어져 있는 것이다.

초대교회의 영향을 과대평가하는 것에 대한 또하나의 경고는 언어적인 증거이다. 공관복음의 예수의 말씀들 가운데 그 단어群의 사용은 아람어 대응어인 hēmin／hēmānūtā를 반영하는 것으로 나타난다.[8] 예컨대 복합어 $\dot{o}\lambda\iota\gamma\acute{o}\pi\iota\sigma\tau\sigma\varsigma$[9](마 6 : 30 병행. 눅 12 : 28 ; 마 8 : 26, 14

---

6) 계시록에서 $\pi\acute{\iota}\sigma\tau\iota\varsigma$ 는 전체 45페이지중 단지 네번 나타날 뿐이며, 그나마 $\pi\iota\sigma\tau\epsilon\acute{\upsilon}\omega$ 는 전혀 나타나지 않는다.

7) $\pi\iota\sigma\tau\epsilon\acute{\upsilon}\epsilon\iota\nu$ ='맡기다'(눅 16 : 11) ; '가능한 것으로 간주하다'(마 9 : 28) ; '[소문에 대하여] 신뢰를 주다'(막 13 : 21 병행 ; 마 23 : 26) : $\pi\acute{\iota}\sigma\tau\iota\varsigma$ ='신실함' (마 23 : 23).

8) ‡ Schlatter, 585-94.

9) $\dot{o}\lambda\iota\gamma\acute{o}\pi\iota\sigma\tau\sigma\varsigma$ 가 451가지의 거의 비종교적인 말의 모음집인 Sextus의 말 가운데도 역시 나타나는 것은 사실이다. 그런데 이것은 — 여섯번째 말처럼($\dot{o}\lambda\iota\gamma\acute{o}\pi\iota\sigma\tau\sigma\varsigma$ $\dot{\epsilon}\nu$ $\pi\acute{\iota}\sigma\tau\epsilon\iota$ $\ddot{\alpha}\pi\iota\sigma\tau\sigma\varsigma$) — 그것의 현재대로의 형태에 있어 AD 200년경의 기독교의

: 31, 16 : 8; cf. 17 : 20 ὀλιγοπιστία)가 없고, 다만 그것은 기독교적 배경 속에서만 나타난다. 그러나 목적소유격 πίστις θεοῦ(막 11 : 22)[10] 에 대하여는 ― 이러한 형태는 헬라어에서는 낯선 것이다[11] ― 셈어의 대응어가 있다.[12] 또한 그 단어의 명사 앞에 관사가 붙어있는 것(눅 18 : 8, τὴν πίστιν)은 ― 이것은 헬라어적 언어감각으로서는 거친 표현이다 ― 아람어에서는 관용적 표현인 hēmānūta를 재현시킨다.[13] 이러한 사실들은 믿음을 다루는 공관복음서의 예수의 말씀들이 그것의 기원을 "아람어를 말하는 환경"에 두고있음을 보여준다.

진정성의 문제에 빛을 비추어주는 한가지 말씀은 ― 단지 겨자씨 크기만한 것이라 할지라도(마 17 : 20 병행. 눅 17 : 6) ― 산이나(막 11 : 23 병행. 마 21 : 21, 17 : 20) 나무를(눅 17 : 6) 옮길 수 있는 믿음에 관한 로기온(어록)이다. 이 말씀이 팔레스틴적 재료를 사용하는 것은 분명한 사실이다 : 사람의 눈에 지각될 수 있는 가장 작은 물체로서의 겨자씨,[14] 극적인 이적으로서의 나무를 뽑는 것,[15] "불가능해 보이는 것을 가능하게 하는 것"에 대한 관용적 표현으로서의 산을 옮기는 것.[16] 이 모든 것은 특별히 팔레스틴적이다. 그러나 보다 더 주목할만한 사실이 아직 남아있다. 탈무드에서 산을 뿌리채 뽑는 것은 "논쟁에 있어서 사소한 것에 지나치게 매달리는 것"과('그는 산을 뿌리채 뽑는 자이다') "번복할 수 없는 결정"('나는 내 마음을 바꾸느니 차라리 산을 뽑겠다')을 묘사하는 데 사용되었다.[17] 반면 이 구절이 "믿음의 힘"을 묘사하는 데 사용된 것은 **단지** 예수의 말씀들에서와 고린도전서 13 : 2에서뿐이다. 우리는 공관복음 전승과 바울이 이러한 구절을 각각 독립적으로 생각해냈

편집에 큰 빚을 지고 있는 것이다. 여섯번째 말(saying 6)은 기독교의 편집에 돌려져야 한다. H. Chadwick, *The Sentences of Sextus*, Texts and Studies, NS 5, Cambridgr 1959, 139.

10) hēmānūt šᵉmayyā, Fragment Targum 창 16 : 5; ᵉmūnātō šel hqb'h(=haqqādōš bārūk hū'), Ex R. 15 : 7 on 12 : 2. 목적소유격은 오직(가장 중요하게) πίστις τοῦ θείου 의 형태에서만 유대적 헬라어이다(Josephus, Antt : 17 : 179); 이에 대한 예로써 마카비 4서의 ἡ πρὸς (τὸν) θεὸν πίστις(15 : 24 : 16 : 22)를 참조하라. I. βασ 21 : 3의 θεοῦ πίστις에서, θεοῦ 는 주격적 소유격(subjective genitive)이다.

11) ‡ Schlatter, 586.

12) qᵉtannē ᵉmūnā(b. Ber 24b; Sot. 486).

13) hēmānūta는 아람어의 한정어에서 일상적으로 사용된다. C. C. Torrey, *The Four Gospels*, London 1933, 312를 참조하라.

14) Billerbeck I 669.

15) *Ibid.* IV 313이하, cf. I 127, 759.

16) *Ibid.* I 759.

17) *Ibid.*

을 가능성을 배제해야만 한다. 만일 우리가 예수와 바울이 그들 모두에게 공히 알려졌던 재료로 돌아간다는 사실(본문의 어떠한 뒷받침도 없이)에 호소하기를 원치 않는다면, 우리는 산을 움직일 수 있는 믿음에 대한 바울의 말이 예수의 로기온(어록)에 의존했을 가능성을 고려해야만 한다.

그러나 이 모든 것들 보다 더 중요한 사실은 공관복음서의 $\pi\iota\sigma\tau\epsilon\acute{u}\epsilon\iota\nu$ ／$\pi\acute{\iota}\sigma\tau\iota\varsigma$ 群의 용례가 초대교회의 용법과는 **근본적으로 다르다** 는 사실이다. 공관복음서 어디에서도 믿음은 메시지에 대한 반향(echo)으로 언급되지 않는다. 또한 공관복음서 어디에서도 예수의 인격에 믿음의 관계가 명백하게 나타나지 않는다. 반대로, 공관복음서의 예수의 말씀들이 믿음의 대상점으로서 분명하게 언급하는 대상은 하나님(막 11 : 22), 세례 요한(마 21 : 32, 3회), 복음(막 1 : 15 요약)이다. 물론 우리는 "예수를" 믿는 것에 관한 언급을 두번 듣는다 : 마태복음 18 : 6 $\tau\hat{\omega}\nu\ \pi\iota\sigma\tau\epsilon\upsilon\acute{o}\nu\tau\omega\nu\ \epsilon\grave{\iota}\varsigma\ \acute{\epsilon}\mu\epsilon$ 와 27 : 42 $\pi\iota\sigma\tau\epsilon\acute{u}\sigma o\mu\epsilon\nu\ \acute{\epsilon}\pi\ a\grave{u}\tau\acute{o}\nu$. 그러나 위의 두 구절들에서 전치사구는 마가복음 본문(9 : 42, 15 : 32)에 대하여 마태가 덧붙인 것(addition)이다. 문맥이 "믿음의 표현의 대상"으로서의 기독론적인 칭호를 제공해주는 유일한 말씀은 마가복음 15 : 32의 십자가에서의 조롱이다. 이러한 상황은 공관복음서가 케리그마의 빛속에서 알아볼 수 없을만큼 지나치게 채색되어 버렸다는 주장이 얼마나 과장된 것인가 하는 사실을 분명하게 보여준다. 믿음에 대한 공관복음서의 백성들에서 기독론적인 칭호가 나타나지 않는 사실은 그러한 말씀들의 기원이 최소한 부활이전의 최초의 것임을 나타내주는 지표가 된다.

(2) 믿음의 의미

'믿다'에 해당하는 구약의 단어는 he'min(헤에민)이다. 어근 'mn (ⅼㅁ)의 기본적인 의미는 '굳은, 변치 않는, 믿을 수 있는'이다. **"칼"** 에서 그리고 때때로는 **"니팔"**에서, 'mn(ⅼㅁ)은 옷깃으로 어린이를 나르거나 혹은 허리로서 나르는 것을 의미한다. 왜냐하면 그것이 안전하고 또 감춰질 수 있기 때문이다. 한편 그 단어의 "히필"형은('신뢰를 얻거나 지키다, 믿다') 구약에서 종교적인 의미로는(25회 사용됨) 비록 풍부하게 사용되지는 않았지만, 그러나 매우 중요한 말씀들에서 사용되었다.

만일 우리가 신약에 영향을 준 구절들을 고찰한다면(창 15 : 6 ; 사 28
: 16, 53 : 1 ; 시 116 : 10), 우리는 he"min(헤에민)이 매일의 삶 속에서
하나님을 의지하는 것 보다는 위기의 때에 하나님을 찾는 것이나 유혹
과 싸우는 것을 묘사하는 것을 발견하게 될 것이다. 이것이 의미하는
것은 모든 상황에 대하여 하나님을 신뢰하는 믿음이다. 이와 같이 심
지어 구약에서 조차도 믿음의 개념은 마치 신약에서의 경우와 같이 결
정적인 중요성을 갖는다. 믿음은 곧 단념되지 않는 신뢰(trust)이다.

만일 우리가 공관복음서의 $\pi \iota \sigma \tau \iota \varsigma$ / $\pi \iota \sigma \tau \epsilon \upsilon \epsilon \iota \nu$ / $\dot{o} \lambda \iota \dot{\gamma} \dot{o} \pi \iota \sigma \tau o \varsigma$ /
$\ddot{\alpha} \pi \iota \sigma \tau o \varsigma$ 등의 단어群을 고찰해 본다면, 우리는 이러한 용례들의 과반
수 이상이 이적 이야기들(miracle stories)이나 혹은 이적을 다루는 어록
(로기온)에서 나타나는 사실을 발견하게 될 것이다. 이것은 매우 주목
할 만한 사실이다. 왜냐하면 믿음은 유대주의의 이적이야기나 혹은 헬
레니즘의 이적이야기에서 별다른 역할을 차지하지 않았기 때문이다.
사람들이 도움을 호소하기 위하여 예수께로 나아올 때 이 단어群이 즐
겨 사용된다. [18] 여기에서 믿음은 예수가 귀신들과 질병들을 없애는 힘
을 가지고 있기 때문에 그가 도움을 베풀 수 있다는 확신에 있는 것으
로 나타난다 : 그러나 이러한 확신은 이적에 대한 단순한 믿음 그 이상
이다. 왜냐하면 그것은 예컨대 랍비(rabbi), 마리(māri), 라부니
(rabbūni), 다윗의 아들(son of David)등과 같은 칭호들에 표현된 예수
의 인격(person)과 사명(mission)에 대한 태도를 포함하고 있기 때문
이다. 이러한 것들은 누가복음 6 : 46이 보여주는 것 같은 의례적인 칭
호가 아니다(너희는 나를 불러 주여 주여 하면서도 어찌하여 나의 말
하는 것을 행치 아니하느냐). 그렇게 말하는 사람들은 예수의 선하심
과 불쌍히 여기심에 대하여 큰 확신을 가지고 있는 것인데, 그러한 것
이 예컨대 "혈루병 앓던 여인의 이야기" 같은 곳에서 매우 감동적으로
표현되어 있다.

마가복음 5 : 28 병행에 따르면, 그녀는 단순한 접촉만으로도 고침을

---

18) 막 2 : 5 병행 ; 5 : 34 병행, 36 병행, 9 : 19 병행, 23이하 ; 10 : 52 병행 ; 마 8
: 10 병행, 13 ; 9 : 28이하 ; 15 : 28 ; 눅 17 : 20.

받을 것으로 소망했기 때문에 예수의 옷깃을 만졌다. 그러나, 아마도 옷깃을 잡는 것(만지는 것)은 본래 다른 의미를 가진 것이었을 것이다 : 그것은 "비를 만드는 하닌"(Hanin the Rain—Maker)의 이야기(p. 108을 보라)가 보여주는 것처럼 "도움을 청하는 동작"이다. 그 여인은 자신의 병을 공개적으로 말하는 것을 부끄럽게 생각하였다. 그녀는 조심스럽게 예수의 옷깃을 잡는다 : 그의 친절하심에 대한 그녀의 확신이 너무나도 컸기 때문에, 그녀는 이러한 무언의 동작만으로도 충분하리라고 확신하였다. 백부장 이야기(마 8 : 5—13 병행. 눅 7 : 1—10)와 수로보니게 여인의 이야기(막 7 : 24—30 병행. 마 15 : 21—28) 역시 도움을 간구했던 이러한 이방인들의 태도가 이적에 대한 미신적인 소망 이상을 포함했음을 분명하게 보여준다.

백부장 이야기와 관련하여, 본문에 대하여 고찰되어야 할 것이 세가지 있다. 그것들은 어법(語法 : wording)에 의하여 야기되는 다음의 난점들을 제거하기 위하여 의도된 것이다 :

(a) 예수는 자신이 갈 준비가 되었노라고 말씀한다. 그러나 백부장은 이상스럽게 그것을 거절한다(마 8 : 8 ; 눅 7 : 6하반절) ;

(b) 자신이 다른 사람의 수하(authority, 마 8 : 9상반절 ; 눅 7 : 8상반절)에 있다는 언급은 뒤이어 나오는 그의 명령자적 위치를 강조하는 사실에 비추어 볼 때 다소 앞뒤가 맞지 않는다 ;

(c) 여기에서 "역시"의 비교점이 무엇인지 알기 어렵다(나 역시 남의 수하에 있는 사람이요) : 여기에서 그가 어떻게 예수와 같을 수 있는가?

위와 같은 난점들에 대하여 다음과 같은 대답이 제기될 수 있다 :

(a) 마태복음 8 : 7은 의문문의 형태로서 부정적인 대답으로 읽혀져야 한다 : "내가(너의 집 곧 부정한 이방인의 집에) 가서 그를(너의 종을) 고쳐주랴?" 예수는 갈 준비가 되어있음을 말씀하고 있는 것이 아니다 ; 반대로 그는 도움을 거절하고 있는 것이다.

(b) 서투른 번역으로 말미암아, 마태복음 8 : 9상반절(눅 7 : 8상반절)에서 백부장의 말로부터(자신이 남의 수하에 곧 복종해야 할 위치에 있으면서 동시에 자신의 명령자적 위치를 강조하는 것) 모순이 야기되었다.[19] 셈적인 병렬구조(parataxis)를 재생시킴에 있어, 번역자들은 종종 부차적인 문구를 한정동사와 함께 번역하고 또

---

19) J. Jeremias, *Jesus' Promise to the Nations*, SBT 24, 1967, 30 각주 4를 참조하라.

주요한 문구를 분사와 함께 번역함으로써 강조점의 위치가 변동되는 길을 터놓았다. [20] 우리는 이러한 예를 마태복음 8 : 9상반절에서 볼 수 있다. 분사절 ἔχων κτλ 가 주요한 문구인 반면, 주절인 ἄνθρωπός εἰμι ὑπὸ ἐξουσίαν 는 부차적인 위치를 차지한다(이러한 경우, 그것은 양보의 의미를 갖는다). 따라서 그 구절은 다음과 같은 의미를 갖는다 : "심지어 나도, 비록 나는 남의 수하에 있는 장교라 할지라도, 권위(authority)를 갖고 있습니다."

(c) 이 문장은 καὶ γὰρ ἐγώ("나 역시")가 가리키는 결론이 결핍되어 있다. 백부장은 겸손으로 말미암아 그것을 빠뜨렸다. 그것은 다음과 같은 것이었을 것이다 : "하물며 당신에게서랴." (b)에서 언급된 것에 비추어, 예수와의 비교는 백부장의 종속적인 위치를 언급하는 것이 아니라 그의 권위(authority)를 언급하는 것이다.

만일 우리가 이러한 세가지 논점을 고려한다면, 예수와 백부장 사이의 대화의 흐름이 명백해진다. 백부장은 예수께서 자신의 집에 들어오기를 원치 않은 사실로 말미암아 불평을 제기하지 않았다. 오히려 예수께서 자신의 집에 들어오는 것을 감당할 수 없다는 그의 대답(마 8 : 8 병행. 눅 7 : 6하반절) 속에서, 그는 예수의 능력과 기꺼이 도움을 베푸실 것에 대한 자신의 확신이 요동할 수 없음을 나타내었다. 그는 예수께서 자신의 집에 들어오지 않고서도 자신의 종을 고칠 수 있음을 확신하였다. 그는 이렇게 말한다. "만일 하찮은 내가 부하들에게 명령하여 그들로 하여금 명령대로(문자 그대로) 실행하도록 할 수 있다면, 하물며 당신은 나의 종을 병들게 한 악한 영들에게 얼마나 더 명령을 내리실 수 있겠습니까 ; 당신은 주인(master)으로서 영들을 제어하는 능력을 가지고 계십니다."

이러한 확신은 또한 다른 이방인 이야기 곧 수로보니게 여인의 이야기(막 7 : 27) 속에서 다시금 표현되고 있다. 그녀는 자신의 간청이 거절되었을 때, 즉시로 무조건적인 신뢰를 표현함으로써 그것을 극복하였다 : ναί, κύριε, καὶ τὰ κυνάρια ὑποκάτω τῆς τραπέζης ἐσθίουσιν

---

20) 예컨대, 막 2 : 23 ἤρξαντο ὁδὸν ποιεῖν τίλλοντες τοὺς στάχυας (길을 열며 이삭을 자르니)은 문자적으로 "그들이 이삭을 문지름으로서 길을 만들기 시작했다"를 의미한다. 그러나 그 구절은 사실상 "그들이 길을 가면서 이삭을 잘랐다"를 의미한다. 또한 눅 13 : 28에서 그 의미는 물론 "너희가 아브라함이 바실레이아에 있는 것을 보고 반면 너희 자신은 쫓겨나는 것을 볼 때에"를 의미한다. 또한 눅 23 : 34하반절에서, 그 의미는 "그들이 그의 옷을 위하여 제비를 뽑았다"이다.

ἀπὸ τῶν ψιχίων τῶν παιδίων[21] (28절, 주여 옳소이다마는 상 아래 개들도 아이들의 먹던 부스러기를 먹나이다). 이러한 말로써 그녀는 예수가 생명의 떡을 주시는 이심을 인정하고, 또 이스라엘에게 주어질 떡의 부스러기로써 자신은 만족함을 선언한 것이다. 이러한 두가지 이야기 속에서 믿음에 대한 원래의 구약적 개념이 나타난다 : 이러한 두 이방인(백부장과 수로보니게 여인)의 믿음은 낙담되지 않는 확신이다.

그러한 단어群(πίστις / πιστεύειν / ὀλιγόπιστος / ἄπιστος)은 그것이 예수의 제자들에게 적용될 때조차도 이러한 의미를 갖는다. 예수 안에서 그들은 구원의 때의 선지자(pp.123이하를 보라), 사단의 정복자(pp. 136이하), 가난한 자를 위한 복음의 사자(pp. 167이하)를 인식하였다. 또한 그들의 믿음은 가족이나 소유 그리고 심지어 생명까지도 희생할 준비를 포함하였다.

(3) 믿음에 대한 예수의 평가

공관복음서에서, ὀλιγόπιστος, ὀλιγοπιστία, ἄπιστος 등의 단어들은 배타적으로 예수의 입술 위에서만 나타난다. 또한 πίστις는 오직 한번의 예외[22]만을 가지고 있고 πιστεύειν 역시 극소수[23]의 예외만을 가지고 있을 뿐, 사정은 마찬가지이다. 그러한 단어群이 집중적으로 예수의 말씀 속에서 나타나는 사실로부터, 우리는 전승이 사람들의 믿고 안믿음에 관심을 가졌던 것이 아니라 사람들의 태도에 대한 예수의 판단에 전적으로 관심을 가졌음을 알 수 있다. 이것은 명사 πίστις가 이야기(설화 : narrative)의 형태로 나타나는 유일한 구절에서도 역시 마찬가지이다 : ἰδὼν ὁ Ἰησοῦς τὴν πίστιν αὐτῶν (막 2 : 5, 예수께서 저희의 믿음을 보시고).

우리가 "믿음에 대한 예수의 평가가 무엇인가"라는 문제에 대하여

---

21) 우리는 '부스러기'를 현대적인 개념으로 생각해서는 안된다. 여기의 '부스러기'는 사람들이 식사하는 동안 손을 닦는데 사용하다가 상 밑으로 버리는 그러한 떡 조각을 의미하는 것이다. Jeremias, *Parables*, 184를 참조하라.

22) 막 2 : 5병행.

23) 막 9 : 24 ; 11 : 31 병행 ; 15 : 32 병행 ; 기타 누가복음에서 오직 세번 나타날 뿐인데, 그것은 탄생이야기의 부활이야기 속에서이다(1 : 29, 45 ; 24 : 25).

246

고찰할 때, 우리는 p. 239에서 언급된 사실 곧 $\pi\iota\sigma\tau\iota\varsigma$ 와 $\pi\iota\sigma\tau\epsilon\upsilon\epsilon\iota\nu$ 이 바울서신에서 보다 공관복음의 예수의 말씀 속에서 보다 드물게 나타나는 사실로 말미암아 예수에게 있어서 믿음은 고작해야 부차적인 (주변적인) 의미만을 가졌던 것에 불과하다는 잘못된 결론을 내려서는 안된다. 오히려 우리는 여기에서 신학적인 단어에 대하여 통계학에 의존하여 어떤 결론을 내리는 것이 잘못이라는 사실을 깨달을 수 있다. 왜냐하면 바울과는 달리 예수는 신학적인 어휘를 사용하지 않았기 때문이다. 내용에 있어, 예수의 전체적인 메시지는 구원에의 초청을 받아들이라는 하나의 권고와 자신의 말과 하나님의 은혜를 신뢰하라는 하나의 호소를 가지고 있다. 이것은 한마디로 말해서 믿음에의 부르심 (call to faith)이다—비록 이 단어가 자주 등장하지는 않는다 할지라도 예수 자신이 자기 제자들의 태도를 믿음이라고 불렀다(눅 22 : 32 ; cf. 막 4 : 40 ; 9 : 42 병행. 11 : 22). 또한 그가 제자들의 적은 믿음을 책망한 사실은 그가 제자들로부터 믿음을 기대했음을 확증해준다(마 6 : 30 병행. 눅 12 : 28 ; 마 8 : 26, 16 : 8, 17 : 20).

사도 바울에게도 역시 알려졌던(고전 13 : 2, p. 240) 산을 옮길만한 믿음에 관한 말씀은 예수가 믿음에 부여한 중요성을 보여준다. 그것은 두개의 복음서版에서 나타나는데, 하나에서는 예증으로서 산을 사용했고(마 17 : 20) 또하나에서는 예증으로서 뽕나무를 사용하였다(눅 17 : 6).[24] 이러한 두가지 이적은(산을 옮기는 것과 뽕나무를 뿌리채 뽑는 것) 예수당시의 세계에서 유별난 힘의 행동을 묘사하는 유명한 표상이었다(p. 240을 보라). 그러나 예수의 말씀 속에서 강조점은 사건의 유별난 성격에 놓여있지 않다. 그것을 이해함에 있어서의 결정적인 특성은 산들이 사라지는 것과(사 40 : 4, 49 : 11 ; 특히 슥 14 : 10) 그것들이 하나님의 산(사 2 : 2 병행. 미 4 : 1)임을 뒷받침하기 위해 다시 나타나는 것이 "종말론적인 사건"으로서 기대되었다는 사실이다.[25] 심지어

---

24) 막 11 : 23(병행 마 21 : 21)에서는 복합양식이 나타난다. 여기에서 산들이 분명하게 언급되면서(마 17 : 20과 고전 13 : 2에서 처럼), 동시에 눅 17 : 6에서의 뽕나무처럼 그것은 바다 속으로 던져진다.

25) '랍비 피네아스(R. Phineas, 약 360년)는 랍비 르우벤(R. Reuben, 약 300년)의 이름으로 말하였다 : 어느날 찬송 받으실 거룩한 이께서 시내 산과 다볼 산 그리

겨자씨 같이 가장 작은 종류의 믿음이라 할지라도, 종말론적인 완성에
참예하는 극적인 이적을 이루기에 충분할 것이다. [26]

믿음에 대한 이러한 인식은(비록 겨자씨 같이 작은 것이라 할지라
도) 다른 곳에서도 또한 예수의 특징으로 나타나고 있다. 그는 자신으
로부터 치유의 이적을 기대한 사람들의 신뢰를 멸시하지 않았다. 또한
그는 다음과 같이 부르짖는 자의 음성을 듣는다 : "내가 믿나이다 나의
믿음없는 것을 도와주소서"(막 9 : 24).

마가복음 9 : 24의 문맥 속에는 난점이 있다. 귀신들린 자의 아버지의 간청 εἴ τι
δύνῃ, βοήθησον ἡμῖν σπλαγχνισθεὶς ἐφ'ἡμᾶς (22절, 무엇을 하실 수 있거든 우리
를 불쌍히 여기사 도와 주옵소서)에 대하여 이렇게 대답한다 : τὸ εἰ δύνῃ, πάντα
δυνατὰ τῷ πιστεύοντι (23절, 할 수 있거든이 무슨 말이냐 믿는 자에게는 능치 못
할 일이 없느니라). 여기에서 여격 τῷ πιστεύοντι 는 무엇을 언급하는 것인가? 헬
라어적 감각으로 보아, 이 여격은 논리적인 주어를 언급한다(막 14 : 36의 πάντα
δυνατά σοι "당신은 모든 것을 할 수 있습니다"의 경우처럼). 다시 말해서, "무엇을
하실 수 있거든"에 관련한 믿는 자는 모든 것을 할 수 있다.

이러한 경우 예수는 자신을 믿는 자로 지칭하였을 것이다. 예수는 하나님의 모든
능력을 자신의 뜻대로 소유한다. 그러나 이 말씀은 다소 특이하다. 왜냐하면 예수
자신의 믿음에 관한 언급이 사복음서 어디에서도 나타나지 않았기 때문이다.

그러나 τῷ πιστεύοντι (23절)를 "예수에게"를 언급하는 것으로 보는 데에 대한
진정한 난점은 24절에 놓여있다. 왜냐하면 여기에서 그 아버지가 발설하는 πιστεύω
(βοήθει μου τῇ ἀπιστίᾳ , 내가 믿나이다 나의 믿음없는 것을 도와주소서)[27]가
τῷ πιστεύοντι 를 "자기자신"으로 받아들였음을 분명히 보여주기 때문이다(믿는
자에게는 능치 못할 일이 없느니라). 이것은 또한 Syr[sin] 23절의 이해이기도 하다
('만일 네가 믿는다면 모든 것이 너의 것이 될 수 있다'). 복음서 기자는 이 구절에
서 이중적인 의미를 의도하였을까? 이러한 경우, 예수는 동시에 이 두가지 모습으
로 그려질 것이다 : (a) 하나님께 대하여 완전히 굴복된 맹목적인 확신을 가진 "믿

고 갈멜 산을 가져다가 그 꼭대기에 성전을 세우실 것이다. 그렇다면 이것의 증거
본문(proof-text) 은 무엇인가? "말일에 여호와의 전의 산이 모든 산 꼭대기에 굳게
설 것이요 모든 작은 산위에 뛰어나리니 만방이 그리로 모여들 것이다"(사 2 : 2),"
Pesiqta de Rab Kahana, ed. S. Buber, Lyck 1868, 144b 14. 또한 나의 책 *Golgotha,*
Leipzig 1926, 51 — 53을 참조하라.

26) Cf. 눅 12 : 32 εὐδόκησεν ὁ πατὴρ ὑμῶν δοῦναι ὑμῖν τὴν βασιλείαν .
27) 여격 τῇ ἀπιστίᾳ 는 눅 18 : 13의 여격 τῷ ἁμαρτωλῷ처럼 반대적 의미로 받
아들여져야만 한다(p. 227을 보라)

는 자" 그리고 (b) 믿고자 하지만 그러나 자신들의 불신을 고백해야만 하는 자들에게 대하여 풍성한 자비를 가진 "믿으라고 권고하는 자."

예수가 약한 믿음을 존중하였던 것과 마찬가지로, 그는 또한 대표적 믿음(representative faith)의 유효성을 인정하였다.[28] 그는 도고(intercession : 다른 사람을 위한 기도)를 간구(petition)와 동일한 중요성을 갖는 것으로 간주하였다.

§ 17 구원의 공동체를 모음

J. Thomas, *Le mouvement baptiste en Palestine et Syrie(150 av. J.—Chro.—300 ap. J.—Chr.)*, Gembloux 1935 ; L. Rost, *Die Vorstufen von Kirche und Synagoge im Alten Testament*, Stuttgart 1938 ; J. Jeremias 'Der Gedanke des "Heiligen Restes" im Spätju—dentum und in der Verkündigung Jesu', *ZNW* 42, 1949, 184—94= *Abba*, 121—32 ; P. Nepper—Christensen, *Wer hat die Kirche gestiftet?*, Lund 1950 ; A. Oepko, *Das neue Gottesvolk*, Gütersloh 1950 ; J. Jeremias, *Die theologische Bedeutung der Funde am Toten meer*, Vortragsreihe der Niedersächsischen Landesregierung zur Förderung der wissenschaftlichen Forschung in Niedersachsen, Göttingen 1962 ; B. F. Meyer, 'Jesus and the Remnant of Israel', *JBL* 84, 1965, 123—30.

복음에 대하여 자신을 개방하는 사람들은 예수 주위에 다시 말해서 동심원(同心圓) 안에 모여든다. 예수가 나타나는 곳마다 그는 자신의 추종자들(followers)—그리고 그들의 기록들—을 남기는데, 그들은 하나님의 통치를 기다리고 또 예수와 그의 사자들(messengers)을 영접하는 자들이다. 이러한 예수의 추종자들(예수를 따르는 자들)은 팔레스틴 전역에서 나타나는데, 특별히 갈릴리에서 그렇고 또한 베다니나 데가볼리와 같은 유대에서도 그렇다(막 5 : 19이하). 제자들의 무리는 예수가 여행을 다니는 동안 그를 따라다녔는데, 그들 가운데에는 알패오

---

28) 아버지의 대표적 믿음 : 막 5 : 22이하 병행 ; 9 : 14이하 병행 ; 요 4 : 45이하. 어머니의 대표적 믿음 : 막 7 : 24이하. 친구들의 대표적 믿음 : 막 2 : 3이하.

29) 이들은 사도로 선출될 수 있는 조건 즉 요한의 세례로부터 승천할 때까지 제자들과 함께 다니는 조건을 충족시켰다.

의 아들 레위나(막 2 : 14) 바사바라 하는 요셉과 맛디아와 같은 사람들
(행 1 : 23) 그리고 여자들(눅 8 : 1－3 ; 막 15 : 40이하)이 있었다. 특히
후자의 여자들은 자신들의 재산을 스스로 관리한 것으로 미루어, 과부
들이었음에 틀림없다. 이러한 제자들 가운데 중심은 예수가 보낸 열두
사자들이었다.[30] 이리하여 이 세상 한가운데에 하나님의 통치에 속하
는 공동체가 생겨나게 되었다. 그러나 자신의 공동체를 모으는 것이
예수의 진정한 의도였을까? 이러한 문제에 대하여 계속하여 의문이
제기되어 왔다.

(1) 용어

그러한 의문은 $\dot{\epsilon}\kappa\kappa\lambda\eta\sigma\iota\alpha$ 란 단어가 복음서에서 오직 두 구절에서만
나타난다는 주목할 만한 사실로부터 야기된다. 이러한 두 구절은 모두
마태복음에서 나타나는데, 각각은 서로 다른 의미를 갖는다 : 마태복음
16 : 18은 전체 교회를 언급하는 것이고, 반면 18 : 17(2회)은 개별적인
공동체를 언급하는 것이다. 우리가 초대교회에서 양 의미의 $\dot{\epsilon}\kappa\kappa\lambda\eta\sigma\iota\alpha$
가 가졌던 큰 중요성을 고려할 때, 위에 언급한 마태복음의 두 구절이
초대교회의 언어(language)라고 보는 것이 분명한 결론인듯이 보인다.
다시 말해서, 그 용례가 지나치게 적고 또 그것의 의심스러운 성격으
로 말미암아 예수가 $\dot{\epsilon}\kappa\kappa\lambda\eta\sigma\iota\alpha$ 를 모으기를 의도했을 가능성이 배제
된다는 견해가 매우 널리 퍼져있는 것이다. 나아가서, 예수가 종말의
긴급한 임박함을 기대하였기 때문에 그는 교회를 세울 생각을 할 수 없
었다고 주장되었다.
만일 우리가 $\dot{\epsilon}\kappa\kappa\lambda\eta\sigma\iota\alpha$ 를 후기에 발전된 조직체로 이해한다면,
$\dot{\epsilon}\kappa\kappa\lambda\eta\sigma\iota\alpha$ 를 세우는 의도를 예수에게 돌리는 것은 분명한 시대착오
(anachronsim)일 것이다. 그러나 그것은 $\dot{\epsilon}\kappa\kappa\lambda\eta\sigma\iota\alpha$ 의 의미를 오해하는
것이다. 만일 우리가 $\dot{\epsilon}\kappa\kappa\lambda\eta\sigma\iota\alpha$ 를 세우는 표상이(16 : 18) 쿰란에서도
또한 나타남을 주목한다면, 그것은 이 단어를 올바로 이해하는데 큰
도움이 될 것이다 : 4QpPs 37. Ⅲ. 16(시 37 : 23하반절－24상반절에 대
하여, DJD Ⅴ44) ; ‘(하나님께서) 그를(의의 교사) 세우셨다, libnōt lō

---

30) 열두명의 무리에 대한 역사성을 위하여는 pp. 337－341을 보라.

'ᵃdat……자신을 위하여…… 회중을 세우기 위하여.' 이 구절이 마태복음 16 : 18의 공동체를 세우는 것에 관한 말씀과 "유일하게 축자적인" 병행(only verbal parallel)을 이루고 있기 때문에,[31] 마태복음 16 : 8의 ἐκκλησία의 의미를 보다 정확하게 정의함에 있어 'ēdā(에다)로부터 시작하는 것이 가장 좋을 것이다.

쿰란에서, 히브리어 'ēdā(에다)는 때때로 천군으로서의 천사들을 지칭하였다. 그러나 대부분의 경우, 그것은 구원의 백성들의 공동체로서 엣센공동체를 언급하는데 사용되었다. 따라서 ἐκκλησία를 "교회"로 번역하는 것보다는 "하나님의 백성"으로 번역하는 것이 보다 적절하다.

예수는 자신이 모으고 있는 하나님의 새로운 백성을 계속적으로 그리고 풍부한 표상들로서 말씀하였다. 그는 하나님의 새로운 백성들을 목자가 모은 "양무리"로서(눅 12 : 32; 막 14 : 27 병행. 마 26 : 31이하; 요 10 : 1-29; cf. 마 10 : 16 병행. 눅 10 : 3; 요 16 : 32; 마 12 : 30 병행. 눅 11 : 23; 마 15 : 24; 요 10 : 1-5, 16, 27-30; cf. 겔 34 : 1-31; 렘 23 : 1-8),[32] "혼인집 손님들"로서(막 2 : 19 병행), "하나님의 파종"으로서(13 : 24; 15 : 13, 여기에서는 그것이 하나님으로부터 말미암지 않은 파종과 대조된다),[33] "그물"로서(마 13 : 47; 막 1 : 17참조) 말씀하였다. 하나님의 새로운 백성에 속한 자들은 하나님의 집이요(마 16 : 18 cf. 학 2 : 6-9), 또한 시온산에 세워진 하나님의 도시(城 : city)이다(마 5 : 14; cf. 사 2 : 2-4 병행. 미 4 : 1-3; 사 25 : 6-8; 60장). 이것의 빛이 제단으로부터 나타나서 그 거민들은 빛의 자녀들이라 불리운다(눅 16 : 18; 요 12 : 36). 그들은 새 언약의 백성들이요(막 14 : 24 병행; 고전 11 : 25), 그들 안에서 언약의 약속이 성취되었다 : 하나님이 그들의 선생이시다(마 23 : 8; 렘 31 : 33이하).[34]

---

31) G. Jeremias, *Lehrer der Gerechtigkeit*, 148.

32) J. Jeremias, ποιμήν κτλ, *TDNT* Ⅵ, 1959, 484-502를 보라.

33) 공동체를 '파종'(planting)과 비교하는 것은 쿰란문헌에서는 일반적이다. G. Jeremias, *Lehrer der Gerechtigkeit*, 183(각주 7), 249이하, 256이하를 참조하라.

34) 마 23 : 8(εἶς γάρ ἐστιν ὑμῶν ὁ διδάσκαλος)의 διδάσκαλος를 이해함에 있어, 우리는 먼저 8절과 9절이 병행관계를 이루는 사실로부터 출발해야만 한다. 조건절에 있어 수동태가 능동태로 전환되는 데에 개념의 점진성이 나타난다(8 상반

쿰란에서는(1QM) 매우 현저한 위치를 차지했던 "하나님의 전사들"
(戰士)로서의 이미지가 예수의 설교 속에서는 나타나지 않는 사실은
분명히 우연이 아니다.[35] 하나님의 새로운 백성에 관한 모든 이미지들
가운데 예수가 가장 선호했던 것은 구원의 공동체를 "종말론적인 하나
님의 가족"과 비교하는 것이다.[36] 그것은 예수 자신과 그를 따르는 제
자들이 포기해야만 했던 "지상의 가족"(earthly family)을 대체하는 것
이다(막 10 : 29이하 병행). 종말론적인 가족에서는 하나님이 아버지이
시고(마 23 : 9), 예수는 그 집의 주인이며, 그를 따르는 자들은 집사람
들(거주자들)이다(마 10 : 25).[37] 그의 말씀을 듣는 나이든 여인들은 그
의 어머니이며, 남자들과 젊은이들은 그의 형제이다(막 3 : 34 병행).

동시에, 그들은 지극히 작은 자들이요 어린아이들 곧 가정의 νήπιοι
(아이들)이다(마 11 : 25). 비록 그들이 나이에 있어서는 성인이라 할
지라도, 예수는 그들을 어린아이들이라고 불렀다.[38] 하나님의 가족
(하나님의 가정 : family of God)은 무엇보다도 식탁교제(table-
fellowship)에서 잘 나타나는데, 이것은 완성(consummation)에 있어서
의 구원의 식사에 대한 예기(預期 : anticipation)이다.[39] 다른 곳에서,
예수는 하나님 가족의 틀을 자신의 추종자집단을 넘어서 보다 넓게 확
장시켰다 : 그는 핍절한 가운데 있거나 억압을 당하거나 혹은 버려진

절 : κληθέτε /9상반절 : καλέσητε) : 제자들은 자신들에 대하여 '선생'이란 칭호
를 허용해서는 안된다(8절). 또한 그들은 자신들 편에서 다른 사람을 '나의 아버
지'라 불러서도 안된다(9상반절). 왜냐하면 이러한 영예는 오직 하나님께만 돌려져
만 하는 것이기 때문이다. 이러한 양 구절은 하나님을 염두에 두고 있다. 하나님이
하늘의 아버지이신 것과 마찬가지로(9 하반절), 또한 그는 선생이시다(8 하반절;렘
31 : 33이하를 참조하라). 10절에서 선생을 그리스도로 해석하는 것은 예수가 피한
ὁ Χριστός 라는 칭호에서 이미 보여지는 것처럼 제 2 차적이다(Jeremias, *The
Prayers of Jesus*, 42를 참조하라).

35) W. Grundmann, *Die Geschichte Jesu Christis*, Berlin 1957, 157을 참조하라.

36) J. Schniewind, *Das Evangelium nach Markus*, NTD 1, Göttingen 1963, on
Mark 3 : 31이하.

37) 마 10 : 25의 βεελζεβούλ / οἰκοδεσπότης 에서 나타나는 문자의 기교(word
play)를 위하여는 p. 28을 보라.

38) 막 10 : 24 τέκνα , cf. 2 : 5 τέκνον ; 5 : 34 θυγάτηρ .

39) 막 2 : 15−17 병행 ; 6 : 34−42 병행 ; 8 : 1−10 병행 ; 7 : 27 병행 ; 14 : 22−25
; 눅 15 : 1이하 ; p. 178을 보라 W. Grundmann, 'Die νήπιοι in der urchristlichen
Paränese', *NTS* 5, 1958/59, 205를 참조하라.

가운데 있는 자들을 형제로 불렀다 (마 25 : 40, 여기에서 지시대명사 $\tau o \acute{u} \tau \omega \nu$ 은 용어법적으로 〈冗語法 : pleonasm—꼭 필요하지는 않은 군더더기적인 말을 사용하는 수사학의 한 종류〉 사용된 것이다. 따라서 $\acute{a} \delta \varepsilon \lambda \phi o \acute{\iota}$ 〈형제들〉가 오직 제자들에게만 적용되는 것으로 잘못 해석하여서는 안된다).[40] 그렇게 함으로써, 예수는 그들을 하나님의 가족에 포함시켰다. 예수께서 하나님의 백성들을 모으는 것에 대하여 매우 다양한 표상들로 반복적으로 말씀하였음은 의심의 여지가 없다.

임박한 종말에의 기대는 이것과 어떠한 방법으로든 상호 모순되지 않는다. 사실은 정반대이다. 예수는 종말이 임박했다고 믿었기 때문에 또한 바로 그 사실 때문에, 구원의 때의 하나님의 백성들을 모으는 것은 반드시 그의 목적이어야만 했다. 왜냐하면 하나님의 백성들은 하나님께서 보내신 자에게 속하기 때문이다 ; 제자들의 무리는 그 선지자에게 속하는 것이다. 정말로 우리는 요점을 더욱 분명하게 제시해야만 한다 : 예수의 전체 활동의 **유일한** 의미는 하나님의 종말론적인 백성들을 모으는 것이었다. 이것은 누가복음 11 : 1로부터도 나타나는데, 여기에 보면 제자들의 무리 역시 자신들을 분명한 단체로서 의식하였음이 나타난다. "주여 우리에게 기도를 가르쳐 주옵소서"라는 요청은 제자들이 아직도 올바로 기도하는 방법을 배워야만 함을 의미하는 것이 아니다.[41] 반대로 세례 요한에 대한 언급이 보여주는 것처럼, 그들도 예수에게 자신들을 다른 단체와 구별하고 또 자신들을 제자들로서 함께 묶는 그러한 기도를 요청한 것이다. 독특한 기도문을 갖는 것은 예수 당시의 종교단체들에게 있어서 필수적인 표식이었다.[42] 이러한 것은 바리새인들에게 있어서나,[43] 쿰란에 있어서나,[44] 또 세례 요한에게

---

40) Jeremias, *Parables*, 207
41) 이것이 바로 누가가 이해한 방법이다 ; 눅 11 : 1에서 그는 이방인 그리스도인을 위한 기도에 관한 디다케(가르침)를 시작하여 13절까지 계속한다(J. Jeremias, "The Lord's Prayer in the light of Recent Research", in : *The Prayers of Jesus*, SBT II 6, 1967, 88).
42) K. H. Rengstorf, *Das Evangelium nach Lukas*, NTD 3, Göttingen 1962. 144.
43) 테필라를 하루에 세번씩(아침, 오후, 저녁때) 기도하는 것은 본시 바리새인들의 특징이었던 것으로 보인다. 마 6 : 5이하는 오후기도에 대한 그들의 엄격한 준행(심지어 시장의 혼란함 속에서도)을 언급한다(J. Jeremias, 'Daily Prayer in the Life of Jesus and the Primitive Church', *The Prayers of Jesus*, SBT II 6, 1967,

있어서나 모두 마찬가지였다(눅 11 : 1). 그러므로 예수의 제자들이 기도를 가르쳐달라고 요청한 것은 그들이 자신들을 그의 공동체로서 이해했음을 보여주는 것이다.

(2) 거룩한 남은 자[45]

예수가 구원의 때에 하나님의 백성들을 모으고자 시도했던 최초의 인물은 아니었다. 이와 관련하여서는 일련의 시도들이 있었다. 당시 유대에서의 종교생활이 근본적으로 그러한 성격을 갖는다고 말하는 것은 결코 과장이 아니다. 이러한 시도들은 오직 "남은 자"(remnant)만이 구원을 받을 것이라는 구약 말씀 위에 기초한 것이었다. 많은 사람들에게 있어, 가장 긴급한 일은 이러한 남은 자가 현재의 때에 모아지는 것이었다.

남은 자 약속에 대한 고전적인 말씀은 열왕기상 19 : 18에 나타난 엘리야에게 주어진 말씀이다(바울은 이 구절을 롬 11 : 4에서 인용하였다) :

내가 이스라엘 가운데 칠천인을 남기리니
다 무릎을 바알에게 꿇지 아니하고
다 그 입을 바알에게 맞추지 아니한 자니라

이사야 선지자는 남은 자에 관한 위대한 신학자였다. 그는 자신의 아들을 $š^{e'}ār$ $yāšūb$(스알야숩, 7 : 3)이라 부르고는, 그 이름을 이렇게 해석한다(10 : 21) :

'남은 자 곧 야곱의 남은 자가 능하신 하나님께로 돌아올 것이라.' 믿는 자들이 이러한 남은 자이다 : '그것을 믿는 자는 급절하게 되지 아니하리로다'(28 : 16). 또한 남은 자는 의로운 자라고 스바냐가 덧붙인다 : '내가 곤고하고 가난한 백성을 너희 중에 남겨두리니 그들이 여호와의 이름을 의탁하여 보호를 받을지라'(습 3 : 12).

70-72).

44) 제 4 동굴에서 매일의 저녁과 아침기도의 축복을 기록하고 있는 아직 출판되지 않은 파피루스 사본이 발견되었다(C-H. Hunzinger, 'Aus der Arbeit an den unveröffentlichten Texten von Qumran', TLZ 85, 1960, col. 152를 참조하라.)

45) ‡ Jeremias, 'Der Gedanke des "Heiligen Restes"'

254

바리새운동은 거룩한 남은 자에 대한 선지자적인 메시지가[46] 고대 유대주의의 종교생활뿐만 아니라 역사까지도 결정한 정도를 가장 분명하게 보여준다. 우리가 이미 앞에서 본 것처럼(p. 216을 보라), 그들은 하나님의 거룩한 제사장적 공동체를 대표한다고 주장하였으며 이러한 방법으로 남은 자 개념을 실현시키고자 하였다.

바리새인들 다음으로는 세례 그룹들이(baptist groups) 언급되어야만 한다.[47] 이러한 세례 그룹들 가운데 가장 잘 알려진 것이 엣센파인데, 필로[48](philo)와 요세푸스[49](Josephus)는 그들의 숫자를 4000명 남짓으로 산정함에 있어 일치한다. 그들은 남은 자의 약속을 실현시키고자 하는 관심에 있어서 그들의 모운동(母運動 : mother movement)인 바리새인들의 원리를 넘어선다. 바리새인들은 자신들을 다른 사람들의 단체로부터 분리시켰으며, 그러나 쿰란의 엣센파의 수도원적 공동체에서 그 분리는 더욱 더 극단으로 향하여졌다. 바리새인들은 자신들이 하나님의 제사장적 백성을 대표한다고 주장하였는데, 엣센파는 이러한 주장을 심지어 의복(옷)을 통하여 표현하였다. 그 종파의 회원들은—심지어 평신도라 할지라도—제사장이 직무시에 입는 예복(ceremonial dress)인 하얀 세마포옷을 입었다.

또한 바리새운동은 모든 회원들에게 식사 전에 의식적으로(儀式的 : ritual) 손을 씻을 것을 요구했지만, 엣센파에게는 이러한 요구가 더 강조되어 매 식사 전에 전신목욕(full bath)을 하는 것이 요구되었다. 이것은 정결에 대한 가능한 지고의 표준들을 성취하기 위함이었다. 종말의 하나님의 제사장적 백성들로서, 엣센파 사람들은 지고의 속성들을 (highest attributes) 자신들에게로 돌렸다. 그들은 자신들을 다음과 같

---

46) 또한 사 1 : 9 ; 4 : 2이하 ; 6 : 13 ; 11 : 11이하 ; 28 : 5 ; 37 : 32(병행 왕하 19 : 31) ; 45 : 20이하 ; 렘 23 : 3 ; 31 : 7 ; 50 : 20 ; 겔 11 : 13 ; 14 : 21이하 ; 36 : 36 ; 욜 3 : 5 ; 암 4 : 11 ; 5 : 15 ; 옵 17 ; 미 2 : 12 ; 4 : 6이하 ; 5 : 6 이하 ; 7 : 18 ; 습 2 : 9 ; 슥 13 : 7 −9 등을 참조하라. V. Herntrich-G. Schrenk, λεῖμμα κτλ, TDNT Ⅳ, 1967, 194-214를 보라.

47) ‡ Thomas

48) Quod omnis probus liber sit. 75.

49) Antt. 18 : 21.

이 불렀다 : "남은 자", [50] "이스라엘의 택함 받은 자들", [51] "유다의 순전한 자들", [52] "은혜의 아들들", [53] "거룩의 사람들", [54] "새 언약의 회원들", [55] "완전한 생명의 백성들", [56] "하나님의 기뻐하시는 아들들", [57] "은혜의 가난한 자들", [58] "등등". [59]

이 운동의 위대한 창시자인 "의의 교사"(the Teacher of Righteousness)는 엣센파 공동체를 난공불락의 성으로 비교하였다. "의의 교사" 그 자신이 지은 것으로 간주되는 감사의 시편 1 QH 5 : 20-7 : 5 에서, [60] 그는 하나님께서 어떻게 자신을 절망의 깊음들로부터 구원하여 요새 곧 그 공동체 안에 있는 피난처를 찾게 하셨는지에 대하여 보여준다(6 : 24 이하) :

> …그리고 나는 죽음의 문을 여행했다
>
> 25절 그리고 나는 요새화된 성에 들어가는 사람과 같았다. 마치 높은 성벽 위에 있는 피난처를 찾는 사람처럼 구원이 이를 때까지 ;
>
> 오 나의 하나님이여 내가 당신의 진리 위에 기대나이다,
>
> 26절 당신이 반석 위에 기초를 놓으시고 정확한 측량줄과 믿을만한 저울로 뼈대를 놓으시고 굳건한 집을 위하여 돌들을 놓으셨나이다.
>
> 27절 그러므로 그것이 흔들리지 아니하고, 거기 들어가는 자들이 비틀거리지 아니하리이다, 그리고 이방인들은 들어오지 못할

---

50) CD 1 : 4이하 ; 2 : 6 ; I QH 6 : 8 ; I QM 13 : 8 ; 14 : 8이하.
51) CD 4 : 3이하.
52) I QpH 12 : 4.
53) I QH 7 : 20.
54) I QS 5 : 13.
55) CD 6 : 19.
56) I QS 4 : 22.
57) I QH 4 : 32 이하 ; 11 : 9
58) I QH 5 : 22.
59) 엣센파의 자칭(自稱 : self-designations)에 관하여는 Jeremias, *Die theologische Bedeutung der Funde am Toten Meer*, 22이하를 참조하라.
60) G. Jeremias, *Lehrer der Gerechtigkeit*, 168 이하.

    것이라, 그 문들이 방패가 되는 것은, 그리로 접근할 수 없도
    록 하려 함이라 ;
28절 그리고 부서질 수 없는 굳센 장벽이 거기 있도다. [61]

여기 사용된 언어는 종말론적인 예루살렘에 대한 상징적인 언어이다
: 이 사람이 묘사하는 도피성의 개별적인 특징들은 "천상의 예루살렘
에 대한 상투적인 표상들"이다. [62]

그 공동체를 하나님의 성(city of God)으로 비교하는 것과 더불어,
우리는 그것이 성전과 비교되는 것을 볼 수 있다―의의 교사가 아닌 후
대에(1 QS 8 : 5이하). [63] 그 공동체는 "이스라엘을 위한 거룩한 집이며
또한 아론의 지성소의 기초"이다(5이하, 8이하를 참조하라). 따라서
그 공동체에 속한 평신도는 성전건물과 비교되며, 제사장들은 지성소
와 비교된다. 쿰란에서 애호되었던 이러한 성전의 상징은[64] 또한 그 공
동체를 종말론적인 구원의 백성으로 지칭한다. 엣센파의 시편들과 그
들의 성경해석 그리고 그들의 규칙은 이 공동체가 현재에 하나님을 위
하여 종말의 성도들의 공동체를 준비하고자 했던 그들의 진지함을 인
상깊게 증거해 준다.

세례 요한은 남은 자 공동체의 많은 설립자들 가운데에서 독보적인
위치를 차지한다. 그 역시 거룩한 남은 자를 모았다(우리가 §4에서 본
것처럼). 그의 심판의 설교, 회개에의 부름 그리고 세례는 바로 이것을
의미했다. 그러나 이러한 남은 자는 바리새인들이나 엣센파의 그것과
는 달랐다. 바리새파나 엣센파는 "폐쇄된" 남은 자(closed remnant) 곧
하나님의 백성들에 속할 자격이 있었던 소수의 무리들만을 모았다. 그
리고 이러한 자격은 곧 경건, 율법에의 복종, 정결례의 엄격한 준수,
그리고 금욕주의(asceticism) 등과 같은 것이었다.

---

61) 이 번역은 G. Jeremias, *op. cit.*, 235이하를 따른 것이다.
62) G. Jeremias, *op. cit.*, 248. p. 359의 목록을 참조하라.
63) 나의 아들 Gert가 보도한 바와 같이.
64) B. Gärtner, *The Temple and the Community in Qumran and the New Testament*, Society for New Testament Studies Series I, Cambridge 1965.

그러나 세례 요한은 '개방된' 남은자(open remnant)를 모았다.[65] 그는 이스라엘의 특권에의 신뢰를 깨뜨렸다(마 3 : 9 병행). 또한 그는 비록 죄인들이라 할지라도 회개할 준비가 되어 있으면 자신에게로 불렀다(눅 3 : 12-14 ; 7 : 29이하). 이러한 것이 바로 전기독교 시대의 (pre-Christian period) 남은 자 개념에 대한 가장 강력한 표현(곧 세례 요한 운동―역자주)의 특징이다. 그것은 두가지 측면에서 남은 자 개념을 선지자들의 설교에로 돌이켰다 : 그것은 하나님의 심판을 심각하게 받아들이며, 또한 "곤고하고 가난한 백성들"(습 3 : 12)을 불러 모은다. 이것은 바로 복음에의 전주곡인 것이다.

(3) 무한한 은혜

예수에 대하여서 조차도 이러한 배경 속에서 그의 공동체를 "남은자" 그룹들 사이에 포함시키고자 했던 학자들이 계속 있어왔다. 슈미트(K. L. Schmidt)는 신약신학사전(*TDNT*)의 자신의 논문 $\dot{\epsilon}\kappa\kappa\lambda\eta\sigma\dot{\iota}\alpha$ 에서 예수 역시 '분리의 과정' 안에서 '특별한 케니쉬타'(special kᵉništā')를 모으고자 했다는 견해를 제기했다.[66] 이러한 견해에 대하여 몇가지 증거가 제시되었다. 예수는 추종자들의 무리를 모든 곳으로부터 자신에게로 불러모았다. 그는 그들에게 엄격한 요구를 제시했다(가입 토로트 ; entry tōrōt, pp. 230이하를 보라). 예수의 추종자들은 구별 표지인 주기도문과 더불어 자신들을 하나의 공동체로 인식하였다.

특히 예수에 의하여 야기된 운동은 엣센파와 공통되는 어떤 두드러진 특성들을 가지고 있었다. 엣센파는 결혼을 금했는데(적어도 쿰란 수도원에 살았던 회원들에 대하여), 이러한 것은 매우 특이한 것이었다.[67] 그런데 예수는 결혼하지 않았다. 또한 쿰란의 엣센파 사람들은 모든 재산을 포기하고 그것을 공동적으로 공유(共有)했는데, 예수는 부자 젊은이가 자신의 모든 소유를 포기할 것을(막 10 : 17-31) 기대하였고, 또한―적어도 요한복음에 따르면―제자들의 내부그룹에서는 재

---

65) ‡ Meyer, § 4를 보라.
66) K. L. Schmidt, $\kappa\alpha\lambda\dot{\epsilon}\omega\ \kappa\tau\lambda$, *TDNT*, Ⅲ, 1965, 487-536 ; 526 이하.
67) 창 1 : 28은 필수적인 명령으로 간주되었다(Billerbeck Ⅱ 372 이하).

산을 공유하였다(요 12 : 6, 13 : 29). 엣센파는 맹세하는 것을 금했는
데, 예수 역시도 지나치게 쉽게 맹세함으로써 하나님의 이름을 오용하
는 것을 금하였다(마 5 : 33-37 ; 23 : 16-22).[68] 이러한 종류의 유사성
들로부터 우리는 예수가 엣센파의 그것과 같은 "남은 자" 그룹을 형성
하고자 했다고 결론을 내려야만 할까?

이것은 아마도 예수의 메시지를 완전히 오해하는 것일 것이다. 예수
와 남은 자 그룹을 형성하려고 했던 다른 모든 시도들 사이의 대조점은
너무나도 분명하다 : 외인들로부터의 **분리**.

엣센파의 감사시편들 가운데 하나는 마치 신약성경으로부터 나온 것
처럼 들린다 :

> 겸손한 자들에게 그가 주의
> 크신 자비의 기쁜 소식을 가져다 주었노라.[69]

그러나 우리는 "겸손한 자들"이 그 공동체의 회원들을 의미한다는
사실을 간과해서는 안된다. 그들은 토라에 대하여 과격한 복종을 결단
하고, 공동체에 가입함으로써 자신들을 회개치 않는 무리들과 분리시
켰던 소수의 참회하는 그룹이다. 그 공동체에 가입함에 있어 그들은
다음을 받아들여야만 했다 : "그가(하느님) 선택한 모든 자들을 사랑하
는 것과 그가 버린 모든 자들을 미워하는 것."[70] 회개치않는 죄인들에
대한 무서운 저주가 그들의 가입의식(entrance ceremonial)가운데 한 부
분이었다 :

> 자비없이 저주만이 있을진저
> 너희의 행함의 어두움 때문에!
> 그늘진 장소에 영원한 불의 저주가 있을진저!
> 너희가 그분을 방문할 때에 하나님께서 너희를 주의치 말기를,

---

68) p. 321을 보라.
69) I QH 18 : 14,
70) I QS 1 : 3-4, cf. 9-11.

또한 그가 너희의 죄를 덮어 숨기심으로써 너희를 용서치 말기를 !

그가 너희를 향하여 복수의 노한 얼굴을 드시기를 !

중재의 천사들의 입 속에서 너희에게 "평강"이 없기를 ! [71]

분명히 엣센파는 악에 대하여 복수하고자 하지 않았다. [72] 그들은 변덕의 영에 열심을 내었던 것이 아니라, [73] 사람들로 하여금 선을 추구하게 했다. [74] 그러나 이러한 사실이 "타락한 모든 자들에 대한 영원한 미움"과[75] "악한 자들"에 대한 "화"[76] 그리고 배교자에 대한 무자비함을[77] 변경시키지는 않는다. 그것은 단지 "복수의 날"에 그것을 행하실 하나님께 복수를 맡기는 것을 의미한다. [78]

그 공동체의 규칙들은 가입조건보다 더욱 배타적이었다. 심지어 신체적으로 결함이 있는 회원들조차도 그 공동체로부터 배제되었다. 엣센파 사람들은 자신들을 종말의 제사장적 백성으로 간주하였기 때문에, 오직 신체적으로 흠이 없는 제사장들만이 성전에서 직무를 수행할 수 있었던 법칙을 자신들에게 적용시켰다(레 21 : 18-20). "미친 자나 정신이상자, 쑥맥, 바보, 소경, 불구자, 절름발이, 귀머거리 그리고 미성년자는 공동체에 들어올 수 없다 ; 왜냐하면 거룩한 천사들이 이 가운데 함께 있기 때문이다"(불구자나 정신적으로 결함있는 사람들은 천사들에게 불쾌한 존재일 것이다.). [79]

---

71) 2 : 7-9, cf. 9 : 16, 21-24 ; 10 : 19-21. P. Wernberg-Moller, *The Manual of Discipline*, Studies on the Texts of the Desert of Judah I, Lieden 1957, 53 이하를 참조하라. 여기에서 Wernberg-Moller는 인용문 bᵉpi kol ᵓōheᵃzē ᵓābōt에서 ᵓhz ᵓbwt가 시리아어에서 처럼 "중재하다"를 의미한다는 사실을 인식하였다.

72) I QS 10 : 17 이하.

73) 10 : 18이하.

74) 10 : 18.

75) 9 : 21이하.

76) 10 : 19이하.

77) 10 : 20이하 : "나는 길에서 이탈한 모든 사람들에 대하여 동정심을 갖지 않을 것이다 ; 또한 나는 얻어맞는 자들에게 그들의 길이 완전해질 때까지 어떠한 위로도 제공하지 않을 것이다."

78) 10 : 18 이하.

79) 4 QDb (J. T. Milik, *Ten years of Discovery in the Wilderness of Judaea*, SBT 26, 1963, 114이하를 참조하라 ; 여기에서 Milik은 본문에 대한 번역을 제공한

이와 마찬가지로, 그것은 또한 메시야적 완성의 때의 공동체로 말하여졌다 : "인간의 더러움으로 고통받는 사람들은 아무도 하나님의 무리에 들어올 수 없다…또한 육체적으로 고통받는 사람들 곧 손이나 발이 상한 자, 절름발이, 소경, 귀머거리, 벙어리 혹은 육체에 눈에 보이는 표시가 있는 사람, 혹은 공동체의 무리 속에서 똑바로 설 수 없는 의지할데 없는 늙은이들―이들은 공동체 속에서 자리를 차지하기 위하여 들어올 수 없다, 왜냐하면 거룩한 천사들이 그 공동체 안에 있기 때문이다. "[80]

엣센파는 하나님의 거룩에 특별한 관심을 두었다. 이러한 거룩하신 하나님은 죄인들을 미워하신다. 그리고 그의 거룩하심이 육체적으로 흠이 있는 사람들로 하여금 제사장적인 사역을 허용치 않는 것과 마찬가지로, 천군천사들의 거룩함은 육체적으로 흠이 있는 사람들이 공동체의 무리에 속하는 것을 허용치 않을 것이다.

이제 우리는 예수의 길이 엣센파의 그것으로부터 갈라지는 지점에 도달했다. [81] 그것(엣센파운동)의 구원에의 기쁨, 그것의 진지함, 그것의 희생(sacrifice) 그리고 그것의 독특한 자기이해와 더불어, 이러한 부흥운동은 다른 그룹보다 기독교에 더 가깝다. 다만 하나의 가능한 예외가 있다면 그것은 세례 요한에 의해 시작된 운동이다. 그러나 우리는 이 운동에 대하여 극히 일부분만을 알고 있을 뿐이다(그러나 예컨대 눅 1 : 13-17을 보라). 엣센파운동의 창시자인 의의 교사(Teacher of Righteousness)는 심판과 구원이 자신의 메시지 곧 토라에 대한 강렬한 해석에 의존함을 확신하였다. 그는 이스라엘의 특권을 포기하고 이스라엘이 분리(division)를 경험할 것임을 가르쳤다. 그 당시의 유대주의의 다른 분파들과는 달리, 그는―우리가 앞에서 살펴본 것처럼[82]―

다. ; 본래의 히브리어는 아직 출판되지 않았다)=CD 15 : 15-17(여기의 본문은 심하게 훼손되었다)

80) I QSa 2 : 3-9. 이와 비슷한 규율이 오직 흠없는 사람들만이 속할 수 있었던 군인들에게도 적용되었다 : I QM 7 : 3-7.

81) 이에 관한 연구를 위하여는 ‡ Jeremias, *Die theologische Bedeutung der Funde am Toten Meer*, 22-28과 G. Jeremias, *Lehrer der Gerechtigkeit*, 319-53 (9장 : 의의 교사와 역사적 예수에 관한 비교연구)을 참조하라.

82) pp. 255 이하를 보라.

종말론적인 예루살렘과 종말론적인 성전이 현재에 자신의 공동체의 형태로서 나타났다고 생각했다. 그는 "자신의 신분을 인식함에 있어 예수의 그것과 비교될 수 있는 후기 유대주의에서의 유일한 인물"이다.[83] 그러나 그의 메시지는ー회개에의 부름에 있어서의 진지함과 주어진 구원에의 기쁨과 더불어ー회개하는 자들을 다른 큰 무리 곧 엣센파가 소망없는 타락한 자들로 생각하는 무리들로부터 분리시키는 것에서 그 절정에 이른다.

예수가 인간의 노력이나 분리를 통하여 남은 자의 공동체를 실현시키고자 했던 이런 모든 시도들을 얼마나 날카롭게 거부했는가 하는 것을 증명하기는 그리 어렵지 않다. 예수는 "남은 자" 그룹들에 의해 배척된 사람들을 불렀다. 가난한 자들과 저는 자들, 불구자들 그리고 소경들을 식탁에 초대하라는 명령과(눅 14 : 13) 비유 속에서 그가 집주인으로 하여금 가난한 자들, 불구자들, 소경들 그리고 저는 자들을 그의 집에 초청하도록 하는 방법은(21절) 엣센파의 "남은 자"그룹에 대한 직접적인 선전포고에 해당된다. 동시에 그는 바리새인들에 대하여서도 전쟁을 선언하는데, 그것은 그가 그들에게 대하여 분명하게 언급하는 데에서 뿐만 아니라(눅 11 : 37-44에서와 같이, pp. 216 이하를 보라) 예컨대 마태복음 6 : 1-18과 많은 비유들 속에서도 마찬가지이다.

예수는 심지어 세례 요한과도 구별된다. 비록 세례 요한이 모든 종류의 자기신뢰와 심지어 하나님의 백성에게 조차도 심판을 선언하는 것을 산산이 부수어버리고(마 3 : 7-12) 또 참회하는 세리들을 내어쫓지 않는 등의 사실에서(눅 3 : 12) 나타나는 것처럼, 남은 자 그룹의 다른 설립자들보다 훨씬 뛰어나다고 할지라도 그러하다(예수와 구별된다). 양자 사이의 차이점은 다음의 사실에서 특히 두드러지게 나타나는데, 즉 세례 요한은 죄인들이 새로운 삶을 영위할 것을 선언한 **이후**에 그들을 받아들인 반면 예수는 죄인들이 회개하기 **전**에 그들에게 구원을 제공했다. 이러한 사실이 누가복음 19 : 1-10에서 특히 분명하게 나타난다.

공관복음서는 거룩한 남은 자를 실현시키고자 했던 바리새파와 엣센

---

83) G. Jeremias, *Lehrer der Gerechtigkeit*, 335.

파를 예수가 매우 도전적이고도 공격적으로 거부했음을 계속하여 보도해 준다. 예수는 "남은 자" 그룹들에 의해 배척된 자들에게로 향하였다. 예수를 이러한 그룹들로부터 그리고 심지어 세례 요한으로부터도 구분되게 하는 것은 **은혜의 무한성과 무조건성**에 대한 그의 메시지이다. 예수가 설교하는 하나님은 작은 자와 잃어진 자들의 아버지이시며, 죄인들과 교제하기를 원하시고 또 죄인들이 집으로 돌아올 때 기뻐하시는 그러한 하나님이시다(눅 15 : 7, 10). 하나님께서 이토록 무한히 은혜로우시기 때문에, 또한 하나님께서 죄인들을 사랑하시기 때문에, 예수는 거룩한 남은 자를 모으지 아니하고 모든 이를 포괄하는 하나님의 새로운 백성의 구원의 공동체를 모았다. 예수는 문을 활짝 열었다. 그는, 마치 암탉이 병아리들을 날개아래 부름과 같이, 모든 사람들을 예외 없이 불렀다(마 23 : 37 병행. 눅 13 : 34). "모든 이가(포괄적 πολλοί) 초청받았다(잔치에)." 비록 소수만이 목표점에 도달한다 하더라도, 이에 대한 비난이 예수께 돌아가서는 안된다(마 22 : 14).[84]

분명히, 예수 자신도 죄인들과 택함 받은 자들 사이에 분리가 있을 것임을 알고 있었다. 다섯 처녀는 지혜로운 반면 다른 다섯 처녀는 어리석다. 예수와 더불어 나누는 식탁교제 그 자체가 구원을 보증하지는 않는다(눅 13 : 26이하). 따라서 그가 "어째서 추종자들로부터 죄인들을 배제하지 않느냐"는 질문을 받아야만 했던 것은 충분히 이해할 만하다. 이러한 질문에 대하여, 예수는 알곡과 가라지의 비유로써 대답하였다(마 13 : 24-30).[85] 아직 때가 도래하지 않았기 때문이다. 아직 유예기간이 있다. 그 때가 도래할 때, 하나님께서 친히 분리의 일을 수행하실 것이다. 그것은 사람이 할 수 있는 일이 아니다. 오직 하나님만이 사람들의 마음을 볼 수 있다.

결론적으로, 결정적인 요소가 다음과 같이 간략하게 요약될 수 있다 : 예수께서 모은 하나님의 새로운 백성의 주요한 성격은 그들이 하나

---

84) 마 22 : 14의 해석을 위하여는 pp. 198이하를 보라.
85) 36-43절에 나타나는 비유에 관한 해석은 제 2 차적이다. Jeremias, *Parables*, 81-85를 참조하라.

님 은혜의 무한성을 인식하는 것이다.[86]

§ 18 자녀가 됨

A. Seeberg, *Die vierte Bitte des Vaterunsers*, Rostock 1914 ; J. Jeremias, 'Das Gebets-leben Jesu', *ZNW* 25, 1926, 123-40 ; J. Leipoldt, *Das Gotteserlebnis Jesu im Lichte der vergleichenden Religionsgeschichte*, Leipzig 1927 ; Ⅰ, Elbogen, *Der jüdische Gottesdienst in seiner geschichtlichen Entwicklung*[3], Frankfurt a. Main 1931 = [4]Hildesheim 1962 ; J. Herrmann, 'Der alttestamentliche Urgrund des Vaterunsers', in : *Festschrift für Otto Procksch*, Leipzig 1934, 71-98 ; Manson *Teaching*[2], 89-115 ; K.-G. Kuhn, *Achtzehngebet und Vaterunser und der Reim*, WUNT Ⅰ, Tübingen 1950 ; H. Schürmann, *Das Gebet des Herrn*, Die Botschaft Gottes Ⅱ 6, Leipzig 1957 ; K.-H. Rengstorf, '"Gevenist seliger denn Nehmen". Bemerkungen zu dem au-sservangelischen Herrenwort Apg. 20, 35', in : *Festschrift für Adolf Köberle*, Hamburg 1958, 23-33 ; J. Jeremias, 'The Lord's Prayer in the Light of Recent Research', in : *The Prayers of Jesus*, SBT Ⅱ 6, London 1967, 82-107 ; P. Billerbeck 'Ein Tempelgoetesdienst in Jesu Tagen' ; id., 'Ein Synagogengottesdienst in Jesu Tagen', *ZNW* 55, 1964, 1-17, 143-61 ; J. Jeremias, 'Abba' ; id., 'Daily Prayer in the Life of Jesus and the Primitive Church', in : *The Payers of Jesus*, 11-81.

사람들이 복음에 의해 설득되어 하나님의 새로운 백성으로 합류하는 곳마다, 그들은 생명의 세상을 위하여 이 세상을 버려두고 떠난다(마 8 ：22 병행. 눅 9：60 ; 요 5：24 ; cf. 눅 15：24, 32참조). 이제 그들은 하나님의 통치 아래 속한다. 하나님과의 새로운 관계(§18) 그리고 사람과의 새로운 관계(§19)에 놓여있는 새 생명이 시작되고 있다.

(1) 아버지
새 생명(new life)의 가장 중요한 특징—다른 어떠한 것보다도 중요한 특징—은 하나님과의 **새로운 관계**이다. 유대주의에 있어, 하나님은 일차적으로 주(Lord)였다. 이에 대하여 시편은 다음과 같이 말한다 :

---

86) 무한한 은혜의 나타남을 위하여는 또한 § 21(3), pp. 357이하의 "종말론적인 순례여행"을 참조하라.

온 땅은 여호와를 두려워하며
　세계의 모든 거민은 그를 경외할지어다!
저가 말씀하시매 이루었으며
　명하시매 견고히 섰도다(시 33 : 8이하)

　　그는 창조주이시며, 순종을 요구하는 생명과 사망의 주(Lord)이
시다. 어떠한 상황에서도 사람들은 하나님의 주되심(Lordship)을 잊어
서는 안되는데, 이러한 것은 복음서에서도 역시 근본적인 것으로 남아
있다.　p. 30 이하에 모아져있는 하나님에 대한 완곡적 표현들은─바
로 그러한 다양성으로 말미암아─예수 역시도 이러한 개념과 더불어
살았던 자연스러운 방법을 매우 인상적으로 나타내준다. 하나님의 이
름을 사용함에 있어서의 그의 주저함(hesitation)은 단지 그 당시의 경
건한 관습에 대한 무의식적인 순응에 불과한 것은 아니다. 첫째로, 우
리는 예수께서 자기자신의 화법(話法)을 발전시킨 것에 대하여 볼 수
있다. 그는 극도로 다양한 용어들을 수동태를 사용하여 바꾸어 씀으로
써 조화를 이루었다 (신적 수동형). 둘째로, 우리는 또한 이러한 주저
함을 "아무 생각없이 하는 맹세에 대한 그의 강렬한 저항"으로부터도
볼 수 있다(마 5 : 33-37, 23 : 16-22).[87]
　　복음서에서는 또한 경의와 주저함이 하나님께 대한 인간관계의 기초
를 형성한다. 하나님은 그 깊이를 헤아릴 수 없는 분이시며(마 11 : 25
이하), 또한 무조건적인 순종을 요구하시는 통치자이시다. 제자들은
그의 종(눅 17 : 7-10 ; 막 13 : 34-37) 나아가서 실로 그의 노예이다(마 6
: 24 병행. 눅 16 : 13). 하나님은 생명과 죽음에 대한 주권적 권세를
가지신 왕이시다(마 18 : 23-35). 그는 인간들이 두려워해야 할 재판관
이시다.[88] 그는 또한 몸과 영혼을 멸망시켜 지옥에 던질 수 있는 분이
시다(마 10 : 28).
　　하나님 앞에서의 경의 곧 '무조건적인 주'(unconditional Lord) 앞에

---

　87) p. 321을 보라.
　88) 수동태가 신적 행동에 대한 완곡어로서 매우 자주 사용되었음을 인식할 때에
야 비로소, 우리는 영원한 징계에 대한 말씀의 중요성을 충분히 이해할 수 있게 된
다. 예컨대 마 7 : 1이하 병행 ; 7 : 19 ; 12 : 31이하, 37 등을 참조하라.

서의 경의는 복음서의 본질적인 부분이다—그러나 이것이 복음서의 중심(centre)은 아니다. 하나님을 창조주로 언급하는 것은 상당히 드물게 나타난다(막 2 : 27, 10 : 6, 13 : 19). 왕으로서의 하나님에 대한 표상은 전통적인 방식으로 현저하게 사용되었으나,[89] 문맥 가운데 그것의 의미가 바뀌어질 수 있다(마 18 : 27을 참조하라). 복음서에 있어 중심적인 위치를 차지하는 것은 다른 어떤 것이다 : 예수의 제자들에게 있어 하나님은 아버지이신 것이다.

이 시점에서 자료들을 주의깊게 고찰하는 것이 무엇보다 중요하다. 왜냐하면 그릇된 개념들이 종종 만연해 있기 때문이다. 놀랍게도, 하나님을 "너희의 아버지"로 언급하는 말씀은 상이한 전승층에서 매우 드물게만 나타난다. 오직 마태복음에서만 "너희의 아버지"란 표현이 보다 자주 발견될 뿐이다.

마가복음	1
마태와 누가에 공통된 용례	2
누가복음에만 나타나는 용례	1
마태복음에만 나타나는 용례	12(+ '너의(단수) 아버지'가 다섯번 나타남
요한복음	1[90]

마태복음의 이러한 많은 용례들은 면밀한 관찰을 요한다. 비판적인 분석은 마태에게 돌려지는 것들 중 대다수의 용례들이 제 2 차적인 (secondary)것임을 확증한다.[91] 반면, 다른 공관복음서 전승에서 나타나는 몇몇 용례들은[92] 언어학적으로, 전승적으로 그리고 내용적으로

---

89) ἡ βασιλεία τοῦ θεοῦ, ὁ μέγας βασιλεύς , 그리고 왕에 대한 비유들.

90) 요 20 : 17 ; 자신을 죽이고자 하는 유대인들에게 하나님이 "너희 아버지"임을 부인하는 예수의 말씀 8 : 42은 여기에 포함되지 않는다.

91) Jeremias, *The Prayers of Jesus*, SBT Ⅱ 6, London 1967, 39.

92) 막 11 : 25 ; 마 5 : 48 병행. 눅 6 : 36 ; 마 6 : 32 병행. 눅 12 : 30 ; 눅 12 : 32. 마태복음 특별자료로부터, 최소한 23 : 9은(p. 250 각주 34를 참조하라) 이러한 구절들과 나란히 놓여질 수 있다. 반면 요한복음의 용례(20 : 17)는 부활하신 주님의 말씀이다.

가장 초기의 자료임이 나타난다. [93]

그러므로 예수는 "너희의 아버지"란 표현을 매우 드물게 말씀하였다. 나아가서 가장 초기의 전승에 따르면, 예수께서 하나님을 "너희의 아버지"로 부르는 것은 오직 그의 제자들에게만 한정되었고 외인들(outsiders)에게는 해당되지 않았다. 이러한 사실은 예수가 "하나님의 아버지되심"(Fatherhood of God)을 당연한 것으로 즉 모든 사람들이 공통적으로 소유하는 어떤 것으로 보지 않았음을 나타내 준다. 오히려 그는 하나님의 아버지되심을 제자들에 의하여 향유되는 특권으로 보았다. 오직 바실레이아의 영역에서만, 하나님이 아버지이신 것이다.

가장 초기의 전승층에 따르면, [94] 하나님은 자비하신 분으로서(눅 6 : 36), 용서하시는 분으로서(막 11 : 25) 그리고 영광을 주시는 분으로서의(눅 12 : 32) 아버지로 불려진다. 그분 홀로만이 아버지라는 이름을 가질 수 있다(마 23 : 9). 구약에서 이것과 가장 가까운 병행을 이루는 것은 시편 103 : 13이다 :

아버지가 자식을 불쌍히 여김 같이
여호와께서 자기를 경외하는 자를 불쌍히 여기시나니.

그러나 제자들의 아버지는 더 크신 분이다. 그는 오직 자신을 경외하는 자들에 대하여만 자비를 갖고 계시는 것은 아니다. 오히려 그의 자비는 무한하다. 그는 심지어 감사할 줄도 모르는 사람들에 대하여서도 자신의 선하심을 베푸신다(눅 6 : 35).

만일 하나님이 아버지시라면, 제자들은 그의 자녀들이다. 자녀가 되는 것은 왕적 통치의 특징이다 : "너희가 돌이켜 어린아이들과 같이 되지 아니하면 결단코 바실레이아 에 들어가지 못하리라"(마 18 : 3). [95] 자녀들은 아바('Abbā)라 말할 수 있다. [96] 그러나 공관복음서에서 "하나님의 자녀들(υἱοί)"이란 표현이 고작해야 세번밖에 나타나지 않는 사

---

93) Jeremias, *The Prayers of Jesus*, 39—43.
94) 앞의 각주 92를 보라.
95) pp. 230이하를 보라.
96) p. 232를 보라.

실과(마 5：9, 45 병행. 눅 6：35；눅 20：36) 또한 그것들이 모두 종말
론적인 의미를 갖는 사실을 주목해야만 한다.[97] 따라서 예수가 보기에
하나님의 자녀가 되는 것은 창조의 선물이 아니라 구원의 종말론적인
선물인 것이다. 오직 하나님의 왕적 통치아래 속한 자만이 하나님을
"아바"라 부를 수 있으며(p. 289를 보라), **이미** 하나님을 자신의 아버
지로 가지고 있으며 또한 **심지어 지금** 그는 하나님의 자녀이다. 제자
들에게 있어 자녀가 되는 것은 예수의 아들됨(sonship)을 나누어 갖는
것을 의미한다. 이것은 완성에 대한 예기(anticipation of consummation)
인 것이다.

하나님의 자녀가 되는 이러한 은사(gift)는 예수의 제자들의 모든 삶
에 도장을 찍는다. 이것은 세가지 방법으로 분명해진다：

1. 하나님의 자녀가 되는 것은 **미래적 구원의 분깃**에 대한 확실성을
가져다준다. 이것이 가장 중요한 일이다. 예수의 제자들은 작은 자(소
자) 중에 아무도 잃어지지 않는 것이 하나님의 뜻임을 안다(마 18：10,
14).[98] 그는 그들에게 아버지의 사랑과 더불어 구원의 때의 은사들을
주신다(마 7：9-11 병행)[99] 그들은 하나님의 왕적 영광 안에서 분깃을
나눌 것이다. 누가복음 12：32은 다니엘 7：27을 취한 로기온에서 이렇
게 말한다：$M\dot{\eta}\phi o\beta o\hat{v}, \tau\grave{o} \mu\iota\kappa\rho\grave{o}\nu \pi o\acute{\iota}\mu\nu\iota o\nu, \ddot{o}\tau\iota \epsilon\dot{v}\delta\acute{o}\kappa\eta\sigma\epsilon\nu \dot{o} \pi\alpha\tau\dot{\eta}\rho$
$\dot{v}\mu\hat{\omega}\nu \delta o\hat{v}\nu\alpha\iota \dot{v}\mu\hat{\iota}\nu \tau\dot{\eta}\nu \beta\alpha\sigma\iota\lambda\epsilon\acute{\iota}\alpha\nu$ (적은 무리여 무서워말라 너희 아
버지께서 그 나라를 너희에게 주시기를 기뻐하시느니라). 이 말씀은

---

97) 오직 마 5：45의 $\ddot{o}\pi\omega\varsigma \gamma\acute{\epsilon}\nu\eta\sigma\theta\epsilon \nu\iota o\acute{\iota}\cdots$를 의미하는 것으로 보인다. 그러나
이의 병행구절인 눅 6：35는 $\kappa\alpha\grave{\iota} \ddot{\epsilon}\sigma\tau\alpha\iota \dot{o} \mu\iota\sigma\theta\grave{o}\varsigma \dot{v}\mu\hat{\omega}\nu \pi o\lambda\dot{v}\varsigma$와 병행되는 $\kappa\alpha\grave{\iota}$
$\ddot{\epsilon}\sigma\epsilon\theta\epsilon \nu\iota o\acute{\iota}\cdots$를 가지고 있다. 따라서 여기서 자녀가 되는 것은 종말론적으로 이해
된다. "하나님의 자녀들"이 종말론적인 의미를 지닌 지혜서 5：5($\kappa\alpha\tau\epsilon\lambda o\gamma\sigma\theta\eta \dot{\epsilon}\nu$
$\nu\iota o\hat{\iota}\varsigma \theta\epsilon o\hat{v}$)을 참조하라.
98) 마 18：4 ($o\ddot{v}\tau\omega\varsigma o\dot{v}\kappa \ddot{\epsilon}\sigma\tau\iota\nu \theta\acute{\epsilon}\lambda\eta\mu\alpha \ddot{\epsilon}\mu\pi\rho o\sigma\theta\epsilon\nu \tau o\hat{v} \pi\alpha\tau\rho\grave{o}\varsigma \dot{v}\mu\hat{\omega}\nu \tau o\hat{v} \dot{\epsilon}\nu$
$o\dot{v}\rho\alpha\nu o\hat{\iota}\varsigma \ddot{\iota}\nu\alpha \dot{\alpha}\pi\acute{o}\lambda\eta\tau\alpha\iota \dot{\epsilon}\nu \tau\hat{\omega}\nu \mu\iota\kappa\rho\hat{\omega}\nu \tau o\acute{v}\tau\omega\nu$)의 번역에 대하여：셈 형태의 화법
(話法)에서 부정어가 문장의 전반부에 위치해 있으나 사실상 그것은 후반부에 속해
있는 것이다. $\tau o\acute{v}\tau\omega\nu$은 불필요한 지시대명사이다(셈어의 특징). 따라서 본문의
해석은 다음과 같다："만일 모든 소자들 가운데 심지어 한 사람이 멸망을 피한다
면, 그것이 하나님을 기쁘시게 한다." 이러한 개념은 눅 15：7상반절의 개념과 일
치된다.
99) $\dot{\alpha}\gamma\alpha\theta\acute{\alpha}$(11절)는 구원의 때의 은사들(gifts)이다(사 52：7참조). 어쨌든 이것
들이 포함된다.

파라독스적(역설적)이다. 예수의 제자들은 가난하고 경멸당하는 자들의 작은 무리이다. 또한 그들이 하나님의 가족에 속하는 사실은 그들의 운명을 더욱 나쁘게 만든다. 집주인과 마찬가지로, 그 가족도(하나님의 가족들) 오해를 받고 조롱을 당한다(마 10 : 25).[100] 그럼에도 불구하고, 그들은 두려워해서는 안된다. 그들의 아버지께서 자신의 통치곧 모든 이해를 초월하는 구원을 준비하셨다 :

> 나라와 권세와
>   온 천하열국의 기세가
> 지극히 높으신 자의 성민에게 붙인 바 되리니 ;
>   그의 나라는 영원한 나라이라
> 모든 권세있는 자가 다 그를 섬겨 복종하리라(단 7 : 27).

이러한 구원의 확실성은 더욱 확장되어, 하나님께서 종말의 고통의 때를 단축시킬 것이라고 제자들이 확신할 수 있는 데에까지 나아간다(막 13 : 20). 이것은 제자들이 견딜 수 있도록 하기 위하여, 하나님께서 스스로 자신의 거룩하신 뜻을 취소하는 것이다(13하반절).[101] 이러한 모든 말씀들을 올바로 이해하기 위하여는, 우리는 그 말씀들을 당시의 개념 속에서 이해해야만 한다. 예수의 시대에 있어, 구원은 공로 없이는 상상할 수도 없는 것이었다. 구원의 확실성은 완전히 경건한 공로에 의존하는 것이었다. 반면, 예수의 제자들은—비록 자신들이 하나님 앞에서 거지들(beggars)로서 선다 할지라도—하나님께서 자신들에게 구원을 허락하고자 의도하심을 알았다. 나아가서, 그들이 구원을 받게 되는 것은 바로 그들이 하나님 앞에서 거지들로서 서기 **때문**인 것이다.

2. 자녀가 되는 것은 **매일의 안전**을 가져다 준다. 아버지는 자녀들의 필요를 아신다(마 6 : 8, 32 병행. 눅 12 : 30). 그의 선하심과 돌보심은 한이 없다(마 5 : 45 병행). 하나님께 대하여 '너무 작은 것'은 아

---

100) 제자들의 핍박에 관하여는 pp. 348이하와 350—355를 참조하라.
101) pp. 210—212를 보라.

무 것도 없다. 랍비들은 하나님의 자비가 "심지어 새 둥지에까지"확장
되는 기도를 분명하게 금지시켰다.[102] 하나님을 작은 새와 같은 것과
관련시키는 것은 무례한 것이었다.

반면 예수는 하나님의 돌보심이 심지어 참새들까지도 포함함을 말씀
한다―비록 참새 두 마리가 한 앗사리온에 팔릴 정도로 무가치하다 할
지라도(마 10 : 29하반절).[103] 하나님의 특별한 보호하심의 영역은 가장
작은 것에까지 이른다. 하나님의 보좌를 둘러싼 천상의 세계에서는,
μικροί(작은 자들 : 소자들)의 수호천사들이 가장 깊숙한 곳(mᵉhisā) 곧
하나님 바로 앞에 서있다(마 18 : 10). 무엇보다도 사자들은 하나님의
돌보심을 더욱 확신해야만 한다.   마태복음 6 : 34의 3행절은 아마도
그들(사자들)에게 향하여진 것일 것이다 :

> μὴ οὖν μεριμνήσητε [104)) εἰς τὴν αὔριον,
> ἡ γὰρ αὔριον μεριμνήσει ἑαυτῆς
> ἀρκετὸν τῇ ἡμέρᾳ ἡ κακία αὐτῆς.

> 그러므로 내일 일을 염려하지 말라
> 내일 일은 내일 염려할 것이요
> 한 날 괴로움은 그날에 족하니라.

여기에서 내일만이 독립된 실재가 되는 것은 아니다(2행). 이것은
거의 종교적인 개념이다. 바로 오늘이 하나님께서 정하신 일을 감당해
야 할 날이다. 그리고 미래인 내일은 돌보심을 받는 날이다.

3. 이러한 구원의 확실성과 안전성은 제자들로 하여금 **신적 뜻 가운
데 예측할 수 없는 것에 대하여 자신들을 복종시키는 용기**를 가져다
준다. 생명의 수수께끼들과 그것의 불가해한 특성들이 여전히 남아

---

102) Ber. 5 : 3. 공예배시에 이러한 기도를 드리는 사람은 이단자의 혐의를 받았
기 때문에 이러한 기도를 철회해야만 하였다. 아마도 이러한 금지가 회당과 유대기
독교 사이의 논쟁을 야기시켰을 것이다.

103) 이의 병행구절인 눅 12 : 6에서는 다섯마리가 두 앗사리온에 팔리는 것으로
언급되어 있다. 참새들이 묶음으로 팔릴 때는 보다 값이 저렴하였다.

104) p. 344를 보라.

있다. 복음이 지혜있는 자들과 학식있는 자들로부터 배척을 당하는 것
은 불가해한 일이다(마 11 : 25이하 병행). 그리고 어째서 씨뿌리는 자
의 사역의 많은 부분이 헛되이 돌아가고 마는지를 이해하는 것은 어
렵다(막 4 : 4-7 병행에 열거된 몇가지 것들은 임의로 증가될 수 있었던
예들을 제공한다).[105] 예수는 하나님을 변호하고자 애쓰지 않는다. "아
버지"라는 단어(마 11 : 25이하 병행)가 모든 것을 말해주는 것이다.

특별히, 사람들이 하나님의 자녀임을 인식하는 새로운 빛 가운데 나
타나는 것은 **고난**이다. 이점에 있어, 유대주의는 매우 원시적이다. 모
든 종류의 고난은 특별한 개별적 죄들에 대한 징계이다. 이것이 바로
당시의 굳은 확신이었다(요 9 : 2을 참조하라).[106] 하나님은 죄와 징계
가 정확하게 일치되는지 여부를 보기 위하여 경계를 게을리 하지 않
는다.[107] 만일 어떤 사람이 불구된 사람이나, 절름발이, 장님 혹은 문둥
병자를 만날 때, "신뢰할만한 재판관이시여 찬송받으소서"라고 나직하
게 말하는 것은 경건한 의무였다.[108] 만일 어린아이가 죽는다면, 그 부
모들은 하나님이 징계하시는 특별한 죄를 지은 것임에 틀림없었다.[109]
이토록 고난은 하나님의 응징으로 보여졌다.

그러나 예수는 이러한 개념을 엄격하게 거부했다. 누가복음 13 : 1-5
에서, 예수는 "불행이 어떤 사람의 특정한 죄에 대한 징계"라는 교리를
분명하게 공격하였다. 오히려 고난은 회개에의 부름 곧 모든 사람들에
게 전달되는 부름인 것이다. 그당시 사람들이 **"왜** 하나님께서는 고난
을 보내시는가?"고 물은 반면, 예수의 제자들은 **"무엇을 위하여** 하나
님께서는 고난을 보내시는가?"고 물어야만 한다. 하나님의 회개에의
부르심의 목적에 더하여(3, 5절), 예수는 하나님께서 고난을 사용하시
는 또다른 목적을 가르쳐 준다 : 하나님의 영광에 봉사하는 고난이 있
는 것이다. 이러한 고난의 새로운 의미는 요한복음 9 : 3과 11 : 4에만
언급되어 있는 것이 아니라, 예수의 고난의 길과 [110] 제자들에게 임할

---

105) 도마복음 9장에는 벌레가 더하여져 있다.
106) Billerbeck Ⅱ 193—97.
107) *Ibid.*, Ⅰ 444—46.
108) Tos Ber. 7 : 3
109) Billerbeck Ⅱ 194 이하.
110) pp. 410이하를 보라.

핍박[111]을 다루는 사복음서의 모든 말씀들 가운데에도 은연중에 내포되어 있다. 예수를 위하여 고난을 받는 것은 기쁨의 이유이다. 왜냐하면 그것은 하나님을 영화롭게 하는데 봉사하는 것이며, 따라서 하나님에 의해 보상받을 것이기 때문이다(마 5 : 11이하 ; 눅 6 : 23).

어떤 사람이 하나님의 자녀일 때, 심지어 **죽음**조차도 전혀 다른 빛 가운데 나타난다. 이에 대하여 두개의 로기아(어록)가 언급될 수 있는데, 그 첫번째 것은 마태복음 10 : 29-31 병행이다. 이 말씀은 그 구조에 있어 3부로 되어 있다 :

(a) 어떠한 참새도 하나님의 허락없이는 죽지 않는다. 하나님은 심지어 참새조차도 지배하신다(29절).

(b) 그는 제자들의 머리카락을 세셨다.[112] 자신의 자녀에 대한 하나님의 관심은 심지어 가장 작은 것 조차도 포함한다(30절).

(c) 이로부터 예수는 결론을 도출해 낸다 : $\mu\grave{\eta}$ $o\mathring{v}\nu$ $\phi o\beta\epsilon\hat{\imath}\sigma\theta\epsilon$ $\pi o\lambda\lambda\hat{\omega}\nu$ $\sigma\tau\rho ov\theta\acute{\imath}\omega\nu$ $\delta\iota\alpha\phi\acute{\epsilon}\rho\epsilon\tau\epsilon$ $\acute{v}\mu\epsilon\hat{\imath}\varsigma$ (두려워말라 너희는 많은 참새보다 귀하니라, 31절 : 여기에서 $\pi o\lambda\lambda o\acute{\imath}$ 는 세상의 "모든" 참새들을 의미하는 것으로서 배타적으로 이해되어야만 한다.[113] 만일 어떠한 참새도 하나님의 허락없이 멸망하지 않는다면, 하물며 그가 자신의 권세 안에 생명과 죽음을 붙잡고 있는 그의 백성들의 경우에랴! 이러한 확실성은 제자들을 걱정으로부터 해방시킨다. 따라서 예수는 이렇게 요구할 수 있다 : $\mu\grave{\eta}$ $\phi o\beta\epsilon\hat{\imath}\sigma\theta\epsilon$ (두려워하지 말라).

여기에서 언급되어야만 하는 또하나의 말씀은 마가복음 12 : 27 병행인데, 이 말씀은 한걸음 더 나아간다 : $o\mathring{v}\kappa$ $\mathring{\epsilon}\sigma\tau\iota\nu$ $\theta\epsilon\grave{o}\varsigma$ $\nu\epsilon\kappa\rho\hat{\omega}\nu$ $\mathring{a}\lambda\lambda\grave{a}$ $\zeta\acute{\omega}\nu\tau\omega\nu$(하나님은 죽은 자의 하나님이 아니요 산 자의 하나님이시라). 이 말씀은―그것의 탁월한 간결성으로써―하나님께 대한 믿음이 죽음을 정복하는 확실성을 포함하는 것을 말한다.[114]

---

111) pp. 348이하를 보라.

112) b. B. B. 16상반절 : "모든 머리카락을 위하여, 하나님께서는 수분을 빨아들이는 작은 구멍을 만드셨다."(Billerbeck Ⅰ 584).

113) pp. 198이하를 참조하라. J. Jeremias, $\pi o\lambda\lambda o\acute{\imath}$ TDNT Ⅵ, 1968, 536―45.

114) 막 12 : 18―27 병행에 나타나 있는 사두개인들과의 대화를 초대교회에 돌리는 것은 내가 보기에 두가지 이유로 말미암아 결정적이지 못하다. 첫째, 24절이하, 에서 부활상태의 모습이 천사들과 비교됨을 통하여 묘사되고 있다. 그러나 초대교

무엇보다도, 어떤 사람이 하나님의 자녀일 때, **악**에 대한 영원히 불가해한 수수께끼가 하나님의 편에 남게 된다. 심지어 사탄의 활동조차도 하나님의 뜻에 의해 구속된다. 만일 사탄이 "사람이 밀을 까부르듯이" 예수의 제자들을 키질하려면(까부르려면), 그는 하나님께로부터 자신의 행동범위를 요청해야만 한다(눅 22 : 31이하).

아무것도 하나님의 허락 없이는 일어나지 않는다. 예수는 그것을 무조건적으로 믿었다. 모든 의문들, 수수께끼들, 그리고 근심들보다도 더 강력한 것은 '아바'라고 하는 한개의 단어이다. 아버지는 아신다.

(2) 새로운 기도방법

자녀들은 아버지와 더불어 이야기한다. "하나님의 통치는 기도없이는 생각할 수 없다"(E. Fuchs). 다른 모든 것이 "통치" 속에서 새로운 것처럼, 또한 여기에서 새로운 기도방법이 나타난다. 그 안에서 사람이 바실레이아에 속하는 방법이 분명하게 나타난다. 실로 그 이상이다 : 이러한 새로운 기도방법 속에 바실레이아의 권능(power)이 이미 제자들의 생애 가운데 활동하고 있다.

a. 예배적 유산(*liturgical heritage*)

예수와 그의 제자들은 기도하는 방법을 알았던 그러한 백성들로부터 나왔다. 헬레니즘 세계에서는 기도의 위기가 있었던 반면,[115] 유대주의에서는 고정된 기도규례에 힘입어 그것이 명백한 위치를 차지하고 있었다.

일반적으로, 하루는 새벽에 시작되었다가 황혼 후에 하나님을 향한 응시(凝視)와 더불어 끝났다. 아침과 저녁에 이스라엘 백성들의 소년들과 남자들은 소위 "쉐

회는 부활상태의 모습을 천사들에 호소한 것이 아니라 부활하신 주님께 호소했다 (롬 8 : 29 ; 고전 15 : 49 ; 빌 3 : 21). 둘째로 26절 이하에서 부활의 사실에 관한 질문이 출 3 : 6을 통하여 대답되고 있다. 그러나 초대교회는 그것을 예수의 부활에 근거시켰다(고전 15 : 12이하). 이러한 고찰들로 미루어 보건대, 사두개인들과의 대화이야기는 그 연대(年代)가 부활 이전으로 소급된다.

115) G. Harder, *Paulus und das Gebet*, Neutestamentliche Forschungen 10, Gütersloh 1936, 138−51 ('The Crisis of prayer in the Ancient World')

마"(신 6：4-9, 11：13-21 ; 민 15：41)[116]라 불리는 신조를 암송하였는데, 그것의 틀은 축복송(benedictions)으로 이루어져 있었다. 바라새파에서는 그러한 "쉐마"에 뒤이어 소위 "테필라"라고 하는 기도가 이어졌는데, 그것은 축복송들(benedictions)로 이루어진 기도 비슷한 찬송(prayerlike hymn)이었다. 이에 더하여 바리새인들은 제 3 의 기도시간 곧 오후기도(단 6：11, 14)를 준수하였다 : 저녁제사가 성전에서 드려지는 중인 오후 3시에 "테필라" 기도가 전국적으로 드려졌다.[117]

이러한 세번의 고정된 기도시간 외에도, 매 식사 전후에 식사감사기도(graces)가 있었다.[118] 식사 전에는 다음과 같은 감사기도가 드려졌다 : "찬송받으소서 주 우리 하나님 세상의 왕이시여 주는 땅으로부터 빵을 나오게 하셨나이다."[119] 식사 후에는 3부로 된 감사기도가 드려졌는데, 그것은 이스라엘에 대한 자비를 간구하는 기도와 음식에 대한 감사 그리고 땅에 대한 감사로 되어 있었다.[120] 안식일과 특히 유월절 밤에 드려지는 감사기도는 특별히 엄숙하였다.[121]

이러한 기도들 외에도, 일상적인 활동을 그리고 가정에서나 사람들 사이에서의 슬프고 기쁜 일들에 수반되는 감사기도가 있었다. 우리는 예컨대 바울서신들의 축복송(benedictions)으로부터 이러한 종류의 감탄의 말을 볼 수 있다.[122] 공중예배시의 기도는 이러한 일상적이고 사적인 기도의 연장이었다. 회당예배는 시작기도(opening prayer)와 함께 시작하였다가 다음에 신조(creed)가 따랐는데, 이것은 축복송들(bendictions)로 이루어진 것으로서 서로 교독(交讀)함으로써 낭송되었다.[123] 그리고 그 다음에 제사장적인 축복과 더불어 테필라가 드려졌다(민 6：24-26).[124] 그 다음에 두번의 성경봉독이 따르는데, 이것 또한 찬송의 말씀들로 구성되었다. 선지자들의 글을 해석하는 것이었던 설교는 "카디쉬"와 함께 끝났다.[125] 마지막으로, 이러한 모든 종류의 공식적인 기도와 나란히 자유기도를 드릴만한 여지가 있었다.

유대주의에 있어, 이러한 확고한 기도 패턴은 기도에 있어서의 좋은

---

116) 이것이 보다 초기의 경계였다.

117) 이러한 세번의 기도의 기원을 위하여는 Jeremias, 'Daily Prayer,' 70-73을 참조하라.

118) Jeremias, *Eucharistic Words*, 108-10.

119) Ber. 6：1

120) Jeremias, *Eucharistic Words*, 110, AD 2세기 초기까지는 식후기도에서의 감사의 숫자가 얍네(얌니아)에서 넷으로 증가되지 않았다.

121) *Ibid.*, 252이하.

122) 예컨대 롬 1：25(완곡어) ; 9：5 등등.

123) 인도자가 한 구절의 앞부분을 영창으로 암송하면, 회중들은 그것을 반복하고 그 절을 종결시켰다. : Tos. Sota 6：3.

124) ‡ Billerbeck, 'Ein Synagogengottesdienst in Jesu Tagen', 143-61.

125) p. 290을 보라.

훈련장이 되었다. 그러나 그것은 또한 어떤 종류의 위험을 내포하고 있었다. 당시 유대주의에 있어 하나님은 일차적으로 이 세상으로부터는 멀리 떨어져 계신 왕이었으며,[126] 따라서 기도는 "신하의 예" (homage)를 행하는 것과 비교되었다.[127] 고정된 예식이 궁중에서 준행되어야 하는 것과 같이, 기도도 역시 마찬가지였다. 그러므로 고정된 기도가 앞마당(foreground)에서 드려졌다. 사람들은 회중들 가운데에서 기도하도록 권면을 받았는데, 그것은 대중기도가 가장 응답되기 쉽다고 가르쳐졌기 때문이었다.[128]

또한 공식화된 기도가 탁월한 위치를 차지하게 되었다. 기도가 습관 (habit)이 될 위험에 처해 있었다. 또한 결의법(casuistry)이 지배적인 위치를 차지하게 되었다. 마음의 내적 태도나 동기 등과 같은 것은 사소한 지엽적인 것들 아래에 놓여지게 되었다. 사람들은 기도해야만 하였고 또 기도했을런지 모르나, 기도하는 것이 아니었다.

마지막으로, 기도가 공로개념을 갖게 되었다. 누가복음 18 : 11이하와 같은 기도는—당시에는 이러한 기도가 많았다[127]—전혀 잘못된 것으로 가르쳐지지 않았다.

예수는 이러한 세상에 새로운 기도와 함께 나타난 것이다.[130]

b. 예수의 모범

예수 자신이 새로운 기도방법의 모범이었다. 그러나 우리가 그의 기도에 관하여 아는 것은 고작해야 극히 일부분에 지나지 않는다. 공관복음서는 예수의 기도에 대하여 단지 두가지만을 전해줄 뿐이다(마 11 : 25이하 병행 ; 막 14 : 36 병행). 여기에다가 십자가상에서의 말씀을 더할 수 있을 뿐이다(막 15 : 34 병행 ; 눅 23 : 34상반절, 46). 한편 요한복음은 세가지 기도를 더 보도하는데(11 : 41이하, 12 : 27이하, 17장), 이들 가운데 최소한 대제사장적 기도(17장)는 제4복음서 기자의 용어

126) pp. 263이하를 보라.
127) Billerbeck I 1036.
128) *Ibid.*, 398 이하.
129) Jeremias, *Parables*, 142.
130) ‡ Jeremias, 'Daily Prayer', 66-81을 보라.

와 문체로 각인(刻印)되어 있다. 여기에다가, 예수의 기도에 대한 일
련의 일반적인 진술들 예컨대 홀로 기도하셨다는 말씀이나 베드로를
위한 중재기도의 말씀(눅 22 : 31이하) 등과 같은 것이 있다.

둘째로, 제자들에게 기도에 대하여 가르친 것들이 있는데, 이 가운
데 가장 뛰어난 것이 주기도문이다. 예수의 기도에 대하여 어떻게 더
알 수는 없을까 ?

사실상 우리는 더 알 수 있다. 예수는 경건한 가정에서 양육되었으
며,[131] 고정된 기도규례를 준수했던 백성들 가운데에서 자라났다. 이러
한 사실이 심지어 그의 공생애 활동중에도 그를 따라다녔다. 이에 대
하여는 전승 속에서 종종 증거가 나타난다.

그는 "규례를 따라" 안식일 예배에 정규적으로 참석하여 회중들과 더불어 기도하
였다(눅 4 : 16). 식탁에서 감사기도를 드리는 것은 그에게는 자연스러운 일이었다
(오천명을 먹이신 이야기, 최후의 만찬 이야기, 엠마오 이야기 등을 보라). 그는
또한 하루에 세번 기도하는 규례를 준수하였다. 우리는 이것을 그가 경건한 규례를
따라 양육되었던 사실에서만 알 수 있는 것이 아니다. 그것은 또한 어떤 구절들로
부터 간접적으로 나타난다.

이에 대한 예로써 우리는 누가복음 10 : 26이하를 들 수 있는데, 여기서 예수는
서기관에게 이렇게 묻는다 : πῶς ἀναγινώσκεις ? 이에 대하여 서기관은 하나님을
사랑하라는 "쉐마"로부터의 계명으로 대답한다(신 6 : 5). 따라서 예수의 질문은
"네가 어떻게 읽느냐 ?"를 의미하지 않는다(혹은 원래 의미하지 않았다). 여기의
ἀναγινώσκειν은 '카라'(qārā')를 번역한 것으로서, '암송하다'를 의미하는 것
이다. 따라서 그 질문 "네가 어떻게 암송하느냐 ?"는 당연한 일로써 준행된 "신조
의 암송"을 전제하는 것이다. 이것은 마가복음 12 : 29이하의 독립된 병행전승과 맞
아 떨어지는데, 여기에서 예수는 가장 큰 계명이 무엇이냐는 질문에 대하여 하나님
을 사랑하라는 계명(신 6 : 5) 뿐만 아니라 그 앞절의 인용까지 더하여 대답한다 :
"이스라엘아 들으라 주 곧 우리 하나님은 유일한 주시라"(신 6 : 4). 이러한 표현은
"쉐마"가 시작되는 문구이다.

한편 예수는 누가복음 18 : 9-14에서 오후기도를 언급하고 있는데, 여기에서 그
는 "기도하기 위하여" 성전에 올라간 두 사람에 대하여 묘사한다. 따라서 이 시간
은 아마도 "기도시간"(행 3 : 1) 곧 대략 오후 3시경이었을 것이다. 오후기도

---

131) 눅 2 : 41. 눅 4 : 16의 κατὰ τὸ εἰωθὸς αὐτῷ(규례를 따라)를 참조하라. 신
31 : 12에 근거하여, 어린 아이들을 회당예배에 데리고 가는 것이 일반적이었다
(Tos Sota 7 : 9; Meg. 4 : 6 Josephus, Antt. 14 : 260)

276

(afternoon prayer)에 대한 언급은 마태복음 6 : 5에서 더욱 분명하게 나타나는데, 여기에서 예수는 큰 거리 어귀에서 공중적으로 기도하는 "외식자들" 곧 바리새인들을 비난한다. 이것이 바리새인들은 일반적으로 기도하기 위하여 시장터로 갔음을 가리키는 것은 거의 아니다. 오히려, 우리는 모든 회중들이 기도하는 오후제사 시간에 예루살렘 거민들에게 기도시간을 알리기 위하여 큰 나팔소리가 성전으로부터 온 예루살렘 거리에 울려퍼졌음을 기억해야만 한다(시락 50 : 16 ; Tam. 7 : 3). 예수가 책망하는 바리새인들은 일의 시간을 적절히 조정하여 나팔소리가 울려퍼지는 시간에 자신들이 군중들 속에 있도록 그리하여 많은 사람들 앞에서 기도할 수 밖에 없도록 하기 위하여 시간을 조정한 것이다.

예수의 두가지 다른 말씀들이 오후 기도시간에 기도되어졌던 "테필라"에 관한 지식을 드러낸다. 성전이 아직 세워지고 있었던 때로 소급되는 첫번째 축복기도문(benediction)에는, 하나님께 대한 두가지의 놀랄만큼 엄숙한 호칭이 나타난다 :

찬송받으소서 오 주여
아브라함의 하나님 이삭의 하나님 야곱의 하나님이시여
지극히 높으신 하나님 천지의 주재시여[132)
우리와 우리 조상들의 방패시여
찬송받으소서 오 주여 아브라함의 방패시여. [133)

마가복음 12 : 26 병행에서, 예수는 하나님을 "아브라함의 하나님 이삭의 하나님 야곱의 하나님"으로 부른다. 한편 마태복음 11 : 25 병행에서는, 하나님을 "천지의 주재"(Lord of heaven and earth)로 부른다. 테필라의 첫번째 축복기도문(benediction)의 어법(語法 : wording)과의 이러한 이중적인 일치는 그가 테필라를 잘 알고 있었음을 나타내는, 아니 더 나아가서, 테필라가 그의 일상적인 기도였음을 나타내주는 표징이 된다. 우리는 이것을 확신있게 단언할 수 있다. 왜냐하면 위의 두가지 신적 호칭 가운데 첫번째 것은 구약에서 독특한 것이었을 뿐만 아니라(출 3 : 6, 15, 16), 동시에 팔레스틴 유대주의에서 테필라 외에는 생소한 것이었기 때문이다. [134)

이러한 모든 사실 외에도, 초대교회는 하루 세번의 기도시간을 준수하였다. 이에 대한 가장 분명한 증거는 디다케 8 : 3인데, 여기에서 주기도문을 언급하면서 "너희

132) 창 14 : 19, 22에서 애매모호한 분사 코네(qōnē)는 '창조자'를 의미하나, 유대주의에서 그것은 '주'로 이해되었다.
133) Dalman, *Worte Jesu I*, Leipzig 1898, 299에 따르면 가장 초기의 형태가 불행하게도 재판, Leipzig, 1930에서는 빠져버렸다.
134) 이것은 또한 모세승천기 3 : 9과 므낫세의 기도 1장(*Septuagint*, ed. A. Rahlfs, II 180)에서 다소 변이된 형태로 나타난다. 두번째 술어 역시 구약의 독특한 것이다(창 14 : 19, 22).

는 하루에 세번씩 이렇게 기도할 것이니라"라고 기록되어 있다. 사도행전은 오후 3시에 드리는 "오후기도"에 대하여 두번 언급한다(행 3 : 1 ; 10 : 3, 30). 여기에서 또한 바울 역시 언급되어야만 한다. 바울이 자신은 "계속적으로" "끊임없이" "항상" "밤낮으로" 기도한다고 말할 때, 이것은 중단없는 기도를 의미하는 것이 아니라 "규칙적인 기도시간에 대한 그의 준수"를 의미하는 것이다. 초대공동체가 이렇게 기도시간을 준수한 사실로 미루어, 예수가 그것을 거부하였다고는 거의 생각할 수 없다.

따라서 우리는―거의 확실성을 가지고―예수는 하루 세번의 기도시간을 준수하였으며 또 식사전후에는 반드시 감사기도를 드렸다고 결론 내릴 수 있다.

그러나 결정적인 사실은 그가 예배적 유산(liturgical heritage)에 대하여 만족하지 않았다는 것이다. **예수의 기도는 경건한 규례를 산산이 부수어 버린다.** 그는 하루에 세번씩 드리는 예배적 기도의 경건한 규례에 만족하지 않고, 전승에 따르면 홀로 기도함에 있어 몇 시간을(막 1 : 35 ; 6 : 46 병행) 그리고 심지어는 온 밤을(눅 6 : 12, $\mathring{\eta}\nu$ $\delta\iota\alpha\nu\nu\kappa\tau\epsilon\rho$ $\epsilon\mathring{\nu}\omega\nu$ $\mathring{\epsilon}\nu$ $\tau\mathring{\eta}$ $\pi\rho o\sigma\epsilon\nu\chi\mathring{\eta}$ $\tau o\mathring{\nu}$ $\theta\epsilon o\mathring{\nu}$) 보냈다. 복음서에서 예수의 기도를 언급하는 대부분의 구절들이 복음서 기자들의 편집에 돌려져야 함은 분명한 사실이다. 이와 같이, 누가는 마가의 본문에 따라 "기도하는 주님"의 주제를 반복적으로 더하였다(5 : 16 ; 6 : 12 ; 9 : 18, 28이하 ; cf. 3 : 21). 그러나 그렇다고 할지라도 문제는 여전히 남는다. 무엇이 누가로 하여금 이러한 주제를 더하도록 했을까? 이에 대한 가장 그럴듯한 대답은 예수가 홀로 기도한 것에 관하여 명백한 전승이 존재한다는 사실이다.[135] 이러한 대답은 더욱 더 우리에게 호감을 준다. 왜냐하면 우리는 어떻게 예수가―정규적인 기도시간 외에―한밤중에 자신의 아버지에게 간구하였는지를 묘사하는 오래된 전승을 가지고 있기 때문이다 : 겟세마네(막 14 : 32이하 병행).

두번째 고찰은 우리로 하여금 예수가 규례(custom)로부터 얼마나 멀리 떨어져 있는가 하는 것을 확증해준다. **"쉐마"와 "테필라"**는 히브리

---

135) H. Greeven, *Gebet und Eschatologie im Neuen Testament*, Gütersloh 1931, 12 이하, 22이하 ; id., $\epsilon\mathring{\nu}\chi o\mu\alpha\iota$ D―E, *TDNT* Ⅱ, 800―08 : 802이하.

어로 된 기도문이다. 반면 "주기도문"은 아람어로 된 기도문이다.[136] 예수가 만든 하나님에 대한 호칭 "아바"는 마가복음 15 : 34의 십자가 의 외침과 마찬가지로 아람어이다.[137] 개인적인 기도에 있어 예수는 자 신의 모국어로 기도하였고, 또 제자들에게 그들의 언어로 만들어진 공 동기도문을 가르쳐 주었다.[138] 이렇게함에 있어, 그는 제의적인 예배영 역의 기도문을 사용치 아니하고, 제자들의 모국어로 된 공동기도문을 매일의 일상생활의 중심자리에 갖다 놓았다.

한편, 예수의 기도는 **내용에 있어서도** 또한 완전히 새롭다. 십자가 의 외침은 거의 창작된 것일 수 없다. 왜냐하면 그 말씀의 성격이 기독 론에 있어 거리낌이 되기 때문이다(막 15 : 34).[139] 그것은 예수가 시편 말씀으로 기도하는 것을 좋아했음을 보여준다 : 만일 시편 22편의 첫절 을 인용한 것이 예수가 그 전체 모두(22편)를 기도했음을 가리키는 것 이라면 특히 그러하다(이것은 눅 18 : 13이 시 51편의 서두를 인용하는 것과 마찬가지이다 : 세리는 시 51편 전체를 기도하였던 것이다).

예수의 기도에 있어서의 새로운 요소는 성경에 대한 그의 이해 뿐만 아니라 그가 사용하는 호칭형태(하나님께 대한)에서도 분명하게 나타 난다. 유대주의에서는 하나님께 대한 칭호들을 나열하기를 좋아했다.[140] 그러나 예수가 사용한 호칭형태는 단순한 "아바"였는데, 고작해야 가끔 속성을 나타내는 한정어가 붙는 정도였다(예컨대, 마 11 : 25 병 행). 하나님께 요청할 때에, 그는 자신의 요청과 더불어 아버지의 뜻에 복종할 준비를 결합시켰다(막 14 : 32—42병행).[141]

---

136) p. 287을 보라. 이론적으로는 쉐마와 테필라가 다른 언어로도 말하여질 수 있었을 것이다(Sota 7 : 1). 그러나 양자가 오직 히브리어로서만 전하여 질 뿐, 아 람어나 헬라어로는 전혀 전하여지지 않는 사실은 단순한 우연의 일치라고 보기에는 너무나 어렵다.

137) "아바"를 위하여는 pp. 109이하를 보라. 십자가의 외침을 위하여는 p. 25각주 18을 보라.

138) p. 287을 보라.

139) 누가복음에는 그것이 빠져 있다. 한편 막 15 : 34 v. l. D e i Porph에는 $\epsilon\iota\varsigma\ \tau\iota$ $\dot{\omega}\nu\epsilon\iota\delta\iota\sigma\dot{\alpha}\varsigma$ $\mu\epsilon$로 나와 있고 또한 베드로복음 19장에는 $\dot{\eta}\ \delta\acute{\upsilon}\nu\alpha\mu\acute{\iota}\varsigma\ (\mu o\upsilon)$ $\kappa\alpha\tau\acute{\epsilon}\lambda\epsilon\iota\psi\acute{\alpha}\varsigma\ \mu\epsilon$ 로 되어있다.

140) Billerbeck Ⅰ 398, 405이하를 참조하라.

141) 고후 12 : 8(이것이 내게서 떠나기 위하여 내가 세번 주께 간주하였더니)은 바울의 태도가 겟세마네에서의 예수의 태도와 비슷했음을 보여준다. : 세번 간구한

예수의 기도에 있어 중재(仲裁 : intercession)는 중요한 위치를 차지한다. 그는 사단의 시험에 굴복할 위험에 있는 제자들을 위해 기도한다(눅 22 : 31이하). [142] 또한 그는 어린아이들을 위하여 기도한다(막 10 : 16 ; 머리에 손을 얹는 것과 관련한 축복은 仲裁에 해당되는 것이다). [143] 그는 또한 이스라엘을 위하여 기도한다 ; 필시 최후만찬에 관한 전승이 이것을 입증한다.

특이한 요구인 $\delta\iota\alpha\mu\epsilon\rho\ell\sigma\alpha\tau\epsilon$ $\epsilon\ell\varsigma$ $\dot{\epsilon}\alpha\upsilon\tau\omicron\acute{\upsilon}\varsigma$ (눅 22 : 17, 너희끼리 나누라)는 예수가 최후만찬에서 잔을 제자들과 더불어 함께 나누지 않았음을 의미하는 것일 수 있다. 언어학적인 고찰을 통해 볼 때, 그것은 누가복음 22 : 16, 18 병행. 마가복음 14 : 25의 포도주를 마시지 않겠다는 말씀을 가리킨다. [144] 이러한 결론은 팔레스틴 교회가 비슷하게 유월절에 금식했던 사실로 확증된다. [145] 팔레스틴의 그리스도인들은 유대인들이 유월절 식사를 하고 있는 바로 그 시간동안 금식하였다. 그들은 유월절 밤에 파루시아를 고대하였으며, 이스라엘의 회개를 위하여 금식으로써 기도하였다. [146] 그렇게 함에 있어, 그들은 최후만찬시 예수에 의해 주어진 본을 따른 것이다. 만일 이것이 사실이라면, 예수는 최후만찬시에 이스라엘의 회개를 위한 금식과 기도를 위하여 음식을(food and drink) 들지 않은 것이다.

누가복음 23 : 34상반절에 따르면, 예수는 또한 자신을 못박는 자들을 위하여 중재(仲裁)하였다[147] (아버지여 저희를 사하여 주옵소서 자기가 하는 것을 알지 못함이니이다). 그러나 이 모든 것이 나타나는 것처럼 그렇게 분명한 것은 아니다. 구약은 분명히 선택받은 자들이나 선

것, 기도가 응답되지 않았을 때 하나님의 뜻이 다른 데에 있음을 인식한 것(W. Grundmann, *Die Geschichte Jesu Christi,* Berlin 1957=1960, 324 각주 1).

142) 요 17장에서, 예수의 간구는 모든 제자들 그리고 심지어 미래의 제자들에게까지 확대된다.

143) J. Jeremias, *Infant Baptism in the First Four Centuries,* London 1960, 49를 참조하라.

144) Jeremias, *Eucharistic Words,* 207−18.

145) 우리는 이러한 것을 Quartodecimans의 행습으로부터 알 수 있다(*Ibid.,* 122−25 ; 212를 참조하라).

146) B. Lohse, *Das Passafest der Quartadezimaner,* BFCT Ⅱ 54, Gütersloh 1953, 62-75 ; Jeremias, *Eucharistic Words,* 216이하 ; W. Huber, *Passa und Ostern Untersuchungen Zur Osterfeier der alten Kirche,* BZNW 35, Berlin 1969, 11 등을 참조하라.

147) 눅 23 : 34상반절에 대한 본문상의 문제를 위하여는 p. 427을 보라.

지자들의 중재기도에 대하여는 알고 있었다. 그러나 구약성경 어디에서도 보통의 경건한 백성들로 하여금 다른 사람을 위하여 기도하라고 권면하는 것이 나타나지 않는다. "이스라엘 종교에 있어, 다른 사람들을 위하여 기도하는 것은 경건한 자들의 일이 아니었다."[148] 오히려 그것은 하나님으로부터 선택받은 자들의 특권이었다. 후기 유대주의에서는 이러한 중재기도가 행하여졌는데, 특히 아침기도 시간에 가족들을 위하여 중재하는 가장(家長)의 기도가 그것이었다.[149] 그러나 그것은 예수의 기도에 있어서와 같은 중심적인 중요성을 지니지는 못했다.

예수의 **감사**(thanksgiving)의 성격과 방법은 특별히 주목할 만하다. 이에 대한 한가지 중요한 구절은 마태복음 11 : 25이하 병행인데, 이것은 명백한 팔레스틴적 형태를 가진 4행절로 된 것으로서[150] 바울 또한 이를 언급한다.[151] 이것은 예수가 자신의 생애의 전환점에서 분명하게 언급한 기도이다. 인간적인 관점에서 볼 때, 그의 사역은 실패로 돌아간 것이다. 왜냐하면 영향력있는 사람들은 그의 메시지를 분명하게 배척하고, 고작해야 평판이 좋지 않은 사람들만이 그를 따랐기 때문이다. 이러한 파멸(ruins) 가운데, 예수는 감사를 드린다. 그는 승리의 결핍(lack of success)에도 불구하고 하나님께 감사한다. 그는 왕적 통치의 신비(mystery of the kingly reign)가 어린아이들에게 알려졌음을 기뻐한다 : 이것이 하나님의 선하시고 은혜로우신 뜻이었다. 이러한 하나님의 뜻에 대하여 비판하는 대신, 그는 감사를 드리는 것이다. 우리는 예수의 삶과 기도생활을 지배했던 것이 바로 이러한 감사였다고 추측할 수 있다.[152] 랍비문학 가운데에는 다음과 같은 말이 있다 : "오는

---

148) N. Johansson, *parakletoi*, Lund 1940, 3.

149) 솔로몬의 시편 6 : 4이하.

150) $\dot{\epsilon}\xi o\mu o\lambda o\gamma o\hat{\nu}\mu a\acute{\iota}\ \sigma o\iota$ 는 쿰란의 감사시편의 첫머리 'Od^{e}kā 'adōnāy(I QH의 도처에 나타남)와 상응한다. $\pi\acute{a}\tau\epsilon\rho$(25절)/ $\dot{o}\ \pi a\tau\acute{\eta}\rho$(26절)=' Abbā(p. 276을 보라) ; $\kappa\acute{\nu}\rho\iota\epsilon\ \tau o\hat{\nu}\ o\dot{\nu}\rho a\nu o\hat{\nu}\ \kappa a\grave{\iota}\ \tau\hat{\eta}\varsigma\ \gamma\hat{\eta}\varsigma$ =qōnē Šāmayim wā'āres(테필라의 첫 축복송, p. 276 각주 132를 보라) ; 반위적 평행법; 논리적으로는 종속구조이나 형식상으로는 병렬구조; $\epsilon\dot{\nu}\delta o\kappa\acute{\iota}a\cdots\dot{\epsilon}\mu\pi\rho o\sigma\theta\epsilon\nu$ =(탈굼의) ra^{ia}wā min q^{o}dām (예컨대 탈굼 이사야 53 : 6, 10). 불트만은 이에 대하여 옳게 언급하였다 : "나의 견해로는 이것은 원래 아람어로 된 말씀이었다". *Synoptic Tradition*, 160을 참조하라.

151) 고전 1 : 26이하.

152) 그 전승이 이것을 단언한다(요 11 : 41).

세상에서는 모든 제사가 그쳐질 것이나, 감사의 제사는 영원히 남을 것이다 ; 마찬가지로 모든 고백은 그쳐질 것이나, 감사의 고백은 영원히 남을 것이다."[153] 이와 같이 예수의 기도 가운데 감사가 탁월한 위치를 차지하는 사실은 그것이 완성(consummation)에 대한 예기(anticipation)임을 나타내는 것이다 ; 이것은 "현실화된" 종말론(actualized eschatology)이다.

c. 기도에 대한 예수의 가르침

예수께서는 기도에 대한 특별한 가르침을 주면서, 또한 자신의 행동으로 그 모범을 보인다. 그는 제자들에게 다음과 같이 말씀한다(마 7 : 7 병행. 눅 11 : 9) :

Αἰτεῖτε καὶ δοθήσεται ὑμῖν·
ζητεῖτε καὶ εὑρήσετε·
κρούετε καὶ ἀνοιγήσεται ὑμῖν [154]

구하라 그러면 너희에게 주실 것이요
찾으라 그러면 찾을 것이요
문을 두드리라 그러면 너희에게 열릴 것이니

슈니빈트(J. Schniewind)는 이 로기온이 마치 잠언(proverb)처럼 들리는 것을 이미 보았다.[155] 렝스토르프(R. H. Rengstorf)는 첫째 행의 삶의 정황(Sitz im Leben)을 보다 정확하게 규정하였다 : 이것은 거지들의 지혜이다.[156] 실상 예수는 다음과 같이 말하고 있는 것이다. "거지

---

153) *Pesiqta de Rab Kahana*, ed. S. Buber, Lyck 1868, 79a, 17이하. 히 13 : 9—16을 참조하라. 단번의 십자가 제사가 드려진 후에는(10절), 오직 감사의 제사와(15절) 사랑의 제사만이(16절) 남는다.

154) 동위적 평행법(synonymous parallelism), 논리적으로는 종속구조를 가진 형식상의 3중 병렬구조, 신적 수동형과 운율을 주목하라(아람어로의 逆번역을 위하여는 p. 54를 보라).

155) *Das Evangelium nach Mathäus*, NTD 2, Göttingen 1968, 99.

156) ‡ Rengstorf. 28이하.

282

들을 보라. 그들의 졸라대는 것을 보라. 그들은 끈기가 성공으로 이끈다는 사실을 안다. 그들은 기어이 자신들이 얻고자하는 것을 얻고야 말지 않느냐? 하나님의 왕적 통치의 도래를 위한 너희의 기도는 저희들처럼 집요해야만 하고 또 들으심을 얻을 줄 확신해야만 한다."[157]

누가복음 11 : 5-8, 11-13 ; 18 : 1-8 등의 비유들이나 마가복음 11 : 23이하의 산을 옮길 수 있는 믿음에 관한 말씀과 같은 것들 역시 이러한 **들으심을 얻음에 대한 확실성**을 강화시키고자 의도된 것이다. 그러나 πάντα ὅσα προσεύχεσθε καὶ αἰτεῖσθε … ἔσται ὑμῖν (막 11 : 24, 무엇이든지 기도하고 구하는 것은 받은 줄로 믿으라 그리하면 너희에게 그대로 되리라)의 약속은 매우 난해하다. 왜냐하면 여기에는 어떠한 조건도 나와있지 않기 때문이다. 예수는 여기에서 기도응답에 대한 백지위임장(carte blanche)적인 약속을 주고 있는 듯이 보인다. 그러나 본 구절의 문맥 속에서 πάντα 가 앞절에서 표현된 산을 옮기는 것을 언급하는 사실을 주목해야만 한다. 우리가 이미 앞에서 살펴본 것처럼,[158] 이것은 신기한 이적을 의미하는 것이 아니라 "종말론적인 권세"(authority) 다시 말해서 현재 속에서 즉 귀신들(spirits)을 제어하는 권능 안에서 그것의 가시적 표현(visible expression)을 찾는 그러한 권세를 의미하는 것이다. 24절의 πάντα 에 대한 이러한 종말론적인 이해는 마태복음 17 : 20의 οὐδέν 과 조화를 이룬다(너희가 만일 믿음이 한 겨자씨만큼만 있으면 이 산을 명하여 여기서 저기로 옮기라 하여도 옮길 것이요 또 너희가 못할 것이 아무 것도 〈οὐδέν〉없으리라.) 어쨌든, 그것은 들으심의 확실성을 다루는 이 모든 예수의 말씀들이 "종말론적인 은사"와 "구원의 때의 권세"에 관련됨을 의미한다. 예수의 제자들은 도래하는 하나님 통치의 권능(powers)이 이 세상 속에서 자신들의 기도를 통하여 활동한다는 약속을 받았다.

자신의 제자들로 하여금 응답의 확실성을 가지고 구원의 때의 은사들을 위해 기도할 것을 가르침에 있어, 예수는 기도에 관한 세가지의 매우 분명하고도 간결한 지침들을 준다. 첫째 : 그들의 기도는 다른 사

---

157) 눅 18 : 17.
158) pp. 246이하를 보라.

람들에게 보이기 위한 바리새인들의 기도와는 같지 않아야 한다. 제자
들은 은밀히, $\tau\alpha\mu(\iota)\epsilon\hat{\iota}o\nu$ 에서(마 6 : 6), 광에서, 지극히 평범한 방에
서 기도해야 한다. 이러한 지침은 아마도 이사야 26 : 20을 넌즈시 언급
하는 것일 것이다 : "내 백성아 갈지어다 네 밀실에 들어가서 네 문을
닫고 분노가 지나기까지 잠깐 숨을지어다." 예수의 제자들은 도래하는
재앙을 의식하고 있었다. 따라서 그들의 기도는 종말론적인 고통의 때
의 기도인 것이다. 이러한 기도는 다른 사람에게 보이기 위한 것이기
에는 너무도 심각한 것이다.

둘째로, 제자들의 기도는 **짧아야** 한다. 예수님은 서기관들을 이렇게
비난한다 : $o\hat{\iota}\cdots\pi\rho o\phi\acute{a}\sigma\epsilon\iota\ \mu\alpha\kappa\rho\grave{a}\ \pi\rho o\sigma\epsilon\upsilon\chi\acute{o}\mu\epsilon\nu o\iota$ (막 12 : 40, 저희는
… 외식으로 길게 기도하는 자니). 또한 그는 그들의 $\beta\alpha\tau\tau\alpha\lambda o\gamma\epsilon\hat{\iota}\nu$ (마
6 : 7, 중언부언함)을 책망한다. 긴 기도 뒤에는, 단어와 호칭들의 긴
나열로 말미암아 하나님을 호의적으로 감동시킬 수 있다는 개념이 숨
어있다. 그러나 예수의 제자들은 그렇게 할 필요가 없다. 아버지께서
는 그들이 필요로 하는 것을 아신다. 따라서 그들의 기도는 짧아도 무
관하다. 마태복음에서, 기도에 대한 간략한 훈계에 뒤이어 나오는 주
기도문은 짧은 기도의 예로 생각된다. 사실상, 주기도문은 그것의 간
략함으로 말미암아 당시의 대부분의 기도들과는 뚜렷하게 구분된다.
자녀가 되는 것은 그로 하여금 중언부언하는 것으로부터 해방시킨다.

마지막으로, 제자들의 기도에 있어서의 유일한 전제조건은 **용서에의**
준비이다. 예수에게 있어 이것은 필수불가결한 조건이었기 때문에, 따
라서 그는 심지어 이것을(용서에의 준비) 주기도문에다가도 결합시
켰다(마 6 : 12 병행. 우리가 우리에게 죄지은 자를 사하여 준 것같이
우리 죄를 사하여 주옵시고). 이러한 용서에의 의지는 무한해야 한다.
그것은 심지어 원수까지도 포함해야만 한다. 원수를 위하여 기도하는
것은(마 5 : 44 병행. 눅 6 : 28) 그를 용서하는 것을 전제한다. 모든 기
도는 하나님으로부터의 용서함을 구하는 것을 포함한다. 그런데 만일
어떤 사람이 다른 사람을 용서할 준비가 되어있지 않다면, 그는 어떻
게 하나님의 용서하심을 구할 수 있겠는가?(막 11 : 25 ; 마 6 : 14이하 ;
18 : 35).

반면, 만일 예수의 제자인 어떤 사람이 형제에 대하여 범죄했다면,

그는 형제에게 자신의 죄를 고백하고 그가 하나님 앞에 나아가기 전에 용서를 구해야 한다. 마태복음 5 : 23이하가 말하는 것이 바로 이것이다. [159] 이 말씀은 교제(fellowship)를 높이 평가하는 나머지 제사를 평가절하하는 것을 의미하는 것이 아니라 반대로 이것은 제사를 최대한의 진지함으로 드려야만 하는 것을 의미한다. 예수는 실상 이렇게 말하고 있는 것이다. "만일 네 형제가 너에 대하여 어떠한 불만사항을 가지고 있다면, 너는 예물을 가지고 즉 용서함을 얻기 위하여 하나님 앞에 나아올 수 없다." 하나님께로 가는 길은 이웃을 통하여 뻗어 있다.

용서함—용서할 준비를 갖추는 것과 자신의 잘못에 대한 용서를 구하는 것—은 예수의 제자들의 기도에 있어 **전제**인 것이다.

d. 주기도문[160]

예수님은 자신의 기도를 통하여 제자들에게 모범(model)을 보여주었고, 또 그들로 하여금 어떻게 기도해야 할지에 대해 가르쳐 주었으며, 나아가서 그들에게 또한 새로운 기도(new prayer)를 주었다. 그것은 바로 주기도문인데, 이는 언어와 내용에 근거하여 볼 때 전승의 기본층(bedrock)의 한부분이다. [161]

최초의 본문

주기도문은 복음서에서[162] 두가지 다른 판(version : 版)으로 전승되었는데, 보다 긴 것이 마태복음판(6 : 9—13)이고 반면 보다 짧은 것이 누가복음판(11 : 2—4)이다. [163] 그것들을 평가함에 있어, 그것들이 나타

---

159) 이의 해석을 위하여는 J. Jeremias, '"Lass allda deine Gabe"(Mt. 5 : 23f),' *ZNW* 36, 1937, 150—154=Abba, 103—107을 보라.

160) A. Seerberg ; P. Fiebig, *Das Vater Unser*, Gütersloh 1927 ; G. Dalman, *Worte Jesu*, 283—365 ; E. Lohmeyer, *The Lord's Prayer*, London 1965 ; ‡ K. G. Kuhn ; T. W. Manson, 'The Lord's Prayer', BJRL 38, 1955/56, 99—113, 436—48 ; ‡ Jeremias, 'Lord's prayer', 82—107.

161) Perrin, *Rediscovering*, 47.

162) 디다케 8 : 2에 또 하나의 전승이 있다. 그러나 이것은 고려의 대상에서 제외시킬 수 있다. 왜냐하면 몇몇의 사소한 차이를 제외하고는 그것은 마태복음 본문과 일치하기 때문이다.

163) 본문비평(textual criticism)의 관점으로부터 볼 때, 이러한 두 종류의 판(版)들은 아무런 심각한 문제도 야기시키지 않는다. 마 6 : 13하반절의 영광송은 원래적

나는 문맥을 주목하는 것이 중요하다. 마태복음에서, 그것의 문맥은 구제, 기도, 금식에 대한 바리새인들과의 논쟁이다(6 : 1—18). 이것은 정확하게 병행되는 행들로 구성된 세 부분으로 이루어져 있는데(6 : 1 —4, 5이하, 16—18), 오직 기도를 다루는 부분만이 기도에 대한 3개의 어록들에 의해 확대되어 있다 : 많은 말로 기도하는 것에 대한 경고(6 : 7이하), 주기도문(6 : 9—13), 그리고 '용서에의 준비'에 대한 가르침(6 : 14이하). 이러한 확대로 말미암아 예수의 말씀들로 구성된 기도에 관한 짤막한 교훈구절이 생겨나게 되었다.

누가복음에서도 역시 주기도문은 기도에 대한 교리문답(catechism)의 틀 가운데에서 나타난다(11 : 1—13). 이것 역시 네부분으로 되어 있다 : "우리에게 기도를 가르쳐주옵소서"라는 요청과 더불어 나오는 주기도문(11 : 1—4), 누가가 '참을성있는 기도에 관한 가르침'으로 이해한 간청하는 친구의 비유(11 : 5—8)[164], 기도에의 부르심(11 : 9이하), 그리고 '응답에의 확신'에 대한 초청인 관대한 아버지의 표상(11

인 것이 아니다. 그것은 마태복음의 최초사본들과 (BD al it vg^{codd}) 누가복음의 모든 사본들에서 (그러나 p. 297이하를 보라) 빠져있다. 마 6 : 12의 $\dot{\alpha}\phi\dot{\eta}\kappa\alpha\mu\epsilon\nu$에 대하여는 p. 287을 보라. 누가복음 본문은 많은 변이들과 함께 전승되었는데, 그것들 중 거의 대부분은 분량과 어법에 있어 보다 짧은 본문을 보다 긴 마태복음판에 일치시키고자 하는 경향을 보여준다. 한가지 재미있는 것은 성령에 관한 간구이다. : $\dot{\epsilon}\lambda\theta\dot{\epsilon}\tau\omega$ $\tau\dot{o}$ $\pi\nu\epsilon\hat{o}\mu\alpha$ $\sigma o\upsilon$ $\tau\dot{o}$ $\ddot{\alpha}\gamma\iota o\nu$ $\dot{\epsilon}\phi'\dot{\eta}\mu\hat{\alpha}\varsigma$ $\kappa\alpha\dot{\iota}$ $\kappa\alpha\theta\alpha\rho\iota\sigma\dot{\alpha}\tau\omega$ $\dot{\eta}\mu\hat{\alpha}\varsigma$ (당신의 성령을 우리에게 오게 하옵시고 우리를 정결케 하옵소서)라는 문구가 첫번째 간구를 대체하여 말시온의 본문에서 나타나며, 또한 두번째 간구를 대체하여 소사본 162, 700번과 니사의 그레고리 그리고 그를 따라 고백자 막시무스(Maximus the Confessor)등에서 나타난다. (D사본의 두번째 간구 초두에 또한 이러한 흔적이 나타난다. : $\dot{\epsilon}\phi'$ $\dot{\eta}\mu\hat{\alpha}\varsigma$ $\dot{\epsilon}\lambda\theta\dot{\alpha}\tau\omega$ $\sigma o\upsilon$ $\dot{\eta}$ $\beta\alpha\sigma\iota\lambda\epsilon\dot{\iota}\alpha$). 성령에 대한 이러한 간구는 A. von Harnack이 생각한 것처럼 분명히 원래적이지 않다. "Über einige Worte, die nicht in den Kanonischen Evangelien stehen, nebst einem Anhang über die ursprüngliche Gestalt des Vaterunsers," *Sitzungsberichte der Berliner Akademie*, Phil-hist. Klasse 1904, 195—208. 미미한 증거, 이것이 나타나는 위치의 차이, 특히 다른 간구들의 구조와는 상이한 그것의 형식 등이 이것을(원래성을) 배제한다. 오히려, 그것은 주기도문과 성령의 간구가 서로 연결되었던 세례기도문(baptismal liturgy)으로부터 말미암은 것일 수 있다(예컨대, Const, Apost, Ⅶ 45, ed. Funk Ⅰ 451 이하).

164) 이것이 원래의미는 아니다. 이 비유의 중심점은 원래 간청하는 친구가 아니라 간청 당하는 친구였고, 따라서 그 비교점은 기도하는 사람이 아니라 기도를 들으시는 하나님이셨던 것이다. 만일 어떤 사람이 밤에 일어나서 곤경에 빠진 친구를 도와준다면, 하물며 하나님께서야 얼마나 고통중에 있는 자기 백성들의 기도를 기꺼이 들으시겠는가(Jeremias, *Parables*, 157—59를 참조하라).

: 11-13).

이러한 두개의 기도에 관한 교리문답들은 서로 매우 상이한 정황을 위하여 의도된 것이다. 마태의 것은 기도하는 것에 대하여 배우기는 했으나 그 기도가 위험한 수준에 있는 사람들에게 말하여진 것인 반면, 누가의 것은 아직 적절한 기도에 대하여 배워야만 하는 사람들에게 말하여진 것이다. 다시 말해서, 마태는 우리에게 유대기독교인의 교리문답을 제공하고 있고 한편 누가는 이방인기독교인의 교리문답을 제공하고 있는 것이다. 만일 우리가 아직 AD 1세기에 속한 기본자료인 디다케를 감안한다면(p.284 각주 162를 보라), 우리는 AD 75년 경에 전체적인 교회에서 주기도문은 기도에 대한 가르침에 있어 주요한 요소였다고 말할 수 있다. 실로 디다케가 제시하는 순서에 따를 때(1장-6장 : 두 길, 7장 : 세례, 8장 : 금식과 주기도문, 9장이하 : 성찬), 그것은 두 길과 세례에 이은 가르침 가운데의 한 요소였다. 유대기독교 교회와 이방인 기독교 교회는 모두 기도를 배우는 방법이 주기도문을 통하는 것임에 일치하였다. 이러한 사실로부터 말미암는 결과는 마태복음과 누가복음에 보조된 판(版)들 사이에서의 변이가 복음서 기자들의 개입(介入)의 결과가 아니라는 것이다. 오히려 이것들은 두개의 다른 교회에서 사용된 판(版)들인 것이다.

그렇다면 어떤 것이 원래적인(original) 것인가? 마태복음 6 : 9-13과 누가복음 11 : 2-4의 길이와 어법이 모두 다르다.

누가복음판은 세 군데에서 마태복음판보다 **짧다.** 누가복음판에는 하나님을 부름에 있어 아무런 부가어가 없다(마태복음판에는 $\pi\acute{\alpha}\tau\eta\rho\ \acute{\eta}\mu\tilde{\omega}\nu$ $\acute{o}\ \acute{\epsilon}\nu\ \tau o\widehat{\iota}\varsigma\ o\dot{\upsilon}\rho\alpha\nu o\widehat{\iota}\varsigma$ 로 되어 있는 반면, 누가복음판에는 단순히 $\pi\acute{\alpha}$ $\tau\eta\rho$ 로만 되어있다). 또한 마태복음판의 세번째 간구와($\gamma\epsilon\nu\eta\theta\acute{\eta}\tau\omega\ \tau\grave{o}$ $\theta\acute{\epsilon}\lambda\eta\mu\acute{\alpha}\ \sigma o\upsilon,\ \acute{\omega}\varsigma\ \acute{\epsilon}\nu\ o\dot{\upsilon}\rho\alpha\nu\tilde{\omega}\ \kappa\alpha\grave{\iota}\ \acute{\epsilon}\pi\grave{\iota}\ \gamma\tilde{\eta}\varsigma$: 뜻이 하늘에서 이룬 것 같이 땅에서도 이루어지이다) 일곱번째 간구가 ($\acute{\alpha}\lambda\lambda\grave{\alpha}\ \acute{\rho}\tilde{\upsilon}\sigma\alpha\iota\ \acute{\eta}\mu\tilde{\alpha}\varsigma\ \acute{\alpha}\pi\grave{o}$ $\tau o\tilde{\upsilon}\ \pi o\nu\eta\rho o\tilde{\upsilon}$: 다만 악에서 구하옵소서) 빠져있다. 원래적인 것으로서 누가복음판을 선호하는 것에 대한 가장 결정적인 논거는 마태복음판 안에 그것이 전체적으로 포함되어 있다는 사실이다. 예배본문들은 대체로 손질되는(elaborate) 경향이 있고 또 짧은 어법이 일반적으로 초기의 것이기 때문에, 마태복음의 부가자료(additional material)가 손질된

것(elaboration)일 가능성이 높다. 어떤 사람이 주기도문의 세번째 간구와 일곱번째 간구를 탈락시켰을 가능성은 별로 없는 반면, 이의 반대경우는 쉽게 상상할 수 있다. 보다 짧은 본문이 보다 이른 것임이 많은 고찰들로부터 확증된다. 마태복음판의 세 부가구절은 모두 본문 가운데의 유사한 장소에서 나타난다 : 호칭의 끝(원래는 오직 한개의 단어로 되어 있었다), 2인칭 간구의 끝, 그리고 1인칭복수 간구의 끝. 이것은 또한 여타 다른 곳에서 관찰되는 것과 일치한다. 예배본문들(liturgical texts)은 충분한 강세와 함께 종결되는 경향이 있다.[165]

마지막으로, 마태복음판의 부가구절들이 주기도문의 문체구조와 균형을 이루는 사실 또한 누가복음판이 원래적인 것임을 나타내준다. 특별히 일곱번째 간구가 평행법(parallelism)을 완성시키는데, 누가복음의 종결간구에 그것이 없는 것은 매우 주목할 만하다.

다음으로, 어법에 관련한 한, 누가복음판에서의 빵에 관한 간구에는 현재형 $\delta\acute{\iota}\delta o\upsilon$ 가 주어지는데, 이것은 사실상 주기도문에서는 유일한 현재형으로서 마태복음판의 $\sigma\acute{\eta}\mu\epsilon\rho o\nu$ 이 $\tau\grave{o}\ \kappa\alpha\theta'\acute{\eta}\mu\acute{\epsilon}\rho\alpha\nu$ 으로 바뀌어져 있다. 이것은 마태복음판을 선호하도록 만든다.

다섯번째 간구에서, 마태복음은 $\tau\grave{\alpha}\ \acute{o}\phi\epsilon\iota\lambda\acute{\eta}\mu\alpha\tau\alpha$ 를 가지고 있는 반면 누가복음은 $\tau\grave{\alpha}\varsigma\ \acute{\alpha}\mu\alpha\rho\tau\acute{\iota}\alpha\varsigma$ 를 가지고 있다. 여기에서 마태복음의 주목할만한 표현은 아람어법적이다.[166] 죄에 해당하는 아람어 hōba가 실제로는 "(돈의) 빚"을 의미하기 때문에, $\tau\grave{\alpha}\ \acute{o}\phi\epsilon\iota\lambda\acute{\eta}\mu\alpha\tau\alpha$ (마태복음)가 문자적 번역이고 반면 $\tau\grave{\alpha}\varsigma\ \acute{\alpha}\mu\alpha\rho\tau\acute{\iota}\alpha\varsigma$ (누가복음)는 헬라어 구어체로 대체한 것이다. 누가복음에서 뒤이어 나오는(4하반절-개역성경에서는 4상반절임) $\tau\hat{\omega}\ \acute{o}\phi\epsilon\acute{\iota}\lambda o\nu\tau\iota$ 는 누가복음판 역시 $\acute{o}\phi\epsilon\iota\lambda\acute{\eta}\mu\alpha\tau\alpha$ 의 공식문구에로 소급됨을 보여준다. 더욱이, 용서에 관한 간구의 하반절에서 마태복음은 단순과거형(aorist) $\acute{\alpha}\phi\acute{\eta}\kappa\alpha\mu\epsilon\nu$ 을 사용하고 반면 누가복음은 현재형 $\acute{\alpha}\phi\acute{\iota}o\mu\epsilon\nu$ 을 사용하는 사실은 여기에서 보다 난해한 마태복음 본문이 보다 이른 것임을 암시한다.[167]

---

165) 마 26 : 28 ; 빌 2 : 11 등을 참조하라.

166) p. 27 각주 50을 보라.

167) 마태복음 전승에서 단순과거형 $\alpha\phi\acute{\eta}\kappa\alpha\mu\epsilon\nu$(ℵ B al)과 나란히 현재형 $\acute{\alpha}\phi\iota\epsilon\mu\epsilon\nu$ (D 33 pc) 혹은 $\acute{\alpha}\phi\iota o\mu\epsilon\nu$ (pm s l)등이 나타나는 사실 역시 난제를 단순화시키고자 했던 시도들이다(누가 복음의 영향에 대한 문제가 없는 한).

그러므로 우리의 이제까지의 고찰을 종합해 볼 때, **길이**에 관한 한 보다 짧은 누가복음 본문이 원래적인 것으로 간주되어야 하고, 반면 일반적인 **어법**(wording)에 관한 한 마태복음 본문이 선호되어야만 한다. 나아가서, 우리는 헬라어 본문이 보다 이른 아람어 본문에 기초한 것이란 사실을 알게 되었다. 만일 누가복음판이 아람어로 역번역 (逆翻譯)된다면, 그 결과는 "2/4–강세 리듬"과 "운"(韻 : rhyme)이 될 것이다 : [168]

'Abbá
yitqaddáš šemák／tēté malkūták
lahmán deˑlimhár／hab lán yōmā dén
Ūšeˑbōq lán hōbénan／keˑdišeˑbáqnan leˑhayyābénan
Weˑlā ta ēlinnan leˑnisyón

의미

한 제자의 간청 Κύριε, δίδαξον ἡμᾶς προσεύχεσθαι, καθὼς καὶ Ἰωάννης ἐδίδαξεν τοὺς μαθητὰς αὐτοῦ(주여 요한이 자기 제자들에게 기도를 가르친 것과 같이 우리에게도 가르쳐주옵소서)는 주기도문을 이해함에 있어 매우 중요하다. 누가복음 11 : 1에 따르면, 예수로 하여금 주기도문을 말하게 한 것은 바로 이러한 간청이었다. 왜냐하면, καθώς 절이 한 무명의 제자가 예수를 따르는 자들 곧 구원의 공동체를 특징지워줄 기도를 요구하고 있음을 보여주고 있기 때문이다. [169] 따라서 처음부터 주기도문은 "올바른 기도의 모범"으로서 뿐만 아니라 "특정단체를 인식하는 표로서의 공식문구"(formula)로서 의도되었던 것이다—이것이 바로 교회가 오랜 세기를 내려오면서 사용한 방법이었다.

---

168) C. F. Burney, *The Poetry of Our Lord*, Oxford 1925, 113을 참조하라. 사실 그 호칭(아바)은 오직 하나의 강세만을 가지고 있지만, 그러나 두번째 강세가 휴지 (休止 : pause)로 대체되어 있다. 이러한 '休止의 법칙'의 적용으로 말미암아 그 호칭이 무게(weight)를 얻게 되는 것이다(‡ Kuhn, 39).

169) p. 252를 보라.

주기도문의 구조는 첫눈에 보기에 다음과 같이 나타난다 :

1. 하나님을 부르는 호칭에 이어,

2. 2인칭 단수로 된 두개의 짧은 간구(두개의 "당신" 간구)가 평행법으로 연결되어 나타남.

3. 1인칭 복수로 된 두개의 보다 긴 간구(두개의 "우리" 간구)가 평행법으로 연결되어 나타남.

4. 짧은 종결간구

$\pi \acute{\alpha} \tau \epsilon \rho$(눅 11 : 2)란 호칭은 아람어 "아바"('Abbā)로 소급되는데, 여기에서 그것은 "우리 아버지"(마 6 : 9과 같이)로 번역되어야 한다.[170] 우리는 §7에서 "아바"라는 호칭양식이 그의 신뢰(trust)와 권세(authority)를 표현하는 예수 자신의 용법임을 보았다. 주기도문에서 예수는 "작은 자들"(소자들 : little ones)[171]에게 자신을 따라 아바라 말하는 특권을 준다. 하나님 가정의 구성원들로서 그들은 하나님에 대하여 "아버지"라 부를 수 있으며 또한 그의 선하신 은사들을 구할 수 있다. 처음부터 초대교회는 예수가 이러한 방법으로 아들로서의 자신의 권세를 제자들에게 나누어준 것을 큰 특권으로 간주하였다. 이러한 사실이 로마서 8 : 15이하에서 매우 분명하게 나타난다(여기에서 $\pi \alpha \tau \acute{\eta} \rho$ 다음이 아니라 $\upsilon \iota o \theta \epsilon \sigma \acute{\iota} \alpha \varsigma$ 다음에 마침표가 찍혀져야 한다. 왜냐하면 만일 그렇지 않다면 16절 초두가 로마서에서 첫번째 접속사생략이 되기 때문이다). 여기에서 바울은 자녀가 되는 은사를 가지는 것에 대하여 어떤 사람이 "아바"라 부르짖는 것보다 더 분명한 증거는 없다고 말한다. 바울에게 있어 이러한 사실은 너무나도 중요하였기 때문에, 그는 이것을 갈라디아 4 : 6에서 다시 한번 반복한다(너희가 아들인 고로 하나님이 그 아들의 영을 우리 마음 가운데 보내사 아바 아버지라 부르게 하셨느니라 : 여기에서 $\delta \tau \iota$ 는 서술적 의미로 의도되었다. 따라서 그것은 'because'가 아니라 'that'로 번역되어야 한다).

---

170) Erub. 6 : 2 ; B. B. 9 : 3 ; Shebu. 7 : 7(3회) ; Tos. Yom. 2 : 5, 6, 8 ; Tos, B. K. 10 : 21.

171) p. 172를 보라.

이와 비슷하게, 주기도문이 동방과 서방의 기도문에 공히 도입된 사실[172] 역시 예수가 제자들에게 하나님을 "아바"라 부를 권세를 준 것이 얼마나 큰 특권인가 하는 감정을 표현해 준다. 하나님을 아버지라 부르는 담대함은 자녀가 된 것에 대한 확신으로부터 나오는 것이다 : 자녀들이 아바라 부를 수 있다.

이에 뒤이어, 두개의 "당신" 간구("thou" petitions)가 나온다 : "당신의 이름이 거룩히 여김을 받으시오며"와 "당신의 나라이 임하옵시며." 이러한 두개의 간구는 동일한 방법으로 구성되었으며 동위적 평행법(synonymous parallelism)을 이룬다. 헬라어에서 양 경우에 동사가 먼저 나온다. 이러한 두개의 간구는 형식에 있어서 뿐만 아니라 내용에 있어서도 매우 밀접하게 연결되어 있다. 이것들은 예수에 의해 새롭게 구성된 것이 아니라 유대의 기도문인 카디쉬로 부터 나온 것인데, 이것(카디쉬)은 회당예배를 종결짓는 '거룩한'기도(Holy prayer)로서 예수는 어린시절로부터 이것에 매우 익숙해 있었다. 이러한 카디쉬(Kaddish)는 유대주의에 있어 극소수의 아람어 기도문 가운데 하나였다. 카디쉬가 아람어로 된 이유는 이것이 아람어로 행해졌던 설교 직후에 기도되어졌기 때문이었다. 이 기도문의 최초형태는 다음과 같다 :

그의 크신 이름이 찬양을 받고 높임을 받으리이다.
　그가 자신의 뜻을 따라 창조한 세상에서
그가 자신의 왕국을 다스리실지로다
　너의 생애와 너의 날들과
　또 이스라엘 온 집의 생애 동안에, 빨리 그리고 속히 영원부터 영원까지 그의 크신 이름이 찬송받을지로다
　그리고 이것에 대하여 : 아멘.[173]

---

172) T. W. Manson (p. 284 각주 160을 보라), 101 각주 2.

173) Dalman의 *Worte Jesu*, 305에 있는 본문 연대(年代)와 최후형태를 위하여는 Elbogen, *Der Jüdische Gottesdienst in seiner geschichtlichen Entwicklung*, Fankfurt-Main 1931＝Hildesheim 1962, 92－98을 참조하라. 문체적 고찰 역시 예수가 카디쉬를 취하고 있음을 보여준다. 주기도문의 두개의 "당신" 간구("thou" petitions)가 접속사 생략으로 나란히 서 있는 반면, 두개의 "우리"간구("We" petitions)는 καί

카디쉬는 종말론적인 기도문이다. 양 간구는 동일한 목적을 가지고 있다 : 주로서의 하나님의 나타나심. 양 간구에서 주로서 지상의 통치자의 나타남에는 말과(환호의 외침) 제스쳐(proskynesis)로서의 '신하의 예'를 수반한다. 하나님께서 자신의 영광을 드러내실 때에도 마찬가지일 것이다 : 그의 이름이 거룩히 여김을 받을 것이요 모든 것이 그의 통치에 복종할 것이다. 이처럼 카디쉬는 즉위주제(enthronement theme)를 사용한다.

주기도문의 두가지 "당신" 간구("thou" petition)는 이러한 노선을 따라 이해되어져야만 한다. 그들은 하나님의 영광이 가시적으로 나타나고 그가 자신의 통치에 들어가는 때의 도래를 위하여 기도한다. 이 세상은 사단의 통치아래 있다. 이러한 고통이 깊음들로부터 예수의 제자들은 사탄의 정복과 하나님 통치의 나타남을 위하여 부르짖는다. 그들은 마지막 시험의 때의 단축을 위하여 간구한다. 왜냐하면 만일 그렇게 되지 않는다면 아무도 구원받지 못할 것이기 때문이다(막 13 : 20). 두개의 "당신" 간구("thou" petitions)는 하나님의 약속과 자비에 대한 신뢰의 표현이다. 이것을 기도하는 사람들은 일상적인 근심을 제껴두고 자신을 전적으로 하나님께 대하여 던진다.

유대주의 공동체와 예수의 제자들은 동일한 말로써 하나님의 영광의 나타남을 위하여 기도한다. 그러나 양자 사이에는 큰 차이가 있다. 카디쉬에 있어, 유대주의 공동체는 아직 기다림의 영역에 있는 것에 대하여 기도하고 있다. 반면 주기도문은 하나님의 은혜스러운 사역과 위대한 전환점이 이미 시작된 사람들에 의하여 기도되어진다.[174]

한편 빵과 죄를 사하는 문제에 관한 두가지 "우리" 간구("we" petitions) 역시 마찬가지로 매우 밀접하게 연결되어 있다. 그것들의 양식으로부터 그것이 분명하게 드러난다. 각각의 간구들은 두개의 반행절로 구성되어 있다. 만일 주기도문의 초두가 카디쉬를 취한 것이 사실이라면, 그렇다면 주기도문의 강조점은 예수가 덧붙인 새로운 요소

에 의해서 함께 연결되어 있다. 이러한 상위(相違 : discrepancy)는 아마도 카디쉬의 두 간구가 최초의 전승에서 주기도문과 비슷하게 접속사생략에 의해서 나란히 서 있던 사실에 의해 설명될 수 있을 것이다.

174) pp. 124이하를 보라.

곧 두개의 "우리" 간구("we" petitions) 위에 놓여지게 될 것이다.

첫번째 "우리" 간구("we" petition)는 ἄρτος ἐπιούσιος (일용할 양식)를 구하는 것이다.

여기에서 ἐπιούσιος 의 의미에 관한 끝없는 논쟁을 다 개관하는 것이 우리의 목적은 아니다.[175] 본질적으로, 문제는―비 기독교 문맥에서 오직 한번 그것도 단편조각에서만[176] 나타나는― ἐπιούσια 라는 단어가 ἐπεῖναι 에서 파생된 것인가 혹은 ἐπουσία에서 파생된 것인가 그것도 아니면 ἐπιέναι 에서 파생된 것인가 하는 것이다. 만일 첫번째 경우라면 그것은 "생존에 필요한"을 의미하는 것일테고, 반면 두번째 경우라면 그것은 "오는"(coming), "내일의"를 의미할 것이다. 나는 내가 보기에 결정적인 논거로 여겨지는 것을 단도직입적으로 말하고자 한다. 교부 제롬 (Jerome)은 나사렛인들의 복음서(Gospel of the Nazareans)에 mᵃhar란 용어가 나타남을 우리에게 말해준다. 그는 이것을 quod dicitur crastinum 이라고 적절히 번역하였다.[177] 물론 나사렛인들의 복음서가(이것은 몇개의 단편조각만을 제외하고는 대부분 잃어졌다) 본래 아람어로 된 것이 아니라 마태복음을 아람어로 번역한 탈굼과 같은 역본인 것이 사실이기 때문에, 그것은 마태복음보다 후대의 것이다.

그럼에도 불구하고, 우리는 mᵃhar가 마태복음보다 이른 것이라고 단언할 충분한 근거를 가지고 있다. 왜냐하면 마태복음을 아람어로 번역하는 역자는 자신이 주기도문에 이르렀을 때에 자연스럽게 번역하는 것을 멈추고 대신 그가 매일 기도했던 것을 써내려갔을 것이기 때문이다. 만일 그렇다면, ἐπιούσιος 뒤에 있는 아람어 표현은 바로 mᵃhar(내일)인 것이 분명할 것이다. 이것은 그 다음번의 간구가 하나님의 용서와 인간의 용서 사이의 대조를 이루고 있는 것과 마찬가지로, 그러할 때 (ἐπιούσιος가 mᵃhar 곧, 내일을 의미하는 것일 때―역자주) ἐπιούσιος 와 σήμερον (오늘) 사이에 대조가 이루어지는 사실에 의해 뒷받침된다 : 내일의 빵을 오늘날 우리에게 주옵소서! (Tomarrow's bread, give us today!)

제롬은 아람어를 말하는 유대기독교인들에 의해 사용된 주기도문판에서 ἐπιούσιος 에 해당되는 단어가 무엇인가에 대하여만을 우리에게 가르쳐주고 있는 것이 아니다. 그는 아람어 번역본과 더불어 자신의 해석을 남겼다. *mahar quod dicitur crastinum, ut sit sensus : panem nos-*

---

175) W. Foerster, ἐπιούσιος, *TDNT* Ⅱ, 1964. 590―99

176) 그것은 이럭저럭하는 사이에 다시 분실되어 버린 파피루스에 있다(F. Preisigke, *Sammelbuch griechischer Urkunden aus Ägypten* Ⅰ, Strassburg 1915, 5224).

177) 마 6:11의 주석(E. Klostermann, *Apocrypha* Ⅱ, KIT 8, Berlin 1929, 7).

trum crastinum, id est futurum, da nobis hodie. 이와같이 제롬은 ἄρτος ἐπιούσιος를 "미래의 빵"(future bread)으로 해석한다. 사실상 mᵃhar 는 문자적으로 다음날(next day)을 의미한다. 그러나 의미상의 변이로 말미암아, 그것은 하나님의 내일(God's tomorrow), 미래, 곧 "종말의 때"(end-time)를 언급하는 것으로 사용되었다.[178] 이와 같이 "내일의 빵"이라고 해석함으로써, 제롬은 생존을 위한 최소한의 필수품인 지상의 빵(earthly bread)을 생각한 것이 아니라, 생명의 빵(떡)을 생각한 것이다. "빵을 위한 간구"에 대한 이러한 종말론적인 이해는 제 1세기에 동방에서나 서방에서나 공히 지배적이었다.[179] 주기도문의 나머지 다른 모든 간구가 종말론적인 경향을 띠는 사실은 예수가 "빵을 위한 간구"를 **종말의 때를 위한 빵** 곧 생명의 빵을 위한 간구로서 의도했음을 암시해준다.

만일 우리가 이것이 빵을 위한 간구를 영화시키는 것(spiritualization)이라고 생각한다면, 이것은 심각한 오해가 아닐 수 없다. 예수에게 있어서 지상의 빵(생명의 떡 : bread of life) 사이에는 아무런 갈등도 없었다. 왜냐하면 **바실레이아**의 영역에서는 모든 지상의 것들이 거룩하여지기 때문이었다. 예수가 세리와 죄인들을 자신의 식탁에 초대했을 때 뗀 떡이나 최후만찬 때에 제자들에게 준 떡은 지상의 떡(빵)이었으나 동시에 그것은 생명의 떡(빵)이었다. 예수의 제자들에게 있어—마지막 식사 만이 아니라—매일의 식사가 깊은 종말론적인 의미를 가지고 있었다. 예수와 함께 하는 매일의 식사는 구원의 식사 곧 마지막 잔치에 대한 예기(豫期 : anticipation)였다. 매 식사에 있

---

178) 심지어 구약에서 조차도 히브리어 **마하르**(māhār)는 "미래"의 의미를 갖는다 : 예컨대 출.13 : 14(장래 네 아들이 네게 묻기를…). 또한 창 30 : 33 ; 신 6 : 20 ; 수 4 : 6, 21 ; 22 : 24, 27이하 등을 참조하라. 한편 다음의 구절들에서는 **마하르**(māhār)가 종말론적인 의미를 갖는다 : Lev. R. on 18 : 3 ; Midr. S. of S. on 2 : 2(2회) ; gᵉullat (šel) māhār (내일의 구속에로).

179) A. Seeberg, *Die vierte Bitte des Vaterunsers*, Rostock 1914, 11이하. τὸν ἄρτον σὸυ Τόν ἐπιούσιον이란 표현을 가지고 있는 말시온(A. von Harnack, *Marcion*, TU 45, Leipzig 1924, 207이하) ; 팔레스틴 기독교(1hm d'tr', "여러분의 빵") ; 옛 시리아역(마 6 : 11 Syᶜ ⁽ˢ ᵈᵉᵉˢᵗ⁾ Wlhmn 'myn' dywm' hb (n ; 눅 11 : 3 Syˢᶜ whb ln lhm' 'myn' dkljwm) ; 옛 애굽역(bo crastinum, sa venientem) ; 그리고 마 6 : 11에 대한 벌게이트역(*Supersubstantialem*)

어 예수가 주인(host)이었다—완성의 때(consummation)에 그러할 것처럼 초대공동체는 공동체의 식사를 '주의 만찬'(주의 식사 : the Lord's meals, 고전 11 : 20)이라고 부름에 있어 이러한 이해를 보존하였던 것이다.

"내일의 빵"을 위한 간구가 의미했던 것 역시 이러한 방식이었다. 그것은 매일의 세계(everyday world)와 천상의 세계(heavenly world)를 분리시키지 않는다. 오히려 그것은 매일의 세상적 일들(everyday secularity) 속에서 오는 세상의 권능과 은사들이 유효화(有效化)될 것을 간구한다. 오직 우리가 "빵을 위한 간구"의 종말론적인 성격을 분명히 이해할 때에야 비로소 우리는 σήμερον (오늘)의 중요성을 이해할 수 있게 된다. 사단에 의해 종노릇하는 세상에서 곧 하나님이 멀리 떨어져 계신 세상에서, 제자들은 지금 '완성의 영광'에의 참여(분깃 : share)를 간구해야 한다. 그들은 손과 기도로서 생명의 떡(빵)에 손을 뻗칠 수 있다 : 지금 여기에서, 그리고 오늘, 우리의 비참한 생존 가운데에서 우리에게 생명의 떡을 주옵소서.

두번째 "우리" 간구("we" petition)는 이 세상이 향하여 움직이고 있는 대심판의 때를 바라본다. 예수의 제자들은 자신들이 죄와 허물에 사로잡혀 있음을 알고, 따라서 하나님의 가장 크신 은사인 용서만이 자신들을 구원할 수 있음을 안다. 그들이 이러한 은사를 간청하는 것은 반드시 최후심판의 때를 위함이 아니라, 오히려 지금, 여기에서 그리고 오늘을 위한 것이다. 첫번째 "우리" 간구와 마찬가지로, 두번째 "우리" 간구 역시 두 부분으로 되어 있다. 그러나 "용서를 위한 간구" (두번째 "우리" 간구)의 둘째 부분 ὡς καὶ ἡμεῖς ἀφήκαμεν τοῖς ὀφειλέταις ἡμῶν(우리가 우리에게 죄지은 자를 사하여 준 것같이)은 이것이 인간의 행동을 언급한다는 점에서 매우 놀랄 만하다—주기도문의 문맥에서는 무언가 특이한 점이 있다. 이것은 거의 다른 몸에서 떨어져 나온 지체가 붙어있는 것처럼 보인다. 이러한 사실은 여기에 매우 큰 강조점이 놓여지는 것을 분명하게 한다. 여기에서 특히 주목할 만한 것은 단순과거형(aorist) ἀφήκαμεν 이다 : "우리를 용서하옵소서, 우리가 용서한(ἀφήκαμεν)것처럼."

그렇다면 우리의 용서함이 하나님의 용서하심에 선행된단 말인가?

그것은 하나님의 용서하심이나(마태복음, $\acute{\omega}_S$ $\kappa\alpha\acute{\iota}$) 칭의 (누가복음, $\kappa\alpha\grave{\iota}$ $\gamma\acute{\alpha}\rho$)에 대한 모범인가? 우리는 언어학적인 고찰로 말미암아 $\grave{\alpha}\phi\acute{\eta}\kappa\alpha\mu\epsilon\nu$에 대한 올바른 이해에 도달할 수 있다. 이는 아람어 Š⁰baqnan 으로 소급되는데, 이것은 perfectum coincidentiae로서 의도된 것이다.[180] 따라서 그것은 이렇게 번역되어야만 한다 : "**이것으로 인해** 우리가 우리 빚을 용서하는 것 같이."

이와 같이 두번째 "우리" 간구("we" petition)의 둘째 부분은 자신의 용서함에 대하여 스스로 일깨워주는 것(self-reminder)이며, 또한 하나님의 용서하심을 전할 준비의 선언인 것이다. 예수께서 계속해서 강조하는 바와 같이, 이러한 준비는 하나님의 용서하심을 위한 필수불가결한 선행조건인 것이다.[181] 용서에의 준비가 결여되어 있는 곳에서는, 하나님의 용서하심을 구하는 간구는 거짓말이 되고만다. 그러므로 두번째 "우리" 간구("we" petition)로서 예수의 제자들은 이렇게 말하고 있는 것이다 : "우리는 **바실레이아**에 속한 사람들이다. 그러므로 오늘날 우리에게 구원의 때의 은사에 속한 분깃(share)을 주옵소서. 우리는 그것을 계속하여 전할 준비가 되어 있습니다."

두개의 "우리" 간구("we" petitions)는 두개의 "당신" 간구("thou" petitions)를 실현시킨다. 만일 "당신" 간구가 하나님 영광의 나타남을 간청하는 것이라면, "우리" 간구는 지금, 오늘 완성을 요구하는 것이다.

종결 간구(closing petition)는 매우 놀랍다. 형식상의 관점에서 볼 때, 그것은 주기도문의 틀 밖으로 떨어진다. 두개의 "당신" 간구가 평행법을 이루고 또 두개의 "우리" 간구는 이분구조(二分構造)를 가지고 있는 것과는 대조적으로, 이러한 간결하고도 단세포적인 "종결 간구"는 돌발적이고 거친 듯이 보인다. 이것 외에도 또다른 측면이 있다 : 이러한 마지막의 "종결간구"는 유일하게 부정법적으로 되어있다.

그러나 이러한 모든 것들은 고의적인 것이다. 마지막의 "종결 간구"

---

180) P. Joüon, *L'Evangile de Notre-Seigneur Jesus-Christ*. Verbum Salutis 5, Paris 1930, 35를 참조하라.

181) pp. 267이하를 보라.

는 거칠고 돌발적인 것으로 보이도록 의도되었다. 이것은 그것의 내용을 보여준다. 이것(종결간구)을 이해하기 위하여는 먼저 $\pi\epsilon\iota\rho\alpha\sigma\mu\acute{o}\varsigma$ (시험)가 일상적인 유혹들을 언급하는 것이 아니라 마지막의 큰시험을 언급하는 것임을 주목해야만 한다.[182] 헬라어법에서 $\mu\grave{\eta}\ \epsilon\acute{\iota}\sigma\epsilon\nu\acute{\epsilon}\gamma\eta\varsigma$ (들어가지 말게 하소서)는 시험에로 이끄시는 이가 바로 하나님이심을 나타내는 것일 수 있다. 그러나 이러한 해석은 이미 야고보서 1 : 13에 의해 거부되었다. 우리가 이것을 유대인들의 아침기도및 저녁 기도와 비교해 볼때, 우리는 이것이 그러한 의미를 갖는 것이 아님을 알 수 있다 :

나를 죄의 권세로 데려가지 마옵소서
범죄의 권세로도 데려가지 마옵시고
유혹의 권세로도 데려가지 마옵시며
어떠한 부끄러운 권세로도 데려가지 마옵소서.[183]

여기에서 사역적인(causative) "나를 데려가지 마옵소서"는 분명히—네개의 병행구절들이 보여주는 바와 같이—허용적인 개념을 갖는다 : "나를 희생의 자리에 떨어지지 말게 하옵소서." 이와 마찬가지로, 주기도문의 "종결간구"에 있는 $\mu\grave{\eta}\ \epsilon\acute{\iota}\sigma\epsilon\nu\acute{\epsilon}\gamma\kappa\eta\varsigma$도 동일한 방식으로 의도된 것이다 : "우리를 유혹에 희생되지 않게 하소서." 예수의 제자들은 시험에서 면제되도록 기도하고 있는 것이 아니다.[184] 오히려 "종결간구"는 종말론적인 시험에 대해 굴복하는 것으로부터 보호해 달라고 요청하는 것이다. 그러므로 예수의 제자들은 주기도문의 끝부분에서 "배교로부터의 보호"를 간구하고 있는 것이다.[185]

---

182) pp. 195이하를 보라. ‡ Jeremias, Lord's Prayer', 105이하.

183)b. Ber. 60dlk (2회)

184) Tertullia, De baptismo 20 : 2에 인용된 아그라폰(agraphon : 정경복음서에는 기록되어 있지 않으나 다른 신약성경이나 초기 기독교문서에는 나타나는 예수의 말씀—역자주) meninem intemptatum regna caelestia consecuturum 을 참조하라. 이의 해석을 위하여는 Jeremias, Unknown Sayings of Jesus, London 1964, 73—75를 보라.

185) R. Bultmann, Jesus and the Word, London 1958,

이제 우리는 돌발적인 결론을 이해할 수 있게 되었다. 이러한 "종결간구"가 제자들로 하여금 그들의 완성에의 기대로부터 구체적인 상황으로 되돌이키는 것은 예수의 실제에 대한 관심의 표시인 것이다. 이러한 종결간구는 "도움을 위한 멀리까지 메아리치는 부르짖음"(far-echoing cry for help)이다.[186] "우리에게 한가지를 허락하소서; 그것은 우리가 잘못된 길을 가는 것으로부터 우리를 보호하는 것이니이다." "이러한 간구, 심지어 이것이 표현하는 개념과 병행되는 것이 구약에는 전혀 없는 사실"은 결코 우연의 일치가 아닌 것이다.[187]

"누가복음 11 : 4"과 "마태복음 6 : 13의 최초사본들"에 영광송(doxology)이 없는 사실이 한때 그것(주기도문)이 어떠한 종결축복송(final benediction)도 없이 기도되었다는 추론을 정당화시키는 것은 아니다. 어떤 기도문이 τοῦ πονηροῦ(마태복음)나 εἰς πειρασμόν(누가복음)과 같은 단어로 종결되었다는 것은 거의 상상하기 어렵다. 이와 관련하여, 유대주의에서 기도문을 종결짓는 두가지 방식이 있었던 사실을 인식하는 것이 중요하다 : 고정된 결어와 하티마(ḥᵉtima, 인)라 불려졌던 탄원자에 의해 자유롭게 공식화된 결어. 원래 주기도문은 "인"(印 : seal) 곧 자유롭게 공식화된 결어를 가진 그러한 기도문이었다. 그러다가 AD 1세기 말에야 비로소 영광송의 고정된 형태가 여러 단계를 거쳐 일반적으로 받아들여지게 되었다. 이것이 처음으로 입증되는 디다케 8 : 2은 아직 두 부분으로 되어 있었다 : ὅτι σοῦ ἐστιν ἡ δύναμις καὶ ἡ δόξα εἰς τοὺς αἰῶνας(대개 권세와 영광이 당신께 영원히 있사옵나이다). 그러나 곧이어 그것은 세 부분을 가진 것이 되었다.

이와 같이, 주기도문은 마치 **마라나타**(고전 16 : 22)와도 같이 또한 마가복음 14 : 38이나 누가복음 21 : 36과도 같이 종말론적인 기도이다. 그것의 핵심은 "심지어 지금" 현실화되어지고 있는 "통치"를 위한 간구이다. 그러나 "종결간구"는 마지막에 항상 다음과 같은 부르짖음이 남는다는 사실을 보여준다. πιστεύω βοήθει μου τῇ ἀπιστίᾳ : 내가 믿나이다 나의 믿음없는 것을[188] 도와주소서(막 9 : 24).

---

186) ‡ Schürmann, 90.
187) ‡ Herrmann, 91.
188) 이 여격은 반대의 의미이다. (p. 247을 보라).

§19 제자의 생활

G. Kittel, *Die Probleme des palästinensischen Spätjudentums und des Urchristentums*, BWANT 3, 1, Stuttgart 1926 ; W. G. Kümmel, 'Jesus und der jüdische Traditions gedanke', *ZNW* 33, 1934, 105—30 ; Jeremias, *Jerusalem*, 359—76 ; E. Lohmeyer, *Kultus und Evangelium*, Göttingen 1942 ; G. Bornkamm, 'Der Lohngedanke im Neuen Testament', *EuTh* 2/3, 1946, 143—66=*Studien zu Antike und Urchristentum*, Gesammelte Aufsätze II, BEvTh 28, München 1959=²1963, 69—92 ; G. von Rad, 'The City on the Hill', in : *The Problem of the Hexateuch and other Essays*, Edinburgh and London 1966, 232—42 ; C. H. Dodd, *Gospel and Law*, Cambridge 1951 ; H. -J. Schoeps, 'Jésus et la loi juive', *RHPR* 33, 1933, 1—20 ; K. -H. Rengstorf, *Mann und Frau im Urchristentum*, Arbeitsgemeinschaft für Forschung des Landes Nordrhein-Westfalen, Heft 12, Köln-Opladen 1954 ; R. Schnackenburg, *The Moral Teaching of the New Testament*, London 1965 ; J. Dupont, *Les Béatitudes. Le problème littéraire. Le message doctrinal*, Bruges-Louvain 1954, ²I 1958= Paris 1969. ²II Paris 1969 : J. Leipoldt, *Die Frau in der antiken Welt und im Urchristentum²*, Leipzig 1955, Gütersloh 1962 ; H. Braun, *Spätjüdisch-häretischer und frühchristlicher Radikalismus*, BHTh 24, Tübingen 1957 ; J. Jeremias, *Die Bergpredigt*, Calwer Hefte 27, Stuttgart 1959=⁵1965=Jeremias, *Abba*, 171—89 ; E. Lohse, 'Jesu Worte über den Sabbat', *Judentum- Urchristentum-Kirche, Festschrift für J. Jeremias*, BZNW26, Berlin 1960, ²1964, 79—89 ; M. Hengel, *Die Zeloten*, AGSU 1, Leiden-Köln 1961 ; H. Kosmala, 'The Parable of the Unjust Steward in the Light of Qumran', *ASTI* III, Leiden 1964, 114—21 ; H. J. Degenhardt, *Lukas Evangelist der Armen. Besitz und Besitzverzicht in den lukanischen Schriften*, Stuttgart 1965 ; A. Isaksson, *Marriage and Ministry in the New Temple*, ASNU XXIV, Lund 1965 ; S. G. F. Brandon, *Jesus and the Zealots*, Manchester 1967 ; H.-T. Wrege, *Die Überlieferungsgeschichte der Bergpredigt*, WUNT 9, Tübingen 1968.

본 항(項)은 "예수의 윤리적 요구"의 주제와 관련된다. 그러나 제목은 종말론적인 특성을 흐리게한다. 왜냐하면 예수의 그러한 요구는 순전히 이 세상과 관련한 행동법전이 아니라, 도래하는 하나님의 통치, 나아가서 심지어 지금 제자들의 생활을 규정하는 삶의 질서에 관계하기 때문이다. 그러므로 "예수의 윤리"라는 제목 대신에, 나는 "제자의 생활"(Life of Discipleship)이란 제목을 사용하고자 한다.

하나님의 통치(the reign of God)가 "기도" 없이는 생각할 수 없는 것과 마찬가지로(§18), 그것은 또한 "제자의 생활" 없이도 생각할 수 없다. 왜냐하면 하나님의 통치에 속하는 것은 그의 전 삶(Whole life)을 바꾸어 버리기 때문이다 : 다시 말해서, 하나님과의 관계가 새롭게 되는 것 뿐만 아니라 **사람**과의 관계도 마찬가지로 새롭게 되는 것이다. 하나님의 통치에 속하므로 하나님을 아버지로 부를 수 있는 사람은 이제 하나님의 새로운 율법 아래 놓여지게 되는데, 그러한 새로운 율법은 새 창조의 한 부분이며[189] 또한 옛 세대(old aeon)의 신적 율법을 대체하는 것이다.

(1) 옛 세대의 신적 율법에 대한 예수의 비판

옛 세대의 신적 율법은 토라(Torah)에, 혹은 보다 정확하게는 두개의 토라에 구체화되어졌다. 이러한 두개의 토라는 "기록된 토라"(written Torah)와 "구전 토라"(oral Torah)인데,[190] 기록된 토라는 모세오경(pentateuch)으로 이루어졌다. 현존하는 구약문서들은 "죄를 위하여 더하여진 것"[191]이라고 언급되었다.. 그러나 그것들은 역시 영감받은 것으로 간주되어졌다.[192]

토라는 특정한 상황에 적용될 수 있도록 해석되어야만 했다. 이리하여 할라카라 불리는 "구전 토라"(oral Torah)가 생겨나게 되었는데, 이것은 서기관들의 작품(work)이었다. 이들은 할라카에다가 "기록된 토라"(written Torah)와 동일한 권위를 부여하는 경향이 있었다. 미쉬나가 만들어진 때인 AD 2세기말경에는 "기록된 토라"와 마찬가지로 "구전 토라" 역시 시내산에서 모세에게 주어진 것으로서 아무런 손상없이 전해져 왔다는 견해가 편만되었다.[193] 이리하여 "구전 토라"가 "기록된

---

189) W. D. Davies, 'Matthew 5 : 17, 18', in : *Mélanges bibliques rédigés en l' honneur de André Robert*, Travaux de l'Institut Catholique de Paris 4, Paris 1957, 428−56＝in : *Davies, Christian Origins and Judaism*, London 1962, 31−66.

190) b. Shab. 31a Bar. 등.

191) Billerbeck Ⅳ 435.

192) *Ibid.*

193) P. Aboth 1 : 1 "모세는 시내 산으로 부터 (즉 하나님으로 부터) 토라를 받았고 그것을 여호수아에게 전해 주었다 ; 여호수아는 그것을 장로들에게 전했고 장로들은 선지자들에게 전했으며…"(여기에서 '토라'는 '기록된 토라'와 '구전 토라'를 모두 포함한다 ; H. L. Strack *Priqe Aboth. Die Sprüche der Väter*, Schriften des Institutum Indaicum in Berlin 6, Leipzig 1915, 1).

토라"와 동일한 권위와 영감을 가졌다는 주장이 생겨날 수 있었다.[194]
예수의 시대에 이미 이러한 견해가 일반적으로 인정되었는지의 여부를
추측함에 있어 우리는 아무런 배경지식도 가지고 있지 못하다. 그러나
우리는 할라카가 이러한 지고(至高)의 권위를 얻는 도상에 있었음을
안다. 그러므로 우리는 두가지 문제를 고찰해야만 한다 : "기록된 토라
에 대한 예수의 태도는 무엇이었나" 그리고 "구전 토라 곧 할라카에 대
한 그의 태도는 무엇이었나".

a. 구약 율법에 대한 예수의 태도

예수는 구약 속에서(in the old Testament) 살았다. 만일 우리가 이
사실을 인식하지 못한다면, 예수의 말씀들은 불가해한 것이 되고만다.
마가복음에 따를 때, 그의 마지막 말은 그의 모국어인 아람어로 기도
한 시편 22편의 첫머리였다(막 15 : 34).[195] 예수는 특히 선지자 이사야
를 좋아하였는데,[196] 무엇보다도 제2이사야에 있는 하나님의 종에 대한
약속과 진술들을 좋아하였다.[197] 또한 다니엘서의 묵시적 말씀들은 그
에게 있어 특별한 의미를 가지고 있었다.[198] 숫자적으로 볼 때, 예수의
입술 위에서 가장 자주 나타나는 것은 시편의 문자적 또는 자유로운 인
용들이었는데[199] 이것은 특히 그의 기도의 경우에 있어 그러하였다.[200]

---

194) Billerbeck Ⅰ 81이하, 691–93. 산헤드린 11 : 3에는 심지어 할라카가 '기록
된 토라'보다 상위에 놓여진다(또한 Billerbeck Ⅰ 692이하를 보라).
195) p. 25 각주 18을 보라.
196) 이사야 1장–40장에 대한 다음의 예수의 인용들을 참조하라. 사 6 : 9이하
(메시지의 이중적인 효과)와 막 4 : 12 병행(이에 대해 본서의 p. 184를 참조하라) ;
사 29 : 13(하나님을 입술로만 공경함과 사람의 계명)과 막 7 : 6이하 병행 ; 사 29 :
18이하, 35 : 5이하(구원의 때의 표적들)와 마 11 : 5 병행.
197) 사 53장에 대한 인용을 위하여는 pp. 410이하를 참조하라. 또한 다음을 참조
하라. 사 56 : 7(모든 백성의 기도하는 집)과 막 11 : 17 병행 ; 사 61 : 1이하(가난한
자들을 위한 복음)와 마 5 : 3 병행, 4, 11 : 5 병행, 눅 4 : 18이하 ; 사 66 : 24(영원한
징벌)과 막 9 : 48.
198) 단 2 : 34이하, 44이하(부수는 돌)와 마 21 : 44 병행 ; 단 7 : 9이하(심판의 보
좌)와 마 19 : 28 병행 ; 단 7 : 27(하나님 백성의 바실레이아)과 눅 12 : 32 ; 단 9 :
27, 11 : 31, 12 : 11(멸망의 가증한 것)과 막 13 : 14 병행 ; 단 12 : 1(대환난)과 막 13
: 19 병행.
199) 가장 중요한 구절들은 다음과 같다. 시 8 : 3(젖먹이들로부터의 찬양)과 마
21 : 16 ; 시 22 : 2(나의 하나님 나의 하나님…)과 막 15 : 34 병행 ; 시 24 : 4, 51 : 12,

열두권의 소선지서들 역시 종종 인용되었으며,[201] 또한 예레미야서가
반복적으로 언급되었다.[202] 예수는 모세오경의 여러 구절들 속에 "하나
님 뜻"의 기본규범들이 새겨져있음을 발견했는데(예컨대 막 7 : 10 병
행 ; 10 : 19 병행 ; 12 : 28-34 병행), 이러한 것들이 특히 논쟁말씀들
(controversy sayings)가운데 나타난다.[203]

오직 예수의 이러한 기본적인 태도가 분명해지고 난 후에야만이, 우
리는 예수가 토라를 보다 철저하게 만든 것, 토라를 비판하는 것 그리
고 심지어는 그것을 대체시키는 것이 무엇을 의미하는지를 평가할 수
있게된다. 예수가 토라를 보다 철저하게(redical)만드는 방법에 대한
(그에 앞서 의의 교사가 했던 것처럼)[204] 가장 분명한 예는 산상수훈의
처음 두 반제들(反提 : antitheses)에서 나타나는데, 그것들은 살인과

---

73 : 1(깨끗한 심령)과 마 5 : 8 ; 시 31 : 6(주의 손 안에…)과 눅 23 : 46 ; 시 37 : 11
(온유한 자)과 마 5 : 5 ; 시 41 : 10(식탁을 함께하는 자의 배반)과 막 14 : 18, 요 13
: 18 ; ; 시 42 : 6, 12, 43 : 5(내 영혼이 낙심되다……)과 막 14 : 34 병행 ; 시 49 : 8
(속전)과 막 8 : 37 병행 ; 시 50 : 14(맹세를 지킴)과 마 5 : 33 ; 시 110 : 1(…까지 내
우편에 앉아있으라)과 막 12 : 36 병행, 14 : 62 병행 ; 시 113장-118장(유월절 식사
때에 기도되었던 할렐루야)과 막 14 : 26 ; 시 118 : 22이하(머릿돌)와 막 12 : 10 병행
; 시 118 : 26(오는 자가 복이 있도다)과 마 23 : 39 병행.

　200) p. 278을 보라.

　201) 예컨대, 호 6 : 6(자비)과 마 9 : 13, 12 : 7 ; 미 7 : 6(가정불화)과 막 13 : 12
병행, 마 10 : 21, 35이하 병행 ; 슥 13 : 7(목자를 치다)과 막 14 : 27 병행 ; 말 3 : 1
(선구자)와 마 11 : 10 병행 ; 말 3 : 23(다시 오는 엘리야)와 막 9 : 12 병행.

　202) 예컨대, 렘 6 : 16(안식을 찾음)과 마 11 : 29 ; 렘 7 : 11(도둑의 소굴)과 막
11 : 17 병행 ; 렘 31 : 31(새 언약)과 막 14 : 24 병행.

　203) a. 창조에 대하여 : 창 1 : 27과 막 10 : 6 병행 ; 창 2 : 24과 막 10 : 7이하 병
행.

　b. 소돔과 고모라에 대하여 : 창 19 : 15, 24이하와 눅 17 : 29 ; 창 19 : 26과 눅 17
: 31.

　c. 조상들의 하나님에 대하여 : 출 3 : 6과 막 12 : 26 병행.

　d. 십계명에 대하여 : 출 20 : 12-16, 신 5 : 16-20과 막 7 : 10 병행, 10 : 19 병
행, 마 5 : 21, 27.

　e. 개별적인 규례들에 대하여 : 출 21 : 12과 마 5 : 21 하반절 ; 출 21 : 17과 막 7 :
10 병행 ; 출 21 : 24과 마 5 : 38 ; 레 19 : 12과 마 5 : 33 ; 레 19 : 18과 막 12 : 31 병행,
마 5 : 43, 19 : 19 ; 신 6 : 4이하와 막 12 : 29이하 병행 ; 신 24 : 1과 마 5 : 31.
이외에도 강조할 만한 구절들로는 다음과 같은 것들이 있다. 왕상 17 : 9(사렙다 과
부)과 눅 4 : 26 ; 왕하 5 : 14(나아만 장군)과 눅 4 : 27 ; 겔 34 : 16(잃은 자)과 눅 19
: 10.

　204) ‡ Braun ; G. Jeremias *Lehrer der Gerechtigkeit.* 331 이하.

간음에 대한 금지규정을 보다 철저하게 강화시킨다(출 20：13이하；cf.
마 5：21이하；5：27이하).[205]

　한편 예수는 어떤 요소들을 빠뜨림으로써 토라를 근본적으로 비판
한다. 마태복음 11：5이하에서, 예수는 이방인들에 대한 종말론적인
원수갚음을 빠뜨린다—예수가 인용한 구약의 세 구절에서 이것이 언급
되고 있음에도 불구하고(사 35：5이하；29：18이하；61：1).[206]

　누가복음 4：16-30 역시 여기에 속한다. 18절 이하에 나타나있는 예
수의 설교본문은 이사야 61：1이하이다. 여기에서 예수는 "주의 은혜
의 해를 전파하게 하려 하심이라"는 말씀으로 종결을 짓는다. 이러한
것을 이사야 본문과 비교해보면, "우리 하나님의 신원(원수갚음)의
날"이 빠져있음을 알 수 있다. 이러한 예수의 설교에 대한 사람들의 반
응은 다음과 같았다 : πάντες ἐμαρτύρουν αὐτῷ καὶ ἐθαύμαζον ἐπὶ
τοῖς λόγοις τῆς χάριτος(22절 : 저희가 다 그를 증거하고 그 입으로
나오는 바 은혜로운 말을 기이히 여겨). 여기에서 두개의 동사의 의미
가 모호하다 : 여격과 함께 나오는 μαρτυρεῖν은 "아무를 위하여 증거
하다"(give witness for)와 "아무를 반대하여 증거하다"(give witness
against)를 모두 의미할 수 있으며, 또한 θαυμάζειν 와 "무엇에 충격
받다"(be shocked at)를 모두 의미할 수 있다. 그러나 계속 이어지는
이야기의 진행으로 미루어 보건대, 위의 단어들은 후자의 의미로 해석
되어야만 한다. 이러한 경우 ἐπὶ τοῖς λόγοις τῆς χάριτος(22절)의
해석은 이러할 것이다 : 나사렛사람들은 예수가 이사야 61장을 설교함
에 있어 원수갚음에 대한 말씀은 빠뜨리고—이것이 본문에 분명하게
나타나 있음에도 불구하고—오직 은혜의 말씀만을 인용한 것에 대하여
충격을 받았다.[207]

　토라에 대한 예수의 비판은 이혼에 대한 모세의 허용에 관한 말씀 속
에서 가일층 분명하게 나타난다(신 24：1). 우리는 토라의 규정에 대한
이러한 폐지가 당시의 사람들에게 얼마나 큰 충격을 주었겠는가 하는

---

　205) 그러한 反提들에 대하여는 pp. 364이하를 보라. 유대주의나 초대교회는 이
러한 반제들과 비교될 만한 것을 알지 못했다.
　206) pp. 160이하를 보라.
　207) J. Jeremias, *Jesus' Promise to the Nations*, SBT 24, London 1967, 44—46.

것을 미루어 짐작할 수 있다. 아마도 마가복음 10 : 5(예수께서 저희에게 이르시되 너희 마음의 완악함으로 인하여 이 명령을 기록하였거니와)에 대한 반동으로 나타난 것일 가능성이 높은 다음과 같은 구절을 참조하라. "만일 어떤 사람이 '(전체)토라는 하나님으로부터 말미암는다 ; 그러나 이 구절 혹은 저 구절만은 예외인데 그것은 하나님에 의해 말씀되어진 것이 아니라 모세 자신의 입을 통해서 말하여진 것이다'라고 말한다면 그는 야웨의 말씀을 경멸한 것이다."[208]

또한 예수가 제자들에게 맹세를 금지시킨 것이나(마 5 : 33-37) 혹은 등가보복법(等價報復法)을 엄히 금지한 것(마 5 : 38-42), 또한 가장 예리한 평가절하는 마태복음 5 : 17이었다(내가 율법이나 선지자나 폐하러 온 줄로 생각지 말라 폐하러 온 것이 아니요 완전케하려 함이로라). 토라를 완전케한다(성취시킨다 : πληβόω)는 주장은 마지막 계시를 가져온다는 주장과 동일한 것이었다(pp.134이하를 보라). 마태복음 5 : 17로부터 반율법주의(反律法主義 : antinomianism)를 도출하는 것은 아무런 기초도 갖지 못하는 것으로서[210] 그릇된 해석에 불과할 뿐이다. 여기에서 예수는 율법을 파괴하는 데에 관여하고 있는 것이 아니라, 그것을 충만한 종말론적 분량에까지 채우는 데에 관여하고 있는 것이다.

제의(祭儀 : cult)에 대한 예수의 태도 역시 이와 동일한 선상에 놓여 있다.[211] 그는 제의(cult)를 존중하였으며, 성전이 높임받기를 원하는데(막 11 : 15-18 병행. 특히 16절), 그것은 그 곳에 하나님께서 계셨기 때문이다(사 56 : 7을 인용한 17절). 마태복음 23 : 16-22에서, 예수는 성전과 제단에 대하여 존중하는 태도를 요구하였다. 이러한 그의 분명한 태도는—마태복음 5 : 23이하에 전제되어 있는 행동인—제사적 예배(sacrificial worship)에 있어서도 마찬가지였다.[212] 만일 예수의 마지막 식사가 유월절 식사였다면, 그는 유월절 양을 잡았어야만 했다. 마가

---

208) b. Sanh. 99a Bar(Billerbeck Ⅰ 805)
209) 반면 막 7 : 15은 토라를 폐지하는 어록에 속하지 않는다. pp. 306이하 참조.
210) 마 10 : 34이 보여주는 바와 같이, 이것이 μη νομίσητε 의 의미이다.
211) J. Leipoldt, *Der Gottesdients der ältesten Kirche jüdisch? griechisch? christlich?*, Leipzing 1937. 10—20 ; ‡ Lohmeyer(그는 한쪽으로 치우쳤다. 그는 예수를 제의와 성전에 대한 날카로운 반대자로 묘사한다).
212) p. 283(기도에 대한 가르침)을 보라.

복음 1 : 44 병행에서, 예수는 문둥병자로 하여금 의식적(儀式的)인 정결규례를 지킬 것을 요구했다. 그러므로 우리는 로마이어(E. Lohmeyer)로 더불어 예수가 제사적 제의(sacrificial cult)와 싸웠다고 말할 수 없는 것이다. 만일 그랬다면(예수가 제사적 제의와 더불어 싸웠다면), 최초의 전승은 이에 대하여 침묵을 지키지 않았을 것이며 초대교회 역시 제사적 예배에 참여하지 않았을 것이다(행 21 : 26). 물론 사랑의 계명을 성취하는 것이 다른 어떤 제사보다도 중요하다.[213] 무엇보다도 성전은 파괴되어가는 도중에 있다. 당시 유대주의에 있어, 성전은 영원한 것이었다. 반면 예수는 그것의 무너짐을 선언하였다. 구원의 때에 옛 성전을 대체시키는 하나님의 새 성전이 이미 준비되었다(막 14 : 58 병행).

b. 구전에 대한 예수의 태도

할라카에 대한 예수의 태도는 매우 달랐다. 그는 그것을 근본적으로 거부하였다. 특히 그는 안식일에 대한 랍비의 할라카에 대하여 싸웠다. 늘상 이것이 그를 충돌에로 이끌었던 것이다.

안식일에 대한 예수의 태도를 이해하기 위하여는, 마가복음 2 : 27과 같은 원리적인 언급으로부터 출발하는 것이 가장 좋다. 이 말씀은 교차적으로 구성된 반위적 평행법(antithetic parallelism)이다 :

$$\tau \grave{o} \; \sigma \acute{a} \beta \beta a \tau o \nu \; \delta \iota \grave{a} \; \tau \grave{o} \nu \; \mathring{a} \nu \theta \rho \omega \pi o \nu \; \grave{e} \gamma \acute{e} \nu e \tau o$$
$$\kappa a \grave{\iota} \; o \grave{\upsilon} \chi \; \acute{o} \; \mathring{a} \nu \theta \rho \omega \pi o \varsigma \; \delta \iota \grave{a} \; \tau \grave{o} \; \sigma \acute{a} \beta \beta a \tau o \nu \; .$$

안식일은 사람을 위하여 있는 것이요
사람이 안식일을 위하여 있는 것이 아니니

종종(p. 32—38을 보라), $\grave{e} \gamma \acute{e} \nu e \tau o$는 신적 행동을 사람을 주어로 하는 것으로 바꾸어 쓸 때 사용되었다. 따라서 마가복음 2 : 27상반절은 다음을 의미하는 것이다 : "하나님께서 사람을 위하여 안식일을 제

---

213) 막 12 : 34. 여기에서 예수는 33절의 서기관의 말에 동의하고 있다.

정하셨다. ” 이 로기온은 창조에 대하여 실로 일련의 창조활동에 대하여 말하고 있다. 여섯째 날에 인간을 창조하고 일곱째 날을 안식일로 정한 것은 안식일이 인간에게 봉사하고 그들에게 축복을 가져다주는 것이 창조주로서의 하나님의 뜻임을 보여준다. 초기 유대주의에서 안식일 계명은 이스라엘을 열방들의 세계로부터 구분짓는 특징으로 여겨졌다(희년서 2 : 19이하). 그러나 예수는 안식일계명을 인간들에 대한 하나님의 은사(선물 : gift)로 보았다.

동시에, 둘째 행에서 예수는 "인간이 안식일에로 던져지는" 결과(랍비문학의 병행구절을 보기 위하여는 p. 41 각주 101을 보라), 다시 말해서 인간이 안식일의 노예가 되는 결과로서의 잘못된 태도에로 향한다. 안식일과 그에 대한 예수의 충돌에 관한 말씀들이 보여주는 바와 같이,[214] 여기의 언급은 랍비의 안식일 할라카에 대한 것이다. 이것은 안식일에 금지되는 모든 행동들을 목록화한 결의법적 구조(casuistic system)를 가지고 있다. 이러한 안식일 할라카를 준수하는 것으로부터 풀어주는 유일한 것은 그의 생명이 위험 가운데 있을 때 뿐이었다. 마카비 시대의 전쟁동안 발전된 이러한 수정(修正)은 유대병사들로 하여금 안식일로 인하여 아무런 저항없이 적들이 적들의 손에 떨어지는 것을 막기 위하여 의도된 것이었다.[215]

반면 예수는 안식일에 제자들이 이삭을 비비는 것을 묵인하였을 뿐만 아니라(막 2 : 23 병행), 또한—그들의 생명이 위험 가운데 있지 않았음에도 불구하고—안식일에 병자들을 계속적으로 고쳤다.[216] 공관복음 전승에 따르면, 그는 안식일 할라카에 대한 자신의 위반(transgression)을 여러가지 방법으로 정당화하였다. 그는 하나님께서 안식일을 멍에로서 의도하지 않았다고 말씀한다(막 2 : 27). 그런가하면, 그는 또한 배고플 때 성소에 들어가서(미드라쉬에 따르면 안식일에)[217] 자신과 부하들을 위하여 진설병을 취하여 먹은 다윗이나(막 2 :

---

214) ‡ Lohse는 안식일에 관한 예수의 말씀들이 그것에 대한 복음서의 이야기들보다 편집상의 개정(editorial revision)에 덜 종속되어 있음을 보였다.

215) 마카비 1 서 2 : 32이하.

216) 막 3 : 1—6 병행 ; 눅 13 : 10—17 ; 14 : 1—6. 또한 요 5 : 9과 9 : 14 참조.

217) B. Murmelstein, 'Jesu Gang durch die Saatfelder,' *Angelos* 3, 1930, 111—20.

25이하), 성전에서 안식일을 깨뜨리는 제사장들(마 12：5), 그리고 안
식일에 할례를 행하는 것(요 7：22), 그리고 실제적으로 용납되어 온
안식일 규례의 수정(마 12：11 병행) 등을 지적한다.[218] 이러한 모든 예
들의 결정적인 요점은 그것들이 할라카의 의가 하나님의 뜻에 반함을
보여준다는 사실이다. 그러나 예수가 안식일 할라카를 거부하는 것을
정당화시키는 결정적이고도 핵심적인 논증은 마가복음 3：4 병행 가운
데 나타난다 : 곧 그것이 사랑의 계명을 이루지 못하게 한다는 것이다
(안식일에 선을 행하는 것과 악을 행하는 것, 생명을 구하는 것과 죽이
는 것, 어느 것이 옳으냐).

예수는 랍비의 안식일 할라카만을 거부한 것이 아니라, 또한 정결규
례에 관한 할라카(성전마당에서의 바리새인 대제사장과의 충돌이야기
를 참조하라)[219] 특히 식사전에 의식적(儀式的)으로 손을 씻는 바리새
인들의 규례까지도 거부했다(막 7：1-8 병행 ; 눅 11：38).[220]

바리새인들의 손을 씻는 규례를 예수가 거부한 말씀은 반위적 평행
법(antithetic parallelism)으로 구성되어 있다 :

$$οὐδέν \ ἐστιν \ ἔξωθεν \ τοῦ \ ἀνθρώπου \ εἰσπορευόμενον \ εἰς \ αὐτόν$$
$$ὅ \ δύναται \ κοινῶσαι \ αὐτόν$$
$$ἀλλὰ \ τὰ \ ἐκ \ τοῦ \ ἀνθρώπου \ ἐκπορευόμενά$$
$$ἐστιν \ τὰ \ κοινοῦντα \ τὸν \ ἄνθρωπον$$

무엇이든지 밖에서 사람에게로 들어가는 것은
능히 사람을 더럽게하지 못하되
사람 안에서 나오는 것이
사람을 더럽게하는 것이니라　　(막 7：15 병행)

---

218) 위험한 자리에 빠진 가축을 돕는 것은 일반적인 관행이었다(마 12：11 병
행. 눅 14：5). 오직 엣센파만이 안식일에 일하는 짐승을 돕는 것이나(CD 11：13)
혹은 안식일에 사람을 저수지로부터 건지는 것을 금하였다(11：6 이하)

219) Ox. Pap. 840. Jeremias, *Unknown sayings of Jesus*, London 1964. 47—60을
참조하라. 이 이야기의 진정성에 대하여는 계속 논의가 되어왔다.

220) 손을 씻는 이러한 규례를 (이것은 원래 제사장들에게만 적용되는 것이었다)
평신도들에게까지도 확대한 사실의 의미를 위하여는 § 14를 보라.

이러한 마샬(비유, 수수께끼 등을 의미하는 히브리어 단어—역자주)
에서, 예수는 음식과 말을 대조시킨다(나중의 헬레니즘적인 해석에서
와 같은 '생각'이 아니라 cf. 막 7:21이하). 음식은 사람을 더럽게 하
지 못한다. 사람을 더럽게하는 것은 그가 내뱉은 악한 말이다. 위의 반
위적 평행법의 첫째 행은 깨끗한 음식과 부정한 음식에 관한 토라의 모
든 규례를 폐지하는 것이 아니다(예컨대 레 11장 ; 신 14:3-21 : 정한
짐승과 부정한 짐승)—비록 이 마샬(mašal)이 바울에 의해 이미 이러
한 방식으로 이해된 것으로 나타난다 할지라도[221] 만일 이것이 그러한
의도를 가졌던 것이라면, 마가복음 7:15은 예수의 말씀들 사이에서
완전히 고립되어질 것이다. 반면 전 마가 전승(pre-Markan tradition)은
이 로기온을 의식적(儀式的)인 손씻음을 위한 바리새인들의 요구에 대
한 것으로 제시한다 : 중요한 것은 랍비들의 의식적인 규례를 준수하는
것이라기 보다는(이것은 토라 안에 그 기초를 가지고 있지 못하다), 혀
로써 범죄할 위험성에 대하여 주의하는 것이다.

그렇다면 어째서 예수는 할라카를 거부하였을까? 이러한 질문에 대
하여 마가복음 7:7-8이 대답해준다(사람이 계명으로 교훈을 삼아 가
르치니 나를 헛되이 경배하는도다 하였느니라 너희가 하나님의 계명은
버리고 사람의 유전을 지키느니라). 그것은 이러한 규례가 완전히 사
람의 것이기 때문이다(7절). 그리고 그것이 하나님의 계명과 모순되기
때문이다(8절). 그것은 예수가 랍비의 고르반 결의법을 통하여 보여준
바와 같이 결의법(casuistry)을 사랑 위에 놓는다(7:9-13병행).[222] 이것
은 아들로 하여금 부모에게 드려져야 할 것을 허구적으로 성전에 드림
으로써 부모에 대한 의무를 악의적으로 피하게한다. 오직 한 구절 속
에서 예수는 할라카에 대한 긍정적인 태도를 갖는 것처럼 보이는데,
그것은 마태복음 23:3이다. πάντα οὖν ὅσα ἐὰν εἴπωσιν (즉 서기관
들) ὑμῖν ποιήσατε καὶ τηρεῖτε, κατὰ δὲ τὰ ἔργα αὐτῶν μὴ ποιεῖ
τε, λέγουσιν γὰρ καὶ οὐ ποιοῦσιν (그러므로 무엇이든지 저희의 말

---

221) 롬 14:14. 이에 대하여 Jeremias, op. cit., 14이하와 딤전 4:4, 딛 1:15을
참조하라. 그 마샬에 대한 이와 동일한 설명이 또한 막 7:19에서 발견된다.
222) Billerbeck Ⅰ 711—17.

308

하는 바는 행하고 지키되 저희의 하는 행위는 본받지 말라 저희는 말만
하고 행치 아니하며). 그러나 만일 이 말씀이 진정한 것이라면, 이것은
과장된 방법으로 언급되고 또한 풍자적으로(ironically) 의도된 것인 셈
이다. 분명히 이것은 할라카에 대한 전반적인 승인(approval)을 표현하
고자 의도된 것은 결단코 아니다. 오히려 여기에서의 강세(stress)는 서
기관들의 실제적인 태도를 날카롭게 비난하는 후반부에 놓여진다.

　그러나 토라와 할라카에 대한 예수의 태도를 다루는 전승은 얼마나 신뢰할만한
가? 주목해야만 할 결정적인 요점은 유대주의의 상황 속에서 그것이 독특하게 유
비될만한 것이 없다는 사실이다. 예수의 청중들은 정말로 당혹스럽게 되었을 것임
에 틀림없다(막 1 : 22, ἐξεπλήσσοντο). 기껏해야 우리는 그 대담성에 있어서 놀
라운 한두개의 랍비문학의 구절들을 제시할 수 있을 뿐이다. 사도들과 동시대인이
었던 랍비 요하난 벤 자카이(Johanan ben Zakai : 대략 AD 80년에 사망함)는 민수
기 19 : 1이하에 대하여 학생들과 이야기하면서 은밀하게 이렇게 말하였다 : "더럽
게하는 것은 시체가 아니며 또 깨끗케하는 것은 물이 아니다 ; 다만 그것은 모든 왕
중의 왕의 법이다."[223] 이와 같이 요하난은 시체의 부정함에 대하여 토론함에 있어
대담함을 가지고 있었다. 이렇게 함에 있어, 그는 성경의 가르침과 관계된 자유로
운 태도(liberal attitude)에 있어 예수보다 더 나아간다. 반면 마가복음 7 : 15은 아마
도 오직 할라카와만 관계된 것이다. 그러나 양자사이에 서로 다른 점이 또한 간과
되어서는 안된다. 요하난은 정결규례의 준수를 정당화하기 위하여 의도한 것이지
만, 예수의 목적은 그와는 매우 다르다. 예수는 다른 어떤 것에 관심을 기울이고 있
었다 : 곧 혀의 죄를 심각하게 받아들이는 것.
　마찬가지로, 예수의 과격한 말씀들을 초대공동체로부터 도출하는 것에 대하여는
의문의 여지가 있을 수 없다. 왜냐하면 팔레스틴—시리아 교회는 하나님의 옛 율법
에 대한 예수의 과격한 태도를 계속 고수하지 않았기 때문이다. 이에 대한 전형적
인 예는 이혼금지가 예외를 허용하는 문구에 의해 무디어진 경우이다(마 5 : 32 ; 19
: 9). 예수의 말씀들은 또한 다른 방법들로 그 요점을 빼앗기게 되었다. 예컨대,
마태복음 5 : 17은 그 강세가 긍정적인 문구(πληρῶσαι)로부터 부정적인 문구(
καταλῦσαι)로 바뀌는 문맥 가운데 놓여진다. 비슷한 방법으로, 누가복음 16 : 17에
는 전혀 다른 강세가 주어지는데, 그것은 마태복음이 그것을 가진 문맥에 의해 그
렇게 되었다(마 5 : 18). 마태복음 전승이 적절하게 덧붙이고 있는 종속절 ἕως ἄν
πάντα γένηται에 의해 암시되는 바와 같이, 원래 예수는 성경에 언급된 사건들이
—특히 고난—모두 성취될 것이라고 말하였다. 그러나 마태복음 5 : 17과 19사이의

223) *Pesiqta de Rab Kahana* 40 b ; Pesiqta R. 14(towards the end), cf. Billerbeck
I 719.

현 문맥에서, 그 로기온은 예수가 극보수적인(ultra-conservative) 방법으로 토라를 인식했음을 보여준다. 유대 기독교의 선교적 상황의 관점에서, 예수의 말씀들이 유대 기독교영역에서 이러한 방법으로 그 요점을 빼앗기게 된 것은 또한 완전히 이해할만하다.

이와같이 옛 하나님의 백성들의 기초를 흔든 것은 바로 예수 자신이었다. 제의(祭儀 : cult)의 종말에 대한 언급, 할라카에 대한 거부, 그리고 그가 하나님의 마지막 뜻을 언급한다는 주장등과 연결된 토라에 대한 예수의 비판은 유대 종교지도자들의 적대행동(敵對行動)에 결정적인 빌미를 제공하였다. 그들은 성전청결사건을 기화로 하여 최종적으로 행동에 옮겼다. 그들은 예수를 거짓선지자로 단정했고(pp.125이하를 보라), 이러한 단정이 그를 십자가로 이끌었다.

(2) "하나님의 통치 아래에 있는 생명의 율법"으로서의 사랑의 계명

바실레이아에 속한 사람은 새 창조의 신적 율법 아래에 속한다. 그렇다면 그것은 어떠한 형태를 취하는가?

마가복음 12 : 28-34에서, 예수는 가장 큰 계명으로서 하나님을 사랑하는 것과 이에 따라 이웃을 사랑하는 것을 이야기한다. 한편 마태복음 7 : 12에서 그는 황금률을 전체 신약의 요약으로 말씀한다.[224] 힐렐(Hillel : 약 BC 20)은 $\nu\delta\mu o\varsigma\ \ddot{\alpha}\gamma\alpha\phi o\varsigma$ (기록되지 않은 율법 ; 롬 2 : 14을 참조하라)의 스토아적 개념을 취하여 유대인이 되고자 하는 이방인들에게 황금률이 전체 기록된 율법의 요약이라고 말하였다 : "너희에게 해롭게 보이는 것을 다른 사람에게 행하지 말라. 이것이 전체 토라이다. 이외의 다른 모든 것은 다만 주석일 뿐이다. 가서 가르치라."[225] 예수는 이러한 힐렐의 가르침을 취하였다. 그러나 물론 그가 황금률을 적극적인 방법으로 바꾼 것은 결코 우연이 아니다. 힐렐의 소극적인 가르침은 이웃에게 해를 끼치지 말라는 경고로써 만족하는 것인 반면,

---

224) 이의 병행구절인 눅 6 : 31에는 $o\ddot{\nu}\tau o\varsigma\ \gamma\dot{\alpha}\rho\ \dot{\epsilon}\sigma\tau\iota\nu\ \dot{o}\ \nu\delta\mu o\varsigma\ \kappa\alpha\dot{\iota}\ o\dot{\iota}\ \pi\rho o\phi\tilde{\eta}\tau\alpha\iota$ (이것이 율법이요 선지자니라)라는 문장이 빠져있다. 이 문장이 힐렐(Hillel)을 인용한 점으로 보아, 이것은 원래적인 것으로 보인다. 아마도 누가복음版에서는 이방 그리스도인 독자의 입장을 감안해 빠뜨렸을 것이다.

225) b. Shab. 31a.

예수의 적극적인 가르침은 "사랑의 표현"에의 부르심이다. [226] 하나님은
당신의 크신 자비 가운데 이웃 사랑에 대한 모범이다 : $\gamma i\nu\epsilon\sigma\theta\epsilon$
$o i\kappa\tau i\rho\mu o\nu\epsilon s, \kappa\alpha\theta\grave{\omega}s \ \kappa\alpha i \ \acute{o} \ \pi\alpha\tau\acute{\eta}\rho \ \acute{u}\mu\widehat{\omega}\nu \ o i\kappa\tau i\rho\mu\omega\nu \ \acute{\epsilon}\sigma\tau i\nu$ (눅 6 :
36, 너희 아버지의 자비하심같이 너희도 자비하라). [227]

이 말씀에 대한 마태복음 병행구절에는 $o i\kappa\tau i\rho\mu\omega\nu$ 대신에 $\tau\acute{\epsilon}\lambda\epsilon\iota o s$가 나타나
있는데, 이것은 이 로기온에 대한 헬레니즘적 손질(Hellenistic elaboration)일 수
있다(마 5 : 48). [228] 그러나 우리는 $\tau\acute{\epsilon}\lambda\epsilon\iota o s$를 완전주의적 개념으로 이해할 필요는
없다. 오히려 마태는 $\tau\acute{\epsilon}\lambda\epsilon\iota o s$를 그의 전체 삶이 하나님께 속한 자를 지칭하는 구
약의 "타밈"(tāmim ; '완전한', '나누이지 않은')의 의미로 이해했을 것이다 [229] (마 5
: 48, 그러므로 하늘에 계신 너희 아버지의 온전하심과 같이 너희도 온전하라).

이 모든 구절들이 말하는 것은 사랑이야말로 하나님의 통치 아래있
는 생명의 율법이라는 것이다. [230] 사랑은 단순히 감정이나 말로써만 표

---

226) 이따금 초대 공동체는 소극적인 표현에로 돌아간다(행 15 : 20D 322 1739 pc
sa Ir ; 29절 D 614 al sa Ir). 힐렐의 소극적인 황금률의 내용과 예수의 적극적인 황
금률의 내용 사이에는 아무런 차이가 없다는 견해가 종종 제기되었다(예컨대, A.
Diehel, *Die goldene Regel. Eine Einführung in die Geschichte der antiken und
frühchristlichen Vulgärethik*, Göttingen 1962). 왜냐하면 유대주의 역시도 적극적인
황금률에 대해서도 잘 알고 있었기 때문이라는 것이다(예컨대, 아리스테아스의 편
지 207). 그러나 이러한 주장은 팔레스틴과 디아스포라의 다른 유대 황금률들이 동
일한 수준에 놓여져서는 안된다는 사실을 망각하는 것이다. 출발점이 되어야 하는
것은 예수가 잘 알고 있었던 집단의 황금률 곧 힐렐의 소극적인 황금률이어야만 하
는 것이다.
227) 눅 6 : 36은 유대주의의 다음과 같은 표현을 인용한 것이다. "너희의 아버지
께서 하늘에서 자비하신(rahmān)것과 같이 너희도 땅에서 자비로와야 한다"(Targ.
Jerus. I Lev. 22 : 28 병행 j. Ber. 9C 21이하 ; j. Meg. 75c 12 ; cf. M. Black, *An
Aramaic Approach to the Gospels and Acts*, Oxford 1967. 181).
228) R. Schnackenburg. 'Die Vollkommenheit des Christen nach den Evangelien',
in : A. Dänhardt(ed.), *Theologisches Jahrbuch 1961*, Leipzig 1961, 67−81 : 71이하.
위의 각주 227에서 인용된 병행구절은 rahmān/ $o i\kappa\tau i\rho\mu\omega\nu$ 이 원래적임을 확증한
다.
229) P. J. Du Plessis, $\tau\acute{\epsilon}\lambda\epsilon\iota o s$. *The Idea of Perfection in the New Testament*,
Diss. Theologische Academic Kampen Kampen 1959.
230) 공관복음서에서 $\acute{a}\gamma\alpha\pi\hat{a}\nu$이란 동사가 거의 대부분 주의 말씀 속에서만 나타
나는 것은 매우 의미심장한 사실이다. 마가복음에서 5회(다른 경우는 오직 10 :
21), 마태복음에서 7회(예외없음), 그리고 누가복음에서 11회(다른 경우는 오직 7
: 5 ; 또한 그것은 11 : 43에서 다른 의미로 나타난다).

현되는 것이 아니라 또한 행동으로써도 역시 표현된다 : 주는 것을 통하여(마 5 : 42), 기꺼이 섬김을 통하여(막 10 : 42-45 병행. 눅 22 : 24-27), 모든 종류의 사랑의 행위를 통하여(마 25 : 31-46, 여기에서 여섯가지의 가장 중요한 사랑의 행위들이 네번 반복되고 있다), 그리고 특히 기꺼이 형제를 용서함을 통하여.

이러한 사랑의 두드러진 특징은 그것의 **무한성**이다. 이것은 단지 사회적으로 동류계급들에게만 한하는 것이 아니다. 무엇보다도 그것은 예수가 자신을 동일시한 가난한자들에 대한 것이다(눅 14 : 12-14). 그들은 예수의 형제들인 것이다(마 25 : 40, 45절을 참조하라).[231] 그것은 단지 같은 마음을 가진 사람들만을 위한 것이 아니라, 심지어 원수들까지도 위한 것이다(마 5 : 44 병행. 눅 6 : 27이하). 선한 사마리아인의 비유는 사랑의 무한성에 대한 매우 일상적인 표현이다(눅 10 : 30-37). 세 부류의 사람(triad)으로서 당시 일반적으로 사용되던 제사장, 레위인, 이스라엘인 대신 세번째 항목으로서 원수요 혼혈백성으로 간주되던 사마리아인이 거명된 사실은 당시 청중들에게 있어 큰 충격이었을 것임에 틀림없다. 이뿐아니라, 예수는 사마리아인을 사랑을 행하는 자의 모범으로 사용하였다. 이것은 유대인들의 자기 이해에 일격을 가하는 것이었다. 여기에서 예수가 말하고자 한 것은 바로 이것이다 : 사마리아인이 보여준 사심없는 도움은 곧 사랑의 계명에는 어떠한 제한도 있을 수 없다는 것을 나타낸다는 사실이다.

이러한 사랑의 계명의 넓이는 역사상 그 유례를 찾을 수 없다. 그리고 이러한 점에 있어, 제4복음서가 사랑의 계명을 새 계명으로 묘사하는 것은 매우 옳다(요 13 : 34, 새 계명을 너희에게 주노니 서로 사랑하라 내가 너희를 사랑한 것같이 너희도 서로 사랑하라). 유대주의가 원수들에 대하여는 사랑의 계명을 예외로 처리하였으며(너희는 동족에 대하여 사랑을 보이라〈레 19 : 18〉 그러나 대적들에 대하여는 이를 행할 것이 없느니라〈마 5 : 43〉)[232] 나아가서 죄인들에게 빵을 주는 것을 금한

---

231) 마 25 : 40의 "형제들"은 예수의 제자들을 언급하는 것이 아니라 가난한 자들을 언급하는 것이다(45절을 참조하라, cf. Jeremias, *Parables*, 207).

232) 레 19 : 18을 인용한 마 5 : 43의 유명한 금언에 대하여는 그것의 언어와 관련하여 세가지가 주목되어야만 한다.

첫째, 한쌍의 반의어 πλησίον 과 ἐχθρός : πλησίον (레 19 : 18 LXX)은 '레아' (rēa̔ : 동족)를 번역한 단어이다. 따라서 마 5 : 43에다가 '이웃'(neighbour)의 의미

312

반면,²³³⁾ 예수는 제자들로 하여금 심지어 그들에게 악을 행하고 핍박하는 자들에게
까지도 사랑을 베풀도록 요구하고 있다. 더 나아가서, 예수는 제자들에게 그들을
위하여 기도할 것을 요구한다(마 5 : 44). 그들을 위한 중재의 기도로 말미암아, 핍
박자들은 하나님과의 새로운 관계에 들어가게 된다.

또한 사랑의 계명에 대하여 예수와 엣센파 사이에 있어서도 깊은 골이 패여있다.
모든 종교집단 가운데, 엣센파야말로 종교적 열정의 냉혹감이나 생생한 종말론적
기대에 있어 예수와 가장 가까웠다. 그러나 우리가 이미 앞에서 고찰한 바와 같이
(§14), 그들에게 있어 죄인들에 대한 무자비한 증오는 종교적인 의무로서 간주되
었다.

(3) 새로운 동기

사랑은 세 새대(new age)의 생명의 율법이다. 그것은 확실하다. 그
러나 단지 이렇게만 말하는 것은 종말론적인 하나님의 율법 안에서 새
것이 무엇인가에 대한 충분한 설명이 되지는 못한다. 사랑의 계명은
이미 구약 안에서 발견된다. 그렇다면 단지 그것이 반복되고 있을 뿐
인가? 아니면 잘 다듬어진 것인가? 그것은 구약 계명을 능가하는 것
인가? 바실레이아의 신적 율법 안에는 새로운 무엇이 있는가?

우리가 바실레이아의 신적 율법에 대하여 말할 때, 우리는 먼저 산
상수훈의 여섯가지 반제들(antitheses)을 생각해야만 한다(마 5 :
21-48).²³⁴⁾ 이러한 예수의 말씀모음집(collection of sayings)에서, 하나
님의 옛 율법이 하나씩 하나씩 새 율법(new law)과 대조된다. 여섯가
지의 삶의 영역에 새로운 법령들이 주어진다 : 형제들에 대한 태도

를 부가하여서는 안된다. 한편 'εχθρός는 사람의 개인적인 원수나 적을 의미하는
것이지 국가적인 원수를 의미하는 것은 아니다(눅 6 : 27이하를 참조하라). 둘째로,
셈어에서 대조를 이루는 한 쌍의 경우, 부정적인 부분은 많은 경우 단지 "긍정 부
정"에 불과하다. 여기도 바로 이와 같은 경우이다. 따라서 μισεῖν은 "미워하다"로
번역될 것이 아니라, "사랑하지 않다"로 번역되어야 한다. 마지막으로, 두개의 헬
라어 미래형 단어 ἀγαπήσεις와 μισήσεις뒤에 있는 아람어 미완료형 단어는 좀처
럼 미래적 의미를 갖지 않는다. 일반적으로 이것의 의미는 가상적(virual)이다. 따
라서 ἀγαπήσεις는 명령적(jussive)인 의미를 갖는 것이며, 반면 μισήσεις는 허용
적(permissive)인 의미를 갖는다. 그러므로 마 5 : 43은 이렇게 번역되어야만 한다.
"너희는 너희의 동족은 사랑하여야 하나(레 19 : 18) 너희의 적은 사랑할 필요가 없
다."

233) μὴ δῷς τοῖς ἁμαρτωλοῖς(토비트 4 : 17, 장례식 때에 빵을 주는 경우) ; b.
Sanh. 92a (Billerbeck I 205).
234) pp. 301이하를 보라.

(21-26절), 여자들에 대한 태도(27-30절), 결혼에 대한 태도(31이하), 말의 사용에 대한 태도(33-37절)과 능동적인 행동(43-48절). 각 경우에 있어, 새 것이 옛 신적 율법을 능가한다. [235] 원수를 사랑하라는 계명은 이러한 발전들의 절정이다.

이것은 우리로 하여금 하나님의 새 율법이 토라를 날카롭게하는 것 (sharpening of the Torah)이란 결론에로 이끌 수 있다. 이러한 견해는 널리 지지를 받는 견해이다. 심지어 다드(D. H. Dodd)조차도 그의 뛰어난 책『복음과 율법』(Gospel and Law)[236]에서 우리가 예수의 요구들 속에서 보게 되는 새로운 요소가 그가 자신의 제자들에게 기대했던 영웅적인 태도 곧 사랑의 영웅주의(heroism of love)라는 인상을 완전히 배제시키지는 않았다. 이것은 올바른 통찰이다. 하나님의 새 율법이 옛 율법을 뛰어넘는 것으로부터 출발하는 사실과 예수가 제자들에게 오직 영웅에게만 기대될 수 있는 정도의 사랑의 분량을 기대했던 사실은 논란의 여지가 있을 수 없다. 그럼에도 불구하고, 바로 이 시점에서 우리는 견해를 달리한다. 우리는 토라를 날카롭게하는 것(sharpening of the Torah)을 또한 쿰란에서도 볼 수 있다. 사실상 엣센파 윤리에서도 그것은 거의 결정적인 역할을 차지했다. [237] 또한 랍비문학의 어록자료(saying-material)에서도 영웅적인 요구가 나타나 있다. 물론 그 엄격함에 있어 예수의 요구와 병행될 만한 것은 없다(예컨대 원수를 사랑하라는 요구). 간혹 그것과 병행될 만한 것이 있다 하더라도 그것은 사실상 예수에게 의존하는 것일 수 있다. [238] 그러나 그럼에도 불구하고,

---

235) 본래 여섯가지 중에서 오직 세개만이 반제(反提)로 공식화된 것이었다는 주장에 대하여는 pp. 364-367을 참조하라.

236) Cambridge 1951.

237) ‡ Braun.

238) p. 42 각주 105를 보라. 랍비 제에라(Z"era)가 AD 325년경 자신의 제자인 랍비 분 바르 히야(Bun bar Hijja)의 장례식때에 전한 "관대한 고용인의 비유"(마 20 : 1-15)의 랍비문학판(Rabbinic version)이 예수에게 의존한다는 것은 매우 가능성이 높다.(j. Ber. 5C 15-23 병행 Midr. Eccl. 5 : 11 ; Midr. S. of S. 6 : 2). 이것의 근거를 위하여는 Jeremias, Prarables, 138 이하를 참조하라. Pesiqta R. 24(124b 12) 역시 복음서 전승에 의존하는 것일 가능성이 있다. "랍비 시므온 b. 래퀴스 (대략 AD 250)가 말했다 : 자기 몸으로 간음을 행하는 자는 음행자로 불린다 ; (그러나 성경에서) 우리는 눈으로 간음을 행하는 자 역시 이미 음행자로 불리고 있음을 발견한다 ; 이에 대한 성경상의 근거는 무엇인가? '간음하는 자의 눈은 저물기를 바라며'(욥 24 : 15)."

유대주의 역시 토라를 날카롭게 하는 것과 영웅적인 윤리를 알았음은 분명한 사실이다.[239]

바로 여기에 문제점이 있는 것이다. 예수가 하나님께 대한 인간의 관계에 대하여 말씀할 때는 그의 선포에 있어서의 새로운 요소가 즉시로 분명해지는 반면, 제자들의 삶의 방식에 대한 가르침에 있어서는 입장이 다소 다르다. 오직 우리는 예수의 요구에 있어서의 새로운 요소가 일차적으로 그러한 자료에 놓여있지 않음을 인식할 때에야 비로소 분명한 것을 얻게 될 것이다. 정말로 새로운 요소는 예수의 요구에 있어서의 더할나위 없는 높이와 엄격함에 있는 것이 아니라, 전혀 다른 어떤 것이다. 그것은 **동기**인 것이다.

유대주의에 있어서의 일반적인 윤리적 태도는 공로개념에 의해 지배되었다. 이것은 명약관화한 사실이므로 많은 말로써 입증할 필요가 없다. 행동뒤에 숨어있는 추진력은 하나님으로부터 상을 받기 위한 소망이었다. 도덕적 행동은 계명을 지키는 것과 자발적인 선행에 의해 얻어지는 공로를 쌓는 것이었다(§14를 보라). 바리새파 유대주의가 **공로의 종교**였다는 사실보다 더 분명한 것은 아무 것도 없다.[240]

그러나 예수 역시도 보상에 대하여 말하지 않았는가? 사실 그가 보상(補償 : reward)에 대하여 말한 구절은 놀랍게도 많다(막 10 : 28-30 병행 ; 마 5 : 12 병행. 46절 이하 ; 6 : 2, 4, 5, 6, 16하반절, 18, 25 : 14-30 병행 ; 눅 14 : 12-14).[241] 또한 보상은 종종 실제적인 개념으로 나타난다. 다소간 그것은 선재적(先在的 : pre-existent)이다(마 25 : 34, 5 : 12). 그것은 천상의 자본(heavenly capital)으로서(당시의 일반적인 유대주의적 표상), 어떤 사람에게 주어지고자 예비된 것이다(마 6 :

239) H. Odeberg. *Pharisaism and Christianity*. S Louis 1964. 25.

240) 분명히 우리는 다음과 같은 언급들을 찾을 수 있다. "랍비 메이르(Meir, AD 150)가 말했다 : 하나님께서 모세에게 말씀하셨다 ; 너는 나를 본받으라. 내가 악을 선으로 갚은 것처럼 너도 악을 선으로 갚으라"(Ex. R. 26 on 17 : 8 ; 또한 P. Aboth 1 : 3을 참조하라). 여기에서 하나님은 복수를 거부하고 선으로써 악을 이기는 자의 모범으로 나타난다. 그러나 이러한 언급들은 예외적인 것이다.

241) 이 문제를 위하여는 ‡ Bornkamm과 W. Pesch *Der Lohngedanke in der Lehre Jesu*. Münchener theologische Studien. Historische Abteilung 7. Band. München 1955를 참조하라.

20).

예수는 또한 보상(상급)의 등급에 대하여도 알고 있었다. 그것은 큰
것($\pi o \lambda \acute{u} \varsigma$, 마 5：12)일 수 있다. 선지자들을 위한 상급(reward：보
상)이 있으며, 의인들을 위한 상급이 있고, 제자들을 위한 상급이 있다
(마 10：41이하). 또한 예수는 바실레이아에서의 계급(ranks)에 대하여
언급한다. 어떤 사람은 작게($\grave{\epsilon}\lambda\acute{a}\chi\iota\sigma\tau o\varsigma$) 될 것이고, 또 어떤 사람은
크게($\mu\acute{\epsilon}\gamma a\varsigma$)될 것이다(마 5：19). 또한 영예의 처소들 곧 예수의 오
른 편과 왼편에 관한 언급이 있다(막 10：40). 이러한 말씀들로 미루어
볼 때, 예수의 선포 가운데에도 유대주의적인 공로개념이 있는 것은
아닌가?[242]

여기에서 우리는 예수가 공로에 대하여 말씀할 때에 그는 당시의 용
법을 취하였던 사실을 간과해서는 안된다. 종교적인 용어는 대체로 보
수적인 경향이 있는데, 특히 논쟁적인 문맥에서는 더욱 그러하다. 이
것은 명백히 논쟁적인 문맥인 마태복음 6：1이하에서 특별히 분명하게
나타난다(p. 254를 보라). 마태복음 6：3-4은 다음과 같이 언급된다：
$\sigma o\tilde{v}$ $\xi\grave{\epsilon}$ $\pi o\iota o\tilde{v}\nu\tau o\varsigma$ $\grave{\epsilon}\lambda\epsilon\eta\mu o\sigma\acute{v}\nu\eta\nu$ $\mu\grave{\eta}$ $\gamma\nu\acute{\omega}\tau\omega$ $\mathring{\eta}$ $\grave{a}\rho\iota\sigma\tau\epsilon\rho\acute{a}$ $\sigma o\nu$ $\tau\acute{\iota}$ $\pi o\iota\epsilon\tilde{\iota}$
$\mathring{\eta}$ $\delta\epsilon\xi\acute{\iota}a$ $\sigma o\nu,$ $\ddot{o}\pi\omega\varsigma$ $\mathring{\eta}$ $\sigma o\nu$ $\mathring{\eta}$ $\grave{\epsilon}\lambda\epsilon\eta\mu o\sigma\acute{v}\nu\eta$ $\grave{\epsilon}\nu$ $\tau\tilde{\omega}$ $\kappa\rho\nu\pi\tau\tilde{\omega}$ $\kappa a\grave{\iota}$ $\acute{o}$ $\pi a\tau\acute{\eta}\rho$
$\sigma o\nu$ $\beta\lambda\acute{\epsilon}\pi\omega\nu$ $\grave{\epsilon}\nu$ $\tau\tilde{\omega}$ $\kappa\rho\nu\pi\tau\tilde{\omega}$ $\grave{a}\pi o\delta\acute{\omega}\sigma\epsilon\iota$ $\sigma o\iota$(너는 구제할 때에 오른손의
하는 것을 왼손이 모르게 하여 네 구제함이 은밀하게 하라 은밀한 중에
보시는 너의 아버지가 갚으시리라). 이 말씀은 사람이 무엇을 줄 때에
그것을 잊어버리라는 말씀이다. 그러할 때에 숨겨진 것을 보시는[243] 아
버지께서 보상할 것이라는 것이다. 여기에서 예수께서 '보상'(reward)
이라는 단어를 사용할 때에 그는 실상 자신의 제자들이 보상을 받고자
하는 열망에서 완전히 떨어져있음을 전제하는 것이 분명하다. 그들은
자신들이 행한 선행들을 잊어야만 한다. 우리는 마태복음 25：37-40의

---

242) 前누가전승(pre-Lucan tradition)이 눅 6：32-34에서 $\mu\iota\sigma\theta\acute{o}\varsigma$ 대신 $\chi\acute{a}\rho\iota\varsigma$ 를
사용한 것은 아마도 이러한 이유때문일런지도 모른다(35절과 마 5：46, 만일 $\chi\acute{a}\rho\iota\varsigma$
가 단순한 문체상의 訂正이 아니라면). $\chi\acute{a}\rho\iota\varsigma$ ="보상"은 일반적인 공식이다：
Ecclus. 12：1；Wisdom 3：14；Ignatius, to Polycarp 2：1；고전 9：16 v. l. 등등.
243) $\acute{o}$ $\beta\lambda\acute{\epsilon}\pi\omega\nu$ $\grave{\epsilon}\nu$ =hāmē b`='～을 보는'. 따라서 "어둠 속에서도 볼 수 있는
자"가 아니라 "감추어진 것도 볼수 있는 자"이다.

이러한 "잊음"으로부터 예수가 의도한 것을 알 수 있다. 여기에서 마지막 심판때에 사죄함 받은 사람들이 자신들로 하여금 사함받게 한 결과가 된 사랑의 행동들로 말미암아 크게 놀란다. 그들은 그러한 인정에 대하여 항변한다. 그들은 그것을 이해할 수 없었다. 마지막 심판에 관한 여러 표상들 가운데 이러한 것과 병행될 만한 것도 아무데도 없다. 또한 이것만큼 이상한 것도 없다. 왜냐하면 이것은 보상개념을 폐지하는 것이기 때문이다.

사실상 예수는 보상에 대하여 근본적으로 부정적인 평가를 내렸다(눅 17 : 7-10). οὕτως καὶ ὑμεῖς, ὅταν ποιήσητε πάντα τὰ διαταχθέντα ὑμῖν, λέγετε ὅτι δοῦλοι ἀχρεῖοί ἐσμεν, ὃ ὠφείλομεν ποιῆσαι πεποιήκαμεν (10절, 이와 같이 너희도 명령받은 것을 다 행한 후에 이르기를 우리는 무익한 종이라 우리의 하여야 할 일을 한 것뿐이라 할 지니라).

다른 곳에서 또한 예수는 어떠한 요구도 거부하는 종의 표상을 사용한다(막 10 : 44 ; 마 10 : 24이하 ; 눅 13 : 35-38 ; 요 13 : 16, 15 : 20의 초기전승). 일당을 받는 일꾼(ἐργάτης)과는 달리, 종(노예 : slave)은 보상에 대한 아무런 요구도 하지 못한다. 그는 전적으로 주인에게 의존되어 있다. 그럼에도 불구하고 만일 예수가 μισθός(보상)에 대하여 말한다면, 그는 보상에의 요구에 대하여 언급하는 것이 아니라 그것과는 매우 다른 어떤 것을 언급하는 것일 것이다. 그것은 바로 신적 시상(神的 施賞 : divine recompense)의 실재이다. 이것은 마태복음 10 : 42에서 분명하게 나타난다(또 누구든지 제자의 이름으로 이 소자중 하나에게 냉수 한그릇이라도 주는 자는 내가 진실로 너희에게 이르노니 그 사람이 결단코 상을 잃지 아니하리라). 동방에서 물 한그릇을 청하거나 주는 것은 "감사합니다"(thank you)라는 말이 문제될 여지가 없는 지극히 사소한 행동이었다. 그러나 하나님은 심지어 이토록 일상적인 행동에 대하여서 조차도 상(보상 : reward)을 베푸신다. 여기에는 어떠한 공로개념도 있을 수 없다. 공로는 사람의 공적으로 눈을 돌린다. 그러나 시상(施賞 : recompense)은 하나님의 신실하심(미쁘심)을 바라본다. 하나님께서 신실하시고 상을 베푸시는 것은 분명한 사실이다.

하나님의 통치의 영역 가운데에서 또하나의 **행동동기**(motive for

action)가 공로개념과 보상요구를 대체시키는데, 그것은 **하나님의 은
혜에 대한 감사**이다. 예를 들면, 밭에 감추인 보화의 비유는 감사의 기
쁨을 다룬다(마 13：44, 천국은 마치 밭에 감추인 보화와 같으니 사람
이 이를 발견한 후 숨겨두고 기뻐하며 돌아가서 자기의 소유를 다 팔아
그 밭을 샀느니라). 전에는 이 비유를 예수께서 모든 가치있는 것들을
포기할 자세를 요구하는 것으로 이해하였다. 그러나 그러한 것은 이
비유의 의미를 오해하는 것이다. 이 비유 가운데에 결정적인 단어는
ἀπὸ τῆς χαρᾶς(기뻐하여)이다. 보화를 발견한 사람은 큰 기쁨으로 압
도되었다. 이와 마찬가지로, 하나님의 통치는 모든 감각을 압도하고
사람들로 하여금 강한 충동에 휩싸이게 한다. 따라서 그들에게 있어
이 보화를 얻기 위하여 모든 것을 포기하는 것은 지극히 당연한 일이
되는 것이다(마 13：45이하의 극히 값진 진주를 참조하라；또한 도마복
음 8장의 큰 물고기를 참조하라).[244]

이와 동일한 것이 마태복음 5：44이하에서 발견된다. 하나님의 무한
하신 선하심 곧 악인과 선인에게 끝까지 참으심을 체험하는 것이 원수
에 대한 사랑의 샘이 흐르는 원천이 된다. 누가복음 22：24-27 역시도
여기에 속한다. 이 세상의 지배적인 특성은 지위와 권세를 추구하는
것이다. 그러나 제자들 사이에서는 섬기는 자가 되어야 한다. 왜냐하
면 주인 자신이 마치 식탁 앞에서 대기하고 있는 종처럼 제자들 가운데
계시기 때문이다(27절, 앉아서 먹는 자가 크냐 섬기는 자가 크냐 앉아
서 먹는 자가 아니냐 그러나 나는 섬기는 자로 너희중에 있노라). 이러
한 말씀은 단지 예수의 모범에 대한 것이 아니라, 주인의 섬김의 사랑
에 대한 제자들의 개인적인 체험에 대한 것이다. 그렇다면 그들은 그
것을 실행할 수 있어야 하지 않겠는가? 예수의 제자들은 어마어마한
빚을 탕감받았기 때문에 그들은 다른 사람의 빚을 탕감해 줄 수 있다
(마 18：23-35, 용서하지 않는 종의 비유). 신적 용서함은 곧 용서함받
은 자의 삶에 대한 하나님의 요구를 의미한다.

누가복음 7：36-(47, 50) 역시 특별히 분명한 예로써 언급될 수

---

244) "큰 물고기 비유"를 위하여는 Jeremias, *Parables*, 201을 참조하라.

있다. [245] 물론 47상반절은 언뜻 보기에 그 여자의 사랑에 대하여 전혀 다른 동기를 부여하는 듯이 보인다. "이러므로 내가 네게 말하노니 저의 많은(포괄적 $\pi o\lambda\lambda o\acute{\iota}$)[246] 죄가 사하여졌도다 이는 저의 사랑함이 많음이라." 여기에서 명백하게 그 여자의 사랑이 먼저 오고 있다. 그리고 하나님의 용서하심은 그녀가 받은 보상(reward)이다. 그러나 첫째로 언어학적 고찰을 통해 볼 때, 과연 이것이 47상반절이 의미하는 것인가 하는 데에 의문이 생긴다. 히브리어나 시리아어 그리고 아라비아어와 마찬가지로, 아람어 역시도 "감사"란 단어를 가지고 있지 않다. 따라서 그러한 의미를 표현할 때에는 "축복하다" "사랑하다" "찬송하다" 등의 동사로 풀어써야만 한다. 본문의 이야기 가운데의 $\dot{a}\gamma a\pi\hat{a}\nu$ (사랑함)이란 단어는 분명히 42절이 보여주는 것과 마찬가지로 "감사함"의 의미를 포함한다. 왜냐하면 42절의 $\tau\acute{\iota}\varsigma$ $o\tilde{\upsilon}\nu$ $a\dot{\upsilon}\tau\tilde{\omega}\nu$ $\pi\lambda\epsilon\acute{\iota}o\nu$ $\dot{a}\gamma a\pi\acute{\eta}\sigma\epsilon\iota$ $a\dot{\upsilon}\tau\acute{o}\nu$ (그렇다면 둘중에 누가 저를 더 사랑하겠느냐)은 오직 "누구의 감사가 더 크겠느냐?"를 의미할 수 있을 뿐이기 때문이다. 이와 마찬가지로, 47상반절의 $\ddot{o}\tau\iota$ $\dot{\eta}\gamma\acute{a}\pi\eta\sigma\epsilon\nu$ $\pi o\lambda\acute{\upsilon}$ (이는 저의 사랑함이 많음이라) 역시 또 "이는 저의 감사함이 큼이라"를 의미하는 것이다. 이러한 경우 용서함이 먼저 나오고 그 다음에 감사하는 사랑이 뒤따르는 것이 분명하게 나타난다.

두번째로, 그것은 또한 47하반절의 $\tilde{\omega}$ $\delta\dot{\epsilon}$ $\dot{o}\lambda\acute{\iota}\gamma o\nu$ $\dot{a}\varphi\acute{\iota}\epsilon\tau a\iota, \dot{o}\lambda\acute{\iota}\gamma o\nu$ $\dot{a}\gamma a\pi\tilde{a}$(사함을 받은 일이 적은 자는 적게 사랑하느니라)에서 확증된다. 여기에서 용서함이 일차적으로 나타나고 있다. "작게 용서함받은 자는 오직 작은 감사의 사랑만을 가지느니라."

마지막으로 본문의 바로 앞에 나오는 두명의 빚진 자 비유(눅 7 : 41-43)에서 빚을 탕감받는 것이 첫번째의 주요한 일임이 매우 분명하

245) 이 이야기 속에는 누가의 특징(Lucanisms)이 매우 희박하게 나타나는데, 그러함에도 그러한 특징들이 뒷부분에 몰려있다. 48절의 $\epsilon\tilde{\iota}\pi\epsilon\nu$ $\delta\acute{\epsilon}$; 48하반절 cf. 눅 5 : 20, 23 ; 49절의 $\ddot{\eta}\rho\xi a\nu\tau o$ cf. 5 : 21 ; 관계대명사 다음에 나오는 불필요한 $\kappa a\acute{\iota}$; 50절의 $\epsilon\tilde{\iota}\pi\epsilon\nu$ $\delta\acute{\epsilon}$; 동사 다음에 나오는 $\pi\rho\acute{o}\varsigma$; 누가가 피하는 $\dot{\upsilon}\pi\acute{a}\gamma\epsilon\iota\nu$ 대신 $\pi o\rho\epsilon\acute{\upsilon}\epsilon\sigma\theta a\iota$ 가 사용된 점(막 5 : 34 병행). 눅 8 : 48을 참조하라). 이것은 48-50절이 누가의 덧붙임(Lucan addition)인 것을 의미한다.
246) pp. 198이하를 보라.

게 나타난다. 이것은 47상반절의 *ὅτι* 가 실제적인 근거가 아닌 인식 (認識)의 근거를 제공함을 의미한다. 따라서 그 문장의 의미는 다음과 같다 : "하나님께서는 그녀를 많이 사하셨음에 틀림없다. 만일 그렇지 않았다면 그녀는 그토록 강렬하게 사랑할 수 없었을 것이다." 그 여자의 행동을 결정지었던 것은 바로 넘치는 감사였던 것이다.

누가복음 19 : 1-10이 결론에 갈음하여 언급될 수 있을 것이다. 비록 많은 집들이 예수에 대하여 개방되어 있음에도 불구하고, 그는 경멸당하는 세리장 삭개오의 집에 유하기로 결정하였다. 예수님의 이러한 은혜로우심이 삭개오를 압도하였고 그리하여 그의 생애를 변화시켰다. 삭개오는 회개의 기쁨을 경험하였고, 이러한 기쁨을 가난한 자들에게 선과 도움을 베풀기 위하여 자신의 재산을 포기하는 것으로 표현하였다.

회개에 있어서 사실인 것(§15를 보라)은 또한 제자들의 삶의 방식에 있어서도 역시 사실이다. 하나님의 자녀됨의 생활은 하나님의 은혜에 대한 감사로부터 자라난다. 하나님의 통치의 영역에서는 결국 이러한 오직 한가지의 행동동기만이 있을 뿐이다 : 자신이 경험한 용서받음에 대한 감사.

(4) 개별적인 삶의 영역들

하나님의 통치는 인간생활에서 어떻게 그 구체적인 형태를 취하는가? 예수께서 제자들에게 부과한 개별적인 책무들에로 고개를 돌림에 있어, 만일 우리가 예수의 큰 요구들 예컨대 가족을 버리라는 것이나 모든 소유를 포기하라는 것 또는 순교의 고난 등과 같은 요구에로 바로 들어가는 것은 잘못이다. 이러한 모든 희생들은 제자됨(descipleship)의 일부일 수 있을 뿐이다. 반면, 신앙생활에 있어서의 첫째되고 또 가장 본질적이며 보편적인 특성은 훨씬 단순한 어떤 것이다 :

a. 일상생활에 있어서의 성화

예수의 제자들이 하나님의 통치에 속한다는 것은 심지어 **길거리에서 인사하는 것** 만큼이나 지극히 평범한 것들로부터도 보여질 수 있다. 인사에 있어서는 엄격한 의식적인 규칙들(strict ceremonial rules)이 있

있는데[247] 그것은 인사가 평강을 전하는 표현이었기 때문이었다(마 10
: 12이하를 참조하라). 누가 먼저 인사해야만 하는가 하는 것은 중요
한 문제였다(마 23 : 7을 참조하라). 또한 인사가 누구에게까지 해당되
며 또 누구에게는 해당되지 않는지에 관한 규칙들이 있었다. 탈무드는
어느 두명의 랍비의 행동에 관하여 기록하고 있는데, 그들은 시장에서
인사하는 일에 있어 심지어 이방인들을 앞지르는 정도의 수고를 할 정
도로 그토록 친절하였다. 그 결과 이들의 이름이 후대에 보존되어 내
려오게 되었다.[248]

그러나 예수의 제자들에게 있어 이러한 종류의 격식은 존재하지 않
는다. 그들은 공명심과 특권의식으로부터 해방되고 또 하나님의 평강
을 모든 사람들에게까지 확장시킴으로 말미암아 예수의 제자들로서 인
식될 수 있었다(마 5 : 47). 또한 그들은 저녁시간에 식탁의 제일 낮은
곳에 자리를 잡는 겸손을 통하여 자신들을 바실레이아의 자녀들로서
나타낼 수 있었다(눅 14 : 7-11).

일상생활 가운데 하나님의 통치에 속한 사실이 나타나는 또다른 방
식은 **말의 훈련된 사용**(disciplined use of words) 속에서이다. 우리가
이미 앞에서 본 바와 같이,[249] 예수는 혀의 죄에 대하여 특히 날카로운
심판을 내렸으며 또한 그러한 것(혀의 죄)이 사람을 더럽게하는 것이
라고 가르쳤다. 말의 사용에 있어서의 훈련은 가장 사소한 부분에까지
도 확장되어야 한다. 그는 불친절한 말의 위험성에 대하여 경고하
였다. 또한 *ρακά* (라가, 바보)나 *μωρέ* (모레, 천치)등과 같이 무해한
비방의 말들도 살인보다 더 나쁘다(마 5 : 21이하).[250] 그는 형제를 정
죄하거나 그에게 의심의 눈초리를 던지는 어떠한 말들도 완전히 금하
였다. 오히려 그는 형제들이 자비의 표준에 의해 다루어져야 함을 기
대하였다(마 7 : 1이하 병행. 눅 6 : 37이하).[251]

247) Billerbeck I 380-85.
248) b. Ber. 17a(R. Johanan b. Zakkai, AD 80년경 죽음) ; b. Gitt. 62a(R. Hisda,
AD 209년 죽음).
249) p. 307을 보라.
250) 이의 해석을 위하여는 J. Jeremias, *ρακά*, TDNT VI 1959, 973-76을 참조.
251) 마 7 : 2은 두가지 신적 표준 곧 "심판의 표준"과 "자비의 표준"의 개념에 대
하여 생각하고 있다.

마지막으로, 예수는 진실치 못한 말의 위험성에 대하여 경고하였다. 마태복음 5 : 33-37이 이러한 문제를 다룬다. 과거에 이 구절은 종종 맹세에 관한 가르침을 주는 것으로 간주되었다. 사람들은 이 구절이 심지어 법정에서의 맹세조차도 금하는 것인가하는 문제를 제기해 왔다. 그러나 사실상 이 말씀은 법적인 규정으로서의 맹세를 다루는 것이 아니라 마태복음 5 : 37이 보여주는 바와 같이 진실성을 다루는 것이다 (오직 너희 말은 옳다 옳다 아니라 아니라 하라 이에서 지나는 것은 악으로 좇아 나느니라ー마 5 : 37). 그러므로 예수가 여기에서 제시하는 예는 법정에서 사용된 맹세의 형태가 아니라, 동방에서 일상적인 대화 가운데 자신의 말이 진실한 것임을 강조하기 위하여 흔히 사용하였던 그러한 종류의 맹세인 것이다(마 23 : 16-22을 참조하라). 예수의 제자들은 이러한 것을 사용할 필요가 없다. 왜냐하면 예수께서 그들에게 무조건적인 진실을 기대하기 때문이다 : ἔστω δὲ ὁ λόγος ὑμῶν ναὶ ναί, οὔ οὔ (5 : 37, 오직 너희 말은 옳다 옳다 아니라 아니라 하라). 여기에 옳다(yes)와 아니라(no)를 이중적으로 사용함으로써 어떠한 진술을 확증하고자 하려는 것은 아니다. 이러한 견해는 야고보서 5 : 12로부터 말미암은 것이다(내 형제들아 무엇보다도 맹세하지 말지니 하늘로나 땅으로나 아무 다른 것으로도 맹세하지 말고 오직 너희의 그렇다 하는 것은 그렇다하고 아니라하는 것은 아니라하여 죄 정함을 면하라). 오히려 마태복음 5 : 37에서 ναί (옳다)와 οὔ (아니라)의 이중적 사용은 셈어법적인 특징(sematism)인 것이다. 셈어에는 우리의 배분사 (配分詞) '각각의'(each) '각 경우에'(on each occation) '각각의 때' (each time) 등에 대한 정확한 대응어가 없다. 따라서 셈족들은 배분 (配分 : distribution)을 표현하기 위하여는 반복 호소해야만 하였다.[252] 따라서 그 말씀의 의미는 다음과 같다 : "항상 너희가 옳다하는 것이 옳은지 그리고 아니라하는 것이 아닌지 심사숙고하라"(Always consider your yes a yes and your no a no). 제자들의 모든 말들은ー하나님께

---

252) 예컨대 막 6 : 7의 δύο δύο "각각 한쌍씩"(A. J. Wensinck, 'Un groupe d'aramaismes dans le texte grec des évangiles' Mdededeelingen der koninklijke Akademie van Wetenschappen, Afd. Letterkunde, 81, Amsterdam 1936, 169—80).

322

호소함을 통한 확증의 요구 없이—무조건적으로 신뢰할 만하여야만
한다. 왜냐하면 예수의 제자들은 진실(진리)과 일치하지 않는 일상적
인 말들에 대하여 곧 하나님 앞에서 설명을 해야만 하게될 것임을 알기
때문이다($\dot{\rho}\eta\mu\alpha$ $\dot{\alpha}\rho\gamma\acute{o}\nu$: 무익한 말, 마 12 : 36). [253] 하나님은 진리(진
실 : truth)의 하나님이시다. 그러므로 진리(진실)가 그의 통치의 특성
인 것이다.

그러나, 무엇보다도 일상생활 속에서의 바실레이아의 구성원됨
(membership)은 형제들을 용서하는 끊임없는 포용력—일곱번(눅 17 :
4) 혹은 마태복음 병행구절에 따르면 일흔번씩 일곱번(마 18 : 22)—에
의하여 표현된다. 히브리인들의 복음서는 이러한 큰 숫자를 예수가 일
차적으로 자신이 받을 조롱에 대하여 생각하고 있는 것이라고 말하는
데, 아마도 이것은 옳을 것이다. [254] 제자들을 조롱과 비방으로 괴롭히
는 '형제'는 제자들의 메시지때문에 그들을 공격하는 같은 민족이다.
예수가 제자들에 대하여 기대하는 용서에의 준비는 죄가 간과되는 것
을 의미하는 것이 아니다. 누가복음 17 : 3에서는 한가지 분명한 전제
가 나타나는데, 그것은 자신이 자신의 잘못을 인정하는 것이다(그러나
이의 병행구절인 마 18 : 15에는 이러한 전제가 언급되지 않는다). 결
정적인 문제는 제자들의 공동체는 죄사함을 스스로 경험하고 그리하여
그것을 다른 사람들에게 확장시킬 수 있는 그러한 사람들의 공동체라
고 하는 것이다.

<hr>

253) E. Stauffer, 'Von jedem unnützen Wort?', *Gott und die Götter*, Festgabe für
Erich Fascher zum 60. Geburtstag. Berlin 1958, 94–102. 여기에서 Stauffer는 $\dot{\rho}\eta\mu\alpha$
$\dot{\alpha}\rho\gamma\acute{o}\nu$ (무익한 말)을 엣셈파의 침묵규율에 근거해 설명하고자 한다. 결과적으로,
그는 마 12 : 36을 예수로부터 분리하여 그것을 예수에 대한 전승의 재유대화
(re-Judaizing)에로 돌렸다. 그러나 $\dot{\rho}\eta\mu\alpha$ $\dot{\alpha}\rho\gamma\acute{o}\nu$ 의 의미가 이것인지는 의심스럽다.
시리아역본들은 $\dot{\alpha}\rho\gamma\acute{o}\varsigma$ 라는 형용사 뒤에 있는 아람어가 b·til(베틸)임을 암시한다.
Targ. Onk. Ex 5 : 9는 히브리어 dibrē–Šāqer(디브레 자케르)를 pitgāmin b·tilin(피
트가민 베틸린)으로 번역하는데, 이것은 '속이는(진리와 통하지 않는) 말'을 의미
한다. 이러한 사실로 미루어, 예수의 입술 위에 있는 그 표현은 논의의 여지가 없
다.
254) J. Jeremias, *Unknown Sayings of Jesus*, London 1964, 94–96.

b. 모든 소유를 포기함

두번째 특징 : 바실레이아의 영역에 있어, 소유로부터의 자유 (freedom of possessions)가 유력하게 나타난다.

가난한 자들에 대한 사랑많은 이해가 복음서 이야기들 가운데 스며 들어 있다 : 이것은 잃은 동전의 비유나 불의한 재판관의 비유 혹은 과 부의 정성스런 두 렙돈 이야기 가운데에서 그러하다. 예수 자신이 가 난한 자들 가운데 한 사람이었다. 전승은 그의 양친 역시도 가난했음 을 기록한다.[255] 예수는 돈을 가지고 다니지 않았다(막 12 : 15이하). 그 와 그의 제자들은 저녁식사를 위하여 떡 다섯개와 물고기 두마리로 만 족해야만 하였다(막 6 : 38 병행). 서기관들이 생도(生徒)들의 선물에 의존하여 살았던 것과 마찬가지로, 예수 역시 그의 추종자들의 원조 (support)에 의존하였다(막 15 : 41 ; 눅 8 : 3). 물질적인 곤궁이 랍비들 보다는 예수에게 더 심각한 문제였을 것이라는 판단은 의심할 여지없 이 정확한 관찰이다.[256] 예수는 반복해서 가난한 자들에게 돈을 주라고 말씀했다(막 10 : 21 병행 ; 마 6 : 4, 20 ; 눅 12 : 33). 여기에서 우리는 동방에서 "구제"가 거지들을 위한 원조가 아니라 사회적 도움의 지배 적인 형태였음을 기억해야만 한다. 예수는 선지자들의 사회적 요구들 을 취하였다. 일찍이 선지자들의 설교에 있어 신적 권리(divine right) 는 가난한 자들의 권세(right of the poor)였다.[257] 가난한 자들이 하나님 께 대하여 가깝다. 왜냐하면 종말론적인 운명의 역전(逆轉)이 실현되 기 시작하고 있기 때문이다. 가난한 자들이 부자가 되고 있다(눅 6 : 20, 예수께서 눈을 들어 제자들을 보시고 가라사대 가난한 자는 복이 있나니 하나님의 나라가 너희 것임이요). 그러나 신적 율법의 영역 속 에서 가난한 자들이 사랑의 대상인 것만은 결코 아니었다. 그들에게도 또한 어떤 요구가 주어진다. 마태복음 5 : 40의 요구는 심지어 가난한

---

255) 눅 2 : 24에 따르면, 그들은 예수의 탄생시에 두마리의 비둘기를 제물로 드 렸다. 아기를 낳은 여자의 일반적인 제물은 어린 양 한마리와 비둘기 한마리였는 데, 오직 가난한 자들만이 이것 대신에 비둘기 두마리를 드릴 수 있었다(소위 "가 난한 예물").

256) Flusser. *Jesus*. 72.

257) K. H. *Rengstorf. Das Evangelium nach Lukas*. NTD 3, Göttingen 1968, 196.

자들조차도 하나님 통치의 여명의 명령에 전적으로 복종해야 함을 포함한다(또 너를 송사하여 속옷을 가지고자 하는 자에게 겉옷까지도 가지게하며). [258]

예수는 가난한 자들에 대하여는 사랑의 태도를 가졌으나, 부(riches)에 대한 말씀은 매우 날카로왔다. 여기에서 그는 동방의 맹목적인 부자들을 염두에 두고 있다(마 5 : 40; 18 : 28). 재앙에 직면하여 창고를 짓는 자(눅 12 : 18)나 재물의 일부를 건지기 위하여 집안으로 들어가는 자(눅 17 : 31; 막 13 : 15 병행)는 어리석은 자일 뿐이다. 지상의 재물은 좀이나 동록이 갉아먹는 일시적인 것들이다(마 6 : 19-21 병행). 그러한 제물은 μαμωνᾶς τῆς ἀδικίας(불의의 재물 혹은 불의의 맘몬) 곧 이 악한 세상에 속한 맘몬인 것이다(눅 16 : 9, 11). [259]

그렇다면 죄로 이끄는 재물 속에는 무엇이 있는가? 그것은 맘몬주의(배금주의 : mammonism)의 위험 곧 돈이 지배적인 요소로서 하나님의 자리를 차지하는 위험이다(마 6 : 24). 예수께서는 이러한 위험을 부자가 하나님의 통치에 들어가는 것보다 낙타가 바늘구멍을 통과하는 것이 더 쉽다는 말로써 표현하였다(막 10 : 25 병행) : 다시 말해서 그것은—인간이 보기에는—불가능한 것이다(27절, cf. 눅 6 : 24이하).

재물에 대한 이러한 엄격한 말씀의 관점에서 볼 때, 누가특별자료의 어록(logia) 곧 예수께서 자신의 제자됨을 재물을 포기하는 것에 의존시켰던 말씀을 비로소 이해할 수 있을 듯하다 : πᾶς ἐξ ὑμῶν ὃς οὐκ ἀποτάσσεται πᾶσιν τοῖς ἑαυτοῦ ὑπάρχουσιν, οὐ δύναται εἶναί μου μαθητής(눅 14 : 33, 이와 같이 너희 중에 자기의 모든 소유를 버리지 아니하면 능히 내 제자가 되지 못하리라). 또한 우리는 누가복음 12 : 33상반절에서 이와 비슷한 언급을 볼 수 있다: πωκήσατε τὰ ὑπάρχοντα ὑμῶν καὶ δότε ἐλεημοσύνην(너희 소유를 팔아 구제하여 낡아지지 아니하는 주머니를 만들라). 이와 마찬가지로, 마가복음 전승 역시도 마가복음 10 : 21 병행이 보여주는 바와 같이 소유를 포기하라는 요구를 알고 있다(네게 오히려 한가지 부족한 것이 있으니 가서 네 있는

---

258) ‡ Wrege, 76이하를 참조하라.
259) hwn hrsh (CD 6 : 15, 8 : 5; 19 : 17)과 이에대한 ‡ Kosmala, 116을 참조.

것을 다 팔아 가난한 자들을 주라 그리하면 하늘에서 보화가 네게 있으리라 그리고 와서 나를 좇으라). 이와 관련하여 28절에서 베드로는 이렇게 말한다 : $\eta\mu\epsilon\hat{\iota}\varsigma \; \dot{\alpha}\phi\dot{\eta}\kappa\alpha\mu\epsilon\nu \; \pi\dot{\alpha}\nu\tau\alpha \; \kappa\alpha\dot{\iota} \; \dot{\eta}\kappa o\lambda o\upsilon\theta\dot{\eta}\kappa\alpha\mu\epsilon\nu \; \sigma o\iota$ (보소서 우리가 모든 것을 버리고 주를 좇았나이다). 그러나 여기에서 그러한 희생은 예수를 수행하면서 따라다녔던 추종자들에게 한정되며, 그러한 것이 원래 의미일 것이다. 왜냐하면 예수에게는 집에 남아 있으면서 재산을 보유하고 있었던 추종자들도 있었던 것으로 보이기 때문이다. 예컨대 그는 삭개오로 하여금 오직 소유의 절반만을 포기하는 것을 허락하였다(눅 19 : 8).

쿰란에 이에 대한 유비(類比 : analogy)가 있다. 엣센파는 오직 쿰란의 수도원적 공동체에 들어온 사람들에게만 모든 소유를 포기할 것을 분명하게 요구하였다.[260] 그러나 예수와 엣센파 사이의 차이가 간과되어서는 안된다. 쿰란에서는 모든 소유가 그 공동체 자체에 주어졌으나 반면, 예수는 공동재산을 마련할 의도를 전혀 가지고 있지 않았다. 오히려 그는 제자들이 포기한 모든 소유(재물)를 가난한 자들에게 주라고 하였다. 이렇게 한 사람은 그가 하나님의 손 안에서 가지고 있는 모든 것을 차지한다. 그는 자신을 위하여 하늘에 보화를 쌓는 것이다(마 6 : 20 병행). 여기에서 강조점이 놓여지는 것은 두가지 서로 다른 종류의 보화가 아니라 그러한 보화가 쌓여진 두가지 서로 다른 장소인 것이다.

예수의 모든 제자들에게 있어, 그들이 모든 것을 버려두고 예수를 좇았든지 아니면 자신의 집에 그냥 남아있었든지에 관계없이, 그들은 구원을 경험함으로써 자신의 재물에 대한 마음이 흔들렸다(눅 19 : 8). 그들은 모든 가치가 뒤바뀌는 것(revision)을 경험했다. 거대한 보화, 예컨대 극히 값진 진주를 발견한 사람에게 있어, 다른 모든 가치들은 지고의 가치에 비추어 시들해졌던 것이다. 재물은 이제 $\dot{\epsilon}\lambda\dot{\alpha}\chi\iota\sigma\tau o\nu$ 곧 하찮은 것이 되었다(눅 16 : 10). 이러한 $\dot{\epsilon}\lambda\dot{\alpha}\chi\iota\sigma\tau o\nu$ 은 참된 재물(눅 16 : 11)이요. 구원인 $\dot{\alpha}\lambda\eta\theta\iota\nu\dot{o}\nu$ 과 대조를 이룬다. 이러한 가치의 전도(顚倒)과정 가운데, 지상의 재물은 $\dot{\epsilon}\lambda\dot{\alpha}\chi\iota\sigma\tau o\nu$ (지극히 작은 것)

---

260) 1 QS 6 : 19이하, 22, 24이하 ; Josephus, *Bell* 2 : 122.

326

일 뿐만 아니라, ἀλλότριον(남의 것)이기도 하다(눅 16 : 12). 이러한
재물을 사랑의 희생을 통하여 하나님께 저축하는 사람은 그것을 바르
게 관리하는 사람이다. 예수는 다음과 같은 것들 곧 사랑은 가난한 자
들에게 모든 것을 주어야한다든지(막 10 : 21), 필요한 자에게 빌려주
는 일(눅 6 : 34이하), 하나님을 위하여 마지막 한푼까지도 드리는 일
(막 12 : 41-44), 분명히 유익할 것이 없는 허비를 하는 일(막 14 : 3-9
병행 ; 눅 15 : 23) 등에 대하여 율법을 제정하지 않는다. 이 모든 것들
은 구원의 때의 기쁨으로부터 나오는 것이다. 가난한 자들과 재물이
있는 자들의 행동을 결정짓는 것은 바로 이것인 것이다.

c. 여자의 위치[261]

세번째 특징 : 바실레이아의 영역에서는 여자가 매우 다른 위치를 갖
는다. 바실레이아에 속하는 것은 삶의 모든 영역을 변화시키는데, 여
기에서 그 방식이 매우 두드러지게 나타난다. 물론 여자와 결혼에 관
한 어록(로기아)은 전승이 역사와 관련하여 몇가지 어려운 문제들을
야기시킨다.

세례 요한과 마찬가지로, 예수 역시도 결혼하지 않았다. 더욱이 만
일 "천국을 위한 고자"(마 19 : 12)와 관련한 마태복음 특별자료의 수수
께끼같은 말씀이 진정한 것으로서 요한계시록 14 : 1-5과 관련한 후기
의 발전이 아니라면, 그것은 그 역시도 최소한 몇명의 추종자들에게는
결혼을 포기할 것을 권면한 암시인 것으로 보인다 : διὰ τὴν βασιλείαν
τῶν οὐρανῶν(천국을 인한) 이러한 희생의 정당화는 누가복음 14 : 26과
비교될 수 있다 : εἴ τις ἔρχεται πρός με καὶ οὐ μισεῖ τὸν πατέρα
αὐτοῦ καὶ τὴν μητέρα καὶ τὴν γυναῖκα καὶ τὰ τέκνα···οὐ δύναται
εἶναί μου μαθητής(무릇 내게 오는 자가 자기 부모와 처자와
···미워하지 아니하면 능히 나의 제자가 되지 못하고', 여기에서 부정
어와 함께 사용된 μισεῖν은 비교급 "···보다 더 사랑하다"와 동일한
의미를 갖는 셈어형태이다.)[262] 예수를 따르는 것은 모든 가족의 연분

---

261) ‡ Leipoldt ; Jeremias, *Jerusalem*, 359-76 ; ‡ Rengstorf, 7-52 ; ‡ Isaksson.
262) 이의 병행구절인 마 10 : 37은 ὁ φιλῶν···ὑπὲρ ἐμέ로 바로 번역하였다. 이
러한 양자간의 차이는 번역상의 변이이다. 다시 말해서 눅 14 : 26의 οὐ μισεῖ 는

이나(마 10 : 37과 눅 14 : 26이 이것에 일치한다) 심지어 결혼의 연분 (이것은 오직 눅 14 : 26에만 나타난다)보다도 선행한다. [263] 그러나 예수를 따르는 것은 제자 그 자신에 대하여 뿐만이 아니라 그 가족에 대하여서도 어려운 결정이었을 것이다. 만일 어떤 집의 아버지가 예수의 무리에 들어가기로 결정했다면 그의 아내와 자녀들은 친정으로 돌아가는 수 밖에 없었을 것이었기 때문이다—비록 이것이 그녀에게는 치욕스런 일로 여겨졌을지라도.

　아내를 내어버리는 것에 대한 금지는 ("이혼"에 대한 금지로 표현하기 보다는 위와 같이 표현하는 것이 합당하다 ; 왜냐하면 유대주의에 있어 결혼을 파기할 권리는 일방적으로 남편만이 가지고 있었기 때문이다)[264] 이러한 모든 것을 결혼에 대한 '낮은 평가'(low estimat)로 보는 것이 얼마나 그릇된 것인지를 보여준다. 우리는 이러한 금지를 고린도전서 7 : 10이하와는 별도로 진정한 것으로 받아들일 수 있다(막 10 : 11이하 ; 마 5 : 32, 19 : 9 ; 눅 16 : 18). 왜냐하면 예수는 이 문제에 관하여 자신을 토라와 상충되는 위치에 놓았기 때문이다(pp. 303을 보라). 왜냐하면 구약은 아내를 내어버리는 것을 허용하기 때문이다(신 24 : 1). 유대주의는 이러한 구약의 관행을 따랐다. 힐렐과 샴마이(대략 BC 20) 그리고 그의 제자들 사이의 유일한 논쟁은 아내를 내어버림이 허용되는 조건에 관한 것일 뿐이었다. 두 서기관들 사이의 논쟁은 'erwat dābār(에르바트 다바르 : 수치되는 일)란 구절에 관한 해석에 집중되었다(신 24 : 1, 사람이 아내를 취하여 데려온 후에 'erwat dābār가 그에게 있음을 발견하고 그를 기뻐하지 아니하거든 이혼증서를 그 손에 주고 그를 자기 집에서 내어보낼 것이요).

　샴마이학파는—매우 올바르게도—논쟁되는 구절 'erwat dábār(에르

헬라어로 문자적 번역을 한 것이고, 반면 마 10 : 37의 _ὁ φιλῶν ὑπέρ_ 는 의역을 한 것이다.

263) _καὶ τὴν γυναῖκα_ 는 확장된 것(expansion)일 수 있다(눅 18 : 29처럼). 그러나 이러한 결론은 확실치 않다. 왜냐하면 마태복음版과 누가복음版이 문학적 용어에 있어 서로 독립적이기 때문이다.

264) 극소수의 경우에서만 예외적으로 여자가 결혼을 파기할 수 있었는데, 그것도 반드시 법정을 경유하여야만 하였다(Billerbeck Ⅰ 318이하).

바트 다바르)를 "수치되는 일"(something shameful)로 번역하고 그것을 성적인 잘못으로 해석하였다. 반면 힐렐학파는 그 두 단어를 "수치"와 "일"로 나누어서,[265] "일"을 예컨대 "만일 그녀가 저녁을 태우면"과 같은 것으로 이해하였다.[266] 우리가 필로[267]와 요세푸스[268]로부터 알 수 있는 바와 같이, 실제로 규례로써 정하여진 것은 바로 힐렐학파의 견해였던 것이다.

반면 예수의 제자들에게 있어 결혼은 나눌 수 없는 것이었다. 왜냐하면 그것은 하나님께서 정하신 것이기 때문이다. 예수는 신명기 24 : 1의 해석문제에 대하여 시간을 소비하지 않았다. 다만 명백하게 선언할 뿐이다 : $\overset{\circ}{o}$ οὖν ὁ θεὸς συνέζευξεν, ἄνθρωπος μὴ χωριζέτω (막 10 : 9, 그러므로 하나님이 짝지어주신 것을 사람이 나누지 못할지니라). 이것은 이혼문제에 대한 명백히 부정적인 대답이다. 하나님께서는 두 사람을 영원히 하나로 결합시키시고는[269] 그가 하나로 만드신 것을 사람으로 하여금 나누지 못하게 하셨다. 이 말씀에는 특별한 강조점이 주어져야 한다. 왜냐하면 이것은 토라를 강화시키는 것이 아니라 폐지하는 것이기 때문이다.

이혼에 대한 이러한 명백한 금지(막 10 : 9)는 후에 결의법적인(casuistic) 용어로 공식화된 법적 규례가 되었다. 우리는 이러한 발전단계를 매우 정확하게 추적할 수 있다 : παρεκτὸς λόγου πορνείας (음행한 연고없이)라는 조건이 없는 마태복음 5 : 32(아내를 내어버리는 것과 아내의 재혼에 대한 금지)로부터 고린도전서 7 : 10이하(헬레니즘의 법 상황에서 덧붙여진 아내에 의한 이혼의 금지)와 12-16절(신자와 불신자의 결혼으로 말미암은 예외) 그리고 누가복음 16 : 18과 마가복음 10 : 11이하(쌍방에 대한 재혼금지)를 경유하여 마태복음 5 : 32과 19 : 9(예외 : 음행)로 발전됨. 이러한 법적 규례의 발전과정은 이혼에 대한 예수의 금지가 어느 정도로 초대공동체에 영향을 미쳤는지를 보여준다.

여기에서 또하나의 문제가 야기된다. 마가복음 10 : 6-8 병행에 따르면, 신명기 24 : 1에 대하여 도전함에 있어 예수는 창조이야기에 호소하고 있다(창 1 : 27, 2 :

---

265) b. Gitt. 90a Bar.
266) Gitt 9 : 10.
267) De spec leg. III 30.
268) Antt 4 : 253.
269) συνέζευξεν 에 관하여는 Billerbeck I 803이하를 참조하라.

24). 이것은 신뢰할 만한 것으로 보인다. 왜냐하면 토라에 대한 예수의 도발적인 반대는 어떠한 근거(basis)를 가져야만 하기 때문이다. 창조이야기를 언급함으로써 예수는 낙원을 위한 하나님의 뜻을 새 세대(new age)의 신적율법으로서 회복시키고 있는 것이라고 어떤 사람들은 결론지을런지 모른다. 그러나 마가복음 10 : 9과 12 : 18-27 사이에는 어떤 긴장(tension)이 있다. 후자의 구절에서, 예수는 바실레이아에서는 더이상 결혼이 없을 것이라고 말씀함으로써 인간의 최후상태를 지상존재(earthly existence)의 승귀된 형태로 보았던 당시의 일반적인 개념을 반대하고 있다. 죽음의 종결과 더불어 결혼은 그 목적을 잃게될 것이다. 이러한 단화(單話 : pericope, 막 12 : 18-27) 역시 진정성을 가지고 있다. 왜냐하면 부활의 소망에 대하여 그것이 말하는 것은 부활절 체험으로부터의 어떠한 영향도 내비치고 있지 않기 때문이다.[270] 만일 마가복음 10 : 9과 마가복음 12 : 25이 정당한 근거를 가진 것이라면, 우리는 이렇게 결론을 내려야만 한다. 곧 이혼에 대한 금지는 바실레이아의 충만한 나타남 이전의 때만을 위한 것이다. 왜냐하면 그 이후에는 더이상 결혼이 없을 것이기 때문이다.

이혼에 대한 금지와 나란히 나타나는 것이 예수의 말씀 가운데 표현된 "여인의 위치에 관한 **근본적인 태도**에 있어서의 변화"이다. 요세푸스는 여자에 관하여 다음과 같이 말하는데, 그것은 전형적인 동방의 견해이다 : "여자는 모든 점에서 남자보다 열등하다."[271] 이러한 것은 물론 여자의 종교적인 지위에도 적용된다. 성전에서는 여자가 단지 "여자들의 마당"(Court of the Women)까지만 들어가는 것이 허락되었다. 여자의 종교적인 책무는 노예의 그것과 동일한 수준이었다. 예컨대 여자는 아침과 저녁에 쉐마를 기도할 필요가 없었다. 왜냐하면 여자는 마치 노예처럼 자기 시간의 주인이 아니었기 때문이다.[272] 비록 그렇다고 하더라도, 예수시대에 있어 유대주의의 도덕수준은 다른 인근 지역의 그것보다 현저하게 높았다.

유대주의는 여자들을 대중의 눈으로부터 가능한 한 멀리 떨어지게 함으로써 도덕(morality)을 보호하고자 하였다. 도시에서 여자들은 집안에 제한되어 있었다. 만일 여자가 집을 떠나면, 그녀의 땋은 머리가

---

270) p. 271각주 114를 보라.
271) *Contra Apionem* 2 : 201.
272) J. Jeremias, 'Daily Prayer in the life of Jesus and the Primitive Church', *The Prayers of Jesus*, SBT Ⅱ 6, London 1967, 66−81 : 71.

그녀의 특징을 사실상 인식할 수 없게 만들었다. 시골에서도 역시 여자들은 남편 밑에 틀어박혀 있었다. 이러한 상황 속에서, 예수께서 여자들과 만나는 이야기가 복음서에 그토록 많이 포함되어 있는 사실은 매우 놀랄만한 일이다. 예수가 여인들과 만나는 이야기는 특별히 누가복음 특별자료(Lucan special material)에 많이 나타난다. 이러한 이야기들은 예수가 자신이 여자들을 포함하여 모든 사람들을 위하여 부름받았다고 느꼈음을 보여준다(눅 7 : 36-50 ; 막 1 : 31 병행. 등등). 왜냐하면 바실레이아의 하나님의 가족 안에서는 여자에 대한 평가절하가 없기 때문이다(막 3 : 34이하 병행). 이것은 요엘 3 : 1-5(행 2 : 17-21에서 인용됨)이 보여주는 바와 같이 "구원의 때의 표적"인 것이다. 여기에는 매우 주목할 만한 것이 있다. 왜냐하면 예수는 여자들을 격리시켰던 당시의 행습으로부터 자신을 분리시키고 있기 때문이다. 옛 랍비 문학의 격언은 "(길에서) 여자와 더불어 많이 말하지 말라"고 가르친다. 이러한 격언이 후대에는 자기 아내에게까지 확대적용되었다.[273]

요한에 따르면 예수는 여자와 더불어 드러내놓고 이야기하였는데, 이로 말미암아 제자들은 그것을 이상히 여겼다(4 : 27). 여자들은 예수의 청중들 속에 있었다(눅 11 : 27이하). 그는 마리아와 마르다 자매와 친밀하였다(눅 10 : 38-42). 여자들이 예수를 따랐고 또 후원하였다(막 15 : 40이하 병행 ; 눅 8 : 1-3).[274] 이것은 큰 물의(sensation)를 일으켰을 것임에 틀림없다. 말시온(Marcion)은 이러한 일들 역시 예수의 재판에 있어 고소거리가 되었다고 주장한다.[275] 이러한 예수의 태도로 말미암아 여자들이 그에게 무리를 지어 몰려들었다. 수난 이야기는 여자들이 —심지어 제자들 조차도 그렇게 할 수 없을 정도로— 예수에게 끝까지 충실하게 남아있었음을 보여준다.

그렇다면 관습(custom)에 대한 이러한 파괴는 어떻게 가능했을까 ? 이러한 질문에 대하여 마태복음 5 : 28이 대답을 해준다(나는 너희에게

---

273) P. Aboth 1 : 5(저자는 예루살렘의 랍비 요세 벤 요하난이다 : 대략 BC 150).

274) 눅 8 : 1-3은 모든 단어에서 누가의 특징을 드러내고 있지만, 특유의 이름들은 초기전승으로부터 말미암은 것이다.

275) 눅 23 : 2에 대한 변이 : $\kappa\alpha\grave{\iota}\ \dot{\alpha}\pi o\sigma\tau\rho\acute{\epsilon}\phi o\nu\tau\alpha\ \tau\grave{\alpha}\varsigma\ \gamma\upsilon\nu\alpha\hat{\iota}\kappa\alpha\varsigma\ \kappa\alpha\acute{\iota}\ \tau\grave{\alpha}\ \tau\acute{\epsilon}\kappa\nu\alpha$.

이르노니 여자를 보고 음욕을 품는 자마다 마음에 이미 간음하였느니라). 예수 당시의 세상은 여자들을 격리시킴으로써, 그녀들을 보호하고자 했다. 그들은 성적인 욕망을 통제할 수 없는 것으로 믿은 것이다. 반면 예수는 제자들이 그들의 욕망(성적인)을 통제할 수 있을 것으로 기대했기 때문에 여자들을 제자의 무리에 받아들였다. [276] 옛 세대(old age)는 욕망에 의해 지배되었다. 그러나 새 세대(new age)에서는 순결함이 지배하고 또한 그것이 심지어 사람의 시선(視線)까지도 통제한다. : $\mu\alpha\kappa\acute{\alpha}\rho\iota o\iota\ o\acute{\iota}\ \kappa\alpha\theta\alpha\rho o\grave{\iota}\ \tau\hat{\eta}\ \kappa\alpha\rho\delta\acute{\iota}\alpha$ (마 5 : 8, 마음이 청결한 자는 복이 있나니).

이러한 전승들이 오래된 것이란 사실은 그것들의 혁명적인 성격으로부터 나타난다. 심지어 바울조차도 이러한 전승들을 알았을 것이다. 이것만이 그리스도 예수 안에서 남자와 여자 사이에 아무런 차이가 없다고 말하는 갈라디아 3 : 28 말씀에 대한 유일 가능한 설명인데, 그러한 사상은 유대인으로 태어난 사람에게 있어서는 매우 특이한 것이다.

d. 어린아이들

바실레이아에 있어서의 여자의 새로운 위치와 긴밀하게 연결된 것이 어린아이들에 대한 새로운 견해이다. 예수의 시대에 있어 어린아이들은—마치 여자들과도 같이—별로 가치가 없는 존재로 여겨졌다. [277] 반면 예수는 어린아이들에게 구원을 약속하였을 뿐만 아니라(막 10 : 14)[278],

---

276) K. Bornhäuser, *Die Bergpredigt*, BFCT Ⅱ 7, Gütersloh 1923, 70—79.

277) 종교적 율법하에서의 어린 아이의 지위는 다음과 같은 상투적인 표현에 의해 잘 드러난다 : "귀머거리와 벙어리, 저능한 자, 어린 아이"(Erub. 3 : 2 ; Shek. 1 : 3 ; Sukk. 2 : 8 ; 3 : 10 ; R. Sh. 3 : 8 ; Meg. 2 : 4 ; Gitt. 2 : 5 ; 5 : 8 ; B. K. 4 : 4 ; 6 : 2, 4 등등). 여기에다가 Ter. 1 : 1에서는 이방인이 덧붙여지며, Gitt. 2 : 5에서는 장님과 이방인이, Men. 9 : 8에서는 장님, 이방인, 노예, 판매원, 여자가, 그리고 Hag 1 : 1에서는 불구자, 양성인(兩性人), 여자, 노예, 절름발이, 장님, 병든 자, 늙은 자, 앉은뱅이가 덧붙여 진다. 앞에 표현된 세 부류의 사람(귀머거리와 벙어리, 저능한 자, 어린 아이)은 충분한 지적 능력을 갖지 못한다는 공통점을 가지고 있다.

278) 막 10 : 14의 $\tau\hat{\omega}\nu\ \tau o\iota o\acute{u}\tau\omega\nu$ (이런 상태에 있는 자들)은 단순히 어린 아이들이 하나님 나라의 분깃을 가짐을 언급하는 것이다. 이 구절은 오리겐 이래로 관례

더 나아가서 오직 돌이켜 어린아이가 되는 사람만이 바실레이아에 들어갈 수 있다고 선언하였다(마 18 : 3).[279] 결과적으로, 그는 어른보다 어린아이를 하나님께 더 가까이 놓은 것이다. 이러한 말씀들은 당시의 문학이나 공동체로부터 말미암은 것일 수 없다. 오히려 그것들은 예수의 메시지의 핵심에 속하는 것이다(§12를 보라).

e. 정치학

어떤 사람이 하나님의 통치에 속하는 것은 또한 그의 정치적 견해를 결정짓는다. 첫째로 우리는 예수 자신의 입장에 대하여 물어야 한다. 이에 대한 우리의 출발점은 그가 십자가상에서 죽은 보도이다. 이것은 역사적으로 확실한 것으로 받아들여질 수 있다. 그는 로마총독에 의하여 모반자로서 사형선고를 받은 것으로 나타난다. 우리가 유대인들의 고소 즉 예수가 정치적인 권세를 얻고자 애썼으며(막 15 : 2 병행. 26 병행) 백성들로 하여금 폭동을 일으키도록 선동하고 세금내는 것을 거부하도록 하였다는(눅 23 : 2하반절, κωλύοντα φόρους Καίσαρι διδόναι) 고소를 신뢰할 만한 것으로 받아들이는가 아니면 이러한 것들을 단지 예수에 대한 중상모략으로 보는 기독교 전승을 따르는가 하는 것은 결정적인 중요성을 갖는다.

첫째로, 예수는 열심당 운동과 매우 가까운 거리에 있는 것으로 보인다. 그가 시작한 일련의 행동들 그리고 특히 예루살렘 입성과 성전의 문들을 점령한 사건에는[280] 정치성이 짙게 드리운다.[281] 물론 이러한 견해는 두드러진 난점들을 야기시킨다.

가 되어버린 방법인 15절에 비추어 해석되어서는 안된다(Bultmann, *Synoptic Tradition* 32).

279) pp. 230−232를 보라.

280) 이것은 막 11 : 16로부터 추론된다.

281) ‡ Brandon은 최초에 비록 예수가 "인정된 열심당 지도자"(355)는 아니었다 할지라도 그는 로마에 대한 저항운동(resistance movement)에 속하였다는 이론을 주장하였다. 물론 그는 이러한 주장을 함에 있어 비싼 대가를 치루어야만 한다. 복음서가 예수의 사역의 정치적인 성격을 일방적으로 억압했다는 주장은 "예수의 가르침에 대한 확실한 기록은 아무것도 없다"(336)는 논지를 전제하는 것이다.

예를 들어 만일 우리가 예수께서 세금을 내지 말도록 선동했다고 믿는다면, 우리
는 마가복음 12 : 13—17 병행을 진정성이 없는 것으로 간주해야만 한다. 왜냐하면
여기에서 예수는 어떠한 선동도 거부하고 있기 때문이다 그렇다면 우리는 이 이야
기의 기원을 기독교가 정치적으로 무해함을 입증하고자 한 결과로서 설명해야만 할
것이다. 그러나 이것은 '세금낼 돈에 관한 에피소드'를 벗어버리는 것만큼 그렇게
간단하지는 않다. 왜냐하면 그것이 벌써 AD 55년 경의 서신인 로마서 13 : 7에서 메
아리치고 있을 뿐만 아니라, 무엇보다도 예수의 선포의 일반적인 양태와 부합되는
것이 누가복음 23 : 2하반절이기 보다는 마가복음 12 : 13—17이기 때문이다. 바실레
이아에 관한 예수의 선포 속에는 모든 종류의 민족주의(nationalism)와 배타주의
(particularism)가 배제되어 있음을 기억하라. 또한 예수의 선포 가운데에는 메시야
나 다윗의 아들 같은 칭호(pp. 374 이하를 보라) 그리고 성전(聖戰 : holy war)같은
상징적인 언어 등, 정치적인 의미로 잘못 해석되기 쉬운 용어들이 피하여져 있다.
또한 계속하여 다음과 같은 것들을 참조하라. 성전의 멸망과 이스라엘에 대한 심판
(pp. 191이하를 보라) ; 이방인들에 대한 원수갚음의 거절(pp. 302이하를 보라)과 모
든 열방들에 바실레이아를 개방함(pp. 356—359을 보라) ; 칼의 법(ius gladii)을 침
범하는 것에 대한 거절(요 7 : 53이하)[282] ; 반 로마 감정(anti-Roman feeling)에 대한
무뚝뚝한 거절(눅 13 : 1—5) ; 사마리아인에 대한 편견없는 태도 ; 세속적인 권세에
대한 호된 비판(막 10 : 42 병행 눅 22 : 25 ; 참조 13 : 32) ; 비폭력과 폭동을 삼갈것
에 대한 요구(마 5 : 38—42 병행. 눅 6 : 29이하). 이 모든 것들이 의도적인 왜곡이
라고 주장하는 것은 불가능하다. 또한 제 1 차 폭동때에 펠라(Pella)에 피하였고[283]
또 제 2 차 폭동대에는 바르 코크바(Bar Kochba)에 의해 광신적으로 핍박을 당한[284]
팔레스틴 교회의 모습은 예수가 열심당에 속해야만 함을 나타내지 않는다. 정말로
그 논점은 한층 더 날카롭게 다루어져야만 한다. 그렇게 하는 사람은(곧 예수가 열

---

282) 일단 우리가 이 장면이 심판이 지나간 **이후에** 발생한 것임을 인식한다면,
요 7 : 53—8 : 11이 칼의 법(*ius gladii*)에 대한 것임이 분명해진다. 이것은 무리가
서기관과 바리새인들을 따른 방법(3절)에 의하여서 뿐만 아니라, 5절 질문의 형식
에 의하여서도 나타난다. 여기에서의 관심은 형벌의 정도에 관한 것이 아니라(왜냐
하면 그것은 확정적인 것이었기 때문이다) 그것이 집행되는 방법이었다. 7절에 마
지막 암시가 '주어져 있다(βαλέτω λίθον). 이것은 5절의 질문이 예수로 하여금 돌
던지는 일을 집행하도록 유도하고 또한 그렇게 함으로써 칼의 법을 침범하도록 하
게 하는 것을 의미하는 것이다. J. Jeremias, 'Zur Geschichtlichkeit des Verhörs Jesu
von dem Hohen Rat', *ZNW* 43, 1950/51, 145—50 : 148 이하. U. Backer, *Jesus und
die Ehebrecherin*, BZNW 28, Berlin 1963, 173이하. Becker는 에피소드 뒤에 진정
한 전승이 놓여있음을 보였다.

283) Eusebius, H. E. Ⅲ 5 : 3, Christianity in Pella : Aristo of pella composed c.
140 the disputation 'Dialogue between Jason and Papiscus on Christ' (Origen, c.
Celsum 4 : 52).

284) Justin, *Apol.* Ⅰ 31 : 6=Eusebius, H. E. Ⅳ 8 : 4.

심당 운동에 속한다고 간주하는 사람) 예수를 이해하는데 완전히 실패한 것이다.

마가복음 12 : 13—17 병행에 따르면, 예수는 로마에 세금을 바치는 것을 거부하지 않는다. 그렇게 함으로써, 그는 자신이 혁명에는 반대함을 선언하였다. 예수는 자신의 그러한 태도에 대하여 이유를 제시하지 않았다. 그러나 우리는 여러가지 상황들로부터 그것을 추론할 수 있다. 예수와 더불어 이야기한 자들은 예수로 하여금 열심당 노선을 받아들이도록 몰고가기를 원했다. 열심당주의[285](Zealotism)는 로마제국을 하나님께 대한 적대세력으로 간주하였다. 따라서 그들에게 있어 로마제국을 무너뜨리고 하나님의 통치를 세우는 것은 종교적인 의무였다. 예수께서 열심당원들의 혁명에의 부름에 반대하고 또 그것을 거부한데에는 오직 한가지 이유가 있을 수 있을 뿐이다 : 즉 그는 열심당의 태도가 세상에 대한 하나님의 질서에 불순종하는 것이라고 믿었던 것이다. 만일 하나님께서 그 이방나라에 짧은 기간동안 권세를 허락하셨다면, 그것은 곧 하나님의 뜻이다. 하나님 한분만이 그것을 종식시키고 자신의 통치를 세우시는 때를 결정할 것이다. 그리고 오직 그분만이 가장 합당한 때가 언제인지를 아신다. 사람들로 하여금 참음으로 기다릴 것을 가르치는 "스스로 자라는 씨의 비유"(막 4 : 26—29) 역시 열심당원들에 대하여 의도된 것일 수 있다. 이것은 또한 거짓 선지자들에 대한 경고에도 동일하게 적용된다(막 13 : 22 병행 등등).[286]

f. 일

여기에서 우리는 한가지 놀라운 사실과 마주치게된다. 제자들에 대한 예수의 가르침 가운데 일(work)에 관한 것은 오직 한번 나타날 뿐인데, 그 곳에서 예수는 제자들로 하여금 일을 금하고 있다. 마태복음 6 : 25 병행. 눅 12 : 22의 의미가 바로 이것인데, 여기에서 $\mu\epsilon\rho\iota\mu\nu\hat{\alpha}\nu$은 "걱정"을 의미하는 것이 아니라 육체적인 필요를 얻기위한 "일"을 의미하는 것이다(그러므로 내가 너희에게 이르노니 목숨을 위하여 무엇

---

285) ‡ Hengel
286) pp. 195, 353이하를 보라.

을 먹을까 무엇을 마실까 몸을 위하여 무엇을 입을까 염려하지 말라 목숨이 음식보다 중하지 아니하며 몸이 의복보다 중하지 아니하냐). 이것은 고린도전서 9 : 14로부터 확증된다(이와 같이 주께서도 복음 전하는 자들이 복음으로 말미암아 살리라 명하셨느니라). 그러므로 그 말씀의 의미는 다음과 같다. "음식과 의복을 획득하기 위하여 일에 종사하지 말라." 이것은 매우 이상한 말씀이다. 우리는 이에 대한 설명을 §20에서 보게 될 것이다.

우리가 예수의 개별적인 요구들을 고찰할 때, 그러한 요구들이 놀랍게도 매우 **불완전함**(incomplete)을 볼 수 있다. 예수는 삶의 모든 영역을 위한 가르침들을 주지 않는다. 그는 도덕신학(moral theology)이나 혹은 행동법전(code of behaviour)을 제시하지 않는다. 오히려 그의 요구는 하나님의 통치가 아직 죄와 사망과 마귀의 권세 아래 이 세상 속으로 뚫고 들어올 때 나타나는 징후들(symptoms)이나 표적들(signs) 그리고 모범들(examples)을 주고 있는 것이다. 바실레이아는 삶과 전체를 요구한다. 예수는 새 생명(혹은, 새로운 삶 : new life)의 나타남을 설명하기 위해 예증(例證 : illustration)을 사용한다. 그의 제자들은 자신들의 삶(life)의 다른 모든 영역들에서 그러한 예증들을 적용해야 한다. 그들 자신들이 하나님의 통치의 표적들 곧 "무엇인가가 일어난" 표적들이 되어야 한다. 그들의 삶 전체(whole life)는 이 세상에 하나님의 통치가 동텄음을 알리는 증거(witness)가 되어야 한다. 하나님의 통치에 뿌리박고 근거한 그들의 삶(life : 생명)을 통하여, 제자됨(discipleship)의 이적과 바실레이아의 승리가 입증되어야만 한다(마 5 : 16, 이같이 너희 빛을 사람 앞에 비춰게하여 저희로 착한 행실을 보고 하늘에 계신 너희 아버지께 영광을 돌리게하라).

이제 마지막으로 한가지 문제가 남아있다. 예수에 의해 선포된 하나님의 종말론적인 율법의 요구가 실제로 성취될 수 있을까? 과연 누가 모든 언사(word)와 시선(視線 : glance)에 있어 깨끗할 수 있는가? 누가 마태복음 5 : 43−48이 요구하는 바와 같이 원수들을 사랑할 수 있는가? 심지어 제자들조차도 바로 이 질문을 제기했다. 이에 대하여 언덕위에 있는 동네(도시 : city)에 관한 말씀이 고찰될 필요가 있다(마 5

: 14)

이러한 예수의 말씀(마 5 : 14)은 "그의 요구가 성취될 수 있는가"하
는 질문에 대한 대답이 된다. 이러한 질문은 연약함, 변덕, 믿음의 결
핍 등의 체험으로부터 나온 것이다. 예수는 제자들의 머뭇거림을 사라
지게한다. 폰 라드(G. von Rad)가 보여준 바와 같이[287], 예수는 언덕
위에 있는 어떤 도시(any city on the hill)에 대하여 말씀하고 있는 것
이 아니라 언덕 위에 있는 그 도시(the city on the hill)는 종말론적인
하나님의 도성(eschatological city of God)이다. 그 빛은 어둠 속을 비
춘다. 또 그것이 감추인 채로 남아있는 것은 불가능하다. 예수의 제자
들은 그것에 속한다. 이러한 것이 제자들의 매일의 삶 속에서 분투노
력의 필요없이 나타내어질 수 없다는 것은 상상할 수 없는 생각이다.
하나님의 도성(the city of God)의 빛은 그 스스로 비추이는 것이다.

§20 사자(使者)들을 보냄)

K. H. Rengstorf, $\dot{\alpha}\pi o\sigma\tau\dot{\epsilon}\lambda\lambda\omega$ $\kappa\tau\lambda$, *TDNT* I, 1964, 398-447 ; J. Jeremias, 'Paarweise
Sendung im Neuen Testament', in : A. J. B. Higgins(ed), *New Testament Essays.*
Studies in Memory of T. W. Manson, Manchester 1959, 136-143＝Jeremias, *Abba,*
132-39 ; B. Rigaux, 'Die "Zwölf" in Geschichte und Kerygma', in : H. Ristow and K.
Matthiae (eds.), *Der historische Jesus und der kerygmatische Christus,* Berlin 1960,
468-86.

하나님의 통치는 말씀(words)과 행동(actions) 안에서 복음(good
news)의 선포를 통하여 스스로를 드러낸다. 예수는 이러한 선포를 홀
로 이루지 않고, 자기 옆에 복음의 사자들(messanger of the gospel)을
둔다.

(1) 자료

여기에서 우리는 사자들을 보내는 것과 관련한 두 종류의 자료들에
대하여 서론적으로 고찰할 필요가 있다. 그 자료들은 한편으로는 사자

---

287) ‡ von Rad.

들(messangers : 使者들)에게 말하여진 말씀들이고, 또 다른 한편으로
는 그들의 이름에 대한 목록들이다.

세 공관복음서는 모두 사자들을 보내는 것에 대한 기사를 가지고 있
다. 마가복음에서는 6 : 7―13에 나타나 있고, 누가복음에서는 사자들
이 두번 보냄받고 있다 : 열두명이 보냄 받는 9 : 1―6(막 6 : 7―13을 따
라)과 70명이 보냄받는 10 : 1―16(이 보도는 어록자료에 근거한 것이
다). 한편 마태는 6 : 7―13에서 사자들을 보내는 마가복음판(Markan
version)을 어록판(logia version)과 결합시켜서 그것을 긴 선교강화(宣
敎講和 : mission discourse)로 만들었는데, 아마도 이것은 추측컨대 그
삶의 정황(Sizt im Leben)이 초대 기독교 선교사들에 대한 가르침 위에
놓여진 것으로 보인다. 만일 우리가 이러한 네가지 선교강화들에 공통
된 자료를 찾고자 한다면, 우리는 그것들의 기초를 이루는 것이 마가
복음판(Markan version)과 어록판(logia version)에 나타나있는 짧은
가르침임을 알게될 것이다. 이러한 "원 가르침"(original instruction)―
만일 우리가 그것을 이렇게 부를 수 있다면―은 마가복음 6 : 8―11, 누
가복음 10 : 4―11 그리고 마태복음 10 : 9―14에 포함되어 있다.

그것의 내용에 포함되어 있는 것들은 다음과 같다. 첫째로 여행을
위하여 아무런 준비물도 갖추지 말라(대신, 사자들은 전적으로 복음을
듣는 자들의 대접에 의존해야만 한다). 둘째, 그들을 영접하는 집과,
거절하는 집에 대하여 그들이 취할 행동에 관한 가르침, 여기에서 예
컨대 누가복음 10 : 5이하가 보여주는 바와 같이 어록판이 보다 원래적
인 것임이 드러난다 : 여기에서 $\epsilon i \rho \eta \nu \eta$ (평강)가 집에 머물거나 혹은
그것을 가지고 있는 자들에게 되돌아 올 수 있는 어떤 힘으로 나타나고
있다. 이러한 "원 가르침"(original instruction)이 오래된 것이란 사실은
바울이 그것에 대해 알았던 방법으로부터도 알 수 있는데, 바울도 사
자(使者)로서 사역하는 동안 생계를 위하여 일하는 것은 금하고 있다
(고전 9 : 14). 언어(language)나 개념(conception)은 이것이 팔레스틴
적인 것임을 분명하게 보여준다.[288] 사자들에게 위임된 선포 속에 기독
론이 전혀 나타나지 않는 사실은 이것이 부활 이전의 전승(pre-Easter

---

288) 예컨대 평강을 의인화 하는 것이나 먼지를 떨어버리는 것 등을 보라.

338

tradition)일 가능성을 매우 짙게 한다.

한편 사자들의 이름들이 다음의 네 구절의 목록 속에서 열거되고 있다 : 마가복음 3 : 16-19; 마태복음 10 : 2-4; 누가복음 6 : 14-16; 사도행전 1 : 13. 이러한 네개의 명단들은 그 숫자가 열둘이라는 데에 일치하며,[289] 제자들이 열두 보좌에 앉을 것임을 약속하는 마태복음 19 : 28 병행은 중요한 뒷받침을 제공해 준다.[290] 이러한 열두명의 이름들 가운데 열한명의 이름에 대하여는 완전히 일치하나, 열두번째 이름에 있어서는 차이점이 나타난다 : 즉 마가복음과 마태복음은 다대오(열번째 자리에)를 언급하는 반면,[291] 누가복음과 사도행전은 야고보의 아들 유다(열한번째 자리에)를 언급한다. 다대오와 유다 사이의 이러한 차이의 이유는 이러한 많은 이름들을 열거함에 있어서 흔히 나타날 수 있는 단순한 기억상의 오류(slip of the memory)일 수 있을런지도 모른다. 그러나 이러한 차이에 대하여는 다른 설명방법이 있다. 일곱가지 경우에서 그 명단들은 아람어로 제 2 의 이름들을 제공해 주고 있다.[292] 제 2 의 이름(Second name)은 당시 유대주의 사회에서는 널리 편만된 것이었는데, 그것은 동일한 이름을 가진 많은 사람들을 구별할 수 있어 필요불가결했기 때문이다.

이제 사자들(messangers)의 명단에서 누구에게 제 2 의 이름이 붙여지는 지를 보는 것이 도움이 될 것이다. 만일 우리가 마태가 '그 세리' (마 10 : 3, 비록 마태복음에서만 그러하다 할지라도)로 불려지는 사실을 제외시킨다면, 그 명단 가운데 **동일한 이름이 두번 나타나는 제자들에 대해서만** 제 2 의 이름이 붙여지고 있다. 열두명의 제자들 가운데

---

289) 행 1 : 13에는 가룟 유다가 빠져있다.

290) 이의 병행구절인 눅 22 : 29이하에서는 열둘이라는 숫자가 단지 이스라엘의 지파와 관련하여서만 언급되고 있을 뿐 보좌와 관련하여서는 반복되고 있지 않은데, 이러한 차이는 중요한 차이가 아니다. 누가는 단어의 반복을 피하는 것으로서, 이것은 단순한 단축일 수 없다.

291) 몇몇 전승에서(막 3 : 18과 마 10 : 3에 대한 본문비평의 자료〈apparatus〉를 참조하라) 나타나는 Λεββαῖος 라는 변이체는 원래적인 것이 아니라, 막 2 : 14의 레위를 목록에 넣으려는 시도에 따라 생겨난 것이다.

292) 예수가 세베대의 아들들을 "우뢰의 아들들"(아마도 '혁명가들'이라는 의미인 듯하다 ; p. 116 각주 126을 보라)로 명명한 것은 여기에 포함시키지 않았다. 왜냐하면 그것은 개인적인 별명이 아니라, 일종의 집합적인 것이기 때문이다.

동일한 이름을 가진 사람이 여섯명있다 : 시몬이란 이름의 두 제자와
야고보란 이름의 두 제자 그리고(누가복음에 따르면) 유다란 이름의
두 제자. 마지막 사실은 요한복음 14 : 22에 의해서 분명하게 확증된다(
'Ιουδας, ουχ ὁ 'Ισκαριώτης). 이러한 경우에 각 사람을 구분하기 위
하여서는 다른 이름이 반드시 필요했다. 그런데 초대교회에서 유다라
는 이름은 물론 호의적으로 들리지 않았을 것이다. 따라서 만일 부활
이후에 제 2 의 유다가 공동체에서 가룟 유다와 구별되도록 하기위해
제 2 의 이름이 사용되었다면, 그것은 조금도 이상한 일이 아니다. 결
과적으로 누가복음 전승은 본명을 그대로 사용한 반면, 마가복음전승
은 제 2 의 유다의 다른 이름인 다대오(Θεόδοτος/Θαδδαîος) 를 사용
한 것이다. [293] 이것은 물론 가정에 불과하기는 하지만, 그러나 전혀 근
거가 없는 것은 아니다.

　예수가 열두명의 제자를 부른 것과 그들을 보낸 것은 **얼마나 역사적
인가**(how historical)? 벨하우젠(J. Wellhausen)은 슐라이엘마허가 제시
한 이론에 따라 열두명의 제자는 예수의 이야기[294]에 속하는 것이 아니
라[295] 다시 말해서, 열두 제자의 사명은 "부활하신 그리스도"(the risen
Christ)[296] 로부터 "역사적 예수"(historical Jesus)에로 역투사(逆投射)
시킨 것으로서, 그것은 예기(豫期 : prolepsis)였다는 것이다. [297] 이러한
견해에 대하여 많은 학자들이 추종하였다. 벨하우젠이 제시하는 논리
는 놀랄만큼 자의적인 것이다. 예수는 "다음의 선포에로 제자들을 부
르거나 선택하지 않았다."[298] 그는 제자들을 가르치지도 않았으며 백성
들에게 말하지 않은 어떤 것을 그들에게 말하지도 않았다 ; 그는 제자들
의 눈앞에서 행동하고 고통을 받았으며 그렇게 함에 의해서 또한 그들

---

　293) 제 2 의 이름은 본명의 변이체일 수도 있다. 사울(Šā'ūl)의 헬라형태가 Σαΰλος
(**사울로스**)이고 이의 라틴화된 형태는 Παῦλος (사울로스)임을 참조하라. 한 편 요
셉의 아람어 이름은 바사바(bar Šabbā : 일요일의 아들)인데, 이의 라틴어 이름은
유스도(Justus)이다(행 1 : 23).

　294) *Einleitung in die ersten drei Evangelien*, Berlin 1911, 141.

　295) *Op. cit.,* 144.

　296) 마 28 : 16 이하 ; 눅 24 : 44이하 ; 요 20 : 21—23.

　297) *Op. cit.,* 141.

　298) *Ibid.*

340

로 하여금 행동하고 고통당하도록 했다.[299]

어떻게 벨하우젠이 이 모든 것을 알 수 있었는지 참으로 놀라지 않을 수 없는 노릇이다. 그의 회의론(scepticism)은 두가지 근거에 의거하여 반대되어야만 한다. 첫째로, 열두제자는 고린도전서 15 : 5에 나타나있는 초기의 신앙고백에 이미 나타난다 : $\epsilon\hat{\iota}\tau\alpha$ $\tauο\hat{\iota}\varsigma$ $\delta\acute{\omega}\delta\epsilon\kappa\alpha$ (후에 "열둘"에게와…). 이러한 초기 신앙고백의 토대는 셈어 본문(Sematic text)에로 소급되는데,[300] 바울은 그것이 자신에게 전하여졌다고 말한다(3절). 따라서 이것은 바울의 회심 때에 다시 말해서 예수의 죽음 직후에 생겨났을 것임이 거의 분명하다. 우리는 "열둘"(the twelve)이란 용어가 이러한 가장 초기에도 벌써 "고정된 용어"가 된 사실을 알수 있다. 이 용어(열둘)는 "그리스도의 현현"(Christophany)의 때에 사용되었는데, 이 때 가룟 유다는 이미 죽었음에도 불구하고 "열둘"이라는 용어가 사용되었다. 본문에 있어서도 "그가 열하나에게 나타나셨다"라고 언급되지 않았는데, 그것은 "열둘"이라는 용어가 단순히 열두명의 개별적인 인물들을 숫자적으로 지칭하는 것이 아니라, "종말의 때"(end time)의 열두 지파를 대표하는 "대표자의 무리"를 나타내는 것이었기 때문이다.

둘째로, 세 공관복음서 모두의 목록에 따르면 배신자 유다 역시 열둘의 무리에 속해있다.[301] 우리는 복음서로부터 초대 공동체가 이 전승을 얼마나 어렵게 생각했는가 하는 것을 볼 수 있다. 예수가 유다를 사자(messanger)로 임명한 것은 그의 실수가 아니었나 하는 문제가 제기되었다. 이에 대한 설명으로서 예수께서 유다가 자신을 배신할 것임을 아셨다는 설명이 제기되었다(마 26 : 25; 요 6 : 64, 70이하. 13 : 11, 27, 17 : 12). 그러나 이러한 임기응변적인 설명은 마태복음 19 : 28 위

299) Ibid.
300) J. Jeremias, Eucharistic Words 102이하 'Artikelloseslloses $\chi\rho\iota\sigma\tau\acute{ο}\varsigma$. Zur Ursprache von I Cor. 15 : 3b−5; ZNW 60, 1969, 214−19. H. Conzelmann, Der erste Brief an die Korinther, Meyer K. V, Göttingen 1969, 298이하는 이와 견해를 달리한다. 관사 없는 $\chi\rho\iota\sigma\tau\acute{ο}\varsigma$처럼, $\pi\omicron\iota\epsilon\hat{\iota}\nu$ ($\tauο\grave{\upsilon}\varsigma$)$\delta\acute{\omega}\delta\epsilon\kappa\alpha$(막 3 : 14, 16)란 구절 역시 셈어법이다.
301) p. 338 각주 289를 보라.

에서 걸려 넘어진다(예수께서 가라사대 내가 진실로 너희에게 이르노니 세상이 새롭게되어 인자가 자기 영광의 보좌에 앉을 때에 나를 좇는 너희도 열두 보좌에 앉아 이스라엘 열두 지파를 심판하리라). 누가 자의적으로 이러한 난점을 만들 수 있겠는가? 배신자 유다가 이스라엘의 열두 지파를 심판하는 열두 보좌 가운데 한 자리에 앉을 것이라는 약속을 가졌다는 불합리한 개념을 과연 누가 만들어낼 수 있단 말인가?(만일 유다가 사실상 사자들의 무리에 속하지 않았다면…). 아무도 그럴듯한 설명을 제시하는데에 성공하지 못했다.

따라서 공관복음서의 열둘의 목록 속에 배신자 유다가 나타나는 사실은 열두 제자의 전승이 부활 이전으로 소급됨을 분명하게 보여준다.[302]

(2) 가르침, 위임, 그리고 권세

예수가 사자들(使者들 : messangers)로서 봉사하기 위하여 정확하게 열두명을 선택한 사실은 그가 심중에 특별한 프로그램을 가지고 있었음을 보여준다. 성경세계에서 열둘이라는 상징적인 숫자의 의미는 잘 알려져 있다. **열두 사자들**은 이스라엘의 열두 지파에 상응하는 것이다(마 19 : 28 병행. 눅 22 : 29이하).[303] 그들은 구원의 종말론적인 공동체를 대표한다. 그들이 이스라엘에 보내진 것은 마태복음 10 : 5이하의 전승과 일치되는데, 이것의 언어(language)와 문체(style)는 매우 오래된 것(old)이다.[304] 이러한 구절에 따르면, 예수는 사자들로 하여금 이방인에게나 사마리아인에게로도 가지 말고 오직 이스라엘 백성들에게로만 가라고 가르친다. 마태복음 10 : 23 하반절 역시 여기에 속한다(ἀμὴν γὰρ λέγω ὑμῖν, οὐ μὴ τελέσητε τὰς πόλεις τοῦ Ἰσραὴλ ἕως ἔλθη ὁ υἱὸς τοῦ ἀνθρώπου : 내가 진실로 너희에게 이르노니 이스라엘의 모든 동네를 다 다니지 못하여서 인자가 오리라). 왜냐하면 만일 이

---

302) *Ibid.*
303) 눅 10 : 1에서 그 숫자는 70으로 확대되어 있는데, 이를 창 10장(세상의 칠십 나라)과 비교해 보라. 출 24 : 1, 민 11 : 16은 거의 영향을 미치지 않는 것으로 보인다.
304) J. Jeremias, *Jesus' Promise to the Nations*, SBT 24, 1967, 19이하.

로기온(어록)이 사자들이 보냄받은 임무를 성취함에 있어 받은 핍박을 언급하는 것이라면[305], 이것 역시 위임(commission)이 이스라엘에 한정되어 있음을 전제하는 것이기 때문이다.

열둘이라는 숫자의 의미를 해석함에 있어 우리는 예수 당시의 지배적인 견해는 이스라엘에 오직 두 지파의 반 지파(유다지파, 베냐민지파, 그리고 레위지파의 반)만이 남아있는 것으로 생각한 사실을 잊지 말아야 한다.[306] 다른 아홉 지파와 반 지파는 북 왕국의 멸망(BC 722)과 함께 잃어졌다가, 오직 구원의 때에야 하나님께서 그들을 전설적인 삼바티온 강(river Sambation)을 건너 돌아오게 하셔서 열두 지파를 회복시킬 것으로 믿었다. 따라서 예수의 제자들의 숫자가 열둘이라는 사실은 구원이 배타주의적으로 유대국가의 백성들에게만 한정됨을 의미하는 것이 아니다. 오히려 그것은 이제 우리가 앞으로 고찰할 것과 같이[307] 예수께서 이방인들조차도 포함될 것으로 기대했던 **종말론적인 하나님 백성**의 설립을 의미하는 것이다.

마가는 열둘을 부름에 있어서의 예수의 목적을 다음과 같은 두 "히나절"($\emph{ἵνα}$ clause)로써 설명한다 : $καὶ$ $ἐποίησεν$ $δώδεκα$ $ἵαν$ $ὦσιν$ $μετ᾽ αὐτοῦ$ $καὶ$ $ἵνα$ $ἀποστέλλῃ$ $αὐτοὺς$ $κηρύσσειν$ $καὶ$ $ἔχειν$ $ἐξουσίαν$ $ἐκβάλλειν$ $τὰ$ $δαιμόνια$(3 : 14이하, 이미 열둘을 세우셨으니 이는 자기와 함께 있게 하시고 또 보내사 전도도 하며 귀신을 내어 쫓는 권세도 있게 하려 하심이러라). 이러한 두가지 기능 가운데 두번째 것, 곧 예수를 따라 다니며 사자(messenger)로써 봉사하는 기능은 그가 사자들을 $δύο$ $δύο$(둘씩 둘씩) 보냈다고 말하는 초기의 아람어 전승으로부터도 볼 수 있다(막 6 : 7, 이에 대하여는 p.321 각주 252를 참조하라). 누가복음 10 : 1($ἀνὰ$ $δύο$: 둘씩)과 사자들의 명단의 구조는 조화로운 일치를 보인다.[308] 사자들을 둘씩 보내는 것은—비록 이것이 구약으로

---

305) *Op. cit.*, 20이하 또는 p. 205이하를 보라.
306) *Op. cit.*, 21.
307) p. 356−359를 보라.
308) 네가지의 모든 명단들은 처음에 네 이름으로써 두쌍의 형제들을 가지고 있다 : 베드로/안드레, 야고보/요한, 또한 네가지 모든 명단들은 첫번째와 다섯번째 그리고 아홉번째 자리에 동일한 이름을 가지고 있는데, 따라서 이것은 네명씩으로 된 세 팀이 되는 것이다. 마태복음과 사도행전은 이러한 네명을 다시 둘로 나눈다.

부터는 나타나지 않는다 할지라도—유대주의에 있어서는 일상적인 관습이었다. [309] 이것은 두가지 의미를 가지고 있었다. 첫째로, 이것은 사자들을 보호하기 위함이었다. 한적하고 위험한 길에서는 혼자 있는 것보다 둘이 있는 것이 훨씬 유리하였다. 둘째로, 사자들을 둘씩 보내는 것은 원래 법적인 소송 절차에 적용되었던 신명기 17：6, 19：15 등을 적용하는 것이었다. ：오직 두명의 증인이 일치되게 증거하는 말만이 진실하다. 마찬가지로, 둘중 한 사람인 "말하는 자"는 (행 14：12의 ὁ ἡγούμενος τοῦ λόγου를 참조하라) 자신의 메시지를 확증하기 위하여 동료가 있어야만 한다.

"원래의 가르침"(original instruction)은 가장 기본적인 필수품조차도 소지하지 말 것에 대한 **엄격한 금지**와 함께 시작된다. 사자들은 빵을 가져서는 안되고, 돈도 가져서는 안된다. 심지어 그들은 노중(路中)에서 밤을 지냄에 있어 필요불가결한 의복조차도 소지하여서는 안된다.[310] (막 6：8이하；마 10：9이하；눅 9：3, 10：4). 더 나아가서, 누가복음 특별전승은 그들로 하여금 자신들을 보호하기 위하여 대상들(caravans)과 합류하는 것조차도 금한다. [311] 마태복음 6：25－34 병행. 누가복음 12：22－31은 이러한 엄격한 가르침에다가 또하나의 항목을 덧붙인다：만일 우리가 여기의 μεριμνᾶν (염려)이 "무엇을 위하여 걱정스런 생각을 갖다"를 의미하는 것이 아니라 "무엇을 위하여 열심히 일하다"를 의미하는 것임을 인식한다면, 우리는 이것이 얼마나 날카로운 말씀인가 하는 것을 알 수 있을 것이다.[312] 그러므로 마태복음 6：25 병행의 의미는 다음과 같다："음식과 의복을 위하여(음식과 의복을 위

309) 이에 대한 자료가 ‡ Jeremias, 'Paarweise Sendung'에 모아져 있다.
310) δύο χιτῶνες (막 6：9；마 10：10；눅 9：3)를 금지하는 것은 아마도 여벌 옷을 가져가는 것을 언급하는 것이 아닐 것이다. 그것은 두 품목의 옷, 곧 '긴 옷'(robe)과 '겉옷'(cloak)을 의미하는 것이다(J. Wellhausen, *Das Evangelium Marci übersetzt und erklärt*, Berlin 1909. 44).
311) 이것이 μηδένα κατὰ τὴν ὁδὸν ἀσπάσησησθε (눅 10：4)이 의미하는 바일 수 있다(p. 202를 보라). 그 전승은 이러한 금지를 한층 더 날카롭게 만들었다. 마가복음은 지팡이와(짐승들을 막기 위한) 신발들(6：8이하)을 허용한 반면, 마태복음과 누가복음은 이 모두를 금지시켰다(마 10：10；눅 9：3；10：4).
312) *Parables*, 214.

한 돈을 얻기 위하여) 수고하지 말라.” 따라서 예수는 유급노동(有給 勞動)에 관계하는 것을 금하고 있다.

그러나 이러한 금지를 일반적인 용어로 해석하는 것은 근본적인 오해이다. 오히려 그것은—바울이 확증한 바와 같이—오직 사자들에게만 적용되는 것으로서(고전 9 : 14), 따라서 그들이 보냄받을 때에만 해당되는 것이다. 예수는 사자들이 오직 자신의 사역에만 배타적으로 집중하기를 원했다. 그가 금지한 것은 일반적인 일(work in general)이 아니라, 이중적인 일(double work)이다. “그렇다면 우리가 배고프거나 추울 때는 어떻게 합니까”라고 사자들은 묻는다. 이러한 질문에 대하여 예수는 익살(jest)적으로 대답한다.[313] 너희는 까마귀가 씨를 뿌리고 쟁기를 갈며 거두고 그 곡물은 창고에 들이는 것을 보았느냐? 또 아네모네가 베틀에 앉아 길쌈을 하는 것을 보았느냐? 믿음이 적은 자들이여! 하나님을 진지하게 받아들이라! 그는 너희의 필요를 아신다. 너희는 단순한 하나님의 일용 근로자 곧 주인으로 부터 하루량의 음식과 (ἄξιος … ὁ ἐργάτης τῆς τροφῆς αὐτοῦ , 마 10 : 10) 의복을(αυτο [ς δ]ωσει υμειν το ενδυμα υμων) 지급받는 그러한 사람들이 아니다.[314] 너희는 그의 자녀들이다(마 6 : 32 병행). 염려하지 말라! 그는 너희에게 호의적으로 대접하는 집들이 개방되어 있음을 아실 것이다.

이러한 엄격함의 이유는 무엇인가? 아무것도 심지어 “길에서 인사하는 것” 조차도 사자들을 방해해서는 안된다(눅 10 : 4).[315] 하물며 생계비를 버는 것은 말할 것도 없다. 사자들은 극도의 신속함으로 자신들의 사역을 수행해야만 한다. 지금은 구원을 제공하기 위한 마지막 때이며, 이스라엘 집에 그물을 펼칠 마지막 때이고(막 1 : 17 병행, cf 렘 16 : 16)[316], 또한 추수때가 시작되는 마지막 때이다(마 9 : 37 이하 병행).

---

313) Op. cit., 214이하.
314) Pap. Ox. 655. 도마복음 36장의 콥틱 본문에는 이 문장이 빠져있다. 그러나 Pap. Ox. 655는 보다 이른 것일 수 있다. Jeremias, Unknown Sayings of Jesus, London 1964, 97이하를 참조하라.
315) p. 202를 보라.
316) pp. 200이하를 보라.

여섯쌍의 사자들의 임무는 어록과(logia. 마 10 : 7이하 ; 눅 10 : 9) 설화본문에서(narrative text, 막 3 : 14이하, 6 : 12이하 병행 ; 눅 9 : 6 ; 눅 9 : 2) 동일한 방법으로 묘사되었다. 그들은 구원의 때의 여명(黎明)을 선언하여야 하며, 또한 귀신들을 쫓아냄으로써 사단의 영역을 침입하여야 한다. 이것은 그들이 예수 자신과 동일한 선언을 하여야만 함을 의미하며, 또 그것을 함에 있어 예수 자신과 동일한 방법으로 곧 말씀(word)과 행동(action)으로 하여야만 함을 의미한다. 그들과 더불어 양자(말씀과 행동)가 함께 속한다. 말씀만으로는 빈 껍데기에 불과하다. 한편 행동만으로는 마귀의 일이 될 수도 있다. 하나님의 통치는 오직 말씀과 행동이 함께 어우러짐으로써 나타나는 것이다.

사자로서의 사역은 종말론적인 사건(eschatological event)이다. 그것은 천사들의 사역의 예기(豫期 : anticipation)이다. 사자들(messengers)은 하늘 꼭대기를 나르는 천사에 의해 선포될(계 14 : 6이하) 하나님의 승리를 선포하며, 또한 그들은 인자(人子)의 천사들(angels)에 의해 시작될 추수를 시작한다(막 13 : 27 ; 계 14 : 14이하).[317]

열두 사자들에게 주어진 권위(권세 : authority)는 이 일의 중요성의 크기에 상응한다. 원래의 가르침은 이것을 매우 강조한다. 사자들이 어떤 집에 들어갈 때에 인사를 하는 것으로써 그들은 그 집에 $\epsilon\iota\rho\eta\nu\eta$ (평강)를 가져다 준다. 그러나 만일 어떤 집이 그것을 받기에 합당치 않으면 그것은 다시 그들에게 되돌아 온다. 이와같이 사자들은 하나님의 구원의 담지자(担持者 : bearer)인 것이다. $\epsilon\iota\rho\eta\nu\eta$ (에이레네 : 평강)의 성격상 악한 권세들은 그것에 복종해야만 한다. 사자들은 사탄에 대한 그리스도의 승리에만 분깃을 가지고 있다. 그들은 $\epsilon\xi\sigma\nu\sigma\iota\alpha\ \tau\hat{\omega}\nu\ \pi\nu\epsilon\upsilon\mu\acute{\alpha}\tau\omega\nu\ \tau\hat{\omega}\nu\ \dot{\alpha}\kappa\alpha\theta\acute{\alpha}\rho\tau\omega\nu$ (막 6 : 7, 더러운 귀신을 제어하는 권세)과 $\epsilon\xi\sigma\nu\sigma\iota\alpha\ \tau\sigma\hat{\upsilon}\ \pi\alpha\tau\epsilon\hat{\iota}\nu\ \dot{\epsilon}\pi\acute{\alpha}\nu\omega\ \dot{\sigma}\phi\epsilon\omega\nu\ \kappa\alpha\grave{\iota}\ \sigma\kappa\sigma\rho\pi\iota\omega\nu$ (눅 10 : 19, 뱀과 전갈을 밟을 권세)을 가지고 있다. 우리가 이미 앞에서 본 바와 같이,[318] 이러한 $\epsilon\xi\sigma\nu\sigma\iota\alpha$ (엑수시아 : 권세, authority)는 영에 사로잡힘

---

317) L. Legrand, 'Was Jesus Mission-Minded?', *IES* 3, 1964, 87−104. 190−207 : 207.

318) p. 127을 보라.

을 전제한다. 왜냐하면 오직 하나님의 신(영)만이 영들에 대한 권세를 가지고 있기 때문이다(마 12 : 28 병행. 눅 11 : 20).

이와 같이 예수께서 사자들을 보낼 때에 권세(권위)를 부여함에 있어, 그는 제자들로 하여금 사단의 졸개들을 이기고 사단의 왕국을 파괴시킬 수 있도록 일종의 영을 부수는 일을 행한다. 이러한 보도는 초기의 것이다. 왜냐하면 이것은 후기의 역사적 견해 즉 영이 부활 이후에 비로소 제자들에게 임했다고 하는 견해와 긴장관계를 이루기 때문이다.

만일 어떤 고을이 가장 기본적인 환대의 요구조차도 거스르고 사자들을 영접하기를 거절한다면, 그들은—예수가 원래의 가르침에서 말하고 있는 것처럼 자신들의 발에 붙은 먼지를 떨어내야만 하였다(막 6 : 11 ; 마 10 : 14 ; 눅 9 : 5, 10 : 11). 이것은 축약된 표현으로서, 이것이 의미 하는 바는 그들이 자신들의 발이 일으킨 먼지를 옷으로부터 흔들어 털어내는 것이다. 또한 그들은 이것을 모든 사람들이 보는 앞에서 즉 시장이나 길가에서 하여야 하였다. 이러한 행동은—모든 사람들이 이해하듯이—그 공동체 전체와 갈라서는 것에 대한 상징적인 표현이었다(느 5 : 13 ; 행 13 : 51, 18 : 6을 참조하라). 그 마을이나 지역의 아무 것도 사자들에게 속하지 않는다. 심지어 길가의 먼지조차도 그러하다. 따라서 그 고을은 하나님의 심판에로 넘겨지는 것이다.

따라서 사자들의 권세(권위 : authority)는 "구원의 전달"과 "심판의 부과" 양자를 모두 포괄한다. 그 권세는 죄를 사하는 것과 선언하는 것에 관련된 재판관의 권세인데,[319]이것이 또한 한쌍의 반의어로써 "매는 것과 푸는 것"(마 18 : 18 그리고 이로부터 말미암은 16 : 19)으로 그리고 "죄를 사하는 것과 그대로 두는 것"(요 20 : 23)으로 묘사되기도 한다. 한쌍의 반의어는 셈어에서 전체(totality)를 묘사하는 데에 종종 사용되는 것이기 때문에, 여기에서의 쌍들도 사자들이 전체적인 권세를 부여받았음을 의미한다. 그들의 심판행동은 예기적으로 행해진 종말론적인 기능이다(마 19 : 28). 그들의 푸는 것과 매는 것 안에서, 하나님의 통치가 은혜와 권능 가운데 지금 실현되고 있는 것이다.

---

319) A. Schlatter, *Der Evangelist Matthäus*, Stuttgart 1929=1963, 511.

사자들의 권세의 중요성은 다음의 정통적 평행법(climatic parallelism)
안에서 분명하게 나타난다 :

  ὁ δεχόμενος ὑμᾶς
     ἐμὲ δέχεται,
  καὶ ὁ ἐμὲ δεχόμενος
     δέχεται τόν ἀποστείλαντά με

  너희를 영접하는 자는
     나를 영접하는 것이요
  나를 영접하는 자는
     나를 보내신 이를 영접하는 것이니라.

(마 10 : 40 참조. 눅 10 : 16)

상반절에서 "사자는 그를 보낸 자와 동등하다"는 개념에 따라 사자
의 권리가 세워지고 있다.[320] 이에 따라, 사자들의 인격에 예수 자신이
온다. 사자가 된다는 것은 곧 예수를 대표하는 것이다. 그러므로 마치
예수 자신의 말씀에 대한 사람들의 태도가 심지어 지금 구원과 정죄 사
이를 결정짓는 것과 마찬가지로, 사자들의 그것에 대한 사람들의 태도
가 또한 양자 사이를 결정짓는다. 그들과 더불어 평강이 오거나 혹은
심판이 온다. 이 로기온의 하반절은 한계단 더 나아간다. 하나님 자신
이 예수의 사자들과 더불어 집에 들어간다. 이것은 얼마나 놀라운 말
씀인가! 물론 사자의 직책 자체가 타락에 대한 보호막이 되는 것은 아
니다. 심지어 가룟 유다조차도 죄사함을 약속하고 귀신들을 쫓아냈다.
어떠한 사자도 자기 자신에 대하여 확신할 수 없는 것이다.

(3) 사자들의 운명

그리스도를 위한 고난은 불가피하게 사자의 사역의 한부분을 형성한
다. 모든 자료층은 예수가 이것을 계속 반복하여 말했음을 일치되게

---

320) ‡ Rengstorf, 415.

증거한다.

매우 분명하게 예수는 자신의 사자들로 하여금 그들이 마치 이리 속에 있는 양처럼 무방비 상태가 될 것에 대하여 미리 준비시켰다(마 10 : 16; 눅 10 : 3). 그들은 어디에서도 문이 열려있는 것을 결코 찾지 못할 것이다. 원래의 가르침(original instruction)이 언급하는 바와 같이, 사람들은 환대(歡待)에 관한 율법을 오용하고 그들로 하여금 유숙하는 것을 거부할 것이다(막 6 : 11 병행, 눅 9 : 5; 마 10 : 14 병행; 눅 10 : 10). 환대를 베푸는 것은 고을 전체에 관계된 일이었으므로, 따라서 이것은 고을 전체가 그들을 영접하기를 거부하는 것을 의미할 수도 있다 (눅 9 : 51-56). 더욱이 그들은 어떤 고을로부터는 쫓겨남을 당하기도 할 것이요(διώκειν, 마 5 : 11 병행. 10 : 23상반절), 심지어 자신의 부모들의 집 문 앞에서도 그리될 것이다. 또한 그들은 비방을 받을 것이며(5 : 11 병행) 마귀의 사자들이라고 조롱을 당할 것이다(마 10 : 24 이하). 실로 거기에는 거친 말 이상의 무엇이 있을 것이다. 이것은 뺨을 때리는 것에 관한 종종 오해되어온 말씀과 관련한 상황이다(마 5 : 39 병행; 눅 6 : 29). 마태는 **오른** 뺨을 치는 것에 대하여 말하고 있는데, 아마도 이러한 그의 말이 보다 원래적일 것이다. 누가복음 전승은 형용사 "오른"(right)을 빠뜨렸는데, 그것은 이것의 특별한 의미가 이방인 그리스도인들에게는 즉시로 분명하게 나타나지 않기 때문이다. 오른 뺨을 치는 것은 손등으로 치는 것인데, 이러한 행동은 동방에서 一심지어 오늘날에 있어서도一최상의 경멸과 극단적인 모욕을 표현하는 것이다.[321] 마태복음 5 : 39에서 예수가 행동 안에서 그 표현을 찾는 어떤 논쟁에 대하여 생각하고 있는 것이 아니라 제자들을 이단자로서 취급하는 욕설에 대하여 생각하고 있음은 문맥으로 보아 거의 확실하다.[322] 예수가 욕설, 저주, 모욕 등에 대하여 말한 다른 모든 경우에서, 제자들에게는 제자됨을 위하여 견뎌야만 할 난폭한 행위가 따른다. 만

---

321) 손등으로 치면 400데나리온의 엄청난 벌금이 부과되었다(B. K. 8 : 6).

322) 행 23 : 2의 "입을 치는 것"을 참조하라. Agadta dᵉ Šim'on Kepa(ed. A. Jellinek, Bet ha-Midrasch V, Wien 1873=Jerusalem 1938=1967, 61. 14)에서 그리스도인의 뺨을 때리는 사람은 유대인이다.

일 사자들이 손등으로 오른 뺨을 때리는 그러한 가장 가혹한 모욕과 경멸을 견뎌야만 한다면, 그들은 반격을 하거나 재판절차를 밟을 것이 아니라[323] 그들의 증거를 위하여 기꺼이 고통을 감수해야 하는 것이다 (마 5 : 39). 때로는 그들의 증거가 그들을 생명의 위험에로까지 이르게 할런지도 모른다. : $\mu\dot{\eta}$ $\phi o\beta\epsilon\hat{\iota}\sigma\theta\epsilon$ $\dot{\alpha}\pi\dot{o}$ $\tau\hat{\omega}\nu$ $\dot{\alpha}\pi o\kappa\tau\epsilon\nu\nu\acute{o}\nu\tau\omega\nu$ $\tau\dot{o}$ $\sigma\hat{\omega}\mu\alpha$ (마 10 : 28 병행. 몸은 죽여도 영혼은 능히 죽이지 못하는 자들을 두려워하지 말라). 무슨 일이 일어나든지 그들을 두려워해서는 안된다. 오히려 그들은 다음 장소로 피하여 자신들의 사역을 그 곳에서 계속 수행해야만 한다(마 10 : 23).

예수는 사자들의 고난을 덜어줄 수 없었다. 다만 그는 어째서 그들이 고난을 당해야만 하는가를 설명해 줌으로써 그들을 도울 수 있었다. 고난(suffering)은 사자의 사역의 일부이다. 왜냐하면 세상의 증오(hate)가 증거에 대한 정상적인 반응이기 때문이다. 이것은 선지자들에게도 마찬가지였고, 또한 제자들에게도 마찬가지이다. 오히려 모든 백성들이 칭찬하면 너희에게 화가 있도다. 그것은 너희 조상들이 거짓 선지자들에게 했던 것이기 때문이다(눅 6 : 26). 고난은 사자로서의 사역에 대한 보증서이다. 그러므로 고난은 큰 약속을 소유한다 : $\dot{o}$ $\mu\iota\sigma\theta\grave{o}\varsigma$ $\dot{\upsilon}\mu\hat{\omega}\nu$ $\pi o\lambda\grave{\upsilon}\varsigma$ $\dot{\epsilon}\nu$ $\tau o\hat{\iota}\varsigma$ $o\dot{\upsilon}\rho\alpha\nu o\hat{\iota}\varsigma$ (마 5 : 12 병행. 하늘에서 너희의 상이 큼이라). 곧, 심지어 사자들이 이스라엘의 마지막 고을에 이르기 전에(마 10 : 23)[324] 고난이 기쁨으로 변할 것이다(눅 6 : 23. 여기의 $\dot{\epsilon}\nu$ $\dot{\epsilon}\kappa$ $\epsilon\acute{\iota}\nu\eta$ $\tau\hat{\eta}$ $\dot{\eta}\mu\acute{\epsilon}\rho\alpha$ 는 종말론적인 의미이다).

사자들의 고난에 관한 말씀들은 초기의 전승에 속한다. 그러한 말씀들은 모든 자료층에서 나타날 뿐만 아니라, 거의 대부분 공통적으로 초기의 특징 곧 조직화된 박해를 언급하는 것이 아니라 사자들의 나날의 삶 속에서 핍박을 언급하는 특징을 가지고 있다. 스데반의 죽음에 뒤따랐던 박해나 아그립바 1세 치하에서의 박해 혹은 네로 치하의 박해 등 어느 것도 여기에 아무런 영향을 끼치지 않았다. 오직 한

---

323) 마 5 : 39의 $\dot{\alpha}\nu\tau\iota\sigma\tau\hat{\eta}\nu\alpha\iota$ 는 '칼의 법'(ius talionis ; 38절)에 대한 반제(反提)로서 법률적인 의미를 갖는다. :'재판하러 가다'(예컨대 LXX 신 19 : 18의 $\dot{\alpha}\nu\tau\acute{\epsilon}\sigma\tau\eta$ $\kappa\alpha\tau\grave{\alpha}$ $\tau o\hat{\upsilon}$ $\dot{\alpha}\delta\epsilon\lambda\phi o\hat{\upsilon}$ $\alpha\dot{\upsilon}\tau o\hat{\upsilon}$ 와 사 50 : 8 $\tau\acute{\iota}\varsigma$ $\dot{o}$ $\kappa\rho\iota\nu\acute{o}\mu\epsilon\nu\acute{o}\varsigma$ $\mu o\iota$; $\dot{\alpha}\nu\tau\iota\sigma\tau\acute{\eta}\tau\omega$ $\mu o\iota$ $\ddot{\alpha}\mu\alpha$ 를 참조하라).

324) pp. 205이하를 보라.

두 구절들만이(막 13 : 9 병행과 같은 ; 여기에서 유대인과 이방인의 권세자들에 의한 핍박이 언급되어 있다) 공동체의 상황을 반영할 뿐이다 ; 이러한 것들은 분명히 2차적인 구성(secondary formulations)이다.

또하나의 초기 특징은 자료들이 "제자들이 사자로서의 직무를 수행함에 있어 겪은 가혹한 체험에 대하여 말하는 어록"과 "종말론적인 환난에 대하여 말하는 어록" 사이에 구분을 드러내는 것이다. 비록 제자들의 고통에 대하여 말하는 말씀들을 위의 두가지 어록중 어디에 분류해야 할지가 항상 완전하게 분명할 수는 없다 할지라도 대부분의 경우는 그 대용으로부터 추론될 수 있다. 이것은 매우 중요하다. 왜냐하면 부활 이후의 공동체에 있어, 고난의 이러한 두가지 범주(전도자의 고난과 종말론적인 고난)가 서로 융합되어져버렸기 때문이다. 따라서 그것들이 전승 속에서 구분되는 사실은 그 전승의 오래됨(antiquity)에 대한 믿을만한 지표가 되는 것이다.

§21 하나님 백성의 완성

J. Jeremias, *Jesus als Weltvollender*, BFCT 33, 4, Gütersloh 1930 ; id., *Jesus' Promise to the Nations*, SBT 24, London² 1967 ; Manson, *Teaching²* ; B. Rigaux. 'La seconde venue de Jésus', in : *La Venue du Messie. Messianisme et Eschatologie*, Recherches Bibliques Ⅵ, Bruges 1962, 173-216.

(1) 종말론적인 고통의 때

예수는 자신의 고난이[325] 자신을 따르는 자들의 상황을 근본적으로 바꾸어 놓을 것이라고 확신하였다. 이러한 확신은 누가복음 22 : 35-38에서 가장 분명하게 나타난다.[326] 여기에서 예수는 사자들로 하여금 그들의 이전 경험을 일깨우고 있다. 예수는 그들을 아무런 보호장치 없이, 그리고 무방비상태로 또한 기본적인 필수품조차도 가짐이 없이 보내었다. 그는 사자들을 완전히 하나님의 돌보심 위에 던진 것이다. 그러나 그들의 모든 염려는 "믿음의 부족"외에 아무 것도 아니었음이 증명되었다(마 6 : 30 병행)[327]

분명히 그들은 거절과 미움에 직면하였었다(마 5 : 11이하 병행, 10

---

325) p. 408을 보라.
326) 이것의 오래됨(antiquity)을 위하여는 p. 421을 참조하라.
327) p. 344를 보라.

: 25).[328] 그러나 동시에 그들은 또한 모든 곳에서 집들이 자신들에게
열려져 있음을 발견하였다(눅 22 : 35).

그러나 이제는 모든 것이 달라질 것이다. 이제 증오와 미움이 모든
곳에서 그들을 에워쌀 것이다. 어느 한 순간도 그들의 생명은 확실한
자리에 있지 않을 것이다. 이제는 검이 또 '검을 위한 모든 것'이 해결
책이 될 것이다(36절). 그들의 동족들의 이러한 태도변화는 어디에서
오는 것인가? 이에 대하여 37절이 대답해 준다 : 예수에 대한 이스라
엘의 배척은 또한 그의 제자들까지도 포함할 것이다. 마가복음 14 : 27
에서 예수는 스가랴 13 : 7을 인용하여 이에 관하여 언급한다. "너희가
다 나를 버리리라 이는 기록된 바 내가 목자를 치리니 양들이 흩어지리
라 하였느니라". 예수의 수난이, 전환점 곧 칼의 때(time of the sword)
에 대한 전주곡이 되는 것이다(마 10 : 34).

그것은 피함이 없이 올 것이다. 세베대의 아들들은 예수의 고난의
잔을 마시고 고난의 세례를 받아야만 할 것이다(막 10 : 39). 순교가 기
다리고 있는 자들은 비단 그들만은 아닐 것이다. 초기의 $\alpha\mu\eta\nu$ (아멘)
말씀은 예수 주위에 서 있는 사람들 중에 일부는 살아서 $\beta\alpha\sigma\iota\lambda\epsilon\iota\alpha$ 가
$\epsilon\nu$ $\delta\upsilon\nu\alpha\mu\epsilon\iota$ (권능으로) 임하는 것을 볼 것이라고 말한다(막 9 : 1 병
행, 또한 막 13 : 26의 $\mu\epsilon\tau\grave{\alpha}$ $\delta\upsilon\nu\alpha\mu\epsilon\omega\varsigma$ $\pi\circ\lambda\lambda\widehat{\eta}\varsigma$ 를 참조하라)[329] 그런데
이 말씀은—요한복음 21 : 23이 보여주는 바와 같이—이미 초대교회로
하여금 어려운 말씀으로 느껴졌다. 이 로기온은 그들이 차례대로 평화
로운 죽음을 맞게 될 것을 의미하는 것이 아니다. 오히려 여기에서 예
수는—우리가 이미 pp. 206 이하에서 제안한 바와 같이—세베대의 아들
들에게 선언한 것과 마찬가지로 그들의 순교의 운명을 직시하고 있는
것이다. 그것은 사탄의 일이다. 사탄은 마치 사람이 밀을 키질하는 것
처럼 예수의 제자들을 키질할 준비를 갖추고 서 있다(눅 22 : 31 이하).

마가복음 8 : 34은 예수의 제자들이 직면하는 미래에 대해 특별히
생생한 표상을 제공한다 : $\epsilon\check{\iota}$ $\tau\iota\varsigma$ $\theta\epsilon\lambda\epsilon\iota$ $\grave{o}\pi\iota\sigma\omega$ $\mu\circ\upsilon$ $\grave{\epsilon}\lambda\theta\epsilon\widehat{\iota}\nu$, $\grave{\alpha}\pi\alpha\rho\nu\eta\sigma\acute{\alpha}\sigma\theta\omega$
$\grave{\epsilon}\alpha\upsilon\tau\acute{o}\nu$ $\kappa\alpha\grave{\iota}$ $\grave{\alpha}\rho\acute{\alpha}\tau\omega$ $\tau\grave{o}\nu$ $\sigma\tau\alpha\upsilon\rho\grave{o}\nu$ $\alpha\grave{\upsilon}\tau\circ\widehat{\upsilon}$, $\kappa\alpha\grave{\iota}$ $\grave{\alpha}\kappa\circ\lambda\circ\upsilon\theta\epsilon\acute{\iota}\tau\omega$ $\mu\circ\iota$.

---

328) pp. 348이하를 보라.
329) ‡ Rigaux, 192.

(아무든지 나를 따라오려거든 자기를 부인하고 자기 십자가를 지고 나를 좇을 것이니라). 이 말씀은 십자가 상에서의 예수의 죽음의 결과와 연결된 '순교에 대한 2차적인 말씀'으로 일반적으로 추정되어 왔다. 그러나 그 당시 로마제국의 십자가는 팔레스틴에서 그리 희귀한 광경이 결코 아니었다. 또한 이 누가복음 병행구절에는 $\dot{\alpha}\rho\acute{\alpha}\tau\omega$ $\tau\grave{o}\nu$ $\sigma\tau\alpha\upsilon\rho\grave{o}\nu$ $\alpha\grave{\upsilon}\tau o\hat{\upsilon}$ 다음에 $\kappa\alpha\theta$ ' $\dot{\eta}\mu\acute{\epsilon}\rho\alpha\nu$ (날마다)이 덧붙여져 나타나고 있다 (9 : 23). 이것은 분명히 2차적인 재해석이나, 우리의 연구에 큰 도움을 준다. 왜냐하면 이 말씀(눅 9 : 23)은 "자기의 십자가를 지는 것"이 "순교의 고난을 당해야만 하는 것"으로 이해되지 않았음을 보여주기 때문이다. 만일 그것이 순교의 고난을 가리키는 것이었다면, "날마다"($\kappa\alpha\theta$ ' $\dot{\eta}\mu\acute{\epsilon}\rho\alpha\nu$)란 구절은 도무지 적절치 못한 것일 것이다.

그러므로 마가복음 8 : 38의 "자기 십자가를 지는 것"은 "순교의 고난"을 의미하는 것이 아니다. 오히려—프리드리첸(A. Fridrischen)[330] 이 지적한 바와 같이—여기에서 염두에 두어지는 것은 "특별한 시점" (時点)이다 : 곧 희생자가 적대적이며 희롱하는 군중들과 직면하기 위하여 어깨에 칼(형 집행기구)을 쓰고 재판정으로부터 거리로 나가는 "시작의 때." 가장 무서운 것은 마지막의 형 집행이 아니라, 버림받은 자요 경멸과 조롱의 대상이 되었다고 하는 감정이다. b. Sanh. 85a는 이렇게 언급한다 : "형 집행을 위하여 끌려 나아가고 있는 사람을 때리는 자는… 아무런 벌도 받지 않는다… 왜냐하면 그는 죽은 자로 간주되기 때문이다." 예수를 따르고자 하는 것은 사형선고를 받은 사람의 마지막 걸음만큼이나 어려운 삶에로 나아가는 것을 의미한다. 마가복음 8 : 34에서, 예수는 이것이 자신을 따르는 **모든** 사람들에게 적용된다고 말하고 있다. 모든 사람들에게 있어, 제자됨(discipleship)은 외로운 길을 걸을 준비와 사람들의 미움을 견딜 준비를 포함한다.

제자들에게 있어, 특별한 고통은 미가 7 : 6이 성취되는 것일 것이다 (아들이 아비를 멸시하며 딸이 어미를 대적하며 며느리가 시어미를 대적하리니 사람의 원수가 곧 자기의 집안사람이리로다). 가족들 사이에

---

330) 'Ordet om "a baere sit Kors", in : Gamle spor og nye veier, L. Brun Festschrift, Kristania(Oslo) 1922, 17ff. : 30.

분열이 일어날 것이다. 그리고 가장 가까운 친척들, 아버지나 형제들 심지어 자녀들이 예수의 제자들을 고발하고 죽음에로 넘겨줄 것이다 (막 13 : 12이하 병행 ; 마 10 : 21이하, 35이하 병행).

이러한 모든 육체적인 압박보다도 더 무서운 것이 한가지 있다 : 그것은 거짓 선지자들의 유혹에 따른 **영적인 시험**이다(막 13 : 21 – 23 ; 마 7 : 15 – 23). 초대교회가 소중하게 받아들인 "돈바꾸는 자들이 될지니라"는 아그라폰(agraphon : 복음서에는 기록되어 있지 않은 예수의 말씀)[331]은 그러한 거짓 선지자들에 대한 경고이다. 그것이 가르치는 바는 돈 바꾸는 자들로 부터 모조품을 분별하는 예리한 통찰력을 배우라는 것이다. 마태복음 7 : 15은 거짓 선지자들이 어떻게 선지자의 옷, 곧 양의 옷을 입음으로써 사람들로 하여금 믿도록 속이는지를 묘사한다 (거짓 선지자들을 삼가라 양의 옷을 입고 너희에게 나아오나 속에는 노략질하는 이리라). 결국 그들은 갑자기 이리들로서의 자신들의 정체를 드러내고, 그럼으로써 양들로 하여금 극심한 공포 속에서 갈팡질팡하게 만든다. 큰 $\pi\epsilon\iota\rho\alpha\sigma\mu\acute{o}\varsigma$ (시험)는 종말에 대한 예비적 표적들 가운데 하나이다. 아무도 그것을 피할 수 없을 것이다. 터툴리안(Tertullian)은 수난이야기의 문맥 가운데 놓여지는 아그라폰(agraphon) 하나를 전하고 있는데, 그것은 이러한 관계를 분명하게 나타낸다 : Neminem intemptatum regna calestia consecuturum. [332] 여기에서 "아무도" 위에 강세가 놓여져 있다. 시험을 통과하는 길만이 하나님 나라에로 이르게하는 유일한 길이다. 이것은 예수 자신에 있어서도 역시 마찬가지이다. 누가복음 22 : 28에 따르면 예수는 자신의 전 생애를 일련의 사탄으로 부터 시험의 전 과정으로 회고한다(너희는 나의 모든 시험중에 항상 나와 함께 한 자들인즉). 그러므로 누가복음 22 : 28에 따르면, 예수가 시험 가운데에 있을 때, 그 옆에 머물러 있는 것이 바로 그의 제자됨을 입증하는 것이다.

종말론적인 고난에 관한 언급들에 있어, 초대교회의 나중 경험이 예언으로써 예

---

331) J. Jeremias, *Unknown Sayings of Jesus,* London 1964, 100 – 104.
332) *De baptismo* 20, 12 ; J. Jeremias, *op. cit.,* 73 – 75.

수에게 돌려졌거나 혹은 최소한 초기의 어법(wording)을 수정시킨 것이 아닌가 하고 의문을 제기하는 것은 자연스런 일이다. 분명히 우리는 이러한 가능성을 고려해 보아야만 한다. 그러나 두가지 예가 우리로 하여금 지나치게 성급하게 판단해서는 안됨을 보여준다. 첫째로, 제자들의 고난이 예수 자신의 고난과 긴밀하게 관련되어 반복적으로 언급되는 사실을 주목하여야만 한다(눅 22 : 35~38; 막 10 : 38이하 병행). 분명히 예수는—다드[333](C. H. Dodd)와 맨슨[334](T. W. Manson)이 인식한 바와 같이—자신의 수난으로 시작된 '제자들의 집합적 고난'을 기대하였다. 이러한 기대가 온전히 그대로 이루어지지 않는 사실은[335] 이것이 vaticinium ex eventu(사건으로부터의 예언)일 가능성을 배제시킨다. 세베대의 아들들의 순교에 관한 언급 역시 이와 동일한 결론에 이르게한다(막 10 : 38이하). 그것 역시 vaticinium ex eventu(사건으로부터의 예언)일 수 없다. 사도행전 12 : 2에 의하면, 세베대의 아들 야고보가 순교를 당한 것으로 보도한다. 그러나 반면 그의 형제 요한은 트라얀의 시대까지 에베소에서 살고 있었다(98~117)[336] 오직 '시데의 빌립'(Phillip of Side)의 요약자(epitomist)만이 나중의 교회사에서 (약 434~39에 출판된) 다음과 같은 구절을 읽었노라고 주장한다 : "파피아스(약 130 AD)는 그의 두번째 책에서 신학자 요한과 그의 형제 야고보는 유대인들에 의해 죽임을 당했다고 말한다."[337] 그러나 그 요약자에 의한 이러한 구절은 매우 의심스럽다. 왜냐하면 이레니우스나 유세비우스는 파피아스의 책에서 요한의 순교에 관한 어떠한 보도도 알지 못했기 때문이다. 그러므로 이것(요한의 순교)에 대한 유일한 증언이 있다면 그것은 411/412년의 '시리아의 순교사'인데, 여기에 12월 27일 이라는 날짜 밑에 다음과 같은 구절이 있다. "요한과 야고보, 사도들, 예루살렘에서"[338] 그러나 이것 역시 의심스럽다. 왜냐하면 카르타고의 순교사(대략 505 AD)에서 우리는 다음과 같은 구절을 볼 수 있기 때문이다 : Vl Kal. Jan.(12월 27일) sancti Johannis Baptistae et Jacobi apostoli quem Herodes occidit [339] 여기에서 세례 요한이 야고보와 나란히 나타나고 있다. 비록 세례 요한(사도 요한이 아님)이 6월 24일에 다시 기념되었다고는 할지라도, 이것이 원래적인 것일 것이다.

---

333) *Parables*, 58 이하.
334) 'The new Testament Basis of the Doctrine of the Church', *JEH* 1, 1950. 1~11 : 6.
335) p. 408을 보라.
336) Irenaeus, *Abv. haer.* Ⅱ 22 : 5; Ⅲ 3 : 4.
337) C. de Boor. TU 5 : 2, Leipzig 1888, 170. Georgios Monachos, Chronicles Ⅲ 134, 1(9세기)은 이러한 이야기에 대한 독립된 증거가 아니다(더욱이 이것은 단지 한개의 사본에서만 나타난다; C. K. Barrett, *The Gospel according to St. John*, London 1955, 86. 각주 3을 참조하라.) 왜냐하면 그는 '시데의 빌립'(Phillip of Side)에게 의존하고 있기 때문이다.
338) H. Lietzmann, *Die drei ältesten Martyrologien*, KlT 2, Berlin 1911, 7이하.
339) *Op. cit.*, 5이하.

그러므로 요한(세베대의 아들 사도 요한)의 순교에 대한 초대교회로부터의 믿을 만한 보도는 아무데도 없다. 그가 AD 43년 혹은 44년에 야고보와 함께 아그립바 1세에 의해 죽임을 당했다고 보는 것은 불가능하다(행 12 : 2) 왜냐하면―갈라디아 2 : 9이 보여주는 바와 같이―그는 AD 48년 혹은 49년의 사도회의(apostolic council)에 참석했기 때문이다. 더욱이 폴리갑의 순교를 그토록 중요하게 여긴 소아시아교회가 사도의 순교에 대하여서는 완전히 침묵하는 사실은 그(요한)가 소아시아에서 순교당하지 않았음을 반증(反證)하는 것이다. 그러므로 결론적으로 언급해서, 마가복음 10 : 38이하의 요한의 순교에 대한 예언은 성취되지 않은 예언이고, 따라서 그것은 vaticinium ex eventu(사건으로부터의 예언)일 수 없다.

하나님의 나라가 고난을 통하여 오는 법칙[340]은 예수의 제자들에게도 또한 적용된다. 그러나 고난은 생명을 포기하는 것이 생명을 얻는 것이란 약속을 갖는다(막 8 : 35). "하나님께서는 나중(end : 종말)까지 견디는 자를 구원하는 것이다"(막 13 : 13 병행). 이와 같이 $\pi\epsilon\iota\rho\alpha\sigma\mu\acute{o}\varsigma$ (시험) 가운데에서 충성되게 남아있느냐 하는 문제에서 정점에 이른다. 어떻게 그것이 가능한가? 이에 대하여 예수는 대답한다 : 위험에 대한 주의깊은 관찰과(막 13 : 14, 14 : 38) 굴복하는 것으로부터 보호해달라는 요청(막 14 : 38 병행 ; 눅 11 : 4 병행)을 통하여.[341]

(2) 전환점

사탄의 권세(power)가 비록 크다고는 할지라도, 그러나 하나님의 권세는 더 크다. 그러므로 하나님의 승리는 확실하다. 하나님의 백성들에 대한 시험(유혹 : temptation)이 그 정점에 달할 때, 하나님께서―그 날들을 감하심으로써 위대한 전환점(turning point)을 가져오실 것이다(막 13 : 20).

누가복음 12 : 32은 아람어 전승[342]으로 소급되는 본래 독립적인[343]

---

340) p. 196을 보라.
341) 주기도문의 종결간구(closing petition)를 위하여는 pp. 295이하를 보라.
342) 그것은 연결사에 의해 31절과 연결된다.
343) $\tau\grave{o}$ $\mu\iota\kappa\rho\grave{o}\nu$ $\pio\acute{\iota}\mu\nu\iota o\nu$ 에서 호격을 관사를 가진 주격으로 번역한 것 ; mar'ita ($\tau\grave{o}$ $\pio\acute{\iota}\mu\nu\iota o\nu$)와 rā'ā($e\grave{\upsilon}\delta\acute{o}\kappa\eta\sigma\epsilon\nu$) 사이의 문자의 기교(word-play), 이에 대하여는 M. Black, An Aramaic Approach to the Gospels and Acts, Oxford 1967, 168을 참조하라 ; 단 7 : 27의 malkūtā … yehībat를 취해 $\deltao\tilde{\upsilon}\nu\alpha\iota$ $\tau\grave{\eta}\nu$ $\beta\alpha\sigma\iota\lambda\epsilon\acute{\iota}\alpha\nu$ 으로 번역한 것.

로기온인데, 여기에서 하나님의 종말론적인 백성들이 무리(flock)로 비교되고 있다.[344] 다니엘 7 : 27에 따르면, 작은 무리에게는 상황이 역전될 것이란 약속이 주어져있다(나라와 권세와 온 천하열국의 위세가 지극히 높으신 자의 성민에게 붙인바 되리니 그의 나라는 영원한 나라이라 모든 권세있는 자가 다 그를 섬겨 복종하리라). 그것이 작은 숫자와 박해에도 불구하고, 그들은 "지극히 높으신 자의 성민"(the people of the saints to the Most High)이고 또한 그들에게는 "나라와 권세와 온 천하열국의 위세"(the kingdom and the dominion and the greatness of the kingdoms)가 약속된다.

이러한 약속은 또한 다른 표상으로서 다음과 같이 언급된다 : "음부의 문들이 그것(나의 공동체)에 대항하여 이기지 못할 것이라"(마 16 : 18). 여기에서 $\pi \acute{\upsilon} \lambda \alpha \iota$ $\H{\alpha} \delta o \upsilon$ (음부의 문들)는 지하세계를 언급하는 것인데, 이것은 "부분으로서 전체를 표현하는"(pars pro toto) 표현법이다.[345] 한편 $\alpha \grave{\upsilon} \tau \hat{\eta} \varsigma$ (이것)는 반석 위에 세워진 $\acute{\epsilon} \kappa \kappa \lambda \eta \sigma \acute{\iota} \alpha$ (에클레시아 : 교회)를 가리킨다.[346] 이것은 하나님의 백성들에게는 심지어 최후의 가장 무서운 지하세계의 맹렬한 핍박 일지라도(계 6 : 8, 9 : 5 이하, 20 : 7이하를 참조하라) 그것을 이기지는 못할 것이란 약속이 주어져있음을 가리키는 것이다. 이러한 약속이 이루어질 것에 관한 보증이 바로 하나님의 선하심인데, 그것이 지금 동트고 있는 구원의 때에 나타나고 있다. 예수의 제자들은 큰 확신을 가져도 좋다. 만일 불의한 재판관이 단지 귀찮은 호소를 피하기 위하여 그 가난한 과부의 요구를 들어줬다면, 하물며 하나님께서 그의 택하신 자들의 부르짖음을 들으시고 그들을 돕지 않으시겠는가? (눅 18 : 1-8).

큰 전환점에 관한 자신의 말씀들 속에서, 예수는 죽은 자들의 부활[347]이나 마지막 심판[348], 사탄의 멸절과 그의 천사들에 대한 징벌[349],

---

344) p. 250을 보라.
345) J. Jeremias, $\pi \acute{\upsilon} \lambda \eta$, $\pi \upsilon \lambda \acute{\omega} \nu$
346) *Ibid.*, 927 각주 64.
347) 막 12 : 18-27에 대하여는 pp. 271, 328를 보라.
348) pp. 196이하를 보라.
349) 마 25 : 41.

불의 홍수[350] 그리고 세상의 갱신[351] 등의 묵시적인 개념들을 취한다.
이러한 관계들이 보다 더 분명하게 인식되면 인식될수록 그만큼 더 예
수가 강조한 부분이 분명해진다. 여기에서, 예수가 이스라엘과 그의
지도자들 사이에서 뿐만 아니라[352] 자신의 추종자들 사이에서의[353] 심판
과 분리를 선언함에 있어서의 진지함과 더불어, 우리는 무엇보다도 그
의 보편주의(universalism)를 언급해야만 한다.

(3) 열방들의 순례여행[354] (the pilgrimage of the nations)

큰 전환점은 동시에 이방인의 때(the hour of the Gentiles)이다.

예수는 자신의 활동을 이스라엘에 한정하였다 : 우리는 그가 이방인
들을 도운 이야기를 오직 두번만 들을 수 있을 뿐인데, 그것들은 모두
격렬한 논쟁 이후에 나타나 있다.[355] 더욱이 그는 제자들에게 이스라엘
국경을 넘지 말도록 가르쳤다(마 10 : 5이하, 23). 그러나 반면, 그는
동시에 하나님께서 이방인들에 대하여 원수를 갚으실 것이라는 기대를
거부하였다(눅 4 : 16 이하[356] ; 마 11 : 5 이하 병행[357]). 그는 계속 반복
하여 이방인들 역시 하나님의 통치에로 들어오는 길을 찾게될 것이라
고 말하였다. 모든 열방들이($\pi\acute{a}\nu\tau a\ \tau\grave{a}\ \check{e}\theta\nu\eta$) 심판대 앞에 서는 때에
(마 25 : 32), 그들 가운데 다음과 같은 말로 영접될 자들이 있을 것이
다. "내 아버지께 복받을 자들이여 나아와 창세로부터 너희를 위하여
예비된 나라를 상속하라"(34절). 하나님의 무리(God's flock)에는 이방
인들도 또한 포함될 것이다(마 25 : 32이하 ; 참조 요 10 : 16). 세계 산
(world-mountain) 위에 서서 어두움에 빛을 비추는 '하나님의 도성'
(the city of God)의 표상은(마 5 : 14) 선지자들의 메시지로부터 말미암

---

350) 눅 12 : 49 ; 17 : 28－30.
351) 막 13 : 31 병행.
352) 막 12 : 1－12 병행 ; 마 23 : 34－36 병행.
353) 마 7 : 21－23 ; 눅 13 : 26이하.
354) ‡ Jeremias, *Jesus' promise*, 55－73.
355) 막 7 : 24－30 병행 ; 마 8 : 5－13 병행.
356) pp. 302이하를 보라.
357) 이 구절에 대한 구약의 세가지 모든 증거본문들은 문맥 속에서 하나님의 원
수갚음을 언급한다(사 29 : 20 ; 35 : 4 ; 61 : 2). 그러나 예수는 그것을 빠뜨렸다.

은 것인데, 그것은 열방들(nations)을 부르시는 하나님의 영광을 묘사
한다. 예수가 더럽혀진 성소를 정결케한 이유는 그가 열방들을 위하여
기도의 처소를 준비하고 있는 때문이다(막 11 : 17). 엣센파의 '의의 교
사'(Teacher of Righteousness)가 '깨끗치 못한 자(사 35 : 8을 참조하
라), 할례받지 않은 자, 도둑들'은 거룩한 길을 밟지 못할 것이라고 가
르친 반면(1 QH 6 : 20), 예수는 이방인들을 종말론적인 하나님의 백
성에 포함시켰다.

이와 같이 예수는 한편으로 자신과 제자들의 활동을 이스라엘에 한
정시키고 동시에 다른 한편으로 이방인들이 하나님의 통치에서 분깃을
가질 것이라고 말하였는데, 그렇다면 이러한 모순은 어떻게 설명되어
야 할 것인가? 이에 대하여 마태복음 8 : 11이하 병행. 누가복음 13 :
28이하가 답변해준다. 이 말씀은 동쪽과 서쪽으로부터 많은 이름없는
사람들이 와서 바실레이아에서 식탁에 기대어 앉을 것인 반면 나라의
아들들은 내던져질 것임을 묘사한다.

이 로기온에 대하여 간단히 언급해야 할 것이 세가지 있다.(a) 이 로기온은 매우
초기의 것이다. 개념세계가 유대주의적이다(족장들, 선지자들, 그들로 더불어 식
탁교제를 나누는 축복, 저주받은 자들과 축복받은 자들이 서로 바라볼 수 있다는
개념 〈눅 16 : 23〉). 또한 문체가 셈어적이다(마태복음에서의 반위적 평행법, 포괄
적 πολλοί, οἱ υἱοὶ τῆς βασιλείας, 누가복음에서의 상황절과 병렬구조, 양 복
음서에서 미래형 ἀνακλιθήσονται 는 아람어의 미완료형에 상응한다). 그러나 마
태복음 8 : 11이하 병행에 표현된 위협의 날카로움은 모든 유대 묵시문학에서 그 유
비가 없다. (b) 사방으로부터 오는 사람들은 누구인가? 디아스포라인가? υἱοὶ τῆς
βασιλείας 로 미루어 보건대 그들일 수는 없다. 만일 그들이 디아스포라라면,
'나라의 아들들'(sons of the kingdom)은 팔레스틴의 유대인들이어야만 할 것이다.
그러나 '나라의 약속'(the promise of the kingdom)이 팔레스틴 유대주의에만 한정
되었다는 개념은 지각없는 생각이다. 오히려 생각으로부터 오는 자들은 틀림없이
이방인들이다. (c) 그렇다면 그러한 이방인들이 언제 오는가? 이에 대한 대답은 상
황으로부터 찾을 수 있다. 족장들이 부활하여 바실레이아에서 식탁에 기대어 앉는
다. 그리고 '나라의 아들들'이 쫓김을 당한다. 이러한 것은 오직 '완성의 때'(hour
of consummation)일 수 밖에 없다.

이와 같이 동쪽과 서쪽으로부터 이방인들이 나아오는 것은 세상의
완성이 이루어질 때에 되어진다. 그들은 하나님의 산으로 올라간다.

이러한 것은 구약에서 세워진 개념이다(사 2 : 2이하 병행. 미 4 : 1이
하). 선지자들은 열방들의 종말론적인 순례여행에 더하여 다섯가지 특
징을 묘사한다 :

(a) 이것은 하나님의 현현으로 도입된다(슥 2 : 17). 그의 영광이 세
   상에 나타난다.
(b) 하나님의 부르심이 따라나온다(사 45 : 20, 22).
(c) 이방인들의 여행이 하나님의 명령에 따라 나온다(사 19 : 23).
(d) 그것은 세계성소(World sanctuary)에서 그 목적지에 이른다(시
   22 : 28; 습 3 : 9).
(e) 이제로부터 이방인들이 하나님의 백성에 속한다. 그들은 세계산
   (World-mountain)에서 신적 잔치에 참여한다(사 25 : 6—9). 성경
   의 상징어 가운데 먹는 것과 마시는 것은 하나님 앞에서 그리고
   하나님과 더불어 교제를 나누는 것에 대한 중요한 표현이다. 이
   것이 마지막 때의 잔치에 대한 말씀들 가운데 중심적 요소이다.

여기에서 우리는 구심적인 개념을 발견할 수 있다. 선교사들이 열방
에 복음을 전파하기 위하여 나아가지 않는다. 오히려, 하나님의 영광
이 열방을 비추고 그들을 종말론적인 구원에로 부른다.
이방인들의 때(the hour of the Gentiles)가 오직 날의 마지막(the end
of the day)에야 오는 것은 깊은 의미를 가지고 있다. 이에 대한 이유는
구원사(salvation history)에 대한 예수의 관점 때문이다. 첫째로, 하나
님의 약속이 이루어져야만 하고 구원이 이스라엘에 제시되어져야만 한
다. 그리고 하나님의 종(Servant of God)이 이방인들의 때가 오기 전에
많은 사람들을 위하여 피를 흘려야 한다. 그것은 수난 너머에 놓여 있
는 것이다. 따라서 예수가 이방인들에게 도움을 베푼 몇가지 사례는
완전한 성취에 대한 일련의 "예기"(豫期 : anticipation)에 속하는 것이
다.
다시 한번 복음의 영광이 비추인다. '메시야의 날'에 당시 묵시주의
자들은 죄인들에 대한 대심판 그리고 무엇보다도 이방인들에 대한 보
응을 기대하였다(솔로몬의 시편 14 : 6—10, 17 : 21—31을 보라). 백성

들은 하나님의 영광에 대하여 말하였으나, 그것은 이스라엘의 영광을
의미하는 것이었다.

반면 예수의 메시지 속에서는 은혜의 보편주의가 민족적 배타주의의
자리를 차지하였다. 이방인들을 하나님의 종말론적인 백성에 결합시킴
으로서, 하나님의 값없는 은혜가 온전한 영광 가운데 나타났다.

(4) 왕이신 하나님[358]

하나님의 통치는 기도들이 이루어지는 때이다.[359] 하나님의 이름이
높임을 받고, 그가 왕으로서 다스리신다.

다음의 세가지가 마지막 완성에 대한 예수의 언급을 특징 짓는다.

(a) 예수의 말씀 속에서, 바실레이아의 개념으로부터 모든 **민족주의
적인 성격**뿐만 아니라 **물질적인 성격**까지도 벗겨져 없어진다. 여기에
는 마지막 때의 상태에 대한 아무런 손질(elaboration)도 나타나지 않는
다(예컨대, 새 땅의 비옥함이나 하늘의 기쁨 등과 같은). 사두개인들
과의 논쟁 가운데(막 12 : 18-27병행), 예수는 종말의 상태에 관하여
지상의 상태가 승귀된 형태로 계속될 것이라는 당시의 개념을 분명하
게 거부한다. : ὅτανγὰρ ἐκνεκρῶν ἀναστῶσιν, οὔτε γαμοῦσιν, οὔτε
γαμίζονται, ἀλλ᾽ εἰσὶν ὡς ἄγγελοι ἐν τοῖς οὐρανοῖς (25절, 사람
이 죽은 자 가운데에서 살아날 때에는 장가도 아니가고 시집도 아니가
고 하늘에 있는 천사들과 같으니라).

(b) 예수가 변화된 세계에 대하여 말씀하는 곳에서는 거의 예외없이
그는 **상징적인 언어**의 표상들을 사용한다. 그러한 용례들은 이루 헤아
릴 수 없는 정도이다. 하나님은 왕이시다. 그는 새 성전에서 경배를 받
으신다(막 14 : 58). 인간의 눈이 그분을 볼 수 있다(눅 20 : 36). 유산
이 나누어진다(마 5 : 5). 새 이름이 주어진다(5 : 9). 구원의 잔이 주어
진다(눅 22 : 18). 영원한 유월절 잔치가 베풀어진다(눅 22 : 16). 전적
인 가치의 변화가 있다 : 가난한 자들이 부자가 되고, 배부름을 얻으

---

358) ‡ Jeremias, *Weltvollender*, 69이하.
359) E. Jüngel, *Paulus und Jesus. Eine Untersuchung zur Präzisierung der Frage
nach dem Ursprung der Christologie*, Tübingen 1967, 178.

며, 슬픈자들이 위로를 받고, 나중이 처음이 된다(막 10 : 31). 하나님
께서 영원한 생명을 주신다(막 10 : 30)—여기에서 '영원한'은 하나님
의 생명에 참예하는 것을 의미한다. 이렇게 하나님의 생명에 참예하는
것은 하나님을 보는 것에 의해 전달된다 : θεὸν ὄψονται (마 5 : 8, 하
나님을 볼 것임이요). 우리가 요한일서 3 : 2의 ὅτι (호의)로 증명할
수 있는 바와 같이, 이러한 짧은 구절(마 5 : 8)은 그 어법(wording)이
제시하는 것보다 더 포괄적인 내용을 지닌다 : ὅμοιοι αὐτῷ ἐσόμεθα
ὅτι ὀψόμεθα αὐτὸν καθώς ἐστιν (우리가 그와 같을 줄을 아는
것은 그의 계신 그대로 볼 것을 인함이니). 우리가 하나님을 볼 수 있
기 때문에, 우리는 그와 같을 것이다. 하나님을 보는 것은 하나님과 같
은 현상으로 변화되는 효과를 낸다. Ex aspectu similitudo (Bengel). 이
것은 또한 팔복 가운데 여섯번째 복(마음이 청결한 자는 복이 있나니
저희가 하나님을 볼 것임이요)에 주어진 약속이 의도하는 것이기도 하
다. 그들에게 허락된 '하나님을 보는 것'은 축복을 구체화시킨 것이
다. 왜냐하면 그것은 "그와 같은 것"(what being like him)이 무엇인지
를 드러내기 때문이다.

(c) 종말의 상태에 대한 예수의 말씀들은 개인의 구원이나 혹은 개인
의 축복과는 결코 연결되지 않는다. 그것은 항상 **공동체**와 관련된다.
이것은 예컨대 누가복음 16 : 9에 있어서도 마찬가지이다(불의의 재물
로 친구를 사귀라 그리하면 없어질 때에 저희가 영원한 처소로 너희를
영접하리라). 여기에서 '영원한 처소'(영원한 장막 : eternal tents)는
광야에서 방랑하는 것에 관한 이야기로부터 말미암은 표상이다. 그때
하나님께서는 자기 백성들 사이에 회막(Tent of Meeting)안에 장막을
치셨다. 이와 마찬가지로 누가 복음 16 : 9의 장막(처소, tents)은 자기
백성들로 더불어 하나님께서 교제를 나누시는 것에 대한 표상이다. 그
것은 종말의 상태에 관한 그의 말씀 가운데 그가 새 성전의 표상을 사
용할 때 그는 일차적으로 공동체를 생각하고 있는 사실에서 특별히 분
명하게 나타난다(막 14 : 58 병행).

완성의 때는 지상 성소(earthly sanctuaries)의 문들이 닫히는 때이며,
성소에 관한 논쟁이 종결되는(요 4 : 21) 때이고, 또한 구속받은 자들
의 공동체가 하나님의 보좌 앞에서 경배하는 때이다(요 4 : 23). 또한

공동체가 하나님과 더불어 교제하는 것에 관한 표현으로서 혼인의 표상이 언급되어야만 한다(마 22 : 1–14 병행. 25 : 1–13). 마지막으로 잔치음식의 표상은 완성에 관한 예수의 말씀들이 공동체를 염두에 두고 있음을 가리키는 또하나의 지표이다(막 14 : 25; 눅 22 : 30을 참조하라). 바실레이아에서 창조와 구속이 완성된다. 왜냐하면, 끝없이 하나님을 경배하는 종국적인 공동체에서 하나님을 영화롭게 하는 것이 완전해지기 때문이다.

제 6 장

자신의 사명에 대한 예수 자신의 증거

나는 이 책의 앞부분에서(제 2 장) 예수가 무대에 등장하기에 앞서 소명(召命 : call)이 선행하였는데, 아마도 이것(소명)은 그가 세례를 받을 때에 발생했다고 언급하였다. 이 때로부터 예수는 자신에게 허락된 이러한 하나님 지식을 다른 사람들로 더불어 나누도록(共有하도록) 위임받았음을 알았다. 이러한 위임과 함께 예수는 자신이 일련의 하나님의 선구자들(heralds) 안에 놓여짐을 알았다. 그러나 그의 설교를 요약해 볼 때, 우리는 자신(예수)의 권위(authority)에 대한 그의 인식이 선지자의 범주를 초월함을 알 수 있다. 왜냐하면 예수는 자신의 도래와 함께 구원의 때와 사탄의 정복이 시작되었다고 선포하였기 때문이다(제 3 장). 하나님을 위한 결단 혹은 하나님을 대항하는 결단과 마지막 심판에서의 구원은 순전히 그리고 단순히 그의 말씀에 대한 순종에 달려있는 것이었다(제 4 장). 그는 참된 생명으로서의 제자됨(disciple-ship)을 선물하였으며, 토라에 대하여 하나님의 새 율법을 제시하였고 또 자신의 사자들로 말미암아 구원의 때의 여명을 선포하였다 (제 5 장). 요약컨대, 그는 자신의 설교와 활동을 종말론적인 구원사건으로서 특징화하였다. 이러한 종류의 사명인식은 선지자적인 영역을 초월하는 것이다. 오히려 이러한 모든 언급들은 예수가 스스로를 "구원을 가져오는 자"(the bringer of salvation)로서 믿었음을 의미하는 것이다.

§ 22 구원을 가져오는 자

(1) 강조적 ἐγώ

자신의 위치(status)에 대한 예수의 인식과 그의 권위주장이 메시야 칭호들이 사용된 구절들에서 가장 분명하게 표현되었다고 추정하는 것은 잘못이다. 왜냐하면 칭호들은 나중에 덧붙여진 것일 수 있기 때문이다. 뿐만 아니라, 칭호들이 사용되지 않은 곳에서도 중심적인 내용들이 종종 나타나곤 한다. 예수는 자신의 사명에 대한 권위를 묘사함에 있어 **구속자의 상징적인 부르심**의 표상들을 즐겨 사용하였는데, 이러한 것들은 pp.250−252에서 논의된 공동체의 상징적인 명칭들 안에서 그 상관어구들을 가지고 있다. 그는 자신을 잔치에로 부르는 하나님의 사자들로서(막 2 : 17 병행), 또한 병든 자들을 위한 의사로서(ibid, 목자로 14 : 27이하 병행 ; 요 10장), 성전의 주된 건축자로서(막 14 : 58 병행 ; 마 16 : 18), 그리고 하나님의 가족들을 그의 식탁에로 모으는 집의 아버지로서(마 10 : 24이하 ; 눅 22 : 29이하) 묘사한다. 이러한 표상들은 상징적인 언어로 "구원을 가져오는 자"(the bringer of salvation)를 묘사하는 것이며, 또한 모두 종말론적인 배경을 가지고 있다. 초대 교회가 이러한 표상들을 칭호들로서 대체하였기 때문에 우리는 다음과 같은 원칙을 세울 수 있다 : 복음서의 기독론적인 **칭호들**은 (하나의 예외만을 제외하고) 모두 부활 이후의 것인 반면,[1] 언급된 모든 표상들은 부활 이전의 것일 가능성이 매우 높다.

자신의 위치에 대한 예수 자신의 관점은 이러한 상징적 언어의 표상들에 있어서 보다 자신의 말들 가운데 매우 자주 나타나는 그의 "강조적 ἐγώ"(emphatic)에서 한층 더 분명하게 표현된다. 그것은 예컨대 마태복음 5 : 17같은 자신의 사명에 대한 말씀들 속에서 뿐만 아니라 그의 설교 전반을 통하여 찾아져야만 한다. "강조적 ἐγώ는 마태복음 5 : 21−48의 여섯가지 반제들(antitheses)속에서 가장 두드러지게 나타난다.

우리가 ἠκούσατε ὅτι ἐρρέθη…ἐγώ δὲ λέγω ὑμῖν(… 하였다는 것을 너희가 들

---

1) pp. 374이하를 보라.

었으나 나는 너희에게 이르노니)이라는 양식 속에서 예수의 분명한 말씀들을 듣고
있음은 거의 확실하다. 왜냐하면 우리는 유대주의나 초대 기독교로부터 이에 대한
아무런 유비도 찾을 수 없기 때문이다. 우리는 단지 그러한 양식(pattern)이 여섯가
지 모든 반제들 속에서 원래적인(original) 것인가, 혹은 그중 얼마는 후기단계에서
발전된 것이 아닌가 하는 문제만을 제기할 수 있을 뿐이다. 사실상 세번째와 다섯
번째 그리고 여섯번째 반제들은 종종 2차적인 구성들(secondary formulations)로서
받아들여진다. 그것은 세가지 근거에 기인한 것인데, 문서비평(literary criticism),
내용(content), 그리고 양식(form)이다. (a) 문서비평적 관점으로부터 볼때, 세번
째, 다섯번째, 여섯번째 반제들(마 5 : 31이하, 38이하, 43이하)은 반제적 형태를
취하지 않고 전승된 것이다. 이로부터, 위의 세가지 것들에 붙여진 반제양식은 다
른 것들을 모방한 것이고 따라서 첫번째, 두번째, 네번째 반제들만이 원래적인 것
이라는 결론이 도출된다. (b) 이러한 분리는 또한 다음과 같은 관찰을 통하여 더욱
확증되는 것으로 간주된다 : 즉 첫번째, 두번째, 네번째 난제들에 있어서는 토라
가 단순히 날카로워지는데 불과한 반면, 세번째, 다섯번째 그리고 여섯번째 반제들
의 경우에는 그것(토라)이 근본적으로 초월되고 있다. (c) 양식(from)에 관한 한,
첫번째, 두번째 그리고 네번째 반제들은 전제절(前提節)이 부정적으로 나타난다.
반면 세번째와 다섯번째 그리고 여섯번째 반제들은 그것들의 "마샬(수수께끼, 비
유 등을 의미하는 히브리어 단어)적인 양식"과 "넓은 취급범위"때문에 틀밖으로 떨
어진다.[2]

   그러나 좀 더 면밀히 관찰해 보건대, 여섯가지 반제들을 두 그룹으로 나누는 위
의 세가지 논증들은 유지될 수 없는 것으로 나타난다. (a) 문서비평적 논증으로부터
시작할 때, ⅰ) 세번째와 다섯번째 그리고 여섯번째 반제들이 반제형태를 가짐이
없이 전승되어 왔다는 점에서 첫번째와 두번째 그리고 네번째 반제들과 구분된다고
주장하는 것은 세번째 반제의 경우에는 해당될지 모르나 다섯번째와 여섯번째, 반
제의 경우에는 해당되지 않는다. 왜냐하면 다섯번째 반제와 병행되는 것은 아무 것
도 없고, 따라서 이것은 38−39 상반절에 한정되어 있는 것이었기 때문이다.[3] 또한
여섯번째 반제에 관한 한, 누가복음 6 : 27의 $\dot{\alpha}\lambda\lambda\dot{\alpha}$ 는 원래적인 반제를 반영한다.
따라서 오직 이혼금지의 경우에 있어서만 한 곳에서는 반제형태로서 전승되어오고
(마 5 : 31이하) 다른 곳에서는 반제형태 없이 전승되어져 왔다(막 10 : 11 이하 ; 눅
16 : 18). ⅱ) 일단 다섯번째 반제가 원래 오직 마태복음 5 : 38−39상반절만을 포함

---

   2) Bultmann, *Synoptic Tradition*, 134. 첫번째와 두번째 그리고 네번째 반제들을
원래적인 것으로 간주하고 또 세번째와 다섯번째 그리고 여섯번째 반제들은 2차적
인 것으로 간주하는 많은 학자들은 거의 대부분 Bultmann의 견해를 따른다. 따라서
여기에서 그러한 학자들의 이름을 거명할 필요가 없다.
   3) B. Schaller박사는 누가복음의 병행구절인 6 : 29이하가 마 5 : 39b−42의 다섯
번째 반제에 대한 설명과는 일치하나 반세 그 자체(5 : 38−39a)와는 일치하지 않음
을 주목한다.

하였음이 확립되면, 첫번째와 두번째 그리고 네번째 반제들은 오직 마태에 의해서만 전승되어 왔다는 논리로 말미암아 다른 것들과 구분된다는 논증은 그 근거를 상실하게 된다.[4] 오히려 그것은 다섯번째 반제에 있어서도 역시 사실이 되는 것이다. ⅲ) '진정한'(genuine) 반제인 첫번째와 두번째 그리고 네번째 반제들이 그것들이 모두 십계명을 언급하는 사실로 말미암아 서로 묶여질 수 있다는 주장은[5] 네번째 반제의 경우에 있어서는 거의 성립될 수 없다.

(b) 내용으로부터의 논증에서, 토라가 단순히 강화되는 것을 통하여 원래의 반제들(첫번째, 두번째, 네번째)을 도출하고 또 토라가 근본적으로 초월되는 것을 통하여 2차적인 구성들(세번째, 다섯번째, 여섯번째)을 도출하는 시도는 유지될 수 없는 방법이 아닐 수 없다. 왜냐하면 그것은 네번째 반제(맹세의 금지)에 있어 토라가 강화되는 것이 아니라 초월되고 있으며, 반면 여섯번째 반제(원수를 사랑하라는 명령)의 경우에는 토라가 초월되는 것이 아니라 강화되는 사실을 인식하지 못하기 때문이다.

여섯번째 반제의 전제절 가운데 있는 καὶ μισήσεις τὸν ἐχθρόν σου 는 그 때 예수가 폐지하고 있는 원수를 미워하라는 '명령'(너는 네 원수를 미워할지니라)을 포함하고 있는 것이 아니다. 오히려 그것은 사랑의 계명에 대한 제한을 표현하는 것이다(너는 네 원수를 사랑할 필요가 없다). 따라서 예수가 따르기를 거부하고 있는 구약에 증거된 것이 아니다.[6] 만일 우리가 토라의 "강화"와 "초월"을 구분하고자 하면, 우리는 다음과 같이 말해야만 한다 : 첫번째와 두번째 그리고 여섯번째 반제는 토라를 강화시키는 것이고, 반면 세번째와 네번째 그리고 다섯번째 반제는 그것을 초월하는 것이다.

(c) 마지막으로 우리는 양식상의 문제들을 검토해야만 한다 ⅰ) 토라의 가르침이 오직 첫번째와 두번째 그리고 네번째 반제들에서만 부정적인 형태로서 주어져 있다는 논증은 충분한 주의를 기울이지 않은 것이다. 오직 첫번째와 두번째 것만이 전제절에서 "금지"를 가지고 있으며, 세번째와 다섯번째 반제는 명령을 가지고 있고, 또 네번째와 여섯번째 반제는 단순히 반제 그 자체를 가지고 있다. 한편 "마샬적인" 양식은—그것이 무엇이든지간에—다섯번째 반제에만 돌려져야 한다. 또한 "넓은 취급범위"는 기껏해야 여섯번째 반제에서만 찾을 수 있을 뿐 세번째 반제에서는 거의 찾기 힘들고 더구나 다섯번째 반제에서는 전혀 찾을 수 없다. ⅱ) 더욱이 위와 같은 이중구분(첫번째, 두번째, 네번째/세번째, 다섯번째, 여섯번째)을 뒷받침하지 않는 반제양식상의 다른 변이들이 있다 : 처음 세 반제들은 "ὅτι πᾶς +분사"의 패턴을 따르고 있으며, 네번째와 다섯번째 반제는 부정사를 가지고 있고, 반면

---

4) W. G. Kümmel, 'Jesus und der jüdische Traditionsgedanke', ZNW 33, 1934, 105−30 : 125.

5) J. Schniewind, Das Evangelium nach Matthäus, NTD 2, Göttingen 1964, 마 5 : 21에 대하여

6) 허용적 미완료형으로서의 μισήσεις 를 위하여는 p. 311 각주 232를 참조하라.

여섯번째 반제는 명령형을 가지고 있다. 한편 완전한 형태의 도입어구 ἠκούσατε ὅτι ἐρρέθη τοῖς ἀρχαίοις는 첫번째와 네번째 반제에서 나타나며, 두번째와 다섯번째 그리고 여섯번째 반제에서는 τοῖς ἀρχαίοις가 빠져있고, 세번째 반제에서는 단지 ἐρρέθη δέ만이 남아있다. 또한 첫번째와 네번째 그리고 여섯번째 반제에서는 구약인용이 덧붙여짐(addition)에 의해 확대되었다. 마지막으로, 세번째와 다섯번째 그리고 여섯번째 반제들이 양식에 있어 서로 완전하게 다른 사실은 반제적 패턴의 도장(인)이 "21이하, 27이하, 33-37의 반제적 구성들의 모델 위에" 인위적으로 찍혀졌다는 가설[7]을 뒷받침하지 않는다.

결론적으로, 여섯가지 반제들이 구조에 있어 어느 하나도 다른 하나와 일치하지 않는[8] 이러한 놀라운 다양성은 이중구분을 가리키는 것이 아니라 "반제들로서 구성된 개별적 전승들의 모음집"(collection)을 가리키는 것이다.[9]

반제들가운데 ἐγὼ δὲ λέγω ὑμῖν (그러나 나는 너희에게 이르노니)이라고 단언하는 자는 자신이 마치 '의의 교사'처럼 토라에 대한 합법적인 해석자임을 주장하는 것일 뿐만 아니라, 자신을 토라에 대하여 반대하는 위치에 놓는 '비할 바 없는 그리고 혁명적인' 대담성을 가지는 것이다. 그는 '충만한 분량'(the full measure)을 가져오기 위해 왔다(마 5 : 17, p. 134를 참조하라).

권세있는 선언으로서 사용된 이러한 ἐγὼ는 치유이야기 가운데 있는 명령의 말씀에서(막 9 : 25, ἐγὼ ἐπιτάσσω σοι ; 막 2 : 11 병행의 σοὶ λέγω)[10], 사자들을 보내는 가운데(마 10 : 16, ἰδοὺ ἐγὼ ἀποστέλλω ὑμᾶς),[11] 그리고 격려의 말씀에서(눅 22 : 32, ἐγὼ δὲ ἐδεήθην περὶ σοῦ) 또한 나타난다. 이러한 ἐγὼ는 ἀμήν (아멘)과 관련되는데, 따라서 그것은 신적 권세로서 말함을 주장하는 것이다.[12] 그것은 하나님의 이중적인 왕적 ἐξουσία (권세) 곧 사죄(赦罪)와 입법(立法)을 주장하는

---

7) Bultmann, *Synoptic Tradition*, 134.

8) W. Trilling, *Das wahre Israel Studien zur Theologie des matthäusevangeliums* Leipzig 1959, 186 ; omitted in München 1964.

9) 나는 반제들에 대한 가치있는 견해와 고찰에 대하여 B. Schaller 박사에게 감사를 드린다.

10) A. Schlatter, *Das Wunder in der Synagoge*, BFCT 16. 5, Gütersloh 1912, 83.

11) 이의 병행구절인 눅 10 : 3에는 ἐγὼ가 없다. 또한 눅 10 : 19의 ἰδοὺ δέδωκα ὑμῖν τὴν ἐξουσίαν τοῦ πατεῖν ἐπάνω ὄφεων καὶ σκορπίων κτλ. 을 참조하라.

12) pp. 68이하를 보라.

것이다. 그것은 다른 모든 것들을 능가하는 곧 완전히 배타적인 헌신을 요구한다. 심지어 아버지나 어머니조차도 예외가 아니다(마 10 : 37 병행. 눅 14 : 26). 또한 그것은 그것의 활동 가운데 바실레이아가 움직이고 있으며(눅 11 : 20 병행. 마 12 : 28), 마지막 심판에서의 구원이 그것의 권세에 대한 인간의 공적 승인에 의해 결정될 것임을(마 10 : 32 이하 병행) 주장한다.[13] 그것은 토라의 위치를 차지한다. 당시의 유대주의는 "**토라의 말씀들을 듣고 선행을 행하는 사람들은 단단한 기초 위에 집을 세우는 것이다**"라고 가르쳤다.[14] 반면 우리는 "**나의 말들을 듣는 자**"(마 7 : 24-27 병행)라는 구절을 볼 수 있다. "강조적 $\dot{\epsilon}\gamma\dot{\omega}$"는 그것을 사용하는 사람이 하나님을 대표하는 자임을 가리킨다.

또한 당시의 유대주의의 가르침에는 다음과 같은 것이 있었다 : "서기관들을 영접하는 사람은 쉐키나($S^e kin\bar{a}$)를 영접하는 사람과 같다."[15] 예수의 말씀 가운데 이 구절이 계단평행법(climatic parallelism)의 형태로서 취하여지는데, 따라서 여기에서 강조적 $\dot{\epsilon}\gamma\dot{\omega}$가 서기관들의 자리를 차지하고 있다 : "나를 영접하는 자는 나를 영접하는 것이 아니요 나 보내신 이를 영접하는 것이다"(막 9 : 37; 마 10 : 40; 눅 9 : 48, 10 : 16 참조; 요 12 : 44, 13 : 20).[16] 누가복음 15장의 세가지 비유와 관대한 고용인의 비유(마 20 : 1-15) 그리고 두명의 기도하는 사람 비유(눅 18 : 9-14)에서, 예수는 자신의 행동을 하나님의 그것으로써 정당화한다. 말하자면, 그는 하나님의 대표자(God's representative)로서 행동하고 있는 것이다.[17] 그러나 동시에 그는 자신의 뜻을 철저히 하나님의 뜻에 종속시켰다(막 14 : 36 병행). 이러한 강조적 $\dot{\epsilon}\gamma\dot{\omega}$는 예수의 말씀들의 모든 전승에 스며들어, 문서비평적 방법에 의해 제거되어질 수 없다. 이러한 것은 예수의 세계에 있어 유사성(parallel)이 없는 것이다.

---

13) p. 27 각주 40을 보라.
14) A. R. N. 24.
15) Mek. Ex. on 18. 12 end; b. Ber. 64a.
16) M. Smith, *Tannaitic Parallels to the Gospels*, JBL Monograph Series Ⅵ, Philadelphia 1951, 152를 참조하라.
17) E. Fuchs, *Studies of the Historical Jesus*, SBT 42, London 1964, 20-25.

예수의 말씀들 뿐만 아니라 간접적으로 그의 십자가 또한 그의 권위에 대하여 주
장하는 것이다. 십자가형은 그 자체로는 노예들을 위한 징벌이었지만, 그러나 그것
은 또한 로마인들에 의하여 "피지배 백성들로부터의 모방자"에 대하여서도 역시 집
행되었다. 십자가에 부착된 죄패에 쓰여진 글씨나(막 15 : 26 병행)[18] 로마군병들이
십자가형 집행에 앞서 왕으로서 그를 조롱한 방법 즉 그가 피소(被訴)된 죄목을 희
화시키는 것[19]은 예수가 모반자와 평화를 교란하는 자로서 처형당했음을 일치되게
증거한다. 이렇게 조롱과 죄패는 빌라도 앞에서의 심판에 관한 이야기에서 언급되
는 것을 확증한다. 곧 예수는 메시야 사칭자로서 고소됨으로 말미암아 처형을 당한
것이다. 따라서 이러한 고소죄목은 그의 사역 속에서 어떤 종류의 뿌리들을 가지고
있었을 것임에 틀림없다.

마지막으로, 초대교회의 메시야신앙 역시 예수가 자신을 "구원을 가져오는 자"
(the bringer of salvation)로서 믿었음을 암시한다. 처음부터 초대교회는 예수를 메
시야로 간주했다. 이러한 신앙이 부활 이전의 어떤 출발점(starting point)이 없이
야기되었다는 것은 거의 불가능하다. 왜냐하면 두가지 이유때문에 그것은 부활신
앙으로부터 말미암은 것일 수 없다. 죽임당한 하나님의 사자가 부활했다고 믿는 것
은 분명히 그의 메시야됨을 믿는 것과는 다르다(막 6 : 16을 참조하라). 더욱이, 십
자가에 죽은 메시야는 매우 큰 걸림돌이었다. 따라서 초대공동체가 그러한 걸림돌
을 생각해 내었다는 것은 거의 상상할 수 없는 생각이다.

그러므로 예수의 선포를 바실레이아를 선언하는 것으로만 한정시키
는 것은 불가능하다. 만일 그가 자신을 '구원을 가져오는 자'(the brin-
ger of salvation)로서 의식했다면, 자신에 대한 그의 증거(testimony)는
그가 선포한 복음의 한 부분이 되는 것이다.[20] 그러나 어떠한 경우에

---

18) 사복음서는 죄패에 쓰여진 글씨가 제사장들의 입술 위에서 나타나는(막 5 :
32 병행) ὁ βασιλεὺς 'Ισραηλ이 아니라 비유대세계의 용법과 일치하는 βασιλεὺς
τῶν 'Ιουδαίων 이었음을 일제히 증거한다(막 15 : 26 ; 마 27 : 37 ; 눅 23 : 38 ; 요 19
: 19). 이에 대하여는 K. G. Kuhn, 'Ισραηλ κτλ. B, TDNT Ⅲ, 1965, 359—69 ;
360이하를 참조하라. 또한 십자가 위에 새겨진 글씨의 진정성을 위하여는 E. Dink-
ler, 'Petrusbekenntnis und Satanswort', in : Zeit und Geschichte, Dankesgabe an
Rudolf Bultmann zum 80. Geburtstag. Tübingen 1964, 148＝E. Dinkler, Signum
Crucis. Tübingen 1967, 306을 참조하라.

19) pp. 81이하를 보라.

20) 이러한 사실로 말미암아 Bultmann은 Jesus and the Word 에 표현된 자신의
견해, 즉 예수는 랍비로서 무대에 나타났다고 하는 견해를 철회하였다(pp. 79이하
를 보라) : "그는 선생 혹은 랍비로서 등장하지 않았다"('The Primitive Christian
Kerygma and the Historical Jesus', in : Carl E. Braaten and Roy A. Harrisville〈eds.〉,
The Historical Jesus and the Kerygmatic Christ, Nashville 1964, 27) ; 오히려, 그가
탄생시킨 운동과 그의 십자가형이 보여주는 것처럼 그는 "메시야적 선지자로서"나

그는 이러한 증거를 하였는가?

(2) 공적 선포와 제자들을 가르침

공관복음서는 예수의 말씀들을 두 그룹으로 나누는데, 그것은 공중(public)이나 적대자들에게 전하여진 말씀들과 오직 제자들에게만 전하여진 말씀들이다. 이러한 이중적인 구분은 또한 요한복음서에서도 나타난다. 다만 차이가 있다면 요한복음에서는 앞부분에서(1-12장) 길게 예수의 공적 선포가 나타나 있고, 그것에 뒤이어 제자들에게만 한정된 가르침이 수난과 관련한 마지막 며칠과 관련하여 나타나고 있는 점이다(13-17장).

비평적 분석은 복음서에서 주어지는 청중들의 세부적인 어떤 것들이 종종 편집적인(redactional) 것이고 또 어떤 때는 부적절한 것임을 보여준다.[21] 이것은 그리 놀라운 일이 아니다. 우리는 이러한 것을 누가복음에서 가장 분명하게 볼 수 있다. 비록 누가복음에는 예수의 말씀에 손을 대는 것에 대하여 상당한 정도의 머뭇거림(hesitation)이 있다 할지라도, 동시에 거기에는 그것들(예수의 말씀들)이 놓여지는 틀(framework)을 형성하는데 있어 상당한 정도의 자유가 있었다. 그러므로 복음서에 나타난 청중에 관한 어떤 세부적인 것들을 무비판적으로 받아들이는 것도 옳지 못하지만, 동시에 청중이 누구였는지를 결정함에 있어 지나친 회의주의 역시 지양(止揚)되어야만 한다. 왜냐하면, 대부분의 경우 어떤 로기온이나 은유 혹은 비유가 원래 누구에게 말하여진 것인가 하는 문제는 그 내용을 통하여 알 수 있기 때문이다. 예컨대, 논쟁과 같은 것은 적대자들에게 전하여진 것이 분명하고 또한 사자들에 대한 가르침같은 것은 제자들에게 전하여진 것이 분명하다.

우리는 이러한 양 그룹의 말씀들(공적 선포와 제자들에 대한 가르침)에서 예수의 권세(authority)를 표현하는 어록들을 볼 수 있다. 그러나 그것들이 이해될 수 있었던 방법에 있어서는 차이가 있다.

타났다(*Theology* I, 19). 그는 자신을 "종말론적인 현상"으로서 이해했다 ; 정말로 그의 출현과 선포는 "기독론을 수반한다"('The Primitive Christian Kerygma', 28).

21) 예컨대 비유들을 위하여는 Jeremias, *Parables*, 33-42를 참조하라.

ὑμῖν τὸ μυστήριον δέδοται τῆς βασιλείας τοῦ θεοῦ.
ἐκείνοις δὲ τοῖς ἔξω ἐν παραβολαῖς τά πάντα γίνεται,
ἵνα βλέποντες βλέπωσιν καὶ μὴ ἴδωσιν,
καὶ ἀκούοντες ἀκουωσιν, καὶ μὴ συνιῶσιν,
μήποτε ἐπιστρέψωσιν καὶ ἀφεθῇ αὐτοῖς

하나님 나라의 비밀을 너희에게는 주었으나
외인에게는 모든 것을 비유로 하나니
이는 저희로 보기는 보아도 알지 못하며
듣기는 들어도 깨닫지 못하게 하여
돌이켜 죄사함을 받지 못하게하려 함이니라(막 4 : 11 — 12).

우리가 §12 (p. 184)에서 본 바와 같이, 이것은 원래 비유에 관한 장 (chapter) 속에 도입된 고립어록(isolated logion)이다. 왜냐하면, 여기에는 παραβολή (파라볼레 : 비유)라는 단어가 포함되어 있기 때문이다. 첫째로, 이것은 예수의 비유들을 언급한 것이 아니라 그의 선포 전체를 언급한 것이다. 예수는 μυστήριον τῆς βασιλείας τοῦ θεοῦ [22] (하나님 나라의 비밀)가 열려진 제자들과 ἐν παραβολαῖς τά πάντα γίνεται(모든 것이 비유로 된) 다시 말해서 "모든 것이 수수께끼"[23]인 ἔξω (외인들)를 대조시킨다(παραβολή에 해당되는 구약의 단어는 "마샬"인데, 이 단어는 구약에서 비유, 수수께기, 지혜의 말 등 매우 포괄적인 의미로 사용되었다—역자주). 이 구절은 예컨대 마태복음 11 : 25 이하 병행, 11 : 27 병행, 13 : 16 병행 등의 어록들이 보여주는 바와 같이 결코 고립된 것이 아니다. 다시 말해서, 예수의 권세(authority)는 오직 제자들에게만 열려진다. 그러므로, 다가오고 있는 수난(受難)과 이로 말미암은 영화(榮化)를 분명하게 말씀하는 어록들이 제자들을 가르치기 위하여 다시 말해서 예수의 개인적인 말씀들로서 예비되어져

---

22) μυστήριον은 아람어 라즈(rāz)에 상응한다(페르시아에서 온 외래어로서 쿰란문헌들에 많이 나타난다).

23) Jeremias. *Parables*, 16이하.

있어야만 했다는 것은 이치에 합한 생각이다. [24]

예수시대의 유대주의에 있어 개인적인 가르침(private instruction)의 중요성은 아무리 강조해도 결코 지나치지 않다. [25] 모든 묵시문학들은 은밀한 문서들(secret writings)이었다. 서기관들의 놀라운 권위는 그들이 은밀한 전통(secret tradition)을 가지고 있었던 사실에 근거하는 것이었다. 엣센파에 있어, 공동체에 가입하고자 하는 사람들은 심지어 고문을 당하면서도 그 종파의 은밀한 가르침을 누설치 아니하고 은밀한 문서들을 보호할 것을 맹세해야만 하였다. [26] 당시 유대주의에 있어, 비밀한 가르침(esoteric teaching)은 또한 제자들을 모으는 이유이기도 했다 : 제자의 무리는 은밀한 가르침을 받기 위하여 형성되었다. [27]

이러한 것은 예수에게 있어서도 마찬가지였다. 방대한 자료를 통하여, 맨슨(T. W. Manson)은 예수가 제자들을 개인적으로 가르침에 있어 사용한 어휘가 적대자들과의 논쟁이나 대중적인 설교에 있어 사용한 그것(어휘)과 달랐다고 하는 사실을 입증하였다 ; 이러한 것은 내용에 있어서의 차이에 의하여 설명되어야만 한다. [28] 공관복음서에 의하면, 예수가 제자들에게 자신의 사명에 대하여 가르치는 것은 베드로의 고백 이후에야 비로소 충분히 발전되었다. [29]

예수의 시대에 대중적인 가르침과 비밀한 가르침 사이의 구분이 있

---

24) 대중적인 가르침과 은밀한 가르침에 대하여는 Morton Smith, *op. cit.*, 155이하를 참조하라.

25) Jeremias, *Jerusalem*, 237—45 ; *Eucharistic Words*, 125—29.

26) Josephus, *BJ*, 2 : 14이하 ; 참조 I QS 5 15이하 ; 9 : 16이하. 몇가지 비밀문서의 본문들이 쿰란 제 4 동굴에서 발견되었다(F. M. Cross, *The Ancient Library of Qumran*, London 1958, 35이하).

27) Jeremias, *Jerusalem*, 242이하.

28) Manson, *Teaching*, 320—27.

29) 고백자체는 초기단계에서 손질되었다(막 8 : 29 ὁ χριστός ; 눅 9 : 20 τὸν χριστὸν τοῦ θεοῦ ; 마 16 : 16 ὁ χριστὸς ὁ υἱὸς τοῦ θεοῦ τοῦ ζῶντος). 그러나 이러한 사실이 우리로 하여금 전체장면을 2차적인 것으로 간주하게 하지는 않는다. 편집상의 의도와는 어울리지 않는 "장소에 대한 세부적인 묘사"(27절) 뿐만 아니라 베드로를 사탄이라고 부름으로써 책망하는 것(이것은 후대에 창작된 것일 수 없다. 33절)은 막 8 : 27—33이 역사적인 토대위에 근거하는 것임을 보여준다. K. L. Schmidt, *Der Rahmen der Geschichte Jesu*, Berlin 1919=Darmstadt 1964, 215—17을 참조하라.

었으며 따라서 예수의 사역 가운데 그러한 구분이 나타나는 사실은 그
리 놀라운 일이 아니라는 사실을 주목하는 것은 극히 중요하다. 오히
려 그러한 구분은 예수에게 있어 기대되어야 마땅한 것이다. 자신에
대한 예수 자신의 증거를 이해함에 있어, 이러한 사실의 중요성은 다
음의 두 항목(§23과 §24)에서 보다 충분히 논의될 것이다.

§23 인자

H. Lietzmann, *Der Menschensohn, Ein Beitrag zur neutestamentlichen Theologie*,
Freiburg-Leipzig 1896 ; P. Fiebig, *Der Menschensohn*, Tübingen-Leipzing 1901 ; P.
Billerbeck, 'Hat die Synagoge einen präexistenten Messias gekannt?', *Nathanael* 21,
1905, 89-150 ; E. Sjöberg, *Der verborgene Menschensohn in den Evangelien*, Lund
1955 ; O. Cullmann, *The Christology of the New Testament*, London ²1963 ; P.
Vielhauer, 'Gottesreich und Menschensohn', in : *Festschrift für Günther Dehn*, Neukir-
chen Kreis Moers 1957, 51-79＝in : P. Vielhauer, *Aufsätze zum N. T.*, München
1965, 55-91 ; H. E. Tödt, *The Son of Man in the Synoptic Tradition*, London 1965 ;
P. Vielhauer, 'Jesus und der Menschensohn. Zur Diskussion mit H. E. Tödt und E.
Schweizer', *ZThK* 60, 1963, 133-77＝in : P. Vielhauer, *Aufsätze zum N.T.*, München
1965, 92-140 ; F. Hahn, *Christologische Hoheitstitel*, FRLANT 83, Göttingen 1963,
²1964 ; T. F. Glasson, 'The Ensign of the Son of Man Matt. XXIV, 30', *JTS* 15,
1964, 299f. ; J. Jeremias, 'Die älteste Schichte der Menschensohn-Logien', *ZNW* 58,
1967, 159-72 ; J. A. Fitzmyer, Review of M. Black, *An Aramaic Approach to the
Gospels and Acts*³, Oxford/New York 1967, CBQ 30, 1968, 417-28 ; C. Colpe, ὁ υἱὸς
τοῦ ἀνθρώπου, *TWNT* Ⅷ, 1969, 403-81 ; H. Conzelmann, *An Outline of the
Theology of the New Testament*, London 1969, 131-37 ; M. Black, 'The "Son of
Man" Passion Sayings in the Gospel Tradition', *ZNW* 60, 1969, 1-8.

(1) 자료
인자(Son of man)는 예수가 자신에 대하여 사용한 유일한 칭호로서,
그 진정성(authenticity)이 진지하게 받아들여져야만 한다.

요한복음에서 일반적으로 예수가 자신을 **하나님의 아들**로서 일컫는 것은 사실이

다.[30] 그러나 공관복음서에서 그가 자신을 "(하나님의) 아들"로서 묘사하는 곳은 꼭 한번 뿐이다(막 13 : 32).[31] 그것의 절대용법(소유격이나 인칭대명사 없이 사용) 은—이것은 팔레스틴적 어법[32] 아니다—그 구절이 2차적인(Secondary) 것임을 보여준다. 실로 '하나님의 아들'이란 칭호는 팔레스틴 유대주의에서 메시야적 칭호로서 전혀 알려지지 않은 것이었다.[33]

'메시야'라는 칭호에 있어서도 마찬가지로 분명하다. 공관복음서가 베드로의 고백을 σὺ εἶ ὁ χριστός(막 8 : 29 병행, 당신은 그리스도십니다)로 보도하고 있는 것은 사실이다. 그러나 예수 자신의 말들 가운데 메시야란 칭호는 고작 두번 나타날 뿐이다 : 마가복음 9 : 41(관사없이)과 마태복음 23 : 10(관사와 함께). 마가복음 9 : 41에서 ἐν ὀνόματί (μου)가 ὅτι χριστοῦ ἐστε에 의하여 설명된다. 그러나 이러한 확대가 마태복음 특별자료판(10 : 42)에서는 빠져있는데, 그것은(10 : 42)보다 이른 전승에 속하는 것이다.[34] 또한 마태복음 23 : 10에 관한 한, 이 구절은—헬라철학으로부터 기원된 καθηγητής(지도자)로 미루어—8절에 대한 2차적인 중복어(secondary doublet)임이 오래전부터 인식되어 왔다.[35] 이 점에 있어—즉 메시

---

30) ὁ υἱός, 그리고 때때로 ὁ υἱός τοῦ θεοῦ (5 : 25 ; 10 : 36 ;11 : 4, 참조 17 : 1), 그리고 한번은 ὁ υἱός ὁ μονογενής (3 : 16) 혹은 ο μονογενὴς υἱός τοῦ θεοῦ (3 : 18).

31) 마 11 : 27 병행. 눅 10 : 22의 삼중적인 ὁ υἱός는 여기에 속하지 않는다. 왜냐하면 우리가 이미 p. 97에서 본 바와 같이 그것은 총칭적인 의미로 이해되어야 하기 때문이다. 한편 마 27 : 43은 확실치 않은 단순한 인용일 뿐이며, 마 28 : 19의 세례공식문(baptismal formula)은 승귀하신 주님의 말씀으로서 그리고 공동체의 구성으로서 배제되어야만 한다.

32) 보다 정확하게 말해서, 막 13 : 32 가운데 아마도 οὐδὲ ὁ υἱός 만이 덧붙여진 것이다(p. 199 각주 26을 보라).

33) 사실상 그것은 에디오피아 에녹 105 : 2에서 나타나기는 한다. 그러나 이 장(105장)은 1937년에 출판된 체스터 비티 파피루스(Chester Beatty Papyri)의 헬라어 본문에서 빠져있다(C. Bonner The Last Chapters of Enoch in Greek, Studies and Documents 8. London 1937, 76, 17). 에디오피아 에녹 105 : 2이 후대에 덧붙여진 것이란 사실은 G. Dalman의 사본판독에 의해서 분명하게 입증되었다(Worte Jesu, 221). 또한 제 4 에스라의 라틴어역본과 시리아역본에 메시야가 반복해서 "내 (하나님의)아들"로 불리운다(7 : 28이하 ; 13 : 32, 37, 52 ; 14 : 9). 그러나 이것을 다른 역본들과 비교해 보면 이것에 해당되는 것은 παῖς θεοῦ로서, 따라서 이로 미루어 보건대 원문은 아브디('abdī)임이 나타난다(J. Jeremias, παῖς θεοῦ C-D, TDNT V , 1967, 676—717 : 681 각주 196). 실제로 메시야는 Syr. Bar. 70 : 9에서 그리고 탈굼에서 8번 이 칭호로 불려지고 있다(op. cit., 681)

34) 우리는 이것을 보다 분명하게 단언할 수 있다. 왜냐하면 마가복음 9 : 41/42은 오직 우리가 그 어록에 대한 마태복음을 비교해 볼 때에야 비로소 분명해지기 때문이다(10 : 42병행 막 9 : 41). 마태복음은 ποτίσῃ ὑμᾶς (막 9 : 41)를 가지고 있지 않는 반면 ποτίσῃ ἕνα τῶν μικρῶν τούτων 을 가지고 있다. 마가복음판 역시 원래 이것을 가지고 있었음에 틀림없다.

35) Dalman, Words of Jesus, 306, 339. 또한 p. 250 각주 34를 참조하라.

야란 칭호의 경우에 있어―요한복음은 공관복음과 일치한다. 사실 예수는 사마리아 여자에게 자신을 메시야로서 묘사하는 것이 사실이기는 하지만(요 4 : 26, $\dot{\epsilon}\gamma\dot{\omega}$ $\epsilon\dot{\iota}\mu\iota, \dot{o} \lambda\alpha\lambda\hat{\omega}\nu \sigma o\iota$), 그러나 요한복음에서 메시야라는 칭호는 예수의 입술 위에서 오직 한번만 나타난다 : 요한복음 17 : 3에서 예수는 기도 가운데 자신을 꼭한번 $^{\prime}I\eta\sigma o\hat{\nu}\varsigma$ $X\rho\iota\sigma\tau\dot{o}\varsigma$ 로 부른다.

마지막으로, 예수는 자신을 묘사함에 있어 한번도 **다윗의 아들**이란 칭호를 사용한 적이 없다. 이것은 극히 주목할 만한 사실이다. 왜냐하면 초기의 '삼일 말씀' (three day saying)에서[36] 그는 자신을 새 성전을 세우는 자로 언급하고 있기 때문이다(막 14 : 58 병행 ; 마 16 : 18 참조). 이것은 그가 자신을 나단의 예언 가운데 약속된 다윗의 가지로서 명명한 것을 의미한다[37](삼하 7 : 13, 저는 내 이름을 위하여 집을 건축할 것이요, 나는 그 나라 위를 영원히 견고케 하리라). 마가복음 12 : 35-37에서 예수는 자신이 다윗의 아들임을 은연중에 주장하고 있다. 왜냐하면 예수께서 대담자(對談者)들에게 메시야를 다윗의 아들로[38] 부르는 서기관들의 명명이 어떻게 시편 110 : 1과 관련되는지에 관하여 물을 때, 여기의 전승[39]은 매우 뚜렷한 유형의 랍비적 질문 곧 "학가다 식의 모순논리"(haggadic antinomy)[40]를 사용하고 있기 때문이다. 모순논리적 질문은 성경 속의 모순으로부터 시작하여 그것이 어떻게 설명되어야만 하는지를 묻는 것이다. 이에 대한 일반적인 대답은 그러한 모순으로 보이는 요소들이 다 타당한 것으로서, 다만 서로 다른 것들을 언급하고 있는 것으로 설명하는 것이다. 만일 우리가 이러한 대답방법을 마가복음 12 : 35-37에 적용시켜 본다면, "다윗의 아들"과 "다윗의 주" 사이의 모순논리적 질문에 대한 대답은 이렇게 될 것이다 : 그러한 모순은 단지 외견상의 것에 불과하다 ; 실제로 두 명칭은 서로 다른 것을 지칭하는 것으로서, "다윗의 아들"은 현재를 지칭하는 것이고 "다윗의 주"는 미래를 지칭하는 것이다. 마가복음 14 : 58 병행이 가장 분명하게 보여주는 바와 같이 예수가 스스로를 다윗의 후손으로 주장함에도 불구하고 그가 "다윗의 아들"이라는 칭호를 피한 것은 분명히 그것이 갖고 있는 정치적인 의미 때문일 것이다.[41]

반면 예수가 자신을 "인자"(Son of Man)로서 부른 것은 사 복음서

---

36) p. 409를 보라.
37) O. Betz, 'Die Frage nach dem messianischen Bewusstsein Jesu', *Nov Test* 6, 1963, 35이하.
38) 삼하 7 : 14 ; 사 9 : 7 ; 11 : 1 ; 렘 23 : 5이하 ; 30 : 9 ; 33 : 15, 17, 22 ; 겔 34 : 23 이하 ; 37 : 24 등등.
39) 이 이야기의 진정성에 대하여는 분명한 결론이 내려질 수 없다.
40) 이것은 Daube에 의하여 인식되었다. D. Daube, *The New Testament and Rabbinic Judaism*, Jordan Lectures 1952, London 1956, 158-69.
41) E. Lohse, $\upsilon\iota\dot{o}\varsigma \Delta\alpha\upsilon\dot{\iota}\delta$, *TWNT* Ⅷ, 1969, 482-92 : 483-86을 참조하라.

모두의 일치된 증언이다. ὁ υἱός τοῦ ἀνθρώπου (인자)라는 칭호는 복음서에서 82회 나타나는데, 그 가운데 69회는 공관복음서에서 나타나는 것이고[42] 13회는 요한복음에서 나타나는 것이다. 만일 우리가 병행구절을 하나로 기산(起算)한다면, 공관복음서의 용례는 38회로 축소될 것이다. 용례의 분포는 다음과 같다.

마가복음	14[43]
마태복음과 누가복음의 공통된 어록	10[44]
마태복음에만 독특한 용례	7[45]
누가복음에만 독특한 용례	7[46]
	38
요한복음	13[47]
	51

다음과 같은 두가지 비평적 고찰에 근거할 때 자료는 보다 더 축소될 수 있다 : a) 언어학적 분석 b) 전승사적 분석.

a. 언어학적 입장.

ὁ υἱός τοῦ ἀνθρώπου (인자)라는 칭호는 통속 헬라어(secular Greek)에서는 전혀 알려지지 않았다. 그것은 다만 관사를 가진 아람어 연계형 "바르 에나샤"(bar ᵉnāšā)를 문자적으로 번역한 것이다.[48] 그렇

---

42) 마가복음에서 14회, 마태복음에서 30회, 그리고 누가복음에서 25회.

43) 막 2 : 10, 28 ; 8 : 31, 38 ; 9 : 9, 12, 31 ; 10 : 33, 45 ; 13 : 26 ; 14 : 21ab, 41, 62.

44) 마 8 : 20 병행. 눅 8 : 58 ; 마 11 : 19 병행. 눅 7 : 34 ; 마 12 : 32 병행. 눅 12 : 10 ; 마 12 : 40 병행. 눅 11 : 30 ; 마 24 : 27 병행. 눅 17 : 24 ; 마 24 : 37b-39b 병행. 눅 17 : 26 ; 마 24 : 44 병행. 눅 12 : 40 ; 마 19 : 28 ; 눅 6 : 22 ; 12 : 8.

45) 마 10 : 23 ; 13 : 37, 41 ; 16 : 28 ; 24 : 30 ; 25 : 31 ; 26 : 2.

46) 눅 17 : 22, 30 : 18 : 8 ; 19 : 10 ; 21 : 36 ; 22 : 48 ; 24 : 7.

47) 요 1 : 51 ; 3 : 13이하 ; 5 : 27(관사없이) ; 6 : 27, 53, 62 ; 8 : 28 ; 9 : 35 ; 12 : 23, 34a ; 13 : 31, 12 : 34b의 군중들의 질문 τίς ἐστιν οὗτος ὁ υἱός τοῦ ἀνθρώπου 역시 포함시켰다. ―왜냐하면 이것은 예수의 언급을 반복하는 것이기 때문이다.

48) AD 2세기까지는, 'nš'/'nš가 예외 없이 첫글자 알렙과 함께 쓰여졌다(단 7 : 13 ; 쿰란 ; Nahal Hever ‡Fitzmeyer 426이하를 참조하라.

다면 이것은 무엇을 의미하는 것인가? 히브리어 "벤"(ben)과 마찬가
지로, 아람어 "바르"(bar)는 주로 혈통을 나타내기 위하여 실명사 앞에
사용되었다—비록 항상 그런 것은 아니라 하더라도, 지리적인 용어 앞
에서 히브리어 벤/바트(ben/bat)나 아람어 바르/베라트(bar/bᵉrat)는 거
민(居民)들을 지칭하며(눅 23 : 38. θυγατέρες Ἰερουσαλήμ을 참조
하라), 추상적인 용어 앞에서는 특별한 성격을 소유하는 것을 가리킨
다(눅 16 : 9 οἱ υἱοὶ τοῦ φωτός를 참조하라). 또한 집합적인 용어 앞
에서 그것은 개인을 지칭한다(예컨대, 히브리어 ben bāqār, 'a head of
cattle, a cow').

이상에서 바르 에나샤(bar ᵉnāšā)는 마지막 용례에 속한다 "바르"는
집합적인 용어로서 사용된 "에나쉬"(사람)에 속하는 개인을 지칭하는
것이다. 따라서 "바르 에나샤"는 "그 사람"(the man) 혹은 (관사의 중
요성이 없어지는 것이 이미 예수의 시대에 일반적인 용례로서 굳어지
고 있었기 때문에)[49] "한 사람"(a man)을 의미한다. 우리는 마태복음 4
: 4(οὐκ ἐπ᾽ ἄρτῳ μόνῳ ζήσεται ὁ ἄνθρωπος : 사람이 떡으로만 살것
아니요)과 요한복음 8 : 40(ἄνθρωπος ὅς τὴν ἀλήθειαν ὑμῖν λελάληκα
: 진리를 너희에게 말한 사람)의 不定的용법('한 사람' '어떤 사람'
)의 도움으로 바르 에나샤('그 사람')의 총칭적인 사용을 분명히 할
수 있다.[50]

한편 바르 에나샤(bar ᵉnāšā)의 이러한 일상적인 용법과 나란히 "보

---

49) ‡ Colpe, 407. 1f.
50) 반면 '바르 에나샤'가 '나'(Ⅰ)에 대한 완곡어로 사용됐다는 견해는 옳지 못
하다—비록 이러한 견해가 계속해서 주장되어왔다 하더라도(최근에 G. Vermes가
다음의 글에서 주장하였다. 'The Use of בר נשא/בר נש in Jewish Aramaic', : M.
Black, An Aramaic Approach to the Gospels and Acts, Oxford 1967, 310—28 : : 320
—27). 이러한 주장에 대한 일반적인 출발점은 갈릴리 아람어에서 hāhū gabrā(그
사람)는 '나'(I) 혹은 '너'(you)에 대한 완곡어로 사용됐다는 것이다(겸손으로부터
든지 혹은 달갑지 않은 내용을 담은 글에서). 그러나 두 구절 사이에는 본질적인 차
이가 있다. 話者를 언급하는 hāhū gabrā는 "나"(I)를 의미하지만 그러나 그것은 話
者에게 엄격하게 제한되었다. 반면 '바르 에나샤'는 심지어 話者가 포함되는 경우
에서도 총칭적인 혹은 부정적인 의미를 견지하였다 : '그(혹은 한) 사람 그리고 또
한 나' "나와 같은 그(혹은 한) 사람". 이것은 마 4 : 4(ὁ ἄνθρωπος)과 요 8 : 40
(ἄνθρωπος)로 부터 입증될 수 있다. 이것은 '바르 에나샤'가 話者를 포함할 수
있는 반면 "나"(I)에 대한 완곡어는 되지 못함을 의미한다.

378

다 고상한 용법"(用法)이 발달되었다. 묵시문학적 언어 가운데 "바르 에나샤"는 다니엘 7 : 13의 결과로 메시야적 칭호가 되었다—무엇보다 도 우리가 에디오피아 에녹의 유사(Similitudes of Ethiopian Enoch)로 부터 아는 바와 같이 우리가 가지고 있는 헬라어 성경본문에서 ὁ υἱός τοῦ ἀνθρώπου 는 어디에서나 칭호로서 이해되었다. 그러나 우리는 ὁ υἱός τοῦ ἀνθρώπου 의 아람어 대응어인 바르 에나샤(bar ᵉnāšā)가 어 떤 구절에서 일상적인 의미로('그 사람', '한 사람', '어떤 사람') 본 래 사용되었는데 그것이 잘못된 개념으로 말미암아 칭호로서 이해되어 온것이 아닌가 하는 문제를 검토해야만 한다. 사실상 이것은 최소한 '영에 대한 훼방'에 관한 말씀의 경우에 그러할 수 있다.

그 말씀('영에 대한 훼방'에 관한 말씀)은 두가지 판(版)으로 우리에게 전승되어 왔다. 마가복음판에서 그 대조는 다음과 같다 : (사람들에 대한) 모든 죄 그리고 심 지어(하나님께 대한) 모든 훼방(신성모독 : blasphemy)은 사함받을 수 있으나, 영 (spirit : 성령)에 대한 훼방은 사함받을 수 없다(막 3 : 28이하 병행. 마 12 : 31). 반 면 어록판에서는 그 대조가 매우 다르다 : "인자를 거역하여 말하는 자는 하나님께 서 사하실 수 있으나, 영(spirit : 성령)에 대하여 훼방(신성모독)하는 자는 그가 사 하지 않으실 것이다 "(눅 12 : 10 병행. 마 12 : 32).

이러한 두가지 판(版) 뒤에 '레바르 에나샤'(lᵉbar ᵉnāšā : 단수)가 있음이 오래전 부터 인식되어 왔다(아마도 1569년 G. Génébrad 가 처음일 것이다). ⁵¹⁾ 여기에서 마 가복음판은 올바르게 총칭적인 의미로서 이해한 반면("사람들은 모든 죄들을 용서 받을 수 있다" 혹은 "사람들에 대한 모든 죄가 용서받을 수 있다"—아람어에서는 두가지가 모두 가능하다) 어록판은 그것을 칭호로서 잘못 받아들였다(누구든지 인자를 거역하여 말하면). 이것은 '바르 에나샤'의 총칭적인 의미를 오해한 결과인 데, 따라서 여기의 인자 말씀은 후기단계에서 생겨난 것이다. 마가복음 2 : 28도 이 와 마찬가지 방법으로 고찰되어야만 한다 : 27절은 총칭적인 의미로서 사람을 두번 언급한다 ; 따라서 28절에서도 이와 똑같이 이해되어야만 한다(28절의 ὁ υἱός τοῦ ἀνθρώπου 를 총칭적인 의미로서의 '사람'으로 이해해야 한다는 뜻—역자주 : 안식 일은 사람을 위하여 있는 것이요 사람이 안식일을 위하여 있는 것이 아니니 이러므 로 "인자"〈ὁ υἱός τοῦ ἀνθρώπου 〉는 안식일에도 주인이니라).

마태복음 11 : 19 병행. 누가복음 7 : 34의 '바르 에나샤'는 원래 부정적(不定的 : indefinite)의 의미로 사용된 것이나 묵시적 칭호가 된 경우일 수 있다(인자는 와서 먹고 마시매 말하기를 보라 먹기를 탐하고 포도주를 즐기는 사람이요 세리와 죄인

---

51) De S. *Trinitate libri tres.* Paris 1569, 246 이하.

의 친구로다하니). 여기에서 $\overset{\text{'}}{\alpha}\nu\theta\rho\omega\pi o\varsigma$ 가 $\overset{\text{'}}{o}$ $\nu\overset{\text{'}}{\iota}\overset{\text{'}}{o}\varsigma$ $\tau o\overset{\text{~}}{v}$ $\overset{\text{'}}{\alpha}\nu\theta\rho\overset{\text{'}}{\omega}\pi o v$ 를 따라 나오는
데, 의미상 아무런 차이가 없음이 분명하다 : $\overset{\text{~}}{\eta}\lambda\theta\epsilon\nu$ $\overset{\text{'}}{o}$ $\nu\overset{\text{'}}{\iota}\overset{\text{'}}{o}\varsigma$ $\tau o\overset{\text{~}}{v}$ $\overset{\text{'}}{\alpha}\nu\theta\rho\overset{\text{'}}{\omega}\pi o v$ $\overset{\text{'}}{\epsilon}\sigma\theta\overset{\text{'}}{\iota}\omega\nu$
$\kappa\alpha\overset{\text{`}}{\iota}$ $\pi\overset{\text{'}}{\iota}\nu\omega\nu$ $\kappa\alpha\overset{\text{`}}{\iota}$ $\lambda\overset{\text{'}}{\epsilon}\gamma o v\sigma\iota\nu$ $\overset{\text{'}}{\iota}\delta o\overset{\text{`}}{v}$ $\overset{\text{'}}{\alpha}\nu\theta\rho\omega\pi o\varsigma$ $\phi\overset{\text{'}}{\alpha}\gamma o\varsigma$ $\kappa\alpha\overset{\text{`}}{\iota}$ $o\overset{\text{'}}{\iota}\nu o\pi\overset{\text{'}}{o}\tau\eta\varsigma$. 두 경우에 예수
는 '바르 에나샤' 혹은 '바르 에나쉬'를 사용했을 것이고, 따라서 그것은 '어떤 사
람' '한 사람'을 의미하는 것이었을 것이다. 그러므로 세례 요한과 예수 사이의 대
조는 다음과 같이 번역되어야만 한다 : "요한이 와서는 먹지도 아니하고 마시지도
아니했다. 그러자 그들이 요한을 미쳤다고 말했다. 한 사람(one)이 와서는 먹고 마
셨다고 말했다. 그러자 그들이 먹기를 탐하고 술주정꾼이라고 말한다."
　마가복음 2 : 10의 $\overset{\text{'}}{o}$ $\nu\overset{\text{'}}{\iota}\overset{\text{'}}{o}\varsigma$ $\tau o\overset{\text{~}}{v}$ $\overset{\text{'}}{\alpha}\nu\theta\rho\overset{\text{'}}{\omega}\pi o v$ 뒤에 놓여져있는 것 역시 부정적으로
의도된 '바르 에나샤'일 수도 있다(그러나 인자가 땅에서 죄를 사하는 권세가 있는
줄을 너희로 알게하려 하노라). 2 : 7에 표현된 반대에 대하여, 예수는 이렇게 대답
하는 것이었을 것이다 : "그러나 (하늘에 계신 하나님뿐만 아니라 나의 경우에도 역
시) 땅에 있는 사람이 죄사하는 권세를 가지고 있음을 너희로 알게하려 하노라."[52]
마지막으로, 우리는 마태복음 8 : 20 병행. 눅 9 : 58 역시 원래 부정적인(不定的 :
indefinite) 의미를 가진 것으로 추측할 수 있다. : "야생짐승들도 거처를 가지고 있
다 ; 그러나 나와 같은 사람(a man like myself)은 거처가 없다."[53]
　이상의 모든 구절들에서 "바르 에나샤"(bar 'nāšā)는 추측컨대 원래 일상적인 의
미의 "그 사람"(the man) 혹은 "한 사람"(a man)을 의미했던 것인데, 단지 초대
교회 전승이 그 속에서 "인자"(Son of man) 칭호를 발견했던 것으로 생각된다.

b. 전승사적 입장

　전승사적 분석은 언어학적 분석보다 훨씬 더 예리하고 통찰력이 깊
다. 그것은 매우 많은 수의 인자말씀이 두가지 형태로 즉 인자칭호가
사용된 판(版 : version)과 사용되지 않은 판의 형태로 전해져온 사실을
감안할 때 그러하다. 예컨대, 우리는 팔복 가운데 마지막 복에 대하여
누가복음판($\overset{\text{'}}{\epsilon}\nu\epsilon\kappa\alpha$ $\tau o\overset{\text{~}}{v}$ $\nu\overset{\text{'}}{\iota}o\overset{\text{~}}{v}$ $\tau o\overset{\text{~}}{v}$ $\overset{\text{'}}{\alpha}\nu\theta\rho\overset{\text{'}}{\omega}\pi o v$: 인자를 인하여, 6 : 22)
과 마태복음판($\overset{\text{'}}{\epsilon}\nu\epsilon\kappa\epsilon\nu$ $\overset{\text{'}}{\epsilon}\mu o\overset{\text{~}}{v}$: 나를 인하여, 5 : 11)을 비교해 볼 수 있

---

52) ‡ Colpe, 433, 13f. 또한 J. Wellhausen, *Skizzen und Vorarbeiten* Ⅵ. Berlin
1899, 202이하와 *Das Evangelium Marci*, Berlin 1909, 16을 참조하라. Wellhausen은
막 2 : 10의 $\overset{\text{'}}{o}$ $\nu\overset{\text{'}}{\iota}\overset{\text{'}}{o}\varsigma$ $\tau o\overset{\text{~}}{v}$ $\overset{\text{'}}{\alpha}\nu\theta\rho\overset{\text{'}}{\omega}\pi o v$ 가 양보적 의미를 갖는 사실을 인식했다. : "비록
내가 사람이라 하더라도"(Skizzen Ⅵ, 203). 우리는 pp. 243 이하에서 이와 거의 유
사한 예들을 살펴보았다. $\overset{\text{'}}{\alpha}\nu\theta\rho\omega\pi o\varsigma$ $\epsilon\overset{\text{'}}{\iota}\mu\iota$ $\overset{\text{'}}{v}\pi\overset{\text{`}}{o}$ $\overset{\text{'}}{\epsilon}\xi o v\sigma\iota\alpha\nu$ (마 8 : 9 병행)은 이렇게
번역되어야만 한다 : "비록 내가 순종하여야 하는 단순한 사람이지만".
　53) 세세한 논증을 위하여는 ‡Colpe, 435를 참조하라.

380

다. [54] 복음서에 나타나는 51회의 인자말씀들 가운데[55] 최소한 37회는 인자칭호 대신에 (일반적으로) $\acute{\epsilon}\gamma\acute{\omega}$ 가 대체되어 사용되는 경합전승 (competing tradition)을 가지고 있다. [56]

그렇다면 이러한 37개의 구절들 가운데 어느 판(版)이 보다 이른 것인가 하는 문제가 야기된다(인자칭호를 가지고 있는 版이 보다 이른 것인가 아니면 인자칭호가 나타나 있지 않은 版이 보다 이른 것인가). 우리가 이 문제에 대하여 면밀히 고찰할 때, 우리는 인자칭호가 2차적인(secondary) 것임이 점차로 드러남을 알 수 있다. 이와 같이 그것은 보다 이른 어록의 새로운 판(版)들에서[57], 후기의 발전들에서, [58] 그리고 새로운 구성들에서[59] 2차적인 것으로 나타난다. 전승은 위엄있고 고풍(古風)의 표현인 $\acute{o}\ \upsilon\iota\acute{o}\varsigma\ \tau o\hat{\upsilon}\ \grave{\alpha}\nu\theta\rho\acute{\omega}\pi o\upsilon$ 를 좋아하였다. 따라서 그것은 그 칭호를 예수의 말씀들에다가 종종 끼워넣었다. 이와 반대의 과정 즉 인자칭호가 배제되는 경우는 한가지 용례도 분명하게 입증되지 않는다. [60] 일단 $\acute{o}\ \upsilon\iota\acute{o}\varsigma\ \tau o\hat{\upsilon}\ \grave{\alpha}\nu\theta\rho\acute{\omega}\pi o\upsilon$ 라는 칭호가 발판을 얻게 되면, 그 칭호가 다시금 배제되어 버리는 경우는 없는 것이다. 이러한 사실로부터 우리는 다음과 같은 결론을 내릴 수 있다. : 단순한 $\acute{\epsilon}\gamma\acute{\omega}$와 위엄있는 $\acute{o}\ \upsilon\iota\acute{o}\varsigma\ \tau o\hat{\upsilon}\ \grave{\alpha}\nu\theta\rho\acute{\omega}\pi o\upsilon$ 가 경합하는 곳에서는, 일반적으로 단순한 $\acute{\epsilon}\gamma\acute{\omega}$ 가 보다 이른 전승이다.

또한 우리는 두 전승판이(인자칭호를 가지고 있는 판과 가지고 있지 않은 판) 처

---

54) 나는 그러한 자료들을 'Die älteste Schicht der Menschensohn-Logien', *ZNW* 58, 1967, 159—72에 모아 놓았다.

55) p. 376을 보라.

56) *op. cit.*, 159—64의 목록을 보라.

57) 예컨대 마태는 막 9:1의 로기온을 인자말씀으로 재구성시킨다(마 16:28). 눅 19:10의 인자말씀 역시 마 15:24과 비교할 때 2차적인 재구성임이 드러난다 (눅 19:10에서 배타주의가 제거되었다. 그리고 동시에 $\grave{\alpha}\pi\epsilon\sigma\tau\acute{\alpha}\lambda\eta\nu$ 이 $\mathring{\eta}\lambda\theta\epsilon\nu\ \gamma\grave{\alpha}\rho\ \acute{o}\ \upsilon\iota\grave{o}\varsigma\ \tau o\hat{\upsilon}\ \grave{\alpha}\nu\theta\rho\acute{\omega}\pi o\upsilon$ 로 바뀌었다).

58) 이에 대한 가장 분명한 예는 마 26:2이다. 여기에서 마태는 막 14:1상반절의 시간(때)에 관한 구절을 마 17:22의 흐름을 따라 공식화된 인자의 수난에 대한 예언으로 대체시켰다. 눅 24:7과 아마도 17:25 역시 여기에 속하는 것일 수 있다. 마태에 의해 구성된 가라지 비유에 대한 해석 역시 여기에 속할 수 있다. 여기에서 37절과 41절에서 인자가 나타나는데, 41절은 마 24:31 병행. 막 13:27을 취한 것이다.

59) 마 13:37(각주 58을 보라); 12:39이하 병행(막 8:12 병행은 인자라는 어구를 가지고 있지 않다); 24:30상반절(막 13:26에 대한 덧붙임) 등이 여기에 속한다.

60) 마 16:21은 인자칭호가 배제되는 경우의 예는 아니지만, 어쨌든 분명한 예외이기는 하다(막 8:31의 $\tau\grave{o}\nu\ \upsilon\iota\grave{o}\nu\ \tau o\hat{\upsilon}\ \grave{\alpha}\nu\theta\rho\acute{\omega}\pi o\upsilon$ 대신에 $\alpha\grave{\upsilon}\tau\acute{o}\nu$ 이 들어가 있다). 마태는 마가가 여기에서 그에게 제공한 그 칭호를 반복하지 않았는데, 그것은 그가 그것을 13절에서 예기(豫期)하였기 때문이다.

음부터 나란히 존재했을 가능성을 검토해 보야야만 한다. 이러한 문제는 p. 405에 언급된 짧은 **"메샬림"**(마샬의 복수형－역자주)을 감안할 때, 긍정적으로 받아들여 질 수 있다. 왜냐하면 이러한 것들(메샬림)은 최초의 자료(the earliest material)에 속하는 것이기 때문이다.

이제 우리가 언어학적인 근거에서 배제시켜야만 하는 인자말씀과(왜냐하면 그것들은 '바르 에나샤'의 총칭적인 혹은 不定的인 의미를 오해한 데서 기인하는 것일 수 있기 때문에) 또한 인자칭호가 나타나지 않는 경합전승에 의거하여 배제시켜야 하는 인자말씀들을(왜냐하면 이러한 경우 인자칭호가 없는 版이 1차적인 것이기 때문에) 제쳐놓는다면, 그 숫자는 현저하게 줄어들게 된다.

그러나 이러한 비판적인 분석 가운데에 가장 중요한 사실은 분명한 인자말씀의 용례가 남아있다는 것이다. 왜냐하면 그러한 용례들의 내용이 $\acute{o}$ $\upsilon\acute{\iota}\acute{o}\varsigma$ $\tau o\tilde{\upsilon}$ $\mathring{\alpha}\nu\theta\rho\acute{\omega}\pi o\upsilon$ 가 처음부터 칭호로 의도되었음을 보여주기 때문이다. 그러한 용례들은 다음과 같다.：마가복음 13：26 병행；14：62 병행；마태복음 24：27, 37하반절＝39하반절 병행. 눅 17：24, 26；마태복음 10：23, 25：31；누가복음 17：22, 30, 18：8, 21：36；요한복음 1：51. 한가지 예외만을 제외하고, 그 모든 열한개의 어록들은 미래에 관한 말씀들이다. 오직 요한복음 1：51만이 이에 대한 예외로 보인다. 그러나 이 경우에 있어서도 우리는 원래의 언급(original reference)은 인자의 현현과 같은 것이 아니었을 문제를 검토해야만 한다. 왜냐하면 이중적인 도입어구(단수 $\lambda\acute{\epsilon}\gamma\epsilon\iota$ $\alpha\mathring{\upsilon}\tau\tilde{\omega}$／복수 $\lambda\acute{\epsilon}\gamma\omega$ $\mathring{\upsilon}\mu\tilde{\iota}\nu$) 가 이것이 요한보다 이른 것임을 보여주기 때문이다. 이것은 $\mathring{o}\psi\epsilon\sigma\theta\epsilon$ (막 14：62 병행을 참조하라), 하늘의 열림(계 19：11 참조), 그리고 천사들(사자들)의 언급(막 8：38 병행) 등에 의해 암시된다. 짧은 바르 에나샤 메샬림[61]과 나란히 현현말씀들이 있는 사실은 우리가 발견한 전승의 토대가 매우 오래된 것임을 보여준다.

(2) 진정성의 문제

자료에 대한 비평적 분석은 진정성의 문제 즉 예수가 인자칭호를 실제로 사용하였는가 하는 문제를 현저하게 단순화시켰다. 이제 그 문제는 위의 언어학적 분석과 전승사적 분석의 그물을 통과한 인자말씀들

---

61) p. 405를 보라.

382

이 어느 정도의 가능성을 가지고 예수 자신에게로 소급되는지 아니면 그것들 조차도 초대 공동체로 소급되는지에 관한 문제로 축소된다.

이러한 남은 인자말씀들(언어학적 분석과 전승사적 분석의 그물을 통과한)은 이제 더이상 검토할 필요없이 완전히 진정성을 가진 것으로 간주될 수 있다고 주장하는 것은 방법상의 오류일 것이다. 최소한 마태복음 24 : 30상반절 ; 25 : 31에는 의문이 남는다. 왜냐하면 마태복음 24 : 30상반절에서 마태는 마가복음 본문(13 : 26)에 다가 인자의 σημεîον (즉, 깃발)[62] 을 덧붙였기 때문이다―마치 그가 31절에서 큰 나팔을 덧붙인 것처럼 이러한 전쟁의 두 표상―깃발과 나팔―은 하나님의 백성들에 대한 종말론적인 모음을 나타내는 상징들이다. 마태가 다른 곳에서도 묵시적인 색채를 강하게 띠는 것으로 미루어[63] 마태복음 25 : 31 역시 그로부터 말미암은 것일 수 있다. 더욱이 ὁ υἱός τοῦ ἀνθρώπου 가 ὁ βασιλεύς 와 충돌되고(34, 40절) 또한 "인자의 영광의 보좌"란 구절이 오직 마태복음에서만 나타나는 사실[64]로 말미암아 더욱 그러하다. 반면, 인자칭호를 그리스도에게 적용시키는 것이 **초기의 팔레스틴 전승**(early Palestinian tradition)임이 입증될 수 있다. 언어학적인 증거[65] 뿐만 아니라 그 칭호(인자)가 초기단계로부터 벌써 기피되기 시작한 사실이 이것을 암시한다. 바로 이것이 신약성경에서(예수의 말씀과 구약의 세가지 인용은 제외하고)[66] 그것(인자칭호)이 사도행전 7 : 56에서 스데반의 입술 위에서 유일하게 나타나는 사실에 대한 유일한 설명이다. 이외의 다른 곳에서 그 칭호는 전혀 나타나지 않는다[67]

이에 대한 바울의 증거는 매우 중요하다. 바울이 이 칭호를 알았던 사실은 입증될 수 있다. 이러한 사실은 바울이 인자시편인 시편 3 : 21, 에베소서 1 : 22이나, 그리스도를 ἄνθρωπος (고전 15 : 21)와 ὁ ἄνθρωπος (롬 5 : 15―아마도 이것은 bar

---

62) 이것은 ‡ Glasson의 훌륭한 관찰을 따른 것이다.

63) T. F. Glasson, *The Second Advent. The Origin of the New Testament Doctrine*, London 1947, 69―75. 여기에서 Glasson은 마 7 : 19(3 : 10 참조) ; 16 : 27(막 8 : 38 참조) ; 16 : 28(막 9 : 1 참조) ; 24 : 3(막 13 : 4 참조) 등을 언급한다.

64) 마 19 : 28 ; 25 : 31.

65) p. 380에서 최초의 전승요인으로 인식된 인자어록은 주로 비헬라적 용법을 나타낸다. 예컨대, 마 10 : 23의 불필요한 지시대명사 ταύτῃ, ἑτέραν (cf. Blass-Debrunner-Funk §306, 2) 눅 18 : 8의 πίστις (cf. Jeremias, *Parables*, 155 n. 13) 마 24 : 27의 ἀστραπή (op. cit., 11 n. 2) 등의 앞에 나오는 특이한 관사의 위치, 하나님의 이름을 ἡ δύναμις 로 바꾸어 쓰는 것(막 14 : 62 병행) 등등. 마 8 : 20의 운율구조를 위하여는 p. 47을 보라. 또한 막 9 : 31의 문자의 기교(word-play)를 위하여는 p. 405를 보라.

66) 계 1 : 13 ; 14 : 14 ; 단 7 : 13 ; 히 2 : 6 ; 시 8 : 5.

67) 요 12 : 34에서 실제로 말하고 있는 것은 군중들이다. 그러나 그들은 예수의 말씀을 인용하고 있다.

'nāšā로부터 기원된 것일 것이다-로 지칭하는 등으로 부터 나타난다. [68] 또한 인자 칭호에 대한 바울의 친숙함은 아담-그리스도 모형론에서 잘 나타나는데, 이것은 당시 유대주의나 기독교 이전의 헬레니즘에서는 전혀 알려지지 않은 것으로서 따라서 바울이 창작한 것일 수 있다. [69]

어떻게 바울이 아담-그리스도 모형론을 창작하게 되었는가 하는 문제에 대한 유일한 대답은 그의 출발점이 예수를 '사람'(the man)으로 지칭한 사실일 수 있다. 그러므로 비록 바울은 인자칭호를 알았음에도 불구하고 그는 결코 그것을 사용하지 않는 것이다. 분명히 바울은 ὁ υἱὸς τοῦ ἀνθρώπου 라는 칭호를 신중하게 피하고 대신 '바르 에나샤'에 대한 올바른 번역인 ὁ ἄνθρωπος 를 사용하고 있는 것이다. 이러한 사실이 디모데전서 2 : 5에 잘 나타난다(각주 68을 참조하라 : 하나님은 한분이시요 또 하나님과 사람 사이에 중보도 한분이시니 곧 사람이신 그리스도 예수라). 이와 같이 인자칭호를 사용하는 것은 바울 이전의 것으로서, 그 칭호는 셈어를 말하는 환경에서 헬라어를 말하는 환경에로의 과도기 직후에 피하여지기 시작하였다. 이에 대한 이유를 찾는 것은 그리 어렵지 않다. 그것의 의도는 헬라어를 모어(母語)로 사용하는 사람들로 하여금 그 칭호를 혈통을 지칭하는 것으로 받아들이는 위험을 피하도록 하려는 것이었다. 그 칭호는 오직 팔레스틴의 유대-기독교 공동체에서만 계속 사용되었다(행 7 : 56 ; 히브리인들의 복음서[70] ; 헤게시푸스[71]). 여기에서는 그 칭호가 오해될 여지가 없었기 때문이다.

이러한 고찰들은 우리를 바울 이전의 기간 보다 정확히 말해서 "아람어를 말하는 초대교회"에로 데려가기는 하지만 그러나 예수에게로까지 데리고 가지는 않는다. 만일 우리가 예수 자신이 인자칭호를 사용했는가 하는 문제에 직면한다면 우리는 이에 대하여 긍정적인 대답을 할 수 있는데, 그에 대한(긍정적인 ·대답) 한가지 근거는 초기성(antiquity)이 인정될 수 있는 예수의 다른 말씀들 속에 다니엘 7장에 대한 언급이 있다는 사실이다. 이것은 누가복음 12 : 32(βασιλεία 의 절대적 용법과 함께 δοῦναι ··· τὴν βασιλείαν 을 위하여는 단 7 : 18,

────────────────

68) 이것은 또한 딤전 2 : 5(ἄνθρωπος)을 막 10 : 45(ὁ υἱὸς τοῦ ἀνθρώπου)과 비교함에 의해 뒷받침된다.

69) B. Schaller, *Gen 1 : 2 im antiken Judentum*, Diss. theol. Göttingen 1961(typescript), 189 이하를 참조하라.

70) Jerome, *De viris inl.* 2 (English in E. Hennecke · W. Schneemelcher-R. MCL. Wilson ⟨eds.⟩ *New Testament Apocrypha* I. London 1963, 127).

71) 유세비우스에서 HE II 23 : 13 (English *op. cit.*, 420 이하), dependent on 마 26 : 64.

27을 참조하라)과 마태복음 19 : 28 병행. 누가복음 22 : 28, 30하반절(
$\dot{\epsilon}\pi\dot{\iota}$ $\theta\rho\acute{o}\nu\omega\nu$ 〈복수!〉을 위하여는 단 7 : 9을 보라 ; 또한 $\kappa\rho\acute{\iota}\nu o\nu\tau\epsilon\varsigma$를
위하여는 7 : 10을 보라)의 일반적인 내용에 있어 사실이다.

둘째로 모든 다섯가지 전승층은 예수가 인자를 3인칭으로 말하였음
에 일치한다 : 그러므로 그는 자신과 인자를 구분한 것이다. 이러한 구
분은 인자라는 호칭이 최초의 공동체(the earlist community)에서 생겨
난 것이라는 주장으로 설명될 수는 없다. 공동체에 있어 예수를 인자
와 동일시한 것은 말할 필요도 없었다. [72] 그러므로 이러한 구분은(보다
자세한 논의를 위하여는 pp.396이하를 참조하라) 그 용법이 부활이전으
로 소급됨을 가리킨다. 보다 면밀한 고찰에 의하면, 어떠한 인자 말씀
도 부활과 파루시아를 동시에 말하지 않는다. [73] 부활과 파루시아 사이
의 구분은 부활 이후의 기독론으로부터 말미암은 것이다. 왜냐하면 예
수 자신에게 있어—우리가 pp.410이하에서 보는바와 같이—두 사건(부
활과 파루시아)은 하나님의 마지막 승리를 표현하는 상호 대체적인 방
법이었기 때문이다. 그러므로 인자말씀들에 있어 부활과 파루시아 사
이의 구분이 나타나지 않는 것은 이것들이 부활 이전의 용례라는 것을
다시금 밝혀주는 또하나의 지표가 되는 것이다.

그러나 우리는 진정성(authenticity)의 문제에 있어 가장 중요한 고찰
을 아직 남겨놓고 있다. 우리는 벌써 바울시대에 헬라어를 말하는 교
회에서 인자칭호는 복음서 내에 굳건한 위치를 가졌다는 사실을 본다.
사실, 여기에서 그 용례는 현저하게 확장되기 조차 한 것이다. 요한복
음은 여전히 그 칭호를 13회 가지고 있다. 참으로 놀라운 사실은 4복음
서에서 그 칭호는 **오직** 예수의 입술 위에서만 나타난다고 하는 사실이
다. [74] 이 사실에 있어 전승은 극히 일괄적이다. 인자칭호는 초대교회의
어떠한 고백문(confessional formula)에서도 나타나지 않는다. 그것은

---

72) E. Schweizer 'Der Menschensohn (Zur eschatologischen Erwartung Jesu)',
ZNW 50, 1959, 185—209 : 188.

73) 막 14 : 62에서 우리는 승귀(부활이 아니라!)의 파루시아가 나란히 나타나는
것을 볼 수 있다. 그러나 산헤드린에서의 언급에 대한 보다 초기의 판인 눅 22 : 69
(p. 393을 보라)은 오직 승귀에 대하여만 말한다.

74) 요 12 : 34의 분명한 예외를 위하여는 p. 382 각주 67을 보라.

특질이나 속성으로서도 결코 사용되지 않았다. 복음서 어디에서도 예수는 인자로서 불리워지고 있지 않을 뿐만 아니라, 기도에서 조차도 인자로서 불리우지 않는다. 복음서에서 인자칭호가 예수에 대한 언급 가운데 사용된 구절은 단 한 구절도 없다. 반면, 그 칭호는 예수 자신의 말씀들 속에서는 굳게 뿌리박혀 있는 것이다.

이제 여기에서 한가지 중요한 문제가 야기된다. 매우 이른 단계에 벌써 공동체는 ὁ υἱὸς τοῦ ἀνθρώπου 라는 칭호를 오해의 가능성 때문에 피하였고 그리하여 어떠한 고백문에서도 사용하지 않았으면서 동시에 그것을 예수의 말씀들 속에서 전승시켰는데—사실상 공관복음서에서 그 칭호는 예수가 자신에 대하여 사용한 유일한 칭호였다—어떻게 이 일이 일어날 수 있었는가? 그것의 용례는 증가한 반면 그 용법은 예수 자신의 말씀에 대하여서만 엄격하게 제한되어 있었던 것은 어떻게 되어진 것인가? 여기에 대하여는 오직 한가지 답변만이 가능하다 : 인자칭호는 처음부터 예수 자신의 말씀의 전승에 뿌리가 박혀 있었다. 결과적으로, 그 칭호는 신성불가침의(sacrosanct) 것이었으므로 따라서 아무도 감히 그것을 배제시키지 않았던 것이다.

이것은 우리가 최초의 전승층으로 인정한 묵시적인 인자말씀들이 필연적으로 예수 자신에게 소급되어야만 함을 의미한다.

이러한 무게있는 논증에도 불구하고, 릿츠만(Lietzmann) 이래로 예수가 인자라는 용어를 정말로 사용했는가 하는 문제에 대하여 계속적으로 의문이 제기되어 왔다.[75] 최근에 샤르만(H. B. Sharman)[76]과 가이(H. A. Guy)[77]에 의해 최초로 제기된 이론이 큰 호소력을 갖게 되었는데, 그들은 공관복음서에서 "하나님의 통치"라는 용어와 "인자"라는 용어는 상호 아무런 관련없이 나란히 양립한다고 주장하였다. 그것들은 오직 편집과정에서 연결된 것으로서 결코 진정성을 갖지 못한다는 것이다 (막 8 : 38/9 : 1 ; 눅 17 : 21/22, 21 : 27/31 ; 마 10 : 7/23, 13 : 37/43, 25 : 31/34). 이러한 사실로부터 빌하우어(P. Vielhauer)는 두 용어(하나님의 통치와 인자) 가운데 오직 하나만이 예수의 설교에 속할 수 있는데, 그것은 오직 "하나님의 통치"일 수

---

75) ‡ Lietzmann, 최근의 독일학자들로는 P. Vielhauer, E. Käsemann 그리고 H. Conzelmann 등이 의문을 제기한다(‡ Colpe, 440 각주 284를 참조하라).

76) *Son of Man and Kingdom of God*,   New York 1944, 84이하, 89.

77) *The New Testament Doctrine of the Last Things*, London 1948, 81 이하.

386

있을 뿐이라고 결론을 내렸다.[78] 따라서 모든 인자어록은 진정성이 없는 것으로 간주되어야만 한다는 것이다. 그러나 하나님의 통치와 인자 사이의 이러한 상호 관련없는 병립은 이미 예수 당시의 유대주의에서 발견되는데, 이러한 사실은 위의 과격한 결론과 상반된다. 거기에서, 하나님의 통치는 미래에 대한 편만된 기대의 슬로건이었다.[79] 반면 인자는 비밀한 종말론(esoteric eschatology)의 슬로건이었다. 예수의 선포는 이와 정확히 동일한 노선을 따랐다. 대중적인 설교에서 그리고 무엇보다도 비유에서, 그는 도래하는 바실레이아를 말하였다. 반면, 마가복음 전승에 따르면 예수는 베드로의 고백 이후에 오직 제자들에게만 인자칭호를 사용한다.[80] 마가복음에 따르면, 예수는 마가복음 8 : 27이하에서 시작된 비밀의 장막을 처음으로 그리고 유일하게 산헤드린 최고회의 앞에서의 심문 때에 깨뜨렸다.[81] 인자칭호의 사용이 제자들에게 말씀한 어록에만 제한되는 것은 역사적 회상(historical reminiscence)에 근거한 것일 가능성이 매우 높다. 또한 이것은 "발실레이아의 선포"와 "인자말씀" 사이의 상호연결되지 않는 병립에 대한 설명이 된다 : 하나님의 바실레이아는 예수의 공개적인 가르침에 있어 핵심적인 단어였고, 반면 인자는 그의 은밀한 가르침에 있어 핵심적인 단어였다. 이것은 예컨대 누가복음 17 : 20이하에서 잘 나타난다. 여기에서 "초래하는 것"은 공간적인 장소로 주어질 수 없다는 언급이 처음에는 바리새인들에게(17 : 20, 21) 그리고 그 다음에 제자들에게(17 : 23, 24) 주어진다. 여기에서 예수가 바리새인들에 대하여는 **바실레이아**라는 용어를 사용한(21절) 반면 자신의 제자들에게는 **인자**를 사용한(24절) 사실은 결코 우연의 일치가 아니다.

이와 같이 예수의 말씀 속에 있는 하나님의 통치와 인자 사이의 "상호 관련없는 병립"은 예수 당시의 세계에 이미 비슷한 것이 있었다. 이것이 사실이라면, 예수 자신이 인자칭호를 사용했다는 논증에 대하여

---

78) ‡ Vielhauer.
79) Ps. Sol. 5 : 18 이하 ; 17 : 3 ; Ass. Mos. 10 : 1 ; Kaddish(Dalman, *Worte Jesu*, 305. 불행하게도 제 2 판에서는 빠졌다.) ; New Year mūsāp prayers('alēnū, Billerbeck I 178 ; ūb‘kēn, according to Dalman, *op. cit.*, 306 ; malkiyyōt, P. Fiebig, 'Rosch ha-Schana 〈Neujahr〉,' *Die Mischna* II 8, Giessen 1914, 49−53) ; Targum(Billerbeck I 179) ; Midrash (*op. cit.*, 179이하) 등을 참조하라.
80) 그보다 앞서서는 오직 두번 나타날 뿐이다(2 : 10, 28). 이러한 두 구절에 대하여는 pp. 378이하를 보라. 물론 현재의 문맥 가운데 막 8 : 38은 군중들에게로 향하여진 것이다. 그러나 34절의 청중들에 대한 세부적인 묘사들은 편집적인 것이다 (분사 προσκαλεσάμενος 와 단수 ὁ ὄχλος 그리고 σὺν τοῖς μαθηταῖς αὐτοῦ, 4 : 10을 참조하라).
81) 공동체 가운데 아무도 그곳(산헤드린)에 참석하지 않은 사실이 예수가 산헤드린 앞에서 심문을 당한 이야기의 역사성을 부인케 하는 논증이 되지는 못한다.

반론이 제기될 수 없다.

(3) 인자칭호의 배경

인자칭호는 복음서 어디에서도 설명되어있지 않다. 어디에서나 그 의미는 독자들이 이미 알고 있는 것으로 전제되어 있다. 실로 예수는 그 용어를 자신을 가리키는 것으로 만들지 않았다. 그것의 기원은 무엇인가? 이러한 질문은 우리로 하여금 역사적인 문제(historical problem)와 직면하게 한다.

이 문제는 지난 몇십년동안 많이 단순해졌다. 종교사학파에서는 메소포타미아나 페르시아, 인도, 영지주의 등의 원인(原人 : Primal Man)개념으로 부터 인자칭호의 기원을 도출하려는 많은 시도들이 있었다. 그러나, 비교자료의 면밀한 연구는 이러한 모든 가설들의 기초가 매우 박약한 것임을 드러내었다. 특히 인자칭호의 기원을 이란의 가요마르트(Gayomart)로부터 도출하는 이론은 이란학파(Iranists) 자신들에 의해 거부되었다. 이러한 부정적 상황은 콜페(C. Colpe)에 의해 되어진 "자료들에 대한 포괄적인 연구"로부터 분명하게 나타난다.[82] 또한 구약으로부터도 아무런 예비적 증거가 입증될 수 없기 때문에, 우리의 관심은 복음서에 나타나는 인자칭호의 최초 역사를 위하여 유대묵시문학들에게로 향하여지게 된다.[83]

여기에서, '바르 에나쉬'(bar ʾnāš)란 표현이 처음으로 다니엘 7 : 13에서 나타난다. 다니엘 7 : 1−14은 다니엘의 이상(異常 : vision)을 묘사한다. 초두에 다니엘은 네마리의 큰 짐승이 바다로부터 나오는 것을 보는데(1−8절), 이것은 네 나라를 상징하는 것이다. 특별히 무서운 네번째 짐승이 죽임을 당한 후에(11절), 다섯번째 존재가 하늘로부터

---

82) *Die Religionsgeschichtliche Schule. Darstellung und Kritik ihres Bildes vom gnostischen Erlösermythus*, FRLANT 78, Göttingen 1961 ; ὁ υἱὸς τοῦ ἀνθρώπου , *TWNT* Ⅷ, 1969, 411−18. Colpe는 가나안의 '바알'이 단 7 : 13의 '사람같은 이'의 원형을 나타낸다는 이론을 확립시키려 했다(418−22). 그러나 '라스 샴라'(Ras Schamra) 본문들과 다니엘서 사이의 엄청난 시간적 격차를 미루어 생각컨대, 이것은 거의 상상할 수 없는 이론이다.

83) ὁ υἱὸς τοῦ ἀνθρώπου 라는 칭호는 에스겔(그리고 또한 다니엘)에 대한 일상적인 호칭 '사람의 아들'(Child of man)과는 아무런 상관도 없다.

나타난다. 그러나 이것은 짐승의 형태를 가지고 있는 것이 아니라, 마치 사람과 같다.

보라, 사람 모양의(kᵉbar 'enāš) 존재가 구름을 타고('im) 와서는 옛적부터 항상 계신 자에게 와서 그 앞에 그리고 그에게 권세와 영광과 나라가 주어지매 모든 백성들과 나라들과 방언하는 자들이 그를 섬기게 하였으니 그의 권세는 영원한 권세라 옮기지 아니할 것이요(13, 14절).

이러한 이상에 대하여 해석이 덧붙여져 있는데, "사람 모양의 존재"(being in human form)는 다섯번째 나라 곧 "지극히 높은 자의 성도들"의 나라로서 해석되어 있다(18, 27절). 그러나 이후의 모든 시대에 그 "사람 모양의 존재"는 예외없이 집합적인 의미로서가 아니라 개인적인 인물로서 해석되었다. 이와 같이 "그 사람"(the man)은 묵시문학에서 구속자의 칭호가 되었다(에디오피아 에녹의 유사 37—71장 : BC 1세기[84]) 시빌라인의 신탁 : AD 70년부터 100년사이[85] 제 4 에스라 : AD 94년[86] ; Justin, *Dial.* 32 : 1의 트뤼포 : AD 165년 이전). 다니엘 7 : 13의 "사람 모양의 존재"는 또한 랍비문학에서 메시야와 동일시되었다.[87] 이 가운데 가장 중요한 자료는 에디오피아 에녹의 유사 37—71장(Similitudes of Ethiopian Enoch)인데, 이것은 파르타아인들의 팔레스틴 침략 이후에 현재의 형태에 도달한 것이다(BC 40—39 ; 에디오피아 에녹의 유사 56 : 5—7을 참조하라).[88]

---

84) 46 : 1—4 ; 48 : 2 ; 62 : 2, 5, 7, 9, 14 ; 63 : 11 ; 69 : 26이하 29 ; 70 : 1 ; 71 : 14, 17.

85) 5 : 256(p. 390 각주 90을 보라), 414.

86) 13 : 2 이하, 5, 12, 25, 32, 51 : 年代에 대하여는 Billerbeck Ⅳ 996을 보라.

87) 우리는 Billerbeck Ⅰ 486과 Ⅰ 956이하를 결합시킴으로써 모든 랍비문학의 자료를 망라할 수 있다. 랍비문학의 자료가 이렇게 희귀한 것은 아마도 반기독교 논쟁의 결과일 것이다(명백한 논쟁이 J. Taan. 65b 60에 나타난다). 요세푸스가 로마에 대한 반란(AD 66—70)의 주요한 이유들 가운데 하나로 제시하는 '그 애매모호한 신탁'이 단 7 : 13이하를 의미하는 것인가 하는 문제는 분명치 않다(B. J. 6 : 312이하를 참조하라. M. Hengel, *Die Zeloten*, AGSU I, Leiden—Köln 1961, 243—46을 보라. 그에게 있어서는 민 24 : 17이 가장 그럴듯한 기초이다.

88) 그때 파르티아인들은 팔레스틴을 습격하여 지방과 수도 예루살렘을 약탈하였다. J. C. Hindley, 'Towards a Date for the Similitudes of Enoch. An Historical

그렇다면 유대 묵시문학 본문들은 그 "사람"에 대하여 무엇을 말하는가? 그에 관한 모든 언급들의 기초와 출발점은 다니엘 7 : 13이다 : 그 "사람"은 "그 날에" 자신을 드러낸다(에디오피아 에녹의 유사 45 : 3). 그는 하늘의 구름을 타고(제 4에스라 13 : 3) 시온산 위를 나르면서 나타난다. (13 : 6, 35). 또한 그는 왕들과 통치자들을 그들의 보좌로부터 내어 던지며(에디오피아 에녹의 유사 46 : 4이하), 영광의 보좌에 앉아(45 : 3 ; 55 : 4 ; 61 : 8 ; 62 : 2이하 ; 69 : 27) 심판을 거행하며(45 : 3 ; 49 : 4 ; 55 : 4 ; 61 : 8이하 ; 62 : 3 ; 69 : 27) 혹은 그 입의 격렬한 숨으로 원수의 무리를 멸절시킨다(제 4 에스라 13 : 9-11). 그리고나서 그는 그 산으로부터 내려와 평강의 무리들을 자신에게로 부른다(제 4 에스라 13 : 12 이하). 그는 의인들과 거룩한 자들의 지주(支柱)가 될 것이며, 열방의 빛이 될 것이고, 고통받는 자들의 소망이 될 것이다(에디오피아 에녹의 유사 48 : 4). 모든 세계가 그 앞에 엎드릴 것이다(48 : 5 ; 62 : 9). 의인들과 선택된 자들이 그와 더불어 식탁교제(table-fellowship)를 가질 것이요, 그로 더불어 생명을 함께 나눌 것이다. (62 : 14).

　그러나 "그 사람"(the man)은 누구인가? 그는 어디에서 오는가? 유대 묵시주의자들은 이러한 문제들에 대하여 깊은 관심을 기울였다. 묵시문학 가운데에는 다음과 같은 말이 기록되어 있다"(에디오피아 에녹의 유사 46 : 3) ; 이와 같이 그는 살아있다. 또한 그는 마치 이사야 49 : 2의 하나님의 종에게 언급된 것처럼 그의 나타남의 때까지 감추어져 있다(62 : 6이하 ; 제 4 에스라 13 : 26). 그는 옛날의 의인들과 더불어 낙원에서 산다. 왜냐하면 그는 그러한 자들의 숫자중 하나이기 때문이다

Approach', *NTS* 14, 1967/68, 551-65 : 553. 여기에서 Hindley는 BC 40-39년의 사건이 에디오피아 에녹 56 : 6이하의 배경을 형성할 수 없다는 주장을 부인한다. 왜냐하면 56 : 7에 의하면 침략은 예루살렘에 슬픔을 가져올 것인데, 실제로 그때 파르티아인들이 예루살렘을 점령했기 때문이라는 것이다. 그러나 그는 에녹 56 : 5-7이 역사적인 이야기가 아니라 종말론적인 예언이란 사실을 간과하였다(곡-마곡 전승). 종말론적인 예언은 그 당시의 사건들로부터 묵시적인 원수에 대한 언급을 빌려온다. 다른 모든 네 부분의 에디오피아 에녹의 파편들이 쿰란에서 발견되는 반면 유사(Similitudes)는 그렇지 않기 때문에, 어떤 학자들은 그것(similitudes)을 기독교의 것으로 받아들였다. 그러나 이러한 이론은 아무런 근거도 갖지 못하는데, 그것은 그 가운데 기독교의 특성이 전혀 나타나지 않기 때문이다.

(에디오피아 에녹의 유사 39 : 6)[89] 에녹의 유사 마지막 장에서 인자로 임명받는 사람은 에녹 자신으로 나타난다(71 : 14); 또한 제 4 에스라 13 : 3에 따를 때 바다 곧 지하세계로부터 나오는 "그 사람"은 다윗의 씨와 동일시된다(12 : 32) ; 한편 시빌라인의 신탁에서는 여호수아(혹은 모세)가 "그 사람"이다. [90] 드다(요세푸스, Antt. 20 : 97-99)와 그 애굽인(ibid., 169 이하) 양자는 모두 메시야 사칭자들인데, 그들은 자신들이 여호수아의 이적들을 반복할 것이라고 선언하였다. 이러한 다양한 대답들로부터 한가지 중요한 사실이 나타나는데, 그것은 인자가 어디에서도 천사적 존재(angelic being)로는 생각되어지지 않는 사실이다. 그는 항상 세계로부터 돌아오는 자며, 종종 신들의 주에 의해 영광의 보좌에 앉게 될 태고때로부터의 인물로 나타난다(에녹의 유사 61 : 8; 62 : 2)[91]

---

89) Billlerbeck Ⅱ 282 각주 1.

90) Or. sib. 5 : 256—59 :

그리고 나서 하늘로부터 어떤 존귀한 사람이 나오리라
(사람들이 그의 손을 열매맺는 나무위에 못박았다.)
그는 히브리인들 가운데 가장 존귀한 자로서, 한 때 아름다운 말과 순결한 입술로 부르짖어 태양을 멈추도록 했던 자이다.

257절은 기독교인들이 삽입시킨 것이라는 사실은 일반적으로―그리고 옳게―인정되어 왔다. 그러나 256절과 258절이하가 유대적 기원을 가지는가 아니면 기독교적 기원을 가지는가 하는 문제에 대하여는 논란이 있다. 문맥에 근거하여(256절, 258절이하의 ἀνήρ의 추가적인 언급 없이 마지막 축복의 때를 묘사하는) 위의 네절 모두가 기독교적 기원을 갖는다고 결론을 내리는 사람은 또 하나의 본문수정(emendation of the text)에 호소하는 것이다 : 그는 258절의 모든 MSS에서 나타나는 단순과거형 στῆσε (ν)를 미래형 στῆσει 로 바꾸어야 한다(B. Noack, 'Der hervorragende mann und der Beste der hebräer,' ASTI 3, 1964, 122—46). 그러나 이러한 본문수정이 과연 정당한가 하는 문제는 매우 의심스럽다. 왜냐하면 그리스도가 재림할 때에 태양을 멈추게 하는 이적을 행할 것이라는 기대는 어디에서도 입증되지 않기 때문이다. 반대로, 256절과 258절 이하는 유대 묵시적인 언급임이 분명하다. 그러므로 만일 우리가 본문에 충실한다면, 미래에 하늘로부터 올 ἀνήρ (man)는 한 때 태양을 멈추게했던(수 10 : 12―14) 여호수아인 것이다. 또한 그는 모세일 가능성도 있는데, 왜냐하면 랍비문헌에서 이러한 이적이 모세에게 돌려지기도 하기 때문이다(Billerbeck Ⅰ 13; Ⅱ 414).

91) ‡ Billerbeck, 'Synagoge', 에디오피아 에녹에 대한 미묘한 자료분석을 요구하는 이런 중요한 고찰에서, Billerbeck은 주후 두 세기의 회당은 메시야의 실제적인 선재(pre-existence)에 대한 개념을 갖고 있지 못했다는 결론에 도달한다. 반면, 저 편세계(beyond)로부터 오는 자가 메시야로서 운명지워졌다는 편만된 개념이 있었다.

이러한 묵시문학의 본문들을 정확하게 평가하기 위하여, 우리는 유대주의에 있어 지배적인 메시야 대망은 매우 다른 양상을 띠었던 사실을 기억해야만 한다. 그(메시야)는 지상의 통치자로서 기대되었으며, 그는 위대한 전사요, 영웅으로서 백성들을 로마의 멍에로부터 해방시킬 자였다(이것은 또한 엣센파의 소망이기도 하였다). 위에서 논의된 유대 묵시문학 본문들은 이러한 것과 더불어 또하나의 메시야대망이 있었음을 보여준다. 그것 역시 민족주의적 성격을 가지고 있었으며 또한 이방통치자들에 대한 승리를 고대하였다. 그러나 그 안에 나타나는 메시야는 초월적인 특징들과 보편적인 의미를 갖는 초인적인 인물이다("열방의 빛"; 에녹의 유사 48：4).

그 "사람"에 대한 이러한 기대는 오직 묵시문서들에서만 자세히 나타난다. 이러한 문서들은—그것들 자체가 말하는 바와 같이—비밀문서이다.[92] 예를 들어 우리가 에디오피아 에녹의 유사에서 본 바와 같은 그 "사람"에 대한 기대는 자신들을 의인들의 공동체로 부르면서 또 신들의 주께서 세상의 비밀들과 감춰진 인자를 자신들에게 계시하셨다고 자랑했던 작은 무리들 안에서 보존되었다. 이러한 공동체는 자신들이 핍박을 받고 있으며 또한 자신들의 기도의 집들이 불에 탔다고 불평하였다(에녹의 유사 46：8; 47：1—4).

신약의 증거에 비추어 볼 때, 에디오피아 에녹과 제 4 에스라에 나타나는 유대문학의 인자본문들 가운데 제 2 이사야(Deutero-Isaiah)의 하나님의 종의 속성들이 그 "사람"에게 전이(轉移)된 사실을 주목하는 것은 매우 가치있는 관찰이다. 에디오피아 에녹에서 그는—우리가 살펴본 바와 같이—"열방의 빛"(48：4, 하나님의 종의 분명한 속성—사 42：6; 49：6), "선택된 자"(39：6; 40：5 등; 참조. 사 42：1), "의인"(38：2; 53：6; 참조 사 53：11)등으로 불리워진다. 그의 이름이 그가 태어나기 전에 벌써 "신들의 주 앞에서 불려진다"(48：3; 참조. 사 49：1). 또한 그는 "그 (하나님) 앞에서 감추어진다"(48：6, 또한 62：7; 참조. 사 49：2). 반복해서 왕들과 권세자들이 그 앞에서 일어나거나 절

---

92) 제 4 에스라 14：44—46; 참조 12：36—38; 에디오피아 에녹 104：12이하(원래의 결론).

을 할 것이 언급된다(46 : 4이하 ; 62 : 1이하 ; 참조 사 49 : 7 ; 52 : 13—
15).[93]

한편 제 4 에스라에서 "그 사람"은 "나의(하나님의) 종"으로 불리우
며(13 : 32, 37, 52 ; 14 : 9, p. 374 각주 33을 보라), 또 그는 보존되고
있다고 언급된다(13 : 26 ; 참조. 사 49 : 2). 비록 고난에 대한 분명한
언급이 "종"으로부터 그 "사람"에게로 전이되지는 않았다할지라도, 인
자에 관한 말씀들과 하나님의 종에 관한 말씀들 사이의 이러한 관계가
예수에 의해 취하여질 수 있었던 출발점을 제공한 사실을 관찰하는 것
은 매우 중요한 의미를 갖는다.

(4) 예수의 입술 위에 있는 인자칭호의 의미

유대 묵시문학에 있어서와 마찬가지로 예수의 말씀들에 있어서도 인
자(Son of man)는 영광의 용어였다. 만일 우리가 p. 380에서 인자어록
의 최초전승층으로 인정한 것을 굳게 지킨다면, 다음과 같은 표상이
야기된다. 공동체에 대한 핍박이 절정에 달했을 때(§22) 예언으로서
이해된 다니엘 7 : 13의 이상(異象 : vision)이 실현될 것이다. 그것은
갑작스럽게, 마치 맑은 하늘로 부터 섬광이 비취는 것처럼(마 24 : 27
병행. 눅 17 : 24), 아무도 예기치 못할 때 임할 것이다(마 24 : 37, 39
병행. 눅 17 : 26 ; 또한 병행구절 없이 17 : 30). 인자는 구름에 가리워
진 채, 천군 천사들에 둘러싸여 그리고 신적 영광으로 나타날 것이다
(막 13 : 26 ; 참조. 요 1 : 51). 그는 하나님의 오른 편에 있는 보좌에 앉
을 것이며(눅 22 : 69), 또한 사방으로부터 자신의 택한 자들을 모으기
위하여 천사들을 보낼 것이다(막 13 : 27). 그는 재판관으로서의 열두
지파 대표자들로 더불어(마 19 : 28 병행. 눅 22 : 30 ; 참조. 단 7 : 9이
하 ; 고전 6 : 2이하) 심판을 베풀 것이다(눅 21 : 36 ; 눅 22 : 69 역시 심
판의 위협이다).[94]

---

93) 또다른 용례들을 위하여는 J. Jeremias, $\pi\alpha\hat{\iota}\varsigma$ $\theta\epsilon o\hat{\upsilon}$, TDNT V, 1967, 688이하
를 참조하라. 또한 H-F. Weiss, 'Menschensohn,' RGG Ⅳ, 1960, cols. 874—76 : 875
를 참조하라.
94) 이 개념은 말하자면 이들 열두명 각각이 열두 지파의 각 지파를 심판할 것이
라는 것이 아니다. 오히려 열둘의 무리가 집단적으로 심판에 참여할 것이라는 것이
다—단 7 : 9이하가 보여주는 것처럼.

다니엘 7 : 13에 따르면, 사람 같은 이는 옛적부터 항상 계신 자에게 이끌려 가서는 보좌에 앉혀진다. 이러한 진행(movement)은 **아래로부터 위로의 운동**으로 생각된다. 다음에 나오는 "구름을 타고"[95] 역시 유대 묵시문학에서 주로 이러한 방법으로 이해되어졌다(Eth. Enoch 14 : 8; 71 : 5; 제 4 에스라 13 : 3; Midr. Ps. 21 §5; 구름과 상하운동의 결합을 위하여는 행 1 : 9; 살전 4 : 17; 계 11 : 12 등을 참조하라). 반면, 복음서의 파루시아개념은 인자의 도래가 **위로부터 아래로의 운동**으로 생각되어지는 그러한 것이다. 그는 허리에 띠를 띠고 자신을 기다리는 자기 백성들에게 온다(눅 12 : 35이하). —마치 이스라엘이 유월절 밤에 출발을 위하여 허리에 띠를 띠었던 것처럼(출 12 : 11). 위로부터 아래로의 운동은 데살로니가전서 4 : 16($\kappa\alpha\tau\alpha\beta\acute{\eta}\sigma\epsilon\tau\alpha\iota\ \acute{\alpha}\pi'\ o\acute{\upsilon}\rho\alpha\nu o\hat{\upsilon}$: 하늘로 좇아 강림하시리니)의 아그라폰에서 특히 분명하게 표현된다.

그러나 복음서에서 $\pi\alpha\rho o\upsilon\sigma\acute{\iota}\alpha$ (파루시아 : 강림)라는 용어가 마태복음에만 한정되며(24 : 3, 27, 37, 39), 인자가 내려오는 개념이 많은 경우 편집적인(예컨대 마 16 : 28; 24 : 44 병행. 눅 12 : 40[96]; 막 14 : 62을 위하여는 뒤를 보라) 사실은 매우 주목할 만하다. 실로 우리는 인자의 내려옴(하강)을 분명하게 말하는 초기의 인자 어록을 가지고 있지는 못한 반면, 이러한 어록들 중 어떤 것에서는 아래로부터 위로부터 운동개념이 나타나는 것으로 보인다. 그런데 이러한 경우 그러한 개념은 파루시아의 개념보다 이른 것일 것이다. 여기에서 첫째로 누가복음 22 : 69이 언급되어야만 한다(그러나 이제 후로는 인자가 하나님의 권능의 우편에 앉아 있으리라). 22 : 14로부터 시작되는 누가복음의 수난이야기가 누가복음 특별자료로부터 말미암은 것이고 따라서 그것은 마가복음의 수난이야기와는 독립된 전승을 가지는 사실은 매우 중요한 관찰이다.[97] 만일 우리가 산헤드린 최고회의 앞에서의 고백에 대한 마가복음 14 : 62과 누가복음 22 : 69의 두가지 독립된 판(版 : version)들을 상호비교해 본다면, 우리는 누가복음판이 보다 단순함을 알 수 있다. 마가복음 14 : 62과는 달리, 그것은 승귀와 파루시아에 대한 초대교회의 기독론적 양식에 의해 아직 영향을 입지 않았다. 더욱이 누가복음 22 : 69이 초기의 공식(early formulation)을 표현하는 사실은 사도행전 7 : 56에 의해 확증된다($\dot{\iota}\delta o\grave{\upsilon}\ \theta\epsilon\omega\rho\grave{\omega}\ \tau o\grave{\upsilon}\varsigma\ o\grave{\upsilon}\rho\alpha\nu o\grave{\upsilon}\varsigma\ \delta\iota\eta\nu o\iota\gamma\mu\acute{\epsilon}\nu o\upsilon\varsigma\ \kappa\alpha\grave{\iota}\ \tau\grave{o}\nu\ \upsilon\acute{\iota}o\nu\ \tau o\hat{\upsilon}\ \acute{\alpha}\nu\theta\rho\acute{\omega}\pi o\upsilon\ \acute{\epsilon}\kappa\ \delta\epsilon\xi\iota\grave{\omega}\nu\ \acute{\epsilon}\sigma\tau\grave{\omega}\tau\alpha\ \tau o\hat{\upsilon}\ \theta\epsilon o\hat{\upsilon}$: 보라 하늘이 열리고 인자가 하나님 우편에 서신 것을 보노라). 죽어가는 스데반에 의한 이러한 외침은 내용상 누가복음 22 : 19($\acute{\alpha}\pi\acute{o}\ \tau o\hat{\upsilon}\ \nu\upsilon\hat{\upsilon}$ [98] $\delta\grave{\epsilon}\ \acute{\epsilon}\sigma\tau\alpha\iota\ \acute{o}\ \upsilon\acute{\iota}o\varsigma\ \tau o\hat{\upsilon}\ \acute{\alpha}\nu\theta\rho\acute{\omega}\pi o\upsilon$

---

95) R. B. Y. Scott, 'Behold, He Cometh with Clouds', *NTS* 5, 1958/59, 127－32.

96) 도둑의 비유를 인자에게 적용시키는 것의 2차적인 성격을 위하여는 Jeremias, *Parables*, 48이하를 참조하라.

97) Jeremias, *Eucharistic Words*, 97－99.

98) $\acute{\alpha}\pi\acute{o}\ \tau o\hat{\upsilon}\ \nu\upsilon\hat{\upsilon}$ 은 "미래에"를 의미한다(Bauer-Arndt-Gingrich, 548). 이것은 셈어법이다 : 셈어에는 '곧'에 해당되는 단어가 없다. 이 구절이 덧붙여진 것 (addition)으로서 배제되어서는 안된다. 왜냐하면 때에 관한 이러한 언급이 마 26 : 64 $\acute{\alpha}\pi'\ \acute{\alpha}\rho\tau\iota$ 에 의해 뒷받침되기 때문이다.

394

καθήμενος ἐκ δεξιῶν τῆς δυνάμεως τοῦ θεοῦ : 그러나 이제 후로는 인자가 하나님의 권능의 우편에 앉아 있으리라)과 상응하나, 그러나 이것은 독립된 전승에 근거한다. [99]-독특한 ἐστῶτα 가 보여주는 바와 같이[100] 누가복음 22 : 69은 인자의 영광의 현시가 하나님에 대한 그의 승천에 있는 것으로 전제하는 듯이 보인다(에디오피아 에녹 71장을 참조하라). 이러한 것은 누가복음 24 : 26의 εἰσελθεῖν εἰς τὴν δόξαν αὐτοῦ 나 요한복음의 ἀναβαίνειν (요 3 : 13 등)과 ὑψοῦσθαι (요 3 : 14 등)에 있어서도 마찬가지이다. 여기에서도 역시 운동은 아래로부터 위로이다.

δοξάζεσθαι (요 12 : 23 등) 역시 누가복음 24 : 26이 암시하는 바, 이러한 의미로 의도되었을 것이다. 마지막으로 마가복음 13 : 26에서 다니엘 7 : 13을 인용한 것이나 이어지는 27절(καὶ τότε ἀποστελεῖ τοὺς ἀγγέλους)은 마가복음 13 : 26(ἐρχόμενον ἐν νεφέλαις) 역시 이런 방법으로 해석되어야만 함을 암시한다. 만일 마가복음 13 : 26의 ἔρχεσθαι ἐν νεφέλαις 가 본래 하나님께로 향하는 운동을 의도한 것이었다면, 이러한 개념 또한 본래 인자의 ἔρχεσθαι 에 대하여 언급하는 다른 구절들과 관련되지 않았던 것은 아닌가 하는 문제가 야기된다(막 8 : 38 ; 마 10 : 23 하반절 ; 마 19 : 28 병행 ; 눅 22 : 29과 마 25 : 31에서는 지상에 도래하는 것에 대하여 아무 것도 언급되어 있지 않다. [101] 그 구절들은 단지 어떻게 인자가 자기 자리를 영광의 보좌 위에 놓는지에 대하여 묘사할 뿐이다). 만일 우리가 누가복음 22 : 69과 마가복음 14 : 62을 비교해본다면, 우리는 인자의 영화(榮化)에 대한 개념이 부활절 체험의 영향 아래서 어떻게 변화되었는지를 알 수 있을 것이다. 다니엘 7 : 13 이하와 에디오피아 에녹 70장 이하와 일치되게 누가복음 22 : 69은 오직 하나의 사건에 대하여서만 언급한다 : 인자의 영화(榮化)는 하나님께 대한 그의 승귀를 통하여 이루어진다. 반면 마가복음 14 : 62은 이러한 과정을 두가지 행동들로 나눈다 : 부활 때에 하나님 우편에 앉은 것과 마지막 때의 파루시아. 파루시아를 위로부터 아래로의 운동개념으로 보는 최초의 예가 데살로니가전서에서 나타난다(1 : 10 ; 2 : 19 ; 3 : 13 ; 4 : 16 ; 5 : 23).

비록 완전한 명확함을 얻기는 불가능하지만, 최초의 개념은 인자의 나타남이 하나님께로의 승천의 형태로 일어날 것이라는 것이었을 가능성이 매우 높다.

99) E. Bammel, 'Erwägungen zur Eschatologie Jesu,' in Studia Evangelica III, TU 88, Berlin 1964, 3—32 : 24.
100) 이것은 막 13 : 14과 같은 셈어법인가? (qāʾēm='finding himself')또한 복수형 οἱ οὐρανοί 를 주목하라. 누가는 사도행전에서 24회의 단수형을 '가지고 있고 반면 복수형은 2 : 34과 7 : 56의 두곳 뿐인데, 이 두곳은 모두 공식어구(formula)이다.
101) B. Rigaux, 'La seconde venue', in : La venue du Messie. Messianisme et Eschatologie, Recherches Bibliques VI, Bruges 1962, 173—216 : 211이하 : 'L'idée de parousia est absente.'

인자의 현현은 "그가 권세와 영광과 통치권을 행사하고 모든 백성들과 나라들과 방언하는 자들이 그를 섬기며 그에게 옮겨지지 아니하고 영원한 권세가 주어지는"(단 7 : 14) "인자의 날들"(눅 17 : 22)을 시작케한다. 우주적인 통치자로서 그는 하나님의 새로운 백성들의 머리요 대표이다. 그를 따르는 자들은 그의 통치를 함께 나눈다(눅 12 : 32 ; 마 19 : 28 병행. 눅 22 : 28, 30하반절). 바로 이것이 인자가 "집합적 실재"(corporate entity)라고 하는 맨슨(T. W. Manson)의 논문의 정확한 통찰이다. [102]—이것은 앵글로색슨 계통의 학계에서 많이 논의되었다. 인자에 대한 이러한 견해는 다니엘 7 : 27에서 "사람 같은 이"가 "지극히 높은 자의 성도들(성민)"과 동일시되는 것을 올바로 본것이다. 동방의 사고 체계에 있어 왕이나 제사장은 그의 백성이나 공동체를 대표한다. [103]

그러나 예수에게 있어 인자의 권능과 영광은 민족주의적인 소망과는 아무런 상관도 없었다. 우리는 예수 당시의 유대주의가 이중적인 메시야 대망을 가지고 있었음을 보았다 : 다윗의 집으로부터 나오는 전사(戰士)요, 영웅(英雄)에 대한 민족주의적인 대망, 그리고 "열방의 빛"이 될 바르 에나샤의 초민족주의적인(supra-national) 대망(에디오피아 에녹 48 : 4). '바르 에나샤'에 대한 기대에 있어 네수는 정치적인 메시야 기대를 거부하였다. 오히려 인자란 칭호는 보편성을 표현한다. 그는 온 세상을 위하여 구원을 가져오는 자인 것이다(마 25 : 31—46). [104]

인자의 영광의 현현은 고난에 의하여 시험을 당한 자들에게 임할 것이다. 그는 "심령이 고통을 당하는 자들의 소망"이 될 것이다(에디오피아 에녹 48 : 4). 이것은 또한 예수가 말씀하는 것이다. 최초의 전승층을 나타내는 인자어록이 주로 종말론적인 환난과 핍박 그리고 그것

---

102) Teachings, 211—34 ; 'The Son of Man in Daniel Enoch and the Gospels', *BJRL* 32, 1949/50, 171-93.

103) T. W. manson의 이론 곧 인자를 '집합적 개인'(corporate personality)으로 보는 이론은 많은 학자들로부터 한쪽으로 치우쳤다는 비난을 받았다. 그러나 이것은 바울의 사상으로부터도 나타나는 개념인데, 많은 학자들이 그것을 과소평가하였다. 한 사람이 많은 사람을 포함한다는 개념이 없었다면, 바울은 첫째 아담과 둘째 아담 그리고 그리스도의 몸이라는 그의 독특한 개념들을 상정하지 못했을 것이다.

104) p. 390을 보라.

이 가져오는 시험을 다루는 문맥에서 발견되는 사실은 주목할만한 일이다(막 13：26；마 24：27, 37 하반절＝39하반절 병행. 눅 17：24, 26；마 10：23；24：30；눅 17：22, 30；18：8；21；36). 그러한 말씀들은 임박한 고난에 직면한 제자들로 하여금 그들의 눈을 하나님이 계획하신 영광의 대단원에로 향하게 함으로써 그들을 위로하고 굳게한다.

예수는 항상 인자를 삼인칭으로 말한다. 이에 대한 이유는 무엇인가? 아람어에서 바르 에나샤는 일반적으로 "나"(Ⅰ)를 언급하는 것이었다. 임기응변적인 설명은 우리가 본 바와 같이 지지될 수 없다.[105] 그렇다면 예수가 인자를 항상 삼인칭으로 말한 사실에 대한 유일한 대답은 그가 자신과 인자를 구분하였다는 것일 수 밖에 없다. 이것은 우리로 하여금 다음과 같은 결론에로 이끈다：인자에 관한 자신의 말씀 가운데 예수는 자신이 기다리는 어떤 구원자(saving figure)를 염두에 두고 있었다. 벨하우젠(J. Wellhausen)과 그를 이은 불트만(R. Bultman) 같은 학자들은 실제로 이러한 견해를 주장하였다.[106] 예수를 인자와 동일시한 것은 단지 초대공동체일 뿐이라는 것이다. 이에 대하여 예수가 자신과($\dot{\epsilon}\gamma\dot{\omega}$) 인자를 분명하게 구분하는 누가복음 12：8이하가 언급된다. 그러나 누가복음 12：8이하는 이러한 논리의 증거본문이 될 수 없다. 왜냐하면 이의 병행구절인 마태복음 10：32은 "인자" 대신 $\dot{\epsilon}\gamma\dot{\omega}$를 가지고 있기 때문이다. 우리가 pp. 379 이하에서 본 바와 같이, 이러한 경우 즉 $\dot{o}$ $\upsilon\dot{\iota}\dot{o}\varsigma$ $\tau o\hat{\upsilon}$ $\dot{\alpha}\nu\theta\rho\dot{\omega}\pi o\upsilon$ 와 $\dot{\epsilon}\gamma\dot{\omega}$가 경합관계에 서는 경우 단순한 $\dot{\epsilon}\gamma\dot{\omega}$가 보다 더 큰 원래성(originality)을 갖는다. 따라서 앞의 예에 있어 $\dot{\epsilon}\gamma\dot{\omega}$를 가진 마태복음이 보다 이른 판(版：version)으로 인정되어야만 한다. 누가복음 12：8 외에도, $\dot{\epsilon}\gamma\dot{\omega}$와 $\dot{o}$ $\upsilon\dot{\iota}\dot{o}\varsigma$ $\tau o\hat{\upsilon}$ $\dot{\alpha}\nu\theta\rho\dot{\omega}\pi o\upsilon$ 가 병렬관계에서는 다른 구절들에 대하여도 동일한 논리가 전개될 수 있다：마가복음 8：38(눅 12：8에 대한 반제, 마 10：33의 $\dot{\epsilon}\gamma\dot{\omega}$와 대조하라)；마가복음 14：62(눅 22：69과 대조하라)；마태복음 19：28(눅 22：28-30과 대조하라).

그러나 자료상의 증거의 부재(不在)는 별 문제로 하고, 인자말씀에

---

105) p. 377 각주 50을 보라.
106) Bultmann, *Theology* Ⅰ, 30-32.

있어 예수가 자신과 구별되는 미래의 다른 구원자(saving figure)를 생각했다는 견해는 극히 불가능하다. 만일 그렇다면(예수께서 자신과 인자를 전혀 다른 인물로 구별했다면), 우리는 예수가 자신을 "선구자"로서 다시 말해서 "인자의 선지자"로서 생각했다고 결론지어야만 하게 될 것이다. 그러나, 만일 그렇다면, 마태복음 11 : 5이하와 같은 말씀은 참으로 의미없는 것이 되고 말 것이다. "오실 그이가 당신이오니이까"라는 질문에 대하여, 예수는 이렇게 대답했어야만 했다(만일 예수가 자신과 인자를 전혀 별개의 인물로서 구분했었다면) : "아니라, 내가 '오실 그 이'가 아니다 ; 나는 단지 그의 선구자요 그의 선지자일 뿐이다." 다시 말해서, 예수가 자신을 성취자로서 주장한 사실은 그 뒤에 오는 자의 가능성을 배제시키는 것이다.

그렇다면 우리는 예수께서 자신과 인자를 구분시킨 사실을 어떻게 설명할 것인가? 이에 대한 답변은 다음과 같다 : 예수가 인자를 삼인칭으로 말함에 있어, 그는 두사람의 서로 다른 인물을 구분하고 있는 것이 아니라 그의 현재상태와 미래의 승귀된 상태를 구분하고 있는 것이다. 삼인칭은 예수와 인자 사이에 존재하는 "신비적인 관계"[107] (mysterious relationship)를 표현한다 : 그는 아직 인자가 아니다 ; 그러나 그는 인자로 승귀될 것이다.[108]

만일 ὁ υἱὸς τοῦ ἀνθρώπου 가─예수가 자신의 미래의 왕적 신분과 심판권세를 묘사한─다니엘 7 : 13로부터 말미암은 영광스러운 용어라면, 이제 마지막 한가지 질문이 야기된다. 예수는 자신의 "현재의 무권세"(powerlessness)와 "미래 영광의 기대" 사이의 대조를 어떻게 다루었는가? 이러한 것은 산헤드린 최고 재판소에서의 심문과정 중에 예수가 언급한 누가복음 22 : 69에서 가장 날카롭게 표현되었다(그러나 이제 후로는 인자가 하나님의 권능의 우편에 앉아 있으리라).

분명히 다니엘 7장의 언급들은 아직 우리로 하여금 "자신의 사명에 대한 예수의 인식의 핵심"에로 데리고가지 않는다. 그것은 보다 깊은

---

107) Bammel, 'Erwägungen zur Eschatologie Jesu'(p. 394 각주 99를 보라). 23.
108) 막 12 : 35─37에서 제기된 질문에 대한 대답은 우리가 p. 375에서 본 바와 같이 이와 매우 유사하다. 메시야는 현재 다윗의 아들이다. 그러나 그는 다윗의 주로 승귀될 것이다.

곳에 놓여 있다 : 다니엘 7장이 아니라 그것은 이사야 53장이다.

§24 수난

H. W. Wolff. *Jesaja 53 im Urchristentum*, Bethel 1942, ³Berlin 1952 ; J. Jeremias, 'Das Lösegeld für viele (Mk. 10, 45)', *Judaica* 3, 1947-48, 249-64=*Abba*, 216-32 ; T. W. Manson, *The Servant-Messiah*, Cambridge 1953 ; H. Hegermann, *Jesaja 53 in Hexapla, Targum und Peschitta*, BFCT Ⅱ, 56 Gütersloh 1954 ; W. Zimmerli - J. Jeremias, παῖς θεοῦ, TDNTV, 1967, 654-717 : D. παῖς θεοῦ in the New Testament, 700-17(a revised version is to be found in *The Servant of God*, London 1957, ²1965) ; E. Lohse, *Märtyrer, und Gottesknecht*, FRLANT 64, Göttingen 1966, ²1963 ; E. Fascher, *Jesaja 53 in christlicher und jüdischer Sicht*, Berlin 1958 ; J. Jeremias, πολλοί, TDNT Ⅵ,1968, 536-45 ; W. Popkes, *Christus Traditus. Eine Untersuchung zum Begriff der Dahingabe im NT.*, ATANT 49, Zürich 1967 ; O. H. Steck, *Israel und das gewaltsam Geschick der Propheten*, WMANT 23, Neukirchen-Vluyn 1967 ; M. Black, 'The "Son of Man" Passion Sayings in the Gospel Tradition', *ZNW* 60, 1969, 1-8.

복음서에 따르면 수난은 끝(end)이 아니라 목표(goal)요 예수의 지상활동의 면류관이며 인자의 영광에의 필연적인 길이다. 물론 이것은 교회의 신앙의 표현이다. 우리는 예수 자신이 설교 가운데 자신의 죽음에 대하여 어떤 의미를 부여하였는가 하는 문제를 검토해야만 한다.

(1) 고난에 관한 언급

복음서는 예수께서 제자들에게 자신의 고난과 부활에 대하여 많은 말로 세번 말씀한 것으로 기록한다. 우리가 세가지 수난예언이라고 부르는 그러한 말씀들은 베드로의 고백 이후에 나타나는 것들인데, 그것은 마가복음 8 : 31 병행, 9 : 31 병행, 그리고 10 : 33이하 병행이다. 이 가운데 세번째 구절이 가장 자세하다. 여기에서 예수가 기대한 것이 하나하나 여섯 단계로 예언되고 있다.

ὁ υἱὸς τοῦ ἀνθρώπου

1. παραδοθήσεται τοῖς ἀρχιερεῦσιν καὶ τοῖς γραμματεῦσιν,

2. καὶ κατακρινοῦσιν αὐτὸν θανάτῳ

3. καὶ παραδώσουσιν αὐτὸν τοῖς ἔθνεσιν

4. καὶ ἐμπαίξουσιν αὐτῷ καὶ ἐμπτύσουσιν αὐτῷ καὶ μαστιγώσουσιν αὐτὸν

5. καὶ ἀποκτενοῦσιν

6. καὶ μετὰ τρεῖς ἡμέρας ἀναστήσεται

인자가 대제사장들과 서기관들에게 넘기우며 저희가 죽이기로 결안하고 이방인들에게 넘겨주겠고 그들은 능욕하며 침뱉으며 채찍질하고 죽일 것이니 저는 삼일만에 살아나리라.

이것은 수난 이야기와 부활이야기의 일련의 순서에 있어 세세한 데까지 정확하게 일치한다. 따라서 이 수난 예언이 사건 후에 형성된 수난에 관한 요약이라는 데에는 의심의 여지가 있을 수 없다.

일단 이것이 분명해지고 나면, 우리는 즉시로 비평을 위한 다른 논점들을 발견하게 된다. 마가복음 8：31의 수난에 관한 첫번째 언급에서 매우 두드러지게 나타나는 것이 δεῖ 이다. 셈어에서 이것과 정확하게 대응하는 단어는 존재하지 않는다. 이러한 사실은 첫번째 수난예언(막 8：31)이 그 형태를 헬레니즘의 환경에서 받았음을 보여준다. 더욱이 ἀναστῆναι 가 ἐγερθῆναι 로 대체되는 것이 두드러진 경향이다.[109] 보다 이른 ἀναστῆναι 는 셈어법인 반면(히브리어나 아람어는 죽은 자로부터의 부활을 묘사함에 있어 평범한 수동태를 사용하지 않는다), 수동형 ἐγερθῆναι 는 그리이스 어법이다.[110] 마지막으로, 수난이야기 가운데있는 고난에 관한 언급

109) '막 8：31과 마 16：21, 눅 9：22,' '막 9：9이하와 마 17：9', '막 9：31과 마 17：23' '막 17：23' '막 10：34과 마 20：19'등을 참조하라.

110) H. E. Tödt. *The Son of Man in the Synoptic Tradition*. London 1965, 185. 여기에서 Tödt가 능동태 ἀναστῆναι 로부터 다음과 같은 결론을 내렸을 때, 그는 언어학적 증거를 무시한 것이다(막 8：31；9：31；10：34)："이와 같이 고난에 관한 언급들에서 하나님께서 인자를 살리셨다고 언급된 것이 아니라 인자가 스스로 살아났다고 언급된다" 유대인이나 유대인 그리스도인에게 있어 ἀναστήσεται /yᵉqūm 이 "스스로의 부활"(self-resurrection)로서 이해된 경우는 없었다(능동태 yᵉqūmūn이 70인경에서 ἐγερθήσονται 로 번역된 사 26：19을 참조하라). ἀναστῆναι 에 대한 오해에 기인한 그러한 견해 즉 예수가 자신의 부활에 있어 능동적인 위치를 차지했다는 개념은 요 10：18에서 처음으로 나타난다.

들 속에는 기독론적인 관심이 내포되어 있다(막 14 : 21, 27, 41 ; 마 26 : 54). 분명히 공동체는 예수가 고난으로 말미암아 당황한 것이 아니라 오히려 그것을 예견하였고 또 성경에 순종하여 자신의 수난의 길을 세심하게 밟아갔던 것을 강조하는 데에 관심을 기울였다.

공동체가 사건 뒤에 수난예언을 구성한 것을 발견하는 것보다 더욱 중요한 것은 한 경우에 복음서 기자가 다른 자료를 자유롭게 사용하는 수난예언을 구성한 과정을 우리가 관찰할 수 있다는 사실이다. 마태복음 26 : 1이하에서, 마태는 마가복음의 때에 관한 단순한 언급을(14 : 1, $\mathring{\eta}\nu$ $\delta\grave{\epsilon}$ $\tau\grave{o}$ $\pi\acute{a}\sigma\chi a$ $\kappa a\grave{\iota}$ $\tau\grave{a}$ $\mathring{a}\zeta\nu\mu a$ $\mu\epsilon\tau\grave{a}$ $\delta\acute{\nu}o$ $\eta\mu\acute{\epsilon}\rho a\varsigma$: 이틀이 지나면 유월절과 무교절이라) 수난에 관한 언급으로 바꾸었다(26 : 1이하, $\epsilon\mathring{\iota}\pi\epsilon\nu$ $\tauo\mathring{\iota}\varsigma$ $\mu a\theta\eta\tau a\mathring{\iota}\varsigma$ $a\mathring{\upsilon}\tau o\mathring{\upsilon}$ $o\mathring{\iota}\delta\epsilon\tau\epsilon$ $\mathring{o}\tau\iota$ $\mu\epsilon\tau\grave{a}$ $\delta\acute{\upsilon}o$ $\mathring{\eta}\mu\acute{\epsilon}\rho a\varsigma$ $\tau\grave{o}$ $\pi\acute{a}\sigma\chi a$ $\gamma\acute{\iota}\nu\epsilon\tau a\iota$, $\kappa a\grave{\iota}$ o $\upsilon\iota\grave{o}\varsigma$ $\tauo\mathring{\upsilon}$ $\mathring{a}\nu\theta\rho\acute{\omega}\pi o\upsilon$ $\pi a\rho a\delta\acute{\iota}\delta o\tau a\iota$ $\epsilon\mathring{\iota}\varsigma$ $\tau\grave{o}$ $\sigma\tau a\upsilon\rho\omega\theta\mathring{\eta}\nu a\iota$: 제자들에게 이르시되 너희의 아는 바와 같이 이틀이 지나면 유월절이라 인자가 십자가에 못 박히기 위하여 팔리우리라). 이러한 관점에서, 우리는 모든 수난예언이 "사건으로 부터의 예언"(vaticinia ex eventu)이라는 일반적인 견해에로 기울어질 수 있을런지 모른다. [111] 물론 이것은 수난에 관한 해석들[112] 역시 비역사적(unhistorical)이어야만 함을 의미한다. [113] 그러나 비록 이러한 결론이 일반적인 견해 이기는 하다. 그것은 다음의 세가지 이유때문에 유지될 수 없다.

1. 우리는 이 한가지 사실을 확실한 것으로 받아들일 수 있다 : 예수의 사역의 외부적 과정은 그로 하여금 폭력적인 죽음의 가능성을 고려하게 했을 것임이 분명하다. 그가 바알세불의 힘을 힘입어 귀신들을 쫓아냈다는 고소는(마 12 : 24 병행) 그가 마술을 행하였고 따라서 돌로 침을 당하여야 함을 의미하는 것이다. [114] 그가 하나님을 훼방하였다는 비난(막 2 : 7), 거짓 선지자라는 비난(막 14 : 65)[115], 반항아라는 비

---

111) Bultmann, *Theology* Ⅰ, 31.
112) pp. 411이하를 보라.
113) Bultmann, *op. cit.*, 32.
114) Sanh. 7 : 4.
115) pp.125이하를 보라.

난(마 11：19 병행；신 21：20이하를 참조하라), 안식일을 고의적으로 깨뜨렸다는 비난 등 이 모든 것들은 죽음에 해당하는 악행들을 언급하는 것들이다. [116]

또한 우리는 예수가 안식일을 깨뜨린 실례들을 많이 가지고 있다. [117] 두가지 안식일 이야기를 전해주는—안식일에 밀이삭을 자른 것과 회당에서 손마른 사람을 고쳐준 일—마가복음 2：23—3：6의 간단한 복합 전승은 특별히 생생한 상황을 묘사한다. 당시 유대율법에 따르면, 만일 어떤 범법자가 증인들 앞에서 분명하게 경고를 받고도 또 그 일을 고의적으로 행한 것이 분명하게 드러나면 그는 반드시 심판에 처하여야만 하였다. [118] 위의 두 안식일 이야기 가운데 첫번째 것은 예수에 대하여 경고가 발하여지는 것과(막 2：24 οὐκ ἐξεστον, 요 5：10참조), 그가 확신을 가지고 안식일을 깨고 있음을 보도한다(25—28절). 그러므로 만일 그가 다시 한번 안식일을 범한다면 그는 필연적으로 죽음의 위험에 처하게 될 것이다—그리하여 사람들은 그를 관찰하게 되었다(막 3：2 παρετῆρουν αὐτόν). 사실상, 그의 죽음은 두번째의 안식일 파괴 이후에 결정되었던 것이다(막 3：6). 유대인들이 자신들의 법정에서 통과된 죽음의 형벌을 집행할 수 없었던 사실이 이러한 결론과 상충되지 않는다. 왜냐하면 그들은 칼의 법(ius gladii)을 가지고 있지 못했기 때문이다. (요 18：31). [119] 이것은 오직 로마총독의 관할구역 하에서만—즉 유대와 사마리아, 그러나 갈릴리는 제외됨—그리하였다. 헤

---

116) 오직 거짓 선지자는 던지는 돌을 맞아(Sanh. 7：4) 사형을 당한다(11：1).

117) 막 2：23—28 병행；3：1—6 병행；눅 13：10—17；14：1—6；요 5：1—18；9 ：1—41. 또한 눅 6：5D를 참조하라. (이에 대하여는 Jeremias, *Unknown Sayings of Jesus*, London 1964, 61—65를 보라). 비록 안식일을 깨뜨리는 것에 관한 주제가 부분적으로는(예컨대 요 5장과 9장) 2차적인 것이라 할지라도, 안식일에 대한 예수의 충돌은 전승의 가장 확실한 특성들 가운데 산입(算入)될 수 있다(E.Lohse, σάββατον κτλ, *TWNT* Ⅶ, 1964, 1—35：22 각주 172를 참조하라).

118) 주요한 구절들：Sanh. 5：1；8：4；12：8이하(=막 1：8이하)；Tos. Sanh. 11：1—5；b. Sanh. 40b—41a；J. Sanh. 22c, 53이하；Siphre Num. 113 on 15：33；이에 대하여 J. Jeremias, 'Untersuchungen zum Quellenproblem der Apostelgeschichte', *ZNW* 36, 1937, 205—21：209—13=Abba, 238—55：243—46을 참조하라. 이러한 경고는 이미 신약때에 정당한 율법의 지위를 차지하고 있었다(*ibid*).

119) 이 문제를 위하여는 J. Jeremias, 'Zur Geschichtlichkeit des Verhörs Jesu vor dem Hohen Rat', *ZNW* 43, 1950—51, 145—50=Abba, 139—44를 보라.

롯 안티파스는 자신의 왕국에서 사형을 집행할 수 있었다—세례 요한
의 참수형이 분명히 보여주는 바와 같이 그러므로 "헤롯이 당신을 죽
이고자 하나이다"(눅 13 : 31)라는 경고는 매우 신중하게 받아들여져야
만 한다.

　무엇보다도, 예수가 성전을 청결케하는 일을 실행하고자 결심했을
때 그는 자신의 생명을 무릅썼을 것임에 틀림없다. 사실상 이 일은 그
(예수)에 대항하는 공적인 행동을 촉발하는 계기가 되었다[120] 제 4 복음
서는 시편 69 : 10을 그 상황에 적용시켰는데, 그것은 매우 적절한 것이
었다 : "주의 전을 사모하는 열심이 나를 삼키리라"(요 2 : 17). [121] 그러
므로 우리는 예수가 여러가지로 자신의 생명이 위협당한 것을 알 수
있다. 그의 생명은 계속적으로 경각에 달려 있었다. 따라서 그는 늘상
폭력적인 죽음을 내다봤을 것임에 틀림없다.

　그러나 예수로 하여금 폭력적인 죽음을 고려하도록 한 것은 비단 그
의 사역의 과정 뿐만은 아니었다. 거기에는 또다른 무엇이 있었는데,
그것은 구원사(salvation history)에 관한 그의 관점이었다. 우리는 §9에
서 어떻게 그가 선지자들의 전승 가운데 자신을 하나님의 마지막 사자
로서 나타내었는지를 보았다. 그의 동시대인들은 점점 더 선지자들을
순교자로 보는 경향으로 기울고 있었다. [122] 예수의 시대는 위대한 "무

---

120) 성전청결과 예수의 체포 사이의 연결은 막 12장의 논쟁이야기와 막 13장의
묵시적 강화(講話)가 본래 독립적인 전승단편들로서 인식될 때 특히 분명해진다.
그리고 막 11장과 14장은 본래 서로가 서로를 따랐던 것임이 나타난다(Jeremias.
Eucharistic Words. 89—96을 참조하라).

121) καταφάγεται 는 열심에 의해 압도된 것으로서가 아니라 이러한 방식으로
이해되어야만 한다. 이것은 무엇보다도 ψ68(69) : 10에 제시된 κατέφαγεν 이 요 2
: 17에서 미래형으로 바뀐 사실에 의해 뒷받침 된다.

122) 순교자로 간주된 선지자들은 이사야(J. Jeremias, *Heiligengräber in Jesu
Umwelt*, Göttingen 1958, 61이하), 예레미야(*ibid.*, 108 이하), 에스겔(*ibid.*, 112이
하), 아모스(*ibid.*, 87이하), 미가(*ibid.*, 82이하), 그리고 여호야다의 아들 스가랴
(*ibid.*, 67이하)였다. 신약에서 이사야의 순교가 간접적으로 언급된다(히 11 : 37 "톱
으로 켜는 것"). 한편 "돌로 치는 것"(히 11 : 37, 마 23 : 37 병행)은 여호야다의 아
들 스가랴 혹은 예레미야(혹은 둘 다)의 순교를 언급하는 것일 수 있다. 더 나아
가서 다음의 책들을 참조하라. A. Schlatter, *Der märtyrer in den Anfängen der
Kirche*, BFCT 19. 3, Gütersloh 1915＝*Synagoge und Kirche*, Stuttgart 1966, 237—
304 ; H. J. Schoeps, 'Die jüdischen Prophetenmorde', *Symbolae Biblicae Upsalienses*
2, Uppsala 1943＝in : Schoeps, *Aus frühchristlicher Zeit*, Tübingen 1950, 126—43 ;
‡ Steck.

덤 르네상스"(tomb renaissance)의 시대였다. 팔레스틴 곳곳에서 사람들은 자신들의 살인에 대한 속죄로서 선지자들과 다른 순교자들에 대한 기념비를 세웠다.[123] 예수 역시 이러한 역사관을 공유하였다. 그는 예루살렘에서의 순교를 선지자직의 한 부분으로 간주하였다(눅 13 : 33). 더욱이, 그는 구원사를 아벨로부터 여호야다의 아들 스가랴에 이르는 의인들과 하나님의 사자들의 순교에 깨어지지 않는 체인(사슬)으로 간주했던 지혜말씀에 동의하였다(마 23 : 35 병행). 이러한 체인의 끝에 세례 요한이 서 있는데, 예수는 그의 운명을 특별히 주목하였을 것임에 틀림없다. 왜냐하면 그는 특별히 세례 요한과 관련되어 있었기 때문이다. 자신을 하나님께서 보내신 선지자들의 마지막으로 믿었던 예수가 자신에 대하여는 보다 나은 운명을 기대했을 수 있겠는가? (pp. 131-135를 보라).

2. 이와 같이 예수의 사역과정과 그의 구원사관은 그가 자신의 고난에 대하여 사전에 전혀 언급한 바 없다는 이론에 대하여 반대한다. 그러한 것 뿐만 아니라, 예수의 말씀 자체도(자신의 수난에 대하여 미리 언급하는) 그러한 말씀들의 신뢰성에 대한 전반적인 평가절하에 대하여 반대한다.

우리는 앞에서 언급한 소위 세가지의 **수난예언**들(막 8 : 31 병행 ; 9 : 31 병행 ; 10 : 33 이하 병행 ; 또한 9 : 12이하 ; 눅 17 : 25, 24 : 7 등을 참조하라)로 부터 시작하고자 한다. 첫째로, 이러한 말씀들은 원래의 수난예언(**the** passion prediction)에 대한 변이들(variations)로서 이해되는 것이 보다 합당하다는 사실이 지적되어야만 한다.[124]

그러므로 우리가 진정성(authenticity)의 문제에 대하여 어떤 결론에 도달할 수 있기 전에, 우리는 어느 판이 가장 이른 것인가 하는 문제와 또한 그것의 역사적 가치에 대하여 어떠한 평가가 내려져야 하는가 하

---

123) 마 23 : 29 병행 ; J. Jeremias, *Heiligengräber*, passim. 이러한 운동은 행 2 : 29 (μνῆμα)에 언급된바 예루살렘의 다윗의 무덤입구에 세워진 기념건축물과 함께 시작되었다(*ibid*, 121).

124) 이러한 삼중적인 반복이 야기되게 된 것은 아마도 마가가 취한(p. 72를 보라) 전승의 복합체들 가운데 수난예언을 포함하고 있는 것이 우연히 세개가 있었기 때문일 것이다 : 8 : 27-9 : 1(고백과 제자가 치루어야 할 때), 9 : 30-50(연결단어들 위에 쌓여진 큰 모음집), 그리고 10 : 32-45(고난과 제자도).

는 문제를 먼저 물어야만 한다—비록 후자는 진정성의 문제와는 아무
런 관련이 없다 할지라도.

수난예언들 가운데 최초의 판(版 : version)을 찾는데 있어 가장 중요한 것은 사건
의 실제 과정과의 동화(同化)가 한단계 한단계 점차적으로 일어났다는 사실을 인식
하는 것이다. 예컨대 마태와 누가는 $\mu\epsilon\tau\grave{\alpha}\ \tau\rho\epsilon\hat{\iota}\varsigma\ \dot{\eta}\mu\epsilon\rho\alpha\varsigma$ 를 $\tau\hat{\eta}\ \tau\rho\acute{\iota}\tau\eta\ \dot{\eta}\mu\epsilon\rho\alpha$ 로 대
체시킴으로써 마가복음의 수난예언을 이러한 방법으로 다루었다. 또한 마태는 마
가복음 10 : 34의 보다 일반적인 $\dot{\alpha}\pi\omicron\kappa\tau\epsilon\nu\omicron\hat{\upsilon}\sigma\iota\nu$ 을 정확한 $\sigma\tau\alpha\upsilon\rho\hat{\omega}\sigma\alpha\iota$ 로 대체시켰
다(마 20 : 19). 만일 우리가 우리 자신을 마가복음 전승에만 제한시킨다면, 수난예
언에 관한 세가지 변이들 곧 마가복음 8 : 31, 9 : 31, 10 : 33이하 등을 비교해 볼 때
우리는 두번째 것(9 : 31)이 그것의 간결성과 불명확성 뿐만 아니라 무엇보다도 그
것의 용어법에 의하여 가장 이른 것임을 알 수 있다.

$\dot{\omicron}\ \upsilon\dot{\iota}\grave{\omicron}\varsigma\ \tau\omicron\hat{\upsilon}\ \dot{\alpha}\nu\theta\rho\acute{\omega}\pi\omicron\upsilon$
$\pi\alpha\rho\alpha\delta\acute{\iota}\omicron\tau\alpha\iota\ \epsilon\dot{\iota}\varsigma\ \chi\epsilon\hat{\iota}\rho\alpha\varsigma\ \dot{\alpha}\nu\theta\rho\acute{\omega}\pi\omega\nu$
$\kappa\alpha\grave{\iota}\ \dot{\alpha}\pi\omicron\kappa\tau\epsilon\nu\omicron\hat{\upsilon}\sigma\iota\nu\ \alpha\dot{\upsilon}\tau\grave{\omicron}\nu,$
$\kappa\alpha\grave{\iota}\ \dot{\alpha}\pi\omicron\kappa\tau\alpha\nu\theta\epsilon\grave{\iota}\varsigma\ \mu\epsilon\tau\grave{\alpha}\ \tau\rho\epsilon\hat{\iota}\varsigma\ \dot{\eta}\mu\epsilon\rho\alpha\varsigma\ \dot{\alpha}\nu\alpha\sigma\tau\acute{\eta}\sigma\epsilon\tau\alpha\iota$

인자가
사람들의 손에 넘기워
죽임을 당하고
죽은지 삼일만에 살아나리라.

이러한 삼행으로 된 말씀에서 첫번째로 주목할만한 사실은 과거시제로부터 미래
시제에로의 시제의 변화이다. 이에 대한 설명은—마가복음 14 : 41이 보여주는 바와
같이—첫째 행 역시 독립적으로 통용되고 있었다는 사실이다. 전승에 굳게 뿌리박
고 있었던(막 9 : 31 ; 14 : 21 병행, 41 병행 ; 마 26 : 2)현재형 $\pi\alpha\rho\alpha\delta\acute{\iota}\omicron\tau\alpha\iota$ 가—이것
은 이미 마태와 누가의 주목을 끌었다(마 17 : 22과 눅 9 : 44, $\mu\acute{\epsilon}\lambda\lambda\epsilon\iota\ \pi\alpha\rho\alpha\delta\acute{\iota}\delta\omicron\sigma\theta\alpha\iota$
)—가리키고 있는 바와 같이, 이것은 아람어 전승으로 소급된다. [125] 사실상
$\pi\alpha\rho\alpha\delta\acute{\iota}\omicron\tau\alpha\iota$ 는 sy[sin pal pesh (cur deest)]의 모든 구절에서 일제히 분사로 번역된다. 여기에
서 우리는 수난예언에 대한 원시적인 형태를 발견하는데, 그것은 다음과 같은 문장

---

125) 아람어는 가까운 미래를 언급함에 있어 분사를 즐겨 사용한다. 번역가들은
종종 이러한 미래적인 분사형을 현재형으로 잘못 번역한다. 왜냐하면 아람어에서
비시간적인 분사는 대부분 현재적인 의미를 갖기 때문이다(Jeremias, *Eucharistic
Words*, 178이하를 참조하라).

으로 이루어진다 : mitmᵉsar bar ᵉnāšā lîdē bᵉnē ᵉnāšā와 bᵉnē ᵉnāšā 사이의 "문자의 기교"(word play)를 주목하라. 만일 우리가—로마서 4 : 25($\pi\alpha\rho\epsilon\delta\delta\theta\eta$ / $\eta\gamma\epsilon\rho\theta\eta$)과 8 : 31이하($\dot{o}$ $\theta\epsilon\delta\varsigma$ $\cdots$ $\pi\alpha\rho\epsilon\delta\omega\kappa\epsilon\nu$)가 보여주는 것처럼— $\pi\alpha\rho\alpha\delta\delta\delta\sigma\tau\alpha\iota$ /mitmᵉsar가 신적 수동형(divine passive)임을 기억한다면, 원래 형태의 의미는 다음과 같게 된다 : "하나님께서 (곧) 그 사람을 사람들에게로 넘기실 것이다." 이것은 마샬 곧 수수께끼이다. 왜냐하면 여기에서 바르 에나샤가 칭호로서 혹은 총칭적으로 이해될 수 있기 때문이다. [126]

만일 이 표현(바르 에나샤)이 총칭적으로 이해된다면, 이 말씀은 개인의 다수에게 내어줌을 당할 종말론적인 고통의 때의 혼란을 언급하는 것일 것이다. 반면 만일 이것이 칭호로서 이해된다면, 이 말씀은 인자의 데려감에 대하여 말씀하는 것일 것이다. 그러므로 이것은 묵시적인 수수께끼인 것이다. 이러한 "바르 에나샤 마샬"은 다른 비슷한 메샬림(마샬의 복수형—역자주)과 비교될 수 있다 ; 예컨대 "인자는 … 가거니와"(눅 22 : 22, $\dot{o}$ $\upsilon\dot{\iota}\dot{o}\varsigma$ $\cdots$ $\tau o\hat{\upsilon}$ $\dot{\alpha}\nu\theta\rho\dot{\omega}\pi o\upsilon$ $\cdots$ $\pi o\rho\epsilon\dot{\upsilon}\epsilon\tau\alpha\iota$), "인자는 … 가거니와"(막 14 : 21병행, $\dot{o}$ $\cdots$ $\upsilon\dot{\iota}\dot{o}\varsigma$ $\tau o\hat{\upsilon}$ $\dot{\alpha}\nu\theta\rho\dot{\omega}\pi o\upsilon$ $\dot{\upsilon}\pi\dot{\alpha}\gamma\epsilon\iota$), "인자가 많은 고난을 받고 멸시를 당하리라"(막 9 : 12 ; 눅 17 : 25), "인자가 죄인의 손에 넘기워"(눅 24 : 7). [127]

"하나님께서 (곧) 그 사람을 사람들에게로 넘기실 것"(막 9 : 31 상반절)이라는 마샬이 이와같이 수난예언들 아래 놓여있는 전승의 토대인 것이다. 이제 우리의 질문은 위와 같은 문장이(수난예언들이 아니라) 진정한 것인가 하는데에 놓여져야만 한다. 현재 복음서에 나타나 있는 수난예언들은 후기의 형태인 것이다. 이것의 불명확함에 비추어 이 마샬이 **사건후의**(ex eventu) 구성으로 보이지 않는 사실이 긍정적인 대답(진정성의 문제에 대하여)을 뒷받침해준다. 또한 위의 문장은 간결성을 가지고 있을 뿐만 아니라, 예수에 의하여 즐겨 사용된 세가지 문체적 특징을 가지고 있다 : a. 마샬 b. 신적 수동형 c. 문자의 기교.

3. 세가지 수난예언들은(막 8 : 31 병행, 9 : 31 병행, 10 : 33이하 병행) 예수의 미래의 고난을 다루는 광범위한 양의 어록자료로부터 발췌한 소수의 자료들일 뿐이다. 예수가 사전에 자신의 고난에 대하여 언

---

126) pp. 377이하를 보라.

127) 이 절은 누가복음자료에 속한다(예수의 수난과 관련하여 $\delta\epsilon\hat{\iota}$ 를 사용한 것과 형용사적인 $\dot{\alpha}\mu\alpha\rho\tau\omega\lambda\dot{o}\varsigma$ 가 이것을 가리킨다). 또한 이것은 원래의 아람어 본문에로 소급된다(도치법, 문자의 기교, 그리고 부정대명사로서 bᵉnēᵉnāšā를 사용한 것 등 ‡ Black, 3을 참조하라).

급하였는가 하는 문제를 고찰함에 있어 학자들이 공관복음서에 전승되어온 다른 더 중요한 자료들은 거의 무시하고 오직 세가지 소위 수난예언들(passion predictions)에만 거의 배타적으로 주의를 기울여왔던 사실은 극히 불행하고 정당하지 못한 일이었다. 이러한 자료들은 여러가지 형태(양식 : form)로 존재한다.

양식(형태 : form)에 관한 한, 수난에 관한 언급들은 은유(metaphors), 수수께끼(riddles), 비통의 표현들(woes), 인용(성경이나 지혜의 말씀으로부터, 눅 11 : 49) 등으로 되어있다. 한편 내용적으로 볼 때 다음과 같은 것들이 있다 :

(a) 하나님의 사자들을 죽인 자들에 대한 위협(마 23 : 34-36 병행) ; 스스로 선지자를 죽이는 일에 동참하면서 선지자들의 무덤을 세우는 자들에 대한 위협(23 : 29-32 병행) ; 배신자에 대한 위협(막 14 : 21 병행).

(b) 예루살렘과 선지자들을 죽이는 자들에 대한 책망(마 23 : 37-39 병행) ; 상속자를 죽이는 것에 대한 경고(막 12 : 8 병행).

(c) 예수 자신의 운명을 다루는 메샬림 : 정처없는 자(마 8 : 20 병행) ; 임박한 이별(막 14 : 7 병행) ; 요 16 : 16 ; 세례 요한의 운명(막 9 : 13 병행) ; 선지자들의 운명(눅 13 : 33) ; 유월절 어린 양(막 14 : 22-24 병행) ; 잔(막 14 : 36 병행) ; 범죄자의 장사(막 14 : 8 병행) ; 죽은 자들로부터의 귀환(눅 11 : 29 병행) ; 수난예언들 아래 놓여있는 마샬과 p. 405에 언급되어 있는 유사한 메샬림(마샬의 복수형) 역시 여기에 속한다(인자는 가거니와, 인자는 나아가거니와, 인자가 죄인의 손에 넘기워, 인자가 많은 고난을 받고 …).

(d) 예수의 운명을 마지막 때의 다른 사건들의 문맥 가운데 놓는 메샬림 : 예수의 고난에 의해 도입되는 칼의 때(눅 22 : 35-38); 죽임당한 목자와 흩어지는 양떼(막 14 : 27 병행) ; 빼앗김을 당하는 신랑(막 2 : 20 병행)[128] ; 잔과 세례(막 10 : 38이하) ; 대속물(막 10 : 45) ; 성전의 머릿돌(막 12 : 10 병행)[129] ; 불과 홍수(눅 12 : 49이하).

(e) 제자들의 고난에 관한 말씀들(여기에서 이러한 말씀들이 반드시 언급되어야만 한다. 왜냐하면 예수께서 자신의 고난에 대하여 예상하지 않는 상태에서 제자들로 하여금 고난에 대하여 준비시켜야만 했다는 것은 거의 납득할 수 없는 일이기 때문이다) : 막 8 : 34 병행, 35 병행 ; 9 : 1 병행 ; 10 : 38이하 병행 ; 14 : 27이하 병행 ; 마 10 : 25, 28 병행, 34-36 병행 ; 눅 22 : 35-38 병행.

---

128) 이 표상은 첫눈에 나타나는 것만큼 그렇게 건강부회식의 것은 아니다. 제 4 에스라 10 : 1이하를 참조하라 : "그리고 내 아들이(혼례실에) 들어왔을 때 그 일이 일어났다. 그는 땅에 엎드러져 죽었다. 그러자 나는 모든 빛들을 옮겨 버렸다." 이 것을 말하는 어머니는 시온이다.

129) 시 118 : 22이 여기에서 최후심판과 연결되는 것을 주목하라. 초대교회는 이 구절을 승귀로서 해석하였다(행 4 : 11).

만일 우리가 "예수가 스스로 폭력적인 죽음을 예상하였는가"하는 문제에 대하여 대답하고자 한다면, 우리는 단지 세가지 소위 수난예언들(막 8：31；9：31；10：33이하)만을 고찰할 것이 아니라 위와 같은 광대한 자료들을 고찰해야만 한다. 위의 (a)로부터 (e)에 이르기까지 열거된 고난에 관한 언급들의 풍부함, 또한 그러한 언급들 가운데 많은 것들의 신비로움과 불명확함, 그리고 그러한 언급들이 표현된 수많은 표상들 뿐만 아니라 양식과 장르의 다양성 등, 이 모든 것들은 우리가 여기에서 "그 안에 많은 초기자료를 가지고 있는 넓은 전승층"을 가짐을 보여준다. 세밀한 분석은 이것을 여러가지 방법으로 보여준다. 우리는 다음의 세가지 고찰들로써 우리 자신을 만족시킬 수 있다.

(a) 고난에 대한 많은 언급들은 스스로 초기전승임을 드러내는데, 그것은 그것들이 **문맥** 안에 놓여진 방법들을 통해서 나타난다. 제자들을 옹호하는 것이 전승의 경향임에도 불구하고, 문맥은 계속하여 제자들의 몰이해와 실수를 나타낸다. 예를 들어, 베드로를 사탄이라 부르는 것(막 8：33)은—이것은 분명히 창작된 것이 아니다—8：31의 수난예언과 하나의 통일체(unity)를 이룬다. 또한 마가복음 10：35-37은 매우 대담한 방법으로 제자들이 어떻게 영광의 기대로 둘러싸여져 있었는지에 대하여 보도해 준다. 이러한 기대에 대하여 예수는 그들에게 38절 이하에서 올바른 진리를 깨우쳐주어야만 하였다. 또한 마가복음 14：27은 성경을 인용하여 제자들의 도주를 예언한다. 그리고 나서 이러한 도주가 14：50에 언급된다(누가는 도주에 대한 이러한 예언과 실제의 도주를 **빠뜨렸다**). 베드로 뿐만 아니라 다른 제자들까지도 반응했던 고통스러운 자기 확신 조차도 감추어지지 않는다(14：29-31 병행).

마가복음 14：8 역시 문맥에 굳게 뿌리를 박고 있다(저가 힘을 다하여 내 몸에 향유를 부어 내 장사를 미리 준비하였느니라). 이 구절은 대체로 향유를 붓는 이야기에 대한 2차적인 부록(secondary appendix)으로 간주된다.[130] 그러나 우리가 8절이 사랑의 **선물**(gift of love)과 사랑의 **행위**(work of love) 사이의 구분을 전제하고 있는 것을 인식할

---

130) Bultmann, *Synoptic Tradition*, 36이하.

때, 사실상 그 구절은(8절) 이 이야기의 필요불가결한 부분이란 사실이 분명해진다. 제자들은 그 돈이 보다 유용한 구제 곧 사랑의 선물(은 사 : gift)로서 사용될 수 있었기 때문에 그 여자의 행동을 비난하고 있다. 이에 대하여 예수께서는 향유를 부은 것은 사랑의 선물보다 더 높은 곳에 위치하는 사랑의 **행위**라고 선언함으로써 그 여자를 변호한다 —그것은 죽은 자를 준비하는 행위이다. 따라서 이 이야기(향유를 붓는 이야기)의 핵심은 예수가 자신이 범죄자로서 죽임을 당하고 향유를 바름이 없이 무덤 속에 던져지게 될 것을 예기한 사실에 놓여 있는 것이다. [131)]

(b) 고난에 대한 언급들이 "이루어지지 않은 많은 특징들"을 갖고 있는 사실은 특히 중요하다. 마태복음 23 : 37 병행. 누가복음 13 : 34이 예수가 잠시동안 돌로 침을 당하는 가능성을 생각했음을 암시한다고 보는 것은 불가능하지 않다. 그러한 형벌은 그가 반복하여 초래하였던 것이고[132)] 또한 그에게 여러번 위협되었던 것이다. [133)] 어쨌든 그는— 우리가 바로 앞에서 살펴본 바와 같이—향유를 바름이 없는 범죄자의 장사(葬事)를 예기하고 있었다(막 14 : 8). 그는 또한 "칼의 때"가 자신의 수난과 함께 시작될 것이고(눅 22 : 35—38), 제자들이 자신이 고난에 연루되며(막 14 : 27), 그들 가운데 몇명은 자신과 동일한 운명을 맞게 될 것이고(10 : 35—40), 심판의 불이 푸른 나무에서 마른 나무로 옮겨 붙을 것으로(눅 23 : 31) 예기했던 것으로 보인다. 한마디로 말해서, 그는 자신의 고난이 집합적 고난(Collective suffering)의 전주곡이 될 것으로 예기(豫期)하였다. [134)]

그러나 잠시후(p. 209를 보라), 에스가톤이 고통의 때를 따를 것이다 : 양떼의 선두에 있는 선한 목자의 갈릴리여행(막 14 : 28)과, 새로운 성소를 건축하는 일(14 : 58).

그러나 이러한 일들이 온전히 그대로 일어나지 않았다. 예수는—스

---

131) J. Jeremias, 'Die Salbungsgeschichte Mc 14 : 3—9', *ZNW* 35, 1936, 75—82＝ Abba, 107—15를 참조하라.

132) p. 401 각주 116을 보라.

133) 눅 4 : 29 ; 요 8 : 59 ; 10 : 31—36 ; 11 : 8 ; Pap. Egerton 2, frag. 1 r. lines 23f.

134) 집합적인 고난을 위하여는 pp. 351이하를 보라.

데반이 그랬던 것처럼—유대인들에 의해 돌에 맞은 것이 아니라, 로마인들에 의해 십자가에 못박혔다. 그가 향유를 바름이 없이 장사된 것은 사실이지만, 그러나 장사(葬事)가 '범죄자의 장사'(criminal's burial)인 것은 아니었다(막 15 : 46). 또한 제자들은 예수가 체포될 때에 그에 연루되지 않았다. 유대 권세자들은 예수를 죽이는 것으로 만족했고 제자들은 그대로 내버려 두었다.[135] 세베대의 아들 요한에게는 그 잔이 주어지지 않았다.[136] 종말이 연기된 것이다. 이러한 모든 사실들은 고난에 관한 모든 언급들이 **사후에**(ex eventu) 형성된 것이 결코 아님을 보여준다.

 (c) 기껏해야, "삼일 후에"란 표현만 **사후에**(ex eventu) 형성된 것으로 보인다. 그러나 이것조차도 매우 오래된 것임을 나타내는 표적들을 많이 가지고 있다. 이것(삼일 후에)은 매우 자주 나타난다 : 마가복음 14 : 58 ; 15 : 29(새 성전) ; 누가복음 13 : 32(삼일에 완성시킴), 33(선지자) ; 또한 요한복음 16 : 16, 17, 19을 참조하라. 이러한 구절들 가운데 어느 한 구절에서도 삼일에 관한 표현이 성 금요일로부터 부활의 날에 이르는 3일로부터 말미암은 것일 수 없다. 왜냐하면 누가복음 13 : 32, 33에서 삼일은 예수의 사역과 관계된 것이지, 그가 무덤 속에 있는 것과 관계된 것이 아니기 때문이다. 또한 마가복음 14 : 58(15 : 29참조)에서 삼일은 부활의 날이 아니라 결정적인 전환점을 의미한다.[137] 또 요한복음 16 : 16, 17, 19에서 첫번째 짧은 기간(조금)은 수난에 이르는 시간을 언급한다.

 그렇다면 이러한 경우 "삼일 후에"라는 표현의 기원은 무엇인가? 이에 대한 답은, 우리가 셈어에는 "몇"(sveral) "소수의"(a few) "작은"(some) 등을 의미하는 단어가 없고 이러한 의미를 표현하기 위하여 특

---

135) Dodd, *Parables*, 59.
 136) pp. 355이하를 보라.
 137) 따라서 오직 요 2 : 21의 2차적인 재해석 ἐκεῖνος δὲ ἔλεγεν περὶ τοῦ ναοῦ σώματος αὐτοῦ (설명적 소유격) 즉 "예수는 성전으로서 자기 육체를 의미했다" 만이 실제적인 3일을 언급한다. "일으키다"로서 이해된 19절의 ἐγερῶ는 재해석의 기회를 제공해 주었다.

히 "3"(three)이란 표현을 사용했던 사실을 기억할 때, 나타난다.[138]
심지어 구약에서 조차도 "삼일"이란 표현은 부정적(不定的)이면서 특
히 길지 않은 기간을 나타내는데 사용되었다. 이러한 용법이 또한 "삼
일"어록에서도 나타나는 것이다. : "삼일 후에"는 "곧"(soon)을 의미한
다.

"곧" 일어날 것이 매우 다른 표상이면서도 분명히 상호교체적인 표
상으로 구성되는 것은 매우 주목할만 하다. 이러한 표상들과 구절들의
변이로 부터, 다드(C. H. Dodd)는 예수가 파루시아, 부활, 완성 그리
고 새 성전을 건설하는 것 사이에 아무런 구분도 하지 않았다고 하는
설득력있는 결론을 도출하였다 : 이 모든 구절들이 곧 따라올 하나님의
승리를 묘사하는 것이라는 것이다.[139] 이러한 다른 구절들간의 상호교체
성(interchangeability)은 부활 이전 전승의 특징이다. 예수의 말씀 어디
에서도 부활과 파루시아가 두개의 사건들로서 서로 양립하지 않는다.
사건들의 과정을 부활, 승귀 그리고 파루시아의 순서로 조직화한 것은
부활의 날의 체험이었다.[140] 결과적으로, 우리가 면밀히 검토할 때 "삼
일"이란 어구는 언뜻 보기에 사건 후의(ex eventu) 재구성이 아닌가 하
는 의문을 야기시키지만 그러나 그것은 부활 이전의 전승으로 소급된
다.

이것은 많은 수난말씀 각각이 부활 이전의 전승임을 논증하는 것은
아니다(각각의 모든 경우들이 면밀히 검토되어야만 한다). 그럼에도
불구하고, 우리는 예수께서 자신의 고난과 죽음에 대하여 예상하고 언
급한 사실에는 어떠한 의문의 여지도 없다는 총체적인 결과를 주목하
여야만 한다. 계속되는 위협 가운데 그는 자신이 선지자의 운명을 맞
이할 가능성을 고려해야만 하였다. 분명히 세개의 소위 수난예언들
(passion predictions)은 현재대로의 형태로는 사건 이후에(ex eventu)
구성된 것이다. 그러나 그것들은 초기의 아람어 마샬에로 소급된다.

---

138) J. B. Bauer, 'Drei Tage', *Biblica* 39, 1958, 354−58 ; G. M. Landes, 'The
"Three Days and Three Nights" Motif in Jonah 2 : 1', *JBL* 86, 1967, 446−50.
139) Dodd, *Parables*, 100이하.
140) 예컨대 인자의 승귀(눅 22 : 69)는 마가복음에서 두가지 사건들로 2차적으로
나뉘었다(오른편에 앉는 것과 파루시아, 14 : 62) ; p. 393을 보라.

고난에 관한 나머지 언급들은 대부분의 경우 부활 이전의 것으로 볼 수 있다. 무비판적인 회의주의는 사람들을 무의식적인 가운데 역사에 대한 왜곡에로 이끌 수 있다. 만일 어떤 사람이 개개의 구절들과 어록들이 예수가 수난을 당한 과정을 되돌아 보면서 돌이켜(in retrospect) 구성된 것으로 받아들인다면 그리하여 모든 자료를 공동체의 구성(construction of the community)으로서 간주한다면, 그는 부지불식간에 역사를 왜곡시키는 데로 나아가게 되는 것이다.

(2) 고난에 대한 해석

그러나 본문들은 한단계 더 나아간다. 그것들은 예수가 자신의 임박한 고난을 분명하게 내다보고 사전에 그것을 언급했다고 단언할 뿐만 아니라, 나아가서 그가 자신의 죽음의 필연성 문제를 숙고하고 그러한 문제에 대한 대답을 성경 특히 고난받는 종에 대하여 말씀하는 이사야 53장과 다른 구절들(예컨대 슥 13:7)에서 찾았다고 덧붙인다.

다음의 구절들은 이사야 53장을 인용하는 것으로 보인다 :
마가복음 9:12 $\dot{\epsilon}\xi o v \delta \epsilon \nu \eta \theta \hat{\eta}$ —이사야 53:3참조
마가복음 9:31 병행 ; 14:41 병행 마태복음 26:2; 누가복음 24:7 $\pi \alpha \rho \alpha \delta \acute{\iota} o \tau \alpha \iota$ / $\pi \alpha \rho \alpha \delta o \theta \hat{\eta} \nu \alpha \iota$ —이사야 53:5하반절 탈굼 ; 이사야 53:12 LXX참조.
마가복음 10:45 병행 $\delta \iota \alpha \kappa o \nu \hat{\eta} \sigma \alpha \iota \kappa \alpha \grave{\iota} \delta o \hat{\upsilon} \nu \alpha \iota \tau \grave{\eta} \nu \psi \upsilon \chi \grave{\eta} \nu \alpha \grave{\upsilon} \tau o \hat{\upsilon} \lambda \acute{\upsilon} \tau \rho o \nu \grave{\alpha} \nu \tau \grave{\iota} \pi o \lambda \lambda \hat{\omega} \nu$ —이샤야 53:10이하 참조.
마가복음 14:8의 '범죄자의 장사'에 대한 전제—이사야 53:9참조.
마가복음 14:24 $\dot{\epsilon} \kappa \chi \upsilon \nu \nu \acute{o} \mu \epsilon \nu o \nu \grave{\upsilon} \pi \grave{\epsilon} \rho \pi o \lambda \lambda \hat{\omega} \nu$ —이사야 53:12참조.
누가복음 11:22 $\kappa \alpha \grave{\iota} \tau \grave{\alpha} \sigma \kappa \hat{\upsilon} \lambda \alpha \alpha \grave{\upsilon} \tau o \hat{\upsilon} \delta \iota \alpha \delta \acute{\iota} \delta \omega \sigma \iota \nu$ —이사야 53:12[141] 참조(?).
누가복음 22:37 $\kappa \alpha \grave{\iota} \mu \epsilon \tau \grave{\alpha} \grave{\alpha} \nu \acute{o} \mu \omega \nu \grave{\epsilon} \lambda o \gamma \acute{\iota} \sigma \theta \eta$ —이사야 53:12참조.
누가복음 23:34상반절의 불경한 자들을 위한 중재의 기도[142]—이사야 53:12참조.
요한복음 10:11, 15, 17이하 $\tau \iota \theta \acute{\epsilon} \nu \alpha \iota \tau \grave{\eta} \nu \psi \upsilon \chi \grave{\eta} \nu$ —이사야 53:10 참조.

이사야 53장을 인용하는 이러한 거의 모든 인용문들은 히브리어 본

---

141) W. Grundmann($\dot{\iota} \sigma \chi \acute{\upsilon} \omega \kappa \tau \lambda$ TDNT Ⅲ, 1965, 397—402)은 사 53:12에의 인용을 상정한다. 그러나 눅 11:22의 탈취물을 나누는 것을 구약에 의존하지 않는 표상으로 보는 것은 가능하다.
142) 본문비평을 위하여는 p. 427을 보라.

문 혹은 아람어 본문과 관계가 있다.[143] 칠십인경(Septuagint)의 영향은
고작해야 누가복음 22 : 37에서 나타날 뿐이고, 또한 마가복음 9 : 31의
παραδίδοται 에서 가능성이 있을 뿐이다. 이와 같이, 심지어 셈어를
사용하는 환경 속에서 살았던 최초의 교회(the earliest church) 조차도
예수께서 자신의 고난이 이사야 53장에 요약되어 있음을 발견한 것과
따라서 자신의 죽음에다가 속죄하는 능력을 돌렸음을 확신하였다.

그러나 이것이 과연 가능할까? 예수께서 자신의 죽음을 대표적인
것(representative)으로 간주한 것이 상상할 수 있는 일인가? 그것은
초대 공동체의 교리는 아닌가? 예수의 시대에 있어 죽음의 속죄하는
능력에 관한 개념의 일반적인 경향은 우리에게 이러한 질문에 대답을
제공해준다.[144]

당시에는 속죄에 있어 네가지 주요한 수단이 알려졌었다. 회개(不作爲의 죄를 속
죄), 대속죄일의 제사(회개와 제사가 금지규정을 어긴 죄를 속죄함), 고난(회개와
제사와 고난이 하나님 편에서의 끊쳐짐에 해당하는 죄를 속죄함), 그리고 죽음(어
떤 사람이 하나님의 이름을 더럽혔을 때에는 회개와 제사와 고난과 죽음이 속죄에
있어 필수적임)[145] 또한 죽음의 속죄하는 능력에 있어 여러가지 단계들이 있었다.
어떠한 죽음도 그것이 회개와 연결되어 있으면 속죄하는 능력을 가졌다. 그것은 심
지어 범죄자의 죽음까지도 포함하였다. 만일 형이 집행되기 전에 그가 다음과 같이
선언한다면 그의 죽음은 속죄하는 능력을 갖는 것이었다 : "나의 죽음이 나의 모든
죄들을 위한 속죄(카파라 : kappārā)가 될지로다." 개개 이스라엘인의 죽음은, 만일
그가 사형대에서 이러한 선언을 하였다면, 더 큰 속죄하는 능력을 가졌다. 의인의
죽음은 이것보다 더 큰 능력을 가지고 있었다 ; 그의 공로적인 고난은 다른 사람들
에게 유익이 되었다. 천진난만한 어린아이들의 죽음은 부모들의 죄를 속죄하였다.
대제사장의 죽음은 살인한 자들이 도피성을 떠나도 좋음을 의미하는 것이었다. 왜
냐하면 그의 죽음이 그들의 죄를 속죄하였기 때문이다. 그러나 보다 더 큰 속죄하
는 능력이 신앙의 증인의 죽음에 돌려졌다. 헬레니즘 유대주의는 순교를 칭송하였

---

143) 자세한 논증을 위하여는 Jeremias, παῖς θεοῦ, 709이하＝Abba, 209이하를
참조하라.

144) K. Bornhäuser, *Das Wirken des Christus durch Taten und Worte*, BFCT 2.
2, Gütersloh 1921, 224－29 ; ‡ Lohse, 9－110.

145) 많은 병행구절들과 더불어 Tos, Yom. 5 : 6이하(Billerbeck Ⅰ 636). 이것의
저자는 랍비 이스마엘(대략 AD 135년에 죽음)이다. 그러나 그는 단지 이전의 개념
들을 조직적으로 모아놓았을 뿐이다.

다. 왜냐하면 그것은 이스라엘에 대한 하나님의 진노를 멈추게 하고,[146], 또 그것은 이스라엘을 위한 $\dot{\alpha}\nu\tau\acute{\iota}\psi\nu\chi o\nu$(대용물), $\kappa\alpha\theta\acute{\alpha}\rho\sigma\iota o\nu$(정결의 수단),[148], 그리고 $\dot{\iota}\lambda\alpha\sigma\tau\acute{\eta}\rho\iota o\nu$(속죄의 수단)[149]이기 때문이다. "나의 피로 하여금 그들(하나님의 백성들)을 깨끗케하는데 쓰여지게 하소서. 그들을 대신하여 나의 생명을 취하소서"라는 기도는 늙은 순교자 엘리에셀의 기도였다.[150] 그러나 팔레스틴에서도 역시 순교가 종말(end)을 도입시킬 것이요,[151] 세상으로 하여금 순교자들에게 나아오는 것을 나타냈으며,[152] 순교자들이 중재자들이 되고[153] 그들이 선교사의 권세를 가지며[154] 이스라엘을 위하여 속죄의 일을 감당했다고[155] 말하여 질 수 있었다.

이러한 것이 바로 예수가 살았던 세계였다. 만일 그가 자신을 하나님의 마지막 메시지를 가져올 하나님의 사자로 믿었다면 또한 만일 그가 폭력적인 죽음의 가능성을 염두에 두었다면, 그는 자신의 죽음의 의미와 속죄하는 능력의 문제에 관련되어졌을 것임에 틀림없다. 그러므로 복음서가 예수께서 자신의 고난의 의미를 이사야 53장에서 찾았다고 주장하는 사실을 처음부터 신뢰할 수 없는 것으로 배척해버리는 것은 허용될 수 없는 것이다—비록 자료가 제한되어 있다고는 할지라도.[156]

a. 성찬 말씀들[157]

이러한 말씀들이야 말로 예수의 고난에 관하여 암시하는 것들 가운

---

146) 마카비 2 서 7 : 37이하 ; 마카비4서 9 : 23이하.
147) 마카비 4 서 6 : 29 ; 17 : 22.
148) 마카비 4 서 6 : 29 ; cf. 1 : 11.
149) 마카비 4 서 17 : 22.
150) 마카비 4 서 6 : 29.
151) 모세승천기 9 : 7이하 ; 에디오피아 에녹 47 : 1—4 ; cf. 계 6 : 11.
152) Siphre Deut. 307 on 32 : 4 ; Gen. R. 65 on 27 : 27.
153) J. Jeremias, *Heiligengräber in Jesu Umwelt*, Göttingen 1958, 136이하.
154) Siphre Deut. 307 on 32 : 4 ; Gen. R. 65 on 27 : 27.
155) Siphre Deut. 333 on 32 : 43 : "세계열방들에 의한 이스라엘의 학살은 오는 세상에 그것을 위하여 속죄를 가져온다." 이 구절은 순교의 속죄능력을 언급하는 랍비문학의 용례가 오직 Amoraic 때에 시작된 것이 아니라 Tannaites와 더불어 벌써 발견될 수 있음을 보여준다.
156) 이를 위하여는 p. 427을 보라.
157) H, Lietzmann, *Messe und Herrenmahl*, AKG 8, Bonn 1926 ; Jeremias, *Eucharistic Words.*

데 가장 중요한 것들이다.

해석의 말씀에 대하여는 "오중의(fivefold) 전승"이 있다. 이 가운데 최초의 문헌 본문은 고린도전서 11 : 23−25이다. 이것과 관련되었으나 그것으로부터 독립되어 있는 것이 누가복음 22 : 15−20이다(그것의 보다 긴 본문이 원래적이다).[158] 마가복음 14 : 22−25 역시 독립적인 것이고, 마태복음 26 : 26−29에서 약간의 변조들과 함께 반복되어 있다. 이러한 것들에다 요한적인 양식의 떡에 관한 말씀인 요한복음 6 : 51c가 더하여져야만 한다.

이러한 다섯가지의 본문들은 두가지 서로 다른 전승라인으로 나누어진다. 한편은 마가복음(−마태복음)판인데, 여기에서는 오직 잔(cup)과 관련하여서만 $\dot{v}\pi\acute{e}\rho$ 절을 가지고 있다. 이것이 "본문이 셈 형태의 헬라어로 보존되어 온"이러한 그룹의 특징이다. 또 한편에는 바울−누가복음−요한복음 판이 있는데, 이것은 떡(빵)과 관련하여 $\dot{v}\pi\acute{e}\rho$ 절을 가지고 있다(누가복음은 그것을 떡과 포도주에 대하여 가지고 있다). 마가복음과 비교할때, 이것은 헬라적 특징을 갖는다.

만일 우리가 본문들을 비교해본다면, 우리는 많은 차이점들이 있는 것을 발견하게 된다.[159]−대부분 예배의식상의 사용의 결과(예컨대, 떡에 관한 말씀과 잔에 관한 말씀을 평행이 되도록 만드는 경향). 그러나 훨씬 더 중요한 것은 네가지의 모든 독립본문들이 그 본질에 있어 완전히 **조화**를 이룬다고 하는 사실이다.

$$(\Lambda\acute{a}\beta\epsilon\tau\epsilon)\ \tau o\hat{v}\tau o\ \tau\grave{o}\ \sigma\hat{\omega}\mu\acute{a}\ (\acute{\eta}\ \sigma\acute{a}\rho\xi\ )\ \mu o v$$

$$\tau o\hat{v}\tau o \begin{cases} \tau\acute{o}\ a\acute{i}\mu a\ \mu o v\ \tau\hat{\eta}\varsigma\ \delta\iota a\theta\acute{\eta}\kappa\eta\varsigma \\ \acute{\eta}\ \delta\iota a\theta\acute{\eta}\kappa\eta\ \acute{e}\nu\ \tau\hat{\omega}\ a\check{i}\mu a\tau\acute{i}\ \mu o v \end{cases}$$

$$\tau\grave{o}\ \cdots\ \dot{v}\pi\grave{e}\rho\ \pi o\lambda\lambda\hat{\omega}\nu\ ^{[160]}$$

우리는 성찬말씀들(eucharistic words)의 전승을 얼마나 멀리까지 소급시킬 수 있는가? 바울이 40년대에 성찬식이 기념된 사실에 대한 증인임은 분명한 사실이다 (고전 11 : 23, $\pi a\rho\acute{e}\lambda a\beta o\nu$)우리가 예수의 죽음 이후의 두번째 십년(40년대)까지 소급될 수 있는 예배의식본문을 가지는 것으로 만족해야만 한다는 편만된 견해가

158) 보다 짧은 본문(22 : 15−19a)은 오직 하나의 헬라어 사본(D)에서, 그리고 Vetus Syra(그것에 의해 손질된)와 몇개의 Vetus Latina 사본들에 의해 읽혀질 뿐이다. 본문비평적 근거에서 보더라도, 그것은 원래적인 것일 수 없다(Jeremias, op. cit., 139−59).

159) 언뜻 보기에, 마가/마태의 잔 말씀(cup saying)은 바울/누가판에서 가장 강력하게 이탈되는 것처럼 보인다. 그러나 우리는 양쪽 판(both versions)에서 주어 (붉은 포도주)와 술어(피)가 상응하는 사실을 간과해서는 안된다. 아마 바울/누가 판이 보다 복잡한 구성인 사실에 대한 이유는 피를 마신다는 의혹을 피하고자 했던 것일 것이다.

160) *Eucharistic Words*, 173.

있다. 그러나, 두가지 고찰이 우리로 하여금 이 점에서 멈추는, 다시 말해서 양 전
승라인에서 성찬에 대한 설명이 καὶ 로 시작된다. 이것은 유대의 역사적인 설명 가
운데 한 단화(單話 : pericope)의 첫머리에 사용되는 전형적인 도입어구이다. 창세
기로부터 마카비1서에 이르기까지 극히 소수의 예외만을 제외하고는 이것이 매 단
화 첫머리에서 사용되었다. 둘째로, 주어 "예수"가 마가복음과 누가복음에서 빠져
있다. 이러한 두가지 고찰은 우리의 본문들이 예배의식 이전의 이야기 전승
(pre-liturgical narrative tradition)에로 소급됨을 보여준다. 그러한 본문들의 첫머리
에서 우리는 예배의식이 아니라 역사적 설명을 보게되는 것이다.[161]

더욱이, παρέλαβον ἀπὸ τοῦ κυρίου(고전 11 : 23, 내가 너희에게 전한 것은 주
께 받은 것이니)는 너무 빨리 한쪽편에 놓여져서는 안된다. Παραλμβάνειν은 παρά
와 ἀπὸ로 더불어 결합된다 : παρά는 판매자를 이끄는 반면 ἀπό는 기원자(起源
者 : originator)를 이끈다. 그러므로 παρέλαβον ἀπὸ τοῦ κυρίου는 바울이 자신에
게 전하여진 성찬말씀들의 직접적인 전승체인 예수 자신에게로 소급됨을 확신했음
을 의미한다. 성찬말씀들이 예수의 어법의 특징들을 드러내는 사실이 이에 대한 뒷
받침이 된다 : 자신의 말을 이끌어냄에 있어서의 ἀμήν(막 14 : 25), 신적 수동형(눅
22 : 16), 하나님 통치의 도래(18절), 직유(simile)를 선호하는 것과 비유적 행동[162].
사실상, 해석말씀들의 기원을 공동체의 자유로운 창작으로 생각하기는 어려운 반
면, 그것들을—우리가 이제 보게 될 것처럼—역사적 회상으로 이해하는 것은 쉽다.

최후만찬에 대한 이해를 밝히는 잘못된 방법은 해석 말씀들로부
터 시작하는 것이다. 왜냐하면 이러한 방법으로는 소위 "제정식사"
(founding meal)가 고립되어지기 때문이다. 정말로, 오랜 세기를 통한
최후만찬의 이러한 고립은 그것의 종말론적인 의미를 인식하는데 큰
장애가 되어왔다. 사실상, "제정식사"(制定食事 : founding meal)는 예
수께서 제자들과 더불어 나누었고 또 그들이 부활 이후 계속했던 일련
의 계속적인 식사들 가운데 하나일 뿐이다. 식탁에의 이러한 모임은—
이것은 아무도 심지어 죄인들까지도 배제하지 않았기 때문에 그토록
큰 거리낌을 야기시켰고, 따라서 이것은 그의 메시지의 핵심을 표현하
는 것이었다—구원의 때에 도래할 잔치의 모형이었다(막 2 : 18—20).

최후의 만찬은 그것의 역사적 뿌리를 이러한 모음들의 연장선상에
두고 있다. 나머지 다른 것들과 마찬가지로, 그것(최후의 만찬)은 "완

---

161) *op. cit.*, 174. 192 이하.
162) pp. 69이하, 31이하, 63이하, 61이하를 보라.

416

성의 미리 줌"(antedonation[163] of the consummation)인 것이다(눅 22 :
16; 막 14 : 25). 오직 최후만찬의 이러한 종말론적인 성격이 인식될 때
에야 비로소 최후만찬에 예수와 더불어 식탁에 모이는 것이요, 구원의
때의 실현이라는 사실이 이해될 때에야 비로소 그것의 특별한 의미가
올바른 자리에 놓여질 수 있게 된다. 왜냐하면 최후만찬의 의미는 예
수께서 완전히 새로운 의식을 "제정했다"는 것이 아니라, 그가 자신의
다가오는 고난에 관한 언급과 해석을 식사 전후의 익숙한 은혜의 의식
과 연결시켰다는 것이기 때문이다.

자신의 임박한 고난에 대한 언급과 해석을 떡과 포도주의 해석말씀의 형태로 옷
입힘에 있어, 그의 매우 특이한 순서에 대하여는 오직 하나의 설명만이 있을 수 있
을 뿐이다 : 해석말씀은 유월절 식사의식의 고정된 요소였다(심지어 오늘날도 마찬
가지이다). 이 관습은 집의 가장이 자녀들에게 유월절 의식과 무교병을 먹는 잔치
의 의미에 대하여 설명하는 출애굽기 12 : 26이하, 13 : 8로부터 기원되었다. 이러한
규례를 지키기 위하여 매 유월절 식사때마다 아버지는 가족들에게 유월절의식 가운
데 이 식사의 특성과 특별히 왜 이 밤에 누룩없는 떡과 쓴 나물 그리고 구운 양을
먹는지에 대하여 설명하여야만 하였다. 만일—공관복음서가 보도하는 바와 같이—
예수의 마지막 식사가 유월절 식사였다면, 제자들 무리의 머리로서 그는 유월절 의
식을 준수하여야만 하였고 그렇게 함에 있어 그는 떡과 포도주에 대한 해석을 주었
으며 그리고 나서 그는 그것을 의식에 뒤따르는 감사기도 가운데 반복하였다. 해석
말씀을 말하는 것은 우리들에게는 다소 어색할 수 있을런지 모르나, 제자들에게 있
어서 그것은 조금도 특이한 것이 아니라 익숙한 유월절 의식의 일부였던 것이다.

해석자체에 대하여 두가지가 언급될 필요가 있다. 첫째로 떼어진 마
자(mazzā)를 자신의 죽은 몸으로 그리고 붉은 포도주[164]를 자신의 피로
비교함에 있어, 예수는 제사적 용례로부터 용어를 사용하고 있다 :
bisrā ūdᵉmā 혹은 bāsār wādām[165] ; ἐκχύννεσθαι 역시 제사적 용어이다.
이와 같이 예수는 자신을 제물로서 특히 종말론적인 유월절 어린 양으

163) 우리는 "예기"(anticipation)보다는 "미리 줌"(antedonation)이란 단어를 사
용해야만 한다.
164) 붉은 포도주는 일반적으로 유월절에 마셨다(Eucharistic Words, 53).
165) 번역상의 변이 인 σάρξ (요 6 : 51c 이하; Ign., Smyrn., 7 : 1; 롬 7 : 3;
Philad. 4 : 1; Trall. 8 : 1; Justin, Apol. Ⅰ 66, 2)는 bāsār/bisrā가 σῶμα의 기초가 됨
을 보여준다(막 14 : 22 병행; 고전 11 : 24).

로(고전 5 : 7) 묘사한다 ; 그의 죽음은 시내산에서 언약을 체결할 때에
예시되었으며 구원의 때에 이루어질 것으로 예언된 새 언약을 실현시
키는 것이다(출 24 : 8 ; 렘 31 : 31−34). 그러므로 그의 죽음은 대표적
인 것이다. "예수는 누구를 위하여 대표하는가"라는 문제는 $\acute{v}\pi\acute{\epsilon}\rho$ 절에
표현되어 있는데, 이깃은 모든 본문 속에서 나타난다(비록 위치와 공
식에 있어서는 다르다 할지라도) :

$\acute{v}\pi\acute{\epsilon}\rho$ 공식에 있어서 다음과 같은 변이들(variations)이 있다. :

   마가복음 : $\acute{v}\pi\acute{\epsilon}\rho\ \pi o\lambda\lambda\hat{\omega}\nu$
   마태복음 : $\pi\epsilon\rho\acute{\iota}\ \pi o\lambda\lambda\hat{\omega}\nu$
   바울/누가복음 : $\acute{v}\pi\acute{\epsilon}\rho\ \acute{v}\mu\hat{\omega}\nu$
   요한복음 : $\acute{v}\pi\grave{\epsilon}\rho\ \tau\hat{\eta}\varsigma\ \tau o\hat{v}\ \kappa\acute{o}\sigma\mu ov\ \zeta\omega\hat{\eta}\varsigma$

$\Pi o\lambda\lambda o\acute{\iota}$ (마가/마태)는 포괄적 의미로(고후 5 : 14, 15과 딤전 2 : 6의 $\acute{v}\pi\acute{\epsilon}\rho\ \pi\acute{a}\nu\tau\omega\nu$
그리고 요 6 : 51c의 $\acute{v}\pi\acute{\epsilon}\rho\ \tau\hat{\eta}\varsigma\ \tau o\hat{v}\ \kappa\acute{o}\sigma\mu ov\ \zeta\omega\hat{\eta}\varsigma$ 를 참조하라) 다시 말해서
"상상할 수 없을 만큼 많은 사람 전체의 무리, 모든 사람"등의 의미로 사용된다. [166]
이러한 셈어법은(헬라어를 모국어로 말하는 사람은 쉽게 오해할 수 있다) $\acute{v}\pi\acute{\epsilon}\rho$
$\pi o\lambda\lambda\hat{\omega}\nu$ (바울/누가)은 떡과 포도주가 분배되는 동안 해석말씀이 사용될 때 발전된
것일 수 있다. 또한 요한복음판은 포괄적 의미의 $\pi o\lambda\lambda o\acute{\iota}$ 를 이방인 그리스도인들
을 위하여 해석한 것이다.

예수가 많은 사람들을 위하여 죽음에로 나아가고 있다는 말씀의 중
요성은 우리가 랍비의 교훈 즉 죄와 죄인을 위한 속죄의 수단은 있으나
열방들을 위한 대속물은 없다는 교훈을[167] 기억할 때 분명해진다. 이와
는 대조적으로, 예수는 자신의 죽음을 **죽음의 희생물이 될 많은 사람**
들을 위한 대표적(대리적 : representative) 죽음으로 명명하였다. 포괄
적 $\pi o\lambda\lambda o\acute{\iota}$ 는 이사야 53장에 대한 언급을 포함한다. 그것(포괄적 $\pi o\lambda\lambda o\acute{\iota}$
)은 구약에서 상대적으로 드물게 나타나는 반면, 이사야 53장에서
는 최소한 다섯번 나타난다 : 사실상 그 단어는 이사야 53장의 연결단
어(link word)이다. 내용(대표)에 있어서나 언어(포괄적 용법)에 있어

---

166) ‡ Jeremias, $\pi o\lambda\lambda o\acute{\iota}$, 543이하, 포괄적 $\pi o\lambda\lambda o\acute{\iota}$ 는 pp. 130이하를 보라.
167) Mek. Ex. 21 : 30(Jeremias, *Eucharistic Words*, 230에 인용됨).

서나, $\dot{\upsilon}\pi\dot{\epsilon}\rho$ $\pi o\lambda\lambda\hat{\omega}\nu$ 은 이사야 53장을 인용한 것이다. 예수가 이러한
어구를 사용한 것은 그가 다른 사람들의 대표자로서 죽음에로 나아가
는 "하나님의 종"(servant of God)임을 알고 있음을 나타내기 위함인
것이다. 만일 이사야 53장이 없었다면 성찬말씀들(eucharistic words)은
불가해한 것으로 남았을 것이다.

둘째로, 예수가 식사 전후의 감사기도에서 빵과 포도주를 해석한 말
씀을 반복하고 그것의 예전적 문맥을 가장(head of the house)의 유월
절 기도에 둔 사실은 매우 큰 의미를 갖는다. 식전의 감사기도(grace)
의 진행(제자들이 어려서부터 알고 있는)은 다음과 같았다 : 가장(家
長)이 한덩어리의 빵을 집어들고, 축복을 한 다음, 그것의 조각을 식탁
에 둘러앉은 모든 사람들에게 나누어준다 : 이렇게 빵을 먹음으로써 각
자는 식사중에 축복을 나누었던 것이다. 이와 동일한 일이 식후의 잔
에 있어서도 마찬가지로 일어났다. 포도주가 돌려졌던 경우에는(비록
이것이 유월절식사로 규정되었다 할지라도 이것은 단지 특별한 경우에
있는 일이었다), 가장은 잔에 대하여 감사기도를 말하였다. 잔이 돌려
짐으로써, 식탁에 둘러앉은 모든 사람들은 식후에 축복을 나누었다.

예수는 이러한 식사전후의 축복에다가 빵과 포도주를 다른 사람들을
위하여 죽는 종말론적인 유월절 어린 양으로서의 자기 자신을 가리키
는 것으로 설명한 해석말씀을 덧붙였다. 제자들이 이것을 이해할 수
있었던 유일한 방법은 빵과 포도주로 더불어 예수께서 그들로 하여금
그의 죽음의 속죄하는 능력을 나누는 것을 약속하고 있는 것으로 믿는
것이었다. 이러한 **개인적인 헌신**의 의도가 예수가 해석말씀을 감사기
도(축복기도 : grace)에서 반복했던 이유일 수 있다. 제자들은[168] 예수
께서 그들에게 그의 대표적(대리직) 죽음 안에서 분깃(나눔 : share)을
개인적으로 약속했음을 알아야만 하였다.

b. "많은 사람들을 위한 대속물"[169]

---

168) 그러나 눅 22 : 21($\pi\lambda\grave{\eta}\nu$)에 따르면, 예수는 배반자 유다를 제외시켰다.
169) Dalman, *Jesus-Jeshua*, 144—47 ; ‡ Jeremias, 'Das Lösegeld für Viele', 249—64
=Abba 216—29(literature 216 각주 1) ; W. Manson, *Jesus the Messiah*, London
1943, 131—34.

대속물말씀(ransom saying, 막 10 : 45 병행. 마 20 : 28)은 성찬말씀들 (eucharistic words)과 매우 밀접하게 관련된다. 권력과 영광에 관심을 기울이는 세상의 통치자와는 달리, 제자들은—예수 자신이 "섬기기 위하여 다시 말해서($\delta\iota\alpha\kappa o\nu\hat{\eta}\sigma\alpha\iota$ 다음에 나오는 $\kappa\alpha\iota$ 는 설명적 보족어이다) 자기 생명을 자신의 자유로운 의지대로 ($\delta o\hat{\upsilon}\nu\alpha\iota$ 는 자유로운 뜻대로 주는 것이다) 많은 사람의 대속물로 주기 위하여"온 것처럼—섬겨야만 한다. 섬김에 대한 이러한 예수의 말씀(막 10 : 45하반절)을 이해함에 있어, 그것이 이사야 53 : 10이하의 히브리어 본문과 단어대 단어의 대응으로 관련됨을 주목하는 것이 본질적으로 중요하다.[170] 따라서, 마가복음 10 : 45하반절에서 $\lambda\upsilon\tau\rho o\nu$ (뤼트론)은 이사야 53 : 10의 'asam(야샴)이 갖는 것과 같은 대리적인 제물, 속죄제물등의 보다 넓은 의미를 갖는다. ;[171] 한편 70인경에서(20회 사용됨) $\lambda\upsilon\tau\rho o\nu$ 은 장자를 위한 속전, 노예를 해방시키기 위한 속전, 땅과 토지의 속전, 빼앗긴 생명을 위한 속전 등을 의미하였다. 그러므로, 예수는 자신의 생명을 속죄제물로 줌으로써 섬기는 것이다. 이것은 많은 사람들의 유익을 위한 것이다($\alpha\nu\tau\iota\ \pi o\lambda\lambda\hat{\omega}\nu$) — 마가복음 14 : 24 병행에서 처럼, 여기에서 $\pi o\lambda\lambda o\iota$ 는 포괄적인 의미를 갖는다.[172] 셀 수 없이 많은 사람들을 위하여 이렇게 생명을 대표적으로 내어주는 것은 이사야 53 : 10이하의 종에 관한 말씀을 성취하는 것이다.

진정성(authenticity)의 문제는 매우 어려운 문제이다. 문제는 이의 병행구절인

---

170) $\delta\iota\alpha\kappa o\nu\hat{\eta}\sigma\alpha\iota$ 를 위하여 MT(맛소라본문)의 bdy 대신 LXX, 탈굼, 페쉬타, 시마쿠스 등에 의하여 채택된 사 53 : 11의 'bd를 보라. 탈굼은 그것을 부정사로 이해하였다(‡ Hegermann, list at the end). 또한 $\delta o\hat{\upsilon}\nu\alpha\iota\ \tau\hat{\eta}\nu\ \psi\upsilon\chi\hat{\eta}\nu\ \alpha\hat{\upsilon}\tau o\hat{\upsilon}\ \lambda\upsilon\tau\rho o\nu$ 을 위하여는 사 53 : 10의 tasim 'asam napso를 그리고 $\alpha\nu\tau\iota\ \pi o\lambda\lambda\hat{\omega}\nu$ 을 위하여는 53 : 11의 larabbim을 참조하라. 막 10 : 45과 사 53 : 10 사이의 밀접한 연결이 또한 "주다" "생명을 취하다" 등의 어구가 서술적 목적격에 의해 한정되는 것이 오직 사 53 : 10 MT('asam), 마카비 4 서 6 : 29($\alpha\nu\tau\iota\psi\upsilon\chi o\nu$), 그리고 막 10 : 45($\lambda\upsilon\tau\rho o\nu$)에서만 증거되는 사실을 관찰함으로써 나타난다. G. Dautzenberg, *Sein Leben bewahren* $\Psi\upsilon\chi\hat{\eta}$ *in den Herrenworten der Evangelien*, München 1966. 101을 참조하라.

171) W. Baumgartner, *Hebräsches und aramäisches Lexikon zum Alten Testament*, Lieferung I, Leiden 1967. 92이하. 'asam ('보상', '속죄의 제물', '변상')을 위하여는 삼상 6 : 3이하, 8, 17 ; CD 9 : 13을 참조하라)

172) 딤전 2 : 6의 $\alpha\nu\tau\iota\lambda\upsilon\tau\rho o\nu\ \upsilon\pi\grave{\epsilon}\rho\ \pi\acute{\alpha}\nu\tau\omega\nu$ 을 참조하라.

420

누가복음 22 : 27이 매우 다른 모습을 띠는 사실에 있다(앉아서 먹는 자가 크냐 섬기는 자가 크냐 앉아 먹는 자가 아니냐 그러나 나는 섬기는 자로 너희 중에 있노라). 이에 대하여 학자들은 누가복음판이 보다 이른 것으로 간주하는 경향으로 흐른다. 왜냐하면 마가복음에서는 인자란 칭호가 나타날 뿐만 아니라(어떻든 여기에서 이것은 2차적이다)[173] 여기에는 어려운 교리적인 진술이 얹혀져 있는 반면, 누가복음에서는 예수가 윤리적 모범으로서 아주 단순하게 나타나기 때문이다. 그러나, 마가복음판이 누가복음판으로부터 발전된 것으로 보거나 혹은 그 반대로 보는 것은 잘못이다. 그것은 두가지 판(versions) 사이에 의존관계가 있음을 전제하는 것이다. 그러나 이것은 문학적 용어에 있어 서로 독립적인 하나의 같은 어록 그룹(막 10 : 42—45 병행. 눅 22 : 24—27)에 대한 두가지 판인 것이다. 두 전승라인에 있어 공통적인 점은 각각이 예수를 섬김의 모범으로서 3자관계의 틀(통치자들—제자들—예수) 안에서 제시하고 있는 사실이다. 반면 그것들 사이의 차이점은 "예수의 섬김의 방법"이 서로 다르게 설명되고 있다는 점이다 : 누가복음에서는 그가 식탁에 대기하고 있는 것으로 설명되고 있으며(요 13참조), 반면 마가복음에서는 그의 생명을 내어주는 것으로서 설명되고 있다(사 53참조).

예수의 섬김의 방법에 대한 이러한 두가지 매우 다른 설명은 팔레스틴 전승으로부터 말미암은 것으로 볼 수 있을 것이다. 누가복음에서 권력의 사용과 섬김 사이의 대조(눅 22 : 25이하)가 마가복음보다 더 두드러진 헬레니즘적 언어로서 표현된 것은 사실이다($\varepsilon \dot{v} \varepsilon \rho \gamma \acute{\varepsilon} \tau \eta \varsigma$ 25절, $\dot{o} \ \nu \varepsilon \acute{\omega} \tau \varepsilon \rho o \varsigma, \dot{o} \ \dot{\eta} \gamma o \acute{v} \mu \varepsilon \nu o \varsigma, \dot{o} \ \delta \iota \alpha \kappa o \nu \hat{\omega} \nu$ 26절). 그러나 그것은 27절의 설명에 있어서는 사실이 아니다. 여기에서 rabbā와 rābᵉ'a 사이의 "문자 기교"(word play)[174] 그리고 mî gādōl이라는[175] 질문 또한 연사(連辭 : copula)가 없는 사실(27상반절) 등은 팔레스틴적 환경을 드러낸다. 마가복음의 설명에서 이사야 53 : 10이하에 대한 히브리어 본문의 인용은 이미 논의되었다(p. 419 각주 170을 보라). 또한 그것의 강한 셈어법적 색채는 그것을 디모데후서 2 : 6과 대조시킴으로써 가장 잘 드러낼 수 있다.

Mark 10 : 45 $\dot{o} \ \upsilon \acute{\iota} \acute{o} \varsigma \ \tau. \ \dot{\alpha} \nu \vartheta. \ \hat{\eta} \lambda \vartheta \varepsilon \nu .. \delta o \hat{v} \nu \alpha \iota$ [176] $\tau \dot{\eta} \nu \ \psi \upsilon \chi \dot{\eta} \nu \ \alpha \dot{v} \tau o \hat{v} \ \lambda \acute{v} \tau \rho o \nu \ \dot{\alpha} \nu \tau \dot{\iota} \pi o \lambda \lambda \hat{\omega} \nu$

1 Tim. 2 : 6 $\dot{\alpha} \nu \vartheta \rho \omega \pi o \varsigma$ Χ.' Ι. $\dot{o} \ \delta o \dot{v} \varsigma \ \varepsilon \alpha \upsilon \tau \dot{o} \nu \ \dot{\alpha} \nu \tau \acute{\iota} \lambda \upsilon \tau \rho o \nu \ \dot{v} \pi \grave{\varepsilon} \rho \ \pi \acute{\alpha} \nu \tau \omega \nu$

---

173) J. Jeremias, 'Die älteste Schicht der Menschensohn-Logien', ZNW 58, 1967, 159—72 : 166.

174) $\mu \varepsilon \acute{\iota} \zeta \omega \nu / \dot{\alpha} \nu \alpha \kappa \varepsilon \acute{\iota} \mu \varepsilon \nu o \varsigma$, M. Black An Aramaic approach to the Gospels and Acts, Oxfod 1967, 229를 참조하라.

175) Billerbeck Ⅱ 257.

176) 나는 부정사와 함께 나오는 'atā (bā) lᵉ ('intend' 'will' 'have the task' 'shall') 의 용례들을 'Die älteste Schicht der Menschensohn-Logien,' ZNW 58, 1967, 166이하에 제시하였다.

디모데전서 2 : 6은 마가복음이 셈적 어법에다가 모든 단어에서 두드러진 헬라적 색채를 가미시킨 것이 나타난다.

디모데전서 2 : 6은 마가복음 10 : 45하반절이 원래 독립적인 로기온 (어록)이었다는 문서분석(literary analysis)의 결과를 확증한다. 성찬말 씀의 토대를 진정한 것으로 받아들이는 사람들은 이 로기온의 기원을 예수로부터 도출하는 것에 대하여 아무런 주저함도 갖지 않을 것이 다.[177]

c. 칼에 관한 말씀

누가복음 특별자료에 속하는 항목인 누가복음 22 : 35—38에서 우리 는 이사야 53 : 12로부터의 문자적인 인용을 보게 되는데, 이것은 문맥 에 굳게 뿌리를 박고 있다. 예수는 제자들에게 "평강의 때"가 지나가고 "종말론적인 칼의 때"가 임박했다고 말씀한다(눅 22 : 35이하, §21 : 1 을 보라). 예수는 어째서 상황이 그토록 근본적으로 바뀌었느냐는 불 가피한 질문에 대하여 이사야 53 : 12을 인용함으로써 대답한다 : $\lambda\acute{\epsilon}\gamma\omega$ $\gamma\grave{\alpha}\rho\ \acute{\upsilon}\mu\hat{\iota}\nu\ \acute{o}\tau\iota\ \tauo\hat{\upsilon}\tauo\ \tau\grave{o}\ \gamma\epsilon\gamma\rho\alpha\mu\mu\acute{\epsilon}\nuo\nu\ \delta\epsilon\hat{\iota}\ \tau\epsilon\lambda\epsilon\sigma\theta\hat{\eta}\nu\alpha\iota\ \acute{\epsilon}\nu\ \acute{\epsilon}\muo\acute{\iota}$, $\tau\grave{o}$ $\kappa\alpha\grave{\iota}\ \mu\epsilon\tau\grave{\alpha}\ \acute{\alpha}\nu\acute{o}\mu\omega\nu\ \acute{\epsilon}\lambda o\gamma\acute{\iota}\sigma\theta\eta$ (37절, 내가 너희에게 말하노니 기록된바 저는 불법자의 동류로 여김을 받았다 한 말이 내게 이루어져야 하리 니). 예수는 극심한 수치를 겪어야만 할 것이고, 그의 수난은 또한 제 자들의 운명에 있어서도 전환점이 될 것이다.

이것의 비(非)누가적 어법은[178] 이것이 누가 이전의 전승(pre-Lucan tradition)임 을 보여준다. 이 안에 포함된 예언(사 53 : 12)이 성취되지 않은 사실은 이것의 오래 됨(antiquty)을 가리킨다. 예수는 종말론적인 환난과 제자들의 집합적 핍박이 즉시 로 시작될 것으로 기대하였다. 그러나 이중 그 어느 것도 일어나지 않았다. 이러한 사용은 이 말씀이 사건 후에(ex eventu) 구성된 것이 아니라 부활 이전의 전승 (pre-Easter tradition)임을 보여준다. 제자들의 실수를 그대로 드러내는 것(그들을 변명하고자 함이 없이), 예수가 대화를 소망하는 것으로 간주하고 중단해버리는 통

---

177) C. Colpe, $\acute{o}\ \upsilon\acute{\iota}\grave{o}\varsigma\ \tauo\hat{\upsilon}\ \acute{\alpha}\nu\theta\rho\acute{\omega}\pi o\upsilon$, TWNT Ⅷ, 1969, 403—81 : 458, 14—27.
178) Schürmann의 용어분석을 참조하라. H. Schürmann, *Jesu Abschiedsrede*, LK 22, 21—38 (NTA 20, 5), Münster I. W., 1957, 116—39.

렬한 날카로움(ἱκανόν ἐστιν , satis superque : 38절) 역시 이것의 오래됨 (antiquity)을 나타낸다.

다시 한번 확언하건대, 예수에게 자신의 임박한 수난에 대한 해석을 제공해 준 것은 "종에 관한 장"(사 53장)이었다. 물론 성경인용의 도입 어구는 누가의 것이다.[179] 그러나 인용 그 자체는 누가가 덧붙인 것일 수가 없다. 왜냐하면 거기에는 70인경에 대한 히브리어 본문의 영향이 나타나기 때문이다.[180] 반면 누가는 히브리어를 알지 못했다.

d. 엘리야에 관한 말씀

마가복음 9 : 12이하에서, 예수는 세례 요한의 운명이 또한 자신에게 도 기다리고 있음을 언급한다. 이러한 결론은 세례 요한에 관한 예수의 다른 언급들과 잘 어울린다. 예수는 그를 하나님의 선지자로서, 아니 그 이상의 인물로서 보았다(마 11 : 9 병행. 눅 7 : 26). 또한 예수는 마지막 일련의 선지자들로서 세례 요한과 나란히 자신을 포함시켰다. 순교가 선지자의 일반적인 운명이라고 하는 것이 당시의 확신이었는데, 우리가 앞에서 살펴본바와 같이 예수 역시도 이러한 확신을 공유(共有)하였고 그것을 자기 자신에게 적용시켰다.[181]

이제 마가복음 9 : 12이하에 따르면, 예수는 자신도 세례 요한의 운명을 당할 것으로 확신하였음을 표현하였을 뿐만 아니라, 동시에 이사야 53 : 3을 인용함으로써 자신의 죽음이 세례 요한의 죽음과는 근본적으로 다를 것임을 은근히 암시하였다(ἵνα πολλὰ πάθῃ καὶ ἐξουδενηθῇ). 여기의 성경 인용문은 히브리어 본문의 영향을 받고 있다.[182]

---

179) τὸ γεγραμμένον , τελεσθῆναι, 인용문 앞에 있는 관사. 반면, 예수의 고난을 나타내기 위한 λέγω γὰρ ὑμῖν, δεῖ 그리고 지시대명사 τοῦτο 가 첫머리에 위치하는 것(20 : 17과 비교하라 !) 등은 자료의 용법이다.

180) 눅 22 : 37 καὶ μετὰ ἀνόμων ἐλογίσθη 는 사 53 : 12 LXX καὶ ἐν τοῖς ἀνόμοις ἐλογίσθη 와 비교하여 두가지 측면에서 히브리어 본문의 영향을 보여준다 (전치사 μετά ⟨=’et⟩를 선택한 것과 관사가 나타나지 않는 것).

181) p. 402를 보라.

182) 사 53 : 3 a, d의 nibze 는 70인경(LXX)에서는 τὸ εἶδος αὐτοῦ ἄτιμον ἠτιμάσθη 로 번역되지만, 아킬라역, 시마쿠스역 그리고 Theodotion 에서는 ἐξουδενωμένος 로 번역된다. 그러므로 막 9 : 12에는 70인경의 영향이 없다.

물론 이것이 헬레니즘 이전의 교회(pre-Hellenistic church)로부터 말미암았을 가능성도 없는 것은 아니다. 그러나 고난에 대한 묘사에 있어서의 "구성의 모호성"은 그러한 가능성을 비개연적(improbable)이게 만든다.

e. "넘기워짐"(delivered up)

복음서에서 세번 나타나는(막 9 : 31 병행 ; 14 : 41 병행 ; 눅 24 : 7) $\pi\alpha\rho\alpha\delta\iota\delta o\sigma\theta\alpha\iota$ $\epsilon\iota\varsigma$ $\chi\epsilon\hat{\iota}\rho\alpha\varsigma$ $\dot{\alpha}\nu\theta\rho\dot{\omega}\pi\omega\nu$ / $\tau\hat{\omega}\nu$ $\dot{\alpha}\mu\alpha\rho\tau\omega\lambda\hat{\omega}\nu$ / $\dot{\alpha}\nu\theta\rho\dot{\omega}\pi\omega\nu$ $\dot{\alpha}\mu\alpha\rho\tau\omega\lambda\hat{\omega}\nu$이라는 구절은 아람어 전승으로 소급된다. 이것은 이미 bar °nāšā와 bᵉnē °nāšā 사이의 '문자 기교'(word play)에서 분명하게 나타난다—이것은 세가지 판 모두의 뒤에 있으나 특히 마가복음 9 : 31에서 가장 분명하게 나타난다. 미래의 의미로 사용된 현재형은 이것이 아람어 분사형임을 보여주는 것이다(pp. 404 이하를 보라). 또한 마가복음 14 : 41에는 동사가 제일 앞에 놓여져 있으며, 누가복음 24 : 7에는—블랙(M. Black)이 최근에 드러낸 것처럼—도치법과 아람어 어법 $\ddot{\alpha}\nu\theta\rho\omega\pi o\iota$ $\dot{\alpha}\mu\alpha\rho\tau\omega\lambda o\acute{\iota}$ =bᵉnē °nāšā rᵉsā'în이 있다.[183]

수동태 $\pi\alpha\rho\alpha\delta\iota\delta o\sigma\theta\alpha\iota$ /mitmᵉsar 역시 이사야 53 : 5 탈굼과 53 : 12 LXX(2회)에 나타난다. 그러나 전치사 $\epsilon\iota\varsigma$ $\chi\epsilon\hat{\iota}\rho\alpha\varsigma$ /līdē가 거기에서 나타나지 않기 때문에, 이 마샬과 고난의 종을 다루는 장(사 53장) 사이에 연결이 있음을 거부하는 것이 통상적인 경향이다.[184] 그럼에도 불구하고, 둘 사이의 연결을 뒷받침하는 것으로서 몇가지 사실이 언급될 수 있다. 첫째로, 이 마샬에 있는 $\pi\alpha\rho\alpha\delta\iota\delta o\sigma\theta\alpha\iota$ 는 분명히 신적 수동태(divine passive)라는 사실이다.[185] 그러므로 마가복음 9 : 31은 다음과 같이 번역되어야만 한다 : "하나님께서 그 사람을 사람들에게로 넘기실 것이다"(p. 405를 보라). 신약성경에는 하나님의 "넘기심"(delivering up)을 언급하는 용례가 많이 나타난다 ; 그러나 그러한 능동태는 거의 예외 없이 비기독론적 문학 속에서 사용된다(행 7 : 42 ; 롬 1 : 24, 26, 28 ; 벧후 2 : 4). 그러므로 수동태를 사용한 것은 그러한 마샬을 이사야 53장과 연결시키는 것이다.

---

183) ‡ Black, 'The "Son of Man" Passion Sayings', 3. 또한 J. Wellhausen, *Einleitung in die drei ersten Evangelien*, Berlin 1911, 12, 20을 참조하라.

184) 최초에 ‡ Popkes, 222.

185) 롬 4 : 25($\pi\alpha\rho\epsilon\delta\dot{o}\theta\eta$ / $\ddot{\eta}\gamma\epsilon\rho\theta\eta$) ; 8 : 32($\pi\alpha\rho\dot{\epsilon}\delta\omega\kappa\epsilon\nu$ $\alpha\dot{\nu}\tau\dot{o}\nu$) ; 그리고 또한 막 14 : 27($\pi\alpha\tau\dot{\alpha}\xi\omega$) 등을 참조하라.

둘째로 하나님께서 인자를 죽음에 내어준다는 말씀은(왜냐하면 이것이 더이상의 설명이 없이 사용될 때, 이 마샬 속에 있는 $\pi\alpha\rho\alpha\delta\iota\delta o\sigma\theta\alpha\iota$ 는 바로 그러한 의미를 갖는 것이기 때문이다) 성경의 뒷받침이 없다면 거의 생각할 수 없는 그러한 종류의 것이다. 그러나 이러한 마샬과 연결될 수 있는 구절은 이사야 53장 외에는 달리 없다.[186]

마지막으로, 수동태 $\pi\alpha\rho\alpha\delta\iota\delta o\sigma\theta\alpha\iota$ 와 이사야 53장 사이의 연결이 이미 바울 이전의 기간에 나타난다. 그것은 바울에 의해 인용된 로마서 4 : 25의 고백공식문(confessional formula) 속에서 나타나는 것인데, $\pi\alpha\rho\epsilon\delta\delta\theta\eta$ $\delta\iota\grave{\alpha}$ $\tau\grave{\alpha}$ $\pi\alpha\rho\alpha\pi\tau\acute{\omega}\mu\alpha\tau\alpha$ $\mathring{\eta}\mu\tilde{\omega}\nu$이라는 구절 가운데 이사야 53장이 인용되고 있다(여기에서 5절 탈굼 'itmᵉsar baᵃwayātanā[187]가 12절 LXX $\delta\iota\grave{\alpha}$ $\tau\grave{\alpha}\varsigma$ $\mathring{\alpha}\mu\alpha\rho\tau\iota\alpha\varsigma$ $\alpha\mathring{v}\tau\tilde{\omega}\nu$ $\pi\alpha\rho\epsilon\delta\delta\theta\eta$보다 고백공식문에 훨씬 더 가까운 위치를 차지한다.)[188]

---

186) $\pi\alpha\rho\alpha\delta\iota\delta o\sigma\theta\alpha\iota$ $\epsilon\iota\varsigma$ $\chi\epsilon\hat{\iota}\rho\alpha\varsigma$ 의 근저에 있는 구절이 렘 33 : 24 LXX에서 발견될 수 있다는 Tödt의 견해는 성공적인 이론이 아니었다. 왜냐하면 이 구절($\chi\epsilon\hat{\iota}\rho$ $A\chi\iota\kappa\alpha\mu$ $\upsilon\iota o\hat{\upsilon}$ $\Sigma\alpha\phi\alpha\nu$ $\mathring{\eta}\nu$ $\mu\epsilon\tau\grave{\alpha}$ $I\epsilon\rho\epsilon\mu$ $o\upsilon$ $\tau o\hat{\upsilon}$ $\mu\mathring{\eta}$ $\pi\alpha\rho\alpha\delta o\hat{\upsilon}\nu\alpha\iota$ $\alpha\mathring{\upsilon}\tau o\hat{\upsilon}$ $\epsilon\iota\varsigma$ $\chi\epsilon\hat{\iota}\rho\alpha\varsigma$ $\tau o\hat{\upsilon}$ $\lambda\alpha o\hat{\upsilon}$)은 우리의 "마샬"과 아무런 관계도 갖고있지 않기 때문이다. 그것은 심지어 우리의 "마샬"에 있어 본질적인 수동태(신적 수동태) 조차도 제공하지 않는다.

187) 탈굼의 현 문맥에 있어, 이 짧은 문장의 논리적인 주어는 성소이다. 이러한 사실에 대한 이유는 탈굼이사야 53장이 하나님의 종의 비천함 혹은 고난에 대한 언급을 재해석하고자 하는 의도를 가지고 조직적으로 손질을 가했기 때문이다—그렇게 함으로써 기독교인들로 하여금 이 구절을 언급하지 못하도록 하기 위해 탈굼이사야 53장이 놀라울 정도로 기본본문의 자음들을 따른다는 Hegermann의 논증은 후기의 작업을 원문으로부터 분리시키는 것을 가중하게 한다 (‡ Hegermann, 66–94, 110). 5절에서(기본본문 : "그는 우리의 죄들을 위하여 부끄러움을 당했으며 우리의 허물들을 위하여 맞으셨다"). 후기의 작업은 즉 6 : 13("그가 성소를 세울 것이다")에서 말미암은 단어들을 끼워넣은 것이다. 따라서 탈굼이사야 53 : 5a, b는 다음과 같이 읽혀진다. :

그리고 우리의 죄를 위하여 모독을 당했으며 또 우리의 허물을 위하여 넘겨진 그가(성전을 세울 것이라)

'itmᵉsar bā ᵃwāyātanā

일단 이 인용문이 괄호로 묶여지게 되면, 우리는 탈굼이사야 53 : 5a, b에 대한 보다 이른 양식을 갖게된다. 그것은 이사야 53 : 5에 대한 히브리어 본문의 자음을 충실하게 따른 것이고 또한 롬 4 : 25과 정확하게 일치한다.

188) Klappert는 탈굼이사야 53 : 5b("그는 우리의 허물들을 위하여 넘겨졌다")이 롬 4 : 25과 심지어 단어의 순서나 인칭대명사에 이르기까지 일치하는 것을 올바로 강조하였다(B. Klappert, 'Zur Frage des semitischen order griechischen Urtextes von I. Kor XV. 3–5', NTS 13, 1966/67, 168–73 : 170). 한편 Patsch는 70인경 이사야 53 : 12($\delta\iota\grave{\alpha}$ $\tau\grave{\alpha}\varsigma$ $\alpha\mu\alpha\rho\tau\iota\alpha\varsigma$ $\alpha\mathring{\upsilon}\tau\tilde{\omega}\nu$ $\pi\alpha\rho\epsilon\delta\delta\theta\eta$)과 롬 4 : 25a($\pi\alpha\rho\epsilon\delta\delta\theta\eta$ $\delta\iota\grave{\alpha}$ $\tau\grave{\alpha}$ $\pi\alpha\rho\alpha\pi\tau$-$\acute{\omega}\mu\alpha\tau\alpha$ $\mathring{\eta}\mu\tilde{\omega}\nu$)에서 쿰란에서 전해져온 것 같은(1 Q Isa.ᵃᵇ on Isa. 53 : 12 end) 비 맛소라본문의 독립적인 번역들을 보고자한다(H. Patsch, 'Zum alttestamentlichen Hintergrund von Römer 4, 25 und I Petrus 2 : 24', ZNW 60, 199, 273-79). 이것은 양 번역들이 ypg(y) 를 서로 독립적으로 $\pi\alpha\rho\epsilon\delta\delta\theta\eta$ 로 번역하였음을 의미한다. pg 의 히

그러므로 팔레스틴의 유대기독교 공동체가 "그 사람이 사람들에게 넘기워질 것"이라는 마샬이 단지 모호하게 암시한 것을 로마서 4 : 25 에서 이사야 53장을 인용함으로써 직절하게 표현했다고 생각하는 것이 십중팔구 옳을 것이다(롬 4 : 25, 예수는 우리 범죄함을 위하여 내어줌 이 되고 또한 우리의 의롭다하심을 위하여 살아나셨느니라).

f. 목자에 관한 말씀

또한 우리는 예수의 고난에 관한 해석들 속에 목자에 관한 말씀을 포함시킬 수 있을 것이다(막 14 : 27하반절＝슥 13 : 7하반절). 언뜻 보기에 다음의 은유

$$\pi\alpha\tau\acute{\alpha}\xi\omega\ \tau\grave{o}\nu\ \pi o\iota\mu\acute{e}\nu\alpha$$
$$\kappa\alpha\grave{\iota}\ \tau\grave{\alpha}\ \pi\rho\acute{o}\beta\alpha\tau\alpha\ \delta\iota\alpha\sigma\kappa o\rho\pi\iota\sigma\theta\acute{\eta}\sigma o\nu\tau\alpha\iota$$

내가 목자를 치리니
양들이 흩어지리라.

는 단순히 예수의 운명이 제자들에게도 또한 영향을 미칠 것을 언급하는 것에 불과한 것으로 보인다 : qualis rex, talis grex. 그러나 우리는 목자의 표상이 28절에서 계속되고 있는 사실을 잊어서는 안된다 : $\pi\rho o\acute{\alpha}$-$\gamma\epsilon\iota\nu$ 은 목자들이 사용하는 전문용어이다(요 10 : 4, 27을 참조하라). 따라서 27절의 고난에 관한 언급은 따로 떨어져서 다루어져서는 안된다 ; 강조점은 28절의 구원의 약속에 놓여있다. 목자의 죽음은 양들의 흩어짐만을 야기시키는 것이 아니라, 동시에 그것들을 모으는 것도 야기시킨다. 이러한 연결은 스가랴 13 : 7−9에 의해 분명하게 확증된다. 여기에서도 역시 목자의 죽음에 뒤이어 양떼의 흩어짐과 그것의 $\frac{2}{3}$의 멸절이 따라 나온다. 그러나 그것으로 끝나는 것이 아니라, 그와 더불

필형은 구약에서 오직 다섯번 나타날 뿐인데, 70인경의 모든 다섯 구절에서 그것은 서로 다른 동사들로 번역된다. 따라서 우리는 양 번역들이 ypg(y)를 서로 독립적으로 (a) 같은 동사로서 (b) 수동태로서 (c) 과거시제로서 번역했을 가능성을 배제시켜야만 한다.

어 남은 ⅓을 깨끗케하여 그들로 하여금 구원의 때의 하나님 백성이 되게 하는 것이 따른다. 사실상 스가랴의 문맥 가운데 강조점이 놓여지는 곳은 전자가 아니라 후자인 것이다. 스가랴서는 "목자의 죽음"과 "하나님 백성의 깨끗케함" 사이의 연결이 이루어지는 방법에 대하여는 아무런 언급이 없다. 다만 유일한 도움은 문맥으로부터의 암시인데, 여기에서 "그들이 찌른"(슥 12 : 10) 자를 위한 애곡의 날에 "죄와 더러움을 씻는 샘이 다윗의 집과 예루살렘 거민들을 위하여 열릴 것"이라고 언급되어 있다(13 : 1). 여기에서 우리는 양떼를 위한 대표적 죽음을 생각할 수 있다. 어쨌든 이것이 목자에 대한 요한의 설교가 목자의 죽음을 해석하는 방법이다 ; 여기에서 $\tau\iota\theta\acute{\epsilon}\nu\alpha\iota$ $\tau\grave{\eta}\nu$ $\psi\upsilon\chi\acute{\eta}\nu$ (요 10 : 11, 15, 17이하)은 이사야 53 : 10(히브리어)에 대한 인용이다.

마가복음 14 : 27에서 스가랴의 말이 슥 13 : 7의 히브리어본문을 따라 인용되고 있다. 반면 70인경판은 현저한 이탈을 보인다. 따라서 마가복음 본문이 70인경의 영향을 입었을 가능성은 배제된다. 이것이 오래됨(antiquity)을 알리는 표지이다. 연대(年代)의 문제에 있어 가장 중요한 고찰은 28절이 부활 이전의 것임이 분명하다는 사실이다. 왜냐하면 그것은 이루어지지 않은 예언이기 때문이다. [189]

g. 죄인들을 위한 중재

누가복음 22 : 16, 18 병행. 마가복음 14 : 25에 따르면 최후만찬 때에 예수는 제자들로 더불어 한가지 엄숙한 선언을 하였는데 그것은 먹는 것과 마시는 것을 다시는 하지 않겠다는 선언이다. 우리는 이러한 선언의 의미를 팔레스틴 교회가 유월절 식사를 중지하고 대신 유월절 밤에 금식한 행습으로부터 알 수 있다. 그것은 메시야가 도래하기 이전의 마지막 때에(메시야의 도래는 유월절 밤에 되어질 것으로 기대되었다) 이스라엘을 위하여 중재하는 것이었다. [190] 만일 예수의 그러한 선언이 이스라엘을 위한 중재를 표현하는 것이 사실이라면, 우리는 그가 "죄인들을 위한 그 종의 중재"(사 53 : 12)를 이와 같이 행동화하고 있는 것이었다고 생각할 수 있다. 해석말씀에 대한 이사야 53장의 관계

---

189) J. Jeremias, $\pi o\iota\mu\acute{\eta}\nu$ $\kappa\tau\lambda$, TDNT Ⅵ, 1967, 485－502 : 492이하.
190) Jeremias, *Eucharistic Words*, 207－18. pp. 279를 보라.

(p. 417을 보라)가 이러한 해석을 뒷받침해준다.

그러나 예수의 중재(intercession)는 이스라엘에 한정되지 않는다. 이
것은 누가복음 23 : 34상반절에서 분명하게 나타난다(아버지여 저희를
사하여 주옵소서 자기의 하는 것을 알지 못함이니이다). 이 로기온은
p.^{75} B D* W pc a sy^{sin} sa bo 에서 나타나지 않는다. 이렇게 중요한 말
씀이 삭제된다는 것은 거의 상상할 수 없는 일이기 때문에, 34상반절은
누가복음에 덧붙여진 것(addition)임에 틀림없다. 이것은—말시온이
벌써 증거한 바와 같이—매우 이른 시기에 덧붙여졌음에 틀림없는 옛
전승(ancient tradition)으로부터 말미암은 것이다. 그러나 이 아그라폰
의 양식과 내용은 반론의 대상이 되지 않는다 : $\pi\alpha\tau\epsilon\rho$/'Abba는 예수가
사용했던 일관성있는 호칭이었다 ; 한편 내용에 있어 이 기도는 마태복
음 5 : 44 병행과 상응한다. 만일 우리가 예수의 중재(仲裁 :
intercession)를 이해하고자 한다면, 우리가 그 상황(situation)을 이해
하는 것이 본질적으로 중요하다.[191] 우리는 유대관습에 따를 때 죄인들
이 형 집행에 앞서 다음과 같은 속죄의 서약을 하도록 초대된 사실을
기억해야만 한다 : "나의 죽음이 나의 모든 죄를 위한 속죄가 되게 하
소서."[192] 그러나 순교자에게 있어서는, 이스라엘을 위한 중재가 죄의
고백을 대신하였다(무엇보다도 마카비4서). 예수도 역시 속죄의 서약
대신에 자신의 죽음의 속죄하는 능력을 다른 사람들에게 적용시키는
기도를 하였다. 그러나 이스라엘에게가 아니라 십자가형을 집행하는
자들에게. 유대의 순교사는 이러한 기도와 유사한 것을 아무 것도 제
공해주지 않는다. 그러므로 여기에서 역시 우리의 관심은 이사야 53장
의 마지막 절에 대한 히브리어 본문에로 향하여지게 된다 :

　그가 많은 사람의 죄들을[193] 지며

---

191) K. Bornhäuser, *Das Wirken des Christus durch Taten und Worte* BFCT 2,
2, Gütersloh 1921, 1924, 224—30.

192) p. 413을 보라.

193) 복수를 유의하라. 1 Q Isa.^{a,b}, LXX, Targ., Pesh., $\Theta\Sigma$(against MT) 등을 참
조하라.

범죄자를 위하여 기도(중재)하였느니라(12절)[194]

* * *

자신의 고난에 대한 그 자신의 해석의 예들이 제한되어 있는 이유는
그가 "자신의 사명의 가장 깊은 비밀"에 대해서 오직 제자들에게만 그
것도 오직 그의 사역 말기에만 가르쳤던 사실 때문일 것이다.

모든 곳에서 우리는 예수가 자신의 고난을 "많은 사람들의 대표"로
서 설명하고 있는 것을 발견한다(막 10 : 45 ; 14 : 24). "어떻게 예수가
자신의 죽음에다가 그토록 무제한의 속죄 능력을 돌릴 수 있었는가"하
는 문제에 대한 유일한 대답은 그가 **하나님의 종**으로서─그의 고난과
죽음이 이사야 53장에 묘사되어 있다─죽었다는 사실일 것이다. 그것
은 죄없는(9절) 자발적인(10절) 고난이요, 힘겹게 짐을 지는(7절) 고
난이며, 또한 하나님께서 뜻하신(6, 10절) 고난이다. 따라서 그 고난은
다른 사람들을 위하여 속죄하는 고난인 것이다(4절 이하). 여기에서
죽음을 넘어 주어지는 생명은 하나님과 더불어 그리고 하나님으로 말
미암은 생명이기 때문에, 이러한 죽음은 무제한의 속죄능력을 갖는 것
이다.

---

194) 스데반(행 7 : 60)과 주의 형제 야곱(Hegesipus in Eusebius, H. E. Ⅱ, 23,
16) 역시 죽을 때에 살인자들을 위하여 기도한다. 이렇게 함으로써 그들은 예수의
모범과 (눅 23 : 34) 그의 가르침을 (마 5 : 44 병행) 따른다.

제 7 장

부활의 날(Easter)

§ 25 최초의 전승과 최초의 해석

L. Brun, *Die Auferstehung Christi in der christlichen Überlieferung*, Osio and Giessen 1925 ; R. Bultmann, *Synoptic Tradition*, 284-91 ; G. H. Dodd, 'Mattew and Paul', in : *New Testament Studies*(Collected Essays), Manchester 1953, 53-66 ; K. H. Rengstorf, *Die Auferstehung Jesu[1]*, Witten 1960 ; P. Benoit, 'Marie-Madeleine et les disciplese au tombeau selon John 20-18', in : W. Eltester (ed.), *Judentum, Urchristentum, Kirche* (Festschrift für. J. Jeremias)[2], *BZNW* 26, Berlin 1964, 141-52 ; H. Grass, *Ostergeschehen und Osterberichte*[3], Göttingen 1964 ; H. von Campenhausen, 'The Events of Easter and the Empty Tomb', *Tradition and Life in the Church*. London 1968, 42-89 ; K. Lehmann, *Auferweckt am dritten Tage nach der Schrift*. Quaestiones Diputatae, Freiburg-Basel-Wien 1968.

초대교회는 예수의 부활을 그의 선교사역(mission)에 대한 하나님의 확증(confirmation)으로 간주하였다. 그러므로 "예수의 선포"에 대한 고찰을 부활의 날(Easter)로서 종결짓는 것은 매우 합당하다.

(1) 자료

우리가 부활절 이야기들(Easter stories)을 다룸에 있어 직면하는 가장 두드러진 문서상의 문제(literary problem)는 수난이야기와 부활절이야기 사이에 존재하는 구조상의 큰 차이이다. 수난이야기에 있어, 모든 복음서들은—지엽적인 사소한 차이들에도 불구하고—공통적인 전승의 기본틀을 가지고 있다 : 예루살렘 입성—최후만찬—겟세마네—체포—산헤드린공의회 앞에서의 심문—베드로의 부인—바라바 이야기—빌라도에 의한 유죄판결—십자가—장사—빈 무덤. 반면 부활절이야기들은 서로 매우 다르다. 고작해야 우리는 진행순서에 있어 다음과 같은 공통된 틀을 말할 수 있을 뿐이다 : 빈 무덤—현현. 반면 그 표상은 매우 다양하다. 이것은 첫째로 **관련된 사람들**의 문제에 있어 그러하다. 부활하신 자는 어떤 곳에서는 한 개인에게 나타나고, 다른 곳에서는 두명의 제자에게 나타나며 그런가 하면 작은 무리에게 나타나고, 또 어떤 곳에서는 거대한 무리들에게 나타난다. 증인들은 대부분 남자들이기는 하지만 또한 여자들인 경우도 있었다. ; 그들은 제자들의 내부그룹과 추종자들(followers)이었다(요셉과 맛디아의 경우와 같은).[1] 또한 그들 가운데 일부는 가족과 같은 회의론자들도 있었으며 [2] 최소한 한 경우는 열광적인 대적자였다.[3] 우리가 가지고 있는 최초의 기록된 보도인 고린도전서 15 : 5—8은 사건들의 전반적인 조감(鳥瞰)을 얻기가 얼마나 어려운가하는 것을 보여준다—고작 20년이 지난 시점에 비록 바울이 그리스도의 현현에 관한 모든 사례들을 열거하는데 관심을 기울이는 것으로 보인다 할지라도, 그는 완전한 목록을 제공하는데 성공하지 못했다.[4]

장소들의 다양성 또한 증인들의 다양성만큼이나 크다. 그리스도의 현현은 다음과 같은 장소들에서 일어난다 : 공중에서, 집안에서, 예루살렘 성문 앞에서 여러번[5], 예루살렘 안에서, 유대마을에서, 게네사렛 호숫가에서, 갈릴리에서, 한번은 심지어 팔레스틴 밖에서.

---

1) 행 1 : 22이하.
2) 고전 15 : 7
3) 8절
4) 고전 15 : 5—8의 여섯가지 목록에서 막달라 마리아(요 20 : 14—18)와 혹은 다른 두 마리아(마 28 : 1—9이하)가 빠진 것은 여자들의 증거는 받아들일 수 없었던 사실로서 설명될 수 있을 것이다. 또한 요셉과 맛디아를 빠뜨린 것(행 1 : 22이하)은 그들을 오백여 형제들에게 포함시킴으로써 설명할 수 있을 것이다(고전 15 : 6). 그러나 엠마오 도상의 제자들(눅 24 : 13—35)과 게네사렛 호숫가의 일곱사람(요 21 : 1—14) 그리고 스데반(행 7 : 56) 등은 여전히 산입(算入)되지 않은 채 남아있다.
5) 요 20 : 14—17 ; 마 28 : 9이하 ; 행 7 : 56.

수난이야기와 부활절이야기들 사이의 이러한 구조상의 차이는 어떻게 설명되어야 하나? 어떻게 4복음서는 수난을 묘사함에 있어서는 동일한 개요를 따르면서, 동시에 다른 한편 그리스도의 현현을 묘사함에 있어서는 서로 갈라지는가? 이러한 문제에 대한 대답은 다음과 같다. 곧 "이러한 근본적인 차이는 전승에 의한 부활절이야기들의 2차적인 손질로부터 야기된 것도 아니고, 편집작업으로부터 말미암은 것도 아니다 ; 다만 그것은 그것의 기초들을 사건들 자체 속에 가지고 있는 것이다." 요컨대 수난(passion)은 예루살렘에서 며칠동안 일어났던 관찰할 수 있는 사건이었던 반면, 그리스도의 현현들(Christophanies)은 오랜 기간동안 아마도 수년에 걸쳐[6] 일어났던 서로 다른 종류의 다양한 사건들이었다. 전승은 오직 상대적으로 늦은 단계에서 그리스도의 현현의 기간을 40일로 제한하였다(행 1 : 3).

만일 보도들 가운데 언급된 다양한 사람들과 장소들 속에 진정한 회상이 반영되어 있다면, 다른 특성들은 2차적인 손질(secondary elaboration)로서 인정될 수 있다. 여기에서 우리는 네가지 가장 중요한 형성동기들(formative motives)을 언급할 수 있다. 첫째로, 최초의 기간에 벌써 사람들은 **부활하신 자의 말씀들**에 의해서 그리고 그와의 대화들에 의해서 그리스도의 현현들에 관한 보도들을 손질할 필요성을 느꼈다. 부활하신 자의 말씀은 최초의 보도들 속에서는 간단한 질문("왜 네가 나를 핍박하느냐?" "어찌하여 네가 우느냐?" "너는 누구를 찾느냐?")과 연결되어 이름을 부르는 것("사울아", "마리아야", "요한의 아들 시몬아" 혹은 몇사람이 있을 때에는 인사로써)과 간결한 가르침에 한정되어 있는 반면, 말씀들과 대화들이 곧 길어지게 되었다 ; 최종적인 단계에서는 이러한 경향이 특히 두드러지게 나타난다. 영지주의자들(Gnostics)은 부활하신 자가 부활과 승천 사이의 기간에 말씀하신 설교들을 재생시킨 것이라고 스스로 주장하는 글들을 지칠줄 모르고 발표하였다.[7]

---

6) 기독교공동체가 다메섹까지 확장된 사실은 예수의 십자가의 바울에의 현현 사이에 적지 않은 기간이 있음을 상정케한다(고전 15 : 8).

7) J. Jeremias, *Unknowning Sayings of Jesus*. London 1964, 18이하, 22—24.

부활절보도들에 지속적으로 영향을 미쳤던 두번째의 2차적 동기는 부활의 메시지가 불러일으켰던 회의(懷疑)와 조롱에 대하여 공동체가 반응했던 **변증적** 동기이다(행 17 : 18). 유대인들과의 변론에 사용하기 위하여 성경적 논증들이 발전되었다. 예수의 제자들이 밤에 시체를 훔쳐갔기 때문에 무덤이 비게 된 것이라는 주장은 무덤에 있던 파수꾼들의 전설(이야기 : legend)로써 반박되었다(마 27 : 62-66 ; 28 : 11-15). 이러한 파수꾼들의 존재가 시체를 훔쳤을 가능성을 완전히 배제시키고 따라서 그러한 이론은 오히려 대제사장들과 장로들의 악의적인 거짓 선전에 불과하다고 언급되었다(마 28 : 13). 또한 제자들이 환각에 빠져있었던 것이라는 주장은 두가지 방법으로 반박되었다 : 한편으로 부활하신 자는 손과 발에 있는 못자국(눅 24 : 39상반절)과 옆구리의 상처(요 20 : 20)를 보임으로써 자신이 지상의 예수(earthly Jesus)임을 입증하였고(눅 24 : 39상반절, ὅτι ἐγώ εἰμι αὐτός), 다른 한편으로 그는 제자들에게 자신을 만져보라고 초대함으로써(눅 24 : 39 하반절 ; 요 20 : 27 참조 ; 요일 1 : 1) 자신의 육체적 존재의 실재를 입증하였다(눅 24 : 39하반절, ὅτι πνεῦμα σάρκα καὶ ὀστέα οὐκ ἔχει)[8] 그는 자신의 요청에 따라 제자들이 준 구운 생선을 제자들의 눈앞에서 먹음으로써 마지막 의심을 극복한다(눅 24 : 41-43). 가현설(Docetism)은-요한서신들은 이것이 심지어 1세기에 발전되었음을 보여준다-부활하신 자의 육체적 존재를 물질화하는 이러한 경향을 조잡할 정도로까지 강화시켰다. [9]

가현설을 언급하는 가운데 우리는 부활절보도들에 영향을 미친 세번째 동기에 접하게 되었는데, 그것은 **교회 안에서의 발전**이다. 이에 대하여는 몇가지 중심되는 단어들만을 열거하는 것으로 족할 것이다 : 교

---

8) Ignatius, Smyrn. 3 : 2, ὅτι οὐκ εἰμὶ δαιμόνιον ἀσώματον .

9) 눅 24 : 42이하에 대한 한 변이문(variant)은 부활하신 주님께 생선뿐 아니라 벌집(honeycomb)을 드리는 제자들을 가지고 있다. 또한 그 변이문은 부활하신 주님께서 다시 되돌려준 먹다 남은 찌꺼기에 대하여서도 언급한다. 이러한 것의 목적은 분명하다. 그러나 우리는 사복음서가 엄격하게 한계를 긋고 있음을 잊어서는 안된다. 어떤 복음서도 부활 그 자체를 묘사하지는 않는다-심지어 마 28 : 2-4조차도. 베드로복음서가 이러한 한계를 넘어서는 첫번째 책이다.

회의 구성원들(마 28：19), 교회의 달력(요 20：26,[10] 행 2：1이하) 그리고 무엇보다도 교회의 선교책임(마 28：16—20；눅 24：44—49；행 1：4—8) 등이 나타난다；베드로에게 나타난 것을 논의하는 가운데 우리는—하나의 예로부터—교회 안의 발전이 부활절보도들에 얼마나 강력한 영향을 미쳤는가 하는 것을 보게 될 것이다.

언급되어야만 하는 네번째 형성동기는 **당시 이야기체**(contemporary narative Style)이다. 누가복음 24：14—35의 "인식의 주제"(제자들이 부활하신 주님을 알아보는)와 마태복음 28：2—4의 "무덤이 열린 것에 대한 보도"가 이에 대한 예가 된다. 또한 베드로복음서에 나타난 환상적인 묘사 가운데, 이야기를 말하는 즐거움이 무덤으로부터의 세가지 큰 표상들의 출현을 야기시켰다(39이하).

최초의 전승층의 특징적인 성격은 그것이 아직 사건들의 압도적이고 어리둥절하게 하는 그리고 신비한 성격에 대한 회상을 보존하고 있는 사실이다：빵이 떼어질 때 열려진 눈[11], 하늘의 빛의 광선, 새벽 해안의 표상, 닫힌 방에서의 예기치 못한 현현, 여러 방언들로서 말하는 것으로 표현된 찬송, 갑작스런 사라짐—이러한 모든 것들은 최초의 전승이 구성된 방법들이다. 이와 동일한 신비의 **명암대조법**(明暗對照法)이 증인들의 반응에 대한 최초의 보도들을 둘러싸고 있다：그들은 부활하신 자를 인식하지 못한다. 하늘의 빛이 그들의 눈을 멀게한다. 그들은 자신들이 영을 보았다고 믿는다. 두려움과 전률, 걱정, 불확실성, 의심, 기쁨의 흥분과 경배. "제자들이 주신줄 아는 고로 당신이 누구냐 감히 묻는 자가 없더라"(요 21：12). "그들이 예수를 뵈옵고 경배하나 오히려 의심하는 자도 있더라"(마 28：17). "저희가 너무 기쁘므로 오히려 믿을 수 없었다"(눅 24：41)고 고백하는 데에 아무런 주저함도 없었다.

10) L. Brun, *Die Auferstehung Christi in der christlichen Überlieferung*, Oslo-Giesen 1925, 66：'An allusion to the Christian ordering of the week', 67："is … evidently meant to recall Christian worship on th Lord's Day(계 1：10)'.

11) 눅 24：30이하, 41—43；참조. 행 1：4；10：41；요 21：12이하；Ps. Mark 16：14.

(2) 부활절 사건들

무슨 일이 일어났었는가? **날짜부터** 시작해 보자. 초기의 고백(고전 15 : 4)은 십자가에 못박히신 후 셋째 날 즉 일요일에 전환점이 왔다고 말하는 복음서들과 일치한다. 십자가형과 부활 사이의 삼일을 죽었다가 다시 산 신들의 신화들로부터[12](이러한 것들이 첫 팔레스틴 공동체의 환경 속에서 어떤 역할을 담당했는가?), 혹은 초기 기독교예배에서 일요일이 그리스도의 날[13]로서 선택된 사실로부터[14](오히려 일요일을 기념하는 것이 부활의 날로부터 말미암은 것이 아닌가?), 혹은 호세아 6 : 2로부터(그러나 부활과 관련하여 이 구절을 처음으로 인용한 사람은 터툴리안[15] 이었다) 도출하고자 했던 모든 시도들은 성공을 거두지 못했다. 이러한 모든 시도들이 실패로 돌아간 것을 감안할 때, 이 문제에 대한 유일가능한 대답은 "전환점이 실제로 셋째달에 왔다"고 하는 것이다.

한걸음 더 나아가서, 4복음서는 뒤따르는 모든 사건들의 첫 출발점이 된 것이 **여인들이 부활의 날 아침에 무덤을 방문한 사실**임을 일치되게 증거한다. 이러한 서곡을 고찰함에 있어 최근까지도 학자들이 마가복음 16 : 1─8을 최초의 문학적 보도(earliest literary account)로서 간주해온 사실은 참으로 불행한 일이었다. 왜냐하면 마가복음 16 : 1─8은 "예수의 부활의 실재를 빈 무덤으로서 입증하기 위한"[16] "2차적인 구성"[17]이요 "변증적인 전설(legend : 이야기)"[18]이기 때문이다. 다시

---

12) ① 오시리스(Osiris)는 아딧월(11월) 17일에 죽었다. 그의 몸의 발견과 소생(revivification)은 19일밤에 이루어졌다(Plutarch, *De Iside et Osiride*, 13 : 39, 42). ② 아티스(Attis)의 죽음은 3월 22일에 그리고 그의 회생은(Hilaria, Feast of Joy) 아마도 3월 25일에 기념되었다(Emperor Julian, *Oratio* V 168 CD). ③ 아도니스(Adonis)의 부활의 날은 확실치 않다. 그러나 세번째 날일 개연성이 높다(Lucian, *De Syra dea*, 6 : μετὰ δὲ τῇ ἐτέρῃ ἡμέρα 제사 이후에).

13) 이것이 ἡ κυριακὴ ἡμέρα (계 1 : 10)의 의미이다. "하나님의 날"이 아니다.

14) 고전 16 : 1; 행 20 : 7; 계 1 : 10; Did. 14 : 1; Ign., Magn. 9 : 1; Epistle of Pliny X 96 : 7; Barn. 15 : 9. R. Bultmann은 *Synoptic Tradition* 291에서 그렇게 추론한다.

15) *Adversus Judaeos* 13.

16) Bulltmann, *op. cit.*, 284.

17) *Ibid.*

18) *Ibid.*, 287.

말해서, 마가복음 16：1-8의 빈 무덤 이야기는 부활절 전승의 후기 단
계에 속하는 것이다. 이에 대하여 P. Benoit는, 자신의 개척자적인 논
문에서,[19] 빈 무덤에 관한 마가복음판의 설명을 출발점으로 잡는 것은
잘못임을 입증하였다. 왜냐하면 요한복음 20：1 이하에 보다 이른 양
식이 보존되어 있기 때문이다. 그에 따르면, 부활의 날(Easter) 새벽에
무덤에 간 사람은 막달라 마리아 혼자였다[20]-아마도 애곡하기 위하여
(11절；참조 요 11：31；지혜서 19：3). 그녀가 무덤을 인봉한 돌이 굴
려져있는 것을 보았을 때(분명히 멀리서), 그녀는 되돌아가 이 이야기
를 베드로에게 전했다.[21]-왜냐하면 그녀는 예수의 시체를 도둑맞은
것으로 확신했기 때문이다(20：2 하반절). 이러한 그녀의 의혹은-이
것은 곧 반기독교 논박의 자료가 되었다(마 28：13, p. 432를 보라)-
있음직한 것이었다. 왜냐하면 당국자에게 있어 국가 모반으로 처형된
사람의 몸을 풀어주는 것은 통상적인 일이 아니었으며, 또한 광신자들
이 어둠 속에서 시체를 범죄자들의 무덤 가운데 하나로 옮겼을 수도 있
었기 때문이다.(Sanh. 6：5 이하). 이러한 설명은 가장 그럴듯하게 들
린다. 이것은 단순하고 편향적이지 않다. 종종 가장 늦은 문서본문이
가장 이른 전승양식을 보존하곤 한다.

막달라 마리아가 전한 소식은 큰 흥분을 야기시켰다(눅 24：22, "우
리중 어떤 여자들이 우리로 놀라게하였으니). 예수의 몸에 무슨 일이
일어났는가? 이후의 사건들에 대하여는 간단하고 사실적인 보도인 누
가복음 24：12이 요한복음 20：3-10(무덤에로의 경주)보다, 선호되어

---

19) 'Marie-Madeleine et les disciples au tombeau selon John 20：1-18', in：W.
Eltester (ed.), *Judentum, Urchristentum, Kirche.* Festschrift für J. Jeremias, BZNW
26, Berlin 1964. 141-52.

20) 일인칭복수형 $o\tilde{\iota}\delta\alpha\mu\epsilon\nu$(요 20：2 하반절)은 다수의 여인들을 말하는 공관복
음의 전승양식에 의해 영향을 받은 것일 수 있다. 그러나 이것은 또한 "우리"와
"나"가 관용적으로 대체되는 갈릴리 아람어의 영향일 수도 있다(G. Dalman, *Gram-
matik des jüdisch-palästinischen Aramäisch*. Leipzig 1905, 265 이하, 막 14：25 Θ 참
조；요 3：11). 20：13의 단수형 $o\tilde{\iota}\delta\alpha$는 두번째 설명과 꼭 모순되는 것은 아니다.
왜냐하면 요한의 부활절 보도들은 다른 전승들에 기초하고 있기 때문이다.

21) 요 20：2 상반절. 눅 24：12이 보여주는 바와 같은 예수가 사랑한 제자에 관
한 언급은 무덤에로의 경주이야기(요 20：3-10)에 의해 야기된 덧붙임(addition)이
다.

22) J. Blinzler, *Der Prozess Jesu.* Regensburg 1969, 393.

야만 한다—비록 네슬(Nestle : 네슬판 헬라어 신약성경)이 그것을
apparatus(헬라어 신약성경의 본문 아래에 위치해 있는 본문비평자료
欄)에다가 분류시키는 잘못을 범했다 할지라도 외적 증거만이 누가복
음 24 : 12이 누가의 원문임을 암시한다 : 이 절은 D사본만을 제외한 모
든 헬라어 사본들에서(p⁷⁵를 포함하여) 읽혀진다. [23] 누가복음 24 : 12에
따르면, 베드로는 무덤에 달려가서 [24] 무덤이 실제로 빈 것과 세마포가
거기 놓여있는 것을 확인하고는 집으로 돌아온다. 여기에서 누가는[25]
θαυμάζων τὸ γεγονός를 덧붙인다 : 베드로는 이 모든 일을 어떻게
설명해야할지 알지 못한다.

이 때로부터 부활절 사건들이 완전히 예기치못하게 시작된다. 4복음
서는 **천사의 출현**이 출발점이 된 사실을 일치되게 증거한다, [26] 한편 세
부적인 점에 있어서는 공관복음서와 요한복음서 사이에 차이가 나타나
는데, 우리는 양자중 하나를 선택해야만 한다. 여기에서 우리는 요한
복음을 선택해야만 하는데, 그것은 요한의 묘사가 보다 신중하기 때문
이다. 천사들을 본 사람은 막달라 마리아 **혼자**였다(공관복음서가 설명
하고 있는 것처럼 한무리의 여자들이 아니다). [27] 요한복음에는 빈 무덤
에 대한 해석에 관한 것은 아무 것도 없으며, 또한 천사의 음성으로써
제자들을 가르치는 것도 아무것도 없다. 천사들은 단순히 한가지 간단
한 질문만을 한다(γύναι , τὶ κλείεις ; 여자여 어찌하여 우느냐, 요
20 : 13).

---

23) 공관복음서의 서부사본 본문에서 "조화를 이루기 위한 빠뜨림"을 위하여는
J. Jeremias, *Eucharistic Words*, London 1966, 148−52, 특히 눅 24 : 12에 대하여는
149이하를 참조하라. 이 절은 문체에 있어 누가복음적이다(ἀναστάς, 목적격과 함
께 사용된 θαυμάζειν, τὸ γεγονός). 그러나 이것은 역사적 현재형 βλέπει 가 보
여주는 바와 같이(누가는 이것을 피한다), 누가 이전의 전승이다. 어휘에 있어 요
20 : 4−6, 10과의 접촉은(ὀθόνιον, παρακύπτειν, ἀπέρχεσθαι πρὸς ἑαυτόν) 주
제로부터 말미암은 것이다. 따라서·눅 24 : 12이 요한복음에 의존한다는 가설은 허
용되지 않는다.
24) 눅 24 : 24에서 이것이 보다 일반화된다 : ἀπῆλθόν τινες τῶν σὺν ἡμῖν ἐπὶ τὸ
μνημεῖον.
25) 각주 23을 보라.
26) 막 16 : 5−7 병행. 마 28 : 2−7(한명) 병행 눅 24 : 4−7; 요 20 : 12이하(두
명); 참조. 눅 24 : 23(많은 숫자).
27) 막 16 : 1(세명의 여자); 마 28 : 1(두명); 눅 24 : 10(세명의 여자와 기타 몇명
의 여자); Ev. Pet. 50이하(막달라 마리아와 그녀의 친구들).

마태복음(28：9 이하)과 요한복음(20：14－18)은 천사들의 출현에 뒤이어 그리스도의 첫번째 현현이 있는 것으로 언급한다. 그러나 마태복음에서는 막달라 마리아 외에도 또 한사람의 마리아가 증인으로 나타나는 반면(28：1), 요한복음에 따르면 다시 한번 그녀(막달라 마리아)가 그 사건을 경험한 유일한 사람으로 나타난다(Ps. Mark 16：9도 이와 같다). 이러한 보도는 매우 신뢰할 만한 것으로 보인다. 왜냐하면 만일 이것이 날조한 이야기라면, 분명히 첫번째 현현을 여자로 하여금 증거하게 하지는 않았을 것이기 때문이다－왜냐하면 여자들은 증인이 될 자격이 없었기 때문이다. 막달라 마리아의 두가지 체험(천사들의 나타남과 그리스도의 현현)이 처음에는 아무런 영향도 미치지 못했음이 나타난다 : 아무도 그녀를 믿지 않았다(눅 24：10 이하 ; Ps. Mark 16：10이하). 이것은 믿을만하게 보이는데, 그것은 이것이 제자들을 좋은 빛 안에 놓지 않기 때문이다.

지금까지는 부활절 체험의 모든 특성들이(빈 무덤의 발견, 천사들의 나타남, 그리스도의 현현) 막달라 마리아와 관련되었다. 그러나 이제 표상이 바뀐다. 이제 결정적인 사건이 뒤따르는 것이다 : 곧 **주께서 베드로에게 나타나신다.** 이러한 나타남은 최초의 전승에 굳게 뿌리박혀 있다 : 고린도전서 15：5의 초기의 고백과－심지어 그것보다 더 이른－부활절의 외침 ὄντως ἠγέρθη ὁ κύριος καὶ ὤφθη Σίμωνι (눅 24：34, 주께서 과연 살아나시고 시몬에게 나타나셨다)가 그것을 입증한다.[28] 초기의 모든 기독교 전승들의 가장 놀라운 사실들 가운데 하나는 그리스도께서 베드로에게 나타나신 이 현현의 본질적인 중요성에도 불구하고 이것이 모든 복음서에서 첫번째 현현으로 그려지고 있지 않은 사실이다. 우리는 심지어 그것이 예루살렘에서 일어났는지(눅 24：34) 혹은 갈릴리에서 일어났는지(요 21：1이하？ ; 베드로복음 60)조차도 말할 수 없다. 이것은 거의 우연일 수 없다. 마태가 "베드로에의 현현"에 대하여 침묵하고 있을 뿐만 아니라 καὶ τῷ Πέτρῳ(막 16：7)라는 어구를 빠뜨린 사실은 그가 그 사건에 대한 보도를 수중에 가지고 있지

---

28) 눅 24：34이 보다 더 오래된 것으로 볼 수 있다. 왜냐하면 Σίμων 이란 이름은 최초의 베드로전승층을 특징짓는 것이기 때문이다.

않았음을 보여준다.[29] 그러나 어떻게 그토록 중요한 사건의 보도가 억압될 수 있었는가? 고린도전서 15 : 5은 이와 상반된다 : 다시 말해서 이방인 교회는 이러한 종류의 억압을 가지고 있지 않았다. 우리는 히브리인들의 복음서(Gospel of the Hebrews)로부터 이러한 경향에 대한 일말의 이유를 볼 수 있다. 시리아의 디다스칼리아(Didascalia)는 이러한 영예(주의 첫번째 현현을 목격하는)를 레위에게 돌리는 반면,[30] 그것(히브리인들의 복음서)은 첫번째 현현을 주의 형제 야고보에게 돌린다.[31] 의심할 것도 없이 베드로의 보편주의(univesalism)에 대하여 공격을 가했고 그리하여 그를 부활하신 주님을 첫번째로 목격했던 역할로부터 배제시킨 것은 팔레스틴 유대기독교의 과격한 그룹이었다.[32]

베드로에게의 그리스도 현현은 많은 문제점들을 야기시킨다. 이에 뒤따르는 많은 사건들 가운데 "오백여 형제에게 일시에" 나타난 것(고전 15 : 6)은 특별한 설명을 요한다. 그것이 제기하는 문제는 그것이 모든 부활절 보도들로부터 빠져있다는 사실이다—비록 그것이 고린도전서 15 : 5-8의 현현 목록에서 세번째 자리에 놓여진다 할지라도 어떻게 이토록 장관을 이루는 사건이—더군다나 생존하는 증인들이 태반이나 있는데—다른 자료들에서는 아무런 언급도 없이 남아있을 수 있었

---

29) 어째서 마태는 한편으로 베드로가 받은 굉장한 칭찬을 유일하게 보도하면서 (16 : 17-19) 동시에 한편으로 καὶ τῷ Πέτρῳ(막 16 : 7)를 빠뜨리는가와 그의 흔들리는 신앙이야기(마 14 : 28-33)를 도입하는가 하는 문제에 대한 대답은 "상충되는 전승들을 이렇게 아무 생각없이 병치시키는 것이 거의 그의 특징"이라는 것이다 : 9 : 15와 더불어 6 : 17이하를 참조하라. 또한 8 : 12과 더불어 13 : 38, 9 : 13하반절과 더불어 10 : 41하반절, 10 : 5이하와 더불어 28 : 18이하, 12 : 8과 더불어 24 : 20, 16 : 6과 더불어 23 : 3상반절 등을 참조하라. 마태복음에 대한 편집비평적 분석이 성공을 거둘 수 없는 가장 근본적인 이유들 가운데 하나가 바로 이러한 사실일 수 있다.

30) Jereome, De viris inlustribus 2, quoted in E. Klostermann, Apocryphen II, KIT 8, Berlin 1929, frag. 21. 그는 네번째 위치(고전 15 : 7)에서 첫번째 위치로 자리가 바뀌진다.

31) J. Flemming, TU 25, 2, 1904, 107.

32) 이 점은 베드로전서의 진정성에 대한 논의에 있어 중요한 위치를 차지한다. 만일 베드로가 과격한 율법주의자들에 의해 그토록 날카롭게 배척을 받았다면, 선교에 대하여 그토록 개방적인 베드로전서와 같은 편지를 그에게 돌리는 것은 매우 가능하다. 이러한 요인과 다른 요인들은 오늘날 베드로전서의 진정성을 거부하는 자들에게 쉽지 않은 부담을 안겨준다 (TLZ 83, 1958, col. 352).

는가? 우리는 신약성경에서 수백명의 사람들 앞에서 일어난 다른 사건에 대한 보도를 볼 수 있다 : 사도행전 2 : 1－13의 오순절이야기. 두 사건은 많은 무리의 증인들이 관련된 것뿐만 아니라 **장소**에 있어서도 공통점을 가지고 있다. 고린도전서 15 : 6의 바울의 언급, 곧 그 사건의 신뢰성을 강조하기 위하여 의도한 "지금까지 태반이나 살아있고 어떤 이는 잠들었으며"는 현현장소에 대한 간접적인 언급을 포함하고 있다.

목격자들 가운데 대다수가 4반세기가 지난 현재시점까지 살아있다고 단언할 수 있는 사실은 그들이 동일한 한 장소에서 살고 있었음을 전제하는 것으로 보이는데 그것은 아마도 예루살렘일 것이다. 그러므로 튀빙겐학파 이래로 오백여 형제에게 현현한 것과 오순절은 "하나의 동일한 사건에 대한 서로 다른 두가지 전승들"이라는 가설은 많은 지지자를 가지고 있다.[33] 이러한 결합을 뒷받침해주는 또하나의 구절은 요한복음 20 : 22인데, 우리는 여기에서 그리스도의 현현과 성령을 받는 것이 서로 연결되어 있음을 발견한다. 전승이 이렇게 둘로 갈라지는 것에 대한 설명은 다음과 같다 : 그리스도의 현현 때에 방언으로 말하는 것이 큰 무리의 사람들 앞에서 일어났으며, 또한 그 전승은 한편으로 주의 현현을 강조하면서 다른 한편으로 성령의 도래를 언급한다. 이것은 최초의 보도들이 그리스도의 현현을 물질적인 방법으로 나타내는 것으로부터 얼마나 멀리 떨어져 있었는가 하는 데에 대한 중요한 암시가 된다.

이러한 가설은 어떻게 받아들이든지 간에, 고린도전서 15 : 3이하에 끝으로 언급된 그리고 빛나는 빛의 이상(異象 : viosion)으로 임한(고후 4 : 6 ; 행 9 : 3 ; 22 : 6 ; 26 : 13) "바울에게의 그리스도 현현"은 현현

---

33) E. Von. Dobschütz, *Ostern und pfingsten*, Leipzig 1903. 33－43 ; K. Holl, 'Der Kirchenbergriff des Paulus in seinem Verhältnis zu dem der Urgemeinde', *Sitzungsberichte der Berliner Akademie* 1921. 920－47 : 923＝*Gesammelte Aufsätze* Ⅱ. Tübingen 1928. 44－69 : 47 각주 1 ; A. von Harnack, 'Die Verklärungsgeschichte Jesu, der Bericht des Paulus I Kor. 15 : 3ff. und die beiden Christusvisionen des Petrus', *Sitzungsberichte der Berliner Akademie* 1922. 62－80 : 65 ; E. Meyer, Ursprung und Anfang des Christentums Ⅲ. Stuttgart-Berlin 1923. 221f. ; H. Strathmann, 'Die Stellung des Petrus in der Urkirche', *Zsyst T* 20. 1943. 222－82 : 242 ; S. M. Gilmour, 'The Christophany to More than Five Hundred Brethren', *JBL* 80. 1961. 248－52 ; id., 'Easter and Pentecost', *JBL* 81. 1962. 62－66.

의 영적 성격을 분명하게 입증한다(고전 15 : 44을 참조하라 ; $\sigma\hat{\omega}\mu\alpha$ $\pi\nu\epsilon\nu\mu\alpha\tau\iota\kappa\acute{o}\nu$, 신령한 몸). 아마도 이것은 다른 모든 것들의 전형(典型)으로 간주될 수 있을 것이다.

(3) 부활절 사건들에 대한 해석

언뜻 보기에 무엇이 부활하신 주님의 현현들을 첫 목격자들로 하여금 **직접적인 체험의 표현**으로 나타나게 하였는지를 발견하려는 시도는 매우 소망있는 일처럼 보인다. 왜냐하면 우리가 가지고 있는 자료들은 그 사건들로부터 수십년 떨어져 있는 것들이고, 또 부활절 보도들은 그 사이 기간에 여러 측면에서 손질되고 재형성되었기 때문이다. 그럼에도 불구하고, 만일 우리가 **때에 대한 고려**로부터 시작한다면 우리는 한가지 가설을 세울 수 있게 될 것이다. 유대주의는 역사 속의 사건으로서 예기된 부활에 대하여는 아무 것도 알지 못했다. 유대문학에는 예수의 부활과 비교될 만한 것이 아무 것도 없다. 거기에 죽은 자로부터 다시 사는 것에 관한 언급이 있는 것은 분명한 사실이다. 그러나 그것은 항상 소생(蘇生 : resuscitation) 즉 지상의 생명이 다시 돌아오는 것을 의미하는 것이다. 유대문학의 그 어느 곳에서도 역사적 사건으로서의 "$\delta\acute{o}\xi\alpha$ (영광)에 이르는 부활"이 나타나지 않는다.[34] 오히려 "$\delta\acute{o}\xi\alpha$에 이르는 부활"은 항상 그리고 예외없이 하나님의 새 창조의 여명을 의미하는 것이다. 따라서 제자들은 부활하신 주님의 현현을 종말론적인 사건으로서 즉 세상의 전환점의 여명으로서 경험하였음에 틀림없다.

사실상, 최소한 몇구절 속에 제자들이 그리스도의 현현을 구원의 때의 여명으로 보았음을 반영하는 것으로 보이는 흔적들이 나타난다. 여기에서 특별히 마태복음 27 : 51하바절−53이 언급되어야만 한다. 예수의 죽음에 따르는 징후들 가운데, 무덤이 열리는 것에 대한 언급과 잠자던 성도들의 몸이 일어나는 것에 대한 언급이 있다. 이에 대하여, 본문은 부활한 성도들이 거룩한 성(holy city)에서 돌아다니며 많은 사람들에게 보였다고 언급한다. 여기에서 $\mu\epsilon\tau\grave{\alpha}$ $\tau\grave{\eta}\nu$ $\check{\epsilon}\gamma\epsilon\rho\sigma\iota\nu$ $\alpha\dot{\upsilon}\tauo\hat{\upsilon}$ (그

---

34) J. Leipoldt, 'Zu den Auferstehungs-Geschichten', *TLZ* 73, 1948, cols. 737−42.

〈예수〉의 부활 후에)란 어구가 이것이 초기전승임을 보여준다. 왜냐하면 여기의 때에 관한 언급은 특별한 난점을 제기하기 위하여 시도된 것이기 때문이다—비록 그들이 예수가 죽는 순간에 일으킴을 받았음에도 불구하고, 이 구절은 그들이 기묘하게도 부활절 아침 그 거룩한 성에 들어갈 때까지 무덤에 남아있었음을 전제한다. 여기의 특별한 난점은 다음과 같다 : 비록 예수가 $\dot{\eta}$ $\dot{\alpha}\pi\alpha\rho\chi\dot{\eta}$ $\tau\tilde{\omega}\nu$ $\kappa\epsilon\kappa o\iota\mu\eta\mu\acute{\epsilon}\nu\omega\nu$ (고전 15 : 20, 잠자는 자들의 첫 열매)으로서 그리고 $\dot{o}$ $\pi\rho\omega\tau\acute{o}\tau o\kappa os$ $(\epsilon\kappa)$ $\tau\tilde{\omega}\nu$ $\nu\epsilon\kappa\rho\tilde{\omega}\nu$ (골 1 : 18 ; 계 1 : 5. 죽은 자들 가운데서 먼저 나신 자)로서 선포되고 있다 할지라도, 성도들이 성 금요일에 일으킴을 받음에 있어 그들이 예수 이상의 특권을 부여받은 것처럼 보인다는 사실이다.

이것이 초기전승임을 나타내는 다른 암시들은 다음과 같다 : $o\dot{\iota}$ $\dot{\alpha}\gamma\iota o\iota$ 라는 용어를 옛 언약의 경건한 백성들에게 적용시키는 것(다른 곳에서 그것은 그리스도인들에게 적용되었고 또 때로는[35] 천사들을 위하여 사용되었다), 그리고 무엇보다도 예수의 부활이 고립된 사건이 아니라 많은 부활들과 직접적으로 결합된 것이라는 개념. 슐라터(Schlatter)는 이 구절에 대하여 이렇게 언급한다 : "제자들이 부활의 날을 도래하는 하나님의 날로서 그리고 대 부활(the great resurrection)의 시작으로서 경험한 것은 아마도 후기의 해석이 아니라 원래적인 반응이었을 것이다."[36] 만일 이것이 사실이라면, 마태복음 27 : 52이하는 전승의 기본토대(Keystone)인 것이다. 여기에 첫 날들(first days)의 분위기가 보존되어 있다 : 땅이 흔들리고(막 13 : 8 병행 ; 히 12 : 26 ; 계 6 : 12 ; 8 : 5 ; 11 : 13, 19 ; 16 : 18 등을 참조하라), 죽은 자가 일어나며, 때의 전환이 도래하였다. 제자들은 자신들이 새 세대(new age)의 여명의 증인들임을 확신하였다.

부활절 사건들에 대한 즉각적인 인상이 **예수의 부활이 그의 왕위에의 등극(登極)**이었다는 개념 속에 반영되어 있는 것으로 보인다.[37] 예수의 부활이 "그가 하나님 우편에 앉는 것" 및 "그리스도의 왕적통치가

---

35) 살전 3 : 13 ; 살후 1 : 10 ; 엡 2 : 19.
36) *Der Evangelist Matthäus*, Stuttgart 1929, 785.
37) O. Cullmann, *Königsherrschaft Christi und Kirche im Neuen Testament*, Zollikon-Zürich, 1950.

시작되는 것"과 연결된다는 것이 기독교의 공통적인 견해이다. [38] 그러나 그리스도의 통치가 아직 눈에 보이는 형태를 취하지 않았고 또 옛 세대(old age)가 계속되기 때문에, 곧바로 "그리스도께서 하나님 우편에 현재적으로 앉는 것"과 "그의 최종적인 영광에의 들어감" 다시 말해서 "임시적인 등극"과 "최후적인 등극" 사이의 구분이 이루어지게 되었다. [39] 이러한 임시적인 등극의 개념은 그 자체로 모순이요, 강요된 해결책이다. 따라서 그것은 부활이 본래 제자들에게 최종적인 전환점 즉 새 세대의 시작 그리고 그리스도께서 왕적 통치에로 들어가는 때의 시작으로 보였을 것임을 나타낸다.

마지막으로, "부활"과 "통치에로의 들어감"간의 이러한 관계가 마태복음 28 : 18에 반영되어 있는 것으로 볼 수 있다. : $\dot{\epsilon}\delta\delta\theta\eta$ $\mu o\iota$ $\pi\hat{a}\sigma a$ $\dot{\epsilon}\xi o\upsilon\sigma\dot{\iota}a$ $\dot{\epsilon}\nu$ $o\dot{\upsilon}\rho a\nu\hat{\omega}$ $\kappa a\dot{\iota}$ $\dot{\epsilon}\pi\dot{\iota}$ $\gamma\hat{\eta}\varsigma$(하늘과 땅의 모든 권세를 내게 주셨으니). 여기에서 동작을 나타내는 단순과거형(aorist) $\dot{\epsilon}\delta\delta\theta\eta$ 와 $\pi\hat{a}\sigma a$ 라는 단어가($\pi\hat{a}\sigma a$ $\dot{\epsilon}\xi o\upsilon\sigma\dot{\iota}a$ 는 우주적 통치이다) 주목되어야만 한다. 또한 인자에 관하여 말하는 다니엘 7 : 14이 여기에서 언급되어 있음을 주목하라 : "그에게 권세와 영광과 나라를 주고 모든 백성과 나라들과 각 방언하는 자로 그를 섬기게 하였으니". 따라서 마태복음 28 : 18은 인자가 세상의 통치자로서 등극할 것이라는 예언이 부활로 말미암아 성취되었음을 의미한다. 그러므로 이것이 예수의 부활에 대한 제자들의 즉각적인 체험이었다 : 종말을 향하여 돌진하는 역사의 **과정 속에서의** 하나님의 유일강력한 행동으로서가 아니라, 에스카톤(종말)의 여명으로서, 그들은 "예수의 영광에의 들어가심"에 대한 증인이었던 것이다. 다시 말해서, **그들은 파루시아를 체험하였던 것이다.**

만일 내가 초대교회에서의 신앙생활은 오직 이러한 결론의 빛에 비추어서야만 이해될 수 있다고 말한다 할지라도, 이것은 결코 과장이 아니다. 최초 공동체에 있어, 믿는다는 것은 "지금 여기에서"(hear and now) "세상의 완성 속에서" 사는 것을 의미하였다. 고린도전서 5 : 7하

---

38) 빌 2 : 9이하 ; 행 2 : 33 ; 히 1 : 3, 13 등 ; 벧전 3 : 22 ; 요한의 $\upsilon\psi\omega\theta\hat{\eta}\nu a\iota$ 등.
39) 예컨대 막 14 : 62. 또한 Ψ 109[110] : 1에서는 $\kappa\dot{a}\theta o\upsilon$ $\dot{\epsilon}\kappa$ $\delta\epsilon\xi\iota\hat{\omega}\nu$ $\mu o\upsilon$, $\ddot{\epsilon}\omega\varsigma$ $\ddot{a}\nu$ $\theta\hat{\omega}$ $\tauo\dot{\upsilon}\varsigma$ $\dot{\epsilon}\chi\theta\rhoo\dot{\upsilon}\varsigma$ $\sigma o\upsilon$ $\dot{\upsilon}\pi o\pi\dot{o}\delta\iotao\nu$ $\tau\hat{\omega}\nu$ $\pio\delta\hat{\omega}\nu$ $\sigma o\upsilon$ (히 1 : 13 등).

반절－8에 있는 바울 이전의 부활절 **학가다**는 신자가 구원의 때의 부활절에 참여하였음을 말한다. 그는 멸망의 운명 가운데 있는 패역한 세대로부터 건짐을 받았다(갈 1：4 ; 행 2：40). 그는 홍수로부터(벧전 3：20) 그리고 홍해로부터(고전 10：1이하) 구원을 받았다. 그는 새로운 피조물(new creation)이다. 이러한 종말론적 직설법들은 하나님의 새로운 세상의 여명(黎明)에 대한 실제적 체험이 교회사의 초두에 서 있음을 전제한다.

성구 색인(구약)

성구 색인(신약)

454

● **독자 여러분들께 알립니다!**
'**CH북스**'는 기존 '**크리스천다이제스트**'의 영문명 앞 2글자와
도서를 의미하는 '**북스**'를 결합한 출판사의 새로운 이름입니다.

예레미아스 신약신학

1판 1쇄 발행 2009년 2월 10일
1판 중쇄 발행 2020년 4월 8일

발행인 박명곤
사업총괄 박지성
편집 신안나, 임여진, 이은빈
디자인 구경표, 한승주
마케팅 김민지, 유진선
재무 김영은
펴낸곳 CH북스
출판등록 제406-1999-000038호
대표전화 070-4917-2074 **팩스** 031-944-9820
주소 경기도 파주시 회동길 37-20
홈페이지 www.hdjisung.com **이메일** main@hdjisung.com
제작처 영신사 월드페이퍼

ⓒ CH북스 2009